CURSO DE DIREITO TRIBUTÁRIO

APRESENTAÇÃO
MICHEL TEMER
PRESIDENTE DA REPÚBLICA

Marcos Cesar Pavani Parolin

CURSO DE DIREITO TRIBUTÁRIO

2ª Edição
Revista, atualizada e ampliada

Del Rey
editora

Belo Horizonte
2017

Impresso no Brasil | Printed in Brazil

EDITORA DEL REY LTDA
www.delreyonline.com.br

Editor: Arnaldo Oliveira

Editor Adjunto: Ricardo A. Malheiros Fiuza

Editora Assistente: Waneska Diniz

Revisão: RESPONSABILIDADE DO AUTOR

Diagramação: Lucila Pangracio Azevedo

Capa: Alfstudio

Editora / MG
Rua dos Goitacases, 71
CEP 30190-050 – Belo Horizonte – MG
Tel: (31) 3284-5845 – 3284-3284
editora@delreyonline.com.br

P257c Parolin, Marcos Cesar Pavani
Curso de Direito Tributário. / Marcos Cesar Pavani Parolin. 2ª ed., revista, atualizada e ampliada. Belo Horizonte: Del Rey, 2017.
560 p.
ISBN: 978-85-384-0500-9
1. Tributação, Brasil. 2. Sistema tributário, Brasil. 3. Legislação tributária, Brasil. 4. Direito tributário, Brasil. 5. Brasil. [Código tributário nacional (1966)]. I. Título.
CDU: 336.2:34(81)

DEDICADO EM
MEMÓRIA DE
Sandra Isabel Pianezi Parolin

A G R A D E C I M E N T O S :

Ao professor Michel Temer, Presidente da República, que prefaciou a 1ª Edição deste livro.

Aos Drs. Elias Curvelo, Paula Ravena e Marcelo Marzochi pela valiosa colaboração na pesquisa e atualização.

A Juliana e João Marcos, minha fortaleza.

"Ele não julgará pelas aparências,
nem dará a sentença só por ouvir.
Ele julgará os fracos com justiça, dará sentenças retas aos pobres da terra."

Isaías, 11, 3/4.

"A justiça engrandece a nação,

mas o pecado é uma vergonha

para qualquer povo."

Provérbios 14:34

ABREVIATURAS

AASP	Associação dos Advogados de São Paulo
AC	Apelação Cível
ADC	Ação Declaratória de Constitucionalidade
ADCT	Ato das Disposições Constitucionais Transitórias
ADI	Ação Direta de Inconstitucionalidade
ADPF	Arguição de Descumprimento de Preceito Fundamental
AFRMM	Adicional sobre o Frete para Renovação da Marinha Mercante
Ag.R.	Agravo Regimental
Ag.Reg.	Agravo Regimental
AI	Agravo de Instrumento
AIIM	Auto de Infração e Imposição de Multa
AIR	Adicional sobre o Imposto de Renda
ANP	Agência Nacional do Petróleo
Ap.	Apelação
Ap. Civ.	Apelação Cível
ARE	Agravo em Recurso Extraordináric
Art.	artigo
ATP	Adicional de Tarifa Portuária
BNDS	Banco Nacional de Desenvolvimento Social
BverfG	Tribunal Constitucional Federal Alemão
Câm.	Câmara
CAT	Coordenadoria de Administração Tributária – Órgão da Secretaria da Fazenda do Estado de São Paulo
CARF	Conselho Administrativo de Recursos Fiscais
CC	Código Civil
CDA	Certidão de Dívida Ativa
CF	Constituição Federal
CIDE	Contribuição de Intervenção no Domínio Econômico
CLT	Consolidação das Leis do Trabalho
COFINS	Contribuição da Empresa sobre a Receita ou Faturamento
CNAE	Classificação Nacional de Atividade Econômica
CNPJ	Cadastro Nacional da Pessoa Jurídica junto ao Ministério da Fazenda
CPF	Cadastro de Pessoas Físicas junto ao Ministério da Fazenda
CPMF	Contribuição Provisória sobre a Movimentação Financeira
CONCLA	Comissão Nacional de Classificação
CONFAZ	Conselho Nacional de Política Fazendária

CPC	Código de Processo Civil
CSLL	Contribuição Social sobre o Lucro Líquido
CSRF	Câmara Superior de Recursos Fiscais
CTN	Código Tributário Nacional
DCOMP	Declaração de Compensação de Tributos
DCTF	Declaração de Débitos e Créditos de Tributos Federais
DECA	Declaração Cadastral da Empresa perante a Secretaria Estadual da Fazenda
Des.	Desembargador
Detran	Departamento Estadual de Trânsito
DF	Distrito Federal
DL	Decreto-lei
DJ	Diário da Justiça
DJU	Diário de Justiça da União
DRJ	Delegacia da Receita Federal do Brasil de Julgamento
EC	Emenda Constitucional
Ed.Resp.	Embargos de Declaração em Recurso Especial
Emb.Div.	Embargos de Divergência
FCPJ	Ficha Cadastral de Pessoa Jurídica
FGTS	Fundo de Garantia por Tempo de Serviço
FINEP	Empresa Financiadora de Estudos e Projetos
FINSOCIAL	Fundo de Investimento Social
FMM	Fundo de Marinha Mercante
FND	Fundo Nacional de Desenvolvimento
FUNRURAL	Fundo de Assistência ao Trabalhador Rural
FUNTELL	Fundo para o Desenvolvimento Tecnológico das Telecomunicações
FUST	Fundo de Uniformização das Telecomunicações
GATT	Acordo Geral sobre Tarifas Aduaneiras e Comércio
GIA	Guia de Informação e Apuração do ICMS
g.n.	Grifo nosso
GU	Grau de Utilização (em número percentual)
HC	Habeas Corpus
h.i.	Hipótese de Incidência
IAA	Instituto do Açúcar e do Álcool
IBAMA	Instituto Brasileiro do Meio Ambiente e dos Recursos Naturais
IBC	Instituto Brasileiro do Café
IBGE	Instituto Brasileiro de Geografia e Estatística
ICM	Imposto sobre Circulação de Mercadorias
ICMS	Imposto sobre Operações relativas à Circulação de Mercadorias e sobre Prestação de Serviços de Transporte Interestadual e Intermunicipal e de Comunicação, ainda que as Operações e as Prestações se iniciem no Exterior

IE	Imposto de Exportação para o Exterior de Produtos Nacionais ou Nacionalizados
IGF	Imposto sobre Grandes Fortunas
II	Imposto sobre Importação de Produtos Estrangeiros
INCRA	Instituto Nacional de Colonização e Reforma Agrária
INSS	Instituto Nacional do Seguro Social
IOF	Imposto sobre Operações de Crédito, Câmbio e Seguro ou relativas a Títulos ou Valores Mobiliários
IPI	Imposto sobre Produtos Industrializados
IPMF	Imposto Provisório sobre a Movimentação Financeira
IPVA	Imposto sobre a Propriedade de Veículos Automotores
IPTU	Imposto sobre a Propriedade Predial e Territorial Urbana
IR	Imposto sobre a Renda e Proventos de qualquer natureza
IRDR	Incidente de Resolução de Demandas Repetitivas
IRPF	Imposto de Renda da Pessoa Física
IRPJ	Imposto de Renda da Pessoa Jurídica
ISSQN ou ISS	Imposto sobre Serviços de Qualquer Natureza
ITBI	Imposto sobre a Transmissão Inter Vivos, a qualquer título, por Ato Oneroso, de Bens Imóveis, por natureza ou acessão física, e de Direitos Reais sobre Imóveis, exceto os de garantia, bem como Cessão de Direitos a sua aquisição
ITCD	Imposto sobre a Transmissão Causa Mortis e Doações sobre Quaisquer Bens e Direitos (sigla utilizada no Estado de Minas Gerais)
ITR	Imposto Territorial Rural
IVC	Imposto Sobre Vendas e Consignações
IVV	Imposto sobre Vendas a Varejo
J.	Data do julgamento
JTJ	Revista de Jurisprudência do Tribunal de Justiça
LC	Lei Complementar
LINDB	Lei de Introdução às Normas do Direito Brasileiro
MC	Medida Cautelar
Min.	Ministro
NBM/SH	Nomenclatura Brasileira de Mercadorias baseada no Sistema Harmonizado
NCM	Nomenclatura Comum do Mercosul
NFLD	Notificação Fiscal de Lançamento de Débito
PASEP	Programa de Formação do Patrimônio do Servidor Público
PIS	Programa de Integração Social
PLC	Projeto de Lei Complementar
PORTOBRÁS	Empresa de Portos do Brasil
PRORURAL	Programa de Assistência ao Trabalhador Rural

RDA	Revista de Direto Administrativo
RE	Recurso Extraordinário
Rel.	Relator
RESP	Recurso Especial
RICMS	Regulamento do ICMS
RIPI	Regulamento do IPI
RIR	Regulamento do Imposto de Renda
RMS	Recurso Ordinário em Mandado de Segurança
RPGE	Revista da Procuradoria Geral do Estado de São Paulo
RT	Revista dos Tribunais
SAT	Seguro por Acidente de Trabalho
SELIC	Sistema Especial de Liquidação e Custódia
Siscomex	Sistema Integrado de Comércio Exterior
SRF	Secretaria da Receita Federal do Brasil
STF	Supremo Tribunal Federal
STJ	Superior Tribunal de Justiça
TAB	Tarifa Aduaneira do Brasil
TCI	Tratados e Convenções Internacionais
TFR	Tribunal Federal de Recursos
TIPI	Tabela do IPI
TIT	Tribunal de Impostos e Taxas
TRF	Tribunal Regional Federal
TRU	Taxa Rodoviária Única
TJMG	Tribunal de Justiça de Minas Gerais
TJSP	Tribunal de Justiça de São Paulo
TUSD	Tarifa de Uso do Sistema
TUST	Tarifa de Distribuição do Sistema
UFESP	Unidade Fiscal do Estado de São Paulo
UFEMG	Unidade Fiscal do Estado de Minas Gerais
UFIR	Unidade Fiscal de Referência
VTN	Valor da Terra Nua Tributável

SUMÁRIO

PARTE GERAL

APRESENTAÇÃO

Dotado de grande complexidade, o arcabouço normativo brasileiro, sobretudo em matéria tributária, tem sido objeto de um número cada vez maior de demandas que buscam a solução jurisdicional para os conflitos de interesse surgidos nas relações entre Estado e contribuinte.

Sob esse aspecto, a disposição das ideias desenvolvidas pelo professor Marcos Cesar Parolin neste livro não ficaram indiferentes ao desenvolvimento do fenômeno tributário neste quadrante de século.

Conforme o autor deixou ressalvado em suas notas introdutórias, as relações entre o poder público e o sujeito passivo do tributo estão marcadas pela litigiosidade exponencial que domina o mundo moderno e pela volatilidade normativa que torna cada vez mais necessária a simplificação da resolução dos conflitos.

Não se pode deixar de reconhecer que o presente trabalho bem se desincumbiu desse desafio. Examinando as premissas que orientaram a construção deste compêndio, facilmente se verifica a sobriedade como estão definidos os conceitos básicos do Direito Tributário, sobretudo pela clareza do discurso e pela linguagem límpida.

É de se destacar que o presente trabalho aborda todos os temas que compreendem a disciplina, analisando, com a necessária riqueza de pormenor, os institutos fundamentais da ciência tributária reunidos na Constituição de 1988 e no Código Tributário Nacional, sendo digno anotar a análise minuciosa de todas as figuras tributárias previstas no sistema normativo brasileiro.

Mas é a proposta central do livro que o torna distinto dos demais trabalhos desenvolvidos na área. De fato, a singular abordagem do Sistema Tributário Nacional à luz dos princípios da razoabilidade e da proporcionalidade, juntamente com a proposta de formular uma nova teoria sobre o sinal de riqueza aplicada aos impostos, permite vislumbrar para os anos que virão um fenômeno tributário marcado pelas garantias constitucionais à tributação razoável e proporcional, com especial ênfase aos princípios da dignidade da pessoa, do mínimo existencial e do sinal de riqueza.

E embora o autor tenha anotado o caráter despretensioso deste livro, o fato é que a lógica do razoável que instruiu seus fundamentos autoriza apresentá-lo como uma proposta lúcida a uma nova ordem no estudo do fenômeno jurídico tributário no Brasil.

Assim, com apurada análise dos enunciados científicos, definidos com fundamentos fornecidos em sólida pesquisa doutrinária e jurisprudencial, permito-me concluir que este Curso de Direito Tributário, de autoria do professor Marcos Parolin, estudioso com mais de 15 anos de experiência no magistério jurídico, juntamente com sua atuação na área do contencioso fiscal da Procuradoria Geral do Estado de São Paulo, ocupará lugar de destaque na doutrina como fonte de estudos a serem desenvolvidos no futuro.

MICHEL TEMER

NOTA DO AUTOR À 1ª EDIÇÃO

O leitor deverá notar que este livro é orientado por duas premissas: a primeira é que está norteado pelos direitos e deveres fundamentais das partes envolvidas na relação tributária; a segunda é que avança o sinal da dogmática constitucional para adentrar no âmbito da legislação dos tributos em espécie. Assim, ao mesmo tempo em que segue o traçado dos princípios que orientam o sistema tributário constitucional, tomados como fonte primacial do discurso, é também um livro de teses.

Um de seus desafios foi encarar a proposta de fugir do pedantismo acadêmico, e ao mesmo tempo afastar-se das conclusões simplistas e repetições de pensamentos alheios.

Diante da realidade que conspira contra a paz social e constatado que o direito é consequência das imperfeições do homem, sendo resultado de suas vicissitudes, tornou-se razoável concluir que não há fórmula agradável para decifrar as construções teóricas que sedimentam o edifício da ciência jurídica.

Por isso, tentei tornar menos espinhosa a sua leitura sem perder de vista a decantada advertência de Hegel no sentido de que é mais fácil conhecer a natureza e seus mistérios do que a sociedade humana e seus problemas.[1]

Partindo dessa premissa, ocorreu-me escrever este *Curso de Direito Tributário* com a pretensão de apresentá-lo da maneira menos embaraçosa, sem desatinar a ideia de organizar seus conceitos de maneira a compatibilizá-lo com a mesma rapidez como se transmitem as informações neste século.

O sujeito que atualmente opera o direito está cansado da litigiosidade exponencial e confuso com a velocidade das alterações normativas. Por isso, há uma necessidade comum de respostas simples e objetivas.

Nessa linha, este *Curso* procura acalmar o ânimo do leitor porque se afasta do propósito de redefinir enunciados científicos do Direito Tributário. Em verdade, pretende fornecer subsídios para formular, sem preciosismos, as principais figuras, categorias e institutos desse ramo da ciência. Tentei vencer esse desafio sem cometer o erro da generalização ou da mera confirmação de evidências universalmente válidas, em desprestígio à atividade científica. Evitei, tanto quanto possível, explicações genéricas que tornariam incompreensível seu conteúdo.

Procedi à procura cuidadosa de fundamentos válidos e à reunião de informações adquiridas e integradas numa unidade coerente, evitando a postulação de informações adquiridas *a priori*.

---

1 HEGEL, Georg Wilhelm Friedrich. Princípios da Filosofia do Direito. 1ª Ed. São Paulo: Editora Ícone, 1997, passim.

O *Curso de Direito Tributário* é dividido em duas partes. Na primeira, denominada Parte Geral, são analisados os principais temas do Direito Tributário, seus institutos fundamentais e os conceitos plasmados na Constituição da República e no Código Tributário Nacional, tais como *obrigação tributária, competência tributária, capacidade tributária, responsabilidade tributária, crédito tributário, princípios constitucionais tributários*, entre outros.

A Parte Especial apresenta os capítulos que analisam os tributos em espécie e suas respectivas particularidades, observando que o livro analisa todos os tributos existentes no Brasil. A título de exemplificação, no último capítulo são estudadas cerca de vinte e cinco contribuições especiais, divididas entre contribuições sociais, de intervenção no domínio econômico, de interesse das categorias profissionais e econômicas e a contribuição de iluminação pública. Na medida do possível, o estudo do aparato descritivo dos tributos do Sistema Tributário Nacional foi construído de acordo com a orientação adotada no âmbito do Supremo Tribunal Federal, com referência expressa aos seus julgados.

É digno de registro que este livro destaca a importância dos Princípios da Razoabilidade e da Proporcionalidade na formulação do fenômeno tributário. Sua abordagem demonstra que estão presentes no Sistema Tributário Nacional como postulados fundamentais de justiça fiscal no caso concreto e como garantias constitucionais à tributação razoável. Também são destacados os demais princípios constitucionais que balizam a tributação, bem como a necessidade de sua efetiva aplicação na relação jurídica tributária. Vários deles são citados ao longo da obra, tais como os Princípios da República e da Federação, da Proibição do Retrocesso, da Dignidade da Pessoa, da Autonomia Dogmática, da Proibição do Enriquecimento Sem Causa, da Moralidade, da Territorialidade e da Extraterritorialidade, da Rigidez Constitucional, da Supremacia da Constituição, da Reserva Constitucional, da Intranscendência, da Função Social da Propriedade e de tantos outros. Além desses, são analisados, em capítulo próprio, os tradicionais Princípios Constitucionais Tributários.

Este compêndio também sugere a formulação de novos conceitos ainda não explorados, como a Teoria do Sinal de Riqueza, cuja orientação impossibilita o exercício da competência tributária em matéria de impostos, nas hipóteses em que não restar presente a tributação sobre a efetiva riqueza do contribuinte. Em curso a segunda década do século XXI, a maioria da população brasileira rompeu a linha da pobreza e por isso não mais se justifica tributar todos os indivíduos senão aqueles que, pela efetiva exibição de sinais demonstrativos de efetiva riqueza, tem o dever de colaborar com a manutenção do Estado.

Assim, não mais se justifica tributar a pobreza, assim considerada, as situações que impliquem tão somente o exercício do direito ao mínimo existencial. Nesse sentido, os direitos fundamentais que visam garantir a dignidade da pessoa e o mínimo existencial, como o direito de habitação, por exemplo, uma vez que não excedam ao limite do razoável e do proporcional, não evidenciam situações que justificam a tributação pela via do imposto.

Chamado de Princípio do Sinal de Riqueza é reconhecido como norma constitucional implícita limitativa do exercício da competência tributária, possuindo outros desdobramentos, conforme veremos.

Com esse singelo propósito, buscou-se o equilíbrio das relações entre fisco e contribuinte, baseadas na dinâmica da globalização econômica, na intensa mobilidade de pessoas, bens, produtos, serviços e capitais, especialmente facilitada pelo desenvolvimento do primeiro setor e dos meios de comunicação, transporte e tecnologia. E uma vez que essas variáveis ensejaram o crescimento do ostensivo aparelho estatal de arrecadação de tributos, é inerente que a Fazenda esteja cada vez mais presente na vida do brasileiro, provocando uma recorrente explosão de litigiosidade.

Este curso diligencia para expor fundamentos pautados no raciocínio lógico e coloca determinadas questões de forma francamente especulativa, para não dizer filosófica.

Não poderia deixar de registrar os escólios de Geraldo Ataliba, colhidos no prefácio à 1ª edição do livro *As Estruturas Lógicas e o Sistema do Direito Positivo*, de autoria de Lourival Vilanova, no sentido de que *o que mais falta a quem pretenda conhecer o Direito não é a informação sobre os institutos e as normas, ou sobre as soluções que os problemas vêm tendo, na jurisprudência ou na prática do Direito aplicado. Não! O que falta de modo alarmante é o domínio dos princípios, a facilidade de compreensão e o manuseio das categorias, a visão sistemática, global, operacional e funcional do Direito como conjunto, como um todo.*[2]

Só resta agradecer os que vão se debruçar sobre o livro e almejar que no final da leitura não encontrem o abismo da desilusão. Se seu conteúdo motivar alguma reflexão, o trabalho terá atingido seu desiderato.

MARCOS CESAR PAVANI PAROLIN

---

2 Do prefácio de *As Estruturas Lógicas e o Sistema do Direito Positivo*. São Paulo: Max Limonad, 1997.

NOTA DO AUTOR À 2ª EDIÇÃO

Nesta edição tivemos o cuidado de rever e atualizar todos os dispositivos normativos, especialmente após a promulgação do Código de Processo Civil de 2015. Foram revistas e atualizadas teses e julgados, sendo incluídos os mais recentes posicionamentos adotados no âmbito do Supremo Tribunal Federal e do Superior Tribunal de Justiça.

Também foram inseridas Súmulas de Jurisprudência e dezenas de teses de repercussão geral julgadas pelo STF no último triênio, algumas das quais modificaram posições tradicionalmente firmadas pelos tribunais, o que motivou a revisão do tema e ensejou pontos de reflexão abertamente observados ao longo da obra.

Agradeço a imensa quantidade de leitores que entraram em contato via email para elogiar a 1ª edição, enaltecendo o fato da obra analisar os tributos em espécie com menção às teses atualmente enfrentadas no tribunais, sendo gratificante observar que o livro foi utilizado tanto por estudantes dos cursos de graduação e pós-graduação, quanto por operadores do Direito com experiência nas lides forenses.

Não posso deixar de registrar meus agradecimentos aos meus alunos e ex-alunos, muitos dos quais se sacrificaram para adquirir a obra apenas para demonstrar seu carinho. Sem eles essa aventura não teria sequência.

Que nesses tempos difíceis, Deus, em sua infinitiva bondade, proteja a todos nós.

MARCOS CESAR PAVANI PAROLIN

PARTE GERAL

Capítulo I

NOÇÕES INTRODUTÓRIAS

SUMÁRIO: 1. Atividade Financeira do Estado. 2. Receitas Públicas. 3. Diferenças entre Direito Tributário e Direito Financeiro. 4. Enquadramento teórico do Direito Tributário. 5. Autonomia do Direito Tributário.

1. Atividade Financeira do Estado

Está consolidada a ideia de que o nascimento do Direito Tributário está relacionado à necessidade do Estado promover o bem estar da coletividade, uma vez que o tributo representa a principal fonte de custeio do aparelho estatal.

Como se sabe, o Estado é uma ficção traduzida numa personalidade jurídica que tem a finalidade de prover as necessidades mínimas dos seus cidadãos. Segundo Celso Bastos, *o Estado é o resultado da lenta evolução na forma de organização do poder*[1]. *Dessa forma, as atividades que anteriormente eram desempenhadas pelos próprios indivíduos sem qualquer organização, passaram a ser realizadas pelo Estado a partir de uma compostura orgânica sistematizada que futuramente viria se basear num diploma normativo fundamental.*

Numa visão otimista, é o Estado uma fórmula ideal de solução para os conflitos que agitam a vida social num determinado momento da evolução da humanidade.

Conforme adverte Klaus Adomeit, a filosofia que orientou a concepção do Estado é especialmente rica e bem construída, de tal maneira que os modelos gregos fundamentais do século quinto A.C. permanecem vivos até hoje.[2]

De fato, o estudo descritivo da organização estatal tem sido reiteradamente experimentado, sublimado e decantado desde a antiguidade até a modernidade por pensadores como Platão, Maquiavel, Kant, Hegel, Marx e tantos outros que empilharam construções teóricas que permanecem afligindo governantes e governados.

---

1 BASTOS, Celso Ribeiro. *Curso de Direito Constitucional.* 15ª Edição. São Paulo: Editora Saraiva, 1994, p.5.

2 ADOMEIT, Klaus. Filosofia do Direito e do Estado. Tradução de Elisete Antoniuk. Porto Alegre: Sergio Antonio Fabris Editor, 2000, p. 11.

Dessa forma, o Estado resulta de um fato histórico, econômico, político e social, mas é sua expressão jurídica que marca o território do Direito Tributário, enquanto forma de disciplinar a expropriação estatal do patrimônio privado, visando seu próprio custeio e a manutenção dos serviços públicos por ele mantidos. Nesse sentido, o poder coercitivo do Estado substituiu o homem na decisão daquilo que seria considerado bom, necessário e conveniente a ele isoladamente e à coletividade.

Na evolução gradativa dos modelos de Estado foram se tornando cada vez mais complexas as suas atribuições, e além da organização política da sociedade civil, passou o Estado a atuar como fator preponderante no aperfeiçoamento do indivíduo. Nesse contexto, ele acabou extrapolando sua tradicional concepção puramente política, alicerçada sob os ensinamentos de Platão e Aristóteles, passando a contingenciar ações econômicas e sociais que anteriormente não existiam.

Na arguta visão de Celso Bastos, *o Estado não deixa de ser uma grande associação e enquanto tal, existe para o atingimento de certos fins que dizem respeito aos interesses da própria coletividade.* [3]

O século XIX foi caracterizado pela construção dos Estados liberais, marcados pela economia de mercado, onde florescia a ideologia capitalista. O liberalismo significava excepcional e restrita intervenção do Estado, em contrapartida à ampla e ilimitada atuação dos diversos setores da sociedade, sendo correto afirmar que as ideias liberais se chocavam com o absolutismo monárquico, inspirando as revoluções americana e francesa do século XVIII.

Não é menos verdade que o liberalismo esteve fortemente ligado ao surgimento do Constitucionalismo, e os primeiros diplomas constitucionais apresentavam, em sua maioria, faceta liberal. As Constituições das Repúblicas do mundo ocidental, e até mesmo a Constituição Imperial brasileira, assim como a primeira Constituição Republicana, pregavam o absenteísmo estatal e a política do *laissez-faire*[4].

No início do século passado, esse modelo estatal de cunho francamente liberal, com absoluta liberdade de autorregulação de mercado no tocante à produção e circulação de riquezas, começou a dar sinais de enfraquecimento. Deveras, a abstenção do Estado permitiu o aparecimento de crises econômicas decorrentes do conflito entre o capital e o trabalho, potencializando as desigualdades surgidas com a concentração do capital nas mãos de minorias.

Geraldo de Camargo Vidigal [5] esclarece que *o modelo liberal se frustrou com o surgimento de monopólios decorrentes da supressão da concorrência, o que favoreceu o surgimento dos Estados socialistas*. O fracasso do Estado liberal se deve também,

---

3 BASTOS, Celso Ribeiro. *Curso de Direito Financeiro e de Direito Tributário.* São Paulo: Editora Saraiva, 1991, p. 1.

4 A expressão é oriunda do Francês "deixar fazer" e designa o liberalismo econômico. Significa que no capitalismo, o mercado deve atuar livremente, sem interferência do Estado que permite o autocontrole do mercado.

5 VIDIGAL, Geraldo de Camargo. *Teoria Geral do Direito Econômico.* São Paulo: Ed. Revista dos Tribunais, 1977, p. 14.

como adverte Eros Roberto Grau[6], à incapacidade de auto-regulação *dos mercados e a necessidade de maior participação do Estado na ordem econômica e social.*

Em decorrência disso, surgiram duas novas realidades construídas no intuito de minimizar o choque de interesses e reequilibrar o conflito entre capital e trabalho. Passaram a coexistir o chamado dirigismo estatal, como sinônimo de intervenção direta do Estado na economia e o novo modelo de Estado do Bem Estar Social – *Welfare State*. O Estado mínimo dava lugar ao logístico e essa nova realidade acarretou o desmesurado crescimento dos Estados por força da necessidade de implantação de serviços públicos de saúde, educação, previdência social, dentre outros.

Aquele momento histórico é marcado pela positivação dos direitos fundamentais de segunda geração, também chamados direitos sociais, ou direitos positivos, assim denominados por exigirem uma ação efetiva do Estado para sua implementação. Como se vê, aqueles direitos vieram para se unir aos direitos de primeira geração, marcantes nos Estados liberais, fundamentados nos ideais de liberdade e igualdade, e por isso chamados de direitos negativos ou liberdades públicas.

Em sua concepção atual e ressalvadas as circunstâncias de emergência, os modelos estatais das nações desenvolvidas são submissos às liberdades públicas. Mas também são provedores de políticas públicas e prestadores de serviços públicos que garantam o mínimo existencial e a dignidade da pessoa,.

De tal maneira, define-se como premissa isenta de objeção filosófica o fato de que o Estado moderno deve ser de Direito, Republicano, Democrático e existe para perseguir e prover os direitos fundamentais dos indivíduos. É seu dever implementar políticas e serviços públicos necessários para que esses direitos sejam efetivados na vida dos indivíduos, conforme determina a Constituição da República.

Assim, esse modelo de Estado existe em razão das pessoas e deve caminhar numa direção em que atue com o único propósito de garantir o mínimo aos seus concidadãos, já que sua existência, enquanto pessoa jurídica de Direito Público, somente se perfaz em função dos indivíduos aos quais deve servir.

Assim, o Estado é servidor e não servido. Os serviços públicos devem ser prestados pelo Estado, ou por quem lhe faça as vezes, em função das pessoas submetidas a seu poder. Ademais, o exercício desse poder estatal deve se identificar com a proteção e manutenção dos cidadãos que são a sua razão de existir.

A propósito do debate de como o país é ou deveria ser à luz do texto constitucional, não resta a menor dúvida que o fenômeno tributário é parte do problema. Nesse sentido, um contrato social arrimado em valores ético-morais diversos das proposições que atualmente imperam somente se concretizará com o fortalecimento das instituições da República e dos princípios nela consagrados, cabendo ao Estado o dever de estar presente com efetividade na vida de seus cidadãos, mas não só para instituir, fiscalizar e arrecadar tributos, como também para empregar com justiça, moralidade e igualdade os recursos oriundos de sua cobrança.

---

6 GRAU, Eros Roberto. *A Ordem Econômica na Constituição de 1988*. 4 Ed. São Paulo: Editora Malheiros, 1998, p. 15.

De tal arte, para propiciar o exercício dos direitos do cidadão fomentando o desenvolvimento e bem estar da coletividade, deve satisfazer por sua conta o mínimo impertinente para a existência digna de seus cidadãos. Por isso o Estado necessita recursos e por isso a figura do tributo é inseparável do fenômeno estatal desde sua criação.

Ao não viabilizar aos brasileiros o exercício dos direitos fundamentais, a ***síndrome da inefetividade e da irrealizabilidade da Constituição***, notadamente verificada pela presença de auspiciosos postulados, tão densos de significação, demonstrando aquilo que o cotidiano revelou não passar de promessas insinceras, coloca-se na berlinda a figura do Estado, e nesse contexto, a função do fenômeno tributário é crucial para o fechamento da equação ***Estado Atuante → Constituição Efetiva → Direitos Garantidos***.

Sem muita sutileza é fácil concluir que essa equação não se completa inclusive por causa da estrutura ineficaz do Estado que o torna um fim em si mesmo e não lhe permite cumprir seus deveres fundamentais de garantir o mínimo à dignidade das pessoas.

É nesse contexto que a tributação passa a desempenhar atividade preponderante no Estado, o que torna evidente a necessidade de disciplinar as relações jurídicas entre Fazenda tributante e cidadão tributado, não havendo dúvida que nesse particular momento da evolução da história, são lançadas as sementes do Direito Tributário, assim entendido como um complexo normativo constituído de singular conteúdo jurídico cuja finalidade é disciplinar as relações entre fisco e contribuinte.

Com efeito, a gênese da tributação está ligada à maneira como as pessoas políticas obtém recursos econômicos para fazer frente aos gastos públicos, sendo certo que a tributação deriva de um complexo maior que compõe a organização e a estrutura financeira do Estado.

Assim, denomina-se atividade financeira do Estado o conjunto de ações que se baseia em normas componentes de um regime jurídico de Direito Público e que tem a finalidade de efetivar a gestão do dinheiro público, o estudo do crédito e do débito estatal, a realização do orçamento das entidades federativas e a análise da receita e despesa do Poder Público.

A atividade financeira do Estado não interessa só ao Direito, como também às Finanças Públicas, à Economia, à Ciência Política, e seus objetivos fundamentais são proporcionar recursos econômicos para o custeio da manutenção e funcionamento do Estado[7]. Dessa forma, o ramo do Direito que se encarrega de estudar a atividade financeira estatal é o Direito Financeiro.

O Direito Financeiro é *a disciplina que estuda o ordenamento jurídico das finanças do Estado e as relações jurídicas por ele criadas no desempenho da sua atividade financeira.*

---

[7] BASTOS, Celso Ribeiro. Idem, *Curso de Direito Financeiro e de Direito Tributário*. São Paulo: Editora Saraiva, 1991, p. 9

Em outras palavras, o Direito Financeiro é o ramo do Direito Público que estuda as normas que organizam a atividade financeira do Estado, composta pela receita pública, despesa pública, crédito público, débito público, orçamento público e gestão patrimonial do Estado.

A atividade financeira do Estado é uma parcela das atividades administrativas desempenhadas no âmbito da Administração Pública, estando contida no Direito Administrativo. Assim, com o crescimento das atividades estatais, esta parcela de atividades se tornou particularmente complexa no transcorrer do tempo, de forma a congregar institutos e categorias jurídicas próprias, permitindo que se construísse um regime jurídico específico que originou o Direito Financeiro.

De tal sorte, está correto afirmar que o Direito Financeiro se destacou do Direito Administrativo em função da especialização cada vez maior das atividades financeiras do Poder Público, sendo lógico concluir que é um desdobramento do Direito Administrativo, ramo que disciplina o estudo das atividades administrativas do Estado, e por cognição lógica, derivado do Direito Constitucional.

Segundo os ensinamentos de Regis Fernandes de Oliveira e Estevão Horvath, *o fenômeno financeiro tem diversos aspectos, tais como o contábil, o econômico, o psicológico, etc., mas o que particularmente interessa ao Direito Financeiro é o aspecto jurídico, ocorrente na realidade empírica e adaptado pela norma jurídica.*[8] Posteriormente, destacou-se da atividade financeira do Estado a parte relacionada às receitas públicas, originando o Direito Tributário.

No âmbito do direito positivo, as normas constitucionais que versam sobre a atividade financeira do Estado e sobre o Direito Financeiro se encontram dispostas nos arts. 163 a 169 da Constituição da República, no Capítulo II do Título VI – da Tributação e do Orçamento – intitulado *Das Finanças Públicas*.

Nesse sentido, o art. 163 da Constituição dispõe sobre as atividades financeiras, estabelecendo que Lei Complementar disporá sobre finanças públicas; dívida pública externa e interna, incluída a das autarquias, fundações e demais entidades controladas pelo Poder Público; concessão de garantias pelas entidades públicas; emissão e resgate de títulos da dívida pública; fiscalização financeira da administração pública direta e indireta; operações de câmbio realizadas por órgãos e entidades da União, dos Estados, do Distrito Federal e dos Municípios; compatibilização das funções das instituições oficiais de crédito da União, resguardadas as características e condições operacionais plenas das voltadas ao desenvolvimento regional.

No capítulo das Finanças Públicas que versa sobre os orçamentos, ficou estabelecida a exigência de Lei Complementar para disciplinar inteiramente as matérias que compõem o Direito Financeiro, e embora ainda não tenha sido editada a referida Lei Complementar, tem-se entendido que a Lei n° 4.320, de 17.03.1964, cuida da matéria ali invocada, tendo sido recepcionada com esse status.

---

[8] FERNANDES DE OLIVEIRA, Régis; e HORVATH, Estevão. *Manual de Direito Financeiro*. 4ª Ed. São Paulo: Editora Revista dos Tribunais, 2001, p. 22.

Dessa forma, pelo cotejo entre o novo ordenamento jurídico inaugurado pela Constituição de 1988 e o ordenamento infraconstitucional preexistente, e particularmente em relação à atividade financeira do Estado, pode se afirmar que grande parte do antigo ordenamento harmoniza-se com o novo texto constitucional, estando com ele sintonizado, tendo sido recepcionado o sistema normativo que disciplinava a matéria.

Dessa forma, a Lei Federal n° 4.320/64 foi formalmente editada como lei ordinária, mas recepcionada como lei complementar uma vez que o § 9° do art. 165 da Constituição Federal atribui exclusivamente àquela figura normativa regrar as matérias ali tratadas. Referida lei estatui normas gerais de Direito Financeiro para elaboração e controle dos orçamentos e balanços da União, dos Estados, dos Municípios e do Distrito Federal, de acordo com o disposto na Constituição dos Estados Unidos do Brasil de 18 de setembro de 1946, tendo unificado e padronizado os orçamentos públicos dos Municípios, Estados, Distrito Federal e União, bem como os balanços públicos. Também serve de orientação à atividade dos Tribunais de Contas, cujas atribuições estão determinadas no artigo 71 da Constituição de 1988.

2. RECEITAS PÚBLICAS

As receitas públicas integram as atividades financeiras do Estado e sua análise sistematizada deu origem ao Direito Tributário que foi destacado do Direito Financeiro. Dessa forma, as receitas públicas são ingressos de numerário aos cofres da pessoa jurídica de Direito Público mediante previsão legal na lei do orçamento, a ser utilizado para fazer frente às despesas públicas.

Nos termos da Lei n° 4.320/64, são consideradas receitas públicas todos os ingressos, independente de representar acréscimo patrimonial. As principais fontes das receitas públicas são as patrimoniais, ou seja, aquelas que derivam da exploração do patrimônio dominial do Estado, como o recebimento de aluguéis, lucros de suas empresas etc. Além das fontes patrimoniais, os créditos públicos também são fontes de receitas públicas, considerados como ingressos provisórios, como é o caso da emissão de títulos da dívida pública. Outras fontes permitem o ingresso de numerário aos cofres públicos por meio de outras entradas como recebimento de multas, heranças jacentes etc. Por fim, as principais fontes de receitas públicas são os tributos.

Genericamente, as receitas públicas podem ser classificadas em receitas ordinárias ou extraordinárias, sendo as primeiras originárias ou derivadas.

As receitas ordinárias representam a categoria mais comum das receitas públicas, sendo permanentes, previstas, orçadas, com as quais a Administração conta para custear suas despesas dentro de um determinado exercício.

As receitas extraordinárias representam uma categoria ocasional de receitas públicas, e ao contrário das receitas ordinárias que compõem a maior parte do orçamento do poder público, as receitas extraordinárias são eventuais ou esporádicas. Para o estudo do Direito Tributário, interessa a análise das receitas ordinárias, que podem ser divididas em duas subcategorias.

Receitas ordinárias originárias são aquelas receitas públicas provenientes do patrimônio do Estado. Trata-se de receitas voluntárias ou contratuais e geralmente são auferidas por preços públicos ou tarifas, além das já mencionadas receitas patrimoniais, como é o caso do recebimento de aluguéis e lucro de empresas estatais.

As receitas ordinárias derivadas são as receitas públicas provenientes do patrimônio particular e auferidas de forma compulsória, sendo obrigatórias e coercitivas. Aqui se encontra a figura do tributo, núcleo da disciplina e considerado fonte de receita ordinária derivada.

Como se vê, o fenômeno tributário se circunscreve a uma parcela restrita da atividade financeira do Estado que trata particularmente das receitas ordinárias derivadas decorrentes da ação do Estado sobre o patrimônio particular.

Muito embora o tributo decorra de um segmento específico da imensa gama de atividades financeiras desenvolvidas pelo Estado, tal instituto tornou-se muito presente na vida do administrado, sendo cada vez mais incisivas as relações dele decorrentes, e por causa de seu peculiar regime jurídico, tornou-se campo de tamanha extensão e complexidade, permitindo que o Direito Tributário se destacasse ainda mais em relação ao Direito Financeiro de onde surgiu.

Assim, o Direito Tributário é o ramo do direito público que rege as relações jurídicas entre o Estado e os particulares, decorrentes da atividade financeira do Estado, no que se refere à obtenção de receitas que correspondam ao conceito de tributo.

O Direito Tributário cuida de definir os parâmetros normativos que disciplinam o fenômeno da tributação, sempre com vistas à proteção dos direitos fundamentais, um dos quais determina que em nosso ordenamento somente as pessoas políticas podem fazer uso do poder de instituir tributo. Assim, o fenômeno da tributação só se verifica mediante expressa autorização legal, de maneira que não só a criação do tributo, mas a modificação de sua estrutura e até mesmo sua extinção depende de lei, por força do Princípio da Legalidade.

A nosso aviso é possível concluir que a atividade tributária, nesse particular entendida como o poder de criar tributos, somente é deferida às pessoas aptas a legislar. Mais do que isso, além da reserva legal que exige lei específica para criação de tributos, há uma reserva constitucional, na medida em que todo tributo, para ser criado por lei, deve estar previsto na Constituição da República. Assim, é correto afirmar que o ***Princípio da Reserva Constitucional*** se aplica ao fenômeno tributário brasileiro no que concerne à necessidade de que todos os tributos devam possuir uma configuração normativa mínima no âmbito da norma fundamental, um modelo ou arquétipo constitucional.

Dessa forma, só a União, Estados membros, Distrito Federal e Municípios podem criar tributos, daí porque são chamados de entes tributantes, somente podendo ser criados os tributos cujo modelo fundamental esteja plasmado na Constituição. Desde já é importante apontar a diferença entre instituir (ou criar) o tributo e arrecadar (ou cobrar) o tributo, uma vez que a criação do tributo deriva do exercício da competência tributária, enquanto a arrecadação implica no exercício da capacidade tributária ativa, institutos distintos que serão analisados no momento oportuno.

Em outras palavras, pode-se dizer que o Direito Tributário é o ramo do Direito Público que cuida de construir o complexo normativo que orienta as premissas do fenômeno tributário.

3. Diferenças entre Direito Tributário e Direito Financeiro

O Direito Tributário possui pontos em comum com o Direito Financeiro porque dele se originou, mas com ele não se confunde. Muito embora ambos tenham se originado do estudo da atividade financeira do Estado, o Direito Financeiro estuda essa atividade sob um enfoque mais amplo, pois visa disciplinar a própria atividade financeira estatal.

Tal atividade, como visto anteriormente, consiste num conjunto de ações desenvolvidas para a obtenção, gestão e aplicação dos meios necessários para a satisfação do bem comum. Portanto, o Direito Financeiro cuida da receita, despesa, orçamento e crédito público.

O Direito Tributário se baseia no estudo da tributação, gravitando em torno da figura do tributo, e por isso se restringe à análise das receitas públicas. Além disso, o Direito Tributário se circunscreve apenas às receitas públicas oriundas da tributação, ou seja, receitas ordinárias derivadas.

Dessa forma, tanto o Direito Financeiro como o Direito Tributário se incumbem de analisar a atividade financeira do Estado, mas enquanto o primeiro abrange com toda amplitude essa atividade, o segundo cuida especificamente das receitas ordinárias derivadas, analisando o fenômeno tributário.

Como adverte Eduardo Marcial Ferreira Jardim, *"não é demasia esclarecer que inexiste qualquer relação entre todo e parte no tocante às referidas disciplinas, uma vez que cada qual incumbe dispor com privatividade acerca de segmentos distintos da atividade financeira do Estado."* [9]

Apesar de estarem intimamente ligados, atualmente pertencem a categorias jurídicas autônomas, possuindo, cada um deles, um regime jurídico específico, razão pela qual são estudados em apartado.

4. Enquadramento teórico do Direito Tributário

Essa análise tem mais função pedagógica do que científica, e a demonstração disso é a classificação do Direito em dois campos, Público e Privado, de tradição romana que não mais se justifica no cenário atual.

A doutrina tradicional considerava que o Direito possuía caráter Público quando prevalecia, nas relações jurídicas, a posição do Estado marcada pelo seu próprio envolvimento, enquanto o Direito Privado se caracterizava pela ausência da supremacia estatal, sendo comum nas relações jurídicas entre particulares.

Tal classificação não se justifica atualmente porque não tem significado científico, sendo mais de conotação pedagógica. De fato, a ciência do Direito é una, e para estudá-la é melhor separar sua organização, e só por isso fala-se em Direito Público e Direito Privado, subdividindo-se, a partir daí, os ramos do Direito Público e Privado.

---

9 JARDIM, Eduardo Marcial Ferreira. *Manual de Direito Financeiro e Tributário.* 5ª Ed. São Paulo: Editora Saraiva, 2000, p. 16.

Há um critério subjetivo baseado nas partes envolvidas e no interesse disciplinado, utilizado para enquadrar o ramo do direito, mas sob qualquer ângulo de análise, há que se concluir que o Direito Tributário é ramo do Direito Público, e isso é perceptível porque o sistema tributário se embasa na transferência compulsória de recursos do setor privado para o setor público.

De qualquer maneira, apesar de o Direito Tributário, ao menos para fins didáticos, ser uma ramificação do Direito Público, nem por isso deixa de se arrimar em outras áreas do Direito, e isso ocorre principalmente em relação ao Direito Civil que cuida de vários institutos essenciais ao Direito Tributário, como posse, propriedade, domínio útil, capacidade, responsabilidade, solidariedade, domicílio, pagamento, transação, compensação, etc. Também advém do Direito Civil o instituto das obrigações, de tamanha importância para o Direito Tributário, na exata medida em que o próprio tributo configura uma obrigação que decorre de uma relação entre o sujeito ativo (credor) e o sujeito passivo (devedor), na qual o sujeito ativo tem o poder de exigir, em face do passivo, o cumprimento da obrigação (prestação).

Nestes moldes, tem-se consagrada a natureza obrigacional do tributo, e é nesse sentido que o art. 3° do Código Tributário Nacional estatui que *tributo é toda prestação pecuniária compulsória, em moeda ou cujo valor nela se possa exprimir, que não constitua sanção de ato ilícito, instituída em lei e cobrada mediante atividade administrativa plenamente vinculada*. Sob esse aspecto, pode-se dizer que são elementos da obrigação, os *sujeitos* (ativo e passivo), o *vínculo* que sempre deriva da lei, e o *objeto* que é a prestação, ou seja, a entrega de dinheiro do particular ao Poder Público.

A obrigação tributária está inserida no Título II do Segundo Livro do Código Tributário Nacional, tendo seu traço distintivo marcado pela vinculação explícita ao caráter *ex lege*, de maneira que há necessidade de determinação legal expressa para que seja constituído o dever de carrear aos cofres públicos o numerário correspondente à obrigação tributária.

5. Autonomia do Direito Tributário

A autonomia do Direito Tributário advém de sua capacidade de congregar um conjunto de princípios e institutos próprios. Essa possibilidade de estudo em apartado decorre das peculiaridades que são inerentes especialmente em relação a esse peculiar setor do Direito Público. Por força dessas particularidades, pode-se dizer que o Direito Tributário alberga um regime jurídico próprio, constituído de normas que lhe dão um colorido especial e uma específica forma de atuação, denominado ***regime jurídico tributário***. Particularmente, pode-se afirmar que a priore, o regime jurídico tributário estará presente na relação jurídica instituída entre o sujeito ativo (fisco) e o sujeito passivo (contribuinte) do tributo, a denominada ***relação jurídica tributária***, a qual se inicia com o pressuposto fático (fato gerador) e finaliza com a extinção do crédito, em quaisquer das hipóteses contempladas no art. 156 do CTN, sendo marcada pelo timbre dos Princípios Constitucionais Tributários.

A Constituição Federal dedicou um Título inteiro para normatizar a relação jurídica tributária através do *Sistema Tributário Nacional*, definindo expressamente cada espécie de tributo existente no país, seu desenho fundamental e suas limitações constitucionais ao poder de tributar, cunhando a relação com a marca dos princípios gerais de tributação. Ademais, determinou a Constituição que cabe à lei complementar dispor sobre conflitos de competência em matéria tributária, regular as limitações constitucionais ao poder de tributar e estabelecer as normas gerais de tributação, consoante dispõe o art. 146, III. Assim, pelo mesmo motivo que socorreu a Lei nº 4.320/64, o Código Tributário Nacional, instituído pela lei ordinária federal nº 5.172/66, também foi recepcionado com status de lei complementar.

Com efeito, ao fixar as competências legislativas concorrentes, o art. 24 da Constituição se reporta distintamente às disciplinas do Direito Tributário, Financeiro e Administrativo, evidenciando a distinção entre estes ramos. No entanto, com base na premissa de que a atividade tributária está inserida na atividade financeira do Estado, alguns autores defendem a posição de que esses dois ramos do Direito poderiam ser estudados de forma unificada, mas apesar disso predomina a posição que confere ao Direito Tributário autonomia didática e científica.

Em verdade, o fenômeno da tributação tem previsão expressa e específica na Constituição Federal, uma vez que o Título VI estabelece as normas da *Tributação e do Orçamento*, enquanto seu respectivo Capítulo I define as normas do Sistema Tributário Nacional. Por outro lado, o Direito Financeiro recebe tratamento no Capítulo II do Título VI que estabelece as normas inerentes às Finanças Públicas.

Além disso, a autonomia do Direito Tributário se completa pelo disposto no art. 109 do CTN no sentido de que os princípios gerais de direito privado utilizam-se para pesquisa da definição, do conteúdo e do alcance de seus institutos, conceitos e formas, mas não para definição dos respectivos efeitos tributários.

Capítulo II

CONCEITO DE TRIBUTO

1. Definição legal e doutrinária de Tributo

O Direito Tributário tem por objeto analisar o fenômeno da tributação, estudando a figura do tributo, assim considerado como a contraprestação exigida pelo Estado em face das pessoas físicas e jurídicas, nas hipóteses elencadas na lei.

O conceito de tributo é poligênico porque sua gênese surgiu no Direito Financeiro, embora recentemente tenha adquirido seus contornos atuais. Tanto é verdade que o tributo possui definição legislativa pela Lei n° 4.320/64 que é uma lei típica do Direito Financeiro. Nesse sentido, o artigo 9° daquela lei enuncia seu conceito estabelecendo que o tributo **é receita derivada, instituída pelas entidades de direito público,** *compreendendo os impostos, as taxas e contribuições, nos termos da Constituição e das leis vigentes em matéria financeira, destinando-se o seu produto ao custeio de atividades gerais ou específicas exercidas por essas entidades.*

Depreende-se que naquele diploma legal, o tributo é manejado sob o ponto de vista do sujeito ativo da relação, viés demonstrado pelo enfoque conceitual que o caracteriza como receita pública. Logo, essa definição está construída sob o espectro do Direito Financeiro, e a expressão pecuniária assume as vestes de receita porque assim é enxergada pelo ente que aufere os recursos provenientes da tributação, e que por consequência, deve estruturar o seu orçamento para determinar a maneira como irá aplicar o produto arrecadado.

Diametralmente oposto a esse tratamento, encontra-se o enfoque do Direito Tributário, construído sob a ótica do sujeito passivo, para o qual o tributo será visto como encargo, ônus, obrigação, dever.

Nesse sentido, o conceito fornecido pelo Direito Financeiro será útil quando se examinar a questão no campo afeto ao enquadramento da aplicação do produto arrecadado. Por outro lado, a análise das normas jurídicas com o escopo de especular sobre a legitimidade do procedimento de obtenção desses recursos, investigando-se o plexo de normas que são instituídas para subtrair parcela de riqueza dos particulares para entregá-las ao Poder Público, estará sujeita às prospecções analíticas do Direito Tributário.

Sendo assim, sem menosprezo aos preceitos da Lei nº 4.320/64 que estatui normas de Direito Financeiro para elaboração e controle dos orçamentos e balanços dos entes da federação, o conceito de tributo que melhor se enquadra no presente estudo está preconizado na Lei nº 5.172/66 – Código Tributário Nacional, que dispõe sobre o Sistema Tributário Nacional e institui normas gerais de direito tributário aplicáveis à União, Estados, Distrito Federal e Municípios.

Assim, o art. 3º do CTN estabelece que *Tributo é toda prestação pecuniária compulsória, em moeda ou cujo valor nela se possa exprimir, que não constitua sanção de ato ilícito, instituída em lei e cobrada mediante atividade administrativa plenamente vinculada.*

Apesar das críticas tecidas pelos teóricos a respeito do mau vezo do legislador em estabelecer conceitos, é forçoso reconhecer que o conceito de tributo enunciado no art. 3º do CTN não desafia a inteligência das definições construídas pela doutrina.

É importante ressaltar que o art. 7º, IV da Lei Complementar nº 95/98, que dispõe sobre a elaboração, redação e alteração das leis, estabelece que o mesmo assunto não poderá ser disciplinado por mais de uma lei, exceto quando a subsequente se destine a complementar lei considerada básica, vinculando-se a esta por remissão expressa. De qualquer maneira, feita essa ressalva é preciso esclarecer que os conceitos legais não se excluem, já que cada um deles milita em searas específicas da atividade administrativa.

De fato, Geraldo Ataliba adverte que *"o conceito de tributo é um conceito jurídico privativo, que não se pode confundir com o conceito financeiro, ou econômico de outro objeto, de outros setores científicos, como é o tributo ontologicamente considerado. Tributo, para o direito, é coisa diversa de tributo como conceito de outras ciências."* [1]

Como se sabe, a boa técnica legislativa não recomenda ao legislador o desafio de definir conceitos ou categorias, e essa inteligência não escapou das críticas formuladas pelo próprio Geraldo Ataliba. Confira-se: *"... não é função de lei nenhuma formular conceitos teóricos... o conceito de tributo é constitucional. Nenhuma lei pode alargá-lo, reduzi-lo ou modificá-lo. É que ele é conceito chave para demarcação das competências legislativas e balizador do 'regime tributário', conjunto de princípios de proteção do contribuinte contra o chamado 'poder tributário'... Daí o despropósito*

---

1 ATALIBA, Geraldo. *Hipótese de incidência tributária.* 6ª ed. São Paulo: Malheiros Editores, 2000, p. 23.

dessa 'definição' legal, cuja admissão é perigosa, por potencialmente danosa aos direitos constitucionais dos contribuintes." [2]

Apesar das críticas tecidas pela doutrina, deve-se reconhecer que o conceito de tributo enunciado no artigo 3° do CTN não desafia a inteligência das definições construídas pela doutrina, para quem *o tributo é uma obrigação tributária ex lege, de dar dinheiro, que não configura sanção por ato ilícito, e que possui por sujeito ativo geralmente uma pessoa política e por sujeito passivo qualquer pessoa designada pela lei.*[3]

A análise de cada um dos termos dessa definição permite evidenciar o conteúdo semântico dos elementos essenciais do tributo, permitindo esquadrinhar o conteúdo jurídico da célula fundamental do Direito Tributário.

2. Aspectos do conceito de tributo

A representação do tributo como objeto do pensamento se constrói com base em suas características gerais, e a melhor maneira de proceder a formulação de suas ideias nucleares é a análise destacada dos elementos que integram seu conceito.

Por isso, para que o exercício cognoscitivo permita a construção da exata compreensão do tributo e do complexo normativo que o circunda, é importante que se avaliem os elementos que integram sua definição, até mesmo para que se facilite uma ideal compreensão de situações concretas que eventualmente se apresentem ao intérprete.

Assim, torna-se necessária a descrição minuciosa dessa espécie jurídica e nesse sentido, é conveniente a análise pormenorizada de cada segmento de seu conceito.

2.1. Obrigação

O tributo é uma obrigação, uma imposição, um encargo, um dever do sujeito passivo para com o sujeito ativo. Trata-se de um vínculo abstrato de conteúdo patrimonial pelo qual alguém, o sujeito passivo, está adstrito a dar, a fazer, a não fazer ou a suportar algo em relação a outrem, o sujeito ativo.

Conforme se verá, diferente do que ocorre no Direito Civil, berço da teoria geral das obrigações onde a autonomia da vontade entre os particulares demarca sua nota, a obrigação tributária prescinde da autonomia da vontade das partes, fundando-se no critério da vontade da lei. Assim, as partes não se obrigam como acontece no direito privado, mas apenas uma se obriga por se enquadrar nas hipóteses definidas em lei.

É inegável, no entanto, que da mesma maneira como ocorre com as obrigações do direito privado, a obrigação tributária simboliza uma relação jurídica de caráter patrimonial, muito embora não seja inaugurada por um contrato, mas pelo preenchimento do pressuposto fático previamente definido em lei.

---

2 Op. cit., p. 32/33.

3 CARRAZZA, Roque Antônio. Em aula, São Paulo, 1994.

Na relação jurídica tributária, a obrigação se concretiza quando o sujeito ativo, o credor da obrigação, aqui chamado de *Fisco* ou *Fazenda Pública*[4], goza da prerrogativa de exigir o cumprimento da obrigação pelo sujeito passivo, seu devedor, aquele que fica submetido à exigência, denominado *contribuinte* ou *responsável*.

Dessa forma, a obrigação tributária se caracteriza pelo poder concedido ao sujeito ativo de exigir o cumprimento de uma prestação por parte do sujeito passivo.

2.2. Obrigação de dar em moeda

Tradicionalmente, a obrigação que enseja o pagamento do tributo é de dar dinheiro, cumprida em moeda, daí ser um dever jurídico *dare pecuniam*. Entende-se por moeda o pagamento em dinheiro ou através de qualquer outra forma que implique a transferência de numerário aos cofres públicos, assim como o cheque, ordem de pagamento à vista ou mesmo por meios eletrônicos.

Não se paga tributo em moeda estrangeira ou pela entrega de bens materiais em espécie, mas há registro histórico no Brasil do pagamento de tributos por meio da entrega direta de bens do particular ao poder público, como ocorria com o *imposto do quinto do ouro,* oriundo do colonialismo. Na idade média, o feudalismo conheceu a tributação por meio de serviços denominados corvéias, uma espécie de trabalho gratuito que o camponês prestava ao senhor feudal.

Hoje o cumprimento da obrigação tributária, como regra, se perfaz pelo pagamento em dinheiro. Apesar disso, atualmente esse aspecto do conceito de tributo abriga uma certa incoerência, tornando discutível a questão em torno da necessidade de se pagar o tributo em dinheiro. Isso porque não há, em verdade, nenhuma exigência constitucional para que a obrigação tributária se perfaça por meio da entrega de dinheiro ao fisco, podendo ser cumprida de outra forma, desde que haja autorização legal. O fato é que deve existir, sempre com pauta na razoabilidade e proporcionalidade, alternativas viáveis ao contribuinte, sem que se refute a natureza jurídica do tributo. Por isso, uma determinada exação não deixa de ser tributo se, por qualquer forma legal, a obrigação venha a ser satisfeita pelo sujeito passivo.

Outra não foi a razão pela qual o art. 156 do CTN, que disciplina as modalidades de extinção do crédito tributário, teve sua redação modificada pela Lei Complementar nº 104 de 10 de janeiro de 2001, e agora contempla a figura da *dação em pagamento*,

---

[4] O termo *Fazenda Pública* designa a pessoa jurídica de direito público que atua em Juízo em causas que assumam cunho econômico. Ensina Hely Lopes Meirelles (in *Direito Administrativo Brasileiro*, 32ª ed. São Paulo: Malheiros, 2006, p.722) que *a Administração Pública, quando ingressa em juízo por qualquer de suas entidades estatais, por suas autarquias, por suas fundações* públicas ou por seus órgãos que tenham capacidade processual, recebe a designação tradicional de Fazenda Pública, porque seu erário é que suporta os encargos patrimoniais da demanda. No entanto, nem todo credor de tributo é a Fazenda Pública, e pode haver credores tributários que nem mesmo sejam pessoas jurídicas de direito público. Pelo mesmo motivo, embora não esteja tecnicamente correta a terminologia para designar o credor de tributos em todas as situações, está consagrado o uso indiscriminado do vocábulo *fisco,* oriundo do latim *fiscus* que significava a cesta de fibras vegetais utilizada na antiga Roma para arrecadação de tributos.

onde se permite a extinção do crédito através da entrega de bens imóveis em troca do valor devido, desde que haja lei específica autorizando o procedimento.

2.3. Caráter compulsório

A sujeição do devedor ao cumprimento da obrigação tributária não é voluntária ou contratual, e nem decorre de mera faculdade do sujeito passivo. O tributo não é uma oferenda disposta pelo contribuinte para louvar o Estado. Trata-se de uma figura compulsória, cogente e de cumprimento obrigatório.

O caráter compulsório do tributo decorre de uma evidência natural no sentido de que, por se tratar de forma de supressão patrimonial em favor do Estado, a obrigação tributária não seria exequível não houvesse a compulsoriedade.

O sujeito passivo está submetido à compulsoriedade da obrigação tributária principal que consiste em pagar o tributo, assim como ao cumprimento das formalidades legais decorrentes das obrigações acessórias, desde que se enquadre na formulação legal que originou a obrigação.

Sob esse aspecto, apenas à guisa de observação, a denominação *imposto* se enquadra nesse conceito de forma mais apropriada do que a palavra *tributo*. A etimologia do vocábulo imposto sugere uma conduta exigida, forçada, imposta pelo sujeito ativo, enquanto o termo *tributo* tende a assumir uma feição de algo concebido por hábito, um preito ou uma homenagem. De qualquer maneira, tanto o tributo que é gênero, quanto o imposto que é espécie, são instituídos em caráter compulsório.

A compulsoriedade decorre de um ato de soberania estatal e submete o sujeito passivo a um comportamento obrigatório que concerne na diminuição de seu patrimônio em favor do interesse da coletividade. Apesar disso, como a tributação deriva de atividade legislativa, nos países de matriz constitucional marcados pelo caráter democrático e republicano, o pagamento do tributo deve resultar do *consensus* do titular do poder, de tal arte que mesmo se caracterizando como uma obrigação compulsória, o fenômeno tributário é reconhecido, aceito e admitido pelo povo.

2.4. Não configura o tributo sanção por ato ilícito

A licitude dos fatos atingidos pela lei que institui um tributo é ingrediente característico da relação jurídico-tributária. De fato, as situações atingidas pelo fenômeno tributário não se caracterizam como sanção por ato ilícito. Assim, havendo a prática de uma situação não contemplada pela legislação tributária, e bem assim caracterizada a ilicitude da conduta, ter-se-á por legitimada a aplicação de sanção, que no mais das vezes é pecuniária, efetivada na figura conhecida como *multa*.

Mas é preciso advertir o leitor no sentido de que releva para o fato gerador do tributo somente o sinal de riqueza, abstraindo-se sua origem remota, não importando a validade do negócio jurídico para a caracterização da incidência. Isso demonstra que eventuais nulidades que acarretem o desfazimento do negócio não tem qualquer importância para o fenômeno tributário, e é por essa razão que a renda auferida em decorrência de atividade ilícita sujeita o seu titular à tributação. Coerente o raciocínio, pois do contrário seria o império de uma situação ainda mais injusta.

Daí surge a curiosa expressão latina que bem designa o tributo: *non olet,* ou seja, tributo não tem cheiro.[5]

Por outro lado, o numerário exigido a título de tributo em nada se confunde com o valor decorrente da multa, já que o primeiro advém de conduta lícita enquanto a multa decorre de conduta ilícita. Para a caracterização do tributo, faz-se necessário a observância do pressuposto fático de caráter lícito, no que é contrário à sanção aplicada por descumprimento de um dever jurídico previsto na legislação tributária.

Como parece óbvio, o ilícito tributário ensejador da aplicação da sanção administrativo-tributária é o ilícito tipicamente tributário, diferindo ontologicamente dos ilícitos de natureza puramente administrativa, ambiental, etc. Portanto, a sanção deve ser sofrida pelo autor do ilícito tributário, observando que a mais frequente sanção dessa natureza é a multa por infração ou multa punitiva.

Por outro lado, também é conhecido o debate sobre a distinção entre a multa de mora ou multa moratória e a multa punitiva, uma vez que a primeira não decorre de sanção pela prática de ilícito tributário, mas simplesmente pela mora ou inadimplemento. Como se pode perceber, o fato ensejador da multa de mora é menos grave do que o fato que acarreta a aplicação da multa punitiva, razão pela qual essas categorias se distinguem tanto no aspecto descritivo, quanto no prescritivo.

Não obstante, há dissenso doutrinário que se debruça sobre a semelhança da multa punitiva em relação à multa moratória, até porque toda multa corresponde a uma sanção pecuniária e sob esse aspecto não discrepam, sejam punitivas ou moratórias.

Apesar desses debates, elas não se confundem, primeiro porque seus fatos geradores são distintos e segundo porque as consequências, marcadamente sob o ponto de vista quantitativo, também diferem, uma vez que as multas punitivas são destacadas por valores exponencialmente maiores do que os definidos em multas moratórias.

Tanto é verdade que para os efeitos da denúncia espontânea tratada no art. 138 do CTN, a responsabilidade do devedor fica excluída pela denúncia espontânea da *infração* (sic), uma espécie de arrependimento posterior que exclui a aplicação da sanção. Como se vê, o mesmo benefício não é estendido à multa moratória, não obstante haja jurisprudência afirmando a exclusão tanto da multa punitiva quanto da moratória, numa demonstração de que podem ser tratadas, segundo esse entendimento, de forma paritária. Nesse sentido: TRF-4 - APELAÇÃO EM MANDADO DE SEGURANÇA AMS 36592 SC 96.04.36592-4 (TRF-4) Data de publicação: 02/12/1998 . Ementa: TRIBUTÁRIO. DENÚNCIA ESPONTÂNEA. MULTA. EXCLUSÃO DA RESPONSABILIDADE. 1. Não há diferença entre multa moratória e multa punitiva. 2. A denúncia espontânea de infração exclui a responsabilidade do infrator, nos termos do ART- 138 do CTN-66 .

---

5 É admitida a tributação sobre atividade ilícita, reconhecido o Princípio do Non Olet. (Informativo STF nº 637).

De qualquer maneira, o CTN lhes confere tratamento distinto, o que se pode depreender tanto pelo disposto no art. 138 que exonera o devedor de responder somente nos casos de infração e não de mora ou inadimplemento, assim como pelo disposto no art. 134 que determina sejam transferidas ao responsável somente as penalidades de caráter moratório.

Por isso, é lícito afirmar que o fato gerador da multa por infração é distinto do fato gerador da multa moratória, já que no primeiro caso há ilicitude que enseja até mesmo a responsabilidade de terceiros. Daí, o fato gerador da multa por infração é mais grave do que o fato gerador da multa moratória, o qual, como se denota, decorre de simples atraso no pagamento. Resulta disso que as consequências são distintas e isso se vislumbra nas cifras, pois enquanto as multas por infração podem atingir índices que superam o próprio valor do tributo, nas multas moratórias os índices não ultrapassam o coeficiente de 20% sobre o valor devido.

Seguindo as diretrizes definidas no código, a doutrina reconhece a distinção entre as penalidades pecuniárias, conquanto possam se afigurar como multas de mora ou multa por infração. Segundo pondera Zelmo Denari, *as multas de mora, ao invés de violar a legislação tributária, implicam no descumprimento ao recolhimento pontual do tributo devido aos cofres públicos*. Segundo enfatiza, *a questão não é acadêmica tendo em vista que o próprio CTN apresenta distinção na medida em que impõe, no artigo 134, parágrafo único, a responsabilidade tributária de terceiros, eximindo-os da responsabilidade pelas multas punitivas somente.*[6]

Mas voltando ao cotejo entre tributo e multa, outra diferença destacada e reconhecida é que o tributo tem a finalidade primordial de arrecadar dinheiro para os cofres públicos, enquanto a multa visa prevenir comportamentos e dissuadir eventuais infratores. Por outro lado, ambos se caracterizam pela necessidade de previsão em lei, consoante dispõe o art. 97 do CTN, no sentido de que somente a lei pode estabelecer a cominação de penalidades para as ações ou omissões contrárias a seus dispositivos, ou para outras infrações nela definidas.

Outro aspecto importante que une os dois institutos é que o crédito tributário exigido do sujeito passivo pode comportar verbas oriundas do tributo, bem como de multa, caso o sujeito passivo tenha praticado um ilícito tributário. Em verdade, o crédito tributário pode congregar só o tributo, tributo e multa ou só a multa. Esta última situação se configura quando o agente pratica infração tributária sem ter praticado o fato gerador do tributo, o que é mais raro. Ou seja, é possível que a mesma relação jurídica se caracterize pela prática do fato gerador do tributo, do fato gerador da multa, ou de ambos.

Também deve se registrar que o valor total do crédito se perfaz com outras verbas acessórias agregadas ao valor do tributo ou da multa, como é o caso dos acréscimos decorrentes de correção monetária e juros.

---

6 DENARI, Zelmo e Paulo José da Costa Jr. *Infrações Tributárias e Delitos Fiscais.* São Paulo: Editora Saraiva, 1995, p. 22. No mesmo diapasão, o autor esclarece que também há distinção entre as modalidades de multa, pelo teor das súmulas 191 e 192 do STF que versavam sobre a exigibilidade das multas moratórias e exonerabilidade das multas punitivas perante a massa falida.

Então, as multas são sanções administrativas de caráter pecuniário, e embora tenham natureza jurídica diversa dos tributos, seguem o mesmo regime jurídico a eles aplicável por força do que dispõe o art. 113, § 1°, do Código Tributário Nacional. Assim, a obrigação tributária principal surge com a ocorrência do fato gerador e tem por objeto o pagamento de tributo ou penalidade pecuniária e extingue-se juntamente com o crédito dela decorrente.

O Código Tributário Nacional estabelece que a penalidade pecuniária é um dos objetos da obrigação tributária, assim como o próprio tributo. De tal arte, apesar de sua origem causal distinta, é possível reconhecer sua uniformidade de regimes por força do disposto no art. 121 do CTN, no sentido de que o sujeito passivo da obrigação principal é a pessoa obrigada ao pagamento do tributo ou penalidade pecuniária.

2.5. Tributo é instituído por lei

Diz-se que o tributo é uma obrigação e uma vez assumindo essa feição, clama pela sua vinculação a instrumento idôneo que é a lei. Portanto, trata-se de uma obrigação *ex lege*, já que o nascimento do tributo deflui diretamente da vontade da lei, desconsiderando-se a vontade do contribuinte no nascimento do vínculo jurídico que une os sujeitos da relação.

Para que se desencadeie o processo que origina a obrigação tributária, basta que ocorra o fato gerador, também designado fato imponível, fato gerador *in concretu* ou fato típico tributário.

Como pode se perceber, as obrigações *ex lege* diferem das obrigações *ex voluntate*, uma vez que nestas, a relação obrigacional pode ser declarada nula ou anulável, desde que seja comprovada a existência de vício sobre a vontade, o que não ocorre com a obrigação tributária. Dessa forma, a pessoa considerada incapaz para a lei civil pode praticar ato sujeito à tributação, pois a capacidade tributária passiva independe da capacidade civil do contribuinte. Tal conclusão decorre do fato de que o tributo é uma obrigação *ex lege* e que a capacidade tributária passiva independe da capacidade civil do contribuinte.

2.6. Tributo decorre de atividade administrativa vinculada

As premissas invocadas na segmentação do conceito de tributo congregam a composição terminológica insculpida no artigo 3° do Código Tributário Nacional, sendo oportuno anotar que essa fórmula de construção do pensamento permite a apreensão da realidade concebida em torno dessa figura.

Na sequência daquilo que vínhamos discorrendo, a exação fiscal está apartada de qualquer juízo de conveniência e oportunidade por parte dos agentes públicos que atuam em nome da Fazenda Pública, uma vez que o fenômeno tributário decorre do Poder Vinculado da Administração, devendo basear-se nas proposições normativas derivadas da lei, a qual se incumbe de definir a hipótese de incidência do tributo.

Só a compostura normativa poderá reger a exigência do tributo, não havendo espaço para discricionariedade do agente público que está obrigado, em seu mister, a efetivar o lançamento tributário quando a análise da relação jurídica estiver sob sua prerrogativa.

Está claro que essa derivação do conceito de tributo encontra arrimo no princípio da legalidade, mas não só nele como também no princípio da igualdade e da impessoalidade. Em face da ausência de discricionariedade, o fenômeno da incidência tributária se opera sem distinção ou privilégios.

Desta forma, o Código Tributário Nacional censura juízos de valor pautados em critérios de conveniência e oportunidade que eventualmente venham ser adotados na interpretação da norma tributária.

Em suma, constatada a prática do fato gerador que desencadeia a obrigação tributária, o agente fazendário é obrigado a constituir o crédito tributário por meio do lançamento, já que a lei não lhe acomete nenhum juízo de valor, e sob as penas de responsabilidade funcional.

3. Natureza jurídica

Decididamente, o tributo é uma obrigação que decorre da lei e nasce a partir do momento em que se verifica a situação previamente desenhada na descrição normativa.

De tal arte, não tem nenhuma importância na relação jurídica tributária, o nome que se dá ao tributo, assim como o destino que é dado ao produto de sua arrecadação. Sob esse aspecto, o art. 4º do CTN estabelece que a natureza jurídica do tributo é determinada pelo fato gerador da respectiva obrigação, sendo irrelevantes para qualificá-la a denominação e demais características formais adotadas pela lei bem como a destinação legal do produto de sua arrecadação.

Sabido que a denominação é irrelevante na formulação jurídica da categoria tributária, é intuitivo que prepondera a menção legal à hipótese de incidência, sempre construída no âmbito da lei. Isso é tão importante que nessa equação normativa a lei tributária poderá até mesmo rotular a figura tributária como imposto, mesmo seja ela, em verdade, uma taxa.

Examinando a parte final do dispositivo, chega-se à constatação de que a destinação do produto da arrecadação também não retira da figura exacional a natureza jurídica de tributo.

Apesar disso, há tributos elencados na Constituição que são marcados pela finalidade especial pela qual são criados, sendo relevante, para esses casos específicos, especular sobre a destinação do produto da arrecadação, como é o caso, por exemplo, das contribuições especiais tratadas no último capítulo deste livro.

Seguindo nessa mesma linha de pensamento, é correto afirmar que após o pagamento do tributo, a destinação do produto da arrecadação não tem mais importância para o Direito Tributário, isso porque a relação jurídica se encerra com o pagamento do tributo. O que vai ser feito do numerário arrecadado é definido em regras que não pertencem ao Direito Tributário, embora esses dados sejam relevantes para o Direito Financeiro. De fato, trata-se de uma afirmação parcialmente correta, isso porque, mesmo após o pagamento o contribuinte tem o direito de questioná-lo, caso seja indevido, o que se perfaz por meio da ação de repetição do indébito, a ser analisada em momento oportuno.

De qualquer maneira, o que importa frisar neste momento é que a natureza jurídica e mesmo a espécie de tributo sobre a qual se debruça a relação jurídica não se estabelece pelo nome ou pela destinação do produto da arrecadação, mas sim pela investigação do suporte fático que permite o nascimento da obrigação.

4. Espécies de Tributos

O art. 5° do CTN elenca como espécies dos tributos os impostos, as taxas e as contribuições de melhoria. Essa teoria tripartida é consagrada na doutrina, e defendida por Ives Gandra da Silva Martins. Segundo seu magistério, *"o tributo pode ter como fato gerador uma atuação estatal específica relativa ao contribuinte. Ou então, uma situação independente de qualquer atividade estatal específica relativa ao contribuinte. Por isso a doutrina brasileira classifica os tributos em vinculados (taxa e contribuição de melhoria) e não vinculados (impostos)."*[7]

Apesar disso, o próprio Código Tributário Nacional prevê a criação de outras figuras tributárias, ponderando, no art. 217, que suas disposições não excluem a incidência e exigibilidade de outras *contribuições*. Ademais, o CTN também prevê os empréstimos compulsórios no art. 15, ficando evidente que a menção à trilogia estrutural baseada nos impostos, taxas e contribuições de melhoria decorre do fato que esses tributos podem ser criados por todos os entes tributantes, enquanto as contribuições e os empréstimos compulsórios possuem competência restrita ao poder da União.

É claro que existem outros tributos e a posição doutrinária que mencionamos linhas acima não está alheia a esse fato. Basta analisar o art. 149 da Constituição da República para se constatar que compete à União instituir as contribuições sociais, de intervenção no domínio econômico e de interesse das categorias profissionais ou econômicas, como instrumento de sua atuação nas respectivas áreas, observado o disposto nos arts. 146, III e 150, I e III, e sem prejuízo do previsto no art.195, § 6°, relativamente às contribuições a que alude o dispositivo.

Ademais, a Constituição Federal também prevê a figura dos empréstimos compulsórios, a teor do capitulado no art. 148, quando estabelece que a União, mediante lei complementar, poderá instituir empréstimos compulsórios para atender a despesas extraordinárias, decorrentes de calamidade pública, de guerra externa ou sua iminência e, no caso de investimento público de caráter urgente e de relevante interesse nacional, observado o disposto no art. 150, III, "b".

Por isso, quando dissemos que a doutrina não ignora a existência de outros tributos além dos três tradicionais, estamos convictos que a grande discussão em torno do

---

[7] MARTINS, Ives Gandra da Silva. *Comentários ao Código Tributário Nacional.* São Paulo: Editora Saraiva, 1995, p. 63.

tema é saber se as cinco categorias de tributos possuem uma regra matriz de incidência própria ou se, por outro lado, existem somente três tributos autônomos, de maneira que os demais deverão se enquadrar numa das três categorias fundamentais. Esse é um tema que também será analisado no momento oportuno. Por enquanto, quero deixar claro que a análise das figuras tributárias elencadas no texto constitucional permite concluir que existem cinco categorias de tributos no direito brasileiro. São elas:

I – Impostos;
II – Taxas;
III – Contribuições de melhoria;
IV – Contribuições especiais;
V – Empréstimos compulsórios.

Por isso, a compreensão do art. 145 da Constituição deve seguir a mesma linha que traçamos em relação ao art. 5° do CTN, e a previsão de apenas três espécies tributárias diz respeito à competência de todos os entes da federação, sem prejuízo da possibilidade de criação de outras figuras mediante competência reservada à União.

4.1. Impostos

Estabelece o art. 16 do CTN que imposto é o tributo cuja obrigação tem por fato gerador uma situação independente de qualquer atividade estatal específica, relativa ao contribuinte.

O preceptivo é límpido ao dimensionar o fato gerador apartado de qualquer atividade estatal. Ao atribuir independência nas hipóteses tributárias derivadas de impostos, o código define a marca do imposto, ou seja, a de que ele não decorre de nenhuma atividade do poder público. Dessa forma, o fato gerador do imposto *não está vinculado à atividade estatal.*

Os impostos atingem situações que demonstram um sinal de riqueza, independente de qualquer contrapartida por parte do poder estatal. Para tanto, basta que o sujeito passivo pratique o fato previsto na norma, preenchendo o modelo do imposto esquadrinhado na lei. É fácil depreender que a situação hipotética que denota um imposto permite identificar essa categoria de tributo, distinguindo-a das demais.

Foi a partir dessa compostura normativa e da investigação sobre o suporte fático que dá origem à obrigação tributária, ou seja, pela análise criteriosa do *Tatbestand*, *fattispecie* ou simplesmente *fato gerador*, que a melhor doutrina brasileira iniciou a construção da teoria que hoje designa com precisão científica as categorias tributárias.

Alfredo Augusto Becker ensinava que no plano jurídico, *todo e qualquer tributo pertencerá a uma das duas categorias: imposto ou taxa. Segundo ele, a serena análise científico-jurídica, em cada caso singular, revela que inexiste uma terceira categoria ou uma categoria mista.*[8]

---

[8] BECKER, Alfredo Augusto. *Teoria Geral do Direito Tributário.* 2ª Ed. São Paulo: Editora Saraiva, 1972, p. 346.

Depois dele, Geraldo Ataliba ensinou que *"os tributos podem ser classificados em duas grandes espécies que se distinguem pela radical diversidade de regimes jurídicos a que se submetem."* Também preconizou que *"o critério jurídico para esta classificação está na h.i. (hipótese de incidência), ou seja, no seu aspecto material."*[9]

O fato é que, mesmo divergindo acerca do caráter bipartido, tripartido ou quinquipartido das espécies de tributos, os mestres de todos nós crivaram os elementos lógico-formais que imperam na teoria tributária até os dias atuais, na exata medida em que o tributo se configura pela investigação de seu fato gerador, expressão que posteriormente acabou recebendo uma denominação mais precisa, a hipótese de incidência.

A partir daí configurou-se a denominada *classificação jurídica dos tributos*, condizente com a investigação da espécie tributária a partir de sua descrição hipotética previamente definida em lei. Orientada por essa lógica, a classificação jurídica parte da premissa de que os tributos podem ser classificados em *vinculados ou não vinculados*, conquanto sejam (ou não) decorrentes de uma atuação estatal. Dessa forma, impostos seriam tributos não vinculados uma vez que seu fato gerador independe de qualquer atuação por parte do Estado.

Em sua classificação jurídica, Geraldo Ataliba anota que outras figuras tributárias podem ser instituídas, mas sempre possuiriam uma hipótese de incidência de imposto, cujo fato gerador independa de uma atuação estatal – tributos não vinculados – ou de taxa, cujo fato gerador derive de uma atividade estatal diretamente prestada ao contribuinte – tributos vinculados diretos, ou ainda de contribuição de melhoria, quando o fato gerador decorrer de uma atividade estatal indiretamente prestada ao contribuinte – tributo vinculado indireto.

Na categoria dos impostos, o contribuinte é exigido pelo simples fato de demonstrar um sinal de riqueza, não havendo qualquer contrapartida pelo poder público. Por meio dos impostos, o contribuinte assume a obrigação de custear uma parcela das necessidades públicas de toda coletividade.

Outra observação pertinente é a que se refere à enumeração exaustiva do rol constitucional de impostos. Trata-se de uma peculiaridade não existente em relação aos demais tributos, isso porque todos os impostos estão previstos na Constituição, salvo os da competência residual da União, instituíveis somente em situações extravagantes.

Assim, a União tem competência para instituir os impostos previstos nos artigos 153 e 154 da Constituição da República, de maneira que, além dos impostos residuais e extraordinários previstos no artigo 154, compete à União instituir impostos sobre importação de produtos estrangeiros; exportação para o exterior de produtos nacionais ou nacionalizados; renda e proventos de qualquer natureza; produtos industrializados; operações de crédito, câmbio e seguro, ou relativas a títulos ou valores mobiliários; propriedade territorial rural e grandes fortunas, nos termos de lei complementar.

Os Estados e o Distrito Federal gozam de competência para instituir impostos sobre transmissão causa mortis e doação, de quaisquer bens ou direitos; operações

---

9 Op. cit., p. 123.

relativas à circulação de mercadorias e sobre prestações de serviços de transporte interestadual e intermunicipal e de comunicação, ainda que as operações e as prestações se iniciem no exterior e propriedade de veículos automotores.

Os Municípios receberam autorização constitucional para instituir impostos sobre propriedade predial e territorial urbana; transmissão "inter vivos", a qualquer título, por ato oneroso, de bens imóveis, por natureza ou acessão física, e de direitos reais sobre imóveis, exceto os de garantia, bem como cessão de direitos a sua aquisição e serviços de qualquer natureza, não compreendidos no art. 155, II, definidos em lei complementar.

4.2. Taxas

Enquanto os impostos são instituídos para o custeio das despesas públicas decorrentes do interesse de toda a coletividade, as taxas remuneram os serviços prestados pela própria Administração, bem como os atos praticados em decorrência do poder de polícia, sempre em relação ao contribuinte.

Assim, o regime jurídico das taxas se distancia dos impostos na exata medida em que sua hipótese de incidência decorre de uma atividade estatal diretamente prestada ao contribuinte, por isso sendo chamada de tributo vinculado direto, distinguindo-se da contribuição de melhoria que é um tributo vinculado indireto.

Sob esse aspecto, dispõe o art. 77 do CTN que as taxas cobradas pela União, pelos Estados, pelo Distrito Federal ou pelos Municípios, no âmbito de suas respectivas atribuições, têm como fato gerador o exercício regular do poder de polícia, ou a utilização, efetiva ou potencial, de serviço público específico e divisível, prestado ao contribuinte ou posto à sua disposição. Além disso, a taxa não pode ter base de cálculo ou fato gerador idênticos aos que correspondam a imposto nem ser calculada em função do capital das empresas.

As taxas têm como traço principal a contraprestação, ou seja, o seu fato gerador é a atuação efetiva do Poder Público – taxa de polícia – ou a prestação de um serviço em benefício direto do sujeito passivo – taxa de serviço público. De tal maneira, existem duas espécies de taxas por força de disposição constitucional no art. 145, inciso II. São elas:

I – Taxas em razão do exercício do poder de polícia;

II – Taxas pela utilização, efetiva ou potencial, de serviços públicos específicos e divisíveis, prestados ao contribuinte ou postos a sua disposição.

Sobre o poder de polícia que fundamenta a hipótese de incidência das taxas de polícia, dispõe o art. 78 do CTN que *considera-se poder de polícia atividade da administração pública que, limitando ou disciplinando direito, interesse ou liberdade, regula a prática de ato ou abstenção de fato, em razão de interesse público concernente à segurança, à higiene, à ordem, aos costumes, à disciplina da produção e do mercado, ao exercício de atividades econômicas dependentes de concessão ou autorização do Poder Público, à tranquilidade pública ou ao respeito à propriedade e aos direitos individuais ou coletivos.*

Em relação à taxa de serviço público, dispõe o art. 79 do CTN que os *serviços públicos a que se refere o artigo 77 consideram-se: I - utilizados pelo contribuinte: a) efetivamente, quando por ele usufruídos a qualquer título; b) potencialmente, quando, sendo de utilização compulsória, sejam postos à sua disposição mediante atividade administrativa em efetivo funcionamento; II - específicos, quando possam ser destacados em unidades autônomas de intervenção, de unidade, ou de necessidades públicas; III - divisíveis, quando suscetíveis de utilização, separadamente, por parte de cada um dos seus usuários.*

4.3. Contribuições de melhoria

As contribuições de melhoria estão previstas no art. 145, III da CF 88, de maneira que os entes federativos poderão instituí-la em decorrência da valorização imobiliária decorrente de obra pública.

O CTN dispõe sobre o assunto no art. 81, quando estabelece que *a contribuição de melhoria cobrada pela União, pelos Estados, pelo Distrito Federal ou pelos Municípios, no âmbito de suas respectivas atribuições, é instituída para fazer face ao custo de obras públicas de que decorra valorização imobiliária, tendo como limite total a despesa realizada e como limite individual o acréscimo de valor que da obra resultar para cada imóvel beneficiado.*

Trata-se de exação incidente em decorrência da valorização de imóvel localizado na zona beneficiada pela realização de obra pública, tendo como limite para sua cobrança a despesa total da obra previamente fixada no orçamento de custo, inclusive com as benfeitorias apontadas no memorial descritivo do projeto.

Aliomar Baleeiro definiu importantes ponderações sobre a contribuição de melhoria. Segundo seu magistério, *"a contribuição de melhoria oferece matiz próprio e específico: ela não é contraprestação de um serviço público incorpóreo, mas a recuperação do enriquecimento ganho por um proprietário em virtude de obra pública concreta no local da situação do prédio. Daí a justificação do tributo pelo princípio do enriquecimento sem causa, peculiar ao Direito Privado. Se o poder público, embora agindo no interesse da coletividade, emprega vultosos fundos desta em obras restritas a certo local, melhorando-o tanto que se observa elevação do valor dos imóveis aí situados, com exclusão de outras causas decorrentes da diligência do proprietário, impõe-se que este, por elementar princípio de justiça e de moralidade, restitua parte do benefício originado do dinheiro ganho."*[10]

A fisiologia da contribuição de melhoria exige como requisito imprescindível a valorização do imóvel por força da obra pública, e por isso, a aferição do valor exigível dever aguardar o término da obra.

---

[10] BALEEIRO, Aliomar. *Direito Tributário Brasileiro*, atualizado por Misabel Abreu Machado Derzi. 11ª Ed. Rio de Janeiro: Ed. Forense, 2002, p. 570.

4.4. Empréstimos compulsórios

Dentre as espécies de tributos já especificadas, os empréstimos compulsórios assumem feição peculiar que os distinguem dos demais por causa de sua restituibilidade.

A Constituição prevê o empréstimo compulsório no art. 148, outorgando à União o poder a sua instituição, mediante lei complementar. Assim, poderão ser criados empréstimos compulsórios para atender a despesas extraordinárias, decorrentes de calamidade pública, de guerra externa ou sua iminência, ou no caso de investimento público de caráter urgente e de relevante interesse nacional, observado o disposto no art. 150, III, "b".

Quanto à natureza jurídica do empréstimo compulsório, deve ser incluído dentre as categorias tributárias, apesar da redação da antiga Súmula nº 418 do STF, editada sob a vigência da Emenda Constitucional nº 18/65, no sentido de que *o empréstimo compulsório não é tributo, e sua arrecadação não está sujeita à exigência constitucional da prévia autorização orçamentária.*

Inaugurada nova ordem jurídica a partir de 1988, o STF modificou seu entendimento, passando a entender que o empréstimo compulsório é tributo, assim como as contribuições sociais, figurando ambos ao lado das três figuras tradicionais dos impostos, taxas e contribuições de melhoria. Nesse sentido o julgamento do RE 146.733.9-SP, Rel. Min. Moreira Alves, DJ 06.11.1992

4.5. Contribuições especiais

O primeiro aspecto interessante desta categoria de tributo é sua terminologia, sendo encontradas diferentes designações, tais como contribuições sociais, contribuições parafiscais e contribuições especiais. Como veremos, deve ser afastada a denominação *contribuições sociais*, uma vez que estas são subcategorias desses tributos, não sendo correto designar pelo gênero, aquilo que configura espécie. A denominação *contribuições parafiscais* também não se adequa porque nem todas as contribuições são parafiscais, não se justificando sejam assim denominadas. Por isso, a melhor maneira de nomeá-las é mesmo de *contribuições especiais.*

Modernamente não se discute que as contribuições especiais representam uma modalidade de tributo, não havendo dúvida quanto ao regime jurídico tributário a elas aplicável. Nesse sentido, Geraldo Ataliba esclarece que *"a Constituição de 1988 resgatou a boa doutrina tradicional e restaurou a certeza quanto à inquestionabilidade do cunho tributário das contribuições (parafiscais ou não)."*[11]

Apesar disso, são modalidades exacionais que se enquadram na classificação jurídica dos tributos como impostos ou taxas, conforme veremos no derradeiro capítulo deste livro.

---

[11] Op. cit., p. 191.

Assim, em face da configuração normativa desenhada na Constituição, há um critério jurídico que permite classificar os tributos a partir de sua regra matriz de incidência, concluindo-se que existem, em verdade, três categorias autônomas, conforme seus fatos geradores estejam vinculados (ou não) a uma atividade estatal.[12]

Com efeito, o traço distintivo das contribuições especiais reside no fato de que com relação a elas a Constituição não prescreveu os exatos contornos da hipótese de incidência possível, como fez em relação aos impostos, taxas e contribuições de melhoria, limitando-se a definir as finalidades pelas quais são instituídas, conforme se verifica pela letra dos artigos 149 "caput"; 149, § 1º, 2º e 3; 149-A, 195, I, II, III e IV e parágrafos; 212, § 5º; 239 "caput"; 239, § 4º e 240, todos da Constituição de 1988.

5. A CLASSIFICAÇÃO JURÍDICA DOS TRIBUTOS

Citada linhas acima, aqui merece destaque a classificação jurídica dos tributos que é baseada em critério científico de análise da figura tributária, uma vez que é baseada no processo de experimentação e verificabilidade.

O ponto de partida é a investigação de que depende o evento inexorável da tributação, ou seja, a análise da hipótese de incidência do tributo, e mesmo reconhecendo que há cinco espécies de tributos previstos na Constituição, existe um critério jurídico que permite classificar os tributos a partir dessa regra matriz. Dessa forma, segundo magistério de Geraldo Ataliba[13], existem três categorias autônomas de tributos, conforme suas hipóteses de incidência decorram de fatos ou situações vinculados (ou não) a uma atividade estatal, de tal maneira que as demais categorias tributárias se revestirão da natureza jurídica de uma daquelas três. Sendo assim, os tributos podem ser:

I – Vinculados diretos (taxas);
II – Vinculados indiretos (contribuições de melhoria);
III – Não vinculados (impostos).

Parte-se da premissa que o tributo será não vinculado se seu fato gerador não decorre de uma atividade do poder público, e vice-versa. Com efeito, se a incidência depende de uma atuação do poder público, ter-se-á um tributo vinculado, mas se, por outro lado, o tributo pode ser exigido independentemente de qualquer atuação estatal, tratar-se-á de imposto.

De fundamental importância, o diagnóstico que parte da investigação da regra matriz de incidência permite identificar a natureza jurídica da exação, bem como a distinção entre o imposto e a taxa, ou entre o primeiro e a contribuição de melhoria.

Como se sabe, o art. 16 do CTN reafirma essa classificação quando dispõe que *imposto é o tributo cuja obrigação tem por fato gerador uma situação independente de qualquer atividade estatal específica, relativa ao contribuinte.*

---

12 Op. cit.,p. 190.

13 Idem, p. 190.

6. Outras classificações de tributos

A estrutura federativa do Estado brasileiro congrega pessoas políticas autônomas, cada qual reunindo competência para legislar em matéria tributária, por força do poder que lhes foi outorgado pela Constituição. Por isso, existem leis tributárias federais, estaduais, distritais e municipais, inexistindo entre elas qualquer relação de hierarquia, tendo em vista as leis tributárias buscarem fundamento de validade na própria Constituição Federal.

No entanto, por expressa determinação constitucional, algumas normas emanadas da União disciplinam matérias aplicáveis a todos os entes da federação, e por isso devem ser veiculadas em *lei nacional,* designação pouco consagrada na doutrina. O fato é que em matéria tributária essas normas que enunciam dispositivos aplicáveis à toda federação devem ser veiculadas por Lei Complementar da União, de acordo com o disposto no art. 146 da Constituição. Nesse sentido, as disposições erigidas em Lei Complementar editada com base no art. 146 da Constituição se sobrepõem às leis federais, estaduais, distritais e municipais, de maneira que deve conviver harmoniosamente todo o sistema normativo tributário da federação. Em caso de conflito de competência entre as normas derivadas de diferentes pessoas políticas, competirá também à lei complementar disciplinar a forma como esse conflito se resolverá.

Não sendo hierárquica a distinção entre as normas exaradas pelas diferentes entidades legiferantes, cada preceptivo normativo possuirá um campo material e territorial específico de atuação, consoante a discriminação constitucional das competências tributárias.

Sendo assim, é possível destacar um conhecido critério que permite classificar a tipologia tributária segundo a competência para sua criação. Há, dessa forma, tributos:

I – Federais;
II – Estaduais;
III – Distritais;
IV – Municipais.

Permeando novas possibilidades, é possível ainda estabelecer uma classificação com fundamento na função dos tributos, e sob esse aspecto eles podem ser:

I – Fiscais;
II – Extrafiscais;
III – Parafiscais.

Os primeiros são aqueles cuja função principal é a provisão de recursos financeiros para o Estado. Os tributos *extrafiscais* são aqueles cujo objetivo imediato não é a arrecadação de numerário, mas a interferência do Estado na ordem econômica do país com vistas a atuar sobre determinados setores da economia, com intuito de fomento ou desestímulo para certas atividades. Os tributos *parafiscais* são aqueles decorrentes da delegação da capacidade tributária ativa, e cujo objetivo é a arrecadação de recursos para o custeio de atividades de interesse público prestadas por pessoas diversas do

Estado. A parafiscalidade é, assim, a delegação da capacidade tributária ativa a pessoa distinta daquela que instituiu o tributo, e sempre deriva de lei.

Diante de tanta diversidade, não poderia deixar de existir uma classificação quanto à destinação do produto da arrecadação, e sob esse contingente é possível encontrar tributos:

I – Sem destinação específica;
II – Com destinação específica.

São tributos sem destinação específica aqueles cujo destino do produto da arrecadação não está vinculado à causa que o originou, fenômeno que ocorre em relação aos impostos, consoante a norma disposta no art. 167, IV da CF 88 que proíbe a vinculação de receita de impostos a órgãos, fundo ou despesa, ressalvada a repartição do produto da arrecadação dos impostos a que se referem os artigos 158 e 159 da Lei Maior. Já os *tributos com destinação específica* são aqueles cujo produto da arrecadação deve ser empregado para remunerar a causa que originou a criação do tributo. É o caso das contribuições elencadas no art. 149 da CF, cujo proveito deverá ser revertido às finalidades pelas quais são instituídas.

O Código Tributário Nacional também faz uma classificação em relação aos impostos tendo por critério suas bases econômicas. Assim, no capítulo II, o CTN trata da 1ª base econômica, o Comércio Exterior, onde se enquadram o Imposto sobre a Importação e Imposto sobre a Exportação. No capítulo III, a 2ª base econômica, o Patrimônio e a Renda, onde se enquadram o Imposto Territorial Rural, o Imposto sobre a Propriedade Territorial Urbana, o Imposto de Transmissão, o Imposto sobre a Renda e Proventos de Qualquer Natureza. No capítulo IV, a 3ª base econômica é a Produção e a Circulação, e aí se enquadram o Imposto sobre Produtos Industrializados, o Imposto sobre a Circulação de Mercadorias e Serviços, o Imposto Sobre Serviços e o Imposto sobre Operações Financeiras. A relevância desta classificação reside na análise das imunidades previstas no art. 150, inciso VI da Constituição, isso porque a proibição constitucional ao poder dos entes federativos tributarem entre si se baseia nessa classificação . Nesse contexto, os impostos podem ser:

I – Impostos sobre o Comércio Exterior;
II – Impostos sobre o Patrimônio e a Renda;
III – Impostos sobre a Produção e Circulação.

Antes de seguir no desenvolvimento da matéria, devo advertir que a classificação que segue não encontra implicação lógica, e a bem da verdade parece ser destituída de rigor científico. No entanto, como é reconhecida, inclusive por jurisprudência do STF, convém distinguir que há impostos cujo fato gerador destaca a pessoa do contribuinte, enquanto noutros há primazia da coisa ou do objeto tributado. Dessa forma, em relação a essa classificação construída particularmente para os impostos, eles podem ser:

I – Impostos reais;
II – Impostos pessoais;

Assim, são *reais* os impostos que incidem sobre a coisa, ou seja, a matéria tributada, e aí não são levados em consideração os aspectos pessoais do sujeito passivo. De outro lado, são *pessoais* os impostos pelos quais se leva em consideração a figura do contribuinte.

Concentrando-nos agora no princípio da igualdade e no princípio da capacidade contributiva, podemos alicerçar outra classificação que distingue os tributos em:

I – Progressivos;
II – Regressivos;

Os tributos são *progressivos* quando, à medida que aumenta o sinal de riqueza, aumenta a carga tributária. Por outro lado, são *regressivos* os tributos em que não existe qualquer alteração na carga tributária de acordo com o aumento do sinal de riqueza, permitindo, em alguns casos, que ocorra até mesmo a redução da carga tributária.

Com relação ao fenômeno da repercussão os tributos podem ser:

I – Diretos;
II – Indiretos;

Os tributos *diretos* existem quando a lei designa o sujeito passivo pela norma de incidência, sendo esta pessoa aquela que suporta o encargo econômico. No caso dos tributos *indiretos,* não é o sujeito passivo eleito pela lei quem suporta o ônus tributário, havendo transferência do encargo a outra pessoa.

O ordenamento atribuiu efeitos jurídicos a esta última classificação quando o CTN tratou da *repetição de indébito tributário dos tributos indiretos*. Nesse sentido, dispõe o artigo 166 que *a restituição de tributos que comportem, por sua natureza, transferência do respectivo encargo financeiro somente será feita a quem prove haver assumido referido encargo, ou, no caso de tê-lo transferido a terceiro, estar por este expressamente autorizado a recebê-la.* O dispositivo versa sobre a restituição dos tributos indiretos, e determina que será ressarcido o contribuinte que comprove ter assumido o encargo, não o transferindo a outrem.

Esse é o *fenômeno da repercussão*, de maneira que há possibilidade que o tributo repercuta, sendo exigido de quem não praticou o fato gerador.

No que concerne à essencialidade das mercadorias ou produtos sujeitos ao encargo tributário, os tributos podem ser:

I – Seletivos;
II – Não seletivos;

Tributo *seletivo* é o que atinge determinados produtos ou mercadorias com maior intensidade, de acordo com o critério da essencialidade do produto ou da mercadoria. O art. 153, § 3°, I, da Constituição determina que o IPI será seletivo em função da essencialidade do produto, enquanto o art. 155, § 2°, III, estabelece que o ICMS poderá ser seletivo em função da essencialidade das mercadorias ou serviços. Em sentido oposto, os tributos não seletivos não fazem qualquer distinção, tributando uniformemente toda matéria sujeita à tributação.

Com relação à estrutura dos tributos e a possibilidade de serem exigidos ao longo da cadeia de produção, é possível encontrar tributos:

I – Monofásicos;
II – Plurifásicos;

Assim, conforme a incidência se opere uma única vez, o tributo será monofásico, mas se incidir de forma sequencial, em cada uma das operações que se seguem ao longo da cadeia de produção, será plurifásico. São exemplos de tributos plurifásicos o ICMS e o IPI que podem incidir em várias fases do processo produtivo, já que seu fato gerador se desdobra desde a produção até o consumo, de maneira que a mercadoria ou o produto atravessa várias etapas até que atinja o fim da cadeia de produção, quando o produto final ou a mercadoria serão disponibilizados ao consumidor.

Em todas essas etapas o tributo incide, sendo exigido por meio de uma sistemática de débito e crédito, descontando-se nas operações seguintes o valor exigido nas operações anteriores, o que, aliás, é corolário do *Princípio da* Não-cumulatividade, elencado no art. 153, § 3°, II em relação ao IPI, e no art. 155, § 2°, I, em relação ao ICMS, ambos da Constituição Federal.

Também chamados de tributos sobre o valor agregado, os plurifásicos incidem em todas as etapas do processo produtivo, de maneira que o contribuinte que adquire produtos e mercadorias como insumos de produção, pode se creditar do imposto pago na operação anterior, uma vez que assume o encargo do tributo embutido no preço do insumo (produto ou mercadoria) que adquiriu. Na operação seguinte em que se procede a venda do produto ou mercadoria, já com o valor agregado, o contribuinte deve debitar o valor do imposto embutido no preço de venda, recolhendo somente a diferença.

Capítulo III

OBRIGAÇÃO TRIBUTÁRIA

SUMÁRIO: 1. Conceito de obrigação tributária. 2. Espécies de Obrigação Tributária. 3. Nascimento da Obrigação Tributária. 4. Fato gerador. Conceito e categorias. 5. Momento da ocorrência do fato gerador.

1. Conceito de obrigação tributária

Segundo o magistério de Clóvis Bevilácqua, uma obrigação decorre de uma relação jurídica de natureza patrimonial que tem por objeto a prestação de um sujeito em proveito de outro. [1]

A obrigação indica um vínculo entre duas pessoas, pelo qual uma delas fica sujeita ou obrigada em favor de outra, ao cumprimento de uma determinada prestação de dar, fazer ou não fazer.

Como se sabe, em sua mais remota origem, as obrigações nasceram a partir de convenções estabelecidas entre sujeitos que se comprometiam entre si por meio de um vínculo que os unia em torno do cumprimento de uma determinada prestação que era efetivada por um em favor do outro.

Por isso, é sabido que esse instituto advém do Direito Civil, particularmente do Direito das Obrigações, onde a palavra *obrigação* é empregada para designar uma relação jurídica pela qual uma pessoa – sujeito ativo ou credor – tem o direito de exigir da outra pessoa – sujeito passivo ou devedor – a entrega de uma prestação.

Em Direito Tributário a obrigação possui a mesma diretriz das obrigações civis, isso porque o credor possui a prerrogativa de exigir do devedor o cumprimento da obrigação. De fato, o devedor possui uma obrigação perante o credor, o qual, por sua vez, possui um direito exercitável em face do devedor.

Mapeando a origem remota da relação jurídica obrigacional, Alfredo Augusto Becker ensina que *existem dois seres e dois polos de referência, e cada um dos dois seres considerados reciprocamente fora de si mesmos, um diante do outro, mutuamente referidos*.[2]

---

1 BEVILÁCQUA, Clóvis. *Código Civil Comentado – Vol.IV.* São Paulo: Livraria Francisco Alves, 1923, p.6.

2 Op. Cit., p. 151.

É conhecido no direito privado o ensinamento de que as obrigações oriundas do Direito Civil nascem, via de regra, em decorrência da vontade das partes, sendo por isso chamada de obrigações *ex voluntate*.

Doravante, a obrigação tributária não se confunde com aquelas do Direito Civil porque corresponde a uma obrigação *ex lege*. É razoável concluir, por isso, que a obrigação tributária não decorre da vontade da parte ou de algum ilícito por ela praticado, mas pura e simplesmente em decorrência de uma imposição legal.

Dessa forma, a obrigação tributária deriva de uma relação jurídica não avençada entre fisco e contribuinte, mas imposta por uma norma legal a quem compete definir a descrição fática que desencadeará o vínculo.

Ruy Barbosa Nogueira preconiza que são elementos da obrigação tributária a lei, o fato, os sujeitos e o objeto, de maneira que a obrigação tributária é uma relação de Direito Público prevista na lei descritiva do fato pela qual o Fisco (sujeito ativo) pode exigir do contribuinte (sujeito passivo) uma prestação (objeto).[3]

Dino Jarach ensinava que *os elementos da relação jurídica tributária são o sujeito passivo, titular da pretensão, isto é, do crédito tributário, em outras palavras, o credor do tributo; o sujeito passivo principal ou devedor principal do tributo, a quem se pode dar o nome de contribuinte e os outros sujeitos passivos codevedores ou responsáveis do tributo por causa originária (solidariedade, substituição), ou derivada (sucessão); o objeto, isto é, a prestação pecuniária, ou seja, o tributo; o fato jurídico tributário, isto é, o pressuposto de fato ao qual a lei vincula o nascimento da relação tributária.*[4]

O Código Tributário Nacional dispõe sobre a obrigação tributária a partir do art. 113, definindo que o tributo e a penalidade pecuniária integram a obrigação tributária, assim como ocorre em relação ao crédito tributário. De tal arte, a obrigação tributária é a relação jurídica entre sujeito ativo e sujeito passivo que nasce com a ocorrência do fato gerador, também chamado fato típico tributário ou fato imponível, previsto na norma de incidência, fato esse que, quando e se ocorrido, fará nascer para o sujeito ativo o direito de exigir a prestação pelo sujeito passivo.

O sujeito ativo é o credor do tributo, o titular da capacidade tributária ativa, o Fisco como é conhecido, aquele que tem o direito de exigir o pagamento do tributo por parte do sujeito passivo, o devedor do tributo, conhecido como contribuinte ou responsável.

Assim como ocorre nas obrigações em geral, a obrigação tributária consiste numa relação que estabelece um direito de crédito do sujeito ativo em relação ao dever do sujeito passivo, além do objeto da obrigação que consiste no dever do sujeito passivo entregar ao credor a prestação, ou seja, o próprio tributo. Por força do disposto no art. 113 do CTN, não só o tributo mas a penalidade pecuniária também corresponde a um dos objetos da obrigação tributária.

---

3 NOGUEIRA, Ruy Barbosa. *Curso de Direito Tributário*. 13ª Ed. São Paulo: Ed. Saraiva, 1994, p. 141.

4 JARACH, Dino. *O fato imponível*. 3ª Ed. Tradução de Dejalma de Campos. Coleção Textos de Direito Tributário. São Paulo: Ed. Revista dos Tribunais, 1982, p. 80.

Pertencendo a uma categoria do direito público, a obrigação tributária é indisponível e uma vez ocorrido o fato previsto na lei, ter-se-á por nascida, devendo ser cumprida nos seus exatos termos. Para que se configure a obrigação tributária, basta que ocorra um fato previsto na hipótese de incidência do tributo e que esse fato ocorra nos exatos termos definidos na norma.

O fenômeno desencadeador da obrigação tributária, aquele pelo qual o fato jurígeno se transforma em fato jurídico, conferindo eficácia à norma, denomina-se *subsunção do fato à norma.* O termo tradicionalmente empregado pela legislação para designar o momento configurador da subsunção é denominado *fato gerador.*

2. Espécies de obrigação tributária

Existem duas categorias de obrigação tributária, consoante dispõe o art. 113 do CTN que são a *obrigação principal* e a *acessória.*

A *obrigação principal* consiste na entrega da prestação, por meio do pagamento do tributo, da penalidade pecuniária ou de ambos. Estabelece o § 1° do art. 113 do CTN que a obrigação principal surge com a ocorrência do *fato gerador*, tem por objeto o pagamento de tributo ou penalidade pecuniária e extingue-se juntamente com o crédito dela decorrente.

A partir da clássica distinção conhecida no direito privado para definir as diferentes formas de obrigação, pode se afirmar que a obrigação tributária principal é *de dar*. Com efeito, dispõe o art. 114 do CTN que o fato gerador da obrigação principal é a situação definida em lei como necessária e suficiente à sua ocorrência.

O objeto da obrigação tributária principal é a prestação de natureza patrimonial que congrega o crédito tributário, constituído dos valores inerentes ao tributo, à penalidade pecuniária, à reunião de ambos quando for o caso, além dos acréscimos moratórios. A expressão *fato gerador da obrigação principal* é empregada como sinônimo da expressão *fato gerador do tributo.*

A *obrigação acessória*, por sua vez, é o dever afeto ao sujeito passivo ou terceira pessoa a ele relacionada, de fazer, de não fazer e de permitir ou tolerar que o sujeito ativo exerça as atividades administrativas relacionadas ao tributo. Dispõe o § 2° do art. 113 do CTN que a obrigação acessória decorre da legislação tributária e tem por objeto as prestações, positivas ou negativas nela previstas, no interesse da arrecadação ou da fiscalização dos tributos. A função das obrigações acessórias é atuar na configuração da relação jurídico-tributária e propiciar que atinja o plano da eficácia por meio do cumprimento da obrigação principal.

A utilização da expressão no plural se justifica porque quase sempre existe um conjunto de obrigações atribuídas ao sujeito passivo. Também são conhecidas como *deveres instrumentais* e existem para possibilitar o cumprimento da obrigação principal. O objeto das obrigações acessórias é de natureza não patrimonial, pois consiste num fazer ou não fazer, mas a compostura normativa do Código Tributário Nacional induz à ilação de que o descumprimento das obrigações acessórias se converte em obrigação principal, na modalidade de multa.

Sobre esses deveres instrumentais, dispõe o art. 115 do CTN que o fato gerador da obrigação acessória é qualquer situação que, na forma da legislação aplicável, impõe a prática ou a abstenção de ato que não configure obrigação principal. Se de um lado o cumprimento da obrigação tributária principal se dá pela simples entrega da prestação ao credor, o que se perfaz através do pagamento do tributo, da multa ou de ambos, o cumprimento das obrigações acessórias se implementa por meio de uma série de fazeres que permitem a apuração do fato gerador, a identificação do tributo, a quantificação dos valores devidos, a identificação dos sujeitos da relação jurídica, em suma, a descrição dos elementos que efetivarão o crédito tributário, bem como as providências finais visando sua correta liquidação.

O descumprimento de uma obrigação acessória configura a prática de ilícito tributário, acarretando a aplicação de sanção por parte da Fazenda Pública. Dessa imensa quantidade de deveres instrumentais nasce a grande maioria das infrações tributárias.

No mais das vezes a sanção se reveste de natureza pecuniária e se perfaz por meio de multa punitiva. Conforme analisamos anteriormente, as multas são sanções administrativas de caráter pecuniário, e embora tenham natureza jurídica diversa dos tributos, seguem o mesmo regime jurídico, *ex vi* do art. 113, § 1° do CTN.

A repressão da lei tributária pela prática do ilícito acarreta ao sujeito passivo um dever perante o credor, e via de regra, esse dever se converte na aplicação de sanções pecuniárias (multas). Ademais, o art. 113, § 3° do CTN determina que obrigação acessória, pelo simples fato da sua inobservância, converte-se em obrigação principal relativamente à penalidade pecuniária.

Em relação às sanções decorrentes do descumprimento das obrigações acessórias, vimos que podem ser de natureza diversa das multas, como por exemplo a apreensão de mercadorias, a interdição de estabelecimento, o termo de arrolamento de bens, a cassação da inscrição e do direito de praticar operações mercantis, dentre outras.

Particularmente em relação às multas, especulamos sobre a distinção entre multa punitiva e multa moratória e concluímos que esta última não decorre de sanção pela prática de ilícito tributário, mas simplesmente pela mora ou inadimplemento. Apesar das dissensões, o fato é que toda multa corresponde a uma sanção e sob esse aspecto não discrepam, não obstante o CTN as distinga, o que se percebe pela redação do art. 138 quando trata da denúncia espontânea, e no art. 134, parágrafo único, quando estabelece os limites da responsabilidade de terceiros.

Por isso, a nosso ver é correto afirmar que o fato gerador da multa por infração é distinto do fato gerador da multa moratória, já que no primeiro caso o grau de ilicitude enseja a responsabilidade de terceiros. Com efeito, o fato gerador da multa por infração é mais grave do que o fato gerador da multa moratória, o qual, como se denota, decorre de simples atraso no pagamento.

3. NASCIMENTO DA OBRIGAÇÃO TRIBUTÁRIA

Como vimos, em linhas gerais a obrigação tributária se assemelha às demais obrigações previstas no Direito e seu nascimento fica subordinado à verificação de um fato jurídico, lícito ou ilícito.

Não obstante, o nascimento da obrigação tributária principal se concretiza com a ocorrência do *fato gerador*, derivado de conduta lícita. Assim, o dever de pagar tributo nasce quando se verifica o fato lícito e não voluntário, descrito na *hipótese de incidência* da norma jurídica tributária veiculada por meio de lei

Em seu art. 113, o CTN faz alusão à expressão *fato gerador* para designar o suporte fático suscetível de aplicação pela proposição normativa descrita na lei tributária. O fato gerador corresponde ao conjunto de circunstâncias previstas em lei, a partir das quais surge o fenômeno da incidência tributária.

Se de um lado a ocorrência do fato gerador confere eficácia jurídica à norma, permitindo que se irradiem seus efeitos, de outro, a descrição normativa do suporte fático, denominada *hipótese de incidência*, embora não corresponda à fonte dos efeitos jurídicos, se incumbe de definir a eficácia do fato nela previsto.

A expressão *hipótese de incidência* foi cunhada na doutrina há décadas e consagrada no Brasil especialmente após o magistério de Alfredo Augusto Becker e Geraldo Ataliba, que desde então ensinavam que essa previsão hipotética da tipologia tributária deveria emanar de lei editada pela pessoa política competente, nos estritos termos definidos pela distribuição de competências desenhada pela Constituição.

Assim, *hipótese de incidência* é a descrição prévia, prescritiva, abstrata e hipotética de um fato ou situação que, uma vez acontecido, faz nascer a relação jurídico-tributária. A atuação da hipótese de incidência, enquanto norma jurídica, é incidir sobre os fatos ali definidos, juridicizando-os, de maneira que os efeitos nela previstos surgirão a partir da materialização do suporte fático.

Decididamente, dentro da fenomenologia da hipótese de incidência, fica claro que, ao juridicizar um determinado suporte fático, produz um fato jurídico apto a produzir os efeitos irradiadores nela previstos. Os fundamentos dessa teoria se construíram sobre a ideia de que a hipótese de incidência é a norma jurídica que descreve o fato, sua imagem conceitual e a prescrição acerca dos efeitos desse fato.

Assim, hipótese de incidência é a definição legal de um fato econômico sensível ao fenômeno tributário, bem como dos efeitos dele decorrentes.

Nos termos empregados por Geraldo Ataliba, "é o meio pelo qual o legislador institui um tributo. Está criado um tributo, desde que a lei descreva sua *h.i., a ela associando o mandamento "pague"*.[5]

O tributo é criado pela lei a quem compete definir sua hipótese de incidência que estabelece a previsão dos elementos essenciais da relação jurídica. Esses elementos podem ser resumidos como o local da incidência, o momento da incidência, o valor devido, o objeto tributado e os sujeitos da relação.

A expressão *hipótese de incidência* não encontra previsão na Constituição ou no Código Tributário Nacional, sendo forçoso reconhecer que os textos de lei preferem empregar o termo *fato gerador*. A bem da verdade, a distinção entre essas expressões só tem sentido a partir da abordagem temporal que se lhes faça , na medida em que a

---

[5] Op. cit., p. 59.

hipótese reside no antecedente da norma e se encontra no plano da incidência, enquanto o fato reside no consequente e se encontra no plano da eficácia. Deveras, a lei define a hipótese de incidência e somente quando alguém pratica o fato nela descrito, tem-se por desencadeada a obrigação, de maneira que a hipótese de incidência atua no plano abstrato, enquanto o fato gerador se configura no plano concreto e há de ser sensível, material, apreensível aos sentidos e corresponder integralmente à definição abstrata.

O Código Tributário Nacional, a Constituição Federal e as leis tributárias utilizam a expressão *fato gerador* indistintamente, ora se referindo à hipótese legal de incidência do tributo, ora se referindo ao fato acontecido, e por isso é necessário emprestar correta interpretação às proposições normativas para que se perfaça a correta identificação da tipologia tributária, a partir da qual se define a relação jurídica. Apesar da distinção ontológica entre hipótese e fato, o emprego não apropriado da terminologia correta não acarreta grandes consequências, conforme observa Luciano Amaro. Confira seu lúcido ensinamento: *"não vemos inconveniente sério no emprego ambivalente da expressão 'fato gerador' (para designar tanto a descrição legal hipotética quanto o acontecimento concreto que lhe corresponda)"*.[6]

Via de regra, a hipótese de incidência está definida no âmbito da lei ordinária, haja vista que à lei complementar, salvo expressa exceção constitucional para que o tributo seja criado mediante quórum privilegiado, cabe dispor sobre conflitos de competência em matéria tributária, regular as limitações constitucionais ao poder de tributar e estabelecer as normas gerais em matéria de legislação tributária, consoante dispõe o art. 146, III, da Constituição.

Embora possa fazê-lo, não é usual a norma constitucional estabelecer a hipótese de incidência dos tributos, muito embora defina o esboço de sua regra matriz, também denominada arquétipo constitucional do tributo que configura a hipótese de incidência possível.

Assim, a norma constitucional tributária exerce tríplice função, já que, além de estabelecer a hipótese de incidência possível, por meio da descrição do modelo fundamental da exação, o arquétipo – protótipo básico dos tributos –, também distribui e delimita as competências tributárias por meio das limitações constitucionais ao poder de tributar.

Roque Antonio Carraza ensina que *"a Constituição, ao discriminar as competências tributárias, estabeleceu – ainda que, por vezes, de modo implícito e com uma certa margem de liberdade para o legislador – a norma padrão de incidência (o arquétipo genérico, a regra-matriz) de cada exação. Noutros termos, ela apontou a hipótese de incidência possível, o sujeito ativo possível , a base de cálculo possível e a alíquota possível, o sujeito passivo possível, das várias espécies e subespécies de tributos. Em síntese, o legislador, ao exercitar a competência tributária, deverá ser fiel à norma padrão de i incidência do tributo, pré-traçada na Constituição."* [7]

---

6 AMARO, Luciano. *Direito Tributário Brasileiro.* 14ª Ed. São Paulo: Editora Saraiva, 2008, p. 262.

7 CARRAZZA, Roque Antonio. *Curso de Direito Constitucional Tributário,* 7ª Ed. São Paulo:1999, p. 252.

Resulta do exposto que os entes federativos deverão exercer a competência tributária, criando cada qual os respectivos tributos, nos estritos limites estabelecidos na Constituição. Ademais, no exercício de sua competência tributária, a instituição do tributo deverá ter como ponto de partida a definição da regra matriz gizada na Lei Maior.

4. FATO GERADOR. CONCEITO E CATEGORIAS

Estabelece o art. 114 do CTN que fato gerador da obrigação principal é a situação definida em lei como necessária e suficiente à sua ocorrência. Com efeito, a criação do tributo se perfaz quando a lei competente define sua hipótese de incidência, muito embora sua exigência fique na dependência da concretização do fenômeno da subsunção, por meio da ocorrência do fato gerador.

Como se vê, ao preconizar que o fato gerador corresponde à definição legal, o preceptivo do art. 114 do CTN, tal qual utilizado com a rubrica *fato gerador,* está se referindo à *hipótese de incidência,* comprovando aquilo que dissemos sobre o uso indistinto da expressão pela lei.

Conforme salientado anteriormente, o *tatbestand* tributário também é chamado de fato típico tributário. Dino Jarach designava o pressuposto legal do tributo de *fato imponível,* expressão consagrada em nossa doutrina.[8]

Existem diversas classificações conhecidas em relação ao fato gerador, e a mais conhecida é a que o distingue em quatro categorias: fato gerador instantâneo, fato gerador continuado, fato gerador complexo e fato gerador futuro. Tal classificação leva em consideração o momento eleito pelo legislador para que se considere definitivamente ocorrido o fato gerador.

O fato gerador instantâneo é o que se verifica de forma episódica, configurando-se mediante um negócio jurídico singular, de maneira que se perfaz ou se aperfeiçoa com a ocorrência instantânea do fato. É o caso do ICMS incidente sobre a venda de mercadorias, onde o fato gerador ocorre com a saída da mercadoria do estabelecimento do empresário.

O fato gerador continuado é modalidade que se concretiza em situações que se perduram no tempo, sendo apurado e quantificado, por ficção jurídica, mediante determinados lapsos temporais. Enquanto a materialização dos acontecimentos ocorre de forma instantânea na categoria anterior, aqui ela ocorre com sucessividade. Trata-se de um estado que configura uma situação jurídica permanente, como é o caso do IPTU e do IPVA, cujos fatos geradores se configuram por meio de uma situação jurídica vivenciada em um determinado período. Sua apuração deriva de uma ficção porque não se indaga se o sujeito é proprietário do imóvel ou do veículo automotor no dia 1° de janeiro, mas ao longo de todo o ano, muito embora, para fins de lançamento, define-se o seu aspecto temporal numa determinada data do exercício financeiro como se naquele dia tivesse ocorrido o fato gerador.

---

[8] Op. cit., passim.

O fato gerador complexo congrega situações de fato e situações jurídicas, e a ocorrência definitiva dessa modalidade de fato gerador decorre de uma multiplicidade complexa de fatos e situações. Também chamado de fato gerador periódico, é o que ocorre no caso do Imposto de Renda, onde o resultado final – renda líquida – é definido pela somatória de todas as situações configuradoras de renda auferida dentro de um determinado período de apuração, deduzidos os gastos, prejuízos e despesas permitidos em lei, com a apuração do resultado final obtido mediante cálculo de redutores e adicionais da base de cálculo.

O fato gerador futuro é aquele que irradia efeitos *pro futuro*, embora ainda não tenha ocorrido o suporte fático, acarretando a exigência antecipada do tributo. Também é chamado de fato gerador presumido, sendo mencionado no art. 150, § 7° da CF/88, com redação dada pela EC n° 3/93 que disciplina o fenômeno da substituição tributária. Critica-se esta classificação sob o fundamento de que todos os fatos geradores são instantâneos, uma vez que no fato gerador continuado só interessa a situação instantânea definida em uma data pré-determinada, como é o caso do IPTU onde se considera ocorrido o fato gerador no dia 1° de janeiro. No caso do fato gerador complexo, só interessaria o momento do fechamento do balanço empresarial, o que no caso do IRPJ se verificaria ao cabo do período de apuração.

Ressalvas à parte, a classificação dos diferentes fatos geradores é um aspecto a ser considerado com certa relevância na investigação da relação jurídica, sobretudo para o diagnóstico do lançamento, do conflito de leis no tempo e da investigação a respeito da decadência e da prescrição.

5. Momento da ocorrência do fato gerador

O momento da ocorrência do fato gerador diz respeito ao aspecto temporal da hipótese de incidência. É importante assinalar que a Constituição estabelece em seu art. 146, III, "a", que cabe à lei complementar definir os fatos geradores dos impostos nela elencados. Assim, quando se tratar de instituição de impostos, a lei que definir sua hipótese de incidência deverá se ater ao arquétipo constitucional, bem como à definição do fato gerador disposta na lei complementar.

O art. 116 do CTN disciplina a forma como se considera ocorrido o fato gerador, sendo curial anotar que o dispositivo em questão cuida do aspecto temporal da hipótese de incidência, ao estabelecer que, salvo disposição de lei em contrário, considera-se ocorrido o fato gerador e existentes os seus efeitos, tratando de situação de fato, desde o momento em que se verifiquem as circunstâncias materiais necessárias a que produza os efeitos que normalmente lhe são próprios, e tratando da situação jurídica, desde o momento em que esteja definitivamente constituída, nos termos do direito aplicável.

É sintomático que o código autorize, por meio da expressão *salvo disposição de lei em contrário*, que o legislador ordinário eleja momentos distintos para os fins da incidência do tributo, o que em nosso entendimento é legítimo desde que a lei se paute nos valores da razoabilidade e proporcionalidade.

De qualquer maneira, pode se considerar que o preceptivo em questão estabelece as normas gerais para determinação do aspecto temporal da hipótese de incidência dos tributos.

Assim, a ocorrência do fato gerador pode se configurar em função de uma situação de fato ou de uma situação jurídica. Na configuração do fato gerador com base numa situação de fato, a ocorrência se dá quando as circunstâncias materiais se realizam, como acontece, por exemplo, na venda de mercadorias em relação ao ICMS, onde a saída da mercadoria do estabelecimento do comerciante é um fato perceptível, e os efeitos são produzidos normalmente com a saída da mercadoria.

Em se tratando de situação jurídica, a questão é mais complexa porque a percepção do fato gerador depende da análise da instituição jurídica que o configura. Daí, ele só ocorre quando a situação estiver constituída nos termos estabelecidos pelas normas do direito. Na investigação do fato gerador que se configura numa situação jurídica, é necessário consultar o ordenamento jurídico e verificar como a materialidade do tributo se constituiu. À guisa de exemplificação, no ITBI são as regras do Direito Civil que determinam como se transmite o bem imóvel, e conforme preceitua o Código Civil Brasileiro, a transmissão de bens imóveis do alienante para o adquirente se concretiza pela transcrição no Registro de Imóveis, e não no momento em que se celebra o negócio jurídico de compra e venda.

No caso do IOF, uma das situações descritas na lei que pode configurar o fato típico tributário se verifica quando é emitida a apólice de seguros, mas é o Código Civil que determina quando se aperfeiçoa essa operação, concretizada através da celebração do contrato de seguro. No IPTU, novamente é o Direito Civil que define quem é o proprietário, o possuidor e o titular do domínio útil, para os fins de considerar-se configurado seu pressuposto fático.

Quando o fato gerador de um tributo representar uma situação qualquer que não tenha tratamento próprio em outro ramo do direito, corresponderá a uma situação de fato, o que ocorre, por exemplo, na entrada de produtos estrangeiros no território nacional. Note que se o fato gerador do imposto de importação fosse adquirir produtos estrangeiros, aí sim o fato gerador constituiria uma situação jurídica, uma vez que o instituto da compra e venda está preceituado em ramo diverso do direito.

Por outro lado, não é menos verdade que numa relação jurídica podem restar configuradas a situação de fato e a situação jurídica. No caso da extinta CPMF – Contribuição Provisória sobre a Movimentação Financeira – é a ciência contábil que define o que é lançamento a débito, mas o lançamento a débito em si é uma situação fática. De qualquer maneira, a importância em distinguir-se situação de fato de situação jurídica reside na correta identificação da legislação aplicável nas hipóteses, nada incomuns, de conflito de leis no tempo.

Analisando-se, em forma de exemplo, o fato gerador do IPTU que tanto pode ser a propriedade, a posse ou o domínio útil de imóvel urbano, constata-se que a propriedade é um instituto já sedimentado no Direito Civil. Logo, o fato gerador do IPTU constitui uma situação jurídica, mas resta indagar quando o indivíduo é proprietário de um imóvel urbano, ou quando a situação de proprietário está definitivamente constituída. É possível concluir que a partir do momento em que o sujeito passivo é dono, não haverá um dia específico em que se perfaça tal situação, sendo certo afirmar que em todos os dias ele a vivenciará. Por isso, o legislador reúne certa dose de discricionariedade para definir um dia convencional em que se considera ocorrido o fato gerador. No caso dos impostos sobre a propriedade, costumeiramente o dia convencionado é o primeiro dia do exercício financeiro, ou seja, 1° de janeiro.

Outra razão para distinguir fato de situação jurídica diz respeito aos eventos em que o fato gerador fica submetido a uma condição. Como se sabe, a condição é um elemento acidental do negócio jurídico que corresponde a um acontecimento futuro e incerto, do que depende a eficácia do fato jurídico.

O assunto é tratado no art. 117 do CTN e diz respeito aos fatos geradores constituídos mediante situação jurídica, e o preceptivo determina que os atos ou negócios jurídicos condicionais reputam-se perfeitos e acabados, sendo suspensiva a condição, desde o seu implemento, e sendo resolutória a condição, desde o momento da prática do ato ou da celebração do negócio.

Assim, se o fato gerador corresponde a uma *situação jurídica* e estiver sujeita a uma *condição*, haverá necessidade de aquilatar se essa *condição* é *suspensiva* ou *devolutiva*. Em relação à condição suspensiva, o fato gerador só ocorre *quando* e *se* a condição se realizar, de tal maneira que, exemplificando, na doação de pai para filho, estabelecida com uma determinada condição do tipo *" – Te doarei um carro quando passares no concurso"*, o imposto de doação somente será devido quando essa condição ocorrer.

Nessa situação jurídica, o fato gerador fica em suspenso, já que a situação está condicionada a um evento futuro e incerto, só se consumando no momento em que se implementar a condição.

A abordagem é diversa quando se trata de situação jurídica sujeita à *condição resolutiva*, isso porque o código considera ocorrido, de imediato, o fato gerador. Assim, no caso da condição resolutiva, a lei considera ocorrido o fato gerador mesmo que o negócio jurídico que preencheu o suporte fático que define a tipologia tributária se desfaça. De fato, o CTN considera que a *situação* está *sujeita a uma condição* que já se consumou, e por isso os efeitos se irradiam desde a prática do ato.

Quando a condição é suspensiva, ocorre o deslocamento do fato gerador para o momento da verificação da condição, nascendo a obrigação quando for esta for implementada. Verificada a condição resolutiva, de antemão considera-se ocorrido o fato gerador, sendo devido o tributo.

O caso da situação jurídica sujeita à condição resolutiva é muito intrigante e a interpretação pedestre do dispositivo pode ensejar a indevida exigência de tributo. Assim, se um exportador vende um produto para o estrangeiro sob cláusula resolutória de que o negócio se desfaz se o adquirente não efetuar o pagamento, para fins tributários, como se trata de condição resolutiva, tem-se por ocorrido o fato gerador em decorrência da prática do ato ou celebração do negócio. No entanto, inexistindo o sinal de riqueza que legitima a tributação, o sujeito passivo deve ser autorizado a restituir, caso tenha pago.

Como se vê, a questão se agrava ainda em face do disposto no art. 118 do CTN, ao estabelecer que a definição do fato gerador é interpretada abstraindo a validade dos atos praticados e os efeitos dos fatos efetivamente ocorridos, isso porque o código parece sugerir que situações não geradoras de riqueza, como o caso da condição resolutiva que desfaz o negócio jurídico, seriam tributadas. Dessa forma, se um exportador vende um produto para o estrangeiro sob cláusula resolutória de que o negócio se desfaz caso o adquirente não efetue o pagamento, para fins tributários, tem-se por ocorrido o fato gerador em decorrência da prática do ato ou celebração do negócio, sendo devido o tributo, independente da validade do negócio jurídico.

Em verdade, a correta abordagem ao art. 118 impõe uma conotação diversa já que aquela diz respeito ao princípio geral de que o fenômeno tributário somente se preocupa com o sinal de riqueza, abstraindo-se sua origem remota. De fato, a irrelevância da validade do negócio jurídico demonstra que eventuais nulidades que acarretem seu desfazimento não tem qualquer importância para o fenômeno tributário. Por isso, a renda auferida em decorrência de atividade ilícita sujeita o seu titular à tributação pelo Imposto de Renda, até porque, se assim não fosse, haveria a instalação de uma situação ainda mais injusta. Afinal de contas, conforme analisado precedentemente, é conhecido o brocardo que bem resume a irrelevância da origem remota do sinal de riqueza – *non olet* – ou seja, o tributo não tem cheiro, tanto é verdade que o STF admite tributação sobre atividade ilícita (Informativo n° 637).

Esse é o verdadeiro sentido do art. 118 do CTN, ou seja, a total abstração do fato gerador, e a bem da verdade, o que não se pode fazer é interpretar o dispositivo em questão para, em conjunto com o disposto no art. 117, II, considerar que um negócio jurídico desfeito por ausência do fato gerador em evidente ausência do sinal de riqueza, determine a incidência de um tributo sobre uma importação que efetivamente não ocorreu, já que a condição resolutiva desconfigura a tipologia do tributo.

Daí, procedendo-se a uma interpretação conforme a Constituição, a conclusão é no sentido de que, especialmente em relação aos impostos, onde se tributa o sinal de riqueza de *per se*, sem qualquer correspondência ou dever estatal, não há permissivo constitucional para que o Estado tribute um sinal de riqueza que não existe. Em relação aos impostos, conforme veremos no capítulo próprio, deve ser consagrada a teoria que ora constrói o ***Princípio do Sinal de Riqueza***, decorrente lógico dos Princípios da Igualdade, da Capacidade Contributiva, da Dignidade da Pessoa, da Proporcionalidade e da Razoabilidade.

Seu comando, implícito na Constituição, determina que em matéria de impostos, só se tributa os sinais de riqueza, e não a falta de riqueza, ou seja, a inexistência do suporte fático, ou ainda, o que é pior, sintomas que não demonstrem riqueza, mas verdadeiro sinal de pobreza. A tributação permitida constitucionalmente é aquela que se opera sobre a riqueza experimentada pelo contribuinte, de sorte que onde não foi demonstrado o sinal de riqueza não deve haver a tributação por meio dos impostos.

Por isso, no caso dos fatos geradores de impostos submetidos a condição resolutiva em que não se verifique o suporte fático e que efetivamente suprima da atividade privada o sinal de riqueza, o contribuinte não poderá ser exigido, e mesmo que tenha recolhido a exação, terá direito à restituição.

Finalizando o estudo da obrigação tributária, devo mencionar o augusto acórdão pronunciado pelo STF onde se perfaz importante magistério sobre a natureza jurídica da obrigação tributária, bem como sobre a classificação das categorias impositivas previstas em nosso Direito. Confira-se: "*Os tributos, nas suas diversas espécies, compõem o Sistema Constitucional Tributário brasileiro, que a Constituição inscreve nos seus arts. 145 a 162. Tributo, sabemos todos, encontra definição no art. 3º do CTN, definição que se resume, em termos jurídicos, no constituir ele uma obrigação que a lei impõe às pessoas, de entrega de uma certa importância em dinheiro ao Estado. As obrigações são voluntárias ou legais. As primeiras decorrem da vontade das partes, assim, do contrato; as legais resultam da lei, por isso são denominadas obrigações ex lege e podem ser encontradas tanto no direito público quanto no direito privado. A obrigação tributária, obrigação ex lege, a mais importante do direito público, 'nasce de um fato qualquer da vida concreta, que antes havia sido qualificado pela lei como apto a determinar o seu nascimento.' (Geraldo Ataliba, 'Hermenêutica e Sistema Constitucional Tributário', in 'Diritto e pratica tributaria', volume L, Padova, Cedam, 1979). As diversas espécies tributárias, determinadas pela hipótese de incidência ou pelo fato gerador da respectiva obrigação (CTN, art. 4º), são a) os impostos (CF, art. 145, I, arts. 153, 154, 155 e 156), b) as taxas (CF, art. 145, II), c) as contribuições, que são c.l) de melhoria (CF, art. 145, III), c.2) sociais (CF, art. 149), que, por sua vez, podem ser c.2.1) de seguridade social (CF, art. 195, CF, 195, § 4º) e c.2.2) salário educação (CF, art. 212, § 5º) e c.3) especiais: c.3.1.) de intervenção no domínio econômico (CF, art. 149) e c.3.2) de interesse de categorias profissionais ou econômicas (CF, art. 149). Constituem, ainda, espécie tributária, d) os empréstimos compulsórios (CF, art. 148).*" (ADI 447, Rel. Min. Octavio Gallotti, voto do Min. Carlos Velloso, julgamento em 5-6-1991, Plenário, *DJ* de 5-3-1993.)

Capítulo IV

HIPÓTESE DE INCIDÊNCIA

1. Conceito de Hipótese de Incidência

O estudo da hipótese de incidência pressupõe a análise do processo que lhe confere significação, de maneira que não é possível especular sobre sua contextualização no fenômeno tributário sem que antes investiguemos o conteúdo semântico dos vocábulos a ela inerentes.

De tal arte, *incidir* significa sobrevir, acontecer, ocorrer, e sua *hipótese* corresponde a uma suposição ou formulação prévia acerca de sua ocorrência. Assim, em termos genéricos pode-se dizer que a hipótese de incidência é uma formulação legal de um evento que poderá ocorrer.

É necessário citar o magistério de Geraldo Ataliba como um dos responsáveis pela construção da teoria da h.i. que tem permitido aos operadores da norma jurídica tributária uma compreensão do fenômeno da incidência que melhor satisfaz os critérios de apreciação do fenômeno jurídico-tributário. De fato, a investigação da hipótese de incidência permite a formulação do diagnóstico da relação jurídica, permitindo identificar falhas e imperfeições que maculem a obrigação no tocante ao embate da regra de incidência com a norma constitucional. De acordo com os ensinamentos de Ataliba, a hipótese de incidência seria a descrição genérica e hipotética de um fato.[1]

Até poderia se dizer que a hipótese de incidência tributária é a descrição legislativa de um fato a cuja ocorrência *in concretu* a lei atribui força jurídica de determinar o nascimento da obrigação tributária. No entanto, a hipótese de incidência não é a

[1] Op. cit., p.74.

própria lei tributária, a qual, devidamente segmentada, identifica os elementos essenciais do tributo. É, em verdade, a estrutura normativa geral e abstrata, constituída dos elementos essenciais à configuração da obrigação tributária, os quais podem ser identificados na lei que institui o tributo.

Assim, a *regra matriz de incidência tributária (RMIT)*, como é chamada por parte da doutrina, não corresponde à própria lei, mas resulta de uma construção interpretativa nela fundamentada.

Paulo de Barros Carvalho preleciona que "*nenhuma diferença há entre a percussão de uma regra jurídica qualquer e a incidência da norma tributária, uma vez que operamos com a premissa da homogeneidade lógica das unidades do sistema, consoante a qual todas as regras teriam idêntica esquematização formal, quer dizer, em todas as unidades do sistema encontraremos a descrição de um fato "F" que, ocorrido no plano da realidade físico-social, fará nascer uma relação jurídica (S' R S") entre dois sujeitos de direito, modalizada com um dos operadores deônticos:obrigatório, proibido ou permitido (O, V ou P).*" [2]

Nesse sentido, o mesmo autor adverte ser descabida qualquer distinção entre incidência jurídica e aplicação do direito, de tal maneira que "*não haverá incidência se não houver um ser humano fazendo a subsunção e promovendo a implicação que o preceito normativo determina.*"[3]

Dessa forma, a hipótese de incidência vem estabelecida em proposições normativas de âmbito legal, haja vista que é a lei ordinária o instrumento legislativo condizente à criação do tributo. Por outro lado é sabido que a Constituição não tem a função de criar tributos, mas de estabelecer o *arquétipo* da figura tributária, ou seja, seu modelo essencial, seu fundamento primordial, seu desenho básico. Com efeito, o exercício da competência tributária deverá seguir os delineamentos básicos consagrados no *arquétipo constitucional* do tributo.

Ao exercer a função criadora do tributo, a lei ordinária estabelecerá a hipótese de incidência tributária definindo os elementos essenciais da figura impositiva. Esses elementos essenciais do tributo se vislumbram nos aspectos (ou critérios) da hipótese de incidência e permitem identificar os sujeitos da relação jurídica, a materialidade, o local da incidência, o momento da incidência e o valor a pagar do tributo.

De fato, essas partes fundamentais que estruturam a figura do tributo correspondem aos *critérios da hipótese de incidência* e nela estão enunciados, muito embora, quase sempre, não de forma direta e explícita. Sua análise permite investigar a relação jurídica não somente em relação ao preceito normativo mas também ao fato-evento, já que o diagnóstico da relação se perfaz pela análise do suporte fático e sua correspondente composição com o fato gerador.

Paulo de Barros Carvalho distingue, dentro da compostura designada de *regra matriz de incidência*, uma divisão entre descritor (hipótese) e prescritor (conseqüência),

---

2 CARVALHO, Paulo de Barros. *Direito Tributário. Fundamentos Jurídicos da Incidência*. São Paulo: Editora Saraiva, 1998, p. 7.

3 Idem, p. 9.

sendo a hipótese alusiva a um fato e a conseqüência prescritiva dos efeitos jurídicos que o acontecimento irá propagar. Por isso fala-se em descritor e prescritor, o primeiro para designar o antecedente normativo e o segundo para indicar o seu consequente, fato pelo qual, na esteira desses ensinamentos, estão incluídos no descritor (hipótese tributária) o critério material, o critério temporal e o critério espacial, além dos critérios pessoal e valorativo que integram o prescritor (consequência tributária).[4]

De qualquer maneira, os critérios ou aspectos que permitem identificar os elementos essenciais do tributo, que para nós são cinco, podem ser identificados a partir do momento em que os fatos do mundo passam a ser considerados relevantes para a lei, tornando-se objeto de normatividade jurídica.

São eles, o aspecto material, o aspecto espacial, o aspecto temporal, o aspecto pessoal e o aspecto valorativo. Dessa forma, a hipótese de incidência se apresenta construída com base nesses *aspectos* ou *critérios* que identificam e dão forma ao tributo.

Assim, quando nos referimos à hipótese de incidência, aludimos aos fatos que poderão ocorrer e que se consideram relevantes a partir do momento em que se materializem. Daí, foi feliz a denominação empregada para o aspecto material pois designa o núcleo da hipótese de incidência, já que é a partir dela que surge o fato jurídico, ou seja, a juridicização do suporte fático.

A doutrina ensina que os aspectos da hipótese de incidência são as qualidades que ela possui para determinar hipoteticamente os sujeitos da obrigação tributária, bem como seu conteúdo substancial, local e momento de nascimento. São nesses aspectos que poderemos identificar o fato imponível, a base de cálculo e a alíquota do tributo. [5]

Sendo assim, ressalvando que a doutrina diverge quanto aos componentes configuradores do antecedente e do consequente normativo, é possível identificar cinco aspectos distintos da hipótese de incidência, os quais serão analisados em seguida:

I – Aspecto material;
II – Aspecto espacial;
III – Aspecto temporal;
IV – Aspecto pessoal ou subjetivo;
V – Aspecto quantitativo ou valorativo.

2. Aspecto Material

O aspecto material da hipótese de incidência consiste na descrição dos dados substanciais que servem de suporte à hipótese de incidência. É o que define a materialização do suporte fático permitindo o nascimento da obrigação, dando verdadeira consistência à hipótese de incidência e podendo ser determinado pelo núcleo da conduta (verbo) mais o complemento.

---

4 Op. cit, passim.

5 Em sua *Hipótese de Incidência Tributária,* GERALDO ATALIBA menciona 4 critérios, enquanto PAULO DE BARROS CARVALHO, no *Curso de Direito Tributário,* 19ª Edição. São Paulo: Editora Saraiva, 2007, *passim,* cita 3 critérios.

Trata-se do objeto, da coisa ou, no caso dos impostos, do próprio sinal de riqueza, ou seja, a matéria tributada. É conhecida na doutrina a clássica equação para designar a materialidade que se identifica pelo *verbo no infinitivo,* traduzindo uma *ação ou estado*, ao qual se adere o respectivo *complemento.* Essa equação é obtida pela identificação da expressão gramatical designada por um verbo no infinitivo traduzindo ação ou estado, além do respectivo complemento. À guisa de exemplo, no caso do Imposto de Importação, a matéria tributável é *importar,* com o verbo no infinitivo que indica ação, enquanto o complemento que se adere ao verbo seria *produtos estrangeiros.*

Assim, é possível identificar o critério material indagando-se *sobre o quê* incide o tributo, ou *qual matéria* está sendo tributada, de tal arte que ele corresponde ao núcleo da hipótese de incidência. Está correto afirmar que o critério material da h.i. deve guardar relação direta com o arquétipo constitucional do tributo. Sendo assim, pela análise do aspecto material da hipótese é possível responder à seguinte indagação: *sobre o quê incide o tributo?*

Enfatizado que a linguagem da hipótese de incidência permite o esquadrinhamento da relação jurídica, do tributo em si e de todos seus eventuais defeitos congênitos, não há censura em concluir que a correta identificação da materialidade permite identificar o próprio tributo, de maneira que, se ela está vinculada à alguma atividade do poder público, a exação deverá ser uma taxa ou uma contribuição de melhoria, ou do contrário, diagnosticando-se uma atividade não estatal, ter-se-á um imposto.

O uso da teoria da h.i. com o holofote em sua materialidade também permite verberar sobre o ***Princípio da competência,*** ou seja, se o legislador reúne competência para tributar aquela determinada matéria. Prosseguindo nesse encadeamento lógico, se a materialidade da figura exativa elencada no art. 153, III da Constituição implica em *auferir renda,* onde *auferir* é o verbo no infinitivo que revela ação e *renda* é o complemento que singulariza a riqueza, as conclusões são de que se trata de tributo não vinculado a nenhuma atividade estatal, e como tal, só poderia se referir a um imposto exigível pela União, denominado Imposto sobre a Renda e Proventos de qualquer natureza. No caso da COFINS – Contribuição Social das Empresas para o Custeio da Seguridade Social – incidente sobre o faturamento, criada pela LC nº 70/91, identifica-se o redutor mínimo de sua materialidade como sendo *faturar serviços, produtos ou mercadorias,* situação jurídica não vinculada a nenhuma atividade estatal, o que abriria espaço para reconhecer na COFINS a natureza jurídica de imposto federal.

Costumeiramente a proposição normativa que descreve a h.i. de um tributo qualquer pode reunir mais de uma materialidade, como ocorre, *exempli gratia,* no caso do IPI, onde ela se verifica no *manufaturar produtos industrializados*, assim como no *importar produtos industrializados,* assim como ocorre no ICMS que também incide na *importação de mercadorias,* além de *realizar operação com circulação de mercadorias.*

Desde que haja previsão constitucional, o fato econômico ou o sinal gerador de riqueza poderá ser alvo de mais de um tributo, sendo possível que existam pontos de aproximação entre diferentes tributos, com materialidades parecidas, mas sem exata identificação de suas hipóteses de incidência. O fenômeno, aliás, não é incomum, podendo ser invocado o caso do IPI e do ICMS que incidem na venda de mercadoria que corresponda a um produto industrializado. Sendo a mercadoria o bem móvel colocado à disposição no comércio, haverá esse ponto de contato com o IPI quando a mercadoria também se configurar como produto industrializado, muito embora o que se evidencie seja nada mais do que hipóteses de incidência parecidas, não havendo uma bitributação aberta.

2.1. Materialidade e arquétipo constitucional

Tomada a premissa de que à lei cabe criar o tributo, é evidente que ela deverá identificar, dentro da equação e obediente à compostura normativa da Constituição, qual a matéria pretende seja tributável, descrevendo aquilo que espera venha acontecer no mundo concreto.

Revelando-se no núcleo da h.i., a materialidade é seu aspecto principal, assim chamado de aspecto objetivo porque identifica o objeto tributável. E se é verdade que o aspecto material dá suporte e consistência à h.i., é forçoso reconhecer que está diretamente relacionado ao arquétipo constitucional do tributo. De fato, à título de exemplificação, se o arquétipo constitucional do IR (imposto sobre a renda) determina que ele incide sobre renda e proventos de qualquer natureza, outra não poderá ser a definição legal senão aquela que determine uma tipologia que evidencie *renda*, assim considerada o fenômeno econômico de acréscimo patrimonial. Por isso, há direta conexão entre o arquétipo constitucional, a hipótese de incidência e o aspecto material do tributo. Por isso, pode-se tomar como premissa que o aspecto material é o núcleo essencial do tributo.

Outro elemento importante que configura a estrutura do tributo é a base de cálculo, também diretamente ligada ao aspecto material, tanto que Geraldo Ataliba a inclui em seu contexto, definindo-a como a dimensão legal da materialidade do tributo. [6]

Também não há como fugir à conclusão de que a identificação da figura impositiva se perfaz pela congregação da base de cálculo e do núcleo da hipótese de incidência, e a própria Constituição Federal deixa isso claro quando estabelece, em seu art. 154, I, que a União poderá instituir, mediante lei complementar, impostos não previstos em seu rol de competências desde que sejam não cumulativos e tenham *fato gerador ou base de cálculo* próprios dos nela discriminados (grifei). Neste particular, a Constituição emprega o termo *fato gerador* como *hipótese de incidência*, e sua equação instrumental permite concluir que a identificação da figura tributária se perfaz pelo binômio base de cálculo e núcleo da hipótese de incidência.

Nada obsta, no entanto, que se destaque a análise da base de cálculo, inserindo-a no aspecto valorativo ou quantitativo da h.i., não porque não pertença ao aspecto material, mas simplesmente porque sua análise em separado vai facilitar o diagnóstico da relação jurídica.

---

[6] Op. cit., p. 109.

3. Aspecto Espacial

O aspecto espacial determina a delimitação geográfica hábil para, em se verificando a materialização da hipótese normativa, desencadear-se o fenômeno da incidência. Ao analisar esse aspecto, o intérprete deve buscar na norma a resposta para a seguinte questão: *em que lugar (ou onde) é relevante auferir renda?, ou importar produtos estrangeiros?, etc.* Por meio da análise do aspecto espacial, investiga-se o local escolhido pela lei para a materialização do comportamento, ação ou conduta relevante para a lei tributária.

A hipótese de incidência deverá delimitar um espaço geográfico definido para que o fato descrito ocorra, de maneira que a norma de incidência deve descrever a materialidade e determinar o local onde seja relevante a ocorrência do fato jurídico tributário.

O exame do critério espacial não se confunde com o âmbito territorial de abrangência da norma, muito embora tais realidades possam coexistir, mas é relevante para verificar se o legislador tem competência para legislar sobre determinado espaço territorial. De fato, no caso do Imposto de Importação, a lei federal que o institui possui abrangência em todo o território nacional, mas o território nacional não é o aspecto espacial desse imposto aduaneiro, e sim o local onde ocorre o despacho aduaneiro, ou seja, o local onde são desembaraçados os produtos estrangeiros, na repartição fiscal aduaneira existente nas fronteiras terrestres, nos portos e aeroportos.

Como se vê, o aspecto espacial não se submete somente à análise da territorialidade da norma, mas enseja a discussão sobre a possibilidade de a norma gerar eficácia em local específico dentro daquele território, ou mesmo fora dele, nos casos de extraterritorialidade.

Em regra, as normas têm aptidão para produzir efeito no âmbito da pessoa política que editou a lei. Daí, como dito precedentemente, o aspecto espacial é relevante porque permite a aplicação do ***Princípio da territorialidade,*** que é regra no sistema tributário nacional, o qual consagra o ***Princípio da extraterritorialidade*** e o seu derivado ***Princípio da universalidade,*** como exceções. É fato que *auferir renda* é uma situação relevante *em todo território nacional*, mas ao se analisar a hipótese de incidência do Imposto de Renda da pessoa física, verifica-se que existe disposição legal versando sobre a extraterritorialidade em sua mais conhecida vertente que é a universalidade da tributação.

De fato, a Lei nº 9.250/96 estabelece a possibilidade de tributação do imposto sobre a renda com base no critério da universalidade, já que permite a incidência do imposto sobre rendimentos auferidos em qualquer local, inclusive fora do território nacional, e sob este aspecto, é discutível a constitucionalidade desse preceptivo em face do princípio que determina a sujeição do contribuinte à soberania da lei tributária à qual está sujeito.

De acordo com esse ponto de vista, estaria vedada a tributação sobre contribuintes submetidos à soberania de legislação estrangeira. De qualquer maneira, a norma sob comento está em pleno vigor e o contribuinte brasileiro que aqui ainda possua domicílio e aufira rendimentos no exterior, fica sujeito à tributação do imposto sobre a renda. Apesar disso, é possível questionar-se a norma em questão sob o enfoque do Princípio do Sinal de Riqueza, uma vez que se a materialidade é única, não podendo ser duplamente tributada.

O Código Tributário Nacional dimensiona os limites da extraterritorialidade quando, no art. 102, trata da vigência da norma, ao estatuir que a legislação tributária dos Estados, do DF e dos Municípios vigora, no país, fora dos respectivos territórios, nos limites que lhe reconheçam extraterritorialidade os convênios de que participem, ou do que disponham esta ou outras leis de normas gerais expedidas pela União. Como se vê, o CTN não impõe restrição em relação à extraterritorialidade da norma tributária emanada de Estados, Distrito Federal e Municípios, mas nada menciona sobre a extraterritorialidade da norma federal, o que alimenta a discussão no tocante às normas oriundas da União.

É possível que o aspecto espacial não esteja expresso na norma, mas quando estiver definido expressamente, será revelado na segunda parte da locução que resume a materialidade. Assim, no imposto municipal sobre a propriedade urbana – IPTU – o complemento é o *perímetro urbano ou zona urbana*, ou seja, investiga-se o local onde é relevante ser proprietário de imóvel urbano, revelando-se o aspecto espacial da hipótese de incidência desse imposto.

3.1. Bitributação e *bis in idem*

Pela análise do aspecto espacial é possível verificar se há *bitributação* no caso concreto, fenômeno que ocorre quando duas pessoas políticas diferentes tributam o mesmo fato. Tem-se defendido que a bitributação é vedada pela Constituição uma vez que consiste na invasão de competências tributárias. De fato, o *princípio da competência* não está escrito na Constituição mas resulta da aplicação dos dispositivos que estabelecem a competência de cada ente tributante. Também chamado de *princípio da reserva das competências impositivas,* é aquele pelo qual a pessoa política tributante deverá restringir o exercício de sua competência à área que lhe foi constitucionalmente destinada, ficando vedada a bitributação.

No entanto, a vedação constitucional à bitributação é regra que comporta exceções no âmbito da própria Constituição da República, já que ela pode definir situações em que dois entes distintos poderão tributar o mesmo fato econômico.

Como exceção constitucional à bitributação podem ser citados os impostos extraordinários, de competência da União, onde se autoriza a incidência em qualquer situação, mesmo aquelas já tributadas pela própria União, ou por qualquer outro ente tributante. Trata-se do único caso de *bitributação aberta*, ou seja, permeável sobre qualquer situação.

Outras situações podem ser mencionadas, mas se restringem a uma *bitributação fechada*, aquela onde se define rigidamente a situação onde ocorre o ponto de contato entre a competência dos diferentes entes. É o que ocorre com a importação de produtos estrangeiros, tributado pela União através do imposto de importação e do imposto sobre produtos industrializados, e pelos Estados e Distrito Federal, através do ICMS, apenas para mencionar alguns exemplos. De qualquer maneira, conforme já foi mencionado anteriormente, no presente caso tem-se um fenômeno onde há aproximação mas não identificação das hipóteses de incidência, e sob esse aspecto não haveria falar-se nem mesmo em bitributação fechada.

Nesse sentido, a proibição da bitributação sugere que cada pessoa política normatize os suportes fáticos sobre os quais recebeu competência, mas são comuns as situações em que as hipóteses de incidência de alguns tributos possuam pontos de contato com tributos diversos, de mesma ou outra espécie. Nesse sentido, vislumbra-se essa aproximação na competência de dois Municípios distintos, sugerindo conflito do ISS de um em relação ao ISS de outro, entre Estados (ICMS e ICMS), entre Estados e Municípios (ICMS e ISS), entre Estados e União (ICMS e IPI), entre União e Municípios (ITR e IPTU).

De fato, em certos momentos o conceito de bitributação é utilizado para denominar fenômeno diverso, o *bis in idem* que ocorre quando o mesmo ente tributante tributa mais de uma vez a mesma situação de fato ou situação jurídica. Apesar das controvérsias, o entendimento correto é no sentido de que neste caso não há inconstitucionalidade. O *bis in idem* tributário ocorre com certa freqüência, como é o caso da COFINS e do PIS que são duas contribuições incidentes sobre o faturamento, ambas tributadas pela União.

Também é possível que ocorra *bitributação internacional*, e geralmente isso ocorre em relação ao imposto de renda da pessoa física. Conforme se analisou precedentemente, a Lei nº 9.250/96 estabelece a possibilidade de tributação do imposto sobre a renda com base no critério da universalidade, já que permite a incidência sobre rendimentos auferidos fora do território nacional. Nesse caso, haverá necessidade de que exista tratado internacional para evitar a bitributação.

De qualquer maneira, não resta a menor dúvida de que nas hipóteses onde se verificar a bitributação em matéria de impostos, certamente um dos entes federativos estará tributando indevidamente, em franca violação ao Princípio do Sinal de Riqueza.

Em resumo, pode-se afirmar que o aspecto espacial é importante para a identificação do local da incidência, para a análise da territorialidade ou extraterritorialidade da norma, e para identificação do ente competente para tributar aquele determinado suporte fático.

4. Aspecto Temporal

Geraldo Ataliba ensina que o aspecto temporal "é a propriedade que a hipótese de incidência tem de designar (explícita ou implicitamente) o momento em que se deve reputar consumado o fato imponível. A hipótese de incidência deve *trazer a indicação das circunstâncias de tempo, importantes para a configuração dos fatos imponíveis.*"[7]

O aspecto temporal tem a função de determinar o momento em que a lei criadora do tributo considera esteja consumado o fato imponível. Pela análise do aspecto

[7] Op. cit., p. 84/85.

temporal da hipótese de incidência, é possível responder à seguinte questão: *quando ocorreu o fato gerador?*

O legislador tem discricionariedade para eleger o momento em que pode se considerar ocorrido o fato imponível e nascida a obrigação tributária. Apesar disso, essa liberdade não é ilimitada, não havendo total discricionariedade na escolha do momento da incidência, não sendo autorizado ao legislador definir aspectos temporais que não condizem com a lógica do razoável. De fato, é discutível a legitimidade em eleger-se momentos da incidência da norma que não correspondam ao enquadramento com o suporte fático, demonstrando uma equação que se verifique sem que tenha se operado a ocorrência da ação descrita no núcleo da hipótese.

Já cuidamos do assunto quando analisamos o momento da ocorrência do fato gerador, salientando que o art. 116 dispõe sobre o tema e autoriza que o legislador ordinário eleja momentos distintos daqueles definidos no CTN para os fins de incidência normativa, o que em nosso entendimento é legítimo desde que a lei se paute nos valores da razoabilidade e proporcionalidade.

Pela análise do critério temporal obtém-se o conjunto de dados que possibilita o conhecimento do instante em que se considera concretizado o fato hipoteticamente descrito na lei, de maneira que a materialidade do tributo deve se verificar num certo lugar e num determinado momento. Assim, a norma deve identificar um exato instante para se aferir o preenchimento da materialidade, já que sua identificação não pode ficar ao talante do aplicador da norma.

Especulando um pouco mais sobre o aspecto temporal, tomemos como exemplo ilustrativo o caso do Imposto de Importação. Dispondo sobre ele, estabelece o art. 19 do CTN que o imposto, de competência da União, sobre a importação de produtos estrangeiros tem como fato gerador a entrada destes no território nacional. Precedentemente, analisamos no capítulo III que a expressão *fato gerador* é utilizada indistintamente pelo Código Tributário Nacional, ora se referindo à hipótese de incidência, ora se referindo ao fato acontecido. Pela análise do art. 19 do CTN, é possível verificar que a expressão *fato gerador* ali empregada, diz respeito ao aspecto temporal quando menciona o momento em que ocorre o fato gerador do imposto, de maneira que, neste caso em particular, há um vetor definido na Lei Complementar delimitando a atuação do legislador ordinário que não é livre para estabelecer um momento de incidência distinto da entrada dos produtos no território nacional.

Apesar disso, a expressão *entrada no território nacional* é bastante vaga, e por isso a lei ordinária que define a hipótese de incidência desse imposto aduaneiro utiliza a definição do CTN como parâmetro, mas especifica o conteúdo semântico da expressão para os fins de definir essa ocasião como sendo o *desembaraço aduaneiro*. Dada a complexidade do procedimento do desembaraço aduaneiro, utilizado para implementar a importação de produtos estrangeiros dos entraves burocráticos e financeiros, e considerando a possível demora, a norma define que a exigência se dá na data do Registro do Desembaraço de Importação.

4.1. Conflito de leis no tempo e o princípio do *tempus regit actum*

A definição do aspecto temporal também é relevante para que se identifique a lei a ser aplicada nas situações em que se configure possíveis conflitos de leis no tempo. No exemplo que mencionamos acima, pode existir uma variação de alíquota a ser aplicável na importação em virtude de alteração legislativa, e não se poderia deixar a escolha do momento da exigência para a discricionariedade do aplicador da norma.

Mesmo que, por qualquer motivo, a exigência do tributo só ocorra muitos dias, meses ou até anos após a importação, para os fins de identificação dos elementos fundantes do aspecto valorativo, seja em relação à fixação da alíquota a ser utilizada ou em relação à definição da base de cálculo, deve ser levada em consideração a legislação que estava em vigor no momento em que ocorreu o fato gerador. Assim, identificar o aspecto temporal é precisar a norma aplicável no caso concreto, e mesmo que haja conflito temporal de leis, o comando de identificação da norma aplicável no tempo está definido no art. 144 do CTN, o qual determina que o lançamento reporta-se à data da ocorrência do fato gerador da obrigação e rege-se pela lei então vigente, ainda que posteriormente modificada ou revogada.

Com base no aspecto temporal da hipótese de incidência, é possível definir a lei aplicável ao caso concreto mesmo que ela já tenha sido modificada no todo ou em parte. Trata-se do ***Princípio do tempus regit actum*** pelo qual aplica-se a lei que estava em vigor no momento em que ocorreu o fato gerador.

Como regra, não vigora o princípio da retroatividade benéfica, e mesmo que existisse lei posterior mais favorável, não seria aplicável. Exortando o exemplo do Imposto de Importação, ainda que lei posterior ao fato gerador diminuísse a alíquota do imposto, não seria ela aplicável. Conferindo-se o exemplo do Imposto de Exportação, o art. 23 do CTN estabelece que o imposto, de competência da União, sobre a exportação, para o estrangeiro, de produtos nacionais ou nacionalizados tem como fato gerador a saída destes do território nacional. A saída dos produtos do território nacional é o aspecto temporal, mas como o termo se reveste de certa abstração, o legislador ordinário considera ocorrido o fato gerador com o registro da exportação.

No mesmo diapasão, o aspecto temporal da hipótese de incidência do Imposto sobre Produtos Industrializados, definido no art. 46 do CTN, corresponde ao seu desembaraço aduaneiro, quando os produtos forem de procedência estrangeira, além da sua saída do estabelecimento e a sua arrematação, quando apreendido ou abandonado e levado a leilão. Como se vê, o CTN define três momentos distintos em que se pode considerar ocorrido o fato gerador do IPI, e no inciso II do art. 46, quando se reporta à saída dos estabelecimentos, revela o aspecto temporal em relação a uma hipótese distinta daquela definida no inciso I que disciplina o IPI na importação. Por outro lado, em se tratando de arrematação de produtos industrializados, o momento da ocorrência do fato gerador também será diverso, ou seja, o momento da arrematação.

Em muitos casos, a lei define a apuração do tributo não com base em cada fato gerador, mas com fundamento em determinados períodos de tempo, denominados *períodos de apuração,* onde, a rigor, podem ocorrer vários fatos geradores. O período de apuração é fixado pela legislação tributária com a finalidade de facilitar a apuração do fato gerador e a identificação de outros elementos do tributo, visando racionalizar o lançamento. Assim, independente da quantidade de fatos geradores que possam ser praticados em determinado espaço de tempo, a lei pode fixar regra em que se determine que a apuração será anual, semestral, mensal, quinzenal, semanal, etc. No levantamento a ser feito quando do lançamento do tributo, serão quantificadas quantas saídas ocorreram dentro daquele determinado período. Assim, o fato gerador se revela pelo aspecto temporal e não se confunde com o período de apuração.

A materialidade mais comum do ICMS é a de *promover a venda com circulação de mercadorias*. Neste caso seu aspecto espacial será o território do Estado em que estiver localizada a sede do estabelecimento empresarial que vendeu as mercadorias e o seu aspecto temporal será a saída das mercadorias do estabelecimento, consoante dispõe a Lei Complementar nº 87/96. No ICMS, cada saída de mercadoria do estabelecimento representa um fato gerador, mas o período de apuração é mensal.

No IPTU, o aspecto material é *ser proprietário de imóvel urbano* e o aspecto espacial é a zona urbana do município onde o imóvel estiver localizado. Como seu fato gerador corresponde a uma situação jurídica, não se cogita questionar quando o contribuinte é proprietário, titular do domínio útil ou possuidor do imóvel urbano, isso porque ele é dono do imóvel ao longo do tempo. Como o período de apuração do IPTU é anual, não se indaga em que dia do ano o contribuinte se considera proprietário do imóvel, mas de qualquer maneira, considera-se que o aspecto temporal se dá no dia 1º de janeiro, pois essa é a data eleita pela norma tributária que define a hipótese de incidência desse imposto. Assim, considera-se ocorrido o fato gerador do IPTU no dia 1º de janeiro, assim como ocorre também em relação ao IPVA e ao ITR.

Caso o imóvel seja vendido depois do lançamento do imposto mas antes do pagamento, para os fins de tributação do IPTU, o sujeito passivo será aquele que figurar como proprietário em 1º de janeiro. O adquirente do imóvel que não figura na relação jurídica quando do lançamento será responsável pelo pagamento do tributo, em virtude do fenômeno da sucessão tributária imobiliária. Caso o contribuinte tenha vendido o imóvel antes do lançamento e na eventualidade de seu nome figurar na relação jurídica como devedor do IPTU, caberá a ele informar o sujeito ativo que procedeu à venda do imóvel a fim de que se retifique o lançamento com alteração do sujeito passivo.

O mesmo ocorre em relação ao IPVA, em que a materialidade é *ser proprietário de veículo automotor*. O fato gerador ocorre em 1º de janeiro de cada ano, sendo considerado sujeito passivo aquele que figurar como proprietário do veículo no dia 1º de janeiro. Por isso, a legislação do IPVA determina que o contribuinte comunique a venda do veículo ao Departamento de Trânsito, bem como à Secretaria da Fazenda, a fim de que se proceda ao correto lançamento do imposto. Mesmo que a venda não seja comunicada, o cadastro será alterado quando da transferência da propriedade, por meio da alteração no certificado de propriedade do veículo, não havendo grandes implicações, salvo se, por exemplo, o veículo for adquirido por contribuinte que o cadastre em outro Estado da federação, porque neste caso, o Estado da origem, não recebendo a comunicação de venda, efetuará o lançamento direto do IPVA em nome do contribuinte que vendeu o veículo, e aí estará instalada a inusitada situação de bitributação, já que o mesmo sinal de riqueza estará sendo tributado por dois entes políticos distintos. Tratamos desse problema de forma um pouco mais detalhada no capítulo referente aos impostos estaduais.

Para o caso dos contratos particulares de compra e venda onde o adquirente assuma a responsabilidade pelo pagamento do tributo, é importante esclarecer que, à vista do art. 123 do CTN, salvo disposições de lei em contrário, as convenções particulares, relativas à responsabilidade pelo pagamento de tributos, não podem ser opostas à Fazenda Pública, para modificar a definição legal do sujeito passivo das obrigações tributárias correspondentes.

Ainda com relação ao IPVA, no tocante aos veículos novos, o aspecto temporal da hipótese de incidência se verifica no mês da aquisição, pagando-se proporcionalmente pelo número de meses transcorridos naquele determinado período de apuração.

5. Aspecto Pessoal

É a indicação expressa, pela hipótese de incidência, dos sujeitos da relação jurídica tributária. Ainda que implicitamente, o sujeito ativo se encontra descrito da hipótese de incidência, e mesmo que não haja indicação expressa, será o ente competente para instituir o tributo. Sobre a figura do sujeito ativo da obrigação tributária, dispõe o art. 119 do CTN que é a pessoa jurídica de direito público titular da competência para exigir o seu cumprimento. A dicção normativa menciona o *titular da competência*, mas a correta interpretação condiz com a competência para *exigir* o tributo, expressão tecnicamente não apropriada, já que a competência tributária deriva do fenômeno de legislar acerca de tributos, ou criá-los.

Impropriedades terminológicas à parte, o verbo *exigir* relaciona-se com a capacidade tributária, ou seja, a prerrogativa de figurar no polo ativo da relação jurídica, não se confundindo com o poder de legislar sobre aquela situação.

Através da análise do aspecto pessoal ou subjetivo da hipótese de incidência, é possível responder à seguinte indagação: *quem são os sujeitos da relação?*

O sujeito passivo, por sua vez, deve estar determinado na norma, pois do contrário não haverá legitimidade para que o sujeito ativo exija a prestação.

5.1. Sujeito passivo direto e sujeito passivo indireto

O Código Tributário Nacional estabelece um conjunto de normas para tratar do sujeito passivo, distinguindo-o em duas categorias, o contribuinte e o responsável. Assim, o sujeito passivo da obrigação principal é a pessoa obrigada ao pagamento de tributo ou penalidade pecuniária, e corresponde à figura do contribuinte, sendo a pessoa que tem relação pessoal e direta com o respectivo fato gerador. O responsável é aquele que, sem revestir a condição de contribuinte, assume a obrigação por disposição expressa de lei. O sujeito passivo da obrigação acessória é a pessoa obrigada às prestações que constituam o seu objeto.

Ao cuidar da sujeição passiva, o CTN se baseia no aspecto material da hipótese para distinguir as figuras do sujeito passivo direto – contribuinte – e do sujeito passivo indireto – responsável. Assim, quando o sujeito passivo tiver relação direta com a situação que constitua o fato gerador será contribuinte, ou em outras palavras, quando materializar o suporte fático, será contribuinte. Do contrário, quando não possuir relação direta com a materialidade, será responsável por disposição expressa de lei.

Dessa forma, se o sujeito passivo deriva da própria materialidade do tributo, o legislador não é totalmente livre para definir o sujeito passivo direto, de maneira que há um devedor natural, adequado a figurar como tal, a partir da materialidade constitucionalmente desenhada por meio do arquétipo do tributo. Exemplificando-se, no caso do Imposto de Renda, somente a pessoa que auferir renda reunirá legitimidade para ser contribuinte.

O contribuinte tem relação pessoal e direta com a situação que constitui o *fato gerador*, e por isso tem relação pessoal e direta com a *materialidade,* sendo aquele que pratica o verbo do núcleo da h.i., enquanto o responsável, por sua vez, é a pessoa que não se reveste da condição de contribuinte, não tendo relação com a materialidade, mas ficando obrigado em razão da lei. O CTN apresenta uma lista de possíveis responsáveis tributários e que são chamados a responder, ainda que não tenham praticado o fato gerador.

No caso do empregador que paga salário à pessoa física, não é considerado contribuinte do Imposto de Renda em relação ao salário recebido pelo empregado, já que este foi quem auferiu a renda e materializou o suporte fático. Não obstante, o empregador tem o dever de fazer a retenção do IR de seu empregado, descontando a parcela devida e recolhendo-a à União. Neste caso, o empregador é responsável em relação ao IR devido por seu empregado, na modalidade de substituto tributário.

5.2. Solidariedade tributária

A solidariedade obrigacional diz respeito à multiplicidade de sujeitos na relação, mas em matéria tributária somente existe a solidariedade passiva, tratada no CTN nos arts. 124 e 125. Nesse sentido, são solidariamente obrigadas as pessoas que tenham interesse comum na situação que constitua fato gerador da obrigação principal e as pessoas expressamente designadas por lei.

A *solidariedade tributária* não é considerada modalidade de responsabilidade tributária pelo simples fato de que pode ocorrer solidariedade entre contribuintes e não somente entre responsáveis.

Dessa forma, em se tratando de solidariedade passiva e correspondendo a uma obrigação indivisível, todos os coobrigados respondem pela totalidade da obrigação, e isso pode ocorrer quando mais de um devedor é exigido pela totalidade da obrigação. Assim, se existem quatro proprietários de um mesmo imóvel, todos são solidariamente responsáveis pelo total do débito referente ao imposto predial, e todos são considerados sujeitos passivos diretos, de maneira que, se um deles cumpre a obrigação, ela deixa de existir em relação aos demais.

Zelmo Denari observa que *a solidariedade propriamente dita é chamada de solidariedade paritária e ocorre quando há interesses equivalentes entre os sujeitos passivos, enquanto que a subsidiariedade é a solidariedade dependente, onde não há convergência ou equivalência dos interesses dos sujeitos passivos que são colocados em níveis de responsabilidade diferenciados.*[8] Há subsidiariedade quando os devedores não são postos numa mesma posição jurídica, havendo necessidade que sejam cumpridas as prestações, inicialmente por parte do devedor principal, sendo voltada para o devedor secundário somente após a prévia exigência ao devedor principal. Dessa forma, solidariedade abrange também a subsidiariedade, haja vista que tanto o devedor principal quanto o secundário podem ser responsabilizados, ainda que em graus diferentes.

Entre os devedores solidários, sejam contribuintes ou responsáveis, a solidariedade é paritária, não havendo níveis de responsabilidade diferenciada. Mas entre contribuinte e responsável, há subsidiariedade, de maneira que o contribuinte, sendo o natural devedor de um tributo, é o sujeito passivo principal, enquanto o responsável deve ser considerado o sujeito passivo secundário, respondendo subsidiariamente.

Consoante dispõe o art. 124, parágrafo único do Código Tributário Nacional, a solidariedade passiva tributária não comporta benefício de ordem. Oriundo do Direito Romano e previsto no Direito Civil, o *beneficium escussionis cedendarum* consiste no direito do devedor subsidiário exigir que primeiro sejam excutidos os bens do devedor principal. Como não há ordem de gradação de preferência entre os devedores tributários solidários, o instituto não se aplica em matéria tributária.

Sobre os efeitos da solidariedade, o CTN dispõe que o pagamento efetuado por um dos obrigados aproveita aos demais; a isenção ou remissão de crédito exonera todos os obrigados, salvo se outorgada pessoalmente a um deles, subsistindo, nesse caso, a solidariedade quanto aos demais pelo saldo; e a interrupção da prescrição, em favor ou contra um dos obrigados, favorece ou prejudica aos demais.

5.3. Capacidade tributária, parafiscalidade e extrafiscalidade

O aspecto pessoal da hipótese de incidência está diretamente ligado à capacidade tributária, e o art. 126 do CTN estabelece que a capacidade tributária passiva independe da capacidade civil das pessoas naturais; de achar-se a pessoa natural sujeita a medidas que importem privação ou limitação do exercício de atividades civis, comerciais ou profissionais, ou da administração direta de seus bens ou negócios e de estar a pessoa jurídica regularmente constituída, bastando que configure uma unidade econômica ou profissional.

De fato, a capacidade civil não é pressuposto para que o legislador eleja determinado sujeito para figurar no polo passivo da obrigação, isso porque a vontade, sendo o critério utilizado pela lei civil para aferir a capacidade das pessoas, é irrelevante na obrigação tributária.

---

[8] DENARI, Zelmo. *Solidariedade e Sucessão Tributária.* 1ª Edição. São Paulo: Editora Saraiva, 1977, p. 48.

Assim, a capacidade tributária passiva independe do sujeito poder praticar atos na vida civil, e mesmo impedido de exercer os direitos civis, poderá figurar como sujeito passivo da obrigação tributária, reunindo condições que lhe confiram capacidade tributária passiva, bastando para isso, que pratique o fato previsto na norma.

Enfim, a capacidade tributária independe da pessoa jurídica estar regularmente constituída, bastando que se configure como uma unidade econômica. Por isso, o agente fiscal tem prerrogativa para exigir o recolhimento de imposto devido pela pessoa que pratica o fato gerador, mesmo sem estar com sua situação regularizada perante o Fisco, e mesmo que não possua cadastro de pessoa jurídica ou inscrição estadual, estará sujeito ao lançamento desse imposto.

Como se sabe, na maioria das vezes os tributos são arrecadados pela mesma pessoa política que os instituiu. Nesses casos, a competência tributária e a capacidade tributária ativa reúnem-se na mesma pessoa. Exemplificando, o ICMS no Estado de São Paulo foi instituído através da Lei Estadual nº 6.374/89 e é o próprio Estado de São Paulo quem arrecada o imposto através da Secretaria de Estado dos Negócios da Fazenda. No entanto, sendo a capacidade tributária ativa delegável, é possível que uma terceira pessoa possa recebê-la por delegação, tornando-se credora do tributo. Trata-se da *parafiscalidade,* ou seja, a delegação da capacidade tributária ativa que a pessoa política tributante, por meio de lei, faz a uma terceira pessoa de Direito Público ou de Direito Privado, perseguidora de finalidades públicas, a qual, por disposição legal, se apropria do produto da arrecadação. A contribuição social prevista no art. 195, I, "a" da Constituição Federal é tributo de competência da União, mas é arrecadada pelo INSS em face do permissivo legal por meio do qual se transferiu a titularidade ativa da relação jurídica, tratando-se de uma contribuição parafiscal.

Há um caso de parafiscalidade previsto no art. 153, § 4º, III, com redação pela Emenda Constitucional nº 42/2003, da CF88, que concede aos Municípios o direito de fiscalizar e cobrar o imposto da União sobre a propriedade rural – ITR, desde que exerçam tal opção na forma da lei e desde que não implique redução do imposto ou qualquer outra forma de renúncia fiscal. Trata-se de norma constitucional de eficácia limitada, dependendo de lei federal para a instituição da parafiscalidade, além de lei específica do Município que pretender exercer tal opção.

A parafiscalidade não se confunde com *extrafiscalidade,* fenômeno pelo qual o poder tributante utiliza a tributação com finalidades não exclusivamente arrecadatórias, mas especialmente como forma de intervenção do Estado no domínio econômico por meio de interferência direta em determinados setores da economia, com vistas estimular ou desestimular condutas do contribuinte, nos limites da atividade regulatória da ordem econômica, seja por meio de fomento ou limitação a determinados setores. Essa regulação estatal atua como instrumento para suprir deficiências de mercado, e ao mesmo tempo, para satisfazer os direitos fundamentais dos administrados. Nesse aspecto, o Direito Econômico disciplina a forma de atuação do Estado nas diferentes etapas do ciclo econômico, desde a produção até a distribuição, circulação e consumo de riquezas, visando dirimir os conflitos entre capital e trabalho, em defesa da concorrência e dos direitos do consumidor e contra o abuso do poder econômico.

Dentre as diversas ações regulatórias do Estado para dar cumprimento aos princípios da ordem econômica elencados no art. 170 da CF, está a instituição de tributos com características regulatórias, e esse procedimento pode ser bem ilustrado na atuação do Governo em favor do setor automotivo, como ocorreu recentemente por meio da redução de alíquotas do IPI para certos veículos. Ocorre que uma parte dos tributos que hoje são chamados de regulatórios ou extrafiscais não foram criados com a finalidade exclusivamente regulatória ou extrafiscal, sendo mais correto afirmar que possuem traços regulatórios ou de extrafiscalidade.

Roque Antonio Carrazza ensina que *a extrafiscalidade encontra fundamento e parâmetro de validade na Constituição Federal, e a afirmação vem reforçada no art. 151, I, que permite expressamente a concessão de incentivos fiscais destinados a promover o equilíbrio do desenvolvimento socioeconômico entre as diferentes regiões do país, razão pela qual, segundo ele, até mesmo o IR poderá ser informado por critérios de extrafiscalidade.* [9]

Dessa forma, a extrafiscalidade permite a imposição de uma tributação mais expressiva sem que haja qualquer abalo ao princípio da vedação ao confisco, razão pela qual está autorizada a exigência tributária elevada na medida em que a confecção da lei de exação, sem perder de vista a razoabilidade e proporcionalidade, marque o tributo com o timbre regulatório.

Em relação ao Imposto de Importação, Imposto de Exportação, Imposto Sobre Produtos Industrializados, e Imposto Sobre Operações Financeiras, um dos dispositivos que marca sua atividade regulatória está no § 1º do art. 153 da Constituição, no sentido de que é facultado ao Poder Executivo, atendidas as condições e os limites estabelecidos em lei, alterar suas alíquotas.

6. Aspecto Quantitativo ou Valorativo

O aspecto quantitativo da hipótese de incidência é utilizado para identificar o *quantum* a pagar do tributo e nele estão compreendidos dois elementos essenciais do tributo que são a *base de cálculo e* a alíquota.

A hipótese de incidência deve indicar os critérios que permitam quantificar a materialidade do tributo e é por isso que a base de cálculo está relacionada com a materialidade. Através da análise do aspecto valorativo ou quantitativo se pretende responder a questão: *quanto é devido?*

Para responder a esta questão é necessário verificar qual o parâmetro eleito pelo legislador para valorar a obrigação, havendo a necessidade de conjugar-se a base de cálculo e a alíquota, de maneira que, via de regra, o elemento valorativo se perfaz no cotejo entre essas grandezas.[10]

Como se sabe, a base de cálculo corresponde à dimensão legal da materialidade do tributo, ou seja, uma medida ou uma proporção daquilo que está sendo tributado,

---

9 CARRAZZA, Roque Antonio. *Imposto sobre a Renda*. 2ª Ed. São Paulo: Malheiros Editores, 2006, p. 132.

10 Nesse sentido: T = BC X AL (tributo é igual a base de cálculo vezes alíquota).

e exerce fundamental importância na definição da tipologia tributária, ensinamento, aliás, confirmado por Paulo de Barros Carvalho, com base nos artigos 145, § 2° e 154, I da Carta Magna. Confira-se: *"Estamos convictos no reconhecer à base de cálculo toda a importância necessária a um fator imprescindível para a fisionomia de qualquer tributo. Entretanto, não iremos ao limite de subtrair, com isso, à hipótese normativa, a enorme dimensão que ocupa nos esquadros lógicos da regra-matriz. Redizemos que hão de compaginar-se os dois elementos, segundo a diretriz constitucional a que já nos referimos, para que assome o tipo impositivo, em toda a pujança e na completude de seus componentes últimos e irredutíveis."* [11]

A dicção do Código Tributário Nacional perfilha esse entendimento quando estabelece no art. 4° que a natureza jurídica específica do tributo é determinada pelo fato gerador da respectiva obrigação, sendo irrelevantes para qualificá-la a denominação e a destinação legal do produto da arrecadação.

Cerebrino caso de base de cálculo que infirmava a materialidade ocorreu com a extinta TRU – Taxa Rodoviária Única – onde se reconheceu sua inconstitucionalidade em face de sua base de cálculo não guardar correspondência com a materialidade, isso porque aquele tributo tinha como base o valor venal do veículo e não se vinculava com o fato gerador que era o serviço público de conservação e manutenção de rodovias, tratando-se, portanto, de atividade estatal.

Dessa forma, se, por exemplo, a materialidade do IPTU é ser proprietário de imóvel urbano, o valor do tributo tem que estar relacionado com o valor do imóvel, razão pela qual a base de cálculo do IPTU corresponde ao valor venal do imóvel. Da mesma forma, se a materialidade do IR é auferir renda, a base de cálculo deve estar conectada com a renda experimentada pelo contribuinte dentro de determinado espaço de tempo. Se o legislador elegesse valores diversos da renda eles não serviriam para afirmar ou confirmar a materialidade e a natureza jurídica do tributo.

Através da investigação do aspecto valorativo da hipótese de incidência é possível aferir a medida da intensidade do aspecto material, afirmando-o, confirmando-o ou infirmando-o, nos exatos escólios do professor Paulo de Barros Carvalho, para quem a base de cálculo pode infirmar, confirmar ou afirmar a materialidade de um tributo. De fato, a base infirma quando nega, confirma quando aceita e afirma quando reconhece sua natureza jurídica.[12]

A base de cálculo é o suporte imponível sobre o qual incide o percentual determinante do quanto deve ser pago. Noutra dicção, é a grandeza dimensional da situação abstrata – proposição normativa da hipótese de incidência – que, se desenvolvida pelo sujeito – fato jurídico tributário – definirá o *quantum debeatur*.

Essa grandeza de aferição do fato gerador possui duas funções, a saber: *quantificadora* e *veritativa*. A primeira cuida da determinação do valor a ser recolhido, e a segunda a verificação da natureza jurídica do tributo. De fato, a interpretação do

---

11 CARVALHO, Paulo de Barros. *Curso de Direito Tributário*, 19ª Ed. São Paulo: Editora Saraiva, 2007, p. 360.

12 Op. Cit., p. 363.

art. 4° do CTN permite concluir que o fato gerador se liga diretamente à base de cálculo, definindo a natureza jurídica do tributo, sendo irrelevantes para qualificá-la a denominação e a destinação legal do produto da sua arrecadação.

Além disso, o art. 77, parágrafo único do CTN dispõe que a taxa não pode ter base de cálculo ou fato gerador idênticos aos que correspondam a imposto, nem ser calculada em função do capital das empresas, e no mesmo sentido segue o disposto no art. 145, § 2°, da CF, ficando evidenciado que a base de cálculo é uma grandeza diretamente ligada ao objeto da tributação, sendo idônea à identificação acerca da natureza jurídica de imposto, taxa ou contribuição de melhoria.

A alíquota, por sua vez, é o critério apontado na lei, normalmente expresso em número percentual, que conjugado à base de cálculo permite a identificação do valor a pagar do tributo (*quantum debeatur*). São conhecidas duas categorias de alíquotas, *ad valorem* e específicas. As alíquotas ad valorem são mais comuns e definidas mediante um determinado número percentual que se aplica à base de cálculo, sendo obtido o valor devido a partir da conjugação entre base de cálculo e alíquota (bc x al). As alíquotas específicas são mais raras e são definidas em quantias fixadas de acordo com as unidades do produto ou mercadoria.

Alguns tributos não possuem alíquota, sendo possível serem aferidos por critérios que a prescindam. Esse fenômeno pode ocorrer particularmente em relação às taxas que poderão ter base de cálculo fixa e sem alíquota, com valores fixados pela lei.

Capítulo V

COMPETÊNCIA TRIBUTÁRIA

SUMÁRIO: 1. Conceito de Competência Tributária. 2. Distribuição de Competências e Repartição das Receitas Tributárias pelo Critério da Solidariedade. 3. Competência privativa, comum e residual. 4. Diferença entre Competência Tributária e Capacidade Tributária Ativa. 5. Características da Competência Tributária.

1. Conceito de Competência Tributária

O vocábulo *competência* representa aptidão, prerrogativa ou poder sobre determinada matéria. No âmbito da norma constitucional, competência designa um fragmento de exercício do poder estatal, podendo ser compreendida sob a ótica dos três poderes da República.

Nesse sentido, os poderes Executivo, Legislativo e Judiciário dispõem de parcela de poder outorgado pela Constituição, e sob esse aspecto, a competência também pode ser analisada sob o ângulo dos entes da federação, na medida em que recebem parcela de poder político para atuar nos limites definidos pela Lei Maior.

Assim, além da competência em matéria jurisdicional, analisada no direito processual, a Constituição Federal estabelece as diretrizes sobre as competências legislativas e administrativas ou materiais, inerentes aos Poderes Legislativo e Executivo.

A competência tributária é uma modalidade de competência legislativa, já que por força do *princípio da legalidade*, o tributo somente pode ser criado por lei e unicamente pelas pessoas que possuem competência legislativa. Por isso somente a União, os Estados membros, o Distrito Federal e os Municípios poderão criar tributos. Por remate, a competência tributária é o poder de criar o gravame tributário, e embora se trate de modalidade de competência legislativa, em demonstração de especial cuidado com o fenômeno da tributação, é tratada em separado na Constituição Federal, no Capítulo I do Título VI, denominado Sistema Tributário Nacional.

É cediço dizer que a *competência tributária* é poder de legislar em matéria tributária, função exercida precipuamente pelos entes da federação que reúnem poder para legislar, o que confirma os argumentos que mencionamos anteriormente no sentido de que a Constituição não cria tributos, mas outorga poder para isso, por meio da distribuição de competência aos entes da federação. Dessa forma, a Constituição Federal atribui poder de legislar aos entes políticos, os quais passam a deter uma parcela de competência que equivale ao poder de instituir normas em matéria tributária.

Roque Carrazza ensina que *"a Constituição, ao discriminar as competências tributárias, estabeleceu (ainda que por vezes, de modo implícito e com uma certa margem de liberdade para o legislador) a norma padrão de incidência – o arquétipo genérico, a regra-matriz – de cada exação"*. O que o mestre ensina é que a Lei Maior apontou a *hipótese de incidência possível, o sujeito ativo possível, o sujeito passivo possível, a base de cálculo possível e a alíquota possível* das várias espécies e subespécies de tributos. [1]

Com base nessas menções é possível afirmar que embora se efetive por meio de lei, a instituição da competência tributária possui sedes materiae na Constituição Federal, e a trama constitucional autoriza que no exercício desse poder , a entidade criadora do tributo deverá estabelecer, explícita ou implicitamente, todos os critérios formadores da obrigação tributária, descrevendo no âmbito da hipótese de incidência, os sujeitos ativo e passivo, a base de cálculo do tributo, as alíquotas, o momento e o local da incidência, dentro dos estritos contornos definidos no modelo constitucional.

Assim, conclui-se que a atividade de criar tributos é genuinamente legislativa, não havendo confundir-se, como visto anteriormente, com a atividade de exigir ou arrecadar o tributo.

Também deriva do exercício da competência tributária o poder de instituir proposições normativas que visem diminuir, aumentar, remitir ou perdoar, anistiar, isentar ou impor qualquer modificação na estrutura do tributo, ainda que em benefício do sujeito passivo.

Como se sabe, o CTN foi recepcionado pela Constituição com status de lei complementar e exerce a função de estabelecer as normas gerais em matéria tributária, além de dispor sobre os conflitos de competência entre os entes tributantes, e dessa forma, salvo nas hipóteses expressamente definidas na Constituição, não é função da lei complementar instituir tributos.

Destarte, não existindo hierarquia entre as diferentes leis tributárias, cabe à Constituição Federal a tarefa de delimitar a competência tributária dos entes federativos, o que faz com base no ***Princípios Federativo*** e no ***Princípio da Reserva Constitucional das Competências Impositivas***.

2. Distribuição de Competências e Repartição das Receitas Tributárias pelo Critério da Solidariedade

Após minuciosa distribuição de competências legislativas em matéria tributária, fica claro que cada entidade federativa possui um determinado feixe de competências que lhe autoriza tributar campos materiais previamente definidos, estando implícita a vedação de que não é dado, salvo nas exceções gizadas na Lei Maior, a invasão de competência alheia.

---

1 Op. cit., p. 252.

Também fica evidenciado que a distribuição de competências é centralizadora, na medida em que a União recebe um plexo maior de competências tributárias, recebendo poder de legislar sobre o mais representativo campo material de tributação.

O Sistema Tributário Nacional procura contornar essa distribuição centralizadora por meio do denominado critério da solidariedade, utilizado como parâmetro para definição das competências tributárias. Assim, a distribuição constitucional de competências tributárias obedece a dois critérios denominados *critério da fonte e critério da solidariedade*.

Utilizando o *critério da fonte*, a Constituição Federal atribui aos entes tributantes o poder de legislar para criar determinados tributos, de maneira que a distribuição da competência para legislar implica também o direito de se apropriar de todo o produto da arrecadação proveniente daquele determinado tributo. Dessa forma, ao atribuir poder de legislar, a Constituição também atribuiu a autonomia em função do produto arrecadado. Exemplificando, se a Constituição da República outorga poder à União para que institua o Imposto de Importação, está implícito que, ao tributar a importação, o produto arrecadado lhe pertence.

Pelo *critério da solidariedade*, as pessoas jurídicas de direito público que compõem a federação repartem a arrecadação entre si com regras disciplinadas pela Constituição, de maneira que, ao mesmo tempo em que distribui as competências, a Constituição Federal também determina quanto e com quem os entes federativos devem repartir o produto arrecadado. O critério da solidariedade prevê um sistema de rateio para distribuir o produto arrecadado em relação a determinados tributos. A Constituição da República destina uma Seção inteira do Sistema Tributário Nacional para dimensionar a repartição das receitas tributárias com base no critério da solidariedade.

Nessa perspectiva, dispõe o art. 157, I da Lei Maior que pertencem aos Estados e ao DF o produto da arrecadação do Imposto de Renda pago, a qualquer título, por eles, suas autarquias e pelas fundações que instituírem e mantiverem. No inciso II do mesmo dispositivo, dispõe que também pertencem a Estados e ao Distrito Federal, 20% do produto da arrecadação do imposto que a União instituir no exercício da competência que lhe é atribuída pelo art. 154, I.

Essa repartição prossegue no art. 158 que determina pertencer aos Municípios o produto da arrecadação do imposto da União incidente sobre a renda e proventos de qualquer natureza incidente na fonte, sobre rendimentos pagos a qualquer título por eles, suas autarquias e pelas fundações que instituírem e mantiverem. Além disso, pertencem aos Municípios 50% do produto da arrecadação do imposto da União sobre a propriedade rural – ITR, relativamente aos imóveis nele situados. Neste caso em particular, o Município poderá se aproveitar de todo o produto da arrecadação do ITR, desde que exerça tal opção na forma da lei, tratando-se de caso emblemático de parafiscalidade constitucional, tratado no capítulo anterior. Também pertence aos Municípios 50% do produto da arrecadação do imposto do Estado sobre a propriedade de veículos automotores – IPVA – licenciados em seus territórios, além de 25% do produto da arrecadação do imposto do Estado sobre operações relativas à circulação de mercadorias e sobre prestações de serviços de transporte interestadual e intermunicipal e de comunicação – ICMS.

Por outro lado, o art. 159 dispõe que a União entregará do IR, 48%, dos quais 21,5% ao Fundo de Participação dos Estados e do Distrito Federal, 22,5% ao Fundo de Participação dos Municípios, 3% para aplicação em programas de financiamento ao setor produtivo das Regiões Norte, Nordeste e Centro-Oeste, através de suas instituições financeiras de caráter regional, de acordo com os planos regionais de desenvolvimento, ficando assegurada ao semiárido do Nordeste a metade dos recursos destinados à Região, na forma que a lei estabelecer, e 1% ao Fundo de Participação dos Municípios que será entregue no primeiro decêndio do mês de dezembro de cada ano.

Ademais, do IPI a União entregará 10% aos Estados e ao Distrito Federal, proporcionalmente ao valor das respectivas exportações de produtos industrializados.

Finalmente, do produto da arrecadação da CIDE – Contribuição de Intervenção no Domínio Econômico prevista no art. 177, § 4º, 29% serão repassados para os Estados e o Distrito Federal, distribuídos na forma da lei, observada a destinação a que se refere o inciso II, *c*, do referido parágrafo.

Nesse sentido, cabe à lei complementar definir valor adicionado para fins do disposto no art. 158, parágrafo único, I; estabelecer normas sobre a entrega dos recursos de que trata o art. 159, especialmente sobre os critérios de rateio dos fundos previstos em seu inciso I, objetivando promover o equilíbrio socioeconômico entre Estados e entre Municípios; dispor sobre o acompanhamento, pelos beneficiários, do cálculo das quotas e da liberação das participações previstas nos arts. 157, 158 e 159.

Caberá ao Tribunal de Contas da União efetuar o cálculo das quotas referentes aos fundos de participação a que alude o inciso II quando versa sobre o rateio dos fundos.

A União, os Estados, o Distrito Federal e os Municípios divulgarão, até o último dia do mês subsequente ao da arrecadação, os montantes de cada um dos tributos arrecadados, os recursos recebidos, os valores de origem tributária entregues e a entregar e a expressão numérica dos critérios de rateio. Dessa forma, os dados divulgados pela União serão discriminados por Estado e por Município; os dos Estados, por Município.

3. Competência privativa, comum e residual

A competência tributária é privativa no tocante a impostos, ou seja, é restrita e reservada. Em matéria de impostos, a Constituição Federal outorga competência à União, Estados, Distrito Federal e Municípios de forma exaustiva, de sorte que cada ente tem os seus impostos taxativamente definidos na distribuição de competências.

Dessa forma, esquadrinhando o campo material dos impostos federais, estaduais e municipais, a competência privativa está prevista nos artigos 153, 155 e 156 da Constituição.

A princípio, em matéria de impostos não há falar-se em conflito na distribuição de competência, já que cada ente recebe uma parcela limitada pela competência alheia, daí porque se denomina competência reservada. Há, de fato, uma rigidez maior da Constituição quando efetua a distribuição das competências em matéria de impostos, e ela se verifica na medida em que já está demarcado o campo onde cada entidade da federação pode exercê-la.

No tocante às taxas e contribuições de melhoria, previstas no art. 145, II e III da CF, a competência tributária é denominada comum ou compartilhada, no sentido que todos os entes da federação podem, simultaneamente, instituir essas figuras exacionais. Tais tributos são outorgados de forma comum porque a taxa e a contribuição de melhoria são de natureza contraprestacional, mas a Constituição estabelece, apenas de forma genérica, que a contraprestação será um serviço público específico e divisível, ou o exercício do poder de polícia, no caso das taxas, bem como a realização de uma obra pública, no caso das contribuições de melhoria.

Não existe, como se percebe, uma pauta constitucional que defina quais obras ou serviços poderão ser prestados. Em verdade, no tocante a taxas e contribuições de melhoria, a competência tributária se integra com a competência material tratada nos arts. 21 e seguintes da Constituição Federal.

Ou seja, se a entidade da federação possui competência constitucional para prestar determinado serviço público, também terá, por via de consequência, competência para instituir uma taxa decorrente daquele referido serviço público, desde que seja específico e divisível.

Como os impostos não derivam de nenhuma atividade estatal contraprestacional, razão pela qual são chamados de tributos não vinculados, a Constituição da República pretendeu definir especificadamente cada riqueza privada tributável pela via dos impostos, sendo nítida a preocupação de delimitar o campo material dessa peculiar sistemática de tributação. É por isso que em matéria de impostos o sistema é tão rígido, ao contrário do que ocorre em relação às taxas e contribuições de melhoria.

A Constituição Federal também fixa a competência residual, estabelecendo sua titularidade ao estatuir que a União poderá instituir, mediante lei complementar, impostos não previstos no artigo anterior, desde que não sejam cumulativos e não tenham fato gerador ou base de cálculo próprios dos nela discriminados.

Elencada no art. 154, I da CF 88, a competência residual determina que somente a União poderá instituir tais gravames mediante lei complementar que deverá estabelecer não somente os fatos geradores, bases de cálculo e contribuintes conforme determina o art. 146, III, "a", da CF 88, mas todos os elementos essenciais da relação jurídico tributária.

Também deriva da competência residual a norma do art. 195, § 4º da CF 88 no sentido de que a lei poderá instituir outras fontes destinadas a garantir a manutenção ou expansão da seguridade social, obedecido o disposto no art. 154, I.

4. Diferença entre Competência Tributária e Capacidade Tributária Ativa

Se de um lado a competência tributária é o poder outorgado pela Constituição para a instituição do tributo, o que implica também o poder de aumentar, de reduzir ou suprimir o tributo, a *capacidade tributária,* por sua vez, é a aptidão para figurar num dos polos da relação jurídica. Assim, a *capacidade tributária ativa* é a prerrogativa de ser credor enquanto *capacidade tributária passiva* é o encargo de ser devedor do tributo.

Conforme analisado precedentemente, ocorrido o fato previsto na lei, o sujeito passivo tem o dever de entregar o objeto da prestação ao sujeito ativo, enquanto o sujeito ativo terá o direito de exigir o objeto da prestação fixado na lei, desde que proceda ao lançamento do tributo. Assim, é a capacidade tributária ativa que revela a aptidão de figurar no polo ativo da relação jurídica. Em conclusão, a competência tributária surge com a elaboração da lei, enquanto a capacidade tributária ativa se exterioriza no direito de ser credor.

A importância da distinção entre os dois institutos se dá principalmente porque a competência tributária é indelegável, enquanto a capacidade tributária ativa é delegável, sendo possível que uma terceira pessoa receba o direito de arrecadar o tributo, através do fenômeno da *parafiscalidade*. Mas há outras diferenças, já que a competência deriva de uma outorga constitucional, enquanto a capacidade deriva da lei. Ademais, a competência tributária é irrevogável, enquanto a capacidade tributária ativa pode ser revogada por lei.

Por fim, o exercício da competência tributária não se sujeita aos prazos de decadência e prescrição, fenômeno que ocorre em relação à prerrogativa de exigir o tributo. Dessa forma, as distinções podem ser destacadas no quadro a seguir:

COMPETÊNCIA TRIBUTÁRIA	CAPACIDADE TRIBUTÁRIA ATIVA
1. Poder de legislar matéria de tributos.	1. Aptidão de figurar no polo ativo da relação jurídica tributária.
2. Fenômeno Constitucional.	2. Fenômeno legal.
3. Indelegável.	3. Delegável → parafiscalidade.
4. Irrevogável.	4. Revogável.
5. Irrenunciável.	5. Renunciável.
6. Imprescritível.	6. Prescritível.
7. Não sujeita à decadência	7. Sujeita à decadência.

5. Características da Competência Tributária

Dentre todas as características da competência tributária, destaca-se o fato de ser *indelegável*, partindo-se do princípio de que não se delega aquilo que recebeu por delegação. Assim, não é dado à entidade federativa o direito de transferir a outrem, ainda que o faça por lei, o poder de legislar acerca de tributos.

Ademais, o não exercício deste poder pela pessoa política a quem foi constitucionalmente atribuído não permite delegação a qualquer outra pessoa mediante o compromisso de exercê-lo. A indelegabilidade está fundamentada no art. 7° do CTN ao estatuir que a competência tributária é indelegável, salvo atribuição das funções de arrecadar ou fiscalizar tributos, ou de executar leis, serviços, atos ou decisões administrativas em matéria tributária, conferida por uma pessoa jurídica de direito público a outra, nos termos do § 3° do art. 18 da Constituição. A expressão *salvo a atribuição das funções de arrecadar ou fiscalizar tributos*, plasmada em evidente vício terminológico, está se referindo à *capacidade tributária ativa.*

A competência tributária é *irrenunciável* e o não exercício do direito de legislar sobre tributos, ainda que por tempo prolongado, não implica a desistência tácita à utilização desse poder, até porque nem mesmo a renúncia expressa é permitida. Nesse sentido, dispõe o art. 8° do CTN que o não exercício da competência tributária não a defere a pessoa jurídica de direito público diversa daquela a que a Constituição a tenha atribuído.

No entanto, a pessoa escolhida pelo legislador para figurar no polo ativo pode renunciar essa atribuição, isso porque a capacidade tributária ativa é renunciável, e o exercício da renúncia a essa capacidade faz com que ela retorne ao ente competente que poderá designar outro sujeito ativo para figurar naquela relação.

A competência tributária é *incaducável,* significando que o não uso desse poder não implica a sua perda, e mesmo transcorridos anos sem exercer a competência tributária, o ente federativo titular dessa competência poderá, ao final, criar um tributo que lhe foi constitucionalmente deferido. O que caduca e prescreve é a capacidade tributária ativa, ou seja, o direito de arrecadar o tributo.

Por fim, a competência tributária é *facultativa*, não sendo obrigatório seu exercício, e o exemplo ilustrativo se verifica por meio do imposto de competência da União incidente sobre grandes fortunas, o IGF, cujo modelo constitucional está definido no art. 153, VII, da Constituição Federal de 1988, não tendo sido instituído até o presente momento.

Capítulo VI

O SISTEMA TRIBUTÁRIO NACIONAL

1. Conceito de Sistema Tributário Nacional

Afastando qualquer presunção ambiciosa e leviana de inovar, não sobeja reafirmar o que os prodígios já nos ensinaram sobre esse processo de escalonamento normativo a que denominamos sistema. Por isso, ampliando um pouco mais esse ângulo de raciocínio, pode se dizer, em sentido amplo, que a palavra *sistema* significa o conjunto de elementos interdependentes organizados de modo a formar um todo.

Assim, eis que se cogita afirmar que o conceito de sistema tributário tem a ver com uma distribuição organizada de normas estipuladas a partir da relação fisco/contribuinte, entrelaçadas entre si de molde a ficar afastada qualquer proposta interpretativa fragmentada, ou seja, não sistemática.

Construído sob coerência científica,o sistema congrega normas que desempenham, cada qual, determinada função, sempre buscando fundamento de validade nas normas superiores.

Portanto, há de fato um escalonamento normativo que parte desde a mais comezinha das regras do direito e flui para a norma de sobrenível, sendo quase um truísmo concluir pela construção do sistema fundado no Princípio da Supremacia da norma constitucional.

A funcionalidade de cada norma se identifica com a configuração dos problemas lógicos do fundamento da validade, citado por Hans Kelsen, no sentido de que há um silogismo teorético de enunciados sobre a validade das normas, de maneira que a norma fundamental atua como supremo fundamento de validade de uma ordem normativa. Nos ensinamentos do mestre, a validade da norma fundamental não pode ser indagada, isso porque ela não é norma estabelecida, mas uma norma pressuposta.[1]

A norma fundamental que atua como fundamento de validade em relação a todas as normas do Sistema é a norma constitucional, e o princípio que orienta esse Sistema é o ***Princípio da Supremacia*** da Constituição Federal, cujo comando determina devam todas as demais normas do ordenamento jurídico buscar seu fundamento de validade no texto constitucional, sob pena de inconstitucionalidade.

Dessa forma, o Sistema Tributário Nacional é o conjunto de normas tributárias ordenadas com o objetivo de disciplinar o fenômeno da tributação no país, sendo escalonadas em diplomas normativos distintos, oriundos de diferentes fontes de poder, mas organizadas de tal maneira que uma norma esteja imbricada a outra, formando uma estrutura organizada.

A República Federativa do Brasil estruturou seu sistema tributário, cujas regras estão encabeçadas pela Constituição Federal, seguidas dos diplomas infraconstitucionais. O capítulo I do Título VI da Lei Maior recebe a denominação *"Do Sistema Tributário Nacional"* e que também pode ser chamado de *Sistema Tributário Constitucional*.

De tal arte, concebendo o Direito como um sistema de regras e princípios, é possível decompô-lo em subsistemas, como o tributário que congrega esse conjunto de normas voltadas à disciplina da relação jurídica tributária. Nesse subsistema se encontra a equação instrumental que disciplina as relações entre o Estado e o particular no tocante à obtenção da receita pública.

O sistema jurídico pressupõe um conjunto ordenado porque não se admite existam normas que conflitem com outras do mesmo sistema, não se permitindo nem mesmo que normas fiquem na sobra ou à margem do sistema, uma vez que cada norma deve exercer uma função precípua.

2. ESTRUTURA DO SISTEMA TRIBUTÁRIO NACIONAL

Considerando que o Sistema Tributário Nacional representa um conjunto de normas organizadas, esta *organicidade* deve estar estruturada de forma que se verifique a interdependência de todas as normas que congregam o conjunto. Essa ligação que entre si fazem as normas configura a estrutura do ordenamento jurídico por meio do denominado Princípio do Entrelaçamento, dado que as normas do sistema estão interligadas, não podendo ser interpretadas de forma estanque.

O sistema também se baseia no Princípio da Fundamentação ou Derivação que pressupõe que todas as normas buscam seu fundamento de validade na norma fundamental e dela derivam, mas é preciso deixar bem claro que esses princípios não passam de variações imediatas do Princípio da Supremacia.

---

[1] KELSEN, Hans. *Teoria Geral das Normas*. Tradução de José Florentino Duarte. Porto Alegre: Sergio Antonio Fabris Editor, 1986, p. 328.

Assim, o Sistema se apresenta distribuído de forma análoga à estrutura piramidal do direito positivo, na qual todas as normas buscam seu fundamento no ápice onde se encontra a norma fundamental estampada no Texto Constitucional. Assim, a estrutura do sistema se baseia no ***Princípio da Hierarquia das Normas***, também denominado *Princípio da Supremacia da Constituição e no* ***Princípio da Rigidez Constitucional***. Sabido que há normas superiores às outras, nessa concepção piramidal do Direito, é correto assinalar que no ápice se posiciona a Constituição Federal onde se encontram as normas fundamentais inspiradoras das demais normas e que veiculam verdadeiros axiomas, ou seja, postulados que indicam os pontos de partida para as demais normas e sobre os quais não se discute a validade.

2.1. A norma da Constituição Federal

É evidente que a norma que desempenha a tarefa mais importante no Sistema Tributário Nacional é a norma Constitucional, já que inspira todo o ordenamento jurídico sendo a diretriz para a produção das normas de nível inferior. Dentro da complexidade do Sistema, a norma constitucional representa a matriz do ordenamento, de maneira que todas as demais normas devem nela buscar seu fundamento de validade.

Como se sabe, a norma constitucional tributária exerce tríplice função:

a) estabelecer a hipótese de incidência possível por meio da descrição do modelo fundamental da exação, o chamado arquétipo dos tributos;

b) distribuir a cada ente político fração delimitada de competência tributária;

c) instituir limitações constitucionais ao poder de tributar.

Com efeito, mesmo que se pretenda obedecer ao princípio da legalidade instituindo o tributo por lei, nenhuma legitimidade haverá se o tributo criado não seguir o modelo previamente definido na norma constitucional.

A despeito de não criar tributos, a partilha de competências tributárias entre as pessoas políticas define os parâmetros e o campo material pelos quais cada ente tributante poderá exercer seu poder para criá-los. Por derradeiro, com o objetivo de preservar os direitos e garantias individuais dos contribuintes, a Constituição Federal traça uma série de balizamentos para a instituição de tributos por meio das chamadas limitações constitucionais ao poder de tributar, dentre as quais se encontram os princípios constitucionais tributários e as imunidades.

2.2. A Emenda Constitucional

Em seu art. 60, a Constituição de 1988 define os termos em que ela poderá ser emendada mediante proposta de um terço, no mínimo, dos membros da Câmara dos Deputados ou do Senado Federal, do Presidente da República, de mais da metade das Assembleias Legislativas das unidades da Federação, mediante votação em cada Casa do Congresso Nacional, em dois turnos, considerando-se aprovada se obtiver, em ambos, três quintos dos votos dos respectivos membros.

Muito embora as Emendas Constitucionais integrem o texto constitucional, colocam-se materialmente em plano inferior porque se originam do exercício do Poder Constituinte Derivado, sendo a própria Constituição que determina como se institui a Emenda à Constituição, de maneira que seu processo de elaboração se subordina à norma fundamental originária. Assim, o poder constituinte derivado é limitado e condicionado, e as limitações podem ser *circunstanciais,* não sendo autorizada a votação de emenda constitucional sob Estado de Defesa, Estado de Sítio e Intervenção Federal; *formais,* no sentido de que a emenda constitucional exige votação bicameral, em dois turnos, com quorum de três quintos e *materiais*, já que algumas matérias da Constituição não podem ser modificadas pelas emendas, como ocorre com as cláusulas pétreas definidas no art. 60, § 4° da Constituição de 1988.

Por isso, se a norma constitucional decorrer do exercício do poder constituinte originário, não poderá padecer de inconstitucionalidade, mas é possível que haja norma constitucional inconstitucional, desde que tenha sido introduzida por meio de Emenda Constitucional, como já decidiu o STF no julgamento da ADI n° 939/93, quando julgou inconstitucional o extinto IPMF – Imposto Provisório sobre a Movimentação Financeira, criado pela EC n° 3/93, a qual estabeleceu sua exigência no mesmo exercício financeiro em que havia de ser instituído, violando-se o disposto no art. 150, III, "b", da Constituição.

Devo observar que o Direito brasileiro não contempla a teoria das normas constitucionais inconstitucionais concebida por Otto Bachof [2] no sentido de admitir a invalidade das normas constitucionais originárias por infração ao direito supralegal ou suprapositivo, como variantes do direito natural que se compõe de normas que antecedem a existência do Estado, razão pela qual se impõem ao próprio Estado independentemente de positivação na Constituição.

Apesar disso, do ponto de vista formal, as normas veiculadas por Emenda à Constituição se colocam no mesmo plano da norma constitucional e por isso as normas instituídas pela Emenda desempenham as mesmas tarefas da norma constitucional.

2.3. A Lei Complementar

A Constituição reservou à lei complementar matérias específicas, estabelecendo processo legislativo mais rígido, com quórum qualificado em relação às leis ordinárias. Em razão de seu caráter fundamental, não é função da norma constitucional detalhar exaustivamente os preceitos que estabelece, reservando-se a definir os postulados básicos que estruturam o poder do Estado e garantir a todos o exercício dos direitos fundamentais, protegendo o indivíduo contra o arbítrio estatal.

---

2 BACHOF, Otto. *Normas Constitucionais Inconstitucionais?* Tradução de José Manuel M. Cardoso da Costa. Coimbra: Almedina, 1994, passim.

A função exercida pela norma veiculada por lei complementar em matéria tributária é distinta da lei ordinária, muito embora seja correto afirmar que não existe hierarquia entre ambas, salvo nas matérias reservadas a elas e em relação ao quórum de aprovação que nas leis complementares corresponde à maioria absoluta dos integrantes da Casa Legislativa. Como se sabe, no tocante à matéria por ela veiculada, o art. 146 da CF estabelece que somente a Lei Complementar poderá dispor sobre conflitos de competência, em matéria tributária, entre a União, os Estados, o Distrito Federal e os Municípios; regular as limitações constitucionais ao poder de tributar; estabelecer normas gerais em matéria de legislação tributária, especialmente sobre definição de tributos e de suas espécies, bem como, em relação aos impostos discriminados nesta Constituição, a dos respectivos fatos geradores, bases de cálculo e contribuintes; obrigação, lançamento, crédito, prescrição e decadência tributários; adequado tratamento tributário ao ato cooperativo praticado pelas sociedades cooperativas e definição de tratamento diferenciado e favorecido para as microempresas e para as empresas de pequeno porte, inclusive regimes especiais ou simplificados no caso do ICMS e das Contribuições Sociais.

Além disso, consoante dispõe o art. 146-A da Constituição Federal, acrescentado pela EC nº 42/03, lei complementar poderá estabelecer critérios especiais de tributação, com o objetivo de prevenir desequilíbrios da concorrência, sem prejuízo da competência de a União, por lei, estabelecer normas de igual objetivo.

Nos dizeres de Luciano Amaro[3], *as leis complementares não tem a rigidez das normas constitucionais e nem a flexibilidade das leis ordinárias, o que lhes dá estabilidade maior que as leis comuns, evitando que se sujeitem ao sabor das maiorias ocasionais do Congresso Nacional.*

A utilização de lei complementar para veicular determinadas matérias é exigência do texto constitucional que não exaure as situações necessitadas de complementação. Dessa forma, as normas constitucionais *not self executing* não demandam disciplina em lei complementar, salvo se houver disposição expressa nesse sentido. Por isso, só é considerada materialmente lei complementar aquela norma elaborada para suprir determinados comandos constitucionais que a ela reservam o ordenamento acerca das matérias elencadas no art. 146 da Constituição. Em outros casos expressamente definidos, a lei complementar exerce função própria da lei ordinária que é a de instituir tributos, como é caso do art. 154, I, da CF.

É importante assinalar que a distinção formal entre lei complementar e lei ordinária somente surgiu com a Constituição de 1967, já que até então a lei complementar apenas se distinguia materialmente em face de seu conteúdo, razão pela qual, estatuído por meio da Lei nº 5.172 de 25 de outubro de 1966, costuma se dizer que o Código Tributário Nacional foi veiculado por meio de lei ordinária. De qualquer maneira, o fato é que o CTN dispõe sobre as normas que a Constituição pretende sejam veiculadas por lei complementar, e por isso não se discute que tem status de lei complementar.

---

[3] Op. Cit., p. 168.

Assim sendo, somente outra lei complementar poderá alterar as matérias tratadas no Código Tributário Nacional.

É por isso que à vista de todas essas premissas, não há como negar à lei complementar tributária posição de hierarquia em relação à lei ordinária, e as implicações que decorrem disso se evidenciam na medida em que a legislação tributária deve buscar fundamento da validade também nas normas elencadas nas leis complementares, especialmente no Código Tributário Nacional. Nesse sentido, a existência de um Sistema Tributário Nacional implica a distribuição e o escalonamento de normas de nível superior e inferior, de maneira que as normas jurídicas de categoria inferior não possam ser editadas senão em consonância com as normas de hierarquia superior. Também é de inexorável constatação que a hierarquia da lei complementar somente se opera em relação às matérias constitucionais a ela reservadas, mesmo porque, uma vez veiculada matéria por lei complementar à revelia da reserva que lhe faz a Constituição, poderá implicar que qualquer alteração da disciplina se perfaça por lei ordinária.

2.4. A Lei Ordinária

Trata-se da lei comum do Direito Tributário e compreende os diplomas normativos ordinários do sistema jurídico em geral. Em termos gerais, a lei ordinária possui um campo próprio de atuação, já que algumas matérias estão reservadas exclusivamente a ela, como é o caso da definição de condutas criminosas, reservada ao campo exclusivo da lei ordinária federal. Uma vez que há matérias específicas definidas para serem veiculadas por lei ordinária, pode se dizer que esse campo próprio de atuação decorre do princípio da legalidade plasmado no art. 5º, II, da Constituição da República, no sentido de que ninguém será obrigado a fazer ou deixar de fazer alguma senão em virtude de lei, e sob esse aspecto é forçoso reconhecer que somente a lei pode criar obrigações.

Não obstante, o princípio da legalidade costuma ser desenvolvido numa vertente que recebe a denominação de *Princípio da Reserva de Lei Formal*. Dessa forma, algumas matérias seriam veiculadas exclusivamente pelo processo legislativo ordinário comum, inerente à lei ordinária, como seria o caso da definição da tipologia penal. Outras matérias seriam reservadas ao campo da lei, tomada esta em sentido material, com base no princípio geral da legalidade ou *Princípio da Reserva de Lei Material*, onde bastaria um comando normativo coativo, geral, abstrato e impessoal, veiculado por meio de leis materiais, dentre as quais se incluiriam as medidas provisórias, as leis delegadas e até mesmo os decretos regulamentares exarados pelo chefe do Poder Executivo.

No entanto, em relação à matéria tributária, já se defendeu que somente a lei ordinária poderia veicular matérias tributáveis, ou seja, somente a estrita obediência à reserva de lei formal poderia legitimar a criação de tributos. Sob esse prisma, o princípio da reserva legal seria aplicado em matéria tributária mas sofreria os temperamentos definidos no âmbito da própria Constituição Federal, com as exceções nela previstas, especialmente aquelas que dizem respeito à possibilidade de modificação de alíquotas de tributos sem a necessidade de lei formal. Os defensores dessa tese argumentam que, não obstante haja previsão para modificação da estrutura do tributo por veículos normativos distintos da lei, como ocorre em relação à modificação das alíquotas, o fato é que somente a lei ordinária poderia criar o tributo. Nesse sentido, o princípio da legalidade se traduziria como uma reserva de lei formal para a instituição de tributos.

Não obstante, com a promulgação da Emenda Constitucional nº 32/01, foi instituída uma nova disciplina ao regime jurídico da medida provisória, permitindo-se que ela institua ou majore impostos desde que produza efeitos no exercício financeiro seguinte e que tenha sido convertida em lei até o último dia do ano em que foi editada, ressalvando-se os impostos previstos nos artigos 153 I, II, IV, V e 154, II, ambos da CF.

A partir de então não há como sustentar a aplicação do princípio da reserva de lei formal no Direito Tributário, isso porque o tributo pode ser criado por medida provisória. Sendo assim, resta verificar se o direito tributário se contenta com a reserva de lei material, a chamada legalidade genérica, pela qual bastaria um comando normativo coativo, geral, abstrato e impessoal, veiculado por meio de leis materiais, onde se incluiriam as medidas provisórias, decretos regulamentares, etc.

Nesse compasso, pode-se dizer que a resposta é não, isso porque o princípio da legalidade em matéria tributária é reforçado pelo comando do art. 150, I, da Constituição, no sentido de que é vedado exigir ou aumentar tributo sem lei que o estabeleça. Sob esse aspecto, é curial assinalar que o princípio da legalidade tributária é marcado por temperamentos peculiares, uma vez que, se de um lado fica afastada a aplicação da reserva de lei formal, também é certo que o sistema não coaduna com a reserva de lei material ou legalidade genérica, sendo de vitanda inconstitucionalidade a instituição de tributo por decreto regulamentar.

Por isso entendo que não por outro motivo, se autoriza falar no ***Princípio da Estrita Legalidade***, já que o princípio da legalidade em matéria tributária, apesar de não exigir lei formal para veicular a hipótese de incidência, também não se contenta com a edição de normas que não sejam ao menos equiparadas à normas veiculadas pelo Poder Legislativo. Daí, o princípio da reserva de lei formal, por alguns chamado de princípio da reserva legal, não se aplica ao fenômeno da criação de tributos, especialmente porque a Emenda Constitucional nº 32/01 passou a permitir expressamente a utilização de medidas provisórias para sua instituição.

Ademais, está correto conceder à lei ordinária o status de lei comum pelo fato de que ela pode veicular qualquer matéria tributária, com exceção daquelas reservadas à lei complementar. Sob esse aspecto, é forçoso reconhecer que se há matérias reservadas à lei complementar, v.g. do art. 146, III, da CF 88, é possível falar-se no ***Princípio da Reserva de Lei Complementar***. Da mesma forma, a matéria afeta à previsão de tributos por meio da definição de seus arquétipos, a outorga do exercício do poder de criar tributos por meio da distribuição de competências somente poderá ser veiculada pela norma constitucional, de onde se extrairia o conteúdo do ***Princípio da Reserva Constitucional***. Também estão incluídas na reserva constitucional as normas constitucionais limitativas da tributação, e mesmo considerando que a Constituição diz o mínimo em relação aos direitos e garantias fundamentais, não pode a lei complementar, ainda que baseada no art. 146, II, modificar a configuração constitucional daquelas garantias, salvo para ampliar o rol de limitações, isso porque qualquer limitação da competência deve estar na Constituição, Incumbindo a ela simplesmente regular as limitações que ela mesma intitula de *Constitucionais*.

Definindo a exigência de lei para a instituição das figuras tributárias, o princípio da legalidade do art. 150, I da Constituição de 1988, estabelece a função da lei ordinária em matéria tributária, sendo vedado à União, aos Estados, ao Distrito Federal e aos Municípios exigir ou aumentar tributo sem lei que o estabeleça, restando evidenciado que a lei desempenha tarefa sobremaneira importante no sistema, já que no âmbito de suas atribuições *comuns*, encontra-se a própria criação do tributo. Como se sabe, a instituição do tributo se concretiza pela descrição da hipótese de incidência, através da definição, em âmbito legal, dos elementos essenciais da figura tributária.

Nesse sentido, estatui o art. 97, I, do CTN que somente a lei pode estabelecer a instituição de tributos, ou sua extinção. Assim, a criação ou majoração do tributo depende de lei editada pela pessoa política competente, mas nada impede que figuras legislativas superiores à lei possam criar tributos, de sorte que poderá haver criação de tributo por lei complementar quando a Carta Magna for expressa nesse sentido.

2.5. A Medida Provisória

Consoante disposto linhas acima, a Emenda Constitucional nº 32/01 estabeleceu novo regramento ao regime jurídico das medidas provisórias, permitindo a instituição e majoração de impostos por meio desse diploma normativo. Assim, permite-se a instituição ou majoração de impostos por medida provisória desde que produza efeitos no exercício financeiro seguinte e que tenha sido convertida em lei até o último dia do ano em que foi editada, ressalvando-se os impostos previstos nos artigos 153 I, II, IV, V e 154, II, da Constituição de 1988. Trata-se dos impostos que não seguem o princípio da anterioridade, e caso seja convertida em lei na mesma sessão legislativa, produzirá efeitos somente no exercício seguinte. Assim, se a medida provisória não for submetida à apreciação no ano em que foi editada, ou ela perde a eficácia ou , para o caso de ser convertida somente no ano seguinte, postergará a exigência do tributo para o próximo ano, por força do princípio da anterioridade.[4]

---

4 Antes mesmo da promulgação da EC nº 32/01, o STF já se pronunciara sobre a possibilidade de criação de tributo por medida provisória. Nesse sentido, RE 197.790, 181.664 e 234.463-7.

2.6. Os Tratados e Convenções Internacionais

Os tratados e convenções internacionais são normas decorrentes de acordos bilaterais ou multilaterais celebradas por Estados soberanos, de eficácia no âmbito das relações internacionais. Segundo entendimento do STF, somente após completado todo o procedimento de incorporação ao direito interno é que a norma veiculada pelo tratado internacional poderá atingir o plano de eficácia em relação aos contribuintes.

O procedimento de incorporação ao direito interno exige assinatura do tratado pela autoridade competente, aprovação pelo Congresso Nacional, além de ratificação que se perfaz pelo depósito do instrumento e posterior promulgação por meio de Decreto do Poder Executivo Federal. Os tratados internacionais são celebrados pelo Presidente da República que reúne competência exclusiva para tal mister nos termos do art. 84, inciso VIII da Constituição e referendados pelo Congresso Nacional que tem competência exclusiva, nos termos do art. 49, inciso I da Constituição, para resolver definitivamente sobre tratados, acordos ou atos internacionais que acarretem encargos ou compromisso gravosos ao patrimônio nacional.

A aprovação do Congresso Nacional se dá por meio de Decreto Legislativo, e caso o Congresso não referende o tratado, o Presidente da República assume a obrigação, como Chefe de Estado, de comunicar os países signatários acerca do tratado de cujo teor não se obteve o referendo do Poder Legislativo.

Referendado o tratado no âmbito do direito interno, passa a atuar como norma disposta no Sistema Tributário Nacional, tendo carga de eficácia equiparável à hierarquia da lei. Nesse sentido, dispõe o art. 98 do CTN que os tratados e as convenções internacionais revogam ou modificam a legislação tributária interna, e serão observados pela que lhes sobrevenha. Tal disposição pretende demonstrar, em verdade, que os tratados revogam a legislação no âmbito de seus limites, de maneira que eles continuam em vigor independentemente das modificações da lei, sendo necessário, em caso de modificação da legislação interna, que sejam eles também modificados ou revogados, pois do contrário permanecem em vigor.

Por outro lado, a ideia de que os tratados prevalecem sobre as leis só tem sentido à luz do conflito temporal de normas, e se resolve pelo princípio geral de que lei posterior revoga lei anterior.

Em suma, para o Tratado Internacional produzir efeitos na ordem interna, deve ocorrer a ratificação de Decreto do Poder Executivo.

2.7. A Lei Delegada

A lei delegada é um ato normativo elaborado e editado pelo Presidente da República mediante delegação do Congresso Nacional e cujo conteúdo veicula matérias previamente estabelecidas. Por se tratar de categoria atípica, não comporta o processo legislativo comum às demais figuras legislativas contempladas no art.

59 da Constituição, de maneira que não existe iniciativa, votação, sanção, veto e promulgação, mas mera edição por ato do Chefe do Executivo.

O Presidente da República deverá solicitar delegação ao Congresso Nacional nas hipóteses não vedadas pelo artigo 68 da Constituição Federal, sendo curial observar que o preceptivo constitucional define as matérias que não poderão ser objeto de delegação pelo Congresso Nacional, dentre as quais não se encontra a instituição ou majoração de tributos.

Em razão disso, não há qualquer vedação constitucional à criação ou aumento de tributos por meio de Lei Delegada.

Trata-se de uma realidade jurídica admirável e espantosa já que não se espera do Presidente da República se valha da Lei Delegada tendo a seu dispor a Medida Provisória que dispensa qualquer autorização do Legislativo, o que docilmente permite compreender a raridade das Leis Delegadas no Brasil.

2.8. O Decreto Regulamentar

O decreto é ato administrativo normativo de atribuição do chefe do Poder Executivo que desempenha função subalterna em relação à lei ordinária. Sua finalidade é dar aplicabilidade às normas por meio da regulamentação das leis, sendo uma forma de exteriorizar o exercício do poder regulamentar . Dispõe o art. 99 do CTN que o conteúdo e o alcance dos decretos restringem-se aos das leis em função das quais sejam expedidos, sendo evidente que o decreto não poderá ir aonde a lei não vai, possuindo conteúdo por ela limitado, não podendo alargá-lo ou restringi-lo.

Em verdade, o decreto é um modal que representa as formas de manifestação de outros atos administrativos, chamados regulamentos governamentais, consoante dispõe o artigo 84, inciso IV da Constituição da República, no sentido de que é atribuição do Presidente da República expedir decretos e regulamentos para a fiel execução das leis.

Resulta do exposto que o poder regulamentar da administração tributária é exercido pelo chefe do Poder Executivo, através dos denominados *regulamentos*, os quais são veiculados por meio de decretos, daí surgindo o nome *decretos regulamentares*, expedidos com a estrita finalidade de produzir disposições operacionais uniformizadoras necessárias à execução de lei cuja aplicação demande a atuação da administração pública fazendária.

2.9. As Normas Complementares

O art. 100 do Código Tributário Nacional estabelece que as *normas complementares* das leis, dos tratados e das convenções internacionais e dos decretos, são os atos normativos expedidos pelas autoridades administrativas; as decisões dos órgãos singulares ou coletivos de jurisdição administrativa, a que a lei atribua eficácia normativa; as práticas reiteradamente observadas pelas autoridades administrativas e os convênios que entre si celebrem a União, os Estados, o Distrito Federal e os Municípios.

As normas complementares se posicionam na base da pirâmide jurídica e veiculam uma infinidade de preceitos que integram a legislação tributária. Como exemplos de normas complementares citem-se as portarias, instruções, circulares, ordens de serviço etc.

Considerando que o ordenamento jurídico apresenta *normas de estrutura,* aquelas que visam dar organicidade ao sistema por meio da criação de instituições, entidades, órgãos, etc., e disciplinando como devem ser produzidas as demais normas, sendo também constituído pelas *normas de conduta ou comportamento* que são aquelas que permitem, obrigam ou proíbem uma determinada conduta, pode se concluir que o Sistema Tributário Nacional representa um plexo normativo que possui normas de estrutura e de conduta.

Sob esse aspecto, constata-se que a lei complementar deve ser constituída preferencialmente por normas de estrutura em face do campo de ação que lhe é reservado pela Constituição Federal, já que a ela é atribuída a função de complementar o texto constitucional, dando acabamento à organização política e jurídica do Estado. As demais regras situadas no âmbito da lei ordinária até a base da pirâmide jurídica, especialmente em relação às normas complementares, são constituídas por normas de conduta.

O tema é importante para que se possibilite uma investigação detalhada do sistema tributário, sendo necessário conhecer as regras que atuam na composição estrutural e aquelas que determinam formas de atuação que definem ordenamentos aos contribuintes e responsáveis visando a entrega do montante pecuniário aos cofres públicos.

3. O Princípio da Rigidez Constitucional e o Princípio da Supremacia da Constituição

A unidade do Sistema Tributário Nacional se obtém por força do *Princípio da Rigidez Constitucional e* do *Princípio da Supremacia da Constituição.* De fato, o Sistema é rígido por possuir normas de pouca mobilidade, com maior restrição no processo de modificação normativa. Por outro lado, as normas de organicidade contém disposições fechadas porque dão sustentação a todo o Sistema, o que não ocorre nos países de Constituição flexível, onde as normas de organização possibilitam processos menos dificultosos de alteração.

Mesmo caracterizado pela presença das normas de estrutura, o texto constitucional é marcado pela existência de normas que não são materialmente constitucionais e que deveriam estar reservadas às normas de conduta, construídas primordialmente em nível infraconstitucional. A rigidez do Sistema Tributário Nacional se denota pela grande descritividade quando trata do fenômeno da tributação nos arts. 145 a 169, caracterizado pela presença de grande quantidade de comandos definidos em parágrafos e incisos, o que de certa forma restringe a liberdade de atuação das normas infraconstitucionais.

Conforme analisamos anteriormente, a norma fundamental que legitima a validade em relação a todo o Sistema é a norma constitucional e o princípio que orienta esse plexo é o ***Princípio da Supremacia*** da Constituição, cujo comando determina devam todas as demais normas do ordenamento jurídico buscar seu fundamento de validade no texto constitucional, sob pena de inconstitucionalidade. Dessa forma, a Constituição representa a fonte normativa de todo o Sistema, posicionando-se de forma preeminente, hierarquicamente acima de todas as demais normas.

O Princípio da Supremacia reconhece a hierarquia da norma constitucional bem como a subordinação de todas as demais normas do Sistema, e a garantia de que essa hierarquia seja preservada é conferida pelo ***Princípio da Rigidez***, de maneira que um princípio deriva naturalmente do outro.

O diagnóstico da relação jurídica tributária, tão importante para a identificação da figura impositiva, do regime jurídico a que se submete, de eventuais vícios por ventura existentes no âmbito da proposição normativa, assim como as variantes possíveis inerentes ao suporte fático, demanda análise escalonada do Sistema Tributário Nacional. Atividade de fundamental importância para o diagnóstico da relação jurídica é a visualização do Sistema Tributário Nacional e a identificação das proposições normativas a partir do vértice do ordenamento, de maneira que a investigação da relação tenha como ponto de partida a norma constitucional, seguida das especulações forjadas no âmbito da lei complementar, na qual serão analisadas as normas gerais inerentes ao tributo, descendo até o nível da lei ordinária onde reside a construção da hipótese de incidência e onde o intérprete depositará suas impressões para o estudo pormenorizado dos aspectos inerentes à estrutura do tributo.

Após analisado o Sistema com esse encadeamento lógico, certamente o operador obterá um diagnóstico idôneo, coisa que não ocorre quando a investigação toma como ponto de partida a base da pirâmide jurídica, com a investigação do suporte fático iniciada a partir da análise da legislação tributária.

Além das formulações já mencionadas, é importante esclarecer que o Sistema Tributário Nacional também possui como parâmetros o *Princípio Federativo* que afeta de tal maneira a organização do Sistema porque existe um conjunto de unidades federadas, todas com autonomia para exercer a competência tributária, não podendo existir autonomia política, administrativa e jurídica se o ente da federação não tiver possibilidade de constituir receitas. Essa autonomia pressupõe capacidade de buscar os seus próprios recursos e possui fontes próprias de receita para fazer frente às suas despesas.

Ademais, o Sistema também se baseia no *Princípio da Legalidade,* o qual determina que as unidades da federação somente poderão afetar a propriedade privada por meio da tributação caso atendam aos requisitos da lei, de maneira que a instituição, majoração e até mesmo a diminuição dos tributos somente poderá ser feita com supedâneo na lei.

Por derradeiro, outro supremo valor que orienta o encadeamento das normas do Sistema Tributário Nacional é o *Princípio da Competência,* também chamado de Princípio da Reserva das Competências Impositivas, o qual define o campo material de tributação de cada entidade da federação, sendo matéria reservada à norma constitucional a definição das matrizes tributárias destinadas aos três níveis de poder.

Capítulo VII

O SUJEITO PASSIVO DA OBRIGAÇÃO TRIBUTÁRIA

1. Definição do Sujeito Passivo da Obrigação Tributária

O sujeito passivo da relação jurídica tributária é a pessoa de quem será exigido o crédito tributário, que tem o dever jurídico de responder por ele, aquele sobre o qual recai a capacidade tributária passiva. Em tese, qualquer pessoa pode figurar no polo passivo da obrigação tributária, inclusive os próprios entes federativos.

Embora exista proibição constitucional para que a União, Estados, Distrito Federal e Municípios exijam impostos sobre o patrimônio, renda e serviços uns dos outros, a teor do ***Princípio da Imunidade Tributária Recíproca*** elencado no art. 150, VI, “a”, da CF, nada obsta que tais pessoas sejam tributadas por outras modalidades de tributos. Referida imunidade se estende às autarquias, embora também estas possam ser tributadas pelos demais tributos, mas não se aplicam às empresas públicas e sociedades de economia mista que não gozam da mesma imunidade e por isso são tributadas normalmente, equiparando-se, no plano tributário, às demais pessoas privadas.[1]

Nesse panorama, em princípio qualquer pessoa física ou jurídica, de direito público ou privado, pode reunir capacidade para figurar no polo passivo da relação jurídica tributária.

2. Espécies de Sujeito Passivo da Obrigação Tributária

O art. 121 do CTN estabelece que o sujeito passivo da obrigação tributária principal pode ser o *contribuinte* ou o *responsável*. O contribuinte é o sujeito passivo que tem relação pessoal e direta com a situação que constitua o respectivo fato gerador, conforme preceitua o art. 121, parágrafo único, I, do CTN. O responsável tributário é o sujeito passivo que, sem revestir a condição de contribuinte, sua obrigação decorre de disposição expressa em lei, a teor do disposto no art. 121, parágrafo único, II, do CTN.

Contribuinte é a pessoa que está diretamente ligada à origem do tributo e sua conduta indica que deu causa ao nascimento da obrigação. O responsável não possui relação direta com o fato gerador, em razão de que a responsabilidade recebe a denominação de sujeição passiva indireta. Dessa forma, o contribuinte é o sujeito passivo direto enquanto o responsável **é o sujeito passivo indireto.**

3. O Responsável Tributário

Em face da complexidade do tema, o presente capítulo cuidará de analisar com mais riqueza de pormenor a figura do responsável tributário. O fenômeno da *responsabilidade tributária* é disciplinado no Código de forma criteriosa, e apesar de dispor que a lei tributária pode atribuir a condição de responsável a qualquer pessoa, ainda que sua conduta não guarde relação direta com o fato gerador, é necessário que o responsável possua uma relação de proximidade material com o suporte fático, não havendo legitimidade se a lei eleger um absoluto estranho que não possua relação ao menos indireta com o nascimento da obrigação.

Por isso, não obstante a disposição genérica do art. 128 do CTN, não é dado à lei tributária, sob pena de violar-se o *princípio da proporcionalidade*, responsabilizar indivíduos que não tenham ao menos uma relação indireta com o fato gerador, seja pela conduta que praticaram, seja pela situação jurídica que os vinculem à pessoa do contribuinte.

A legislação tributária contempla diversas modalidades de responsabilidade tributária, e a regra geral de sujeição passiva indireta elencada no art. 128 do CTN determina que sem prejuízo do estatuído no código, a lei pode atribuir de modo expresso a responsabilidade pelo crédito tributário a terceira pessoa, vinculada ao fato gerador

---

[1] Em relação às empresas públicas, é possível sejam enquadradas no regime jurídico tributário semelhante às autarquias, auferindo a possibilidade de se beneficiar das imunidades recíprocas, conquanto preste serviços sob regime de direito público, conforme se verificará no capítulo referente às imunidades.

da respectiva obrigação, excluindo a responsabilidade do contribuinte ou atribuindo a este o caráter supletivo do cumprimento total ou parcial da referida obrigação. Partindo dessa premissa, analisemos as disposições gerais da responsabilidade tributária estampada no CTN.

4. QUADRO GERAL DA RESPONSABILIDADE TRIBUTÁRIA

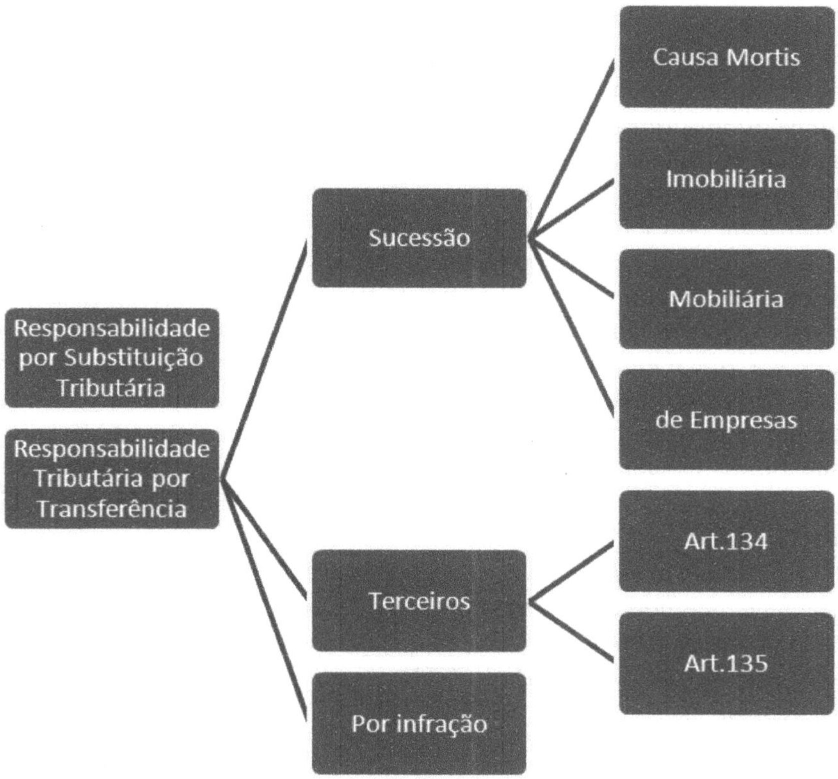

4.1. Responsabilidade Tributária por Transferência e por Substituição

Na responsabilidade tributária por transferência o dever de pagar o tributo recai inicialmente sobre o contribuinte, mas em decorrência de um fato ou de uma situação previstos em lei, é transferida a outrem. A responsabilidade por transferência não está expressa no Código Tributário Nacional, mas seu reconhecimento doutrinário e jurisprudencial se baseia na ideia de que a obrigação é inicialmente direcionada à pessoa do contribuinte que é o devedor originário, mas por força da inexequibilidade do crédito e considerando-se determinados fatos ou situações que aproximam, ainda que indiretamente, a origem da obrigação à pessoa do responsável, é este chamado a responder por força de lei. A grande maioria dos casos de responsabilidade tributária se enquadra na modalidade de transferência.

A outra categoria é a responsabilidade tributária por substituição ou *substituição tributária*, onde se afasta o contribuinte do dever de assumir a obrigação desde o início da relação jurídica, e por expressa disposição de lei atribui o dever de pagar ao responsável, denominado substituto tributário.

A figura da substituição tributária, que será analisada no final deste capítulo, é por vezes empregada na doutrina e na jurisprudência com sentido diverso do aqui mencionado. É comum encontrar essa designação em alusão à responsabilidade dos administradores, diretores e representantes de pessoas jurídicas de direito privado, na medida em que o redirecionamento da execução do crédito tributário em face de tais pessoas implicaria uma forma de responsabilidade por substituição. A explicação para isso é que, uma vez chamados a responder determinados indivíduos que não realizaram o pressuposto fático, seriam eles substitutos do contribuinte originário, respondendo em nome e por conta própria. Contudo, não se pode invocar a terminologia do Direito Processual Civil utilizada para designar a *substituição processual,* que é uma figura decorrente da relação jurídica processual, para designar um fenômeno distinto, derivado da relação jurídica tributária. A verdade é que esses indivíduos são mesmo substitutos processuais, mas não está correto chamá-los de substitutos tributários porque não se trata de responsabilidade por substituição, mas responsabilidade de terceiros que é uma subcategoria da responsabilidade por transferência.

O equívoco é evidente porque na responsabilidade por substituição, o substituto é previamente definido em lei, assumindo de antemão a posição do contribuinte, coisa que não ocorre na responsabilidade do quadro societário das empresas, fundamentada nos artigos 134, VII e 135, III, do CTN, e que ocorre incidentalmente, ou seja, por transferência.

4.2. Sucessão Tributária

A primeira subcategoria de responsabilidade tributária por transferência se denomina sucessão tributária, onde o sujeito passivo originário – contribuinte, natural devedor do tributo, é sucedido por outra pessoa que assume a responsabilidade de pagá-lo. Assim como ocorre com todos os responsáveis, o sucessor também não tem ligação com o pressuposto fático, mas possui um vínculo que o une ao objeto da imposição.

Outro aspecto importante da sucessão, na visão de Zelmo Denari, é que "*o fenômeno sucessório suscita um problema de intercorrência temporal, pois pode se aperfeiçoar antes ou depois do lançamento fiscal, isto é, pode preceder ou sobrevir à obrigação tributária*".[2] O tema é ventilado no art. 129 do CTN, no sentido de que

[2] Op. cit., p. 92.

aplica-se por igual aos créditos tributários definitivamente constituídos ou em curso de constituição à data dos atos nela referidos, e aos constituídos posteriormente aos mesmos atos, desde que relativos a obrigações tributárias surgidas até a referida data.

De fato, a obrigação preexistente do sucedido será de responsabilidade do sucessor, descabendo a argumentação de ilegitimidade pelo fato de que o débito fora constituído independente de sua conduta. Com efeito, o fenômeno da sucessão se afere na análise do aspecto temporal da hipótese de incidência, tendo em vista que no momento da incidência do tributo é o contribuinte quem tem o dever de responder, enquanto no momento da exigência, outra pessoa ocupará o polo passivo, de maneira que se um novo fato gerador fosse praticado, o contribuinte seria essa pessoa.

A sucessão tributária possui como subespécies, a sucessão *causa mortis*, prevista no art. 131, II e III do CTN, a sucessão imobiliária, prevista no art. 130, a sucessão mobiliária, prevista no art. 131, I do CTN e a sucessão de empresas ou sucessão comercial, prevista nos arts. 132 e 133 do CTN.

4.2.1. *Sucessão Causa Mortis*

Na sucessão *causa mortis*, os sucessores e o cônjuge meeiro respondem pelos débitos fiscais do *de cujus* pelos tributos devidos até a data da partilha ou adjudicação e no limite do seu quinhão, legado ou meação. Além disso, o espólio responderá pelos tributos devidos pelo *de cujus* até a abertura da sucessão.

O Código Tributário Nacional dispõe da sucessão *causa mortis* dividindo-a em dois marcos temporais distintos, de maneira que pelos tributos devidos pelo *de cujus* até a abertura da sucessão responderá o espólio como sucessor, mas caso sejam praticados fatos geradores após a abertura da sucessão e antes da partilha, o espólio responderá como contribuinte. Pelos tributos devidos pelo *de cujus* até a data da partilha ou adjudicação, responderão os sucessores e o cônjuge meeiro. Para fatos geradores praticados durante a tramitação do processo de sucessão, e exigidos após a partilha ou adjudicação, os sucessores e o cônjuge meeiro responderão como sucessores do espólio. Evidentemente, para fatos geradores praticados após a partilha e exigidos nessa fase, não havendo desdobramento da relação temporal, não há sucessão tributária, e cada herdeiro, legatário e o cônjuge responderão por obrigação própria, como contribuintes.

Mesmo estando encerrado o processo de sucessão, o crédito tributário haverá de ser satisfeito pelos sucessores, no caso de não ter sido satisfeito pelo espólio. Assim dispõe o Código Civil no art. 1997, no sentido de que a herança responde pelo pagamento das dívidas do falecido, mas realizada a partilha, só respondem os herdeiros, cada qual na proporção da parte que na herança lhes coube. Da mesma forma dispõe o Art. 796 do CPC/2015, no sentido de que o espólio responde pelas dívidas do falecido, mas feita a partilha, cada herdeiro responde por elas na proporção da parte que na herança lhe coube.

No mesmo sentido, a jurisprudência. Confira-se: "*Agravo de Instrumento – Valores relativos à quota hereditária de herdeira – Bens do espólio partilhados – Responsabilidade dos herdeiros proporcional à quota hereditária – Art. 1997 CC/2002*

E Art. 597 CPC – Uma vez realizada a partilha, por consequência lógica, a herança desaparece, mas isso não pode determinar que os direitos creditórios pertencentes aos credores do ‹de *cujus' restem frustrados, pois, os mesmos somente deixarão de existir pelas formas compreendidas pelo direito positivo. Assim, podem os credores, mesmo após a partilha, exigir dos herdeiros o pagamento dos débitos contraídos pelo 'de cujus', mas, de forma proporcional aos seus respectivos quinhões hereditários. (...) a lei, na realidade, responsabiliza os herdeiros, que recebem bens hereditários, ao pagamento proporcional das dívidas contraídas pelo autor da herança, e, quando prevê os artigos 1.792 e 1.997 ambos do CC/2002, a responsabilidade proporcional dos herdeiros pelo pagamento das dívidas do 'de cujus", o fez visando impedir que os credores desde último, com seu falecimento, tivessem meios para a cobrança de seu crédito. Na realidade, admitir a tese lançada, seria permitir que um credor que possui ao seu favor um crédito legalmente contraído, não tivesse a possibilidade de cobrá -lo e, também, criando uma forma de extinção de obrigações não prevista na lei. As 'forças da herança' correspondem ao valor financeiro e não aos bens herdados, o que afasta a alegada impenhorabilidade, pois, do contrário, o herdeiro aumentaria o seu patrimônio em detrimento dos credores do espólio, em efetivo enriquecimento sem causa. Recurso não provido."* AI 72256552 -TJSP – 24ª Câm. de Direito Privado, Rel. Roberto Mac Cracken, j. 08/05/2008.

Na visão de Nelson Nery Jr. e Rosa Maria Andrade Nery, *a dívida da herança deve ser suportada pelo monte-mor. Já antes da partilha os credores da herança fazem jus à satisfação de seu crédito. Se se der a partilha e ainda houver dívida da herança não satisfeita, o herdeiro responde por elas, até a força de seu quinhão hereditário (CC 1792) e na proporção da parte que na herança lhe coube.*[3] No mesmo sentido, o pensamento de Sílvio de Salvo Venosa: *"Ao responder o espólio pelas dívidas, responderá cada herdeiro na proporção de seus quinhões, já que a herança é recebida sob benefício de inventário(...) Após a partilha, não estará o credor inibido de haver seu crédito, porém terá de fazê-lo contra os, herdeiros, proporcionalmente ao que cada um recebeu do monte."*[4]

Sendo assim, o credor tributário poderá exigir dos sucessores e cônjuge meeiro, já na fase de execução fiscal, os valores devidos pelo de cujus pelos fatos geradores que este praticou, assim como os valores devidos pelo espólio, pelos valores decorrentes dos fatos geradores ocorridos durante o processo de sucessão.

4.2.2. *Sucessão Imobiliária*

A sucessão imobiliária está prevista no art. 130 do CTN, o qual estabelece que os créditos tributários relativos a impostos cujo fato gerador seja a propriedade, o domínio útil ou a posse de bens imóveis, e bem assim os relativos a taxas pela prestação de

---

3 NERY JR, Nelson e Rosa Maria Andrade Nery. *Código Civil Comentado.* 5ª Edição. São Paulo: Editora Revista dos Tribunais, 2007, p. 1191.

4 VENOSA, Sílvio de Salvo. *Direito Civil, Direito das Sucessões.* 7ª Edição. São Paulo: Editora Atlas, 2007, p. 382 e 383.

serviços referentes a tais bens, ou a contribuição de melhoria, sub-rogam-se na pessoa dos respectivos adquirentes, salvo quando conste do título a prova de sua quitação. Indubitável que o dispositivo se refere à sucessão de bens imóveis, o que desperta a atenção para o disposto no art. 131, I que aparenta regular novamente a sucessão tributária incidente da aquisição e na remição de bens móveis.

Em verdade, o CTN distingue a responsabilidade por sucessão de bens imóveis e móveis, o que se depreende pela interpretação lógico-sistemática dos artigos 130 e 131. Apesar do art. 131 não distinguir sua incidência em relação a móveis ou imóveis, tem prevalecido o entendimento de que não haveria sentido o legislador indicar no art. 130 a responsabilidade do adquirente de bens imóveis, excepcionando a regra em duas hipóteses e em seguida, no art. 131, estabelecer regra de responsabilidade sem qualquer exceção. Por isso, o preceptivo do art. 131, I, regula a responsabilidade por sucessão do adquirente e remitente de bens móveis.

As exceções à regra geral de que o adquirente e o remitente assumem o passivo tributário pendente sobre o bem imóvel estão previstas respectivamente na parte final do *caput* do art. 130 e no seu parágrafo único, ou seja, a constatação, no próprio título, de prova da quitação dos tributos devidos, além da arrematação em hasta pública, onde haverá sub-rogação sobre o respectivo preço.

Em resumo, o disposto no art. 130 do CTN se aplica aos bens imóveis enquanto o disposto no art. 131, I, do CTN se aplica aos móveis. Sobre o tema, confira-se os escólios da professora Regina Helena Costa: *"O art. 130, por seu turno, cuida da sucessão de débitos pertinentes a tributos incidentes sobre a propriedade imobiliária: (...) Consagra o dispositivo a noção, normatizada pelo Código Civil, de obrigação propter rem, ou seja, aquela estabelecida em função de um direito de natureza real. Assim, a obrigação pertinente ao bem acompanha quem dele venha a ser titular. Portanto, o adquirente de bem imóvel, diante da pendência de débito referente ao IPTU, sucederá o alienante na obrigação. E, se a aquisição se der mediante arrematação em hasta pública, o valor do débito tributário será descontado do lanço efetuado. O art. 131 complementa as hipóteses de sucessão: (...).A hipótese contida no inciso I cuida da sucessão concernente a outros bens, já que a relativa aos imóveis está disciplinada no art. 130."* [5]

No mesmo sentido, confira-se os ensinamentos de Hugo de Brito Machado: *"O adquirente, ou remitente, de quaisquer bens, sejam móveis ou imóveis, responde pelos tributos relativos a esses bens. Tratando-se de bens imóveis, nos termos do art. 130 do Código Tributário nacional. Tratando-se de bens móveis ou semoventes, nos termos do art. 131, I. As duas normas têm cada qual o seu suporte fático."* [6]

Na sucessão imobiliária não haverá responsabilidade se constar no título a prova, e não a mera menção, da quitação dos tributos. No caso de arrematação em hasta

---

5 COSTA, Regina Helena. *Curso de Direito Tributário: Constituição e Código Tributário Nacional.* 1ª Edição. São Paulo: Editora Saraiva, 2009, p. 200.

6 MACHADO, Hugo de Brito. *Curso de Direito Tributário.* 31ª Edição. São Paulo: Malheiros Editores, 2008, p. 152.

pública, haverá sub-rogação sobre o preço de forma que o numerário proveniente da arrematação deverá ser empregado para quitação de eventuais tributos que pendam sobre o imóvel.

4.2.3. Sucessão Mobiliária

O art. 131, I, do CTN cuida da responsabilidade por sucessão de bens móveis e estatui que são pessoalmente responsáveis o adquirente ou remitente, pelos tributos relativos aos bens adquiridos ou remidos, ressaltando que neste particular a lei não faz qualquer ressalva à responsabilidade do sucessor.

Com efeito, o adquirente e o remitente assumem o passivo tributário sem qualquer ressalva, e no caso da arrematação do bem móvel em hasta pública, não há qualquer disposição legal que exonere a pessoa do arrematante. Pelo contrário, se no caso da sucessão dos bens imóveis deve haver sub-rogação no preço, no caso da sucessão tributária de bens móveis, não havendo qualquer ressalva, a responsabilidade do arrematante é plena. Para fins de responsabilidade, o arrematante deve ser equiparado à figura do adquirente, assumindo total responsabilidade pelos tributos devidos sobre o bem móvel, de forma plena, fato pelo qual deve assumir o encargo de responder por todos os tributos incidentes sobre os referidos bens. Sob esse aspecto, Bernardo Ribeiro de Moraes ensina que *o inciso I do art. 131 do Código Tributário Nacional não limita a responsabilidade do adquirente ou remitente de bens. Sendo esta responsabilidade pessoal, diante do preceito de lei contra o sucessor, o responsável responde pela dívida, inclusive com seus bens.*[7] Dessa forma, no caso de leilões judiciais ou leilões promovidos pelos delegados do poder público nos processos administrativos do Detran, Receita Federal, etc., a exigência do IPVA pendente sobre veículos arrematados é perfeitamente legal. Nesse sentido: "*Bem móvel. Ação de cobrança aquisição em leilão. Termo de responsabilidade. Regularização perante órgão competente. Incumbência do arrematante. Ação a ser julgada improcedente. Recurso provido.*" Tribunal de Justiça de São Paulo, Apelação com Revisão n° 990.10.055135-3, 31ª Câmara de Direito Privado, Rel. Armando Toledo, j. 16/03/2010. No mesmo sentido: "*Tendo o veículo sido arrematado em hasta pública, viu-se o impetrante impossibilitado de transferi-lo para seu nome e de emplacá-lo, tendo em vista exigência para pagamento do IPVA do exercício anterior, além de multas. A exigência do pagamento do IPVA é legítima.*" Tribunal de Justiça de São Paulo, Apelação Cível nº 157.596-1, 8ª Câmara Cível, Rel. Des. Franklin Nogueira.

Definindo com correção a distinção entre os regimes de sucessão tributária mobiliária e imobiliária, Ricardo Alexandre preleciona que *"a regra relativa à aquisição de bens móveis é basicamente a mesma aplicada à aquisição de imóveis, de forma que a única diferença que merece nota é a inaplicabilidade das exceções. (...) A transferência da propriedade dos bens móveis ocorre com o que os civilistas denominam de*

---

7 MORAES, Bernardo Ribeiro de. *Compêndio de Direito Tributário, Volume II*. 3ª Edição. Rio de Janeiro: Editora Forense, 1995, p.516

tradição, ou seja, a entrega do bem ao adquirente. No caso de aquisição de veículo, quando o adquirente procura o Detran para o registro da transferência, esta já está aperfeiçoada, assim como a sucessão tributária. Não há exceção ao caso, de forma que o pagamento do IPVA pendente deve ser feito pelo adquirente, mesmo que na aquisição tenha sido apresentada certidão afirmando a inexistência de débito."[8]

4.2.4. *Sucessão de Empresas*

Também chamada de sucessão comercial ou empresarial, está prevista nos artigos 132 e 133 do CTN que prevê três modalidades distintas de sucessão empresarial.

Nessa categoria de responsabilidade tributária por sucessão a empresa que der lugar a outra assume o passivo tributário da sucedida.

Assim, de conformidade com a Súmula nº 554 do STJ, na hipótese de sucessão empresarial, a responsabilidade da sucessora abrange não apenas os tributos devidos pela sucedida, mas também as multas moratórias ou punitivas referentes a fatos geradores ocorridos até a data da sucessão.

4.2.4.1. Fusão, transformação, incorporação e cisão

No caput do art. 132, o CTN dispõe que *a pessoa jurídica de direito privado que resultar de fusão, transformação ou incorporação de outra ou em outra é responsável pelos tributos devidos até a data do ato pelas pessoas jurídicas de direito privado fusionadas, transformadas ou incorporadas.*

Os conceitos de transformação, fusão, incorporação e cisão encontram-se definidos na Lei nº 6.404/76 – Lei das Sociedades por Ações. Assim, dispõe o art. 220 que a transformação é a operação pela qual a sociedade passa, independentemente de dissolução e liquidação, de um tipo para outro. O art. 228 dispõe que a fusão é a operação pela qual se unem duas ou mais sociedades para formar sociedade nova, que lhes sucederá em todos os direitos e obrigações. A incorporação, definida no art. 227, é a operação pela qual uma ou mais sociedades são absorvidas por outra, que lhes sucede em todos os direitos e obrigações. Por fim, a cisão, definida no art. 229, é a operação pela qual a companhia transfere parcelas do seu patrimônio para uma ou mais sociedades, constituídas para esse fim ou já existentes, extinguindo-se a companhia cindida, se houver versão de todo o seu patrimônio, ou dividindo-se o seu capital, se parcial a versão.

A empresa que resultar de qualquer uma dessas operações assume o passivo tributário deixado pela empresa ou empresas que foram submetidas ao processo de transformação, fusão ou incorporação.

Embora a cisão tenha sido omitida na redação do código, não se discute que Também se enquadra na sucessão empresarial, e nesse caso, a sociedade que recebeu a parcela do patrimônio da empresa cindida será responsável solidariamente pelas obri-

---

[8] ALEXANDRE, Ricardo. *Direito Tributário Esquematizado*. 2ª Edição. São Paulo: Editora Método, 2008, p. 324.

gações desta, anteriores à cisão. Quando houver versão total, a sociedade que absorver parte do patrimônio da empresa responderá por todas as suas obrigações tributárias.

4.2.4.2. Continuação da exploração da atividade por qualquer sócio remanescente

O parágrafo único do art. 132 do CTN dispõe que a sucessão empresarial aplica-se aos casos de extinção de pessoas jurídicas de direito privado, quando a exploração da respectiva atividade seja continuada por qualquer sócio remanescente, ou seu espólio, sob a mesma ou outra razão social, ou sob firma individual.

O prosseguimento da exploração da mesma atividade econômica por um dos sócios remanescentes sugere interpretações distintas, particularmente no que se refere ao conteúdo da expressão *respectiva atividade*. Sob esse aspecto, o conteúdo jurídico da expressão revela a necessidade de que o sucessor somente se caracteriza nas hipóteses em que ao menos um dos integrantes do antigo quadro societário prossiga exercendo a mesma atividade que exercia antes do negócio jurídico que ensejou a sucessão.

Portanto, deve-se entender que se o contribuinte exercia uma determinada atividade empresarial, essa mesma atividade deve ser mantida para os fins de restar enquadrada a hipótese de sucessão. Tal interpretação resulta da redação empregada na norma que pretendeu não alargar o campo material das situações que pudessem ser consideradas como mesma atividade.

Dessa forma, se o código não pretendeu fosse dada interpretação extensiva, discute-se a razoabilidade da utilização daquele que é, a nosso ver, o único parâmetro a ser utilizado como identificador da mesma atividade. Trata-se do Código de Atividade Econômica, também designado por meio da Classificação Nacional de Atividade Econômica – CNAE, utilizada no âmbito das atividades empresariais.

A sigla CNAE designa o instrumento de padronização nacional dos códigos de atividade econômica e dos critérios de enquadramento utilizados pelos diversos órgãos da Administração Tributária do país. Trata-se, portanto, de codificação em caráter nacional que alberga estabelecimentos de empresas privadas e públicas, nos setores agrícolas, comerciais, industriais e de serviços, albergando também as instituições sem fins lucrativos e agentes autônomos (pessoas físicas).

A CNAE resultou de um trabalho conjunto das três esferas de governo, elaborada sob a coordenação da Secretaria da Receita Federal e orientação técnica do IBGE, com representantes da União, dos Estados e dos Municípios, atuando em caráter permanente no âmbito da Comissão Nacional de Classificação – CONCLA.

A tabela de códigos e denominações da CNAE foi oficializada pela publicação das Resoluções IBGE/CONCLA nº 1 de 4 de setembro de 2006 e nº 2 de 15 de dezembro de 2006.

A CNAE é um código a ser informado na Ficha Cadastral da Pessoa Jurídica (FCPJ) que alimentará o Cadastro Nacional de Pessoa Jurídica, sendo informado também na Declaração Cadastral (DECA) efetivado junto às Secretarias de Fazenda dos Estados.

Dessa forma, as atividades empresariais possuem um cadastro que indica o código de atividade econômica, e a questão que se coloca é sobre a necessidade de que a continuação da atividade econômica obedeça ao mesmo código para que se configure a sucessão. A questão demanda criteriosa análise, uma vez que a finalidade da lei é evitar procedimentos que visem burlar a legislação.

Nos dias atuais, a experiência demonstra que há diversas práticas empresariais que tornam ineficaz a norma sob comento, e qualquer interpretação literal do dispositivo levaria à conclusão de que bastaria ao sucessor modificar o código de atividade econômica para se desenquadrar da sucessão tributária. Como os códigos de atividade econômica possuem 7 dígitos, e supondo que o empresário explore o ramo comercial, basta que ele altere a classificação em um único dígito, não havendo qualquer modificação aparente em sua atividade, para alegar mudança da atividade com a finalidade de exonerar-se dos efeitos da sucessão.

Assim, considerando que o código de atividade econômica é definido sob critérios extremamente detalhados, bastaria uma simples alteração para afastar a caracterização da sucessão tributária, conclusão que não nos parece lógica.

Não parece ser esse o sentido da norma quando exige a continuação da exploração da mesma atividade econômica, e por essa razão não se pode chegar ao exagero de se exigir a identificação dessa exploração somente nas hipóteses em que for mantido o mesmo código de atividade econômica. Dessa forma, desde que pautada por critérios de razoabilidade, a administração fazendária poderá verificar, à luz do parágrafo único do art. 116 do CTN, se houve intenção do empresário em diligenciar inidoneamente com vistas a excluir sua qualidade de sucessor.

4.2.4.3. Aquisição de fundo de comércio

O fundo de comércio não é somente a soma dos itens que compõem o estabelecimento, como o ativo imobilizado, o maquinário, o estoque, o aviamento, a carteira de clientes, mas o verdadeiro valor econômico de uma empresa, incluindo sua capacidade de geração de lucros. A aquisição de fundo de comércio configura o caso mais comum de sucessão empresarial, dispondo o art. 133 do CTN que *a pessoa natural ou jurídica de direito privado que adquirir de outra, por qualquer título, fundo de comércio ou estabelecimento comercial, industrial ou profissional, e continuar a respectiva exploração, sob a mesma ou outra razão social ou sob firma ou nome individual, responde pelos tributos, relativos ao fundo ou estabelecimento adquirido, devidos até a data do ato.*

A responsabilidade do sucessor será integral se o alienante cessar a exploração do comércio, indústria ou atividade, e subsidiária com o alienante, se este prosseguir na exploração ou iniciar dentro de seis meses, a contar da data da alienação, nova atividade no mesmo ou em outro ramo de comércio, indústria ou profissão.

O Código Tributário Nacional teve sua redação modificada pela Lei Complementar nº 118/2005, a qual adicionou ao art. 133 o § 1º, estabelecendo que as regras de sucessão de empresas definidas no art. 133 não se aplicarão na hipótese de alienação judicial em processo de falência, ou ainda, de filial ou unidade produtiva isolada, em processo de recuperação judicial. No entanto, o § 2° estabelece que não se aplica o disposto no § 1° deste artigo quando o adquirente for sócio da sociedade falida ou em recuperação judicial, ou sociedade controlada pelo devedor falido ou em recuperação judicial; parente, em linha reta ou colateral até o 4° grau, consanguíneo ou afim, do devedor falido ou em recuperação judicial ou de qualquer de seus sócios; ou identificado como agente do falido ou do devedor em recuperação judicial com o objetivo de fraudar a sucessão tributária.

Por fim, o novo § 3° dispõe que em processo da falência, o produto da alienação judicial de empresa, filial ou unidade produtiva isolada permanecerá em conta de depósito à disposição do juízo de falência pelo prazo de 1 ano, contado da data de alienação, somente podendo ser utilizado para o pagamento de créditos extraconcursais ou de créditos que preferem ao tributário.

A aquisição do fundo de comércio é a sucessão empresarial típica e se caracteriza quando uma nova empresa se estabelece no mesmo ponto empresarial, explorando atividades semelhantes e evidenciando um liame com a empresa sucedida na medida em que explora a mesma atividade, negocia com os mesmos clientes e fornecedores e persegue as mesmas finalidades, ainda que se diversa a razão social e diferente a firma adotada.

Sob esse aspecto é importante assinalar que o mero ocupante do ponto comercial, situação que geralmente se caracteriza mediante contrato de locação, não tem o condão de caracterizar a sucessão pela aquisição pelo fundo de comércio. Nesse sentido a jurisprudência do STJ, "verbis": "*A responsabilidade prevista no artigo 133 do Código Tributário Nacional só se manifesta quando uma pessoa natural ou jurídica adquire de outra o fundo de comércio ou o estabelecimento comercial, industrial ou profissional; a circunstância de que tenha se instalado em prédio antes alugado à devedora, não transforma quem veio a ocupá-lo posteriormente, também por força de locação, em sucessor para os efeitos tributários. Recurso especial não conhecido.*" REsp n° 108.873 – Rel. Min. Ari Pargendler.

No mais, sucessão tributária pela aquisição do fundo de comércio é amplamente consagrada na jurisprudência do STJ. Confira-se o teor do Informativo n° 468 daquela Corte:

*"Sucessão Tributária. Débito Fiscal. Multa. Discute-se, no mérito do REsp, se houve **responsabilidade tributária** por sucessão (nos moldes do art. 133 do CTN) por **aquisição de fundo de comércio** ou se, como alega a recorrente, adquiriram-se imóveis e alguns pontos comerciais de outra sociedade empresária. Afirma a recorrente que, após essas aquisições, passou a sofrer sucessivo e infundado redirecionamento em execuções fiscais por dívidas da sociedade empresária anterior. A Turma, ao prosseguir o julgamento, não conheceu do recurso; confirmou, assim, a decisão recorrida de que os contratos e alterações contratuais juntados aos autos em nome da empresa executada apenas confirmam sua extinção, atraindo, assim, a **responsabilidade tributária** da empresa atual como sucessora daquela para com os débitos fiscais, multas moratórias e punitivas, desde que, conforme a jurisprudência do STJ, seu fato gerador tenha ocorrido até a data da sucessão. Ademais, observou-se que a substituição de desembargador por juiz convocado não incorre em violação do*

princípio do juiz natural, desde que dentro dos parâmetros legais e com observância das disposições estabelecidas na CF. Anotou-se que o tribunal a quo afastou a ocorrência da prescrição, afirmando não se ter verificado desídia ou omissão da exequente, mas que a falha da citação deu-se por mecanismo do Poder Judiciário, atraindo a aplicação das Súmulas ns. 106 e 7, ambas do STJ. Afirmou, ainda, não haver cerceamento de defesa ante a desnecessidade de dilação probatória quanto à ocorrência da sucessão ***tributária*** *com base em dois fundamentos: apesar de regularmente intimada, a recorrente não manejou o recurso processual adequado, visto que houve a preclusão, e a prescindibilidade da produção de outras provas além das carreadas aos autos, uma vez que essas provas seriam suficientes para o julgamento antecipado da lide. Precedentes citados: REsp 1.061.770-RS, DJe 2/2/2010; REsp 1.085.071-SP, DJe 8/6/2009; REsp 923.012-MG, DJe 24/6/2010; REsp 36.540-MG, DJ 4/10/1993; AgRg no Ag 1.158.300-SP, DJe 26/3/2010; REsp 1.048.669-RJ, DJe 30/3/2009; AgRg no REsp 925.544-MG, DJe 25/3/2009, e REsp 1.092.089-SC, DJe 9/11/2009. REsp 1.220.651-GO, Rel. Min. Humberto Martins, julgado em 5/4/2011."*

4.3. Responsabilidade de terceiros

A primeira questão que ora debatemos diz respeito ao enquadramento da responsabilidade de terceiros à Teoria da Desconsideração da Personalidade Jurídica. A denominada *disregard doctrine* originou-se no direito anglo-saxão, especificamente no caso *Salomon vs. Salomon & Co.* de 1897.

No direito brasileiro, os estudos doutrinários sobre a Teoria da Desconsideração da Personalidade Jurídica foram inaugurados por Rubens Requião. Confira-se trecho colhido de seu Curso de Direito Comercial, Ed. Saraiva, 14ª Edição, 1984, p.271: *"Recentemente, porém, tendo em vista fraudes promovidas através da personalização de sociedades anônimas, sejam em problemas de âmbito privado, seja em relações de direito público, se foi elaborando por construção jurisprudencial uma doutrina para coibir os abusos verificados. Surgiu, assim, a doutrina do DISREGARD OF LEGAL ENTITY no direito anglo-saxão, espraiando-se para o direito germânico e mais recentemente repercutindo na literatura jurídica da Itália."*

Como se vê, tal teoria adveio da necessidade de se desconsiderar a personalidade jurídica da sociedade, que deixa de ser um direito absoluto, sujeitando-se às teorias da fraude contra credores e abuso de direito, para atingir a responsabilidade dos sócios. Nos dizeres do mestre Requião: *" Mesmo nos países onde se reconhece a personalidade jurídica apenas às sociedade de capitais, surgiu não há muito, uma doutrina que visa, em certos casos, a desconsiderar a personalidade jurídica, isto é, não considerar os efeitos da personificação, para atingir a responsabilidade dos sócios."... " O ponto mais curioso da doutrina é que sempre os Tribunais que lhe dão aplicação declaram que não põem dúvida na diferença de personalidade entre a sociedade e os seus sócios, mas no caso específico de que tratam, visam impedir a consumação de fraudes e abusos cometidos através da personalidade jurídica, como por exemplo, a transmissão fraudulenta do patrimônio do devedor, a transmissão fraudulenta do patrimônio do devedor para o capital de uma pessoa jurídica, para ocasionar prejuízos a terceiros."*

O que se discute é se tal teoria se aplica ao Direito Tributário, uma vez que nenhum preceptivo normativo do CTN a ela faz qualquer alusão. De fato, foi a partir de 1990, com a edição do Código de Defesa do Consumidor, que a legislação brasileira passou a adotar expressamente tal designação. Posteriormente o art. 50 Código Civil consagrou de vez sua encampação ao direito brasileiro, estabelecendo sua aplicação nos casos em que a personalidade jurídica da companhia for utilizada de modo abusivo, sendo tal abuso caracterizado pelo desvio de finalidade ou pela confusão patrimonial.

A propósito de debatermos essa teoria à luz dos artigos 134 e 135 do CTN, nada obsta que o art. 50 do Código Civil seja invocado como norma geral, sobretudo porque se refere a considerações específicas, no tocante à caracterização do abuso da personalidade, seja por meio do desvio de finalidade ou através da confusão patrimonial.

Assim, antes mesmo que adentremos no sistema normativo do CTN a respeito da questão, é possível defender a aplicação dessa teoria ao Direito Tributário com fundamento no art. 50 do CC, desde que seja comprovado pela Fazenda Pública o desvio de finalidade, assim entendido como o uso indevido da pessoa jurídica para obtenção de finalidade diversa daquela permitida pelo Direito. No que concerne à confusão patrimonial, a separação patrimonial entre os bens pertencentes à pessoa jurídica e os bens de seus membros é um dos principais aspectos para a caracterização da autonomia patrimonial da pessoa jurídica, não obstante entendamos que a simples confusão patrimonial não enseje a desconsideração da personalidade jurídica, sendo necessário, para a sua aplicação, a comprovação pela Fazenda Pública da conduta danosa que efetive o prejuízo a terceiro.

Voltando ao debate sobre a aplicação da *Disregard Doctrine* no âmbito do Direito Tributário, é importante anotar que não obstante inexista alusão expressa no art. 135 do CTN, é evidente que o comando normativo se refere a hipóteses de abuso do direito quando se refere a expressões como *excesso de poderes, infração da lei ou do contrato social*.

E como veremos mais adiante, a hipótese mais comum de aplicação dessa teoria ocorre na denominada *dissolução irregular da empresa*, onde pode restar configurado, dependendo do caso concreto, tanto o desvio de finalidade quanto a confusão patrimonial.

Para reforçar essa tese, pesa o disposto no art. 116, parágrafo único, do CTN, com redação pela LC nº 104/01 no sentido de que a autoridade administrativa poderá desconsiderar atos ou negócios jurídicos praticados com a finalidade de dissimular a ocorrência do fato gerador do tributo ou a natureza dos elementos constitutivos da obrigação tributária, observados os procedimentos a serem estabelecidos em lei ordinária.

Desatando o nó do debate, o STJ entende cabível a aplicação da *Disregard Doctrine* ao Direito Tributário, e o faz com fundamento no art. 135 do CTN. Nesse sentido, o Ag.Reg. em REsp nº 1534236-PE, Rel. Min. Humberto Martins, verbis: "*A desconsideração da personalidade jurídica, com a consequente invasão no patrimônio dos sócios para fins de satisfação de débitos da empresa, é medida de caráter excepcional, sendo apenas admitida nas hipóteses expressamente previstas no art. 135 do CTN ou nos casos de dissolução irregular da empresa, que nada mais é do que infração à lei.*"

A responsabilidade de terceiros está prevista nos arts. 134 e 135 do CTN, refletindo uma modalidade de responsabilidade onde a sujeição passiva se transfere a uma terceira pessoa alheia ao vínculo originário que é obrigada a responder. Pelo disposto no art. 134, o terceiro responde em face da impossibilidade de adimplemento pelo sujeito passivo direto, nos atos em que intervierem ou pelas omissões de que forem responsáveis. Já nas hipóteses do art. 135, o terceiro responde em decorrência da prática de atos que configurem excesso de poderes, infração da lei ou do contrato social.

É nesta categoria de responsabilidade tributária que se insere a figura dos administradores, diretores e gerentes das pessoas jurídicas de direito privado, onde se inclui a figura do sócio das empresas. Conforme analisamos anteriormente, é possível encontrar jurisprudência designando essa categoria como forma de substituição, mas a referência somente pode dizer respeito à substituição processual e não substituição tributária, mesmo porque a responsabilidade de terceiros é por transferência e não por substituição. Confusões desse jaez podem induzir a conclusões equivocadas que implicariam a desoneração do sujeito passivo direto – contribuinte, o que não acontece, uma vez que o contribuinte não deixa de ser sujeito passivo. Com efeito, na responsabilidade dos diretores, administradores, representantes e gerentes de uma pessoa jurídica o que ocorre é o *redirecionamento da execução fiscal* sem exclusão da pessoa jurídica da relação processual, o que demonstra tratar-se de ampliação do polo passivo para fins de serem incluídos os terceiros sem a exclusão da pessoa jurídica.

Solucionando corretamente a questão, Hugo de Brito Machado ensina que a responsabilidade de terceiros ocorre por transferência e não por substituição, isso porque a responsabilidade do contribuinte decorre de sua relação obrigacional tributária, independente de posição legal que expressamente a estabeleça. Assim, em se tratando de responsabilidade inerente à própria condição de contribuinte, não é razoável admitir-se que desapareça sem que a lei o diga.[9]

Reforça essa tese o disposto no art. 128 do CTN que estabelece a regra geral da sujeição passiva indireta, no sentido de que a lei pode atribuir de modo expresso a responsabilidade pelo crédito tributário a terceira pessoa, e sendo assim, havendo necessidade de previsão legal para a responsabilidade tributária de terceira pessoa, com mais razão deve haver previsão legal para excluir-se a responsabilidade do

---

9 MACHADO, Hugo de Brito. *Curso de Direito Tributário*. 11ª Ed. São Paulo: Malheiros Editores, 1996, p. 110.

contribuinte que é o sujeito passivo originário, o natural devedor de um tributo. De tal arte, se o quadro societário de uma empresa, na pessoa dos diretores, administradores e gerentes, praticarem os fatos que configurem sua responsabilização pessoal, não haverá exclusão da sujeição passiva da pessoa jurídica que continuará respondendo conjuntamente e de forma solidária com os demais responsáveis e co-devedores.

Portanto, ao invés da utilização do vocábulo *redirecionamento* na modificação do polo passivo da execução fiscal, melhor seria empregar-se o termo *ampliação ou inclusão* dos responsáveis no polo passivo da execução, até porque o excesso de poder, infração da lei ou do contrato social torna o terceiro responsável mas não exonera o contribuinte.

A responsabilidade de terceiros possui dois regimes jurídicos distintos, destacados, cada qual, nos artigos 134 e 135 do Código Tributário Nacional.

4.3.1. A responsabilidade de terceiros do artigo 134 do CTN

O dispositivo em questão determina que nos casos de impossibilidade de exigência do cumprimento da obrigação principal pelo contribuinte, respondem solidariamente com este nos atos em que intervierem ou pelas omissões de que forem responsáveis: os pais pelos tributos devidos pelos seus filhos menores; tutores e curadores pelos tributos devidos pelos seus tutelados ou curatelados; os administradores de bens de terceiros pelos tributos devidos por estes; o inventariante pelos tributos devidos pelo espólio; o síndico e o comissário pelos tributos devidos pela massa falida ou pelo concordatário; os tabeliães, escrivães e demais serventuários de ofício, pelos tributos devidos sobre os atos praticados por eles ou perante eles, em razão de seu ofício e os sócios na liquidação de sociedade de pessoas.

Como se vê, a responsabilidade dos sócios pode ocorrer em duas hipóteses, e a primeira está prevista no art. 134, VII, do CTN e se aplica às sociedades de pessoas. Aqui não se exige que o sócio seja diretor, administrador, gerente ou representante, mas é necessário que haja liquidação da pessoa jurídica e que se trate de sociedade de pessoas. A expressão *liquidação de sociedade de pessoas* indica a necessidade de que haja a extinção regular ou irregular da pessoa jurídica, sem o que não será possível a responsabilização do quadro societário. Estando a sociedade de pessoas em pleno exercício de suas atividades econômicas, se avulta impossibilitada a responsabilização dos sócios, e o mesmo ocorre em se tratando de sociedade de capitais. Dessa forma, havendo extinção da sociedade de pessoas que torne impossibilitado o recebimento do crédito, qualquer sócio, mesmo o mero cotista, responderá, situação que não ocorre no caso da responsabilidade do quadro societário das empresas com fundamento no art. 135, III, do CTN.

A extinção regular da sociedade de pessoas quase sempre indica a inexistência de atos praticados com excesso de poderes, infração da lei ou do contrato social, o que sugere a impossibilidade de responsabilização dos diretores, administradores, gerentes e representantes das pessoas jurídicas. Por derradeiro, a responsabilidade de terceiros disciplinada no art. 135, III, do CTN atinge qualquer pessoa jurídica de direito privado, não se restringindo somente às sociedades de pessoas.

As condutas elencadas no caput do art. 134 do CTN que ensejam a responsabilidade dos indivíduos ali mencionados é menos gravosa do que a conduta prevista na responsabilidade do art. 135. De fato, não há ilícito ou ilegalidade praticada pelas pessoas arroladas no art. 134 que respondem em caso de impossibilidade pelo contribuinte, nos atos em que intervierem ou pelas omissões de que forem responsáveis, diferentemente do que ocorre no dispositivo seguinte que exige a prática de excesso de poderes, infração da lei ou do contrato social. Assim, pode-se concluir que tal modalidade de responsabilidade de terceiros exige simples culpa, enquanto a responsabilidade do art. 135 exige dolo, o que explica as distinções entre ambas no plano da eficácia. De fato, o responsável com base no art. 134 não responde pelo crédito integral, ficando exonerado das multas punitivas, consoante dispõe o parágrafo único do mesmo dispositivo.

Ora, se as multas punitivas decorrem da infração à legislação tributária, as pessoas arroladas no art. 134 somente poderão responder caso pratiquem pessoalmente a infração, mas neste caso não haverá falar-se em responsabilidade de terceiros, mas em responsabilidade por infração à legislação que possui natureza jurídica diversa, sendo disciplinada nos arts. 136 a 138 do CTN.

Uma última distinção entre as duas categorias de responsabilidade de terceiros reside no fato de que a responsabilidade prevista no art. 134, embora o dispositivo legal mencione seja solidária, é, em verdade, meramente subsidiária. A terminologia se justifica porque a responsabilidade subsidiária é uma forma de solidariedade, só que é uma solidariedade dependente, ou seja, só se exige do responsável se não foi possível fazê-lo em relação ao contribuinte, o que não ocorre nos casos do art. 135 onde a responsabilidade é pessoal.

4.3.2. A responsabilidade de terceiros do artigo 135 do CTN

O dispositivo estatui que *são pessoalmente responsáveis pelos créditos correspondentes a obrigações tributárias resultantes de atos praticados com excesso de poderes ou infração de lei, contrato social ou estatutos, as pessoas referidas no artigo anterior; os mandatários, prepostos e empregados; os diretores, gerentes ou representantes de pessoas jurídicas de direito privado.*

Assim, consoante estabelece o inciso I, desde que pratiquem quaisquer dos atos dolosos definidos no caput do dispositivo, todas as pessoas arroladas nos sete incisos do art. 134, do CTN, responderão com fundamento no art. 135, respondendo pela integralidade do débito.

A peculiar previsão de responsabilidade de prepostos e empregados sugere, por exemplo, a possibilidade de responsabilizar-se o contabilista empregado, que nesta qualidade e desde que atue com excesso de poderes, infração da lei ou do contrato social, acarrete o inadimplemento de tributo devido por seu empregador.

No caso do inciso III, conforme analisado precedentemente, responderão os diretores, administradores e representantes das pessoas jurídicas, excluindo-se os sócios meramente cotistas. Apesar da omissão legislativa, é evidente que aí se incluem os sócios que exercem a gerência, uma vez que possuem prerrogativas que lhes conferem poder de decisão dentro da empresa.

As expressões *excesso de poderes, infração da lei, contrato social ou estatutos,* são marcadas por grande vaguidade e abstração, de difícil contorno no tocante ao seu exato conteúdo jurídico, sendo resolvidas de acordo com a peculiaridade do caso concreto. Com efeito, não se deve confundir a expressão *infração da lei ou contrato social*, utilizada no artigo 135 com a infração tributária de que tratam os arts. 136 a 138 do CTN, já que se trata de modalidade diversa de responsabilidade tributária. A responsabilidade por infração da lei versada no art.135 trata de infrações mais genéricas e que não se enquadram nas modalidades de infrações tributárias típicas elencadas na legislação específica de cada tributo. Assim, é considerada infração da lei, para os fins do art. 135, a conduta que legitime a inclusão da pessoa física no polo passivo, marcada por uma conduta ilícita que não seja típica da legislação tributária.

Apesar dessa vagueza, algumas condutas são consideradas perfeitamente adequadas ao referido comando legal, vislumbrando casos conhecidos de excesso de poder, infração da lei, contrato social ou estatutos. Decididamente fica excluída desse enquadramento a mera inadimplência ou impontualidade no pagamento dos tributos, já que aí não há falar-se em infração da lei a gerar a responsabilidade dos administradores, diretores, gerentes e representantes. Nesse caso, tem prevalecido o entendimento que considera não haver ilicitude que legitime a responsabilização pessoal daqueles indivíduos. A Súmula nº 430 do STJ estabelece que *o inadimplemento da obrigação tributária pela sociedade não gera, por si só, a responsabilidade solidária do sócio-gerente.*

Por outro lado, não se deve confundir o mero inadimplemento com a incapacidade econômica da empresa demonstrada pela inexistência de patrimônio hábil a responder por seus débitos, situação que configura infração da lei e legitima a responsabilização pessoal dos diretores, administradores e representantes, até porque a insolvência econômica torna impossibilitada a execução do crédito em face da empresa, não havendo alternativa ao credor que não seja buscar seu direito em face dos responsáveis.

Outro entendimento conduz, além da total ineficácia do sistema, à consagração do império da injustiça e da evasão, em prejuízo ao bom contribuinte, já que a execução fiscal se tornaria totalmente inútil se permanecesse afeta somente em relação à pessoa jurídica, bastando ao quadro societário imbuído de má fé, que permita o crescimento exponencial do passivo tributário, tornando impossível o pagamento. De fato, a incapacidade econômica da empresa, de *per se*, não caracterizaria infração da lei se o administrador comprovasse que não se tornou um inadimplente contumaz visando tornar inviável o pagamento do crédito tributário.

Dessa forma, há uma nítida distinção entre o mero inadimplemento e a total incapacidade econômica da empresa, sendo evidente que essa última representa um ato dolosamente lesivo ao patrimônio público quando indicar inadimplência contumaz que leve o contribuinte à bancarrota, ensejando um ciclo odioso de evasão fiscal e concorrência desleal entre empresários.

Nesse caso, o dolo pode ser observado mediante a investigação da situação fiscal do contribuinte, por meio do levantamento de seus débitos fiscais, restando comprovado, por exemplo, quando a empresa deixa de recolher os tributos por um período de tempo razoável visando à inevitável insolvência jurídica e econômica, demonstrando que seus administradores tem apreço pelo aumento exponencial do passivo, bem como pela diminuição do ativo, sem qualquer indicação de cumprimento de seus deveres instrumentais e processuais.

A infração do contrato social pode restar caracterizada nos casos onde ocorrer alteração nas atividades da empresa sem a correspondente modificação no contrato social e atos constitutivos e respectivo registro nos arquivos da junta comercial. É o que ocorre, por exemplo, com a modificação do domicílio do contribuinte que pode ser utilizada com vistas a ludibriar credores, visando a não satisfação de seus créditos.

No entanto, o caso mais comum de responsabilidade por infração da lei ocorre na denominada *dissolução irregular da empresa*, quando cessam as atividades da sociedade sem a respectiva extinção ou baixa regular perante os órgãos fazendários e junta comercial, o que só pode ser feito mediante a liquidação dos débitos tributários. À guisa de exemplo, a legislação dos tributos costuma exigir tal obrigação por parte do contribuinte, e nesse sentido, o art. 20 da Lei Paulista nº 6.374/89, com redação pela Lei nº 10.619/00 que disciplina o ICMS no Estado de São Paulo, estabelece que o contribuinte comunicará a Secretaria da Fazenda, até o último dia útil do mês subsequente ao da ocorrência, a transferência do estabelecimento a qualquer título, a mudança de endereço, a alteração de sócios, o encerramento ou a suspensão de atividades do estabelecimento, bem como qualquer outra alteração nos dados anteriormente declarados. No mesmo sentido, o Código Civil Brasileiro estabelece nos artigos 997 e 999 que é dever dos representantes legais da empresa averbar junto ao contrato social qualquer alteração de endereço da sede e dos sócios.

Por outro lado, o art. 51 do Código Civil determina que nos casos de dissolução da pessoa jurídica ou cassada a autorização pra seu funcionamento, ela subsistirá para fins de liquidação, até que esta se conclua, procedendo-se ao registro onde a pessoa jurídica estiver inscrita, a averbação de sua dissolução.Assim, a dissolução irregular ocorre quando a empresa deixa de existir de fato e continua existindo de direito, em evidente violação ao disposto no art. 51 do CC, tornando inviável o recebimento do crédito em face do contribuinte. Por outro lado, conforme preceitua o art. 1.150 do Código Civil, para que se proceda à baixa regular da sociedade empresária e do empresário, é necessário acessar o Registro Público de Empresas Mercantis, cuja atribuição pertence à , Junta Comercial. Além disso, estabelece o art. 1.151 do CC que os documentos necessários ao registro deverão ser apresentados no prazo de 30 dias, contado da lavratura dos atos respectivos.

O art. 37 da Lei nº 8.934/94 que dispõe sobre o Registro Público das Empresas Mercantis, determina que instruirão obrigatoriamente os pedidos de arquivamento, o instrumento original de constituição, modificação ou extinção de empresas mercantis, assinado pelo titular, pelos administradores, sócios ou seus procuradores; a declaração do titular ou administrador, firmada sob as penas da lei, de não estar impedido de exercer o comércio ou a administração de sociedade mercantil, em virtude de condenação criminal; a ficha cadastral segundo modelo aprovado pelo DNRC; os comprovantes de pagamento dos preços dos serviços correspondentes; a prova de identidade dos titulares e dos administradores da empresa mercantil.

Nesse compasso, apenas para as micro e pequenas empresas, nos termos da Lei Complementar nº 123/06, com as alterações pela LC nº 147/14, e a partir da edição da Instrução Normativa nº 25 do Departamento de Registro Empresarial e Integração (DREI) publicada no Diário Oficial da União de 11/09/2014 é que passou a ser possível a baixa de empresas perante a Junta Comercial sem a apresentação da Certidão Negativa de Débito.No entanto, mesmo nessa situação, fica mantida expressamente a responsabilização pessoal dos sócios, nos termos do art. 9º da LC nº 123/06. Por sinal, o § 4º do mesmo preceptivo, com redação dada pela LC nº 147/14, esclarece que a baixa do empresário ou da pessoa jurídica não impede que, posteriormente, sejam lançados ou cobrados tributos, contribuições e respectivas penalidades decorrentes da falta de cumprimento de obrigações ou da prática comprovada e apurada em processo administrativo ou judicial de outras irregularidade praticadas pelos empresários, pelas pessoas jurídicas ou por seus titulares, sócios ou administradores.

Ainda com relação às micro e pequenas empresas, não menos contundente é o § 5º do mesmo artigo 9º, no sentido de que a solicitação de baixa do empresário ou da pessoa jurídica importa responsabilidade solidária dos empresários dos titulares, dos sócios e dos administradores no período de ocorrência dos respectivos fatos geradores.

Como a responsabilidade dos terceiros definidos no art. 135, III do CTN é dolosa, está pacificado o entendimento de que compete ao credor a comprovação dos atos praticados pelos administradores e gerentes que configurem a infração da lei, do contrato social ou o excesso de poderes. No entanto, em se tratando do caso típico, e muito comum, diga-se de passagem, de dissolução irregular, a responsabilidade de terceiros estará devidamente demonstrada tão logo o credor comprove o encerramento irregular das atividades, bem como a inexistência de bens da empresa para a garantia da execução, demonstrando-se que o credor tributário não tem nenhuma alternativa para recebimento de seu crédito a não ser voltar-se contra os diretores, administradores, gerentes e representantes das pessoas jurídicas. E para a comprovação da inexistência, de fato, da empresa, basta a constatação firmada por certidão do oficial de justiça, permitindo-se o legítimo enquadramento no regime de responsabilidade tributária.

Pelo exposto, percebe-se que o encerramento irregular das atividades empresariais em nada se confunde com o mero inadimplemento, uma vez que pode ser comprovado documentalmente pela ficha cadastral da pessoa jurídica, ou extrato da junta comercial, onde se verificam os dados relevantes acerca do quadro societário, com indicação expressa acerca das atividades empresariais, além da verificação quanto à inexistência de baixa regular nos cadastros da pessoa jurídica.

A comprovação tanto reclamada pela doutrina basta seja documental, mediante o cotejo da certidão do oficial de justiça que documenta a paralisação das atividades, com o extrato da junta comercial ou declaração cadastral que informe que os registros estão em aberto.

Particularmente na hipótese da dissolução irregular que se caracteriza quando a empresa deixa de existir, há argumentos entendendo que todo o quadro societário poderia responder pelo passivo da empresa, incluindo-se aí a figura do sócio meramente cotista, isso porque a dissolução irregular não pode ser considerada ato de gerência, mas conduta atribuível a todo o quadro societário, já que somente todos os sócios podem deliberar pelo não prosseguimento das atividades empresariais. Nesse sentido: *"Execução Fiscal – Penhora – Incidência sobre bens particulares de sócio – Admissibilidade – Encerramento irregular da sociedade – Responsabilidade solidária dos sócios em geral e não exclusivamente do sócio gerente – Artigos 134, inciso VII, e 135, incisos I e III, do Código Tributário Nacional – Recurso não provido".* JTJ 125/123.

Apesar disso, cumpre destacar o teor da Súmula n° 435 do STJ no sentido de que *presume-se dissolvida irregularmente a empresa que deixar de funcionar no seu domicílio fiscal, sem comunicação aos órgãos competentes, legitimando o redirecionamento da execução fiscal para o sócio gerente.* A leitura da Súmula permite concluir que fica afastada, inclusive na dissolução irregular, a responsabilidade do sócio cotista. Esse é o entendimento da jurisprudência do STF, pautada, inclusive, no princípio da razoabilidade. Confira-se: "*O art. 135, III, do CTN responsabiliza apenas aqueles que estejam na direção, gerência ou representação da pessoa jurídica e tão somente quando pratiquem atos com excesso de poder ou infração à lei, contrato social ou estatutos. Desse modo, apenas o sócio com poderes de gestão ou representação da sociedade é que pode ser responsabilizado, o que resguarda a pessoalidade entre o ilícito (má gestão ou representação) e a consequência de ter de responder pelo tributo devido pela sociedade. O art. 13 da Lei 8.620/1993 não se limitou a repetir ou detalhar a regra de responsabilidade constante do art. 135 do CTN, tampouco cuidou de uma nova hipótese específica e distinta. Ao vincular à simples condição de sócio a obrigação de responder solidariamente pelos débitos da sociedade limitada perante a Seguridade Social, tratou a mesma situação genérica regulada pelo art. 135, III, do CTN, mas de modo diverso, incorrendo em inconstitucionalidade por violação ao art. 146, III, da CF. O art. 13 da Lei 8.620/1993 também se reveste de inconstitucionalidade material, porquanto não é dado ao legislador estabelecer confusão entre os patrimônios das pessoas física e jurídica, o que, além de impor desconsideração ex lege e objetiva da personalidade jurídica, descaracterizando as sociedades limitadas, implica irrazoabilidade e inibe a iniciativa privada, afrontando os arts. 5º, XIII, e 170, parágrafo único, da Constituição. Reconhecida a inconstitucionalidade do art. 13 da Lei 8.620/1993 na parte em que determinou que os sócios das empresas por cotas de responsabilidade limitada responderiam solidariamente, com seus bens pessoais, pelos débitos junto à Seguridade Social.*" RE 562.276, Rel. Min. **Ellen Gracie**, julgamento em 3-11-2010, Plenário, *DJ* de 10-2-2011.

Ainda com base na Súmula n° 435, o STJ já entendeu que a não localização da empresa no domicílio fiscal é um indício de sua dissolução irregular, mas insuficiente para o pronto redirecionamento da execução que depende de prévia apuração das razões pelas quais tal fato ocorreu. Nesse sentido: REsp 1268993-DF, Rel. Min. Napoleão Nunes Maia Filho. Assim, fica claro que a mera devolução do aviso de recebimento sem cumprimento não basta à caracterização da dissolução irregular.

Outra questão importante diz respeito à possibilidade de que o não sócio seja responsabilizado com fundamento no art. 135, III, bastando para isso que exerça poderes de gerência ou cargo de direção ou administração. Nesse sentido, a Portaria PGFN nº 180/10 reafirma essa possibilidade na hipótese de dissolução irregular da pessoa jurídica, devendo ser considerados responsáveis solidários os sócios gerentes e os terceiros não sócios com poderes de gerência à época da dissolução irregular.É importante ter em conta que mesmo presentes os elementos que configuram a responsabilidade dos indivíduos elencados no art. 135 do CTN, resta inviabilizada a sua responsabilidade nos casos em que o sócios gerentes e administradores não possuírem bens em seu nome.

Do ponto de vista doutrinário, já vimos que a responsabilidade consagrada no artigo 135, III, do CTN deriva da Teoria da Desconsideração da Personalidade Jurídica – *Disregard Of The Legal Entity* – com origem no direito anglo-saxão, que adveio da necessidade de se desconsiderar a personalidade jurídica da sociedade que modernamente deixa de ser um direito absoluto, sujeitando-se às teorias da fraude contra credores e abuso de direito, para atingir a responsabilidade dos sócios.

Segundo entendimento do STJ, o art. 135, III do CTN pode ser aplicado até mesmo em relações jurídicas não tributárias, desde que fique caracterizada a dissolução irregular da pessoa jurídica.

*"PROCESSUAL CIVIL. TRIBUTÁRIO. RECURSO ESPECIAL REPRESENTATIVO DA CONTROVÉRSIA. ART. 543-C, DO CPC. REDIRECIONAMENTO DE EXECUÇÃO FISCAL DE DÍVIDA ATIVA NÃO-TRIBUTÁRIA EM VIRTUDE DE DISSOLUÇÃO IRREGULAR DE PESSOA JURÍDICA. POSSIBILIDADE. ART. 10, DO DECRETO N.3.078/19 E ART. 158, DA LEI N. 6.404/78 - LSA C/C ART. 4º, V, DA LEI N. 6.830/80 - LEF. 1. A mera afirmação da Defensoria Pública da União - DPU de atuar em vários processos que tratam do mesmo tema versado no recurso representativo da controvérsia a ser julgado não é suficiente para caracterizar-lhe a condição de amicus curiae. Precedente: REsp. 1.333.977/MT, Segunda Seção, Rel. Min. Isabel Gallotti, julgado em 26.02.2014. 2. Consoante a Súmula n. 435/STJ: "Presume-se dissolvida irregularmente a empresa que deixar de funcionar no seu domicílio fiscal, sem comunicação aos órgãos competentes, legitimando o redirecionamento da execução fiscal para o sócio-gerente". 3. É obrigação dos gestores das empresas manter atualizados os respectivos cadastros, incluindo os atos relativos à mudança de endereço dos estabelecimentos e, especialmente, referentes à dissolução da sociedade. A regularidade desses registros é exigida para que se demonstre que a sociedade dissolveu-se de forma regular, em obediência aos ritos e formalidades previstas nos arts. 1.033 à 1.038 e arts. 1.102 a 1.112, todos do Código Civil de 2002 - onde é prevista a liquidação da sociedade com o pagamento dos credores em sua ordem de preferência - ou na forma da Lei n. 11.101/2005, no caso de falência. A desobediência a tais ritos caracteriza infração à lei. 4. Não há como compreender que o mesmo fato jurídico "dissolução irregular" seja considerado ilícito suficiente ao redirecionamento da execução fiscal de débito tributário e não o seja para a execução fiscal de débito não-tributário. "Ubi eadem ratio ibi eadem legis dispositio". O suporte dado pelo art. **135, III,** do **CTN,** no âmbito tributário é dado pelo art. 10, do Decreto n. 3.078/19*

e art. 158, da Lei n. 6.404/78 - LSA no âmbito não-tributário, não havendo, em nenhum dos casos, a exigência de dolo. 5. Precedentes: REsp. n. 697108 / MG, Primeira Turma, Rel. Min. Teori Albino Zavascki, julgado em 28.04.2009; REsp. n. 657935 / RS, Primeira Turma, Rel. Min. Teori Albino Zavascki, julgado em 12.09.2006; AgRg no AREsp 8.509/SC, Rel. Min. Humberto Martins, Segunda Turma, DJe 4.10.2011; REsp 1272021 / RS, Segunda Turma, Rel. Min. Mauro Campbell Marques, julgado em 07.02.2012; REsp 1259066/SP, Terceira Turma, Rel. Min. Nancy Andrighi, DJe 28/06/2012; REsp.n. º 1.348.449 - RS, Quarta Turma, Rel. Min. Luis Felipe Salomão, julgado em 11.04.2013; AgRg no AG nº 668 190 - SP, Terceira Turma, Rel. Min. Ricardo Villas Bôas Cueva, julgado em 13.09.2011; REsp. n.º 586.222 - SP, Quarta Turma, Rel. Min. Luis Felipe Salomão, julgado em 23.11.2010; REsp 140564 / SP, Quarta Turma, Rel. Min. Barros Monteiro, julgado em 21.10.2004. 6. Caso em que, conforme o certificado pelo oficial de justiça, a pessoa jurídica executada está desativada desde 2004, não restando bens a serem penhorados. Ou seja, além do encerramento irregular das atividades da pessoa jurídica, não houve a reserva de bens suficientes para o pagamento dos credores. 7. Recurso especial provido. Acórdão submetido ao regime do art. 543-C do CPC e da Resolução STJ 08/2008." Tema 630 RESP Repetitivo 1371128-RS, Rel. Min. Mauro Campbell Marques.

Com relação ao aspecto temporal da responsabilidade dos diretores, gerentes e representantes da pessoa jurídica com fundamento no art. 135, III, tem se entendido, a nosso ver com correção, que devem responder os indivíduos que estavam no comando da pessoa jurídica no momento em que ocorreram os fatos elencados no dispositivo. Assim, responderá o sócio gerente que estava na empresa quando concretizou-se a dissolução irregular e não aquele que compunha o quadro societário no momento da ocorrência do fato gerador. Nesse sentido:

"*DIREITO TRIBUTÁRIO E PROCESSUAL CIVIL. REDIRECIONAMENTO DA EXECUÇÃO CONTRA SÓCIO-GERENTE.* **É possível redirecionar a execução fiscal contra o sócio-gerente que exercia a gerência por ocasião da dissolução irregular da sociedade contribuinte, independentemente do momento da ocorrência do fato gerador ou da data do vencimento do tributo.** *De fato, existem precedentes do STJ no sentido de que, embora seja necessário demonstrar quem ocupava o posto de gerente no momento da dissolução, é preciso, antes, que aquele responsável pela dissolução tenha sido também, simultaneamente, o detentor da gerência na oportunidade do surgimento da obrigação tributária - com a materialização do fato gerador - ou do vencimento do respectivo tributo. Em outras palavras, seria necessário que o sócio-gerente estivesse no comando da sociedade quando da dissolução irregular ou do ato caracterizador de sua presunção e também fizesse parte do quadro societário à época dos fatos geradores ou do vencimento da obrigação tributária. No entanto, a solução dessa questão jurídica deve partir das premissas também já reconhecidas pelo STJ em diversos precedentes de que (i) o mero inadimplemento do débito fiscal não se enquadra na hipótese do art. 135, III, do CTN para fins de redirecionamento da execução ao sócio-gerente; (ii) a dissolução irregular da sociedade inclui-se no conceito de "infração à lei" previsto no art. 135, caput, do CTN; e (iii) a certificação, no* *sentido de que a sociedade deixou de funcionar no seu domicílio fiscal sem comunicação aos órgãos competentes, gera presunção de dissolução irregular apta a atrair a incidência do art. 135, III, do CTN para redirecionar a execução ao sócio-gerente. Com base nessas premissas, deve-se concluir que o pedido de redirecionamento da execução fiscal, quando fundado na dissolução irregular ou em ato que presuma sua ocorrência - encerramento das atividades empresariais no domicílio fiscal, sem comunicação aos órgãos competentes (Súmula 435/STJ) -, pressupõe a permanência do sócio na administração da sociedade no momento dessa dissolução ou do ato presumidor de sua ocorrência, uma vez que, nos termos do art. 135, caput, III, CTN, combinado com a orientação constante da Súmula 435/STJ, o que desencadeia a responsabilidade tributária é a infração de lei evidenciada na existência ou presunção de ocorrência de referido fato. Por essas razões, é irrelevante para a definição da responsabilidade por dissolução irregular (ou sua presunção) a data da ocorrência do fato gerador da obrigação tributária, bem como o momento em que vencido o prazo para pagamento do respectivo débito. Por fim, registre-se que a alteração social realizada em obediência à legislação civil e empresarial não merece reparo. Pondera-se, contudo, que se as instâncias ordinárias, na hipótese acima descrita, constatarem, à luz do contexto fático-probatório, que referida alteração ocorreu com o fim específico de lesar a Administração Tributária - o Fisco -, não resta dúvida de que essa conduta corresponderá à infração de lei, já que eivada de vícios por pretender afastar a aplicação da legislação tributária que disciplina a responsabilidade pelo débito nos termos do art. 135 do CTN. Tal circunstância admitirá, portanto, o redirecionamento da execução fiscal ao sócio-gerente, mesmo que não constante do quadro societário ou da respectiva gerência no momento da dissolução irregular ou da prática de ato apto a presumir a sua ocorrência, nos termos da Súmula 435/STJ. REsp 1.520.257-SP, Rel. Min. Og Fernandes, julgado em 16/6/2015, DJe 23/6/2015.*" Informativo nº 564 do STJ (Junho de 2015).

Uma série de outros debates podem ser travados em relação ao tema da responsabilidade dos sócios gerentes e administradores. Assim como ocorre em relação à sucessão tributária, atualmente uma série de fraudes são perpetradas por algumas empresas com a finalidade de frustrar a caracterização da dissolução irregular. É o que ocorre quando dolosamente a empresa mantém um endereço para evitar a comprovação da paralisação das atividades, o esvaziamento das atividades econômicas de uma empresa com elevado passivo tributário, em contrapartida à transferência paulatina das operações para uma nova empresa, a utilização de interpostas pessoas (laranjas) para a exploração da atividade econômica, seja através da movimentação financeira dos ativos em nome de pessoa física estranha ao quadro societário, ou mesmo através da constituição de holdings visando a blindagem do patrimônio. Em casos dessa natureza, caberá à Fazenda Pública comprovar que as procedimentos foram praticados com a finalidade de prejudicar a cobrança judicial da dívida ativa.

Nesse compasso, é importante que sejam efetivadas diligências que comprovem a existência de grupos econômicos constituídos com a finalidade de frustrar a execução fiscal. Para tanto, não basta a comprovação da existência de outra ou outras empresas direta ou indiretamente vinculadas à devedora, sendo necessário que outros fatores concorram para a comprovação de um liame que defina a existência de fraude estruturada.

Assim, a configuração do grupo econômico se perfaz quando pessoas jurídicas distintas compõe uma unidade empresarial. Tal configuração pode restar caracterizada quando houver pontos em comum no quadro societário, objetos sociais semelhantes ou interdependentes, utilização de patrimônio comum ou a existência de interesses econômicos em comum, etc.

Há, de fato, necessidade de se analisar a situação global da empresa e de seus administradores, uma vez que não basta o simples reconhecimento do grupo econômico, porque nem sempre tal configuração deriva da prática de atos ilícitos. A configuração da fraude poderá ser feita quando se provar essa união ilícita de empresas e pessoas físicas.

Isso pode ocorrer quando houver um número excessivo de negócios entre empresas, confusão no quadro societário ou mesmo no quadro de empregados, utilização do mesmo imóvel, quando uma empresa paga contas de outra, como salários ou planos de saúde etc.

Em todos esses casos poderá restar configurada a fraude, podendo ser decretada a desconsideração da personalidade jurídica de uma empresa para atingir o patrimônio de seus sócios ou terceiros como outra empresa ou outras pessoas físicas.

Verifique no quadro que segue, as distinções entre a responsabilidade de terceiros elencada no art. 134 com aquela definida no art. 135, ambos do CTN.

Artigo 134	Artigo 135
1. Culpa.	1. Dolo.
2. Menos gravosa.	2. Mais gravosa.
3. Não responde pelo débito integral.	3. Responde pelo débito integral.
4. Responsabilidade subsidiária.	4. Responsabilidade pessoal e solidária.
5. Todos os sócios.	5. Diretores, Administradores, Gerentes e Representantes da pessoa jurídica.
6. Extinção da pessoa jurídica.	6. Não há necessidade de extinção da pessoa jurídica.
7. Sociedade de pessoas.	7. Qualquer pessoa jurídica de direito privado.

4.4. Responsabilidade por infrações

A responsabilidade por infrações está prevista nos arts. 136 a 138 do CTN e define o regime jurídico para as sanções decorrentes da prática das infrações tributárias decorrentes do descumprimento das obrigações acessórias estatuídas na legislação tributária específica dos tributos. É em decorrência dessa hipótese de responsabilidade que nasce o direito do fisco aplicar as sanções tributárias, e não se confunde com a responsabilidade de terceiros, principalmente aquela definida no art. 135, III, do CTN que decorre de atos ilícitos não específicos da legislação tributária.

Outra distinção que pode ser apontada em relação à responsabilidade de terceiros reside no fato de que o responsável pela prática de infração tributária, ou seja, o *responsável por infrações* à legislação tributária, pode ser qualquer pessoa, esteja ou não vinculada ao sujeito passivo direto, respondendo pessoalmente pelas infrações cometidas, ainda que não pertença ao quadro societário da empresa, situação que marcadamente denota a responsabilidade dos terceiros elencados no art. 135, III do CTN.

Sendo assim, os ilícitos tratados nesta categoria são típicos da legislação tributária, ao contrário daqueles originados dos atos praticados com excesso de poderes, infração da lei ou do contrato social, definidos no art. 135, III, que versam sobre ilícitos empresariais genéricos, reveladores da responsabilidade dos diretores, administradores, gerentes e representantes das pessoas jurídicas.

Em suma, a responsabilidade de terceiros deriva da sujeição passiva indireta, enquanto a responsabilidade por infrações diz respeito à responsabilização pela prática de ilícito típico, aplicando-se a contribuintes e responsáveis.

Além disso, ao estabelecer que a responsabilidade por infrações à legislação tributária independe da intenção do *agente ou responsável*, o legislador afirmou que essas duas figuras não se confundem, deixando claro que pode existir uma figura chamada a responder que não possua qualquer vinculação com o sujeito passivo direto ou indireto.

Conforme analisado anteriormente, é a responsabilidade por infrações que define o regime jurídico do Direito Tributário Penal que cuida de disciplinar o contexto das infrações tributárias e das respectivas sanções, dentre as quais se destacam as multas por infração à legislação tributária. De fato, embora tenham natureza jurídica diversa dos tributos, seguem o mesmo regime jurídico por força do art. 113, § 1º, do CTN. Além das sanções pecuniárias, o Direito Tributário Penal prevê a aplicação de outras sanções tributárias, tais como a apreensão de mercadorias, a interdição de estabelecimento, a lavratura do termo de arrolamento de bens, a cassação ou a não renovação da inscrição no cadastro de contribuintes, a proibição do direito de praticar operações mercantis, etc.

Sobre as sanções pecuniárias, a multa punitiva se distingue da multa moratória uma vez que esta não decorre de sanção pela prática de ilícito tributário, mas simplesmente pela mora ou inadimplemento. Apesar de ainda discutir-se a singularidade da multa punitiva em relação à multa moratória, é fato que possuem regimes jurídicos distintos, o que se revela pelo disposto no parágrafo único do art. 134 do CTN, o qual determina sejam transferidas ao responsável somente as penalidades de caráter moratório, sendo autorizado concluir que o fato gerador da multa por infração é distinto do fato gerador da multa moratória.

Sendo assim, fica evidenciado que o fato gerador da multa por infração é mais grave do que o da multa moratória, já que esta decorre de simples atraso no pagamento, e disso resulta que as consequências são distintas, o que se vislumbra em seu montante, já que as multas por infração são mais severas, tudo de conformidade com aquilo que analisamos no capítulo II, referente ao conceito de tributo.

4.4.1. Direito Tributário Penal e Direito Penal Tributário

É sabido que o descumprimento de uma obrigação acessória configura a prática de ilícito tributário que acarreta a aplicação da sanção, quase sempre de natureza pecuniária. O conjunto de normas que define a reprimenda da lei pela prática de ilícitos típicos da legislação tributária recebe a denominação de Direito Tributário Penal, o qual corresponde ao seguimento do Direito Tributário que analisa as infrações à legislação tributária e suas respectivas consequências.

O Direito Penal Tributário, por sua vez, pode ser conceituado como o sub-ramo do Direito Penal que estuda os crimes contra a ordem tributária, prevalecendo o entendimento de que o Direito Penal Tributário corresponde a um trecho do Direito Penal por não possuir autonomia científica.

Enquanto o Direito Tributário Penal fundamenta-se no regime jurídico tributário, o estudo dos crimes tributários se fundamenta nos princípios do Direito Penal, e mesmo havendo pontos de convergência, os crimes tributários tipificam condutas mais graves, enquanto as infrações tributárias contemplam também as condutas menos graves. De fato, a lei penal seleciona apenas as condutas que desafiam a paz social e merecem tutela estatal no âmbito do Direito Penal, estando evidenciado que o Direito Penal Tributário gravita em torno de uma infração penal e que o crime tributário é o delito praticado no âmbito das relações jurídicas tributárias.

Por outro lado, a tipificação das infrações tributárias estão distribuídas ao longo da vasta legislação específica dos tributos, nos três níveis de descentralização federativa, enquanto os tipos penais tributários se concentram no âmbito da lei federal, uma vez que somente a União dispõe de competência para legislar em matéria penal. Por isso, a despeito de tutelarem bens jurídicos mais relevantes para a sociedade, é bem mais exíguo o número de tipos penais tributários, enquanto são bem mais numerosas as infrações tributárias.

4.4.2. Responsabilidade por infrações tributárias independente de dolo

Costuma se dizer que o Código Tributário Nacional, para o caso das infrações tributárias, adota o ***Princípio da Responsabilidade Objetiva***, porquanto o art. 136 estabelece que a responsabilidade por infrações à legislação tributária independe da intenção do agente ou do responsável.

No entanto, para a caracterização da infração, prescinde-se apenas o dolo, não se dispensando a configuração da culpa, situação que, aliás, configura a grande distinção entre o Direito Tributário Penal, onde não se exige o dolo, e o Direito Penal Tributário que contempla somente crimes tributários dolosos. Dessa forma, para a configuração da infração tributária não há falar-se em responsabilidade objetiva, uma vez que ao menos a culpa é exigida. Por outro lado, é peculiar que quase sempre a conduta ilícita que configura o ilícito tributário e desencadeia o processo administrativo tributário é a mesma que configura o crime tributário e acarreta a instauração da persecução penal, não obstante seja muito mais difícil a comprovação do dolo específico no processo crime, uma vez que o reconhecimento da prática do crime não se contenta com o dolo genérico, sendo exigida a intenção de suprimir ou reduzir tributo.

Nesse sentido, aplicada a sanção pela prática de infração tributária, compete ao agente o dever de comprovar, com base no art. 136 do CTN, que não agiu com dolo ou culpa, uma vez que milita em favor do ato administrativo aplicador da sanção, a presunção de legitimidade. Em sentido contrário, para a comprovação do crime tributário é necessário que o titular da ação penal comprove o dolo específico de suprimir ou reduzir tributo. Por isso, apenas a título de exemplificação, o empregado de um estabelecimento comercial que no exercício de suas funções, nega ou deixa de fornecer, quando obrigatório, nota fiscal ou documento equivalente, relativa à venda de mercadoria ou prestação de serviço, efetivamente realizada, ou fornecê-la em desacordo com a legislação, não pratica o crime elencado no art. 1°, V, da Lei n° 8.137/90 uma vez que, não sendo contribuinte, não poderia agir com o dolo específico de suprimir ou reduzir tributo, não obstante esteja perfeitamente configurada a infração tributária.

4.4.3. A responsabilidade do agente

Dispõe o art. 137 do CTN que a responsabilidade **é pessoal ao agente,** quanto às infrações conceituadas por lei como crimes ou contravenções, salvo quando praticadas no exercício regular de administração, mandato, função, cargo ou emprego, ou no cumprimento de ordem expressa emitida por quem de direito; quanto às infrações em cuja definição o dolo específico do agente seja elementar; quanto às infrações que decorram direta e exclusivamente de dolo específico, em relação às pessoas referidas no artigo 134, contra aquelas por quem respondem, em relação aos mandatários, prepostos ou empregados, contra seus mandantes, preponentes ou empregadores, e em relação aos diretores, gerentes ou representantes de pessoas jurídicas de direito privado, contra estas.

Assim, quando as infrações forem cometidas no exercício regular da administração, mandato ou função, é o contribuinte que responderá pela sanção e pelo tributo, e nos demais casos, caracterizada a infração e não comprovado o exercício regular da administração, mandato ou função, o contribuinte fica eximido da sanção, assumindo somente a obrigação decorrente do tributo, enquanto o responsável, ou seja, o agente que praticou a infração, responderá pela sanção tributária. Nesse aspecto o Direito Tributário Penal se aproxima do Direito Penal Tributário na medida em que se aplica o ***Princípio da Intranscendência,*** uma vez que o preceito secundário da norma não poderá ultrapassar a pessoa do agente.

O STJ já julgou que fica expressamente excluída a responsabilidade pessoal daqueles que agem no exercício regular do mandato. Confira: "*A responsabilidade pessoal do agente público por força das obrigações tributárias só incide quando pratica atos com excesso de poder ou infração à lei atuando com dolo, o que é diverso do exercício regular de adminstração, mandato, função, cargo ou emprego. Inteligência do art. 137, I do CTN.*" RESP 981.511-AL, Rel. Min. Luiz Fux.

Evitando uma indevida compreensão da norma, ao estabelecer a hipótese de responsabilidade do art. 137, o CTN determina o deslocamento do encargo do contribuinte para o agente. E se por outro lado exige-se conduta dolosa, é possível concluir que esse agente é uma pessoa física que atua na qualidade de responsável ou mesmo um estranho à relação tributária. Trata-se do autor que pratica o núcleo da conduta definida na legislação tributária como ilícita, sendo o seu executor material, ou mesmo aquele que concorre de alguma forma para a concretização da conduta. Numa alusão ao direito penal, a figura do responsável agente se assemelha tanto ao autor quanto ao partícipe da conduta ilícita, assumindo em caráter pessoal, a responsabilidade pela prática da infração. A compostura normativa da responsabilidade do agente parece ter sido erigida para demonstrar que nos ilícitos dolosos tipicamente tributários praticados no âmbito da pessoa jurídica, não deverá essa responder porque a conduta ilícita exige um dolo específico impossível de ser aquilatado nas atividades da pessoa jurídica. Em situações desse jaez devem responder os diretores, administradores, gerentes, prepostos, representantes ou mesmo empregados que atuem nessa qualidade, desde que, obviamente, atuem fora do exercício regular de administração, função, mandato, cargo ou emprego.

Ora, nos casos em que o sujeito passivo direto é uma pessoa jurídica, haverá um desdobramento na cadeia de responsabilidade. Num esforço ingente, não vejo outra forma de emprestar significação ao dispositivo que não seja considerá-lo uma hipótese de desconsideração da personalidade jurídica.

A norma seria de todo salutar não fosse necessário, oportuno e imprescindível reconhecer, por justiça, que não é aplicada na imensa maioria das situações. De fato, no exercício de suas funções, o lançamento de ofício levado a cabo pelos agentes fiscais quando da lavratura do auto de infração, se de um lado primam pela correta capitulação da emaranhada legislação específica dos tributos, de outro atribuem, no mais das vezes, a responsabilidade pela prática de infrações exclusivamente à pessoa jurídica, suprimindo o suporte de efetividade da norma.

4.4.4. A denúncia espontânea

Dispõe o art. 138 do CTN que a responsabilidade é excluída pela denúncia espontânea da infração, acompanhada, se for o caso, do pagamento do tributo devido e dos juros de mora, ou do depósito da importância arbitrada pela autoridade administrativa, quando o montante do tributo dependa de apuração.

Além disso, o parágrafo único do mesmo dispositivo dispõe não ser espontânea a denúncia apresentada após o início de qualquer procedimento administrativo ou medida de fiscalização, relacionados com a infração.

Nesse particular, para os fins de enquadramento na denúncia espontânea, discute-se qual momento exato designaria o início do procedimento administrativo ou medida de fiscalização, e muito embora o CTN não enfrente diretamente o problema, é possível consolidar uma estipulação precisa com fundamento no art. 196 que parece solucionar a questão. Assim, o preceptivo sob comento determina que a autoridade administrativa que proceder ou presidir a quaisquer diligências de fiscalização lavrará os termos necessários para que se documente o início do procedimento, na forma da legislação aplicável, que fixará prazo máximo para a conclusão daquelas.

Parecida com o instituto penal do arrependimento posterior, a denúncia espontânea é o reconhecimento, por parte do sujeito passivo, pela prática da infração tributária, permitindo que seu arrependimento, seguido do instrumento de confissão que quase sempre se perfaz por meio de declaração retificadora, e do respectivo pagamento, o exonere de eventuais sanções tributárias.

Um dos pressupostos para a configuração da denúncia espontânea diz respeito à ausência de fiscalização em relação ao tributo sobre o qual o contribuinte ou responsável se propõe a formular a denúncia espontânea. Sem esforço se conclui que o contribuinte sujeito à fiscalização pelo fisco poderá se beneficiar da denúncia espontânea desde que o objeto da fiscalização seja outro tributo ou refira-se a fato gerador distinto.

A denúncia espontânea é figura consentânea com os tributos cujo lançamento se faz por homologação e deve ser formulada antes de qualquer ação fiscal ou investigação preliminar por parte do fisco. Na sistemática dos tributos sujeitos a lançamento por homologação, o sujeito passivo identifica a matéria tributável, realiza a declaração e antecipa o pagamento sem qualquer exame prévio por parte da autoridade fazendária que, tomando conhecimento da atividade do sujeito passivo, procede à análise do autolançamento e expressamente o homologa.

Apesar da clareza da lei, é quase desmedida as situações onde o sujeito passivo faz a declaração, mas deixa de recolher o tributo, requerendo a aplicação do instituto da denúncia espontânea, sob o argumento de que confessou a existência de obrigação tributária principal. Não obstante, a tese tem sido reiteradamente afastada pelos tribunais, estando sumulada pelo STJ. Nesse sentido: Súmula 360: O benefício da denúncia espontânea não se aplica aos tributos sujeitos a lançamento por homologação regularmente declarados, mas pagos a destempo.

Portanto, para que a responsabilidade seja excluída é necessário o pagamento com acréscimos, se for o caso, além da autoacusação do sujeito passivo, antes de qualquer procedimento fiscal contra ele instaurado.

Tem-se entendido que a denúncia espontânea afasta a multa punitiva e também a multa moratória, conforme, aliás, tratou-se precedentemente no capítulo II . No entanto, é necessário que da denúncia espontânea siga o pagamento do tributo, e apesar do tema ter ensejado calorosas discussões, o que ocorre no mais das vezes é o sujeito passivo questionar a incidência da multa em ação judicial quando já está constituído o crédito pelo não pagamento do tributo. É muito comum, aliás, a colocação desse argumento em demandas judiciais que decorrem de débitos declarados e não pagos pelo próprio contribuinte, restando evidenciado que no caso não se operou a denúncia espontânea, não se excluindo a multa, seja punitiva ou moratória, pelo simples fato de que o tributo não foi pago.

Outra questão alusiva à denúncia espontânea é saber se o parcelamento a configura, e sob esse aspecto releva mencionar o disposto no novo art. 155-A do CTN, com redação pela LC nº 104/01, no sentido de que o parcelamento de débito não exclui a incidência de juros e multas. Sobre essa questão, confira-se o posicionamento da jurisprudência do STJ: "*A Primeira Seção deste Superior Tribunal já pacificou o entendimento de não admitir o benefício da denúncia espontânea no caso de tributo sujeito a lançamento por homologação quando o contribuinte, declarada a dívida, efetua o pagamento a destempo, à vista ou parceladamente. Não configurado o benefício da denúncia espontânea, é devida a inclusão da multa, que deve incidir sobre os créditos tributários não prescritos. Com a reafirmação desse entendimento, a Seção, ao prosseguir o julgamento do REsp. remetido pela Segunda Turma, por maioria, deu provimento, em parte ao recurso.*" REsp.850.423-SP, Rel. Min. Castro Meira, j. em 28/11/2007. O Superior Tribunal de Justiça consolidou esse entendimento, editando a Súmula nº 360, no sentido de que *o benefício da denúncia espontânea não se aplica aos tributos sujeitos a lançamento por homologação regularmente declarados, mas pagos a destempo.*

Com base na questão sumulada, tem havido entendimentos no sentido de que é possível o sujeito passivo se beneficiar da denúncia espontânea para o caso em que não declarar o tributo. No entanto, tal interpretação conduziria ao absurdo de permitir que a ausência de boa fé, estampada na falta de declaração do tributo, acarretasse o benefício, presenteando a má-fé do sujeito passivo. Em razão disso deve ser afastado esse entendimento porque se o tributo não foi declarado, está claro que o lançamento só poderá ser feito de ofício, e neste caso, não tendo havido pagamento, não se configurará a denúncia espontânea.

5. A substituição tributária

Há substituição tributária quando o responsável, denominado substituto, é designado pela lei a recolher antecipadamente o tributo no lugar do contribuinte, denominado substituído, nos casos em que o fato gerador ocorrerá posteriormente, sendo assegurada a restituição do tributo pago antecipadamente em caso de não ocorrência do pressuposto fático. Trata-se de uma modificação na estrutura da obrigação em relação ao dever de recolher o débito, sujeitando um determinado responsável à tarefa de pagar o tributo em substituição ao contribuinte.

Por força de lei, a obrigação se concretiza desde logo na figura do substituto, e embora a substituição tributária não esteja expressamente prevista no Código Tributário Nacional, entendo estejam corretas as opiniões de que ela estaria implícita no art. 128 do CTN no sentido de que *a lei pode atribuir de modo expresso a responsabilidade pelo crédito tributário a terceira pessoa, vinculada ao fato gerador da respectiva obrigação, excluindo a responsabilidade do contribuinte ou atribuindo-a a esta em caráter supletivo do cumprimento total ou parcial da referida obrigação.*

Por essa razão o substituto não pode ser responsável solidário já que o CTN afasta a solidariedade paritária entre substituto e substituído quando exclui a responsabilidade do contribuinte ou atribui a esta caráter supletivo.

A despeito disso, a substituição tributária está prevista no art. 150, § 7º, da CF 88, com redação dada pela Emenda Constitucional nº 3/93.

Particularmente em relação ao ICMS onde o tema da substituição assume grandes proporções, dispõe o art. 155, § 2º, XII, "b" da CF que a matéria está reservada à lei complementar.

O texto originário da Constituição somente previa substituição tributária para o ICMS, submetendo sua regulamentação à disciplina de lei complementar que deveria ser editada no prazo de 60 dias contados de sua promulgação. Contudo, o § 8º do art. 34 do ADCT, abriu espaço para que os Estados e o Distrito Federal fixassem normas para regulamentar a matéria, se no prazo estipulado não fosse editada a lei complementar necessária à instituição do ICMS, o que ensejou a edição do Convênio nº 66, de 14 de dezembro de 1988, celebrado pelos Estados e Distrito Federal e que autorizou o pagamento antecipado do imposto atribuindo mediante lei, a condição de substituto tributário à terceira pessoa, nos termos de seu artigo 25.

Por causa das acaloradas discussões que surgiram acerca da constitucionalidade do instituto, não tardou que se promulgasse a Emenda Constitucional nº 3/93 que introduziu no art. 150, o § 7º já mencionado. A partir de 13 de setembro de 1996, coube à Lei Complementar nº 87 – Lei Kandir, disciplinar, em matéria de ICMS, o preceito constitucional previsto no § 7º, do art. 150, discorrendo sobre a matéria nos artigos 6º a 10º.

No caso do ICMS que é um imposto plurifásico, distingue-se a denominada substituição *para frente* e *para trás*. A substituição para trás se perfaz quando a lei responsabiliza o destinatário da mercadoria, serviço ou produto pelo recolhimento do tributo devido na operação anterior, o que acarreta o chamado *diferimento*, uma vez que o tributo deixa de ser recolhido naquela determinada operação para somente ser recolhido na operação seguinte. Como implica no diferimento ou posterga do recolhimento, a substituição para trás não tem gerado grandes controvérsias doutrinárias e jurisprudenciais, diferentemente do que ocorre em relação à substituição para frente, onde a lei responsabiliza o sujeito passivo da operação atual pelo recolhimento do tributo devido na operação posterior.

No caso da substituição tributária *para frente*, o fabricante ou produtor fica responsável pelo pagamento total do imposto, desde o início da cadeia produtiva até a chegada do produto ao consumidor final. Neste particular, o substituto é o obrigado pela legislação a pagar o imposto próprio, decorrente de operação própria, e fazer a retenção do imposto referente às operações seguintes, recolhendo-o em separado em relação às operações em nome de outro contribuinte, de tal arte que o substituído é o sujeito passivo que adquire a mercadoria com o imposto já retido.

Nem todos os sujeitos passivos estão sujeitos a esse regime que é verificado nos setores produtivos em que existe um número menor de contribuintes no início da cadeia de produção, como acontece com o ramo de bebidas, cigarros, automóveis, combustíveis, etc. Assim, ocorre substituição com antecipação do recolhimento e arbitramento da base de cálculo, razões pelas quais esse regime é tão controvertido.

No caso da base de cálculo, quando existir preço final a consumidor sugerido pelo fabricante ou pelo importador divulgado por ato da Secretaria de Estado da Fazenda, será adotado esse preço como base cálculo do ICMS por Substituição Tributária, mas em qualquer caso, havendo preço máximo ou único de venda utilizado pelo contribuinte substituído, fixado por autoridade competente, este prevalecerá como base de cálculo para efeito de retenção do ICMS por Substituição Tributária.

Em se tratando de operações com circulação de mercadorias ou prestações de serviços interestaduais, será necessária a celebração de acordo entre os Estados interessados, nos termos do artigo 9º da Lei Complementar nº 87/96, sendo que no Estado de São Paulo, o assunto está disciplinado no Regulamento do ICMS de São Paulo, cujo Anexo VI elenca o rol de mercadorias e serviços sujeitos ao regime, relacionando ainda os Estados signatários dos acordos já celebrados.

Sobre a cobrança antecipada de um eventual negócio jurídico que pode não ocorrer, não foi sem motivo que a Emenda Constitucional nº 3/93 constitucionalizou a matéria, dando nova redação ao art. 150 da Constituição que passou a dispor no § 7º que a lei poderá atribuir a sujeito passivo de obrigação tributária a condição de responsável pelo pagamento de imposto ou contribuição, cujo fato gerador deva ocorrer posteriormente, assegurada a imediata e preferencial restituição da quantia paga, caso não se realize o fato gerador presumido.

Como se vê, a norma constitucional garante a imediata e preferencial restituição do imposto pago somente em casos em que não se realizar a operação por substituição tributária.

A principal discussão diz respeito à legitimidade da cobrança antecipada do tributo, sob a alegação de que violaria o art. 113 do CTN, na medida em que estaria exigindo o tributo sem o correspondente fato gerador. Ora, como o substituto tributário é aquele que se reveste da sujeição passiva sem ser contribuinte, não se vincula pessoal e diretamente ao fato gerador, responsabilizando-se pela obrigação tributária *ex vi legis*. Essa é a visão de Hugo de Brito Machado. Confira-se: *"Essa responsabilidade há de ser atribuída a quem tenha relação com o fato gerador, isto é, a pessoa vinculada ao fato gerador da respectiva obrigação (art.128). Não uma vinculação pessoal e direta, pois, em assim sendo, está configurada a condição de contribuinte. Mas é indispensável que alguém seja considerado responsável, vale dizer, sujeito passivo indireto."*[10]

Por outro lado, no caso específico do ICMS, não se pode confundir o momento da incidência do imposto, que ocorre, via de regra, com a saída da mercadoria do estabelecimento do contribuinte, com o momento de sua exigência, mesmo porque se trata de um fenômeno que ocorre com certa frequência. Evidentemente, a exigência é consequência da incidência, mas sob o aspecto cronológico, nada impede que efeitos da incidência sejam irradiados para antes da ocorrência do suporte fático, permitindo-se, dessa forma, a cobrança do imposto antecipadamente. O que não se pode ocorrer é a

---

[10] Op. cit., p. 88.

exigência do tributo sem que se perceba, em qualquer momento, o perfazimento do suporte fático, o que corresponderia a uma violência contra os princípios da razoabilidade, da proporcionalidade e do sinal de riqueza.

Em verdade, o pensamento clássico se baseava no argumento da teoria da obrigação tributária, pela qual somente se poderia exigir o pagamento de um tributo após a concretização do fato gerador. Não obstante, defensores da substituição tributária, dentre os quais se destaca Marco Aurélio Greco, argumentam que a Constituição Federal atribui competência em matéria tributária, mas não exige que no exercício desta competência, o modelo criado seja única e exclusivamente o obrigacional, e dessa forma, o direito contemplaria outras situações jurídicas que poderiam ser criadas de modo a assegurar o atendimento às finalidades e objetivos da tributação, não se redundando ao modelo obrigacional.[11] Por isso, com esses argumentos, o momento da ocorrência do fato gerador pode ser posterior ao momento da exigência, desde que o suporte fático ocorra. Nesse sentido, a jurisprudência do STJ: "*ICMS – Substituição Tributária – Legalidade – O regime de substituição tributária é previsto pela Constituição vigente (artigo 155, inciso XII, letra "b"), pelas leis a convênios firmados pelos Estados, com base no artigo 34, parágrafos 3º e 9º do ADCT. Com o pagamento antecipado, não ocorre o recolhimento do imposto antes do fato gerador. Não se pode confundir momento da incidência do tributo com sua cobrança.*" STJ – REsp 702.484 – EMS 8.886 – ES – 1ª T. – Rel. Min. Garcia Vieira – DJU 10.08.1998.

Apesar das críticas, o fato é que a exigência antecipada do tributo não é novidade no Direito Tributário, como é o caso, *verbi gratia*, do recolhimento do Imposto de Renda retido na fonte, efetivado no mais das vezes, antes do contribuinte concluir seu pressuposto fático.

Também se discute, particularmente no caso do ICMS, se a substituição tributária cercearia o mecanismo da não cumulatividade exigida pelo art. 155, § 2º, I, da Constituição, no sentido de que tal imposto será não cumulativo, compensando-se o que for devido em cada operação relativa à circulação de mercadorias ou prestação de serviços com o montante cobrado nas anteriores pelo mesmo ou outro Estado ou Distrito Federal.

Sob esse aspecto, segundo defendem alguns, a substituição tributária transformaria o imposto estadual em monofásico. Doravante, ao determinar a Lex Major sobre a não cumulatividade, ela assegura ao contribuinte a compensação entre créditos e débitos do imposto, para efeito de apurar-se o montante devido num determinado período ou numa dada operação, de maneira que o ressarcimento do ônus pelo substituído é garantido pelo fenômeno da repercussão.

Por derradeiro, também se discute a legitimidade da substituição tributária sob a ótica do aspecto quantitativo da hipótese de incidência, particularmente no caso do ICMS. Argumenta-se que a base de cálculo não representaria o valor da operação mas

---

11 GRECO. Marco Aurélio. *Substituição Tributária: ICMS – IPI – PIS – COFINS*. 1ª Edição. São Paulo: IOB, 1998, p. 10.

sim um valor presumido, sendo possível que o valor de comercialização da mercadoria seja inferior àquele previamente estipulado, havendo por isso, desprezo à realidade negocial das relações comerciais que podem ocorrer com desconto.

Como é cediço, a legislação dos Estados costuma estabelecer que no caso de sujeição passiva por substituição, com responsabilidade atribuída em relação às subsequentes operações, a base de cálculo será o preço máximo ou único de venda pelo contribuinte substituído, fixado pelo fabricante ou pela autoridade competente, ou, na falta desse preço, o valor da operação praticada pelo substituto, incluídos os valores correspondentes a fretes e carretos, seguros e outros encargos transferíveis ao varejista, acrescido de percentual de margem de lucro estabelecido pela legislação.

Por remate, nada impede que a própria lei defina o percentual da margem de lucro para cada caso, já que o legislador estadual tem competência para fixar a base de cálculo do regime em discussão, mesmo que não observe o valor exato da operação. Uma vez apurado recolhimento a maior, deve ser assegurado, com base no Princípio da Não cumulatividade, que o contribuinte compense esse valores com o imposto a recolher.

O regime de substituição tributária não é exclusivo do ICMS, sendo utilizado no Imposto sobre a Renda na hipótese de retenção na fonte, no Imposto sobre Serviços, PIS, COFINS, além de outros, e tem como objetivo simplificar a apuração e fiscalização, uma vez que a atividade fazendária se concentra nas operações realizadas no início da cadeia de produção. Sobre o tema da substituição tributária, foi reconhecida a repercussão geral no RE nº 596.832-RJ, Rel. Min. Marco Aurélio, versando sobre o recolhimento a maior do PIS e COFINS. Confira: "*PIS E COFINS - SUBSTITUIÇÃO TRIBUTÁRIA - ARTIGO 150, § 7º, DA CONSTITUIÇÃO FEDERAL - RECOLHIMENTO A MAIOR - DEVOLUÇÃO - ADINS Nº 2.675-5/PE E 2.777-8/SP - VOTAÇÃO EMPATADA - RECURSO EXTRAORDINÁRIO EM PROCESSO SUBJETIVO - Possui repercussão geral a controvérsia sobre o cabimento da restituição dos valores recolhidos a maior a título de PIS e COFINS quando a base de cálculo inicialmente estimada for superior à base de cálculo real, considerado o regime de substituição tributária.*"

Com relação ao ICMS recolhido a maior no regime de substituição tributária, o STF também reconheceu a repercussão geral, estando ambos os recursos pendentes de julgamento na Suprema Corte. Nesse sentido: "*CONSTITUCIONAL. TRIBUTÁRIO. ICMS. RESTITUIÇÃO DA DIFERENÇA DO IMPOSTO PAGO A MAIS NO REGIME DE SUBSTITUIÇÃO TRIBUTÁRIA.. Base de cálculo presumida e base de cálculo real. Art. 150, § 7º, da CF. ADI 2.675/PE, Rel. Min. Carlos Velloso e ADI 2.777/SP, Rel. Min. Cezar Peluso, que tratam da mesma matéria e cujo julgamento já foi iniciado pelo plenário. Existência de repercussão geral.*" RE nº 593849 – MG, Rel. Min. Ricardo Lewandowski.

No julgamento do RE nº 593.849, decidido com repercussão geral, o STF entendeu que "é devida a restituição da diferença do ICMS pago a mais no regime de substituição tributária para a frente se a base de cálculo efetiva da operação for inferior à presumida."

Capítulo VIII

PRINCÍPIOS CONSTITUCIONAIS TRIBUTÁRIOS

SUMÁRIO: 1. Conceito de Princípio. 2. Princípio da Legalidade. 2.1. Legalidade, Reserva Legal e Estrita Legalidade. 2.2. Exceções ao Princípio da Legalidade. 2.3. Criação ou majoração de tributos por outras figuras normativas. 3. Princípio da Anterioridade. 3.1. Exceções ao Princípio da Anterioridade. 3.2. Anterioridade e Anualidade. 3.3. Criação de tributo por medida provisória. 4. Princípio da Noventena. 5. Princípio da Irretroatividade. 5.1. O Princípio do Tempus Regit Actum e as normas de Direito Material, Formal e de Direito Tributário Penal. 6. Princípio da Igualdade. 7. Princípio do Caráter Pessoal. 8. Princípio da Capacidade Contributiva. 8.1. A expressão "sempre que possível". 8.2. O critério da progressividade. 9. Princípio do Sinal de Riqueza. 9.1. O Princípio do Sinal de Riqueza e o Princípio da Igualdade. 9.2. O Princípio do Sinal de Riqueza e a Capacidade Contributiva. 9.3. O Princípio do Sinal de Riqueza e a Dignidade da Pessoa. 9.4. O Princípio do Sinal de Riqueza e a Razoabilidade e Proporcionalidade. 9.5. Implicações práticas do Princípio do Sinal de Riqueza. 10. Princípio da Proibição do Confisco. 11. Princípio da Reserva das Competências Impositivas. 12. Princípio da Uniformidade. 13. Princípio da Liberdade de Tráfego. 14. Princípios da Proporcionalidade e Razoabilidade. 15. Princípio da Retributividade. 16. Princípio da Não Cumulatividade.

1. Conceito de Princípio

A norma não é somente uma prescrição, um comando, uma ordem ou determinação, mas também, como adverte Hans Kelsen[1], o ato de derrogar, permitir ou conferir poderes, e sua expressão linguística é uma proposição do dever ser, e uma vez posta na realidade torna-se uma norma positiva. Kelsen ensina que *"Ao lado das normas jurídicas, de vez em quando – assim em Josef Esser, Grundsatz und Norm in der*

---

1 Op. cit., p. 1.

Richterlichen Fortbildung dês *Privatrechts 1956 – são também admitidas proposições fundamentais do Direito ou Princípios de Direito como partes integrantes do ordenamento jurídico."*[2]

Afora a discussão sobre o reconhecimento do princípio como norma, ele se distancia das demais normas em decorrência de sua própria estrutura e das funções primaciais que desempenha.

Com efeito, se a constelação de normas jurídicas positivadas se distribuem numa estrutura hierárquica, devendo prevalecer as superiores em relação às inferiores, e se a Constituição ocupa a posição mais elevada da pirâmide jurídica, é correto afirmar que nos Estados Democráticos de Direito, a Lei Fundamental deve se pautar, dentre outros, em valores que garantam a participação do titular do poder nas decisões de Estado e no livre exercício dos direitos fundamentais nela elencados. Também deve dispor de mecanismos de proteção da validade e eficácia da norma constitucional e sua supremacia perante as demais, através da previsão do controle de constitucionalidade de normas infraconstitucionais.

Nesse sentido, é imprescindível que existam na Constituição normas com função preponderante no arcabouço legislativo, tanto para estabelecer direitos fundamentais, quanto para consagrar valores que sustentem o sistema normativo. E se é verdade que o ordenamento jurídico é composto de normas dispostas hierarquicamente, os princípios são normas superiores que surgem como comandos dispostos a definir a estrutura e os objetivos do Estado.

Sem menoscabo de outros valores, justiça social, dignidade da pessoa, regime democrático, forma republicana e a preservação dos direitos fundamentais são aqueles que orientam a construção de um Estado Social e Democrático de Direito.

Sobre a proximidade existente entre princípio e valor, Robert Alexy ensina que "*duas considerações fazem com que seja facilmente perceptível que princípios e valores estão intimamente relacionados: de um lado, é possível falar tanto de uma colisão e de um sopesamento entre princípios quanto de uma colisão e de um sopesamento entre valores; de outro lado, a realização gradual dos princípios corresponde à realização gradual dos valores*."[3] Assim, pode se dizer que os enunciados normativos que derivam de valores correspondem a enunciados indicadores de princípios jurídicos.

A análise do texto constitucional permite concluir que essas normas escoram e fundamentam a validade das demais normas jurídicas a elas subordinadas, funcionando como vetores de interpretação de todo o sistema, uma vez que se distinguem, seja no aspecto axiológico, seja no campo de abrangência.

Mesmo no âmbito da Constituição há dispositivos que possuem conteúdo normativo mais ou menos amplo, sendo certo que uma parte dessas normas se destaca por possuir um conteúdo normativo muito mais amplo do que as demais. Por isso são

---

2 Idem, p. 146.

3 ALEXY, Robert. *Teoria dos Direitos Fundamentais*. Tradução de Virgílio Afonso da Silva. 2ª Ed. São Paulo: Malheiros Editores, 2009, p. 144.

aptas a ser aplicadas a um número infinito de situações, direcionando a aplicação das demais normas constitucionais e infraconstitucionais.

Roque Antonio Carrazza ensina que "*a Constituição ocupa, neste conjunto, o patamar mais elevado, dando fundamento de validade às demais normas jurídicas, pois ela representa o escalão de direito positivo mais elevado. Sobremais, ela dá validade a si própria, já que encarna a soberania do Estado que a editou.*"[4]

Como se vê, existem normas jurídicas em sentido amplo que consagram valores universais e uma vez incorporadas ao ordenamento jurídico, refletem a estrutura ideológica do Estado, indicando os valores consagrados pela sociedade.

Manoel Gonçalves Ferreira Filho explica que "*os juristas empregam o termo princípio em três sentidos de alcance diferente. Num primeiro, seriam supernormas, ou seja, normas (gerais ou generalíssimas) que exprimem valores e que por isso, são ponto de referência, modelo, para regras que as desdobram. No segundo, seriam standards, que se imporiam para o estabelecimento de normas específicas – ou seja, as disposições que preordenem o conteúdo da regra legal. No último, seriam generalizações, obtidas por indução a partir das normas vigentes sobre determinada ou determinadas matérias. Nos dois primeiros sentidos, pois, o termo tem uma conotação prescritiva; no derradeiro, a conotação é descritiva: trata-se de uma abstração por indução.*"[5]

Dessa forma, os princípios constitucionais representam vetores de interpretação que orientam todo o fenômeno da tributação, estando expressa ou implicitamente erigidos no texto constitucional. Os princípios constitucionais tributários figuram entre as limitações constitucionais ao poder de tributar, ocupando essa posição ao lado das imunidades. Distinguem-se delas, no entanto, em dois aspectos, conforme anota Regina Helena Costa: "*Sabemos que os princípios jurídicos são normas fundantes de um sistema, tipificadas pelo forte conteúdo axiológico e pelo alto grau de generalidade e abstração, ensejadores do amplo alcance de seus efeitos, que cumprem o papel fundamental de orientar a interpretação e a aplicação de outras normas. Já as imunidades são aplicáveis a situações específicas, perfeitamente identificadas na Lei Maior. Nesse aspecto, pois, reside a primeira distinção entre os princípios e as imunidades. À generalidade e à abstração ínsitas aos princípios contrapõe-se a especificidade das normas imunizantes. Em segundo lugar, verifica-se que, enquanto as imunidades denegam a própria competência, vedando a sua atribuição em relação a certas hipóteses, os princípios orientam o adequado exercício da competência tributária. Os princípios tributários, pressupõem, assim, a existência de competência tributária; as imunidades, por seu turno, pressupõem a inexistência dessa competência.*"[6]

---

4 CARRAZZA, Roque Antonio. *Curso de Direito Constitucional Tributário*. 23ª Ed. São Paulo: Malheiros, 2007, p.34.

5 FERREIRA FILHO, Manoel Gonçalves. *Direito Constitucional do Trabalho* – Estudos em Homenagem ao prof. Amauri Mascaro do Nascimento. Vol. I. São Paulo: Ed. LTR, 1991, pp. 73/74.

6 Op. cit., p. 52.

Os princípios constitucionais tributários disciplinam o exercício das competências tributárias das pessoas políticas e possuem preeminência lógica sobre as demais normas jurídicas, representando o alicerce de todo o ordenamento jurídico. Sendo assim, princípio é uma norma básica e genérica que se destaca no mundo do direito, vetorizando o entendimento e a aplicação das demais normas do sistema, não importando se ele está expresso na Constituição ou nela implícito.

Os princípios que influenciam o fenômeno tributário nem sempre estão adstritos ao sistema tributário constitucional, havendo os que não estão arrolados no capítulo da tributação, e em forma de exemplo, podem ser citados o Princípio da Segurança Jurídica, o ***Princípio da Supremacia do Interesse Público*** sobre o Privado e o ***Princípio da Função Social da Propriedade***, citados por Regina Helena Costa[7], além do ***Princípio Federativo***, bem ilustrado na obra de Roque Antonio Carrazza, a qual destaca também o ***Princípio Republicano***, estampado no parágrafo único do art. 1° da Constituição Federal, no sentido de que o poder pertence ao povo e em nome dele deve ser exercido por meio de representantes eleitos ou diretamente, nos termos lá elencados. Nesse sentido, *numa República o Governo deve ser representativo de todos os seguimentos do povo, e deve buscar seu bem-estar, não se afinando com a noção de República o favorecimento de apenas alguns setores da sociedade. Por conta disso, é proibida a concessão de vantagens tributárias fundadas em privilégios de pessoas ou categorias de pessoas.*[8]

Assim, mesmo não integrando o sistema tributário nacional, o Princípio Republicano se aplica ao fenômeno tributário na exata medida em que a apropriação de recursos pelo Estado por meio da tributação se perfaça de forma a preservar os direitos daqueles que são os titulares do poder, ou seja, as mesmas pessoas que pagam os tributos. Numa visão bem singela, os contribuintes pagam tributos em favor de si mesmos e por isso o Princípio Republicano conduz à generalidade da tributação que não deve ser excessiva nem insuficiente, devendo alcançar a todos com isonomia e justiça.

Por outro lado, ao estabelecer que o Brasil é uma República Federativa formada pela união indissolúvel dos Estados e Municípios e do Distrito federal , o artigo 1° da Constituição estabelece o ***Princípio Federativo***, onde se permite a convivência harmoniosa dos entes que integram a federação, possuindo, cada qual, competência tributária para legislar em campos perfeitamente definidos no âmbito constitucional.

Sem adentrar no dissenso doutrinário em torno da autonomia municipal e da natureza jurídica do Município na Federação, o Princípio Federativo permite que União, Estados, Distrito Federal e Municípios atuem com autonomia e igualdade jurídica, cada qual nos limites de atuação de sua competência legislativa, visando a criação e arrecadação de tributos nos exatos termos autorizados pela Constituição.

---

7 Idem, p. 54.

8 Op.cit.,p.63 e 76.

Assim, o exercício da competência tributária está intimamente ligado ao Princípio Federativo, e não por outro motivo, seu derivado lógico é o Princípio da Reserva das Competências, também chamado de Princípio da Competência, tratado em tópico específico deste capítulo.

Posto isso, devo advertir que muitos princípios elencados na Constituição Federal são novamente tracejados no âmbito da lei complementar, conforme autorização recebida no art. 146 da Carta. Nessa qualidade, a lei complementar não poderá restringir o conteúdo e o alcance dos princípios, mesmo porque se trata de limitações constitucionais, e não legais, ao poder de tributar, cabendo à lei complementar tão somente definir seus contornos de forma mais detalhada.

No presente capítulo será analisado rol não exaustivo dos mais conhecidos princípios jurídicos inerentes ao fenômeno tributário.

2. Princípio da Legalidade

O Princípio da Legalidade está definido no art. 5º, II e art. 150, I, da Constituição da República e estabelece que as unidades políticas estão proibidas de exigir ou aumentar tributo sem lei que o estabeleça.

Como se sabe, a criação de tributos se refere à edição da norma tributária que define seus elementos essenciais, exigindo-se lei não somente para criar, mas também para definir qualquer alteração na estrutura do tributo que implique em aumentar sua onerosidade, assim como para diminuir o encargo tributário em suas diferentes formas, como perdoar débitos tributários, conceder isenções tributárias, além de definir as obrigações acessórias, descrever infrações tributárias cominando-lhes as respectivas sanções.

Somente a lei pode estabelecer a definição do suporte fático da obrigação tributária principal, a fixação da base de cálculo e da alíquota, ressalvados os casos especificados na Constituição, assim como as hipóteses de exclusão, suspensão e extinção de créditos tributários, e até mesmo a dispensa ou redução de penalidades.

2.1. Legalidade, Reserva Legal e Estrita Legalidade

O Princípio da Legalidade pode ser encontrado sob a designação de *Princípio da Reserva de Lei Formal* ou *Princípio da Reserva Legal*, tendo em vista que algumas matérias seriam veiculadas exclusivamente pelo processo legislativo comum relativo à lei ordinária. Ademais, outras matérias seriam reservadas ao campo da lei material, com base no princípio genérico da legalidade ou *Princípio da Reserva de Lei Material*, onde bastaria um comando normativo geral, abstrato e impessoal, veiculado por meio de leis materiais, onde se incluiriam outros diplomas normativos como as medidas provisórias, leis delegadas e até mesmo os decretos regulamentares de competência do chefe do Poder Executivo.

Quanto à aplicação do Princípio da Reserva Legal em matéria tributária, já se defendeu que somente a lei ordinária poderia veicular a instituição de tributos e somente a estrita obediência à reserva de lei formal poderia legitimar a criação ou majoração de tributos. Por isso, o Princípio da Reserva Legal seria aplicado com os temperamentos definidos no âmbito da própria Constituição Federal e por meio das exceções nela previstas, especialmente aquelas que dizem respeito à possibilidade de modificação de alíquotas de tributos sem a necessidade de lei formal.

Argumenta-se que embora haja previsão para modificação da estrutura do tributo, especialmente as alíquotas, por diplomas normativos diversos, somente a lei ordinária poderia criar o tributo, não havendo porque se afastar a aplicação do princípio da reserva de lei formal.

Não obstante, conforme salientado anteriormente, a Emenda Constitucional nº 32/01 estabeleceu novo tratamento ao regime jurídico das medidas provisórias para os fins de permitir-se a instituição ou majoração de tributos por intermédio dessa respectiva figura normativa, desde que produza efeitos no exercício financeiro seguinte à sua edição, e que tenha sido convertida em lei até o último dia do ano em que foi editada, ressalvando-se os impostos previstos nos artigos 153 I, II, IV, V e 154, II, todos da CF.

Dessa forma, conclui-se que não há mais como sustentar a aplicação do Princípio da Reserva Legal ou Reserva de Lei Formal em matéria tributária, restando verificar se o Direito Tributário se satisfaz com a legalidade genérica, pela qual bastaria um comando normativo veiculado por meio de leis materiais, onde se incluiriam as medidas provisórias, decretos regulamentares, e outros diplomas normativos como as leis delegadas. Ora, como assinalamos anteriormente, a resposta é negativa, tendo em vista a legalidade específica reforçada pelo art.150, I, da CF no sentido de que é vedado exigir ou aumentar tributo sem lei que o estabeleça.

Assim, rechaçadas as interpretações que amparam a aplicação da reserva de lei formal, também é certo que o sistema não coaduna com a reserva de lei material ou legalidade genérica, em face da inconstitucionalidade da instituição de tributo por decreto regulamentar, somente para citar um exemplo. É preferível adotar a terminologia de ***Princípio da Estrita Legalidade*** para designar um modelo específico para a legalidade em matéria tributária, no sentido de que não se exige lei ordinária formal para veicular todas as matérias tributárias, não se permitindo, por outro lado, a edição de normas tributárias que objetivem criar ou majorar tributos que não sejam, ao menos equiparadas às normas veiculadas pelo Poder Legislativo.

Definindo a exigência de lei para a instituição das figuras tributárias, o Princípio da Legalidade gizado no art. 150, I, da Constituição de 1988 estabelece a função da lei ordinária em matéria tributária, sendo vedado à União, aos Estados, ao Distrito Federal e aos Municípios exigir ou aumentar tributo sem lei que o estabeleça, restando evidenciado que a lei desempenha tarefa sobremaneira importante no sistema, já que no âmbito de suas atribuições, se encontra a própria criação do tributo por meio da descrição de sua hipótese de incidência.

Nesse sentido, estatui o art. 97, I, do CTN que somente a lei pode estabelecer a instituição de tributos, ou sua extinção. Assim, a criação ou majoração do tributo depende de lei editada pela pessoa política competente, mas nada impede que figuras legislativas superiores possam criar tributos, de sorte que poderá haver criação de tributo por lei complementar, ainda que a Carta Magna não seja expressa nesse sentido.

2.2. Exceções ao Princípio da Legalidade

Estabelece o art. 153, § 1° da Constituição Federal que é *facultado ao Poder Executivo, atendidas as condições e os limites estabelecidos em lei,* alterar as alíquotas do Imposto de Importação, do Imposto de Exportação, do Imposto sobre Produtos Industrializados e do Imposto sobre Operações de Crédito, Câmbio e Seguro. A dicção constitucional deixa claro que o Princípio da Legalidade não é excepcionado, tratando-se de aparente exceção, haja vista que o Presidente da República, por meio de Decreto Regulamentar, pode alterar referidas alíquotas dentro dos limites estabelecidos em lei.

Da mesma forma, o art. 177, § 4°, I, "b" da Constituição, com redação acrescentada pela Emenda Constitucional n° 33/2001, estabelece que a alíquota da Contribuição de Intervenção no Domínio Econômico relativa às atividades de importação ou comercialização de petróleo e seus derivados, gás natural e seus derivados e álcool combustível, poderá ser reduzida e restabelecida por ato do Poder Executivo.

No mesmo sentido, o art. 155, § 4°, IV, "c", também com redação pela Emenda Constitucional n° 33 de 11.12.2001, dispõe que o ICMS que incidir sobre combustíveis e lubrificantes derivados de petróleo, nos termos de lei complementar, terá alíquotas definidas mediante deliberação dos Estados e Distrito Federal, as quais poderão ser reduzidas ou restabelecidas, não se lhes aplicando o disposto no art. 150, III, *b,* da CF 88.

Embora os últimos exemplos se reportem à alteração de alíquotas, não há dúvida tratar-se de verdadeira exceção introduzida por Emenda Constitucional, uma vez que não há qualquer referência a uma pauta legal a ser obedecida, de maneira que o perfil do Princípio da Legalidade sofreu parcial derrogação por via de Emenda, procedimento de duvidosa constitucionalidade em face de terem os princípios seu reconhecido caráter de direitos fundamentais do sujeito passivo.

2.3. Criação ou majoração de tributos por outras figuras normativas

A criação ou majoração de tributo depende de lei editada pela pessoa política competente, mas nada impede que outras figuras legislativas estranhas à lei possam criar tributos. Assim, pode haver criação de tributo por lei complementar, e não somente quando a Carta Magna for expressa nesse sentido, como ocorre, *exempli gratia,* com o art. 154, I. Apesar disso, em regra os tributos são instituídos por lei ordinária, cabendo à lei complementar dispor sobre conflitos de competência, regular as limitações constitucionais ao poder de tributar e estabelecer as normas gerais em matéria de legislação tributária.

Caso não haja previsão para criação de tributo por lei complementar, ainda é possível que ela o institua, uma vez que não difere da lei ordinária, salvo no que tange às matérias a ela reservadas no art. 146 da Constituição, além do quórum privilegiado de aprovação. Doravante, neste caso, nada impedirá que o tributo seja majorado ou alterado por lei ordinária, já que não há reserva de quórum de aprovação pelo fato de ter sido instituído por lei complementar quando, em verdade, poderia tê-lo sido por lei ordinária.

Em relação à Emenda Constitucional, é possível sua utilização para instituição de tributos, e muitos cogitam que o extinto IPMF – Imposto Provisório sobre Movimentação Financeira – teria sido criado pela Emenda Constitucional nº 3/93, uma vez que ela teria definido todos os seus elementos essenciais. O que não se discute é que a União poderia ter se valido de lei complementar para a instituição do IPMF, com fundamento no art. 154, I, da Constituição Federal, mas não o fez porque sabidamente era um imposto cumulativo e a cumulatividade está proibida no exercício da competência residual da União. Além disso, se o tributo fosse instituído por lei complementar com base no permissivo já mencionado, a União estaria obrigada a repassar 20% de sua arrecadação para Estados e Distrito Federal por força do que dispõe o art. 157, II, da Constituição.

O fato é que o IPMF foi julgado inconstitucional por violação a vários princípios constitucionais, especialmente o princípio da anterioridade, restando consolidado esse entendimento no STF quando do julgamento da ADI nº 939.[9]

Ora, se do ponto de vista formal as normas veiculadas por Emenda à Constituição se colocam no mesmo plano da norma constitucional, as normas veiculadas pela via da Emenda desempenham as mesmas funções da norma constitucional.

Com a promulgação da Emenda Constitucional nº 32/01 que deu nova redação ao art. 62 da CF, tornou-se possível a adoção da medida provisória para a instituição ou majoração de tributos, desde que produza efeitos no exercício financeiro seguinte à sua edição e que tenha sido convertida em lei até o último dia do ano em que foi editada, ressalvando-se os impostos previstos nos artigos 153 I, II, IV, V e 154, II. Assim, a criação do tributo por medida provisória estará autorizada se for convertida em lei até o último dia do exercício financeiro em que for editada, exceto no caso dos impostos que não seguem o princípio da anterioridade, devendo ser convertida em lei na mesma sessão legislativa para produzir efeitos no exercício seguinte.

O Decreto é ato administrativo normativo que exerce função específica de natureza regulamentar, consoante dispõe o art. 84 da Constituição, em cujo inciso IV se estabelece que *compete privativamente ao Presidente da República sancionar, promulgar e fazer publicar leis, bem como expedir decretos e regulamentos para sua fiel execução.* Por outro lado, dispõe o artigo 99 do CTN *que o conteúdo e o alcance dos decretos restringem-se aos das leis em função das quais sejam expedidos, determinados com observância das regras de interpretação estabelecidas nesta lei,* sendo evidente que desempenha função subalterna em relação à lei ordinária. A finalidade do Decreto é dar aplicabilidade às normas por meio da regulamentação das leis, veiculando os chamados regulamentos governamentais. Os Decretos Regulamentares são expedidos com a estrita finalidade de produzir disposições

---

9 Através da ADI nº 939/93 proposta pela Federação Nacional dos Trabalhadores do Comércio, o STF reconheceu a inconstitucionalidade da Emenda Constitucional nº 3/93 na parte que dizia respeito ao IPMF, entendendo terem sido violados o princípio da anterioridade e o princípio da imunidade tributária recíproca. A partir daí, o STF reconhece que os princípios constitucionais tributários são garantias coletivas do contribuinte, e por isso são cláusulas pétreas, não podendo sofrer alteração por Emenda Constitucional.

operacionais uniformizadoras necessárias à execução de lei cuja aplicação demande a atuação da administração pública fazendária.

Celso Antonio Bandeira de Mello adverte que o Regulamento *não é um nomen juris que se isola com precisão uma categoria de atos* [10] e esclarece que o Decreto não é propriamente um ato administrativo porque não tem conteúdo próprio. Na verdade, trata-se de um modal, continente ou forma de manifestação de outros atos administrativos, os regulamentos governamentais. Com efeito, o Princípio da Legalidade se impõe ao Regulamento e bem assim ao Poder Regulamentar que é subordinado e subalterno da lei, daí porque predomina o entendimento de que não se admite no Brasil os chamados Regulamentos Autônomos, veiculados por Decretos Autônomos, salvo aqueles elencados no art. 84, VI da Constituição e que não tratam de matéria tributária. Por isso, em Direito Tributário somente se admite Decreto para fiel execução da lei por meio de Regulamentos Executivos ou Decretos Executivos, razão pela qual o Regulamento é inferior, subalterno e dependente da lei, sendo correto o aforismo de que *a Administração é a longa manus do legislador.*

Michel Stassinopoulos assevera que "*em um Estado de Direito, a Administração encontra-se não apenas na impossibilidade de agir contra legem ou extra legem, mas é obrigada a agir sempre secundum legem*".[11] Apesar da necessidade de atuação do Poder Regulamentar para a expedição de normas que complementam a lei, certas leis não necessitam de Regulamentação desde que seu conteúdo seja específico e objetivamente predeterminado, o que não é comum em face do caráter genérico e abstrato das leis.

Assim, pode-se dizer que as funções do Decreto Regulamentar dizem respeito à definição e harmonização do *modus procedendi* dos órgãos da Administração, além de estabelecer regras orgânicas e procedimentais, visando a igualdade de tratamento entre os administrados, bem como a definição da forma de operacionalização técnica da lei. É correto afirmar que o Regulamento expedido pelo chefe do Poder Executivo para fiel execução da lei não cria obrigação, pois somente a lei poderá fazê-lo, e não socorre o argumento no sentido de que o Decreto Regulamentar é ato explicativo ou supletivo da lei, de maneira que sua função não poderia ser somente a de copiar os termos da lei, o que resultaria sua completa inutilidade. Sob esse aspecto, a função do Decreto Regulamentar tributário teria eficácia para atingir direitos de terceiros, depreendendo-se que como ato administrativo explicativo que é, pode explicitar os meandros da lei e suprir situações não contempladas por ela. É o que ocorre com os inúmeros regulamentos de tributos que veiculam as respectivas legislações específicas, como por exemplo o RIR – Regulamento do Imposto de Renda, RIPI – Regulamento do IPI, RICMS – Regulamento do ICMS, que preveem situações e condutas que se constituem verdadeiras obrigações aos contribuintes. Como exemplo, a definição da data de

---

10 BANDEIRA DE MELLO, Celso Antonio. *Curso de Direito Administrativo.* 11ª Edição. São Paulo: Malheiros Editores, 1999, p. 238.

11 STASSINOPOULOS, Michel. *Traité des Actes Administratifs.* Librairie Sirey, Atenas, 1954, p. 69.

vencimento das obrigações tributárias é função do Decreto Regulamentar, embora não deixe de ser uma obrigação. No entanto, tal disposição explicita e supre as lacunas da própria lei, e somente sob esse aspecto, o Decreto Regulamentar poderia criar obrigações aos administrados, ou seja, nos estritos termos da lei. Outro não é o entendimento de Roque Antonio Carraza : "*o regulamento, dentro da pirâmide jurídica, está abaixo da lei, não a pode ab-rogar nem modificar. Deve, sim, submeter-se às disposições legais, inspirando-se em suas diretivas, sem as contrariar. Se infringir ou extrapolar a lei será nulo.*" [12]

3. PRINCÍPIO DA ANTERIORIDADE

Desde a promulgação do texto original da Constituição em 1988, o Princípio da Anterioridade sofreu alterações que lhe agregaram novos ingredientes, sugerindo uma configuração mais complexa do que em sua forma original. A mais importante delas veio com a Emenda Constitucional nº 42/03 que instituiu a anterioridade nonagesimal que nesta obra é tratada em tópico separado com a denominação de princípio da noventena.

Calha assinalar, no entanto, que esses princípios são intimamente próximos, tendo em vista versarem sobre o diferimento da eficácia da norma tributária que cria ou aumenta a exação fiscal. Por isso, podem se analisados conjuntamente e nesse diapasão recebem denominações específicas de anterioridade comum ou anterioridade de exercício para designar o princípio da anterioridade, e anterioridade qualificada ou anterioridade nonagesimal para designar o princípio da noventena. Outras variantes, especialmente as instituídas pela Emenda Constitucional nº 33/01 são aqui tratadas no tópico das exceções ao Princípio da Anterioridade.

Previsto no art. 150, III, "b", da Constituição Federal, a chamada anterioridade genérica, comum ou de exercício, estabelece que é *vedado às pessoas políticas cobrar tributos no mesmo exercício financeiro em que haja sido publicada a lei que instituiu ou aumentou.* Como se sabe, o exercício financeiro corresponde ao ano civil e compreende o período entre 1º de janeiro e 31 de dezembro.

Ao determinar que a lei que crie ou aumente tributos seja anterior ao exercício financeiro em que o tributo será exigido, o desígnio constitucional tem a finalidade de evitar que o contribuinte seja surpreendido com a nova imposição fiscal, sendo nítida sua aproximação com o ***Princípio da Segurança Jurídica***. Sob esse aspecto, o desiderato constitucional da segurança jurídica diz respeito à proibição da tributação de surpresa que atinge o patrimônio do indivíduo de forma inusitada e de inopino, não permitindo o necessário preparo de seu orçamento para suportar o novo encargo.

Fiel à lógica do Princípio da Legalidade que busca alcançar a segurança e certeza jurídica, a anterioridade sugere que não se altere a regra tributária depois de iniciado o exercício financeiro, permitindo que todos os contribuintes programem seu

---

[12] Op. Cit., p. 199.

orçamento pessoal para determinado período, conhecendo a carga tributária que sofrerão e deverão administrar.

Evidencia-se, destarte, de princípio condizente com a eficácia da norma tributária que acaba sendo deslocada para o 1° dia do exercício financeiro seguinte, de maneira que os efeitos decorrentes da exação criada ou majorada acabem postergados para aquela data, não obstante a vigência se verifique, como sói acontecer com a lei tributária, de imediato, com a sua publicação.

É bem de ver que o Princípio da Anterioridade se vincula à eficácia da norma, diferentemente do que ocorre com o Princípio da Irretroatividade, analisado em seguida, que se atrela à vigência da lei.

Parte da doutrina entende que a correta dicção do Princípio da Anterioridade diz respeito à incidência da norma, de tal maneira que a lei tributária que crie ou aumente a exação somente atinja fatos geradores no exercício financeiro seguinte. Assim, a nova lei incidiria sobre os fatos ocorridos a partir do 1° dia do exercício financeiro vindouro. Ou seja, não haveria somente suspensão da eficácia, mas também da incidência da norma, fazendo com que sejam postergados todos os efeitos da nova norma tão somente na hipótese em que os fatos também ocorram no próximo exercício financeiro. Essa posição é adotada por Roque Antonio Carrazza que preleciona o seguinte: "*o princípio da anterioridade veda a aplicação da lei instituidora ou majoradora do tributo (...) sobre fatos ocorridos no mesmo exercício financeiro em que entrou em vigor.*"[13]

Sob essa ótica, esse princípio traz um comando que garante ao contribuinte o direito de ser tributado de acordo com as leis que estiverem em vigor até 31 de dezembro do ano que em que a lei foi editada, de maneira que a lei tributária deve entrar em vigor no exercício financeiro presente, mas incide e torna-se eficaz em relação aos eventos ocorridos no exercício financeiro seguinte. Assim, se a União criar o Imposto sobre Grandes Fortunas, o fato de o indivíduo ser proprietário de grande fortuna no exercício em que a lei foi editada, seria um irrelevante jurídico, pois só poderia constituir fato gerador a propriedade havida a partir do 1° dia do exercício seguinte. Sob esse aspecto, seria relevante o contribuinte do IGF ser proprietário de grande fortuna somente a partir do dia 1° de janeiro do próximo exercício financeiro.

Conforme já analisamos, o Princípio da Anterioridade, assim como todos os demais princípios constitucionais tributários, é um direito fundamental e corresponde a uma garantia do contribuinte, entendimento sedimentado a partir da criação do IPMF – Imposto Provisório sobre Movimentações Financeiras, através da Emenda Constitucional n° 3 de 17.03.1993 e Lei Complementar n° 77/93. Na ocasião, o imposto foi exigido no mesmo exercício em que foi instituído, e em virtude disso, no julgamento da ADI n° 939-7 o Supremo Tribunal Federal julgou inconstitucional a exigência do IPMF por ferir, dentre outros, o princípio da anterioridade. No voto do Ministro Relator Sydney Sanches, restou consignado que o Princípio da Anterioridade

---

[13] Op.cit., p. 187.

é uma garantia individual do contribuinte, de onde se permite concluir que todos os demais princípios constitucionais tributários também devem ser considerados direitos fundamentais por corresponderem a garantias dos contribuintes.

3.1. Exceções ao Princípio da Anterioridade

A primeira exceção ao Princípio da Anterioridade em sua modalidade comum, diz respeito ao Imposto sobre a Importação (II), Imposto sobre a Exportação (IE), Imposto sobre Produtos Industrializados (IPI), Imposto sobre Operações Financeiras (IOF), Impostos Extraordinários e Empréstimos Compulsórios para atender despesas extraordinárias por calamidade pública, guerra externa ou sua iminência, consoante dispõe o art. 150, § 1º, da CF. Assim, numa primeira lista de exceções encontram-se os tributos previstos no artigo 153, I, II, IV e V, artigo 154, II, e artigo 148, I, da Constituição.

Ao lado da anterioridade genérica, também está disposta a norma do art. 195, § 6º que dispõe sobre a anterioridade nonagesimal para as Contribuições destinadas ao financiamento da seguridade social, havendo desígnio constitucional para que a essa categoria de tributos não seja aplicada a anterioridade em sua forma genérica, o que não ocorre com o princípio da noventena que incide simultaneamente à anterioridade comum.

Ademais, nos termos do art. 155, § 4º, IV, "c", com redação pela Emenda Constitucional nº 33 de 11.12.2001, o ICMS que incidir sobre combustíveis e lubrificantes derivados de petróleo, nos termos de lei complementar, terá alíquotas definidas mediante deliberação dos Estados e Distrito Federal, as quais poderão ser reduzidas ou restabelecidas, não se lhes aplicando o disposto no art. 150, III, b, da CF.

O art. 177, § 4º, I, "b", também acrescentado pela Emenda Constitucional nº 33/01 dispõe que a Contribuição de Intervenção no Domínio Econômico relativa às atividades de importação ou comercialização de petróleo e seus derivados, gás natural e seus derivados e álcool combustível, poderá ter alíquota reduzida e restabelecida por ato do Poder Executivo, não se lhes aplicando o disposto no art. 150, III, b, da CF.

Princípio da Anterioridade – Exceções
Imposto de Importação
Imposto de Exportação
Imposto sobre Produtos Industrializados
Imposto sobre Operações Financeiras
Impostos Extraordinários
Empréstimos Compulsórios de guerra ou calamidade
CIDE Combustíveis
ICMS sobre Combustíveis

3.2. Anterioridade e Anualidade

O Princípio da Anualidade não mais existe no Direito brasileiro. Seu comando impunha a exigência de que o tributo somente poderia ser exigido após prévia autorização em lei orçamentária anual, de maneira que a previsão no orçamento da pessoa política era condição para que se efetivasse a exigência de qualquer tributo.

Estava previsto no artigo 150, § 29 da Constituição de 1967 e previa a exigência de lei que instituísse o tributo, com a ressalva de que nenhum tributo seria cobrado em cada exercício sem prévia autorização orçamentária, ressalvados a tarifa aduaneira e o imposto lançado por motivo de guerra. Dessa forma, era necessário que em todos os exercícios financeiros a lei orçamentária previsse e autorizasse a cobrança do tributo, mesmo que já tivesse sido criado por lei, sendo possível que duas leis coexistissem para a legitimação da exigência tributária.

A anualidade não foi prevista no atual ordenamento embora restem argumentos em contrário no sentido de que não há distinção entre anualidade e anterioridade. Tais argumentos se depreendem pelo teor da revogada Súmula nº 615 do STF que dispõe o seguinte: *O princípio constitucional da anualidade (§ 29 do art. 153 da CF) não se aplica à revogação de isenção de ICM.* Atualmente referida *súmula não tem mais aplicação pelo Supremo Tribunal Federal* que sedimentou, após a promulgação da Constituição de 1988, o cumprimento tão somente ao Princípio da Anterioridade.

A esse propósito, define a Súmula nº 66 do STF que *é legítima a cobrança do tributo que houver sido aumentado após o orçamento, mas antes do início do respectivo exercício financeiro.* Editada sob a égide da Constituição de 1946, a súmula contrariava o disposto na própria Constituição, já que a Suprema Corte permitia a exigência do tributo aumentado após o orçamento, de sorte que havia um conflito entre a posição da vetusta Constituição e a posição do STF que passou a entender, desde então, que a lei do orçamento seria um mero plano de receitas e despesas. De fato, o orçamento da pessoa política deve ser elaborado segundo as regras definidas no art. 165, § 9º da Constituição de 1988 e se reporta à lei complementar para estabelecer normas gerais acerca do orçamento.

Como ainda não foi editada a Lei de Regência em matéria orçamentária, foi recepcionada com status de lei complementar a Lei Federal nº 4.320/64 que disciplina a matéria. Sob esse aspecto, o artigo 35, § 2º do ADCT da atual Constituição, dispõe que até a entrada em vigor da lei complementar a que se refere o art. 165, § 9º, I e II, serão obedecidas as seguintes normas: *I – o projeto de plano plurianual, para vigência até o final do primeiro exercício financeiro do mandato presidencial subsequente, será encaminhado até quatro meses antes do encerramento do primeiro exercício financeiro e devolvido para sanção até o encerramento da sessão legislativa (31/08); II – o projeto de lei de diretrizes orçamentárias será encaminhada até oito meses antes do encerramento do exercício financeiro e devolvido para sanção até o encerramento da sessão legislativa (15/04); III – o projeto de lei orçamentária da União será encaminhada até quatro meses antes do encerramento do exercício financeiro e devolvido para sanção até o encerramento da sessão legislativa (31/08).* Como se infere, são datas para que o

Executivo encaminhe o projeto de lei ao Legislativo que tem até o dia 30 de novembro para discutir a matéria, devendo ser aprovado no mês de dezembro para então ser encaminhado ao Executivo para sanção, promulgação e publicação até o dia 31 de dezembro.

Não bastasse, dispõe o art. 104 do CTN que *entram em vigor no primeiro dia do exercício seguinte àquele em que ocorra sua publicação os dispositivos de lei, referentes a impostos sobre o patrimônio ou a renda, que instituem ou majoram tais impostos; que definem novas hipóteses de incidência; que extinguem ou reduzem isenções, salvo se a lei dispuser de maneira mais favorável ao contribuinte, e observado o disposto no art. 178.* Percebe-se que o próprio CTN não tem vinculação com a previsão orçamentária, daí porque não mais se fala no Princípio da Anualidade.

3.3. Criação de tributo por medida provisória

Conforme analisamos anteriormente, dispõe o art. 62, § 2° da Constituição que a medida provisória que implique instituição ou majoração de impostos só produzirá efeitos no exercício financeiro seguinte se houver sido convertida em lei até o último dia daquele em que foi editada.

O preceptivo constitucional tem a nítida finalidade de ajustar a instituição do tributo por medida provisória, agora expressamente autorizada pelo Texto Magno com o timbre da EC n° 32/2001, ao princípio da anterioridade.

Tem a marca peculiar de pautar a instituição ou majoração exclusivamente em relação aos impostos, ficando ressalvados aqueles que não se rendem ao primado da anterioridade, como é o caso do II, IE, IPI, IOF e impostos extraordinários.

Segundo correto entendimento doutrinário, a pauta da criação do tributo por medida provisória também deverá obedecer ao postulado do Princípio da Noventena, de forma que não é suficiente que a medida provisória tenha sido convertida em lei até 31 de dezembro do ano anterior, sendo necessário também que ela tenha sido convertida em lei até 90 dias antes de 31 de dezembro do ano anterior.

Por remate, o STF editou a Súmula Vinculante n° 50 determinando que a norma legal que altera o prazo de obrigação tributária não se sujeita ao princípio da anterioridade.

4. PRINCÍPIO DA NOVENTENA

Também chamado de Princípio da Anterioridade Nonagesimal, foi instituído para ser aplicado juntamente com o Princípio da Anterioridade e está previsto no artigo 150, III, "c", com redação dada pela Emenda Constitucional n° 42 de 19.12.2003 – Emenda da Reforma Tributária. Assim, *sem prejuízo de outras garantias asseguradas ao contribuinte, é vedado à União, aos Estados, ao Distrito Federal e aos Municípios, cobrar tributos antes de decorridos noventa dias da data em que haja sido publicada a lei que os instituiu ou aumentou, observado o princípio da anterioridade.*

Conforme já se analisou precedentemente, já existia disposição constitucional específica sobre a noventena em relação às Contribuições Sociais para custeio da Seguridade Social, *ex vi* do art. 195, § 6° da CF/88, correspondendo a uma anterioridade especial específica para as contribuições definidas no art. 195, I a IV da Constituição, ficando de fora as contribuições de interesse das categorias profissionais e econômicas, assim como as contribuições de intervenção no domínio econômico, em relação às quais se aplica a anterioridade comum.

A anterioridade nonagesimal das contribuições acima definidas se verifica pela vedação à exigência do tributo a partir de 90 dias a contar da data da publicação da lei que institua ou majore o tributo.

O Princípio da Noventena deve ser aplicado cumulativamente com o Princípio da Anterioridade, sendo aplicado aos tributos, com exceção dos Empréstimos Compulsórios decorrentes de calamidade Pública e (ou) guerra externa (148, I), Impostos Extraordinários (154, II), Imposto de Importação (153,I), Imposto de Exportação (153, II), Imposto sobre a Renda e Proventos de qualquer natureza (153, III), Imposto sobre Operações de Crédito, Câmbio e Seguro, ou relativas a Títulos ou Valores Mobiliários (153, V), além da fixação da base de cálculo dos impostos previstos nos art. 155, inciso III e art. 156, inciso I.

Em face de sua aplicação conjugada com o Princípio da Anterioridade, o tributo instituído ou aumentado hoje não pode ser exigido antes do início do exercício financeiro seguinte, devendo, concomitantemente, aguardar 90 dias para ser exigido. Assim, o tributo nunca poderá ser exigido antes de 1° de janeiro do exercício seguinte e ao mesmo tempo, não poderá ser exigido antes de 90 dias. De tal maneira, se um tributo for criado em 20 de março poderá ser exigido em 1° de janeiro do ano seguinte, mas se for criado em 20 de dezembro, somente poderá ser exigido 90 dias após.

É de rigor asseverar que suas exceções não são as mesmas em relação ao Princípio da Anterioridade, de tal arte que o Imposto sobre a Renda e Proventos de qualquer natureza obedece ao Princípio da Anterioridade mas não segue o Princípio da Noventena, enquanto com o Imposto sobre Produtos Industrializados ocorre o contrário, uma vez que não obedece ao Princípio da Anterioridade mas sofre a inflexão da noventena.

Princípio da Noventena – Exceções
Imposto de Importação
Imposto de Exportação
Imposto sobre a Renda
Imposto sobre Operações Financeiras
Impostos Extraordinários
Empréstimos Compulsórios de guerra ou calamidade
Modificações na base de cálculo do IPVA e IPTU

5. PRINCÍPIO DA IRRETROATIVIDADE

Dispõe o art.150, III, "a" da Constituição que é vedado à União, aos Estados, ao Distrito Federal e aos Municípios cobrar tributos em relação a fatos geradores *ocorridos antes do início da vigência da lei que houver instituído ou aumentado.* Como se vê, a ocorrência do fato gerador pressupõe a vigência da lei tributária que, como regra, não retroage e só pode projetar efeitos para o futuro. Obriga-se, portanto, a vigência prospectiva da lei tributária.

Assim como ocorre com a anterioridade, o Princípio da Irretroatividade também homenageia a Segurança Jurídica, cujo conteúdo jurídico se fundamenta no comando inserto no artigo 5°, XXXVI da Carta Magna, no sentido de que a lei não prejudicará o direito adquirido, o ato jurídico perfeito e a coisa julgada. Não obstante, enquanto a anterioridade se aproxima do tema da eficácia, a irretroatividade se alinha com a vigência da norma.

Sendo assim, a lei tributária deve dispor para o futuro, possuindo aptidão para viger em relação a eventos que ainda não ocorreram.

Como se vê, como regra, a retroatividade normativa está proibida pelo desiderato constitucional, e nesse sentido são protegidas as situações jurídicas já consolidadas, sobretudo levando-se em consideração que ao tempo em que atingiram a esfera pessoal do patrimônio do contribuinte, estavam legitimadas pelo direito então vigente.

A rigor, não há exceções constitucionais ao Princípio da Irretroatividade, mas excepcionalmente a lei poderá retroagir em situações específicas previstas no Código Tributário Nacional, onde não se configura situação mais gravosa ao sujeito passivo da obrigação. Pelo contrário, tais disposições amparam as garantias do contribuinte, e por isso essas aparentes exceções não contrariam o Texto Magno, não se cogitando qualquer inconstitucionalidade, tendo em vista que as hipóteses de retroatividade da lei tributária contempladas no CTN são benéficas ao contribuinte. Sob esse aspecto é importante ressaltar que a lei complementar pode dispor sobre limitações constitucionais ao poder de tributar, consoante dispõe o artigo 146, II da Constituição Federal, cujo texto diz o mínimo quando se trata de garantias do contribuinte.

Observo que não existia comando expresso sobre o Princípio da Irretroatividade nas Constituições anteriores, razão pela qual o Código Tributário Nacional disciplina a questão no art. 106, o qual estatui que *a lei aplica-se a ato ou fato pretérito, em qualquer caso, quando seja expressamente interpretativa, excluída a aplicação de penalidade à infração dos dispositivos interpretados; e tratando-se de ato não definitivamente julgado, quando deixe de defini-lo como infração, quando deixe de tratá-lo como contrário a qualquer exigência de ação ou omissão, desde que não tenha sido fraudulento e não tenha implicado em falta de pagamento de tributo, e quando lhe comine penalidade menos severa que a prevista na lei vigente ao tempo de sua prática.*

Sobre a primeira hipótese contemplada no art. 106 do CTN que diz respeito à retroatividade da lei interpretativa, há que se demarcar a questão sob o ponto de vista da segurança jurídica e também da razoabilidade em relação a determinadas leis que a pretexto de interpretarem lei anterior, voltam-se para o passado com a finalidade de criar ou aumentar tributos. Além disso, não sendo tarefa do legislador a interpretação da norma, mas de seus aplicadores, resulta que o dispositivo do código contempla uma situação que vai a sentido contrário da segurança jurídica, da razoabilidade e da separação dos Poderes, dado que compete ao Poder Judiciário a interpretação da norma.

O fato é que, consoante entendimento da teoria moderna, como regra geral as leis não retroagem, salvo em determinadas situações, especialmente as destacadas no inciso XXXVI do art. 5° da Constituição que trata da coisa julgada, do ato jurídico perfeito e do direito adquirido. Por isso, desde que a norma não estabeleça premissas que pretendam dissimular ou veladamente acarretar o aumento da carga tributária sob a rubrica de lei interpretativa, não haverá qualquer inconstitucionalidade na norma em questão, bem como no art. 106, I, do CTN.

Com relação às três situações contempladas no art. 106, II, do CTN, a disposição da *lex mitior* minimiza ou desqualifica os efeitos secundários da lei anterior, revogando as disposições anteriores e descaracterizando o ilícito, fato que a diferencia da anistia onde não se verifica a alteração ou revogação da lei antiga, não sendo descaracterizada a qualificação jurídica do ilícito, de maneira que a infração continua sendo infração, sendo extinta apenas a sua punibilidade. Assim, havendo lei nova que deixe de definir uma conduta como infração ou que comine penalidade menos severa, ela retroagirá sintomaticamente da mesma forma como a lei penal benéfica atinge fatos no passado.

5.1. *O Princípio do Tempus Regit Actum e as normas de Direito Material, Formal e de Direito Tributário Penal*

O Princípio da Irretroatividade afirma a proposta do *Princípio do Tempus Regit Actum* cuja disposição se encontra definida no art. 144 do CTN, no sentido de que se aplica a lei vigente no momento em que ocorreu o fato gerador. De fato, o dispositivo confirma o comando de que a lei não retroage porque já estava em vigor no momento em ocorreu o pressuposto fático. Sobre a aplicabilidade da norma, há leis tributárias materiais e processuais, cabendo ao intérprete distinguir sua natureza para que se permita identificar como será sua vigência e aplicação no tempo.

Na estrutura das normas gerais do Direito Tributário, o Código Tributário Nacional disciplina a legislação tributária no Título I (artigos 96 e seguintes). Em seguida, disciplina a obrigação tributária no Título II (artigos 113 e seguintes), o crédito tributário no Título III (artigos 139 e seguintes). Num primeiro momento tem-se o nascimento da obrigação tributária que depende de uma ação do sujeito passivo – fato gerador, enquanto num segundo momento o que se vislumbra é a formalização da obrigação tributária pelo sujeito ativo – lançamento.

Assim, na teoria da incidência e aplicação da lei tributária, tem-se três categorias distintas de normas tributárias: as que definem o nascimento da obrigação tributária principal, versando sobre *Direito Tributário Material ou Substantivo,* as que definem o lançamento do tributo, cobrança, fiscalização e controle que são normas de *Direito*

Tributário Formal ou Adjetivo ou Instrumental, além das normas que definem as infrações tributárias e as consequentes penalidades que são normas de *Direito Tributário Penal.*

Ao dispor sobre a o *tempus regit actum*, o art. 144 do CTN dispõe que *o lançamento reporta-se à data da ocorrência do fato gerador da obrigação e rege-se pela lei então vigente, ainda que posteriormente modificada ou revogada.* Em seguida, o § 1° estabelece que *aplica-se ao lançamento a legislação que, posteriormente à ocorrência do fato gerador da obrigação, tenha instituído novos critérios de apuração ou processos de fiscalização, ampliando os poderes de investigação das autoridades administrativas, ou outorgado ao crédito maiores garantias ou privilégios, exceto, neste último caso, para o efeito de atribuir responsabilidade tributária a terceiros.* Por fim, o § 2° dispõe que *o disposto neste artigo não se aplica aos impostos lançados por períodos certos de tempo, desde que a respectiva lei fixe expressamente a data em que o fato gerador se considera ocorrido.*

Como se vê, o lançamento deve se reportar à data da ocorrência do fato gerador para que haja igualdade entre os contribuintes, na exata medida em que o contribuinte inadimplente, atingido pela incidência tributária, deverá sofrer idêntica carga tributária exigida do contribuinte que pagou o tributo, e por isso pode haver a ultratividade da norma, pois mesmo não mais vigente, terá capacidade de produzir efeitos jurídicos no futuro. É nesse sentido que se afirma que o lançamento gera efeitos *ex tunc*, pois se reporta à data do fato gerador, e embora aparentemente disponha somente sobre o lançamento, a norma em questão recebe tratamento equiparado à norma de direito material.

Por outro lado, a norma tributária formal se aplica à lei atual, tal como dispõe o art. 144, § 1°, no sentido de que aplica-se ao lançamento a legislação que institua novos critérios de apuração ou processos de fiscalização posteriormente à ocorrência do fato gerador da obrigação, ainda que seja para ampliar os poderes de investigação das autoridades administrativas, ou outorgar ao crédito maiores garantias ou privilégios, exceto, neste último caso, para o efeito de atribuir responsabilidade tributária a terceiros.

Por fim, quanto ao Direito Tributário Penal , deve-se obedecer ao sistema do art. 106 do CTN, no sentido de que a lei se aplica ao fato pretérito, *em qualquer caso, quando seja expressamente interpretativa, excluída a aplicação de penalidade à infração dos dispositivos interpretados, ou, tratando-se de ato não devidamente julgado, quando deixe de defini-lo como infração; quando deixe de tratá-lo como contrário a qualquer exigência de ação ou omissão, desde que não tenha sido fraudulento e não tenha implicado em falta de pagamento de tributo; e quando lhe comine penalidade menos severa que a prevista na lei vigente ao tempo da sua prática.* Embora o dispositivo só se refira a infrações e penalidades, trata-se, como se vê, das raras situações onde se permite a retroatividade das normas do Direito Tributário.

Dessa forma, em se tratando de normas de Direito Tributário Material, será aplicada a lei em vigor no momento do fato gerador; em se tratando de normas de Direito Tributário Formal, será aplicada a lei do momento do lançamento, e em matéria de Direito Tributário Penal, a lei mais benéfica.

6. PRINCÍPIO DA IGUALDADE

Não é difícil conceber a ideia de igualdade que é exaltada desde os primórdios, e cuja noção, segundo Aristóteles, tinha a ver com justiça, de maneira que o justo correspondia ao igual e o injusto ao desigual. De fato, citada no Evangelho de Jesus Cristo segundo São Mateus, o primado da igualdade como sinônimo de justiça orientou ideologias desde a Grécia Antiga, passando pela Carta Magna do Rei João Sem Terra, pelas Revoluções Americana e Francesa, chegando até o Constitucionalismo, sendo correto concluir que a igualdade é a expressão da própria Constituição Federal que a consagra em todos os seus quadrantes.

Tomada a premissa de que a ideia de igualdade é relativamente singela, pode-se chegar à investigação do Princípio da Igualdade, plasmado no caput do art. 5° da Constituição, no sentido de que todos são iguais perante a lei. Em matéria tributária, o Princípio da Igualdade está elencado no art. 150, II, da Constituição Federal e estabelece que é *vedado instituir tratamento desigual entre contribuintes que se encontrem em situação equivalente, proibida qualquer distinção em razão de ocupação profissional ou função por eles exercida, independentemente da denominação jurídica dos rendimentos, títulos ou direitos.*

Também chamado de ***Princípio da Isonomia***, decorre da tradição de que a lei deve tratar igualmente os iguais e desigualmente os desiguais na medida de suas desigualdades, exigindo uniformidade de tratamento para contribuintes que se encontrem na mesma situação jurídica, mas obrigando que a tributação seja desproporcional para contribuintes que estejam em situações diferentes, singularidade que não discrepa dos ensinamentos de Celso Bastos, no sentido de que *"essa maior oneração daqueles que têm mais capacidade contributiva é uma imposição inexorável da isonomia em matéria tributária."*[14]

Trata-se de princípio de grandiosa importância, o que se revela no Preâmbulo da Constituição que consagra a igualdade como valor supremo do Estado Democrático, sendo fato que a igualdade inspira e norteia todo o contexto da Constituição, o que também se reflete no art. 1° que define os fundamentos da República, dispondo em seu parágrafo único, que *todo poder emana do povo, que o exerce por meio de representantes eleitos ou diretamente, nos termos desta Constituição.* De fato, por meio destes dispositivos, denotam-se os valores supremos e os fundamentos do Estado brasileiro, na medida em que a igualdade compõe um valor que deve ser a tônica do texto constitucional.

O dispositivo específico sobre a igualdade no campo tributário nasceu com o escopo de acabar com certas injustiças que existiam em face de benefícios tributários inerentes a determinadas categorias de contribuintes, os quais, em face da posição social ou profissional que ocupavam, gozavam de privilégios tributários nas

---

[14] BASTOS, Celso Ribeiro. *Curso de Direito Financeiro e de Direito Tributário.* São Paulo: Ed. Saraiva, 1991, p. 120.

Constituições anteriores[15]. Atualmente, independente da atividade que se exerça, todos os contribuintes devem ser tributados isonomicamente, já que não mais se justificam os antigos privilégios, prevalecendo a lógica de que qualquer ocupação profissional ou função, independente da denominação jurídica do título, rendimento ou direito, será suscetível de tributação nos mesmos termos em relação aos demais contribuintes.

O importante é ter em mente que a igualdade tributária pode e deve legitimar tratamento diferenciado entre contribuintes, de maneira que em certas situações, o *discrímen* estará presente para preservar o princípio. O que não se admite são discriminações fundadas em diferenças de sexo, religião, raça, origem, cor da pele e idade, além dos critérios já mencionados relativos à ocupação profissional ou função exercida.

O Princípio da Igualdade tributária está imbricado com vários outros dispositivos da Constituição que visam instituir o tratamento isonômico, e se manifesta em outros princípios menores que dele são decorrentes, tais como o Princípio do Caráter Pessoal (ou da personalização), o Princípio da Capacidade Contributiva, o Princípio da Uniformidade Geográfica, além de outros que serão analisados a seguir.

7. PRINCÍPIO DO CARÁTER PESSOAL

O Princípio da Personalização ou do Caráter Pessoal é aquele pelo qual os impostos deverão ser pessoais, sendo definido no mesmo dispositivo constitucional que estabelece o Princípio da Capacidade Contributiva. Nesse sentido, consoante dispõe o art. 145, § 1° da Constituição, *sempre que possível, os impostos terão caráter pessoal e serão graduados segundo a capacidade econômica do contribuinte.*

A análise desse princípio se baseia na classificação de impostos reais e pessoais, e relembrando os ensinamentos de Geraldo Ataliba, "*são impostos reais aqueles cujo aspecto material da hipótese de incidência limita-se a descrever um fato, ou estudo de fato, independentemente do aspecto pessoal, ou seja, indiferente ao eventual sujeito passivo; estas condições são desprezadas, não são consideradas na descrição do aspecto material da hipótese de incidência (o que não significa que a hipótese de incidência não tenha aspecto pessoal; tem, porém , este é indiferente à estrutura do aspecto material ou do próprio imposto). São impostos pessoais, pelo contrário, aquele cujo aspecto material da hipótese de incidência leva em consideração certas qualidades, juridicamente qualificadas, dos possíveis sujeitos passivos.*"[16]

---

15 A história registra privilégios a certas categorias como os militares, políticos e magistrados que pagavam Imposto de Renda sobre a menor parte de sua remuneração, a parte fixa, enquanto a parte variável ficava fora da incidência do IR. Ministro da Fazenda do Governo José Sarney (1986), Dílson Funaro apresentou estudos acerca da necessidade de modificação da legislação do IR, resultando em projeto que acabava com privilégios daqueles contribuintes. Não convertido em lei, decidiu-se que o projeto seria discutido no Congresso através de Emenda Parlamentar, sendo enviado ao Congresso para discussão. Diante de pressões que levaram o Presidente a ameaçar editar as mudanças via Decreto-lei, na véspera do término do ano de 1987, o projeto foi aprovado às pressas pelo Congresso, resultando na Lei n° 7.450/87, muito embora não houvera sido votada a Emenda Parlamentar que suprimia os privilégios, o que somente ocorreu com a promulgação da Constituição de 1988.

16 Op. cit., p. 125.

Assim, os impostos reais são aqueles onde a hipótese de incidência privilegia o aspecto material, e nesse caso a indagação que se faz é *sobre o que se paga o tributo?*, ao passo que nos impostos pessoais a hipótese de incidência privilegia o aspecto subjetivo, de onde deriva a pergunta *quem paga o tributo?*

Dessa forma, a Constituição recomenda que os impostos tenham caráter pessoal por entender que os impostos pessoais atendem com maior ênfase a justiça fiscal no caso concreto. No entanto, fica claro que a dicção constitucional do princípio reconhece que nem todos os impostos podem ser pessoais, o que se justifica pela própria estrutura do imposto, já que alguns simplesmente não têm como ser pessoais, restando-lhes o caráter real. Por isso, quando a estrutura do tributo assim permitir, e visando obedecer ao desiderato constitucional da igualdade, o tributo deverá ter caráter pessoal.

8. Princípio da Capacidade Contributiva

O Princípio da Capacidade Contributiva é o desdobramento do Princípio da Igualdade com a singularidade de ser lastreado em critério expressamente definido, ou seja, a capacidade econômica do contribuinte. A igualdade em si é um valor que pode se vislumbrar sobre diferentes aspectos, mas a capacidade contributiva se estriba especificamente na capacidade econômica.

Portanto, o Princípio da Capacidade Contributiva é a manifestação do Princípio da Igualdade, estando autorizado o tratamento desigual entre contribuintes, instituindo-se a discriminação em função da riqueza – patrimônio, renda ou qualquer outro sinal de riqueza tributável. Como se vê, a capacidade contributiva guarda perfeita coerência com o Princípio da Igualdade, uma vez que não estabelece nenhum fator discriminatório sobre raça, cor, origem, sexo, idade ou religião.

O Princípio da Capacidade Contributiva, assim como ocorre com o caráter pessoal, está previsto no § 1° do art. 145 da Constituição Federal, cuja dicção, repita-se, dispõe que *sempre que possível, os impostos terão caráter pessoal e serão graduados segundo a capacidade econômica do contribuinte.* Segundo Roque Antonio Carrazza, esse princípio informa a tributação por meio de impostos e "*hospeda-se nas dobras do princípio da igualdade e ajuda a realizar, no campo tributário, os ideais republicanos...O princípio da capacidade contributiva, informador da tributação por meio de impostos, está intimamente ligado ao princípio da igualdade e é um dos mecanismos mais eficazes para que se alcance a tão almejada Justiça Fiscal.*"[17]

Conforme se observa no preceptivo analisado, o contribuinte que demonstra maior capacidade econômica deve pagar desproporcionalmente mais do que o de menor capacidade econômica. Sendo derivado da igualdade, a capacidade contributiva sugere que a lei tributária deve buscar alcançar todas as capacidades econômicas individuais e em suas devidas medidas, tributando a todos de forma semelhante, com base em valores de justiça e igualdade.

---

[17] Op. cit., p. 86.

Em suma, a capacidade contributiva é uma forma de especializar a aplicação do princípio da isonomia, de tal maneira que o contribuinte deverá sofrer encargos exponencialmente maiores a medida em que aumentarem os seus sinais de riqueza.

8.1. A expressão "sempre que possível"

Não há a menor dúvida que a expressão *sempre que possível* se aplica ao Princípio do Caráter Pessoal, de maneira que a norma constitucional que recomenda a pessoalidade dos impostos tem nítida natureza programática.

Em face do caráter restritivo da expressão, resta saber se essa intrigante locução também se aplica em relação à capacidade contributiva. Não há consenso na doutrina e existem aqueles que sustentam que o conteúdo semântico da expressão analisada não se aplica à capacidade contributiva, de maneira que todos os impostos deveriam ser dimensionados com base no princípio sob comento. Essa é a posição adotada por José Maurício Conti, ao anotar que *a "expressão 'sempre que possível', contida no art.145, § 1º, da Constituição, refere-se apenas ao caráter pessoal dos impostos, haja vista que nem todos os impostos podem ter caráter pessoal. Todos os impostos, no entanto, sujeitam-se ao princípio da capacidade contributiva."*[18]

Para outra parte da doutrina, a expressão *sempre que possível* encerra apenas uma recomendação ao legislador disposta em norma programática, mas como quer que seja, sempre que a regra matriz de incidência do imposto o permitir, deverá ele ter caráter pessoal e ser graduado segundo a capacidade econômica do contribuinte. De fato, alguns impostos possuem uma configuração singular, e por isso tem-se entendido que eles não poderiam se enquadrar ao dispositivo, não podendo por isso obedecê-lo. Isso ocorreria com alguns impostos indiretos, como o ICMS e o IPI, onde a carga tributária não recai sobre a pessoa que pratica o fato imponível (contribuinte de direito), mas sim sobre a pessoa que paga o preço da mercadoria ou produto (contribuinte de fato). Dessa forma, os *impostos diretos*, aqueles em que a carga tributária é suportada pela pessoa que pratica o suporte fático, poderiam ser inseridos no contexto do Princípio da Capacidade Contributiva, e por isso é que os impostos diretos são chamados de *impostos que não repercutem* pois não admitem que uma terceira pessoa venha a arcar com a carga tributária. Roque Antonio Carrazza reconhece que "*se for da índole constitucional do imposto, ele deverá obrigatoriamente ter caráter pessoal e ser graduado de acordo com a capacidade econômica do contribuinte. Ou melhor: se a regra matriz do imposto (traçada na CF) permitir, ele deverá necessariamente obedecer ao princípio da capacidade contributiva... Impostos há, porém, que, por sua natureza, não permitem que se atenda ao princípio da capacidade contributiva. É o caso do ICMS que, positivamente, com ele não se coaduna. De fato, a carga econômica desse*

---

18 CONTI, José Maurício. *Princípios tributários da capacidade contributiva e da progressividade.* São Paulo: Dialética, 1997, p. 97.

imposto é repassada para o preço da mercadoria. Quem a suporta, não é o contribuinte, mas o consumidor final da mercadoria."[19]

O art. 145, § 1°, da Constituição prevê que os impostos terão caráter pessoal, além de serem graduados segundo a capacidade contributiva, e dessa redação pode-se entender que a expressão *sempre que possível* se dirige à necessidade de que os impostos tenham caráter pessoal, situação que não se confunde com a capacidade econômica do contribuinte. A expressão parece dirigir-se somente à necessidade de que os impostos tenham caráter pessoal, isso porque o princípio da capacidade contributiva seria peremptório, e por se tratar de princípio universal, não admitiria a expressão *sempre que possível.*

Assim, todos os impostos deveriam ser graduados segundo a capacidade econômica do contribuinte, independente de serem reais ou pessoais, mas nem todos podem ser pessoais em função da estrutura do tributo, apesar da recomendação constitucional dirigida ao legislador de que os impostos deverão ter caráter pessoal, evitando-se os impostos reais e dando preferência aos pessoais, tal como ocorre em países onde predominam impostos pessoais e diretos. De qualquer maneira, ainda é consagrada no STF a classificação dos impostos em pessoais e reais, bem como os diretos e indiretos, mesmo que seja impossível afastar o pior aspecto dos impostos reais e indiretos que consiste na *regressividade.*[20]

8.2. O critério da progressividade

A progressividade tem a finalidade de minimizar os efeitos da tributação injusta, sendo decorrência do Princípio da Capacidade Contributiva. A ideia é que os contribuintes com maior capacidade econômica devam suportar carga tributária maior, o que identifica a progressividade com a desproporcionalidade, já que se impõe o aumento da carga tributária na medida em que se observa o aumento do sinal de riqueza tributado. Forçoso reconhecer que a progressividade é corolário da capacidade contributiva pois corresponde à justiça fiscal no caso concreto, conferindo densidade ao Princípio da Igualdade.

Ao contrário do que alguns pensam, o vocábulo que designa a progressividade não é a proporcionalidade, mas desproporcionalidade, já que a ideia de proporção diz respeito à simetria, igualdade entre duas razões, e por isso, onde houver proporção não haverá progressividade. Dessa forma, a desproporção pode aqui ser considerada em seu caráter discriminatório, por vezes necessário para conferir desigualdade entre contribuintes que se encontrem em situações distintas, sempre para preservar o valor da justiça.

---

[19] Op. Cit., p. 87.

[20] A regressividade é sinônimo de injustiça fiscal. Exemplificando, se um mesmo produto ou mercadoria é comprado por um contribuinte rico, será pouco tributada em face de sua capacidade contributiva, mas se o consumidor for um contribuinte pobre, para este a carga tributária terá sido muito maior pois representa um percentual maior de sua riqueza. De qualquer maneira, a verdade é que não existe nenhum sistema no mundo onde só existam impostos pessoais.

A aplicação da progressividade em matéria tributária é tema de acirrada polêmica na doutrina, havendo aqueles que defendem sua aplicação a todos os tributos, como é o caso de José Marcos Domingues de Oliveira. Confira-se: "*O princípio da capacidade contributiva, enquanto pressuposto e critério de graduação e limite do tributo, aplica-se não só ao imposto mas também às demais espécies tributárias, pois em todas elas trata-se de retirar os recursos econômicos dos particulares para transferi-los ao setor público.*[21] Outros ainda, como decorrência do Princípio da Capacidade Contributiva, defendem-no como inerentes aos impostos, sem distinção, posição adotada por Roque Antonio Carrazza. [22] Enfatize-se a posição adotada por Marciano Buffon, no sentido de que "*a tributação progressiva – de acordo com a efetiva capacidade econômica – pode ser implementada em relação a todos os tributos não vinculados (impostos) e com algumas restrições em relação aos tributos vinculados (taxas, contribuição de melhoria, empréstimos compulsórios e contribuições especiais). Quanto aos impostos, não é possível vislumbrar nenhum óbice à progressividade, mesmo em se tratando de impostos de natureza real (IPTU, ITBI) ou impostos indiretos (ICMS, IPI).*" [23]

O fato é que até recentemente, vinha prevalecendo no Supremo Tribunal Federal o entendimento no sentido de que a progressividade somente teria lugar quando prevista na Constituição[24], e sobre isso, explica Aires Fernandino Barreto que '*a Constituição satisfez-se com o exigir que os tributos fossem proporcionais... Apenas em alguns casos, expressamente contemplados, a Magna Carta previu que fossem progressivos. Estabeleceu como princípio geral o da proporcionalidade e como princípio específico o da progressividade. Prevalente esse entendimento segue-se que a progressão das alíquotas dos impostos não é admitida da pela Constituição de 1988, senão nos casos expressamente especificados.*"[25]

No entanto, em fevereiro de 2013, por maioria dos votos, o Plenário do Supremo Tribunal Federal proveu o Recurso Extraordinário nº 562.045, julgado em conjunto com outros nove processos que tratam da progressividade na cobrança do Imposto sobre a Transmissão *Causa Mortis* e Doações (ITCMD, lá chamado de ITCD) no Estado do Rio Grande do Sul. A Fazenda do Estado do Rio Grande do Sul, autora do recurso, reclamava a reforma de decisão exarada pelo Tribunal de Justiça do Rio Grande do Sul, o qual entendeu ser inconstitucional a progressividade da alíquota do ITCD que variava de 1% a 8%, prevista no artigo 18 da Lei gaúcha nº 8.821/89, e determinou a aplicação da alíquota de 1%. Após o reconhecimento da repercussão geral, a matéria julgada na sessão de 06 de fevereiro de 2013, com a apresentação de voto-vista do

---

21 DOMINGUES DE OLIVEIRA, José Marcos. *Direito Tributário – Capacidade Contributiva: conteúdo e eficácia do princípio*. 2ª Ed. Rio de Janeiro: Editora Renovar, 1998, p. 51.

22 Op. cit., p. 87.

23 BUFFON, Marciano. *O princípio da progressividade tributária na Constituição Federal de 1988*. São Paulo: Memória Jurídica Editora, 2003, p. 144.

24 **ADC 8-MC**, Rel. Min. Celso de Mello, julgamento em 13-10-1999, Plenário, *DJ* de 4-4-2003.

25 BARRETO, Aires Fernandino. In *Congresso Internacional de Direito Tributário*. IBET. Vitória. 1998. Justiça Tributária: *Direitos do Fisco e Garantias dos Contribuintes nos Atos da Administração e no Processo Tributário*. São Paulo: Max Limonad, 1998, p. 37-38.

ministro Marco Aurélio, onde se ventilou que a questão precisa ser analisada sob o ângulo do princípio da capacidade contributiva, segundo o qual o cidadão deve contribuir para a manutenção do Estado na medida de sua capacidade, sem prejuízo da própria sobrevivência. Nesse sentido, entendeu-se que a regra instituída pelo Estado do Rio Grande do Sul admitiu a progressão de alíquotas sem considerar a situação econômica do contribuinte, no caso, o destinatário da herança. Conforme o ministro, a progressão de alíquotas poderia até compelir alguém a renunciar à herança simplesmente para evitar a sujeição tributária. "A herança vacante acaba por beneficiar o próprio Poder Público, deixando abertas as portas para a expropriação patrimonial por vias transversas", salientou. Acompanhando o relator Ministro Ricardo Lewandowski, o ministro Marco Aurélio reconheceu a impossibilidade da cobrança progressiva do ITCD, *"sem aderir à interpretação atribuída pelo relator ao artigo 145, parágrafo 1º, da Lei Maior, no sentido de que só a Constituição poderia autorizar outras hipóteses de tributação progressiva de impostos reais"*.

Não obstante, ambos ficaram vencidos, já que a maioria dos ministros votou pelo provimento do recurso extraordinário, observando que em ocasião anterior, os ministros Eros Grau (aposentado), Menezes Direito (falecido), Cármen Lúcia, Joaquim Barbosa, Ayres Britto (aposentado) e Ellen Gracie (aposentada) manifestaram-se pela possibilidade de cobrança em caráter progressivo. No julgamento levado a termo em 07/02/2013, os ministros Teori Zavascki, Gilmar Mendes e Celso de Mello uniram-se a esse entendimento, concluindo que a progressividade do Imposto sobre a Transmissão Causa Mortis e de Doações não é incompatível com a Constituição Federal nem fere o princípio da capacidade contributiva. Dessa forma, a Corte aplicou o mesmo entendimento a outros nove Recursos Extraordinários, quais sejam os REs 544298, 544438, 551401, 552553, 552707, 552862, 553921, 555495 e 570849, todos de autoria do Estado do Rio Grande do Sul.

Sendo assim, o STF passa a sinalizar no sentido de que a progressividade não se restringe mais somente aos casos efetivamente previstos na Constituição Federal.

De qualquer maneira, é bom ressaltar que no texto constitucional é possível identificar-se regra expressa sobre a progressividade do Imposto de Renda no art. 153, § 2º, I, no sentido de que a progressividade do Imposto sobre a Renda será definida nos termos da lei, e o critério a ser utilizado em sua progressividade será a própria renda. No caso do IPTU, o art. 156, § 1º, I, define a progressividade *em razão do valor do imóvel*, mas o inciso II autoriza alíquotas diferentes *de acordo com a localização e o uso do imóvel*. Além disso, o art. 182, § 4º, II, também disciplina uma modalidade de progressividade permitindo que o Poder Público Municipal, mediante lei específica para área incluída no plano diretor, possa exigir, nos termos de lei federal, que o proprietário do solo urbano não edificado, subutilizado ou não utilizado, promova seu adequado aproveitamento, sob pena de IPTU *progressivo no tempo*. A progressividade do IPTU é mais complexa porque adota múltiplos critérios, sendo o último baseado na *função social da propriedade*.

Ademais, em relação ao ITR, o art. 153, § 4°, I, da Constituição estabelece que o imposto será progressivo e terá suas *alíquotas fixadas de forma a desestimular a manutenção de propriedades improdutivas,* critério também baseado na *função social da propriedade*.

Por fim, segundo disposição do art. 155, § 6°, II, da CF, acrescentado pela Emenda Constitucional n° 42/2003, o IPVA poderá ter alíquotas diferenciadas em função do tipo e utilização, demonstrando outra faceta da progressividade.

Convém frisar que no julgamento do RE n° 602.347 decidido com repercussão geral, o STF considerou que "*declarada inconstitucional a progressividade de alíquota tributária, é devido o tributo calculado pela alíquota mínima correspondente, de acordo com a destinação do imóvel.*"

9. Princípio do Sinal de Riqueza

Já que o tributo consiste na expropriação de parcela de riqueza do contribuinte pelo Estado, é impossível dissociar a compreensão do fenômeno tributário de uma concepção de caráter econômico. De fato, a atividade tributária tem direta implicação na produção e circulação de bens, produtos e serviços, e a pretensão de conceber uma teoria sobre os signos presuntivos de riqueza no Direito Tributário permeia um caminho que atravessa questionamentos acerca dos pressupostos teóricos da ciência econômica.

Nesse sentido, investigando o assunto com profundidade, Paulo Caliendo especula sobre a importância das indagações teóricas do aspecto econômico para compreensão do fenômeno jurídico da tributação. Em sua visão, os estudos sobre a análise econômica do direito – *Law and Economics* – engendrados a partir de 1960 nos Estados Unidos buscavam uma reação ao pensamento predominante no mundo jurídico no sentido de que o direito deve ser entendido como uma disciplina autônoma, pautada numa realidade estanque.[26]

Decididamente não há como afastar o fenômeno jurídico-tributário de sua realidade social e econômica, de tal maneira que os fundamentos de validade e eficácia do sistema jurídico devem ser analisados levando-se em consideração valorações de caráter econômico. Apesar disso, não é intenção deste trabalho formular a explicação para a teoria do sinal de riqueza a partir dos pressupostos da ciência econômica, já que se pretende seja definida uma construção jurídica à análise teórica em questão, mesmo porque a economia não explica o direito, mas interfere diretamente nele, da mesma forma que a tributação exerce influência fundamental na economia, conforme reconheciam as doutrinas de Adam Smith e John Stuart Mill.

É particularmente importante observar que não é possível pretender conceber uma categoria jurídica dessa natureza sem que haja uma prospecção no estudo da distribuição e repartição de riquezas na sociedade. E isso ocorre porque os postulados que

---

26 CALIENDO, Paulo. *Direito Tributário e Análise Econômica do Direito*. 1ª Ed. Rio de Janeiro: Ed. Campus Elsevier, 2008, p. 9.

se pretende sejam reconhecidos implicam uma modificação na forma de interpretar a atual compostura normativa da expropriação de riquezas pelo poder público e numa nova configuração do sistema tributário.

As implicações da adoção de uma nova teoria sobre o sinal de riqueza podem acarretar um remanejamento de valores que envolva a alteração na estrutura do sistema, na medida em que parte da riqueza oriunda da tributação deixaria de ser retirada de uma parcela da coletividade. Nesse contexto, é evidente que haveria uma inflexão econômica no fenômeno tributário, o que poderia redundar num contraponto definido por ato de Governo, já que num segundo momento o sistema poderia ser redefinido com vistas a compensar a diminuição da arrecadação.

Por tal motivo, novas teorias que pretendam realinhar o sistema tributário para torná-lo mais justo devem contemplar soluções que não impliquem o desaparelhamento estatal e ademais, considerar as eventuais contrapartidas na política fiscal do Governo de modo a não permitir retrocesso no custeio das despesas necessárias à efetivação dos direitos fundamentais.

Assim, se a tributação é também um fenômeno político, social e econômico, qualquer ideia que se pretenda construir que implique uma nova ordem de prioridades necessita que o debate seja sedimentado em nível metajurídico, e somente após a composição do discurso que vise suprimir as incertezas no âmbito da ciência política e econômica é que se poderá conferir, mediante o consenso das partes envolvidas no processo, a estabilidade e a legitimidade necessárias a uma teoria jurídica baseada nos signos de riqueza, a partir da qual possamos falar num princípio jurídico baseado no sinal de riqueza.

De tal arte, uma teoria baseada nos signos presuntivos de riqueza partiria de duas premissas iniciais. A primeira se baseia na classificação jurídica dos tributos, no sentido de que os impostos, por serem tributos não vinculados, possuem como pressupostos fáticos uma atividade designativa de riqueza, distinta de qualquer atividade estatal. Nesse sentido, paga-se imposto sem qualquer contrapartida para custear as despesas gerais do Estado, e paga-se somente por força da riqueza experimentada e nada mais. Por essa lógica, quem exibe sinal de *riqueza*, na acepção particularmente concebida pelo sistema tributário constitucional, tem o dever fundamental de pagar imposto.

Aqui repousa uma desafortunada conclusão, a de que em matéria de impostos o sujeito passivo não tem direito a qualquer contraprestação estatal diretamente a ele referida, uma vez que contribui com o custo estatal simplesmente pelo fato de exibir riqueza.

A segunda premissa é a de que o Estado existe em função das pessoas a quem tem o dever de servir, de maneira que o Estado é servidor e não servido, repetindo humanamente uma afirmação que já fizera no início deste compêndio. Ademais, deve o Estado garantir o mínimo existencial e a dignidade das pessoas a ele vinculadas.

Por isso, para que se outorgue um suporte de consenso, legitimidade e validade ao Estado moderno, numa República Democrática não deveriam ser todos os indivíduos submetidos ao custeio do aparelho estatal, mas apenas aqueles que evidenciam signos presuntivos de riqueza, encampando essa habitual e irrequieta expressão cunhada por prodígios da doutrina e tão bem digerida na ciência jurídica.

Como se percebe, essas premissas não são antitéticas, pois sua cognição preenche as faces de uma mesma moeda já que a primeira representa um dever fundamental do contribuinte de pagar impostos se demonstrar riqueza e a segunda o dever do Estado de garantir a dignidade da pessoa e o mínimo existencial. Assim, se a República Federativa do Brasil tem como objetivo fundamental a erradicação da pobreza, *ex vi* do art. 3°, III da Constituição, está claro que o Estado não está autorizado a tributar a pobreza.

Em verdade, a análise do sintoma que investiga a intensidade da riqueza no fenômeno tributário guarda certa proximidade com os estudos que analisam a intensidade da conduta na ciência criminal. Daí, não é nenhuma novidade que no âmbito do Direito Penal já se encontra sedimentado o estudo da teoria que reconheceu e consagrou o Princípio da Insignificância, construído sobre as pilastras do Princípio da Dignidade Humana, reconhecido como orientador do Estado Democrático de Direito. Segundo preleciona Fernando Capez, da dignidade humana derivam outros princípios mais específicos que propiciam um controle de qualidade no direito, como é o caso do Princípio da Insignificância, ou Princípio da Bagatela.[27]

Mesmo no Direito Tributário não há nenhuma novidade sobre o critério que mede a intensidade da riqueza como fator preponderante para fundamentar a tributação, remetendo ao decantado Princípio da Capacidade Contributiva, derivado do Princípio da Igualdade, e que numa perspectiva econômica do fenômeno tributário, leva em consideração o talento pessoal para gerar e acumular riquezas.

No entanto, conforme se verificará, o Princípio do Sinal de Riqueza atinge quadrantes muito mais distantes do que os Princípios da Insignificância e da Capacidade Contributiva, embora se reconheça algo que nos parece evidente, já que há uma aproximação desse novo postulado não só com o Princípio da Capacidade Contributiva, mas também com os Princípios da Dignidade da Pessoa, do Mínimo Existencial, assim como os Princípios da Razoabilidade e da Proporcionalidade.

Assim, uma teoria do sinal de riqueza aplicada aos impostos designaria a sua edificação não com base em uma, mas em várias garantias constitucionais à tributação razoável, pautadas nos princípios jurídicos acima elencados. E a denominação de *Princípio do Sinal de Riqueza*, como forma de garantia constitucional à tributação razoável é sugerida a partir do estudo da teoria que investiga os signos presuntivos de riqueza inerente à tributação pela via dos impostos, figura tributária que denota um pressuposto fático relacionado exclusivamente à riqueza experimentada pelo contribuinte.

Essa teoria é aqui proposta a partir de uma interpretação sistemática da Constituição à luz dessas garantias constitucionais, e a ideia deste trabalho é estabelecer proposições gerais para o reconhecimento do *Princípio do Sinal de Riqueza*, cujo enfoque implica na tributação por meio de impostos somente nas hipóteses em que a materialidade demonstrar efetiva riqueza, ou em outras palavras, quando não configurar sinal de pobreza.

---

[27] CAPEZ, Fernando. *Curso de Direito Penal, Parte Geral*. Vol. 1. 9ª Ed. São Paulo: Editora Saraiva, 2005, p.9.

O Princípio do Sinal de Riqueza possui amplitude que permite vislumbrá-lo sob duas conotações distintas. Numa primeira aproximação, onde não existir efetiva riqueza demonstrada com a régua da capacidade contributiva, da razoabilidade e da proporcionalidade, haverá imunidade na tributação dos impostos, uma imunidade implícita, à evidência. Numa segunda perspectiva, o reconhecimento desse princípio ensejará a não incidência em sentido estrito por simples ausência do pressuposto fático, tornando a tributação proibida por atipicidade.

O que desperta para essa reflexão sobre nosso Sistema Tributário Nacional e que legitima extrair esse sentido se baseia na ideia de que nos modelos contemporâneos das Repúblicas Sociais e Democráticas, o Estado existe para prover os direitos fundamentais da pessoa, tendo o dever de implementar políticas públicas e prestar os serviços públicos necessários para que esses direitos sejam efetivados.

Conforme analisamos anteriormente, o Estado existe em função dos cidadãos, e não o contrário, e como forma de garantir os objetivos fundamentais da República, deve atuar em função daqueles que contribuem para sua existência, definindo suas políticas a partir de uma premissa vinculada à sobrevivência e ao bem estar das pessoas, já que sua configuração, enquanto pessoa jurídica de direito público, somente se perfaz por causa dos indivíduos aos quais deve servir.

Vimos discorrendo que o Estado é servidor e não servido e os serviços públicos devem ser prestados pelo Estado ou por quem lhe faça as vezes, em função de seus concidadãos, já que tais pessoas são a razão de ser do Estado.

Daí é legítimo indagar se o poder estatal goza de prerrogativa para tributar todas as hipóteses de propriedade, renda, produção, circulação e consumo de bens, produtos e serviços, ou se em função de uma amplitude emprestada à interlocução constitucional, podemos produzir consequências para além da teoria da legislação, postulando uma hermenêutica constitucional fundada nos valores do neoconstitucionalismo para os fins de formular uma correção funcional do Sistema Tributário Nacional que limite ainda mais o exercício da competência tributária, exigindo que somente os portadores de riqueza concorram para a tributação por meio de impostos, notadamente porque tais tributos não se vinculam a nenhuma atividade estatal e se estribam nos traços que evidenciam a riqueza experimentada pelo sujeito passivo.

Em seu clássico *Law's Empire*, Ronald Dworkin ensina que esse esforço interpretativo na busca da verdadeira dicção da norma, inclusive a norma constitucional devo advertir, deve se orientar por um ideal político de integridade de maneira a desvendar a finalidade interna de todo o sistema normativo. Não resta dúvida que a finalidade da norma fundamental não é outra senão a garantia da dignidade da pessoa e do mínimo existencial, estando evidenciado que esse mínimo não pode ser tributado.

De fato, atentando-se a todos os referenciais válidos, especialmente aqueles consagrados nos valores da razoabilidade, proporcionalidade, igualdade e dignidade da pessoa, a melhor interpretação conduz à compreensão de que a Constituição não deseja a tributação da pobreza. Assim, na visão de Dworkin, não se trata de observar empiricamente os parâmetros do contexto normativo, mas uma verdadeira especulação sobre as concepções de como o Direito deve ser interpretado de modo a obter um enunciado normativo válido.[28]

Sendo assim, uma investigação entranhada da Constituição permite concluir que o fenômeno tributário existe para satisfazer as necessidades dos titulares do poder na República, de tal maneira que o sistema deve sobreviver determinado por uma objetividade tal que somente legitime a tributação como forma de justificar a atuação estatal em fomento à construção de uma sociedade justa e solidária, ao desenvolvimento nacional e à redução das desigualdades sociais, e como antídoto à miséria, à pobreza e à marginalização.

É intuitivo que a relação Estado-cidadão naturalmente tenda a se inclinar em desfavor do indivíduo, e sobretudo no fenômeno tributário, deve se buscar a tangibilidade do sistema à luz da lei da ponderação. Sob esse enfoque, Klaus Adomeit adverte que "*o Estado sempre foi objeto da filosofia. Nenhuma outra instituição mostra uma dupla face tão crassa: prometedor da felicidade – mas também o terror dos terrores. Também refletir sobre o Estado – ao contrário que sobre 'o ser', mas que sobre 'o destino' – promete melhorar algo.*"[29]

Resulta do exposto que essas garantias constitucionais à tributação razoável tornam possível não só a investigação acerca da capacidade econômica do contribuinte como afirmação do Princípio da Igualdade, mas até mesmo a especulação sobre a ausência de capacidade econômica, e sob esse mesmo encadeamento lógico, chega-se a conclusão que do ponto de vista da igualdade, os impostos, mais do que quaisquer outros tributos, permitem a especulação do sinal de riqueza sobre o qual se debruça a tributação.

Por isso, procedendo-se a uma interpretação teleológica da Constituição, é possível identificar um propósito da norma constitucional, abrigado sob o manto dos postulados já mencionados, no sentido de que o fim primordial da lei tributária em matéria de impostos é a tributação exclusiva da riqueza, conceito a partir do qual se entorna a teoria sob análise.

Especialmente em relação a essa figura impositiva que tributa os fatos econômicos de *per se* sem qualquer correspondência às prestações do Poder Público, do ponto de vista estritamente jurídico não há permissivo constitucional para que o Estado tribute situações que não configurem um sinal de riqueza, e a bem da verdade, devo esclarecer que essa proposição dogmática não se afasta do regime jurídico tributário como um todo, podendo se adequar aos demais tributos.

No entanto, em relação aos impostos fica evidenciado, como decorrência lógica da capacidade contributiva, que somente a riqueza deve ser tributada, e não a ausência dela. Assim, fica proibido o exercício da competência tributária por meio de impostos em relação aos sinais de pobreza, tratando-se de verdadeira norma constitucional de imunidade implícita.

---

28 DWORKIN, Ronald. *O Império do Direito*. Tradução de J. L. Camargo. 2ª Ed. São Paulo: Editora Martins Fontes, 2007, passim. Original edition, Law's empire, 1986.

29 Op. cit., p.9.

Dessa forma, a tributação permitida constitucionalmente para os impostos é aquela que se opera sobre o conceito constitucional de riqueza, cujo conteúdo deve demonstrar não somente a propriedade, produção, circulação ou consumo de qualquer bem, produto ou serviço, mas a exibição de um sintoma que identifique saúde econômica. A riqueza tributada é a riqueza auspiciosa, construída sob a lógica do razoável, a qual deve ser experimentada pelo contribuinte de impostos.

Nesse sentido, está permitida a tributação da ***riqueza razoável***, aquela que demonstra traços de virtude econômico-financeira, e não simplesmente o exercício de um direito fundamental ou o direito ao mínimo existencial. Sem riqueza razoável não há falar-se em tributação por meio de impostos.

Disso resulta que está implicitamente proibida a tributação de fenômenos que expressem pobreza, assim identificada em sintomas que demonstrem senão meios de sobrevivência, como garantia mínima de preservação do Princípio da Dignidade da Pessoa.

Como vimos de ver, outro desdobramento dessa teoria sugere que pode surgir, a partir do reconhecimento desse preceptivo normativo implícito, a proibição de tributar sintomas que não caracterizem a efetiva ocorrência do pressuposto fático.

Dessa forma, quando o Princípio do Sinal de Riqueza não for reconhecido como NORMA DE NÃO INCIDÊNCIA EM SENTIDO ESTRITO por ausência do pressuposto fático, ou seja, pela não ocorrência do fato gerador, poderá ser identificado como NORMA DE IMUNIDADE IMPLÍCITA, isso porque, mesmo preenchido o pressuposto fático e excluída hipótese que configure atipicidade, o caso concreto poderá configurar uma limitação constitucional ao poder de tributar em face da ausência de riqueza.

Como norma imunizante implícita em relação à tributação da pobreza, os entes tributantes estão proibidos de exercer a competência tributária para atingir situações que não evidenciem efetivo sinal de riqueza, expressão que deve ser tomada com sentido de abundância ou fartura e que demonstre clara demonstração de uma satisfação material do contribuinte, e não a mera satisfação de uma necessidade básica. A *contrario sensu*, toda expressão econômica não condizente com o mínimo existencial poderá ser tributada pela via dos impostos sem abalo ao Princípio do Sinal de Riqueza.

Para atingir uma configuração normativa desse jaez, há necessidade de um refinamento teórico que reconheça não ser a interpretação da Constituição um evento exclusivamente estatal, e nesse sentido, a filtragem democrática da Constituição preconizada por Peter Haberle demonstra que "*deverão ser contemplados, num contexto mais sistemático, os objetivos e os métodos, bem como os participantes da interpretação constitucional, considerando as consequências e as novas indagações para a interpretação constitucional jurídica e para a teoria constitucional*".[30]

Assim, os destinatários do Sistema Tributário Nacional devem participar da interpretação da Constituição Federal desempenhando uma função auxiliar de tal maneira que a opinião pública democrática e pluralista atue como participante no processo de decantação da norma fundamental. Sob o enfoque da teoria de Haberle, não haveria

[30] HABERLE, Peter. *Hermenêutica Constitucional*. Tradução de Gilmar Ferreira Mendes. Porto Alegre: Sérgio Antonio Fabris Editor, 2002, p. 20.

motivos para impedir que a interpretação aberta e democrática da norma constitucional tributária fosse efetivada, em última análise, pelos seus destinatários diretos, os contribuintes que concorrem para o sustento do Estado, os verdadeiros interessados no reconhecimento desse direito.

A proibição da cobrança de imposto, uma vez ausente a riqueza ou o pressuposto fático se justifica porque parte da população não detém o dever fundamental de contribuir para a manutenção do Estado, salvo nos tributos que oferecem contraprestação.

Nesse sentido, o Estado não está mais legitimado a tributar situações que impliquem apenas e tão somente no exercício do direito ao mínimo existencial, não ficando mais ao talante dos entes políticos a efetivação da não tributação da pobreza por meio de favores fiscais concedidas no âmbito da legislação ordinária, já que a construção dogmática do preceptivo implícito proíbe o exercício da competência tributária.

Portanto, a partir do conceito constitucional de riqueza extraído com base nas garantias constitucionais à tributação razoável, é possível concluir que o Princípio do Sinal de Riqueza é o princípio constitucional implícito, construído com fundamento na capacidade contributiva, dignidade da pessoa, mínimo existencial, razoabilidade e proporcionalidade, no sentido de que a tributação por impostos fique submetida à comprovação de riqueza razoável.

Em razão disso, é possível reconstruir a regra matriz de incidência dos impostos, de tal maneira que, apenas para mencionar um exemplo ilustrativo, o IPTU terá como aspecto material da hipótese de incidência a locução *"ser proprietário de imóvel urbano"* somente se essa situação configurar riqueza razoável.

O diagrama que segue demonstra as duas vertentes do Princípio do Sinal de Riqueza:

PSR → ausência de riqueza	**Norma de Imunidade Implícita**
PSR → ausência de pressuposto fático	**Norma de não incidência em sentido estrito**

Encarece anotar que a tese ora formulada carece de novos estudos para que atinja uma estabilidade sedimentada no consenso das relações humanas e dos titulares do poder. Conforme salientamos anteriormente, o fenômeno jurídico-tributário está atrelado à realidade social e econômica, razão pela qual os fundamentos de validade e eficácia do sistema jurídico devem se pautar com base em valorações de caráter econômico.

Há, de fato, o risco que uma nova teoria da tributação imponha significativa modificação da distribuição e repartição de riquezas, já que sua fundamentação parte da lógica que permite redefinir e reinterpretar a compostura atual da expropriação de riquezas da maneira como está configurada no sistema tributário.

Em razão disso, é imperioso ressaltar que as implicações acerca da adoção de uma teoria sobre o sinal de riqueza implicaria numa alteração da estrutura do sistema, na medida em que parte da riqueza decorrente da tributação deixaria de ser retirada de uma parcela da coletividade, criando-se o risco de redundar num odioso círculo vicioso criado para compensar o déficit arrecadatório, criando novos dissabores àquela parcela da coletividade que contribui para a geração de riquezas.

Ruim como está, o sistema ficaria ainda pior, daí falar-se em tributação negativa, se o custeio das despesas públicas ficasse à mercê do bom empreendedor e dos seguimentos produtivos da sociedade, permitindo germinar os frutos nefastos da *teoria do benefício*[31], onde o Estado cobra dos produtivos para beneficiar os improdutivos. A teoria do sinal de riqueza precisa ser sedimentada para que não se possibilite a criação de um sistema viciado em que se exija tributo dos diligentes para sustentar os indolentes e os ineficientes, criando inevitáveis incompatibilidades para os ditames de justiça social.

De tal arte, a fim de que não se crie um sistema com formato de tributação negativa, alterando de forma injusta a distribuição de riquezas, é necessário que o princípio que se pretende reconhecer seja cotejado de forma a não prejudicar aqueles que contribuem para a geração de riqueza ou os agentes econômicos que atuam de forma eficiente na sociedade organizada, tudo em função de que o Estado deve garantir o mínimo existencial e a dignidade da pessoa.

9.1. O Princípio do Sinal de Riqueza e o Princípio da Igualdade

É fácil demonstrar que o contribuinte de imposto incapaz de exibir sinal de riqueza se encontra em situação diferenciada em relação ao contribuinte que demonstra virtude econômico-financeira.

Daí, é plenamente justificável a imposição do *discrimine* em favor do contribuinte não agraciado pelo sintoma que autoriza a cobrança dos impostos de uma forma geral.

Sendo assim, a proibição constitucional ao exercício da competência nas hipóteses aventadas se enquadra perfeitamente no postulado consagrado no Texto em relação ao Princípio da Isonomia.

9.2. O Princípio do Sinal de Riqueza e a Capacidade Contributiva

Não resta dúvida que o Princípio do Sinal de Riqueza possui nítida aproximação com o Princípio da Capacidade Contributiva, já que ambos se ligam à noção de que todos os indivíduos devem concorrer para o custeio das despesas públicas na medida de sua capacidade.

No entanto, embora se aproximem, o Princípio do Sinal de Riqueza não se confunde com a capacidade contributiva. De fato, considerado o princípio informador dos impostos

---

[31] A teoria do benefício tem inspiração econômico-filosófica e se baseia no assistencialismo estatal. É considerada inócua sob o ponto de vista das relações de poder, já que implica num falso investimento sem gerar qualquer expectativa de crescimento, razão pela qual é prejudicial à evolução dos modelos sociais.

cujo pressuposto fático não decorre de nenhuma atividade estatal, a capacidade contributiva corresponde à investigação acerca da capacidade econômica do contribuinte como afirmação do Princípio da Igualdade.

Trata-se, como se vê, de norma construída sobre o pressuposto de que existe riqueza, consistindo em importante instrumento que viabiliza o estudo da medida de riqueza tributada com justiça e igualdade no caso concreto.

O Princípio do Sinal de Riqueza, como forma de afirmação de justiça fiscal e igualdade corresponde à proibição do exercício da competência tributária em face da ausência de riqueza, não havendo, portanto, viabilidade em sua utilização como instrumento de avaliação ou cálculo acerca da medida de riqueza a ser tributada, especulação própria da capacidade contributiva.

Nesse sentido, não se permite, sob o enfoque do sinal de riqueza, qualquer especulação sobre o aspecto material da hipótese, uma vez que está ausente o objeto da tributação.

Por outro lado, o sinal de riqueza se aproxima da capacidade contributiva na exata medida em que, estando presente o sinal de riqueza, a tributação deverá, como medida de justiça fiscal no caso concreto, ser medida com a régua da capacidade contributiva.

Dessa forma, enquanto o Princípio da Capacidade Contributiva funciona como dosador de tributação de acordo com a riqueza, o Princípio do Sinal de Riqueza veda a instituição do gravame em razão da ausência de riqueza.

9.3. O Princípio do Sinal de Riqueza e a Dignidade da Pessoa

A dignidade da pessoa é um super princípio que fundamenta a própria existência do Estado Democrático de Direito.

A formulação das ideias que viriam a sugerir o princípio da dignidade da pessoa humana é mencionada em Kant, e seu postulado central evidencia a circunstância de um valor agregado ao ser humano que está alçado numa posição inegociável, acima de qualquer preço. [32]

De tal maneira, a dignidade do ser humano não admite qualquer negociação por que não tem equivalência valorativa, e por isso deve ser preservada como forma de proteger o indivíduo não portador de riqueza contra as investidas do poder estatal.

Dessa forma, o Sistema Tributário Nacional exige um tratamento digno do contribuinte, merecedor de respeito por parte do Estado, a quem compete tributar situações que não causem aflição às necessidades mínimas do ser humano.

Por isso, é condizente associar o Princípio do Sinal de Riqueza ao Princípio da Dignidade da Pessoa, já que o Estado tem o dever de garantir condições existenciais mínimas para uma vida digna e saudável.

---

[32] KANT, Immanuel. *Fundamentação da Metafísica dos Costumes*. Tradução de Antonio Pinto de Carvalho. São Paulo: Companhia Editora Nacional, 1964, passim.

9.4. O Princípio do Sinal de Riqueza e a Razoabilidade e Proporcionalidade

Não é possível negar a estrita ligação do Princípio do Sinal de Riqueza com os Princípios da Razoabilidade e Proporcionalidade.

Compilados sob o primado da justiça, da igualdade e da dignidade da pessoa, e cuja aplicação se pauta na lógica do bom senso, parece evidente que os princípios em questão também atuam como orientadores da teoria aqui tratada.

De fato, o reconhecimento do Princípio do Sinal de Riqueza também pretende demonstrar a necessidade de conformação da prudência e moderação dos atos do Poder Público em relação ao contribuinte, e a proibição da tributação em hipóteses que não evidenciem efetiva riqueza é fator demonstrativo da tributação razoável e prudente.

É curial anotar que a tributação dos impostos sob a mira da teoria do sinal de riqueza demonstra uma garantia do contribuinte no sentido de que será tributado de forma dosada, sob a lógica do razoável, sem excessos, demonstrando uma correlação proporcional entre o fim visado e o meio utilizado.

E da mesma forma como ocorre com a razoabilidade e a proporcionalidade, é de se ressaltar que o sinal de riqueza também está implícito na Constituição, sendo necessários novos estudos para que seja reconhecido como instrumento de afirmação dos direitos fundamentais e controlador do poder estatal.

Nesse diapasão, conforme analisado precedentemente, a riqueza tributada é a riqueza auspiciosa, construída sob a lógica do razoável e deve ser experimentada pelo contribuinte de impostos, razão pela qual somente está permitida a tributação da ***riqueza razoável***, conceito constitucional extraído a partir do sopesamento da riqueza em relação aos princípios garantidores da tributação razoável, de maneira que deve ela demonstrar evidências de virtude econômico-financeira, e não simplesmente o exercício de um direito fundamental ou o direito ao mínimo existencial.

É por isso que se diz que sem riqueza razoável não há falar-se em tributação por meio de impostos, não podendo negar-se a íntima ligação dos postulados da proporcionalidade e razoabilidade com o Princípio do Sinal de Riqueza, pela simples razão de que em matéria de impostos não haverá tributação proporcional e razoável nas hipóteses em que não houver riqueza tributável.

9.5. Implicações práticas do Princípio do Sinal de Riqueza

São inumeráveis as implicações decorrentes do reconhecimento do Princípio do Sinal de Riqueza como norma implícita na Constituição.

Uma ilustração que o demonstra pode ser estabelecida em relação ao Imposto Estadual de Transmissão Causa Mortis e de Doação de quaisquer bens e direitos – ITCMD. No Estado de São Paulo, o art. 12 da Lei nº 10.705 de 28 de dezembro de 2000 estabelece que no cálculo do imposto, não serão abatidas quaisquer dívidas que onerem o bem transmitido, nem as do espólio. Dessa forma, se o espólio possuía um passivo que superava seu patrimônio e se as dívidas podem ser exigidas no inventário, impedindo a transmissão do patrimônio aos sucessores, não há falar-se em riqueza, razão pela qual não poderia haver incidência de imposto, o que torna de duvidosa constitucionalidade o dispositivo legal em comento.

Apesar de valer-se de argumentos distintos, o Tribunal de Justiça de São Paulo aplica o Princípio do Sinal de Riqueza em relação ao ITCMD quando reconhece que a base de cálculo corresponde apenas ao patrimônio efetivamente transferido aos herdeiros, após o pagamento das dívidas, não devendo ser incluídas as dívidas do *de cujus*, o que resulta de singular raciocínio lógico. Nesse sentido, o acórdão exarado no AI nº 58526.19.2012.8.26, "in verbis": "*AGRAVO DE INSTRUMENTO DECISÃO QUE AFASTOU INCIDÊNCIA DE ITCMD SOBRE DÍVIDAS DO ESPÓLIO IMPOSTO QUE INCIDE SOMENTE SOBRE O PATRIMÔNIO LÍQUIDO DECISÃO MANTIDA – NEGADO PROVIMENTO AO RECURSO. INVENTÁRIO. ITCMD. INCIDÊNCIA. DÍVIDAS DO ESPÓLIO. EXCLUSÃO. 1- Agravo interposto contra decisão que fixou que a responsabilidade do cálculo do ITCMD (Imposto sobre Transmissão Causa Mortis e Doação de Quaisquer Bens ou Direitos) é da parte, não se manifestando sobre a sua base de cálculo. 2- O imposto incide sobre o monte partível e não sobre o montemor total. Inteligência do art. 12 da Lei Estadual n. 10.705/2000 e dos arts. 1.792 e 1.997 do Código Civil. Precedentes. Agravo provido nesta parte.*"

No mesmo sentido: TJSP – 9ª Câmara de Direito Privado – Voto nº02631 - 9036987-04.2008.8.26.0000 Agravo de Instrumento / Inventário e Partilha. Comarca: São Paulo – Órgão julgador: 1ª Câmara de Direito Privado. Data do julgamento: 01/09/2009. Data de registro: 11/09/2009. Outros números: 6103574600, 994.08.048169-5 Ementa: INVENTÁRIO – ITCMD – Base de cálculo – Determinação de atendimento à pretensão da Fazenda Pública de inclusão de dívidas do espólio – Inadmissibilidade – Incidência sobre o patrimônio líquido – Recurso provido. 0294059-16.2011.8.26.0000 Agravo de Instrumento. Órgão julgador: 6ª Câmara de Direito Privado. Data do julgamento: 22/03/2012.

É de anotar que muitas vezes o legislador se acomete de peculiar lucidez e institui, para situações onde efetivamente não há riqueza, normas de isenção. No entanto, por se tratar de imunidade implícita, não pode o contribuinte se sujeitar ao alvedrio da boa vontade fiscal do ente competente para definir os contornos do tributo.

A questão pode ser levantada em relação ao IPVA que por força de inexistência da lei complementar para disciplinar os conflitos de competência, permite situações que acarretam bitributação, como aquelas decorrentes da venda de veículo automotor, nas hipóteses em que o contribuinte deixa de informar a repartição de trânsito, estando obrigado por lei a fazê-lo, ao mesmo tempo em que o adquirente o transfere a outro Estado da Federação. Assim, a falta de cadastro unificado permite que o mesmo veículo permaneça matriculado ou inscrito no Estado de origem, ao passo que o Estado de destino promoverá o lançamento, ensejando a bitributação. Com o duplo lançamento, o alienante é exigido do tributo no Estado de procedência e o adquirente onerado em relação à mesma riqueza, também tributada no Estado destinatário. Por violar o Princípio do Sinal de Riqueza, o que se tem é uma bitributação legalmente consagrada, mas evidentemente inconstitucional.

Deveras, o Princípio do Sinal de Riqueza atinge recônditos ainda mais distantes, e pode ser demonstrado sempre que a tributação pela via do imposto indique possível conflito com algum outro direito fundamental, razão pela qual sua teoria também se instrui por força do Princípio da Proporcionalidade. Assim, é implicitamente imune ao IPTU a propriedade urbana que decorra do exercício *tout court* ao direito de habitação e demonstre apenas a garantia ao mínimo existencial, conforme já mencionamos no preâmbulo deste *Curso*.

Em relação aos impostos sobre a propriedade, especialmente em relação à propriedade urbana que consista apenas no exercício ao direito fundamental à moradia, sem demonstração de qualquer expressão de riqueza, mas apenas como garantia ao mínimo existencial, o contribuinte é implicitamente imune aos impostos por força do Princípio do Sinal de Riqueza.

Também é possível objetar a imunidade implícita em relação ao IPVA devido sobre a propriedade de veículo automotor que conjugue o mínimo existencial, a liberdade de locomoção e o direito ao livre exercício de ofício ou profissão, o que permitiria deduzir que em situações muito especiais em que o indivíduo se vale dessa propriedade tão somente para exercer sua profissão ou seu ofício de forma razoável e proporcional ao mínimo existencial, estaria imune ao referido imposto.

Assim, nas hipóteses em que a materialidade do IPVA evidencie apenas no exercício de outros direitos fundamentais e desde que não demonstre efetivo sinal de riqueza, haverá imunidade implícita por restar ausente o Sinal de Riqueza.

Nos exemplos mencionados do IPTU e do IPVA, o Princípio do Sinal de Riqueza seria observado no formato de imunidade implícita, caracterizada como norma proibitiva do exercício da competência tributária sobre a pobreza.

Como se vê, em relação ao IPVA é possível defender a aplicação do Princípio do Sinal de Riqueza também por ausência do fato gerador, nas situações em que o veículo alienado a outra unidade federativa, permanece cadastrado no Estado do domicílio do alienante.

No que se refere ao ITR, a Constituição de 1988 nada mais fez do que reconhecer a aplicação do Princípio do Sinal de Riqueza, quando, no art. 153, § 4º, II, estabelece que o imposto não incidirá sobre pequenas glebas rurais, definidas em lei, quando as explore o proprietário que não possua outro imóvel. Neste caso, parece razoável concluir que se trata de imunidade constitucional verificada pela ausência de riqueza.

Outras ponderações podem advir dessa construção teórica, mas nesse caso a aplicação do PSR permitiria a exigência do tributo por estar presente o sinal de riqueza.

Sob o referencial jurídico do PSR, torna-se legítima a possibilidade de que alguns impostos sejam exigidos antes do suporte fático, como ocorre na substituição tributária do ICMS e no IR retido na fonte, assim como no ITBI, desde que fique evidenciado na relação jurídica que o sujeito passivo efetivamente experimentou o sinal de riqueza, preenchendo, ainda que a posteriori, o suporte fático.

Da mesma forma, é possível cogitar sua aplicação no Imposto sobre a Renda e Proventos de Qualquer Natureza. No caso da pessoa física, havendo desvalorização de bens móveis, como é o caso dos veículos, fica evidenciada a diminuição da riqueza estampada na declaração de bens e direitos do contribuinte, não havendo óbice, à luz do PSR , que se proceda à redução da base de cálculo. Nesse caso não haveria falar-se em imunidade por ausência do sinal de riqueza, mas em reconhecer a não incidência em sentido estrito por ausência do pressuposto fático, especificamente em relação aos bens que sofreram depreciação verificada no momento em que for apurado o prejuízo com a venda do veículo.

Nessa segunda vertente, o PSR pode ser analisado sob o enfoque da ausência pura e simples do pressuposto fático que tornaria o fato atípico, acarretando um verdadeiro irrelevante para o fenômeno da incidência.

No caso dos fatos geradores que configurem situação jurídica sujeita à condição resolutiva, conforme analisou-se anteriormente, a interpretação do caso concreto pode ensejar a indevida exigência de tributo. No exemplo citado no capítulo da obrigação tributária, haveria não incidência em sentido estrito quando um exportador vendesse um produto para o estrangeiro sob cláusula resolutória de que o negócio se desfizesse se o adquirente não efetuar o pagamento.

Conforme se aduziu, como se trata de condição resolutiva, o CTN considera ocorrido o fato gerador em decorrência da prática do ato ou celebração do negócio, mas inexistindo o sinal de riqueza que legitima a tributação, o sujeito passivo deve ser autorizado a restituir o Imposto de Exportação , caso tenha sido pago.

Sob esse aspecto, a questão se encrava ainda mais no imponderável quando se atenta para o disposto no art. 118 do CTN, o qual estabelece que a definição do fato gerador é interpretada abstraindo a validade dos atos praticados e os efeitos dos fatos efetivamente ocorridos, isso porque o código parece permitir a incidência em situações não geradoras de riqueza, como é o caso da condição resolutiva que desfaz o negócio jurídico. Por isso, por força do Princípio do Sinal de Riqueza, referido preceptivo deve ser interpretado conforme a Constituição para os fins de não ser considerado nas hipóteses em que se determinar a tributação, por meio de impostos, em relação a situações não configuradoras de riqueza.

Em verdade, conforme vimos, a correta abordagem ao art. 118 do CTN impõe compreensão que visa amparar a lógica de que o fenômeno tributário, ao menos em matéria de impostos, somente se preocupa com o sinal de riqueza, abstraindo-se sua origem remota. Por isso, a irrelevância da validade do negócio jurídico tratada no dispositivo em questão demonstra que eventuais nulidades que acarretem seu desfazimento não tem qualquer importância para o fenômeno tributário, o que justificaria, por exemplo, a tributação da renda auferida em decorrência de atividade ilícita.

Por isso, o verdadeiro sentido do art. 118 do CTN não é permitir a tributação de situações que não evidenciem riqueza, mas exatamente o contrário, e com total abstração do fato remoto, ficando afastada sua interpretação para, em conjunto com o disposto no art. 117, II, considerar incidente a obrigação quando o negócio jurídico for desfeito por ausência do fato gerador em evidente ausência do sinal de riqueza.

Daí, procedendo-se a uma interpretação conforme a Constituição, a conclusão é no sentido de que, especialmente em relação aos impostos sem qualquer correspondência ou dever estatal, não há permissivo constitucional para que o Estado tribute sinal de riqueza que não existe.

Numa derradeira investida, é possível cotejar o PSR com o Princípio do Confisco que passaremos a analisar. O primeiro proíbe a impostura ausente a riqueza enquanto o segundo proíbe a tributação que pretenda aniquilá-la.

10. Princípio da Proibição do Confisco

Previsto no art. 150, IV, da Constituição Federal, estabelece que é vedado utilizar tributo com efeito de confisco. O confisco atenta contra os direitos de propriedade e da segurança jurídica, e na Constituição anterior estava implícito na regra contida no art. 150, § 11 no sentido de que não haverá pena de morte, de prisão perpétua, de banimento, nem de *confisco*. Desde então já se defendia a ideia de que a exação não poderia ter natureza confiscatória sob pena de descaracterizar-se a natureza tributária, adentrando-se no campo da punibilidade tributária.

O confisco se verifica quando ocorre a supressão da propriedade particular por ato do poder público sem qualquer indenização, e não é figura totalmente proibida no direito brasileiro, já que tem cabimento em determinadas situações previstas na legislação processual penal.

Em matéria tributária, a ideia que fundamenta o princípio da proibição do confisco reside na vedação à injusta transferência do patrimônio particular ao Estado, por meio de uma investida desmedida que implique tributo irrazoável e desproporcional, onde a própria riqueza tributada corre o risco de ser aniquilada pelo fenômeno tributário. Contudo, não há critério objetivo na norma constitucional que possibilite identificar com segurança se determinada exação extravasa o campo tributário e pode ser considerada confiscatória, restando ao Poder Judiciário a tarefa de decidir sobre a observância do princípio, levando em consideração o caso concreto e à luz do princípio da proporcionalidade.

No entanto, é preciso esclarecer que determinadas situações justificam tributação mais elevada sem que se cogite abalo à vedação do confisco, como ocorre no caso da extrafiscalidade, já tratada anteriormente, onde se revela nítido interesse estatal de caráter político, econômico e social que prevalecem sobre a questão tributária, permitindo-se construir situações que legitimem pesadas imposições em decorrência desse *interesse maior*. O mesmo acontece em situações extremas como a guerra externa, citada por Paulo Cesar Baria de Castilho, onde se justificam a tributação mais elevada por meio dos impostos extraordinários.[33]

Com relação às sanções tributárias, especialmente as multas moratórias e multas punitivas, está correto o entendimento no sentido de que devem obediência ao princípio do confisco. A propósito da não confiscatoriedade em relação às sanções, em decisão cautelar proferida em ADI, o STF sedimentou o seguinte entendimento:

---

[33] CASTILHO, Paulo Cesar Baria de. *Confisco Tributário*. 1ª Edição. São Paulo: Editora Revista dos Tribunais, 2002, p. 119.

"*O Tribunal deferiu, com eficácia ex nunc, medida cautelar em ação direta ajuizada pela Confederação Nacional do Comércio – CNC, para suspender, até decisão final da ação, a execução e aplicabilidade do art. 3º, § único da Lei 8.846/94, que prevê, na hipótese de o contribuinte não haver emitido a nota fiscal relativa a venda de mercadorias, prestação de serviços ou operações de alienação de bens móveis, a aplicação de multa pecuniária de 300% sobre o valor do bem objeto da operação ou do serviço prestado. Considerou-se juridicamente relevante a tese de ofensa ao art. 150, IV, da CF*". MC em ADI 1.075-DF, rel. Min. Celso de Mello, 17.6.98

Conforme se observa a seguir, o STF congrega a análise do Princípio do Confisco com a progressividade, entendendo que esta não poderá ser instituída senão mediante expresso permissivo constitucional. Nesse sentido: "*Tratando-se de matéria sujeita a estrita previsão constitucional – CF, art. 153, § 2º, I; art. 153, § 4º; art. 156, § 1º; art. 182, § 4º, II; art. 195, § 9º (contribuição social devida pelo empregador) – inexiste espaço de liberdade decisória para o Congresso Nacional, em tema de progressividade tributária, instituir alíquotas progressivas em situações não autorizadas pelo texto da Constituição. Inaplicabilidade, aos servidores estatais, da norma inscrita no art. 195, § 9º, da Constituição. (...) A tributação confiscatória é vedada pela CF. – A jurisprudência do STF entende cabível, em sede de controle normativo abstrato, a possibilidade de a Corte examinar se determinado tributo ofende, ou não, o princípio constitucional da não confiscatoriedade, consagrado no art. 150, IV, da Constituição. Precedente: ADI 2.010-MC/DF, Rel. Min. Celso de Mello. – A proibição constitucional do confisco em matéria tributária nada mais representa senão a interdição, pela Carta Política, de qualquer pretensão governamental que possa conduzir, no campo da fiscalidade, à injusta apropriação estatal, no todo ou em parte, do patrimônio ou dos rendimentos dos contribuintes, comprometendo-lhes, pela insuportabilidade da carga tributária, o exercício do direito a uma existência digna, ou a prática de atividade profissional lícita ou, ainda, a regular satisfação de suas necessidades vitais (educação, saúde e habitação, por exemplo). A identificação do efeito confiscatório deve ser feita em função da totalidade da carga tributária, mediante verificação da capacidade de que dispõe o contribuinte – considerado o montante de sua riqueza (renda e capital) – para suportar e sofrer a incidência de todos os tributos que ele deverá pagar, dentro de determinado período, à mesma pessoa política que os houver instituído (a União Federal, no caso), condicionando-se, ainda, a aferição do grau de insuportabilidade econômico-financeira, à observância, pelo legislador, de padrões de razoabilidade destinados a neutralizar excessos de ordem fiscal eventualmente praticados pelo Poder Público (...).*" (**ADC 8-MC**, Rel. Min. Celso de Mello, julgamento em 13-10-1999, Plenário, *DJ* de 4-4-2003.)

Com relação à multa moratória de 20% usualmente prevista na legislação tributária do ICMS, o STF já decidiu em tese de repercussão geral, no julgamento do RE nº 582.461, que "*não é confiscatória a multa moratória no patamar de 20%.*"

11. Princípio da Reserva das Competências Impositivas

Conhecido como ***Princípio da Competência***, não está definido expressamente na Constituição mas resulta da análise dos dispositivos que definem a competência de cada ente tributante, sendo expressado na ideia de que cada unidade política titular de poder deverá restringir o exercício de sua competência aos limites que lhes foram constitucionalmente destinados.

Assim, o Princípio da Competência deriva do Princípio Federativo, analisado nas considerações iniciais deste capítulo, uma vez que a Constituição Federal define o campo de atuação legislativa de cada ordem jurídica, permitindo que convivam sem atritar, já que cada ente federativo possui um feixe de atuação perfeitamente traçado no sistema tributário constitucional. Segundo Hugo de Brito Machado, *o princípio da competência obriga a que cada entidade tributante se comporte nos limites da parcela de poder impositivo que lhe foi atribuída.* [34]

Não é dado às pessoas que detém a competência tributária usurpar o exercício da competência alheia, sob pena de insanável vício de inconstitucionalidade, configurada que estaria a bitributação. O Princípio da Competência admite a exceção dos impostos extraordinários previstos no art. 154, II, da Constituição Federal, quando, em caso de guerra externa ou sua iminência, a União poderá criá-los através de lei ordinária, abrangendo um campo de incidência que não esteja dentro de sua competência tributária.

12. Princípio da Uniformidade

Adverte Luciano Amaro que "*o princípio da uniformidade é uma expressão particularizada do princípio da igualdade, em certas situações conectadas ora com tributos federais, ora com tributos estaduais e municipais.*" [35] Por outro lado, não é menos verdade que a uniformidade da tributação se rende às premissas do Princípio Federativo.

Plasmado no art. 151 da Constituição, o Princípio da Uniformidade pode ser desmembrado em três vertentes, sendo que pela norma disposta no inciso I é denominado de uniformidade geográfica uma vez que determina ser *vedado à União instituir tributo que não seja uniforme em todo o território nacional ou que implique distinção ou preferência em relação a Estado, ao Distrito Federal ou a Município, em detrimento de outro, admitida a concessão de incentivos fiscais destinados a promover o equilíbrio do desenvolvimento socioeconômico entre as diferentes regiões do país.*

O Princípio da Uniformidade Geográfica alcança os tributos da União e deriva do Princípio Federativo, do Princípio Republicado, do Princípio da Igualdade e do Princípio da Competência, proibindo tratamento desigual entre os entes da federação. Dessa forma, por meio de seus tributos, a União não poderá privilegiar determinadas unidades da federação em detrimento de outras, ressalvada a concessão de incentivos

---

[34] Op. cit., p. 29.

[35] Op. cit., p. 137.

fiscais destinados a promover o equilíbrio do desenvolvimento socioeconômico entre as diferentes regiões do país.

O tratamento discriminatório definido na ressalva que legitima a concessão de incentivos fiscais para promover o equilíbrio social e econômico de regiões mais pobres, como ocorre com a Zona Franca de Manaus, deriva do Princípio da Isonomia ao determinar o tratamento discriminatório quando a União assim entender cabível. A União também está proibida de tributar a renda das obrigações da dívida pública dos Estados, do Distrito Federal e dos Municípios, bem como a remuneração e os proventos dos respectivos agentes públicos, em níveis superiores ao que fixar para suas obrigações e para seus agentes.

Por fim, refletindo sobre o disposto no art. 151, III, nota-se indireta referência ao Princípio Federativo e à igualdade jurídica entre as pessoas políticas, na disposição que proíbe a concessão de *isenções heterônomas*, já que a União fica proibida de instituir isenções de tributos de competência dos Estados, do Distrito Federal ou dos Municípios.

13. Princípio da Liberdade de Tráfego

De acordo com o art. 150, V, da Constituição da República, é vedado estabelecer limitações ao tráfego de pessoas ou bens, por meio de tributos interestaduais ou intermunicipais, ressalvada a cobrança de pedágio pela utilização das vias conservadas pelo Poder Público. O preceptivo determina que o poder público não pode impedir, sob o pretexto de cobrar tributos, o livre trânsito de pessoas e bens pelo território nacional, consagrando o direito fundamental de locomoção de pessoas e de bens.

Na esteira do princípio em questão, não se permite a apreensão de mercadorias com o intuito de se cobrar tributos, conforme, aliás, dispõe a Súmula nº 323 do Supremo Tribunal Federal, no sentido de que *é inadmissível a apreensão de mercadorias como meio coercitivo para o pagamento de tributos.*

O dispositivo que abriga esse princípio consagra à figura do pedágio a possibilidade de ser considerado tributo quando o serviço público respectivo for mantido diretamente pela Administração. Pode parecer que a ressalva expressa acerca da cobrança do pedágio estaria autorizando o Poder Público a obstruir a passagem de pessoas ou bens, sob o pretexto de se exigir o pedágio, mas não. Em verdade, o dispositivo abriga a ideia de que o pedágio, embora costumeiramente instituído por meio de contrato de concessão de serviço público, tendo natureza jurídica de preço público e remunerado por meio de tarifa, poderá ser considerado tributo, ou seja, taxa de serviço público, nas hipóteses em que o referido serviço for explorado diretamente pelo Poder Público.

As peculiaridades voltadas à figura do pedágio serão melhor analisadas na segunda parte deste livro, no capítulo destinado ao estudo das taxas.

14. Princípios da Proporcionalidade e da Razoabilidade

Não se confunde a ideia de proporcionalidade e de razoabilidade que são antigas, cóm os princípios de direito que delas derivam. O pensar e o agir de forma razoável e proporcional é inerente à própria natureza humana e denotam uma noção do homem comum que demonstra comportamento socialmente aceitável e se revela em cada ação perante o meio social.

A conduta fundada na razão e na proporção, enquanto modelos de atuação humana, residem na premissa de que o sujeito deve ser prudente e sensato, de tal arte que razoabilidade e proporcionalidade dizem respeito à prudência e sensatez. Dessa forma, a tarefa do jurista é transportar essa lógica para o mundo do Direito com a finalidade de construir os princípios jurídicos da proporcionalidade e da razoabilidade, isso porque, ao contrário do que ocorre com a maioria dos princípios, estes dois não possuem nenhuma proposição normativa delineada no texto da Constituição.

O que se pode afirmar de antemão, é que esses princípios resultaram de uma construção científica iniciada a partir de experiências doutrinárias e jurisprudenciais, sendo amplamente reconhecidos como direitos fundamentais, razão pela qual não mais se discute sua aplicação em favor dos administrados em geral. Por outro lado, pode-se afirmar também que são princípios dotados de grande influência na hermenêutica jurídica e seu domínio se expande cada vez mais sobre os diversos campos do Direito. Ademais, após serem pacientemente compilados na ciência jurídica, estão cada vez mais presentes nos julgados pretorianos, e sua sedimentação os torna de imponência tal a ponto de se lhes equiparar aos super princípios, a exemplo do que ocorre com o Princípio da Igualdade e o Princípio da Dignidade da Pessoa, além de outros que norteiam os postulados da Constituição, sendo solenemente declarados como pilares de sustentação do sistema normativo do Estado Republicano, definindo seus valores fundamentais, seus objetivos e suas aspirações.

Particularmente, acredito que os princípios da proporcionalidade e da razoabilidade foram compilados sob o primado da justiça, da igualdade e da dignidade da pessoa, e de cuja aplicação, pautada na lógica do bom senso, resulta em justiça no caso concreto. Por isso, percebe-se que são princípios de grande fluidez e quase intuitivos, razão pela qual passaram quase despercebidos pelos textos normativos das Constituições modernas. Mas nem isso lhes subalterna, subjuga ou lhes retira o potencial de serem reconhecidos como conformadores da prudência e moderação dos atos do Poder Público em relação aos seus cidadãos, bem como da justiça efetiva e prudente.

Ainda estão em fase de elaboração dogmática, e remanescem os debates sobre o seu reconhecimento com status de princípios jurídicos, sua previsão na Constituição da República, mesmo que de forma implícita, os pontos de contato entre si e as distinções entre ambos, além do amplo espectro de aplicação no Direito Público.

É digno de nota esclarecer que o caráter implícito desses princípios, especialmente a proporcionalidade, em nada lhes retira a carga de eficácia. Tanto é verdade que mesmo no Direito Alemão, onde foi concebido como princípio jurídico a partir de decisões exaradas pelo Tribunal Constitucional Federal Alemão (o Bundesverfassungsgericht, ou BVerfG), especialmente estabelecido pela Grundgesetz, a Lei Fundamental alemã, não tem nela sua previsão expressa, muito embora seja lá reconhecido como valioso instrumento de afirmação dos direitos fundamentais e controlador do poder estatal.

A partir dessas premissas, o que se pode dizer é que ainda não há consenso sobre a equivalência dos conteúdos jurídicos dos Princípios da Proporcionalidade e da Razoabilidade, existindo autores e decisões pretorianas que os consideram sinônimos. Mas pondo de lado essas disparidades, são aqui reunidos para análise conjunta apenas por facilidade didática, mesmo porque possuem inegáveis traços em comum.

Segundo Celso Antonio Bandeira de Mello[36], *os critérios adotados pela Administração em suas relações com os administrados devem ser razoáveis sob o ponto de vista do senso comum, devendo os atos administrativos seguirem a chamada lógica do razoável com coerência e bom senso. Quanto à proporcionalidade, a atividade administrativa deve ser dosada de maneira que represente uma correlação lógica para atingir o fim necessário, sem excessos.*

Como se sabe, o direito ao exercício da competência tributária não é ilimitado, uma vez que encontra anteparo nos demais direitos consagrados pela Constituição. Por outro lado, a ideia de proporcionalidade, assim como a de razoabilidade, reside na questão da necessidade de se limitar o poder do Estado, e nesse aspecto, ambas convergem no tocante ao balizamento dos atos decorrentes das funções estatais administrativa e legislativa. Dessa forma, na hipótese de colisão entre direitos fundamentais, o intérprete deverá utilizar-se da concordância prática ou da harmonização dos direitos cotejados de forma a coordenar e combinar os bens jurídicos em confronto, evitando o sacrifício total de uns em relação aos outros, realizando uma redução proporcional do âmbito de alcance de cada um, sempre em busca do verdadeiro significado da norma e da harmonia do texto constitucional com sua finalidade precípua.

De fato, poderá haver sacrifício de um direito em relação ao outro, com base na aplicação da lógica que relativiza os direitos e garantias individuais e coletivos, de forma que no caso concreto, o aplicador da norma deverá sopesar os valores em conflito, para, finalmente, concluir pela prevalência de um deles.

Hoje não mais se discute a aplicação do Princípio da Proporcionalidade e da Razoabilidade aos atos administrativos e legislativos, tanto que Ricardo Aziz Cretton denomina *controle judicial da razoabilidade, a análise dos atos administrativos e legislativos.* [37] Assim, o Princípio da Proporcionalidade se apresenta como instrumento eficaz de controle judicial dos atos estatais que possam restringir ou suprimir direitos fundamentais em nome da efetivação ou do exercício de outro direito fundamental. O teste da proporcionalidade diz com a atividade interpretativa e não há dissenso quanto à constatação de que pode ser aplicado em todas as áreas da ciência jurídica, e essa difusão lhe confere grande versatilidade e torna ainda mais vigorosa a função jurisdicional.

Tal adequação não destoa da definição do princípio da proporcionalidade fornecido por Paulo Bonavides que o descreve como sendo aquele que "*se caracteriza pelo fato de presumir a existência de relação adequada entre um ou vários fins determinados e os*

---

36 Op. cit., p. 66/67.

37 CRETTON, Ricardo Aziz. *Os Princípios da Proporcionalidade e da Razoabilidade e sua aplicação no Direito Tributário.* Rio de Janeiro: Editora Lúmen Júris, 2001, p.86.

meios com que são levados a cabo."[38] Por outro lado, Márcia Haydée Porto de Carvalho, citada por Paulo Armínio Tavares Buechele argumenta que o Princípio da Proporcionalidade *representa uma verdadeira garantia constitucional que tem a dupla função de proteger os cidadãos contra os abusos do poder estatal, além de servir de método interpretativo de apoio ao juiz quando este necessita resolver problemas de compatibilidade e de conformidade na tarefa de densificação ou concretização das normas constitucionais.*[39]

Dessa forma, o Princípio da Proporcionalidade, em parte conhecido como *lei da ponderação,* vetoriza uma interpretação constitucional onde deverão ser equilibrados os bens jurídicos em conflito igualmente protegidos na Constituição, a fim de que seja dada uma solução mais justa ao caso concreto.

Apesar disso, não há um critério objetivo que permita esquadrinhar seus limites, e ao contrário do que ocorre com outros postulados, esses princípios estão fundados em valores de difícil delimitação. Nesse sentido, não há critérios desenvolvidos com o intuito de resolver o problema, isso porque o tema é de fundo ideológico e envolve valores, crenças e estimativas que variam de pessoa para pessoa, e porque atravessa um campo fértil de questões ideológicas, se submete às vicissitudes do aplicador do direito, baseado na configuração crítica de cada indivíduo.

Com relação à terminologia, conforme ponderam Carlos Afonso Pereira de Souza e Patrícia Regina Pinheiro Sampaio, "*o Princípio da Proporcionalidade nem sempre se encontra explicitado sob esta epígrafe, sendo possível encontrar-se distintas nomenclaturas como Princípio da Proibição do Excesso, utilizado no direito alemão, além de Princípio da Razoabilidade, como é conhecido no direito americano, não obstante, nesse último caso seja usado em algumas ocasiões com diverso conteúdo*".[40] Segundo esse magistério, ele "*remonta aos séculos XII e XVIII, quando na Inglaterra surgiram as teorias jus naturalistas propugnando ter o homem direitos imanentes à sua natureza e anteriores ao aparecimento do Estado e, por conseguinte, conclamando ter o soberano o dever de respeitá-los, de sorte que visava originalmente limitar o poder do monarca face aos seus súditos. Assim, o princípio da proporcionalidade nasceu no âmbito do Direito Administrativo, como princípio geral decorrente do poder de polícia, desenvolvendo-se como evolução do princípio da legalidade. Não obstante, coube à Alemanha a formulação atual do princípio da proporcionalidade em âmbito constitucional, notadamente no campo dos direitos fundamentais. Embora já houvessem sido postos em relevo pela Constituição de Weimar, foi após o fim da Segunda Guerra Mundial que os tribunais começaram paulatinamente a proferir sentenças nas quais afirmavam não ter o legislador poder ilimitado para a formulação de leis*

---

[38] BONAVIDES, Paulo. *Curso de Direito Constitucional.* 5ª Ed. São Paulo: Malheiros Editores, 1994, p.357.

[39] *Apud.* BUECHELE, Paulo Armínio Tavares. *O princípio da proporcionalidade e a interpretação da Constituição.* Rio de Janeiro: Editora Renovar, 1999, p. 120.

[40] SOUZA, Carlos Afonso Pereira de; e SAMPAIO. Patrícia Regina Pinheiro. *O princípio da razoabilidade e o princípio da proporcionalidade: uma abordagem constitucional.* In *Pet-Jur*, Departamento de Direito da PUC – Rio, 2001, *passim.*

tendentes a restringir direitos fundamentais. Em consonância com o disposto na lei fundamental que o tribunal constitucional alemão iniciou a elaboração de jurisprudência no sentido de reconhecer a inafastabilidade do controle da constitucionalidade das leis em seus três aspectos básicos: necessidade, adequação, e proporcionalidade da medida restritiva."[41]

Por outro lado, Suzana de Toledo Barros preleciona que "*o germe do princípio da proporcionalidade, pois, foi a ideia de dar garantia à liberdade individual em face dos interesses da administração.*" [42]

Proporcionalidade, enquanto princípio jurídico, decorre de uma construção dogmática relativamente recente, muito embora, conforme dissemos anteriormente, a ideia de proporcionalidade seja antiga, sendo derivada da noção de proporção, de prudência no saber escolher a melhor posição entre dois extremos. Sua formulação já vem sendo empregada na jurisprudência do Supremo Tribunal Federal, muito embora o seja como expressão sinônima de razoabilidade, fundamentando-se na proibição do excesso com o fim de decretar a inconstitucionalidade de lei ou de ato administrativo.

Nas visão de Helenilson Cunha Pontes, a proporcionalidade possui uma função moderadora, pois representa um apelo ao intérprete para que no processo de decisão jurídica, evite o excessivo, o desmedido, e busque decidir segundo uma posição intermediária, consubstanciando uma exortação à prudência do intérprete do Direito. [43]

Assim, a construção teórica do Princípio da Proporcionalidade, de acordo com sedimentada concepção doutrinária, se lastreia em seus três aspectos subjacentes, a saber: adequação; necessidade e proporcionalidade em sentido estrito. Esses aspectos representam deveres da norma jurídica submetida à análise, permitindo a realização do diagnóstico que identificará a inobservância ao princípio.

Nesse sentido, o dever de adequação exige que a medida, o mecanismo ou o instrumento utilizado pelo Estado para atingir seu objetivo, seja apropriado ao alcance daquela finalidade. Segundo Helenilson Cunha Pontes, o meio é apropriado quando o resultado desejado torna-se mais fácil e inapropriado quando a medida tomada torna mais difícil o atingimento do resultado pretendido. [44]

A necessidade diz respeito não somente à instituição da medida reclamada pelo interesse público, mas também a adoção do meio mais suave dentre todos aqueles que são aptos ao alcance do resultado visado.

A proporcionalidade em sentido estrito, também chamada por alguns de conformidade, é considerada o ponto de contato do Princípio da Proporcionalidade com o Princípio da Razoabilidade, e diz respeito à necessidade de que haja uma correspondência lógica e proporcional entre o meio utilizado e o fim visado pela medida.

---

41 *Op.cit., passim.*

42 BARROS, Suzana de Toledo. *O princípio da proporcionalidade e o controle da constitucionalidade das leis restritivas de direitos fundamentais.* Brasília: Editora Brasília Jurídica, 1996, p. 33.

43 PONTES, Helenilson Cunha. *O Princípio da Proporcionalidade e o Direito Tributário.* São Paulo: Ed. Dialética, 2000, p. 43.

44 Idem, p. 66.

De tal arte, já existem pronunciamentos do STF onde se verifica a aplicação do Princípio da Proporcionalidade como vetor de interpretação, representando importante instrumento dos controles difuso e concentrado da constitucionalidade das leis e atos administrativos normativos. Nesse sentido: Representação de inconstitucionalidade n. 1.077, Rel. Min. Moreira Alves, 20.03.84; ADI n. 223-DF, Rel. Min. Sepúlveda Pertence, RTJ 132/571, 05.04.90; ADI n. 855/2-PR, Rel. Min. Sepúlveda Pertence, DJU 01.10.93, 01.06.93; ADI n.958/3-RJ, Rel. Min. Marco Aurélio, DJU 25.04.94, 11.05.94.

Há dissenso doutrinário acerca dos limites e das diferenças entre o Princípio da Proporcionalidade e o Princípio da Razoabilidade, e a bem da verdade, parte da doutrina os analisa sem qualquer distinção.

Por outro lado, há aqueles que entendem tratar-se o Princípio da Proporcionalidade como consectário do Princípio da Razoabilidade, como há os que defendem posição contrária, de tal maneira que os subprincípios da necessidade e da proporcionalidade em sentido estrito, que são aspectos da proporcionalidade, seriam a própria essência do Princípio da Razoabilidade. Há, por fim, aqueles que os distinguem completamente, ressaltando que não podem ser confundidas as suas fronteiras.

Assim como a ideia de proporcionalidade é mais antiga do que a construção do Princípio da Proporcionalidade, a ideia de razoabilidade, ou seja, de racionalidade ou razão, também remonta os primórdios do pensamento filosófico. O pano de fundo da ideia de razoabilidade diz com a noção de conformidade com o pensamento coletivo, com juízos de valor socialmente aceitáveis e com a ideia de justa medida, de moderação. Não é discrepante associar a ideia de proporcionalidade e também a de razoabilidade com as ideias de justiça, liberdade e igualdade.

Para Luiz Roberto Barroso, o Princípio da Razoabilidade "é um parâmetro de valorização *dos atos do Poder Público para aferir se eles estão informados pelo valor superior inerente a todo ordenamento jurídico: a justiça*". Segundo pondera, "*tal princípio é mais fácil ser sentido do que conceituado e se dilui em um conjunto de proposições que não o libertam de uma dimensão excessivamente subjetiva, de sorte que se considera razoável, o que seja conforme à razão, supondo equilíbrio, moderação e harmonia.*"[45]

Como se vê, assim como ocorre com o Princípio da Proporcionalidade, o Princípio da Razoabilidade possui um enfoque voltado ao controle prévio e político da constitucionalidade das leis e dos atos do Poder Público, uma vez que dirige sua observância ao Legislativo e Executivo como critério de reconhecimento de eventual inconstitucionalidade da lei e também como condição de legitimidade dos atos administrativos. A importância da razoabilidade como limite à atividade legislativa se confirma no magistério de Carlos Roberto de Siqueira Castro,[46] mas a importância do

---

45 BARROSO, Luiz Roberto. *Os princípios da razoabilidade e da proporcionalidade no Direito Constitucional.* In *Revista Forense*, vol..336. Rio de Janeiro: Editora Forense, 1995, p. 128.

46 CASTRO, Carlos Roberto de Siqueira. *O devido processo legal e a razoabilidade das leis na nova Constituição.* Rio de Janeiro: Editora Forense, 1989, p. 157.

princípio extravasa as funções estatais afetas aos Poderes Legislativo e Executivo. Luis Recaséns Siches, o pai da *lógica do razoável*, enfatiza que a razoabilidade também deve ser observada pelo Poder Judiciário [47].

Embora haja distinção entre os Princípios da Razoabilidade e da Proporcionalidade, Luiz Roberto Barroso entende que, em sua essência, esses princípios constituam um mesmo postulado. Nesse sentido, explica que "*salvo num ou noutro ponto, razoabilidade e proporcionalidade são conceitos fungíveis entre si e que podem ser empregados indistintamente.*"[48] Sobre essa fungibilidade, Suzana de Toledo Barros assevera que mesmo o Supremo Tribunal Federal tem utilizado as expressões sem distinção e concorda que os alemães utilizam indiscriminadamente o termo proporcionalidade como proibição do excesso para designar o princípio que os americanos tratam por razoabilidade.[49]

Com traços de convergência tão intensos, e pontos de distinção tão sutis, a doutrina vacila na diferenciação entre proporcionalidade e razoabilidade, e embora seja nítida sua aproximação, é inegável a existência de traços que os diferencia, não se justificando sejam tratados como institutos de idêntico conteúdo jurídico.

O fato é que torna-se cada vez mais evidente a presença dos Princípios da Proporcionalidade e Razoabilidade no Direito Tributário, uma vez que o exercício da competência tributária afeta diretamente os direitos fundamentais da pessoa, especialmente o da propriedade, devendo a Fazenda Pública buscar preservar o ponto de equilíbrio a fim de exercer seu direito sem ofender as garantias dos contribuintes.

Depreende-se que em matéria tributária, esses dois princípios sinalizam uma aproximação com o Direito Administrativo, de onde fecundaram e experimentaram suas primeiras manifestações, em virtude das ideias fundadas no exercício do poder de polícia da Administração, cuja finalidade era compatibilizar o direito de propriedade privada com o interesse público, mediante uma pauta de prudência e proporção que impunha limites às atividades do Poder Público. Nesse diapasão, a lógica se transpõe para o exercício da competência tributária, assumindo caráter de norma limitativa ao poder de tributar. Além disso, sua aplicação os caracteriza como normas conciliadoras dos valores consagrados no diagrama constitucional, sendo timbrados com a marca dos direitos fundamentais, já que assumem dupla dimensão, isso porque, além de atuarem negativamente como normas limitativas da tributação, atuam positivamente para afirmar os direitos e garantias dos contribuintes.

É importante esclarecer que a proteção constitucional vislumbrada na proporcionalidade e razoabilidade referem-se a tributos e sanções. Nesse sentido, Helenilson Cunha Pontes esclarece que o Princípio da Proporcionalidade torna inconstitucional

---

[47] SICHES, Recaséns. *Nueva filosofía de la interpretación del derecho*. 2 ed. Ciudad de México: Editorial Porrúa, 1973, *passim*.

[48] *Ibidem, passim*.

[49] *Op. cit.*, p. 69.

grande parte das sanções impostas pelo Estado aos sujeitos passivos que se encontrem em estado de impontualidade com seus deveres tributários.[50]

Assim, conforme decisões exaradas no âmbito do Superior Tribunal de Justiça, é possível cogitar a aplicação do binômio proporcionalidade – razoabilidade na aplicação da sanção tributária, seja no aspecto qualitativo, no tocante à designação da sanção cabível, seja no aspecto quantitativo, no que se refere-se ao quantum delineado na sanção tributária. Com efeito, sob a ótica da proporcionalidade no aspecto qualitativo, pode-se questionar o cabimento de determinadas sanções como a inclusão do contribuinte no cadastro de inadimplentes (Ag.Reg. no REsp 176.953-MA, Rel. Min. Maria Isabel Gallotti, j. 20.11.2012), sendo também questionável, no aspecto quantitativo, a intensidade da multa pecuniária (REsp 1.272.404-PR, Rel. Min. Humberto Martins, j. 11.11.2011).

Mesmo antes da criação do STJ, o extinto Tribunal Federal de Recursos já reconhecia o cabimento do princípio da proporcionalidade na ação de repetição de indébito, em relação ao direito do contribuinte restituir a quantia indevidamente ingressada nos cofres públicos com os mesmos gravames dele exigidos em caso de atraso no recolhimento, especialmente no que concerne à aplicação da taxa de juros (RIP 5618584, Rel. Min. Miguel Ferrante, j. 26.06.1986).

Como se vê, também é nítida a aproximação dos Princípios da Proporcionalidade e Razoabilidade com o Princípio do Confisco, uma vez que as sanções pecuniárias derivadas da relação tributária devem ser proporcionais ao valor do tributo.

Da mesma forma, não se pode negar a estreita relação desses princípios com o Princípio da Capacidade Contributiva, só que desta feita numa vinculação diametralmente oposta, isso porque o valor exigido na obrigação tributária deve ser desproporcional à riqueza do contribuinte. De tal arte, à medida em que aumenta a capacidade econômica do sujeito passivo, a tributação deve aumentar exponencialmente, ou seja, numa desproporção que simboliza a progressividade.

Por fim, também não se pode afastar a íntima ligação dos postulados da proporcionalidade e razoabilidade com o Princípio do Sinal de Riqueza, pela simples razão de que, em matéria de impostos, não haverá tributação proporcional e razoável nas hipóteses em que não houver riqueza tributável.

Com essas considerações, finalizo o estudo desses princípios, citando importante julgado do STF versado na razoabilidade. Confira-se: "*O Poder Público, especialmente em sede de tributação, não pode agir imoderadamente, pois a atividade estatal acha-se essencialmente condicionada pelo princípio da razoabilidade, que traduz limitação material à ação normativa do Poder Legislativo. O Estado não pode legislar abusivamente. A atividade legislativa está necessariamente sujeita à rígida observância de diretriz fundamental, que, encontrando suporte teórico no princípio da proporcionalidade, veda os excessos normativos e as prescrições irrazoáveis do Poder Público. O princípio da proporcionalidade, nesse contexto, acha-se vocacionado*

[50] Op. Cit., p. 141.

a inibir e a neutralizar os abusos do Poder Público no exercício de suas funções, qualificando-se como parâmetro de aferição da própria constitucionalidade material dos atos estatais. A prerrogativa institucional de tributar, que o ordenamento positivo reconhece ao Estado, não lhe outorga o poder de suprimir (ou de inviabilizar) direitos de caráter fundamental constitucionalmente assegurados ao contribuinte. É que este dispõe, nos termos da própria Carta Política, de um sistema de proteção destinado a ampará-lo contra eventuais excessos cometidos pelo poder tributante ou, ainda, contra exigências irrazoáveis veiculadas em diplomas normativos editados pelo Estado." (ADI 2.551-MC-QO, Rel. Min. Celso de Mello, julgamento em 2-4-2003, Plenário, *DJ* de 20-4-2006.)

15. PRINCÍPIO DA RETRIBUTIVIDADE

Esse princípio tem sido reconhecido na doutrina como o princípio informador das taxas. Na visão de Geraldo Ataliba, "*quanto às taxas, diríamos que foi com intensidade média que a Constituição acolheu o princípio da retributividade... Em termos singelos: a taxa, no direito positivo brasileiro, é um tributo remuneratório dos serviços, ou ressarcitório das despesas implicadas pelos atos de polícia individualizáveis. Isso parece resultar evidente não só da implícita encampação da noção financeira do tributo, como do próprio teor do inciso II do art.145 da Constituição de 1988.*"[51] Nesse diapasão, a retributividade das taxas também é citada por Roque Antonio Carrazza: "*sempre acerca das taxas, temos que seu princípio informador, como observou Geraldo Ataliba, é o da retributividade. Melhor elucidando, o contribuinte, nelas, retribui o serviço público ou as diligências que levam ao ato de polícia que o alcança, pagando a exação devida. Em nome da segurança jurídica não podemos aceitar que só porque a pessoa política realizou uma atuação estatal, está autorizada a cobrar uma taxa no valor que quiser e de quem quiser. Muito pelo contrário, só poderá exigir a taxa daquela pessoa diretamente alcançada pela atuação estatal e desde que o tributo tenha por base de cálculo o custo da atuação estatal.*"[52]

Com essa equação instrumental construída pela doutrina, o Princípio da Retributividade, também chamado ***Princípio da Remuneração***, é aquele pelo qual o Poder Público se ressarce, por meio da taxa, das despesas que experimentou para prestar o serviço público ou para praticar o ato decorrente do poder de polícia.

De certa forma, a taxa tem a finalidade de propiciar a justa arrecadação daquilo que foi gasto pelo poder público no exercício do poder de polícia ou na prestação de um serviço público específico e divisível. Com base na retributividade, deve haver correlação lógica entre o custo da atuação estatal e o montante cobrado a título de taxa, o que permite concluir que esse princípio nada mais é do que a manifestação do princípio da proporcionalidade e da razoabilidade aplicado às taxas.

---

51 Op. cit., p. 172.

52 CARRAZA, Roque Antonio. Op. Cit., p. 298.

Os argumentos que solidificaram o alicerce do Princípio da Retributividade são absolutamente válidos, mas uma visão apartada da lógica tem permitido que, sob esse argumento congregado com aquele outro no sentido de o Princípio da Capacidade Contributiva é informador dos impostos, estaria este último peremptoriamente apartado das taxas. E é essa a opinião que tem prevalecido, muito embora quero deixar registrado que há possibilidade de se abrigar as taxas sob as dobras do Princípio da Capacidade Contributiva, e assim como ocorre em relação aos impostos, caso seja possível, e sem prejuízo da retributividade, as taxas devem ser informadas pela capacidade econômica do contribuinte.

Em forma de ilustração, pode-se mencionar o caso das custas judiciais que tem natureza de taxa de serviço público e que pode perfeitamente estar consentânea com a capacidade econômica, sendo dever do Estado desonerar contribuintes que não a demonstrem.

Seguindo essa mesma linha de raciocínio, também não é despropositado defender a tese de que também o princípio do sinal de riqueza deveria se aplicar às taxas. Nesse sentido e invocando o exemplo da taxa judiciária, não há lógica razoável que justifique submeter ao legislador ordinário, por meio do mecanismo da isenção, a desoneração da cobrança desse tributo em relação a determinados grupos de pessoas, como idosos e beneficiários da assistência judiciária.

16. PRINCÍPIO DA NÃO CUMULATIVIDADE

A não cumulatividade está prevista em dois dispositivos que designam sua aplicação ao IPI – Imposto sobre Produtos Industrializados, conforme dispõe o art. 153, § 3°, II, e em relação ao ICMS – Imposto sobre a Circulação de Mercadorias e Serviços, consoante determina o art. 155, § 2°, I, ambos da Constituição.

Como se infere, a não cumulatividade se relaciona a tributos plurifásicos que podem incidir em várias fases do processo produtivo onde o fato gerador se desdobra desde a produção até o consumo. Em todas essas etapas do processo produtivo o tributo incide, sendo exigido por meio de uma sistemática de débito e crédito, descontando-se nas operações seguintes o valor exigido nas operações anteriores.

Em relação ao IPI, a Constituição estabelece que o imposto será não cumulativo, compensando-se o que for devido em cada operação com o montante cobrado nas anteriores. No que concerne ao ICMS, há determinação para que o imposto seja não cumulativo, compensando-se o que for devido em cada operação relativa à circulação de mercadorias ou prestação de serviços com o montante cobrado nas operações anteriores.

A estrutura dos impostos plurifásicos se relaciona diretamente com a não cumulatividade, de maneira que o contribuinte que adquire produtos e mercadorias como insumos de produção, pode se creditar do imposto pago na operação anterior, uma vez que assume o encargo do tributo embutido no preço do insumo (produto ou mercadoria) que adquiriu. Dessa forma, na operação seguinte em que se procede a venda do produto ou mercadoria com o valor agregado, o contribuinte deve debitar o valor do imposto recebido no preço da mercadoria, produto ou serviço, recolhendo somente a diferença. Assim, a não cumulatividade consiste na sistemática de compensação na operação subsequente, do valor do imposto recolhido nas operações anteriores. Na prática, a não cumulatividade se perfaz por meio de escrita fiscal, de maneira que na aquisição de matérias primas, materiais intermediários, material de embalagem, serviços e demais insumos de produção, são escriturados os créditos dos impostos pagos que ao final do período de apuração, são deduzidos do montante dos impostos devidos pelas saídas realizadas.

Sendo assim, pode ser aproveitado como crédito o valor do imposto pago na aquisição de mercadorias utilizadas na comercialização, empregada para integração ao produto final ou para consumo no respectivo processo de industrialização. A lógica do Princípio da Não Cumulatividade se baseia na ideia de que o produto ou mercadoria adquiridos sejam utilizados para futura comercialização ou industrialização, ou ainda, caso venham a integrar o produto final fabricado, seja também admitido o creditamento em relação a produtos ou mercadorias que, embora não integrando o produto final, sejam consumidos no processo de industrialização dos mesmos (insumos).

As principais controvérsias em relação ao tema dizem respeito à determinação de quais seriam os produtos ou mercadorias que, não integrando o produto final, seriam consumidos no processo de industrialização, ou seja, quais ensejariam o direito ao crédito do imposto, isso porque algumas legislações tributárias, máxime em relação ao ICMS, costumam embaraçar o direito ao creditamento na aquisição de certos produtos.

A meu ver, o entendimento correto é no sentido de que deve ser legitimado o creditamento na aquisição de produtos intermediários no processo de industrialização, até porque a Constituição não faz nenhuma restrição ao creditamento, bastando se comprove tenha o produto sido efetivamente utilizado no processo produtivo. De fato, o legislador infraconstitucional não pode negar o direito de abatimento do valor pago nas operações anteriores, e esse valor deve corresponder àquele que ensejou o negócio jurídico anteriormente realizado pelo sujeito passivo, não havendo qualquer legitimidade nas legislações que imponham restrições a esse direito submetendo a questão ao arbítrio da autoridade administrativa.

Capítulo IX

LIMITAÇÕES À TRIBUTAÇÃO: NÃO INCIDÊNCIA, IMUNIDADE E ISENÇÃO

1. Incidência tributária

No exercício da competência tributária, a lei estabelecerá a hipótese de incidência prevendo os elementos essenciais da figura impositiva. Partindo-se do pressuposto que norma válida é norma existente, pertencente ao sistema positivo e ainda não ab-rogada por outra, é intuitivo que a proposição normativa existe para que haja incidência após sua vigência e validade.

Como se sabe, o fenômeno da incidência se opera com a subsunção do fato à norma e pressupõe norma vigente, embora independa da eficácia, uma vez que ocorre quando a *hipótese-antecedente* se desdobra no *fato-consequente*. Embora tradicionalmente tenha se entendido que a aplicação da norma se distingue da incidência por não ser automática, ficando na dependência de um ser humano que lhe dê fluidez, o fato é que, conforme verificamos no capítulo IV, e na esteira dos ensinamentos doutrinários lá destacados, não há razão para distinguir incidência de aplicação, mesmo porque não haverá incidência se não houver um ser humano que acarrete a subsunção e promovendo a implicação que o preceito normativo determina.

Apesar disso, o plano da eficácia fica na dependência da aplicação, sendo coerente afirmar que a norma não aplicada jamais surtirá efeitos, de maneira que norma válida e vigente que incide não terá qualquer eficácia se não for aplicada.

O campo de incidência da norma é definido pela descrição normativa do suporte fático e a previsão hipotética da tipologia tributária se incumbirá de descrever fatos e situações que atuarão como modelos legais predeterminados pelo sistema.

Ao lado das normas de incidência, também são mencionadas no Direito Tributário as normas de não incidência, utilizadas de forma genérica para designar todas as situações que configuram a inexigibilidade do tributo. Segundo José Souto Maior Borges, a expressão *não incidência* também pode ser utilizada em sentido estrito para designar a inexistência de disposição prevendo o fato gerador.[1]

Tais proposições normativas desonerativas são impropriamente chamadas de *hipóteses de não incidência*, e a bem da verdade o conceito não é jurídico, isso porque as normas são instituídas para incidir, e só após a incidência há falar-se em juridicidade. Ora, partindo-se da premissa de que somente após a subsunção haveria juridicidade, há que se constatar que antes da incidência só podem existir especulações alheias ao mundo jurídico, daí surgindo a impropriedade da expressão.

O fato é que, deixando de lado a discussão acerca da necessidade de que toda norma seja instituída para incidir, o melhor é denominar essa categoria como sendo *hipóteses desonerativas* ou *normas limitativas da tributação*, as quais disciplinam, em sentido amplo, a inexigibilidade do tributo. Nesse sentido, não está correto designar a imunidade e a isenção como subcategorias de normas de não incidência. De fato, no caso da imunidade, a sua incidência se verifica na proibição de que certas pessoas sejam proibidas de figurar como sujeitos passivos, ou ainda, que o exercício da competência esteja vedado em relação a determinados objetos.

De qualquer maneira, é fato que as normas desonerativas convivem ao lado das normas de incidência, e uma vez sendo instituídas em âmbito constitucional, denominam-se imunidades.

No tocante às normas infraconstitucionais desonerativas, são conhecidas aquelas que caracterizam as isenções, e uma terceira categoria que tem a única finalidade de especificar a inexistência de disposição prevendo o fato gerador, às quais denominaremos *normas de não incidência em sentido estrito*, com a ressalva de que, neste particular, o que pertence ao campo da não incidência são os fatos e não as normas. Por conclusão, aquilo que denominamos norma de não incidência é, na verdade, um fato irrelevante à norma tributária.

Em relação a esses argumentos, ainda está por vir melhor explicação que justifique a existência dessas *normas de não incidência,* termo que, inclusive, é empregado com frequência pelas leis. Talvez a raiz do problema esteja no fato de que a legislação tributária tem o mau vezo de disciplinar situações que não serão atingidas pela norma de incidência, fenômeno estranho pelo simples fato de que não cabe à lei definir situações que ultrapassassem os limites de sua incidência.

De fato, as infinitas situações não albergadas por ela são irrelevantes, não sujeitas à incidência, e seguindo essa linha de pensamento, a explicação para tal disparate

---

1 BORGES, José Souto Maior. *Isenções Tributárias*. São Paulo: Ed. Sugestões Literárias, 1969, p.182.

seria que os modelos tributários, ao contrário dos tipos penais que são cerrados, costumam ser de maior complexidade, motivando numerosas dúvidas de interpretação, o que justificaria a "*salutar*" finalidade legislativa em evitar a insegurança jurídica. Por isso o legislador cometeria tais prolixidades, disciplinando, sob a rubrica das normas de não incidência, situações que poderiam ensejar contradições. De tal maneira, haveria um contrassenso até porque tudo aquilo que não está sujeito à incidência naturalmente não incide, não havendo necessidade de que a lei especifique aquilo que está fora de seu alcance.

É curial anotar que o legislador, assim como pode definir o que é permitido, pode impor vedações prescritivas, definindo o que é proibido. Tal atividade se perfaz no campo legal mediante o efetivo exercício da competência tributária, daí porque não há especular-se em vedação ao exercício da competência tributária, no caso particular na imunidade.

Paulo de Barros Carvalho exprime com exatidão o cerne do problema quando ensina que *o constituinte estabeleceu muitas prescrições sobre o exercício da atividade impositiva. Para tanto, utilizou, indiscriminadamente, os modais deônticos na linguagem do produto legislado, isto é, permitiu (fazer ou omitir), obrigou (a fazer ou a omitir) e proibiu (a fazer ou a omitir). Por essa maneira, fixou a fraseologia constitucional a larga pauta de diretrizes que se vira ao legislador ordinário, demarcando-lhe a competência tributária.*[2]

Dessa forma, esse grupo de normas poderia constituir um *tercium genus* entre as normas limitativas, desde que não sejam encontradas no âmbito da Constituição, uma vez que nesse caso seriam imunidades. Erigidas no âmbito das Leis, e desde que fixadas em parâmetros específicos, não se confundiriam com as isenções.

Assim, nelas estariam estampadas determinadas hipóteses pautadas na autorização recebida pelo legislador para vedar ou proibir que determinados fatos permaneçam fora do campo da incidência da norma. Com essas considerações, passemos a análise das *normas de não incidência em sentido estrito*.

2. Não Incidência em sentido estrito

Em termos gerais, pode se dizer que há não incidência quando o fato não receber qualquer tipificação, representando um irrelevante à lei tributária.

Com efeito, quando a norma juridiciza um fato, está determinando que ele esteja sujeito à incidência, não havendo razão para que a lei juridicize um fato determinando que ele esteja sujeito à não incidência. Haveria uma contradição em seus próprios termos se a norma cuidasse de especificar casos que não sofrem sua incidência e sob esse aspecto, não deveriam existir normas desse tipo, até porque o irrelevante tributário não demanda disciplina, não sendo normatizado.

No entanto, pelos motivos anteriormente mencionados, tais normas estão presentes no ordenamento, pouco importando se são realmente utilizadas com a finalidade de esclarecer situações que poderiam ensejar dúvidas acerca da incidência.

---

2 Op. cit., p. 192.

Como se sabe, a lei pode impor vedações prescritivas definindo o que é proibido, podendo utilizar os modais deônticos de forma a proibir a tributação em determinadas hipóteses, dentro do campo legal do exercício da competência tributária. Dessa forma, esse grupo pode corresponder a uma terceira categoria de normas limitativas, desde que não sejam encontradas no âmbito da Constituição, e até mesmo definidas em lei, desde que sejam fixadas em parâmetros específicos que as distingam das isenções.

Assim, em sentido estrito a norma de não incidência representa uma categoria de norma que define o fato atípico ou o *fato não gerador*. Ocorre com frequência em nível legal mas há referências também na Constituição Federal. Neste particular, é importante esclarecer que quando a norma determinar a não incidência e estiver erigida em âmbito constitucional, será caso de imunidade, pouco importando a designação que receba. A Lei nº 10.705/00 do Estado de São Paulo estabelece algumas normas de não incidência em sentido estrito a respeito do ITCMD. À guisa de exemplo: a) Renúncia pura e simples de herança ou legado. Caso o renunciante apresente seu título de herdeiro nas primeiras declarações, significa que aceitou a herança, mas se posteriormente renunciar incondicionalmente em favor do monte, o imposto não incidirá; b) Fruto e rendimento do bem do espólio havidos após o falecimento, evidenciando a atipicidade e o excesso da zelo da norma, já que tais acréscimos se observam após o fato gerador e por isso não podem configurar incidência do ITCMD.

3. Imunidade

As imunidades integram, ao lado dos princípios constitucionais tributários, a categoria das limitações constitucionais ao poder de tributar. Trata-se de norma que implica a proibição constitucional ao exercício da competência tributária, erigida em norma limitativa que impede o legislador ordinário de alcançar os fatos e situações nela contemplados. São veiculadas por normas que definem o impedimento ao exercício da competência, em virtude de expressa vedação constitucional, de pertencer ao campo da incidência legal, não podendo ser atingidas pela lei tributária.

Pontes de Miranda ensinava que a imunidade é uma limitação constitucional à competência para editar regra jurídica de imposição. [3] Definida na Constituição Federal, a norma imunizante demarca, nos dizeres de Regina Helena Costa, a competência tributária por continente de hipótese de intributabilidade, constituindo direito subjetivo das pessoas direta ou indiretamente favorecidas.[4] Como se vê, essa demarcação ou delimitação constitucional é negativa já que o Constituinte tracejou os campos de incidência, por exclusão, das figuras impositivas.

Invocando o magistério da professora Regina Helena Costa, verificamos que *imunes são as pessoas, bens ou situações não abrangidos pelos contornos das regras de competência tributária, mediante normas explícitas ou implícitas, porque extraíveis*

---

3 MIRANDA, Pontes de. *Comentários à Constituição de 1967 com a Emenda nº 1 de 1969*. São Paulo: Ed. Revista dos Tribunais, 1970, p. 297.

4 Op. cit., p. 79.

de um ou mais princípios constitucionais.[5]

Referidas limitações constitucionais atingem variada gama de tributos e estão elencadas ao longo da Constituição, não se restringindo ao disposto no artigo 150, VI, "a", "b", "c" e "d".

3.1. Imunidade recíproca

Dispõe o art. 150, VI, "a", da Constituição que *sem prejuízo de outras garantias asseguradas ao contribuinte, é vedado à União, aos Estados, ao Distrito Federal e aos Municípios, instituir impostos sobre patrimônio, renda ou serviços uns dos outros*. Também denominada imunidade dos entes políticos ou imunidade mútua, refere-se aos impostos sobre o patrimônio, renda e serviços.

Os impostos sobre o patrimônio e a renda estão elencados no capítulo III, título III do Código Tributário Nacional e compreende o IPTU - Imposto sobre a Propriedade Territorial Urbana, ITR - Imposto Territorial Rural, IR - Imposto sobre a Renda e Proventos de Qualquer Natureza e o Imposto Sobre a Transmissão de Bens que foi desmembrado com a promulgação da Constituição de 1988, dando origem aos atuais ITBI - Imposto sobre a Transmissão de Bens Imóveis, de competência municipal e o ITCMD - Imposto sobre a Transmissão Causa Mortis e Doação de quaisquer bens e direitos, de competência dos Estados e Distrito Federal. Embora o IPVA - Imposto sobre a Propriedade de Veículos Automotores não esteja previsto no Código Tributário Nacional, é indiscutível tratar-se de imposto incidente sobre o patrimônio, estando por isso, acobertado pela imunidade tributária recíproca.

Com relação ao impostos sobre serviços, está claro que a dicção constitucional abarca o ISSQN - Imposto Sobre Serviços de Qualquer Natureza e o ICMS incidente na prestação de serviços de comunicação, transporte interestadual e intermunicipal.

No que concerne às autarquias e fundações, dispõe o art. 150, § 2º, da CF que só haverá imunidade em relação aos impostos sobre o patrimônio, renda ou serviços vinculados a suas finalidades essenciais. Particularmente em relação às empresas públicas, segundo entendimento do Supremo Tribunal Federal, algumas empresas públicas prestadoras de serviços públicos típicos e exclusivos do Estado, poderão auferir o benefício constitucional equivalente às autarquias.[6]

Em julgamento recente (08/04/2016), o STF reconheceu a repercussão geral no RE nº 928902-SP, Rel. Min. Teori Zavascki, a respeito da controvérsia relativa à existência ou não de imunidade tributária, para efeito de IPTU, no tocante aos bens mantidos pela Caixa Econômica Federal mas que não se comunicam com seu patrimônio.

Em relação ao ISS, o STF também reconheceu a repercussão geral no RE nº 756915 – RS, Rel. Min. Gilmar Mendes, datado de 17/10/2013, reafirmando sua jurisprudência no sentido de reconhecer a incidência daquele imposto municipal,

---

5 Idem, p.80.

6 Nesse sentido, em relação à Empresa Brasileira de Correios e Telégrafos, RE nº 407.099, e em relação à INFRAERO, AI em RE nº 363.412.

afastando a imunidade tributária recíproca nos serviços de registros públicos, cartoriais e notariais.

Com relação a outras empresas públicas prestadoras de serviços públicos, como a Infraero, no julgamento do ARE 638315-BA, o STF reafirmou seus precentes no sentido de estender a imunidade recíproca às empresas públicas prestadoras de serviços públicos, entendimento que já havia afirmado em relação à Empresa Brasileira de Correios e Telégrafos.

3.2. Imunidade dos templos de qualquer culto

De acordo com a norma constitucional do art. 150, VI, "b", *sem prejuízo de outras garantias asseguradas ao contribuinte, é vedado à União, aos Estados, ao DF e aos Municípios, instituir impostos sobre templos de qualquer culto.* Trata-se de imunidade que atinge somente os impostos[7], e não abrange seitas com inspirações atípicas que não seguem os valores morais, éticos e religiosos.

Sobre o conteúdo semântico do vocábulo *templo*, existem três teorias que buscam definir seus exatos contornos. A teoria restritiva defende que o termo abarca exclusivamente o local do culto. Pela teoria clássico liberal, a imunidade abrange o local do culto e os anexos, baseando-se no conceito de *universitas juris,* ou seja, o conjunto de relações jurídicas afetas a direitos e deveres dessas pessoas. Para essa segunda teoria, locais como a residência do padre ou do pastor, o centro social da igreja, dentre outros, estariam incluídos na imunidade. Finalmente, pela teoria moderna, o conceito de templo é mais amplo e abarca a entidade religiosa, representado numa instituição encarada independentemente das coisas e pessoas objetivamente consideradas, e por isso possui acepção ainda mais ampla do que a segunda teoria.

Estatui o art. 150, § 4º, da CF que *as vedações expressas no inciso VI, "b" e "c" compreendem somente o patrimônio, renda e serviços, relacionados com as atividades essenciais das entidades nela mencionadas.* Sob esse aspecto, a melhor interpretação parece ser aquela no sentido de que é a destinação dos recursos obtidos pela entidade o fator determinante do alcance da exoneração constitucional. Sendo assim, se determinado templo religioso é proprietário de diversos imóveis e os utiliza com fins especulativos sem dar-lhes a destinação pela qual foi instituída a entidade religiosa, não haverá imunidade.

O STF já se debruçou sobre a questão da imunidade tributária dos templos de qualquer custo. Em relação às organizações maçônicas, considerou não estarem dispensadas do pagamento do IPTU. Confira-se:

"*As organizações maçônicas não estão dispensadas do pagamento do imposto sobre propriedade predial e territorial urbana - IPTU. Essa a conclusão da 1ª Turma ao conhecer, em parte, de recurso extraordinário e, por maioria, negar-lhe provimento. Na espécie, discutia-se se templos maçônicos se incluiriam no conceito de "templos de qualquer culto" ou de "instituições de assistência social" para fins de concessão*

---

7 STF, RE 129.930.

da imunidade tributária prevista no art. 150, VI, b e c, da CF ["Art. 150. Sem prejuízo de outras garantias asseguradas ao contribuinte, é vedado à União, aos Estados, ao Distrito Federal e aos Municípios: ... VI - instituir impostos sobre: ... b) templos de qualquer culto; c) patrimônio, renda ou serviços dos partidos políticos, inclusive suas fundações, das entidades sindicais dos trabalhadores, das instituições de educação e de assistência social, sem fins lucrativos, atendidos os requisitos da lei"] — v. Informativo 582. Entendeu-se que o enquadramento da recorrente na hipótese de imunidade constitucional seria inviável, consoante o Verbete 279 da Súmula do STF ("Para simples reexame de prova não cabe recurso extraordinário"). Aludiu-se, ainda, à observância do art. 14 do CTN para que pudesse existir a possibilidade do gozo do benefício, matéria que não possuiria índole constitucional. Pontuou-se que a maçonaria seria uma ideologia de vida e não uma religião." RE 562351/RS, rel. Min. Ricardo Lewandowski, 4.9.2012. Informativo nº 678.

Com relação aos cemitérios e extensões de entidades de cunho religioso, o STF reconheceu a imunidade em relação ao IPTU quando do julgamento do RE nº 578562, "verbis":"*O Tribunal deu provimento a recurso extraordinário interposto pela Sociedade da Igreja de* São Jorge e Cemitério Britânico contra acórdão da Câmara *Cível Especializada do Tribunal de Justiça do Estado da Bahia que entendera que a imunidade tributária prevista no art. 150, VI, b, da CF não se aplicaria aos cemitérios, porque estes não poderiam ser equiparados a templos de culto algum. Distinguindo a situação dos cemitérios que consubstanciam extensões de entidades de cunho religioso da daqueles que são objeto de exploração comercial por empresas que alugam ou vendem jazigos, asseverou-se que apenas a primeira hipótese estaria abrangida pela aludida imunidade tributária. Considerou-se que o cemitério analisado seria uma extensão da capela destinada ao culto da religião anglicana, situada no mesmo imóvel, e que a recorrente seria uma entidade filantrópica sem fins lucrativos, titular do domínio útil desse imóvel, dedicada à preservação da capela, do cemitério e dos jazigos, bem assim do culto da religião anglicana professada nas suas instalações. Reportou-se ao que decidido no RE 325822/SP (DJU de 14.5.2004), no sentido de que a imunidade do art. 150, VI, b, da CF contemplaria não apenas os prédios destinados ao culto, mas o patrimônio, a renda e os serviços relacionados com as finalidades essenciais das entidades mencionadas nesse preceito, e que a regra do seu § 4º serviria de vetor interpretativo dos textos das alíneas b e c do seu inciso VI. Assim, tendo em conta tratar-se, na espécie, de mesmo imóvel, parcela do patrimônio da recorrente, entendeu-se que o cemitério seria alcançado pela garantia contemplada no art. 150, a qual seria desdobrada do disposto nos artigos 5º, VI e 19, I, todos da CF. Aduziu-se, ao final, que a imunidade dos tributos, de que gozam os templos de qualquer culto, é projetada a partir da proteção aos locais de culto e a suas liturgias e da salvaguarda contra qualquer embaraço ao seu funcionamento. Daí, da interpretação da totalidade que o texto da Constituição é, sobretudo dos referidos artigos, concluiu-se que, no caso, o IPTU não incidiria. RE 578562/BA, rel. Min. Eros Grau, 21.5.2008.*" Informativo nº 507. .

3.3. Imunidade dos partidos políticos, suas fundações, entidades sindicais, de educação e de assistência social

Outra peculiar espécie de imunidade está contemplada no art. 150, VI, "c" da Constituição, o qual determina que *sem prejuízo de outras garantias asseguradas ao contribuinte, é vedado à União, aos Estados, ao Distrito Federal e aos Municípios, instituir impostos sobre patrimônio, renda ou serviços dos partidos políticos, inclusive suas fundações, das entidades sindicais dos trabalhadores, das instituições de educação e de assistência social, sem fins lucrativos, atendidos os requisitos da lei.* Deve ser considerado que expressão *sem fins lucrativos* não é exigida somente para entidades de assistência social, mas também para os partidos políticos, suas fundações e entidades sindicais.

Trata-se de norma constitucional de eficácia contida, não auto aplicável, o que se depreende pela expressão *atendidos os requisitos da lei.* Tem-se entendido que a lei reclamada pelo dispositivo deve ser uma lei complementar, em face do disposto no artigo 146, II da Lei Maior, observando que a referida norma de integração já existe, *ex vi* dos artigos 9º, IV, "c" e art. 14, ambos do CTN.

Assim como ocorre com a categoria anterior, o patrimônio, renda e serviços das entidades beneficiadas pela imunidade também devem estar vinculados às finalidades precípuas da pessoa jurídica, e só haverá imunidade se as próprias entidades praticarem o fato gerador. Modernamente se admite interpretação extensiva no sentido de que não somente as atividades essenciais mas também o patrimônio, renda ou serviços com elas relacionados seriam imunes. Nesse sentido, a imunidade abrangeria o patrimônio, renda e serviços que não se enquadram nas finalidades essenciais mas são com elas relacionados.[8]

Em relação aos sindicatos, a imunidade abrange somente o dos trabalhadores, mas com relação às entidades educacionais, também tem se admitido interpretação ampliativa. Por fim, em relação às entidades de assistência social, não podendo ter fins lucrativos, dependem sejam atendidos os requisitos do art. 14 do CTN. Assim, é necessário que se comprove que seus diretores não distribuem qualquer parcela de seu patrimônio ou de suas rendas, a qualquer título; que apliquem integralmente, no País, os seus recursos na manutenção dos seus objetivos institucionais; que mantenham escrituração de suas receitas e despesas em livros, revestidos de formalidades capazes de assegurar sua exatidão.

Ainda com relação às entidades de assistência social, tem se questionado se os fundos de pensão fazem jus à imunidade. Os fundos de pensão são entidades fechadas de previdência privada, formados por grupos de empregados de uma empresa que constituem uma pessoa jurídica para gerir a complementação dos proventos de aposentadoria. A Súmula nº 730 do STF dispõe que *a imunidade tributária conferida a instituições de assistência social sem fins lucrativos pelo art. 150, VI, c da CF,*

---

[8] A respeito, confira-se: Imunidade do IPTU em relação à entidade de assistência social proprietária de imóvel utilizado como estacionamento de veículos. STF, RE nº 257.700.

somente alcança as entidades fechadas de previdência social privada se não houver contribuição dos beneficiários. Convém salientar, ademais, que o art. 202, § 3° da Constituição proíbe o aporte de recursos a essas entidades pela União, Estados, DF e Municípios, salvo na qualidade de patrocinador, situação na qual, em hipótese alguma, poderá exceder a contribuição do segurado.

Uma vez mais o STF tratou do tema com a edição da Súmula Vinculante n° 52 no sentido de que ainda quando alugado a terceiros, permanece imune ao IPTU o imóvel pertencente a qualquer das entidades referidas no art. 150, VI, c da Constituição Federal, desde que o valor dos aluguéis seja aplicado nas atividades para as quais tais entidades foram constituídas. Aliás, referida Súmula Vinculante praticamente repete o teor da Súmula n° 724 do STF, modificando somente a parte final no verbete quando determina que a imunidade será reconhecida quando o valor dos aluguéis for aplicado nas *atividades essenciais de tais entidades*.

3.4. Imunidade dos livros, jornais, periódicos e o papel destinado a sua impressão

O arcabouço de normas constitucionais limitadoras ao poder de tributar contempla outra espécie prevista no art. 150, VI, "d", no sentido de que é vedado *instituir impostos sobre livros, jornais, periódicos e o papel destinado a sua impressão.*

Conhecida como imunidade cultural, baseia-se no direito fundamental de liberdade de manifestação de pensamento e de expressão da atividade artística e científica. Trata-se de imunidade real ou objetiva e incondicionada, não dependendo de regramento infraconstitucional.

No que concerne ao conceito de livro, entende-se que objeto é imune, abrangendo o conceito de livro de papel ou livro virtual, como é o caso dos livros em *CD room*, *e-book*, etc., assim como manuais técnicos e apostilas. Importa asseverar que o livro deve veicular ideias e pensamentos, fato pelo qual os livros fiscais, livro de ponto, diário de bordo etc., não são beneficiados pela imunidade.

Outro questionamento diz respeito ao direito fundamental que orienta referida imunidade, sendo forçoso reconhecer que se a imunidade se baseia no incentivo à cultura, seria lógico afastar-se a imunidade quando o conteúdo do livro não for cultural, como é o caso, por exemplo, dos livros eróticos, álbuns de figurinha e outros. Apesar de coerente o raciocínio de que por trazer informações deletérias não teria direito à imunidade, prevalece a corrente liberal que admite a imunidade pelo simples fato de que a Constituição não faz qualquer distinção.

Com relação aos jornais, a premissa inicial reside no fato de que a imunidade só abrange a mídia escrita, não abrangendo jornais veiculados em redes de TV, rádio, internet, etc.

No tocante aos periódicos, o conceito abrange revistas, álbuns, ainda que sejam editados sem frequência, incluindo-se as revistas de pouco conteúdo intelectual.

O papel destinado à impressão é o insumo utilizado na veiculação da liberdade de manifestação de pensamento e da expressão da atividade artística e científica. Com relação a outros insumos, como as máquinas, filme e a tinta, não incluídos na lista das imunidades, o Supremo Tribunal Federal editou a Súmula nº 657 no sentido de que *a imunidade prevista no art. 150, VI, d da CF abrange os filmes e papéis fotográficos necessários à publicação dos jornais e periódicos.*

Em julgamento proferido no RE 215435-PR, o STF afastou a imunidade tributária da tinta especial para jornal. Nesse sentido, Informativo nº 95:"*A imunidade tributária prevista no art. 150, VI, d, da CF que veda a instituição de imposto sobre livros, jornais, periódicos e o papel destinado a sua impressão não abrange tinta especial para jornal. Tal imunidade atinge, tão-só, os materiais relacionados com o papel, segundo a jurisprudência do STF. Com base nas decisões do Tribunal, a Turma deu provimento ao recurso extraordinário da União interposto contra decisão do Tribunal de Justiça do Paraná. Precedentes citados: RREE 174.476-SP , 178.863-SP (DJU de 30.5.97), 204.234-RS.*" RE 215.435-PR, rel. Min. Moreira Alves, 2.12.97.

3.5. Outras imunidades

O artigo 5º, inciso XXXIV da Constituição da República estabelece a imunidade tributária em relação às taxas para o exercício do direito de petição aos Poderes Públicos, bem como para a obtenção de certidões em repartições públicas, para defesa dos direitos e esclarecimentos de situações de interesse pessoal.

Há imunidade no pagamento da taxa judiciária para a propositura da ação popular, salvo comprovada má-fé, tal como dispõe o artigo 5º, inciso LXXIII da Constituição Federal. Da mesma forma, há imunidade em relação às contribuições sociais e de intervenção no domínio econômico em relação às receitas decorrentes de exportação, consoante dispõe o artigo 149, § 2º, I.

Ademais, nos termos do artigo 153, § 3º, III, a exportação de produtos industrializados é imune ao IPI - Imposto sobre Produtos Industrializados, e as pequenas glebas rurais, definidas em lei, exploradas por proprietário que não possua outro imóvel, são imunes ao ITR - Imposto Territorial Rural, consoante dispõe o artigo 153, § 4º, II.

Também há imunidade em relação ao ICMS - Imposto sobre Operações relativas à Circulação de Mercadorias e sobre Prestação de Serviços de Transporte Interestadual e Intermunicipal e de Comunicação, ainda que as Operações e as Prestações se iniciem no Exterior, nas exportações de mercadorias e serviços, assegurada a manutenção e o aproveitamento do montante do imposto cobrado nas operações anteriores, *ex vi* do artigo 155, § 2º, X, "a", da CF; nas operações que destinem a outros Estados petróleo, inclusive lubrificantes, combustíveis líquidos e gasosos dele derivados, e energia elétrica, consoante dispõe o art. 155, § 2º, X, "b", da CF e sobre prestações de serviço de comunicação nas modalidades de radiodifusão sonora e de sons e imagens de recepção livre e gratuita, consoante dispõe o artigo 155, § 2º, X, "d", da CF, bem como sobre operações que destinem mercadorias para o exterior, nem sobre serviços.

Há imunidade em relação ao ITBI - Imposto sobre a Transmissão inter vivos, a qualquer título, por ato oneroso, de Bens Imóveis, por natureza ou acessão física, e de direitos reais sobre imóveis, exceto os de garantia, bem como cessão de direitos a sua aquisição sobre a transmissão de bens ou direitos decorrentes de fusão, incorporação, cisão ou extinção de pessoa jurídica, salvo se, nesse caso, a atividade preponderante do adquirente for a compra e venda desses bens ou direitos, locação de bens imóveis ou arrendamento mercantil, estando elencada no artigo 156, § 2°, I, da CF.

São também imunes, em relação à contribuição previdenciária, os rendimentos de aposentadoria e pensão concedidos pelo regime geral de previdência social, consoante dispõe o artigo 195, II, assim como, em relação às taxas em geral, as entidades beneficentes de assistência social que atendam às exigências estabelecidas em lei, a teor do que dispõe o artigo 195, § 7° da Constituição da República.

A Emenda Constitucional nº 75/13 criou uma nova figura de imunidade. Trata-se da regra prevista no art. 150, VI, "e" diz respeito aos fonogramas e videofonogramas musicais produzidos no Brasil contendo obras musicais ou literomusicais de autores brasileiros e/ou obras em geral interpretadas por artistas brasileiros bem como os suportes materiais ou arquivos digitais que os contenham, salvo na etapa de replicação industrial de mídias ópticas de leitura a laser.

3.6. A imunidade implícita derivada da ausência do sinal de riqueza

Conforme analisamos no capítulo anterior, uma das vertentes da *Teoria do Sinal de Riqueza* impossibilita o exercício da competência tributária, sobretudo em matéria de impostos, nas hipóteses em que não restar presente a tributação sobre a efetiva riqueza do contribuinte.

De fato, tendo a maior parte da população brasileira deixado a linha da pobreza, não mais se justifica tributar cada vez mais indivíduos, fenômeno que se tornou praxe na tradição brasileira, senão apenas aqueles que tem o dever de colaborar com a manutenção do Estado.

Por isso ponderamos que não mais se justifica tributar a pobreza, naquelas situações que impliquem apenas e tão somente o exercício do direito ao mínimo existencial.

Sob esse aspecto, o preceito normativo implícito tratado neste compêndio como Princípio do Sinal de Riqueza, nada mais representa do que uma norma constitucional implícita limitativa do exercício da competência tributária, construída com fundamento nos Princípios da Igualdade, Dignidade da Pessoa, Capacidade Contributiva e Proporcionalidade.

Em sua outra vertente, uma vez que não seja observado o pressuposto fático, o princípio em questão se reveste da qualidade de norma de não incidência em sentido estrito.

O denominado Princípio do Sinal de Riqueza possui vários outros desdobramentos que foram tratados anteriormente, sugerindo uma nova abordagem ao Sistema Tributário Nacional.

4. Isenção

Essa categoria de norma limitativa da tributação era conhecida inicialmente como *dispensa legal do pagamento do tributo*, sendo tratada nos artigos 176 a 179 do CTN como causa de exclusão do crédito tributário. No entanto, como vimos, esse consagrado conceito escapa da lógica jurídica.

Assim como ocorre em relação à imunidade, na isenção não há obrigação de pagar o tributo, mas ao contrário da imunidade que sempre está definida em norma constitucional, a isenção depende de lei, cabendo ao ente político competente para instituir o tributo a prerrogativa para discipliná-la.

Ponto controvertido no estudo da isenção diz respeito à incidência (ou não) da norma isentiva, e qualificar a isenção como norma de incidência ou de não incidência é tema sujeito a antigas dissensões doutrinárias. Argumenta-se que a norma isentante incide já que não se pode produzir efeitos se a norma não incidir. Sob esse aspecto, a norma incidiria ocasionando o nascimento da obrigação e incidiria novamente para definir a dispensa do pagamento do tributo. Aqui reside a impropriedade do tradicional conceito de isenção que corresponderia à dispensa legal. Persistindo nesse argumento, estaríamos equiparando a isenção à remissão, e decididamente esses dois institutos não se equivalem.

Devo observar que o conceito de isenção baseado na dispensa legal do pagamento do tributo foi o que orientou a elaboração do Código Tributário Nacional, sendo consagrado na doutrina tradicional consoante a linha de pensamento traduzida no magistério de Rubens Gomes de Souza[9]

Posteriormente, a isenção recebeu nova tessitura que também se agregou à tradição do direito. Nesse contexto, o magistério de José Souto Maior Borges[10] ensinava que isenção era uma *hipótese de não incidência legalmente qualificada.*

De fato, entender que isenção é uma dispensa legal do pagamento do tributo mais afeiçoa a considerá-la uma causa de extinção do crédito, visível a proximidade desse conceito com a remissão que corresponde ao perdão da dívida. Ademais, perscrutar a isenção sob essa ótica permite identificar a razão pela qual foi ela incluída na fórmula adotada pelo CTN no sentido de denominá-la como causa de exclusão do crédito. Sob esse aspecto, a isenção pressuporia a ocorrência do fato gerador e a constituição da obrigação tributária, a qual seria posteriormente obliterada pela norma isentante, o que justificaria o emprego do vocábulo *exclusão* do crédito.

Sobre as considerações que expressam o fenômeno da isenção como sendo uma hipótese de não incidência legalmente qualificada, e sem embargo das meditações traduzidas pelo seu autor, o preceito isentivo impactaria a relação jurídica antes mesmo da norma de incidência, numa aflitiva inversão do processo de juridicização, não parecendo definir a melhor compreensão do instituto.

Modernamente, escapando dos domínios do pensamento tradicional, a doutrina se propôs a analisar a isenção sob a consistência da teoria da incidência, no sentido de que a norma isencional viesse a atingir determinados aspectos da hipótese de

---

9 SOUSA, Rubens Gomes de. *Compêndio de Legislação Tributária.* Edição Póstuma. São Paulo: Ed. Resenha Tributária, 1975, p.97.

10 BORGES, José Souto Maior. *Teoria Geral da Isenção Tributária.* 3ª Ed. São Paulo: Malheiros Editores, 2007, p.57.

incidência. Com efeito, a isenção corresponderia ao escopo de atingir e mutilar algum ou alguns aspectos da hipótese de incidência, tornando o tributo indevido em determinadas situações.

Sob essa construção, a norma de isenção acarretaria o *impedimento parcial da incidência* uma vez que teria a finalidade de atingir certos aspectos da hipótese de incidência, qualificando a relação jurídica sob um prisma específico que acarreta a inexigibilidade do tributo.

Por isso, defende-se que a isenção é uma *norma de impedimento parcial da incidência* porque evita que a hipótese de incidência se complete em sua plenitude, com a ocorrência do fato gerador, desconfigurando o fenômeno da subsunção. E é apenas parcial porque não revoga a hipótese de incidência, mas atinge-a em parte, se operando sobre um de seus aspectos essenciais.

Sendo assim, a isenção é uma hipótese desonerativa que corresponde a uma *norma legal de impedimento parcial da incidência do tributo*, figurando entre as normas limitativas da tributação, e não se encontra analisada no capítulo referente às causas de exclusão pelo simples fato de que causa excludente não é. Se a norma impede a incidência do tributo em determinadas situações, não há nem mesmo como cogitar-se em crédito constituído, e portanto não há falar-se em exclusão do crédito.

Sem embargo, não é uma dispensa legal do pagamento do tributo, não é uma hipótese de não incidência legalmente qualificada e nem mesmo uma causa de exclusão do crédito, compreendendo uma peculiar hipótese desonerativa que possui certa analogia com outros institutos analisados neste capítulo.

Embora não tenha coletado seu fundamento de validade na ciência das finanças, é fato que a isenção implica na renúncia parcial da competência tributária, movida por argumentos de política fiscal.

Sobre um possível conflito entre a norma de incidência que prevê a exigência do tributo e a norma de isenção que prevê a não exigência, entende-se que a norma de isenção é também uma norma de incidência, só que negativa, diferente da norma de imunidade que determina a não incidência. No entanto, normas de incidência e normas de isenção convivem e se harmonizam porque a norma de isenção afasta o efeito da norma de incidência em determinadas situações, não havendo necessidade de revogá-la. Em suma, o que ocorre é que a norma de isenção restringe a norma de incidência afastando um dos elementos ou aspectos da hipótese de incidência.

Há que se ressaltar, ademais, que é possível instituir a norma de incidência e a norma de isenção por leis diferentes, bastando que lei posterior isente certa situação instituída em norma de incidência anterior.

Tomemos como exemplo uma norma de incidência do Imposto sobre a Propriedade Territorial Urbana que determine que imóveis com área de até 70 metros quadrados pagam alíquota de 1% sobre o valor venal. Em seguida, passa a viger a norma de isenção que atingirá os bens imóveis com área de até 70 metros quadrados e desde que o proprietário seja pessoa maior de 70 anos de idade. Como se depreende facilmente, não há revogação da norma de incidência, mas apenas a obliteração de dois aspectos da hipótese de incidência, o aspecto material (imóveis até 70 m2) e o aspecto subjetivo (proprietários, possuidores ou titulares do domínio útil com mais de 70 anos).

Segundo esse entendimento, o chamado *diferimento*, já tratado no capítulo referente ao sujeito passivo, seria uma categoria de isenção porque ocorre a transferência do aspecto temporal da hipótese de incidência. Assim, na saída de produtos industrializados por encomenda ou por conta de terceiros, haveria diferimento do Imposto sobre Produtos Industrializados, já que a exigência ficaria postergada para o momento da saída do produto final. Haveria, neste particular, norma de isenção que atinge o elemento temporal da hipótese de incidência, determinando a lei que o momento da incidência eleito teria sido diferido para outra oportunidade. Neste caso em particular não há isenção porque o não pagamento é postergado para as operações seguintes, não havendo efetiva renúncia ao direito de constituir o crédito. Dessa forma, a técnica do diferimento apenas se parece como uma isenção, mas é uma forma disfarçada de não se exigir o tributo agora, para se exigi-lo depois.

As denominadas *alíquotas zero* seriam, no mesmo diapasão, normas de isenção que atingem o aspecto valorativo da hipótese de incidência, no tocante à alíquota, observando que nos casos de isenção por *alíquota zero* os contribuintes não ficam livres de cumprirem as obrigações acessórias, como a escrituração fiscal, a emissão de nota fiscal, etc.

Por isso, repita-se, a isenção não é hipótese de não incidência, não é causa de exclusão e nem de extinção do crédito. Trata-se de um hipótese desonerativa que atinge parcialmente a hipótese de incidência para os fins de impedir a constituição do crédito em determinadas situações.

Apesar da construção dogmática sublimada nos estudos doutrinários, o entendimento assentado no STF segue condizente com a tradicional configuração da isenção, adequando-se a uma dispensa legal do pagamento do tributo [11], simplificando sua lógica sem qualquer esforço de compreensão, dentro do qual, seria a isenção resumida na seguinte fórmula:

Fato gerador → incidência → dispensa legal = isenção

Conforme dispõe o artigo 176 do CTN, *a isenção, ainda quando prevista em contrato, é sempre decorrente de lei que especifique as condições e requisitos exigidos para a sua concessão, os tributos a que se aplica e, sendo caso, o prazo de sua duração.* Como se vê, é comum normas de isenção serem condicionadas à comprovação do estado pessoal do sujeito passivo, bem como o destino ou a qualidade do objeto da tributação. Ademais, a isenção pode ser restrita a determinada região do território da entidade tributante, em função de condições a ela peculiares.

De fato, a isenção pode estar submetida ao preenchimento de condições a serem verificadas pela autoridade fazendária, sendo possível a regulamentação da isenção por ato administrativo normativo. Além disso, de acordo com o preceituado no art. 177, II, do CTN, a lei que institui a isenção somente atingirá tributos instituídos antes

---

11 Nesse sentido: RE 113.711-SP, 1ª Turma, Rel. Min. Moreira Alves.

de sua concessão, sendo constituída para atingir norma de incidência simultânea ou prévia, proibida de atingir norma de incidência futura, de onde se conclui que a isenção abrange fatos geradores posteriores à norma que a instituiu.

Nos termos do artigo 178 do CTN, *a isenção, salvo se concedida por prazo certo e em função de determinadas condições, pode ser revogada ou modificada por lei, a qualquer tempo, observado o disposto no inciso III do art. 104*. Referido dispositivo dispõe que *entram em vigor no primeiro dia do exercício seguinte àquele em que ocorra a sua publicação os dispositivos de lei, referentes a impostos sobre o patrimônio ou a renda que extinguem ou reduzem isenções, salvo se a lei dispuser de maneira mais favorável ao contribuinte, e observado o disposto no art. 178*. Exemplificando: em janeiro de 2012 a lei 1 institui a norma de incidência e em junho de 2012 norma de isenção (lei 2) atinge um dos aspectos da hipótese de incidência. Em fevereiro de 2013 entra em vigor nova lei (lei 3) que revoga a lei 2, alterando alíquotas e suprimindo a regra de isenção. Dessa forma, pelo disposto no artigo 104 do CTN, a revogação da isenção só poderá ter eficácia a partir do exercício financeiro seguinte para se respeitar o princípio da anterioridade, exceto para os tributos que estão ressalvados àquele princípio.

Finalmente, de acordo com o disposto no artigo 111, inciso II do Código Tributário Nacional, interpreta-se literalmente a legislação tributária que disponha sobre outorga de isenção.

O Código Tributário Nacional enuncia outras regras acerca da isenção e que serão analisadas no capítulo inerente às causas de exclusão do crédito tributário.

5. Diferenças entre Imunidade e Isenção

A isenção é definida pelo Código Tributário Nacional como causa de exclusão do crédito, assim como a anistia, dela diferenciando porque a isenção obsta a constituição do crédito em relação ao tributo, enquanto a anistia inviabiliza a formalização do crédito em relação às penalidades pecuniárias.

No cotejo da isenção com a imunidade, destaca-se que esta se caracteriza como norma definida em âmbito constitucional, enquanto a isenção decorre de norma infraconstitucional.

A imunidade representa um direito público subjetivo da pessoa por ela favorecida, enquanto a isenção não implica em direito subjetivo, podendo, a critério da autoridade fazendária, estar sujeita ao preenchimento de determinadas condições definidas em lei.

Constituindo garantia dos contribuintes, as imunidades estão plasmadas em rol taxativo no texto da Constituição, mas devem ser interpretadas de forma extensiva como forma de resguardar os direitos fundamentais. As isenções estão sujeitas ao exercício da competência, não possuindo qualquer limitação quanto à criação de novas figuras isentantes, exceto pela necessidade de veiculação por norma legal. A seguir o quadro que sintetiza as distinções entre imunidade e isenção.

Imunidade	**Isenção**
1. Norma constitucional.	1. Norma infraconstitucional.
2. Direito subjetivo.	2. Não direito subjetivo.
3. Atua no plano da definição da competência.	3. Atua no plano do exercício da competência.
4. Interpretação ampliativa.	4. Interpretação literal.
5. Rol constitucional taxativo.	5. Legislação aberta.
6. Incondicionada.	6. Pode ser condicionada.
7. Competência proibida.	7. Competência tributária exercida.

Capítulo X

ELISÃO, EVASÃO E SONEGAÇÃO FISCAL

1. Conceito de elisão fiscal

O vocábulo elisão, do latim *elisione*, significa o ato de elidir, retirar, excluir, eliminar, tirar, quebrar, enfraquecer. O termo elisão fiscal é utilizado para designar as condutas lícitas, ou não proibidas, praticadas pelo sujeito passivo com a finalidade de evitar, minimizar ou adiar a ocorrência do fato gerador. A elisão fiscal está diretamente ligada ao planejamento tributário e se configura por meio de uma atuação preventiva e lícita do sujeito passivo. Arrimado no Princípio da Legalidade, onde o particular pode fazer tudo que a lei não proíbe, o planejamento tributário se afigura como direito do contribuinte em adotar condutas que visem diminuir ou mesmo evitar totalmente a incidência do tributo, tornando menos onerosa a carga tributária.

Dessa forma, a economia tributária implica um direito do contribuinte que deverá, no entanto, se pautar na legalidade. Não obstante, é reconhecida a dificuldade existente na análise de sua caracterização, isso porque a elisão tem um conteúdo semântico e jurídico fluído, quase abstrato, fato pelo qual podem surgir situações que conduzam a interpretações subjetivas. Nesse sentido, fica claro que o problema da elisão é de interpretação, uma razão a mais para que as normas tributárias *devam ser* constituídas de tipicidade cerrada.

1.1. A norma antielisão

Partindo da premissa que a prática da elisão é legítima, e considerando, ademais, que o problema reside na interpretação da norma, a Lei Complementar n° 104 de 2001 criou a redação do art.116, parágrafo único do CTN, no sentido de que *a autoridade administrativa poderá desconsiderar atos ou negócios jurídicos com a finalidade de dissimular a ocorrência do fato gerador do tributo ou a natureza dos elementos constitutivos da obrigação tributária, observados os procedimentos a serem estabelecidos em lei ordinária.* Como se observa, a LC n° 104/2001 confere à Administração Tributária a atribuição de fazer valer a sua interpretação, e não a do contribuinte, a ponto de permitir-lhe desconsiderar os atos praticados por particulares, desde que os considere terem sido praticados para dissimular a ocorrência do fato gerador.

A despeito da usurpação funcional em atribuir à Administração a função de dizer o Direito, tarefa que é inerente à Jurisdição, a norma em questão tenta juntar os cacos quando autoriza que a Administração perfaça, mediante processo administrativo com garantia de ampla defesa, a desconsideração de atos ou negócios jurídicos que tenham a finalidade de dissimular a ocorrência do fato gerador do tributo ou a natureza dos elementos constitutivos da obrigação tributária, como se isso não fosse um dever do Estado.

Não obstante, em face da dificuldade de implementar as formulações teóricas que definem as fronteiras da elisão fiscal, fundada no direito de realizar o planejamento tributário, e a evasão fiscal que decorre de conduta ilícita, permanecem acesas as discussões sobre a legitimidade da norma do art. 116, parágrafo único, mal agouradamente chamada de norma antielisiva, e sobre sua compatibilidade com o Sistema Tributário Constitucional, sobretudo por conta da dificuldade na definição dos exatos contornos do termo *dissimulação,* empregado no preceptivo em estudo.

As críticas ao conceito de dissimulação agora empregado pelo CTN se baseiam, dentre outras, ao fato do Código Civil Brasileiro empregar o termo *simulação* quando disciplina os ilícitos civis, termo também empregado pelo próprio CTN no art. 149, VII, o que redundaria na inutilidade do novo instituto. No entanto, tem-se entendido que o conceito de dissimulação adotado pela LC n° 104/2001 seria mais amplo do que o de simulação contido no Código Civil e o empregado pelo próprio CTN quando dispõe sobre o lançamento de ofício. Sob esse aspecto, a dissimulação abrangeria outras condutas como fraudar, encobrir, ocultar, disfarçar, e outras ações que envolvem o ardil, o excesso de poder, o abuso de direito e a fraude à lei. No que concerne ao abuso do direito, a dissimulação também poderia envolver condutas formalmente lícitas, mas praticadas com o intuito de obter a diminuição da carga tributária.

Nesse sentido, a norma antielisiva possibilita um ajuste que tornará possível à Administração Fazendária a desconsideração de um ato ou negócio celebrado pelo sujeito passivo, e como não há uma fórmula científica para a aferição objetiva da elisão, a conduta da autoridade fazendária deverá obedecer a critérios pautados nos princípios constitucionais tributários, mediante instauração de regular processo administrativo e com estrita obediência às garantias processuais do sujeito passivo.

Sobretudo, sua aplicação deverá se pautar com base nos Princípios da Proporcionalidade e da Razoabilidade, uma vez que cabe à autoridade administrativa a tarefa de interpretar a conduta do sujeito passivo, e assim o fazendo, evitar-se-á eventuais excessos, permitindo-se que a norma antielisão seja utilizada como forma de justiça fiscal e como instrumento de ajuste da legalidade, com vistas a afligir somente os verdadeiros sinais de riqueza dos sujeitos passivos.

2. CONCEITO DE EVASÃO FISCAL

A palavra evasão, do latim *evasione*, significa o ato ou processo de evadir ou fugir, escapar furtivamente. Ao contrário da elisão fiscal que configura forma lícita de minimizar os encargos decorrentes do suporte fático ou mesmo retardar a ocorrência do fato gerador, a evasão fiscal se desenha por meio de uma conduta ilícita que tem a finalidade de desonerar o sujeito passivo. O conteúdo semântico e a origem etmológica do vocábulo refletem a construção jurídica do instituto, daí porque não assiste razão em designar a elisão como sintoma de conduta ilícita visando a desoneração fiscal, e a evasão como forma lícita de se pagar menos tributo, conforme se verifica em algumas doutrinas.

O tema da evasão fiscal se liga ao Direito Tributário Penal, e haverá evasão quando ocorrer o descumprimento de uma obrigação acessória que configure a prática de ilícito tributário, ao contrário do Direito Penal Tributário que se preocupa com os crimes tributários praticados no âmbito das relações entre fisco e contribuinte. De toda sorte, se a elisão fiscal decorre de ato lícito e a evasão fiscal decorre de ato ilícito tributário, haverá sonegação fiscal quando a conduta dolosa corresponder a um crime tributário.

2.1. Diferença entre elisão e evasão fiscal

Se de um lado é a licitude da conduta que distingue os dois institutos, também é correto afirmar que o momento de tais condutas é determinante na aferição da licitude inerente às atividades do sujeito passivo. Na evasão fiscal o sujeito passivo atua durante ou após a ocorrência do fato gerador, e via de regra a elisão fiscal é perpetrada previamente ao suporte fático. De fato, o critério cronológico é admitido pela doutrina, sendo importante mecanismo de investigação na análise do caso concreto, além de fornecer parâmetros mais precisos para o diagnóstico da relação. A princípio não há reparos em classificar a conduta de acordo com o critério cronológico, de tal maneira que se afigura aparentemente idônea a investigação que parta da análise da conduta em relação ao momento da ocorrência do pressuposto fático.

Por esse entendimento, se os meios empregados pelo contribuinte são lícitos e anteriores (ou concomitantes) ao fato gerador, trata-se de elisão, mas se a conduta se desdobrar em relação ao pressuposto fático, pode-se dizer que se trata de conduta evasiva, ilícita. Sem embargo das opiniões em contrário, é evidente que a análise com base somente no critério cronológico não é suficiente para conferir idoneidade ao diagnóstico, até porque não se pode presumir má-fé à conduta do sujeito passivo só porque atuou depois do fato gerador.

É fácil comprovar que esse argumento não se sustenta, e para isso, basta uma exemplificação. No caso dos impostos sobre a propriedade e supondo que e a lei determinasse que a propriedade, o domínio útil ou a posse do imóvel rural fosse isenta de ITR para o imóvel rural com área de até 15 hectares, sem qualquer restrição ao fato de o contribuinte possuir mais de um bem imóvel, pergunto se há alguma ilicitude no fato de o contribuinte desmembrar o imóvel, constituindo duas unidades autônomas, tornando ambas com menos de 15 hectares e enquadrando-se na isenção. Certamente trata-se de conduta posterior ao fato gerador, mas não há como atribuir-se a ela o selo da ilicitude, até porque a lei não a proíbe.

Por isso, sendo insuficiente o critério cronológico, há necessidade de que a Administração Fazendária reúna o maior número possível de indícios para que possa identificar, com correção, o fenômeno da evasão. De tal arte, ainda que guiada pela informalidade do processo administrativo, a caracterização da infração tributária pela Fazenda Pública deve estar bem documentada na ação fiscal que antecede a elaboração do auto de infração, e uma vez que não é possível aquilatar a má-fé do contribuinte por mera presunção, a prova deverá se basear em todo tipo de levantamento fiscal que identifique a conduta do sujeito passivo.

Assim, não é somente o critério temporal que distingue os dois institutos, e se é verdade que a prática da infração tributária configura ilícito, não importa se a conduta ocorreu antes ou depois do fato gerador, mas se o contribuinte atuou movido pela má-fé no sentido de se livrar do encargo tributário.

3. Sonegação fiscal

A sonegação fiscal é o ilícito penal que configura crime contra a ordem tributária, e corresponde a condutas mais graves do que as infrações tributárias configuradoras da evasão fiscal. Com efeito, a lei penal seleciona as condutas de maior lesividade à paz social, merecendo tutela estatal no âmbito do Direito Penal.

A expressão *sonegação fiscal* era empregada para designar os crimes contra a ordem tributária e definia todas as condutas elencadas na Lei nº 4.729/65 que era considerada a lei geral dos crimes tributários, com aplicação subsidiária do Código Penal e do Código de Processo Penal. A terminologia *sonegação fiscal* foi abandonada pela Lei nº 8.137/90 que revogou a lei anterior e atualmente é considerada a lei geral dos crimes contra a ordem tributária.

No entanto, a expressão *sonegação fiscal* tem um significado semântico no sentido de congregar os diferentes tipos penais tributários, e apesar da omissão terminológica da nova legislação, tem sua utilização consagrada.

Dessa forma, sonegar é ocultar, com fraude, deixando de descrever ou mencionar, ou fazendo a descrição ou menção de forma inverídica, nos casos em que a lei exige a descrição ou menção. Nesse sentido, dispunha o artigo 1º da Lei nº 4.729/65, que *constitui crime de sonegação fiscal, prestar declaração falsa ou omitir, total ou parcialmente, informação que deva ser produzida a agentes das pessoas jurídicas de direito público interno, com a intenção de eximir-se, total ou parcialmente, do pagamento de tributos, taxas e quaisquer adicionais devidos por lei; inserir elementos inexatos ou omitir rendimentos ou operações de qualquer natureza em documentos ou livros exigidos pelas leis fiscais, com a intenção de exonerar-se do pagamento de tributos à Fazenda Pública; alterar faturas e quaisquer documentos relativos a operações mercantis com o propósito de fraudar a Fazenda Pública; fornecer ou emitir documentos graciosos ou alterar despesas, majorando-as, com o objetivo de obter dedução de tributos devidos à Fazenda Pública, sem prejuízo das sanções administrativas cabíveis; exigir, pagar ou receber, para si ou para o contribuinte beneficiário da paga, qualquer percentagem sobre a parcela dedutível do Imposto sobre a Renda como incentivo fiscal.*

A Lei nº 8.137/90 deixou de utilizar a expressão *sonegação fiscal*, passando a utilizar, sob críticas, o termo *crimes contra a ordem tributária*. Alega-se que a lei geral dos crimes tributários é confusa porque define também os crimes contra a ordem econômica e as relações de consumo, mas apesar disso, não há qualquer impropriedade na utilização da terminologia sonegação fiscal para designar os crimes contra a ordem tributária.

Com a revogação da Lei nº 4.729/65, o quadro atual dos crimes definidos no Direito Penal Tributário praticamente se resume aos tipos elencados no Código Penal e na Lei nº 8.137/90.

3.1. Os crimes tributários no Direito Brasileiro

Toda a tipologia penal tributária brasileira está resumida aos crimes elencados na Lei nº 8.137/90 e no Código Penal, onde estão definidos apenas três crimes, o descaminho, previsto no Art.334, com redação pela Lei nº 13.008/14, a apropriação indébita previdenciária, prevista no art. 168-A, com redação pela Lei nº 9.983/00, e a sonegação de contribuição previdenciária, prevista no art. 337-A, com redação pela Lei nº 9.983/00, observando que os artigos 337-A e 168-A do Código Penal revogaram o art. 95 da Lei 8.212/91 (Plano de Custeio da Seguridade Social), cujos tipos penais previstos nas alíneas "a" a "j" passaram a integrar a redação do Código Penal.

3.1.1. O descaminho

Parto da premissa de que há um princípio em gestação no Direito Penal Tributário determinando que *no mero inadimplemento não pode haver crime tributário*. Tal princípio seria decorrente do disposto no art. 5º, LXVII, da Constituição, no sentido de que não haverá prisão por dívida. Emprestando-se a máxima efetividade ao direito fundamental em tela, resulta que não somente a prisão por dívida está proibida, como também proibido está o exercício da competência legislativa para tipificar condutas penais que configurem simples inadimplência, considerando, ademais, que a entrada no território nacional sem o recolhimento do imposto devido não pode ensejar a presunção de dolo específico de suprimir ou reduzir tributo.

Resulta do exposto que o crime de descaminho, definido no art. 334 do Código Penal que implica em evadir, no todo ou em parte, o pagamento de direito ou imposto devido pela entrada, pela saída ou pelo consumo de mercadoria, é inconstitucional. Em primeiro lugar esclareço que o crime de contrabando previsto na primeira parte do dispositivo não é um crime tributário, uma vez que não deriva da relação jurídica tributária. Além disso, anote-se que houve um erro de impressão com a palavra *iludir*, de maneira que o entendimento pacificado atualmente considera que o vocábulo correto seria *evadir.* De qualquer maneira, o fato é que o tipo penal do descaminho nada mais é do que o inadimplemento do imposto de importação, e daí resulta, a meu ver, sua vitanda inconstitucionalidade.

3.1.2. *A apropriação indébita previdenciária*

Com relação à apropriação indébita previdenciária, prevista no art. 168-A, com redação pela Lei nº 9.983/00, trata-se de crime de competência da justiça federal por se tratar de Contribuição Social de competência da União e devida ao INSS e que se consuma com a conduta de deixar de repassar à Previdência os valores apropriados do empregado a título de Contribuição, sendo considerado crime formal, não havendo necessidade de comprovação de apropriação dos valores como ocorre na apropriação indébita comum. Em respeito às opiniões em contrário, discordo da tese do crime material em face da total impossibilidade de comprovar que o empregador se valeu daqueles valores como se fossem seus.

Observo que o § 2° do artigo 168-A do CP prevê uma causa de extinção da punibilidade quando o agente, de forma espontânea, declara, confessa e efetua o pagamento das contribuições, importâncias ou valores e presta as informações devidas à Previdência Social, na forma definida em lei ou regulamento, antes do início da ação fiscal. Como se vê, a apropriação indébita previdenciária possui um microssistema normativo específico em relação à extinção da punibilidade, já que condiciona sua ocorrência ao início da ação fiscal e não ao início da ação penal, restando as discussões a respeito do que poderia significar o início da ação fiscal. Particularmente entendo que a ação fiscal se inicia quando a Administração Fazendária passa a investigar o sujeito passivo em sede de processo administrativo tributário, antes mesmo da lavratura do auto de infração. O ato administrativo que bem pode documentar esse momento é o termo de início de fiscalização previsto na legislação tributária.

Outra figura presente no crime de apropriação indébita previdenciária é o perdão judicial tratado no § 3° do artigo 168-A, no sentido de que a critério do juiz, a pena pode deixar de ser aplicada, ou pode ser aplicada somente a pena de multa, sendo o agente primário e possuidor de bons antecedentes, e desde que tenha promovido, após o início da ação fiscal e antes de oferecida a denúncia, o pagamento da contribuição social previdenciária, inclusive acessórios, e desde que o valor das contribuições devidas, inclusive, acessórios, seja igual ou inferior àquele estabelecido pela Previdência Social, administrativamente, como sendo o mínimo para o ajuizamento de suas execuções fiscais.

3.1.3. *Sonegação de contribuição previdenciária*

O art. 337-A do Código Penal foi acrescentado pela Lei nº 9.983/00, e possui tipologia análoga ao disposto no art. 1° da Lei nº 8.137/90, de tal maneira que o disposto no Código Penal será aplicado exclusivamente à contribuição previdenciária cuja conduta implique em suprimir ou reduzir contribuição social previdenciária e qualquer acessório, mediante a omissão de folha de pagamento da empresa ou de documento de informações previsto pela legislação previdenciária segurados empregado, empresário, trabalhador avulso ou trabalhador autônomo ou a este equiparado que lhe prestem serviços; deixar de lançar mensalmente nos títulos próprios da contabilidade da empresa as quantias descontadas dos segurados ou as devidas pelo empregador ou pelo tomador de serviços; omitir, total ou parcialmente, receitas ou lucros auferidos, remunerações pagas ou creditadas e demais fatos geradores de contribuições sociais previdenciárias.

Ao contrário da apropriação indébita previdenciária, este crime que também é de competência da justiça federal é material porque é necessária a efetiva supressão ou redução do tributo através das condutas previstas nos incisos I a III.

Haverá extinção da punibilidade se o agente, espontaneamente, declarar e confessar as contribuições, importâncias ou valores e prestar as informações devidas à previdência social, na forma definida em lei ou regulamento, antes do início da ação fiscal. É interessante que também haverá extinção da punibilidade por perdão judicial, sendo facultado ao juiz deixar de aplicar a pena ou aplicar somente a de multa se o agente for primário e de bons antecedentes, desde que o agente declare e confesse as contribuições, valores e importâncias devidas, além de prestar as informações devidas à Previdência Social, na forma definida em lei ou regulamento, antes do início da ação fiscal. Como se vê, o dispositivo não exige o pagamento da contribuição, o que demonstra evidente violação ao Princípio da Igualdade, já que o mesmo instituto do perdão, em relação ao crime anteriormente analisado, exige o efetivo pagamento.

3.1.4. Os crimes da Lei nº 8.137/90

Os tipos penais tributários da Lei nº 8.137/90 exigem o dolo específico de suprimir ou reduzir tributo. Nesse sentido, suprimir significa eliminar, cancelar, extinguir, enquanto reduzir significa diminuir ou minorar o crédito tributário. A conduta desses crimes se manifesta por meio de simulação, ocultação ou qualquer outro ardil com a manifesta intenção de prejudicar a Fazenda Pública.

Os crimes elencados no art. 1º são materiais e a consumação se dá com o vencimento do pagamento do tributo no prazo definido na lei tributária, posição que se consolidou a partir do julgamento do HC n.º 81.611 no STF, em voto de lavra do Ministro Relator Sepúlveda Pertence, DJ 13.05.2005, quando se entendeu que os crimes previstos no art. 1º da Lei n.º 8.137/90 seriam considerados de resultado, caracterizando como condição objetiva de punibilidade a existência do lançamento tributário em definitivo. A partir de então se passou a entender que a existência do crédito tributário formalizado seria pressuposto para a caracterização do crime contra a ordem tributária, não se podendo admitir denúncia penal enquanto pendente o efeito preclusivo da decisão definitiva em processo administrativo.

Com efeito, a conduta descrita no art. 1º, I consiste em omitir informação à autoridade fazendária ou prestar declaração falsa. Uma primeira questão diz respeito à interpretação da primeira parte do dispositivo, em face do direito fundamental ao silêncio e à não incriminação. Na verdade, deve se emprestar razoável interpretação ao tipo, de maneira que a simples omissão em prestar informações não caracteriza o crime, mesmo porque, se assim o fosse, haveria violação aos princípios constitucionais que consagram o direito de não produzir prova contra si mesmo e o direito ao silêncio, e fica evidente que não apresentar a declaração de determinado tributo ao fisco não configura a conduta de omitir informação à autoridade fazendária, e por isso não pode configurar o crime em análise. No entanto, situação diversa ocorre quando o sujeito passivo omitir informações quando a declaração for apresentada, o que ocorre quando, por exemplo, o contribuinte omite em sua declaração de IRPF, valores referentes à renda auferida. Dessa forma, o crime se configura quando o contribuinte presta declaração com informações falsas, e não com a recusa em prestar as informações.

O art. 1°, II dispõe que é crime fraudar a fiscalização tributária, inserindo elementos inexatos, ou omitindo operação de qualquer natureza, em documento ou livro exigido pela legislação fiscal. Trata-se de modalidade de falsidade ideológica, em regra, praticada pelo contribuinte que está obrigado a expedir documentos fiscais ou a manter livros fiscais, cuja escrituração diga respeito a uma operação tributada, não sendo praticada em qualquer livro contábil, mas necessariamente em livro fiscal. Exemplo de conduta que se amolda nesse tipo é a nota fria ou inidônea, onde o documento fiscal é verdadeiro, mas os dados nele contidos são falsos. Da mesma forma, enquadram-se nessa figura criminosa a nota calçada, a nota espelhada e nota fiscal com destinatário ou remetente diverso do verdadeiro.

O art. 1°, III, disciplina o crime de falsificar ou alterar nota fiscal, fatura, duplicata, nota de venda, ou qualquer outro documento relativo à operação tributável. Trata-se de modalidade de falsidade material análoga ao tipo do art. 298 do CP, mas aqui a fraude é na forma do documento, enquanto no crime anterior a fraude se opera em seu conteúdo ou sobre a declaração que contém. Uma forma de perpetrar este delito é a falsificação das notas fiscais quanto ao seu aspecto formal, por meio da impressão dos documentos sem autorização do Poder Público e com numeração fictícia.

O crime definido no art. 1°, IV, consiste em elaborar, distribuir, fornecer, emitir ou utilizar documento que saiba ou deva saber falso ou inexato. Trata-se de tipo parecido com aquele definido no inciso II, só que mais genérico, englobando o falso ideológico, o material e o uso de documento falso.

Pelo disposto no art. 1°, V, também configura crime contra a ordem tributária negar ou deixar de fornecer, quando obrigatório, nota fiscal ou documento equivalente, relativa a venda de mercadoria ou prestação de serviço, efetivamente realizada, ou fornecê-la em desacordo com a legislação. Trata-se de crime que se consuma com a recusa na emissão da nota, independentemente de prévia notificação, já que se trata de obrigação acessória, sendo presumida a supressão do tributo.

Também fica evidente que o empregado que deixa de fornecer a nota fiscal não pode ser autor do delito, uma vez que não possui dolo específico de reduzir ou suprimir tributo. Ademais, estando caracterizada a incidência de norma limitativa, como é o caso da isenção, por exemplo, não se configura o crime, ainda que possa caracterizar infração tributária.

O parágrafo único dispõe que a falta de atendimento da exigência da autoridade, no prazo de 10 dias, que poderá ser convertido em horas em razão da maior ou menor complexidade da matéria ou da dificuldade quanto ao atendimento da exigência, caracteriza a infração prevista no inciso V. Trata-se de crime autônomo de mera conduta, e exige conduta que corresponda ao inciso V, de maneira que a exigência da autoridade diga respeito à comprovação acerca de suposta venda de mercadorias sem nota fiscal. Assim, não se confunde com o crime definido na 1ª parte do inciso I que tipifica a omissão de informações em relação às obrigações comuns do contribuinte, como a entrega das declarações dos tributos, onde não há necessidade de prévia notificação.

Segundo Paulo José da Costa Junior, os crimes definidos no art. 2° da Lei n° 8.137/90 são formais e não exigem resultado danoso para sua consumação.[1] Dessa forma, de acordo com o art. 2°, I, é crime fazer declaração falsa ou omitir declaração sobre rendas, bens ou fatos, ou empregar outra fraude, para eximir-se, total ou parcialmente, de pagamento de tributo. Como se vê, o crime se consuma com a entrega da declaração do tributo, não havendo necessidade de efetiva supressão ou redução. Por isso, deve ser considerado subsidiário do crime previsto no inciso I do art. 1°. Assim, se a declaração com conteúdo falso é entregue, mas não se opera o prejuízo ao erário, ocorre o crime do art. 2°, I, e não o crime do art. 1°, I, da Lei n° 8.137/90.

Nos termos do art. 2°, II, configura crime contra a ordem tributária deixar de recolher, no prazo legal, valor de tributo ou contribuição, descontado ou cobrado, na qualidade de sujeito passivo de obrigação e que deveria recolher aos cofres públicos. O crime em questão refere-se à apropriação indébita tributária, devendo ser observado que o dispositivo não foi revogado pelo art. 168-A do Código Penal com redação pela Lei n° 9.983/00, permanecendo em vigor em relação aos demais tributos. Na visão de Rui Stoco, trata-se de crime material, uma vez que há exigência da comprovação do dano.[2] Com relação ao não recolhimento de impostos indiretos como o ICMS e o IPI que são cobrados no preço da mercadoria ou do produto, não se configura o crime quando houver declaração pelo próprio devedor que constitua o crédito. Apesar disso, em relação ao ICMS, há decisão do STJ entendendo que o não recolhimento do imposto declarado pelo contribuinte configura o crime. Nesse sentido: RESP 8.584-SP; TJSC Ap. 99.017804-8. Da mesma forma como ocorre em relação ao crime analisado precedentemente, este crime também é material, exigindo comprovação do dano.

Outra anotação importante é que o tipo aqui especulado é muito parecido com aquele definido no art. 168-A, muito embora a pena seja de detenção de 6 meses a 2 anos, enquanto naquele delito a pena é de reclusão de 2 a 5 anos, fato pelo qual também pode se discutir a legitimidade do preceito secundário à luz do Princípio da Isonomia.

Pelo disposto no art. 2°, III, é crime exigir, pagar ou receber, para si ou para o contribuinte beneficiário, qualquer percentagem sobre a parcela dedutível ou deduzida de

---

1 Op. cit., *Infrações Tributárias e Delitos Fiscais*, p.122.

2 STOCO, Rui. *Leis Especiais e sua Interpretação Jurisprudencial*. 7ª Ed. São Paulo: Ed. Revista dos Tribunais, 2001, p. 622.

imposto ou de contribuição como incentivo fiscal. Conforme se percebe, o comportamento se assemelha ao crime de concussão definido no art. 316 do Código Penal em relação à conduta de *exigir* e ao crime de corrupção passiva, definido no art. 317 do Código Penal em relação à conduta de *receber*.

É importante esclarecer, por fim, que os tipos definidos em outras leis extravagantes, como a Lei nº 7.492/86 – Lei do Crime do Colarinho Branco, a Lei nº 9.034/95 – Lei do Crime Organizado, Lei nº 10.028/2000 que inseriu os crimes contra as finanças públicas no Código Penal, dentre outras, não contemplam crimes tributários, tendo em vista que as condutas delituosas especificadas nesses diplomas normativos não decorrem da relação jurídico-tributária.

Capítulo XI LEGISLAÇÃO TRIBUTÁRIA

SUMÁRIO: 1. Conceito de Legislação Tributária. 2. Leis. 3. Tratados e Convenções Internacionais. 4. Decretos. 5. Normas Complementares. 5.1. Atos normativos expedidos pelas autoridades administrativas. 5.2. Decisões dos órgãos singulares ou coletivos de jurisdição administrativa, a que a lei atribua eficácia normativa. 5.3. Práticas reiteradamente observadas pelas autoridades administrativas. 5.4. Convênios que entre si celebrem a União, os Estados, o Distrito Federal e os Municípios. 5.5. As normas complementares e a modificação do critério jurídico de interpretação da legislação tributária.

1. Conceito de Legislação Tributária

Preceitua o art. 96 do CTN que *a expressão legislação tributária compreende as leis, os tratados e as convenções internacionais, os decretos e as normas complementares que versem, no todo ou em parte, sobre tributos e relações jurídicas a eles pertinentes.*

Sendo o conjunto de normas tributárias que compreende as leis, os tratados e convenções internacionais, os decretos e as normas complementares, a expressão legislação tributária designa uma acepção mais ampla pelo fato de congregar outras espécies normativas além da lei.

De tal arte, quando o Código se referir à lei propriamente dita, somente por essa modalidade legislativa poder-se-á veicular a norma elencada, mas se o CTN autorizar tal veiculação através de outros atos normativos, utilizará a expressão *legislação tributária*. Assim, é correto afirmar que a legislação tributária integra o Sistema Tributário Nacional, em cuja complexidade estão distribuídas as normas de diferente calibre, desde os postulados constitucionais mais densos de significado que representam a matriz de todo o sistema, até a mais singular das normas.

A lei complementar destina-se a descrever os enunciados definidos por determinação da norma constitucional, e suas matérias são veiculadas consoante disposição expressa do art. 146 da Constituição, ou seja, *dispor sobre conflitos de competência, em matéria tributária, entre a União, os Estados, o Distrito Federal e os Municípios; regular as limitações constitucionais ao poder de tributar e estabelecer normas gerais em matéria de legislação tributária.*

O restante das normas distribuídas no sistema, incluindo-se as leis, pertence ao conjunto da legislação tributária, e apesar da omissão do CTN, devem nela se enquadrar os outros diplomas normativos elencados no art. 59 da Constituição Federal, com exceção das Emendas à Constituição e das Leis Complementares. Assim, Leis Delegadas e Medidas Provisórias integram o conceito de Legislação Tributária. É importante asseverar que entre as categorias normativas que englobam a legislação tributária, existem três níveis escalonados de normas distribuídas de acordo com a importância da função por elas exercidas. Em posição de destaque posiciona-se a lei e as demais figuras a ela equiparadas, como o Tratado Internacional, a Lei Delegada e a Medida Provisória; em segundo ficam os Decretos Regulamentares e em terceiro as normas complementares.

2. Leis

Conforme foi analisado anteriormente, a lei ordinária é a lei comum e compreende os diplomas normativos ordinários do sistema jurídico em geral, possuindo campo próprio de atuação em face do Princípio da Legalidade plasmado no art. 150, I, da Constituição. Também se atribui à lei ordinária o status de lei comum pelo fato de poder veicular qualquer norma inerente às matérias que definem a estrutura fundamental da relação jurídica, como o nascimento da obrigação por meio da descrição hipotética em que figuram todos os elementos essenciais do tributo. Ficam excetuadas aquelas matérias reservadas à lei complementar.

Definindo a exigência de lei para a instituição das figuras tributárias, o Princípio da Legalidade configura a função da lei ordinária em matéria tributária, sendo vedado à União, aos Estados, ao Distrito Federal e aos Municípios exigir ou aumentar tributo sem lei que o estabeleça, restando evidenciado que a lei desempenha tarefa sobremaneira importante no sistema, já que no âmbito de suas atribuições encontra-se a própria criação do tributo. A instituição do tributo concretiza-se pela descrição da hipótese de incidência que define todos os elementos essenciais da figura tributária.

Nesse sentido, estatui o art. 97, I, do CTN que somente a lei pode estabelecer a instituição de tributos, ou sua extinção. Assim, a criação do tributo depende de lei editada pela pessoa política competente, mas nada impede que figuras legislativas superiores possam criar tributos, de sorte que poderá haver criação de tributo por lei complementar quando a Carta Magna for expressa nesse sentido.

A regra é que a lei ordinária é instrumento hábil para a criação de tributos, com as exceções expressamente indicadas na Constituição, mas nada impede que lei complementar *invada* o campo reservado à lei ordinária, de tal maneira que se a lei complementar criar um tributo qualquer, será válida e equiparada à lei ordinária. Neste caso, o tributo poderá ser alterado ou suprimido por lei ordinária, sem necessidade de nova lei complementar.[1]

---

1 Sob esse aspecto, a COFINS, instituída pela Lei Complementar nº 70/91, só exigiria lei complementar se tivesse sido instituída com base no art. 195, § 4º da CF/88 que disciplina a instituição de outros tributos destinados a

Dispõe o art. 97, II, do CTN que a majoração e a redução de tributos também exige lei, ressalvada a possibilidade do Poder Executivo, nas condições e nos limites estabelecidos em lei, alterar as alíquotas do II, do IE, do IPI e do IOF, da CIDE-combustíveis e do ICMS-combustíveis, com algumas restrições em relação a esses dois últimos. Os artigos 21, 26 e 65 do CTN estatuem que também as bases de cálculo desses impostos poderão ser alteradas por ato do Poder Executivo, mas neste particular esses dispositivos não foram recepcionados pela Constituição de 1988. Também fica ressalvada a possibilidade de serem fixadas as alíquotas do imposto sobre a transmissão de bens imóveis por Resolução do Senado Federal, observando que, nos termos do inciso IV do mesmo art. 97, também é atribuição da lei a fixação das alíquotas dos tributos, observadas as mesmas ressalvas em relação à modificação por ato do Poder Executivo. Com relação à majoração de tributos, o § 1° do art. 97 estabelece que se equipara à majoração do tributo a modificação de sua base de cálculo, que importe em torná-lo mais oneroso. Sob esse aspecto, dispõe a Súmula n° 160 do STJ que é defeso ao Município, atualizar o IPTU, mediante decreto, em percentual superior ao índice oficial de correção monetária. Dessa forma, é legítimo o reajuste anual do IPTU por Decreto com base nos índices oficiais de correção monetária, observando-se que neste caso não ocorre majoração do tributo.

Também é atribuição da lei, por força do que dispõe o art. 97, III do CTN, a definição do fato gerador da obrigação tributária principal, além da cominação de penalidades para as ações ou omissões contrárias a seus dispositivos, ou para outras infrações nela definidas. Finalmente, compete também à lei definir as hipóteses de exclusão, suspensão e extinção de créditos tributários, ou de dispensa ou redução de penalidades.

3. Tratados e Convenções Internacionais

Os Tratados Internacionais são instrumentos utilizados para disciplinar as relações tributárias com implicações no âmbito internacional. São normas decorrentes de acordos bilaterais ou multilaterais elaboradas por Estados soberanos e com eficácia no âmbito do Direito Internacional. Conforme se analisou no capítulo alusivo ao Sistema Tributário Nacional, o procedimento de incorporação dos Tratados Internacionais ao direito interno exige assinatura do Presidente da República, aprovação pelo Congresso Nacional, além de ratificação que se perfaz pelo depósito do instrumento e posterior promulgação por meio de Decreto do Presidente da República. Após a celebração, os Tratados Internacionais deverão ser referendados pelo Congresso Nacional nos termos do art. 49, I da Constituição, por meio de Decreto Legislativo.

Dispõe o art. 98 do CTN que os tratados e as convenções internacionais revogam ou modificam a legislação tributária interna, e serão observados pela que lhes

---

custear a seguridade social, quando se impõe as condições impostas no art. 154, I da CF, dentre as quais inclui a lei complementar. Como a COFINS não era fonte suplementar de custeio, sendo prevista no texto original da CF, sua legislação poderia ser, como de fato foi, legitimamente alterada por meio de lei ordinária.

sobrevenha. O que se pretende demonstrar é que os tratados revogam a legislação no âmbito de seus limites, de maneira que continuam em vigor independentemente das modificações da lei interna, sendo necessário, em caso de modificação da legislação interna, que sejam eles também modificados ou revogados, pois do contrário, permanecem em vigor. Dessa forma, os tratados prevalecem sobre as leis no tocante ao conflito temporal de normas, baseado no princípio de que lei posterior revoga lei anterior.

4. Decretos

Conforme disposto no capítulo VII, o decreto é ato administrativo normativo de atribuição do chefe do Poder Executivo, desempenhando função subalterna à lei, já que sua finalidade é dar aplicabilidade às normas legais por meio de sua regulamentação. Nesse sentido, dispõe o art. 99 do CTN que o conteúdo e o alcance dos decretos restringem-se aos das leis em função das quais sejam expedidos, e por isso se diz que o decreto não poderá ir aonde a lei não vai, possuindo conteúdo limitado por ela e não podendo alargá-lo ou restringi-lo.

De fato, o decreto representa a forma de manifestação dos chamados *regulamentos governamentais* previstos no artigo 84, IV da Constituição da República, no sentido de que é atribuição do Presidente da República expedir decretos e regulamentos para a fiel execução das leis. Assim, o poder regulamentar da administração tributária é exercido por meio de *regulamentos*, os quais são veiculados na forma de decretos, daí surgindo a designação *decretos regulamentares*, expedidos com a estrita finalidade de produzir disposições operacionais uniformizadoras, necessárias à execução de lei cuja aplicação demande a atuação da administração pública fazendária.

Hely Lopes Meirelles ensina que decretos são atos administrativos de competência exclusiva dos chefes do Poder Executivo, destinados a prover situações gerais ou individuais, abstratamente previstas de modo expresso, explícito ou implícito pela lei.[2] Não se deve confundir o regulamento e o decreto com a resolução administrativa que é um ato administrativo normativo de lavra dos Ministros de Estado, no âmbito federal, e Secretários de Estado, no âmbito estadual, da mesma forma como não se confundem as resoluções administrativas com as resoluções legislativas do Senado Federal, já que estas tem status de ato legislativo.

5. Normas Complementares

As normas complementares são atos administrativos compreendidos na legislação tributária e destinam-se a completar o texto das leis, dos tratados e convenções internacionais e dos decretos, não podendo inovar ou modificar o texto da norma que complementam. Como se vê, a designação pode permitir confusões, mas esta categoria não se confunde com as leis complementares que ocupam função mais elevada no Sistema Tributário Nacional. Está claro que as normas complementares ocupam papel subalterno

---

[2] Op. cit., p. 231.

no âmbito do complexo normativo, ocupando a base da pirâmide jurídica, o que explica o mais elevado número de disposições que configuram a *teia de aranha* normativa do Direito Tributário.

O art. 100 do CTN determina que as normas complementares são os *atos normativos expedidos pelas autoridades administrativas*, as *decisões dos órgãos singulares ou coletivos de jurisdição administrativa, a que a lei atribua eficácia normativa, as práticas reiteradas das autoridades administrativas*, e os *convênios que entre si celebram a União, os Estados, o Distrito Federal e os Municípios.*

5.1. Atos normativos expedidos pelas autoridades administrativas

Entre os atos normativos expedidos pelas autoridades administrativas incluem-se as portarias, circulares, ordens de serviço, resoluções administrativas, instruções normativas, pareceres etc. Nesse sentido, o conteúdo de uma portaria está restrito aos termos do decreto que ocupa posição superior no âmbito da legislação tributária. O conteúdo e o alcance do decreto, por sua vez, está restrito aos termos da lei.

Para ilustrar a simplicidade dessas normas, note que as autoridades administrativas expedem portarias e ordens de serviço nos limites de suas atribuições e considerando que as normas complementares ocupam o mais baixo patamar da hierarquia da legislação tributária, é possível que uma portaria ou ordem de serviço discipline atividades fazendárias que se restrinjam ao âmbito de uma única repartição pública.

Segundo Luciano Amaro, "*a utilidade das normas editadas pelas autoridades fazendárias está no fato de que, com frequência, exercem papel esclarecedor de dúvidas do sujeito passivo e dirimem eventuais conflitos que poderiam ser gerados pela equivocada interpretação da lei.*"[3]

5.2. Decisões dos órgãos singulares ou coletivos de jurisdição administrativa, a que a lei atribua eficácia normativa

As decisões normativas representam uma posição sedimentada no âmbito das decisões exaradas pelos tribunais administrativos, na interpretação da legislação tributária. É conhecida como jurisprudência administrativa e tem grande aplicação no julgamento dos processos administrativos tributários.

5.3. Práticas reiteradamente observadas pelas autoridades administrativas

São os costumes administrativos ou fiscais relacionados aos usos e costumes das autoridades administrativas. No entanto, há limitações ao uso dos costumes administrativos, os quais deverão ser pautados nos Princípios da Razoabilidade e Proporcionalidade, e sua revogação sujeita-se às normas do parágrafo único do art. 100 do CTN.

---

[3] Op. cit., p. 192.

5.4. Convênios que entre si celebrem a União, os Estados, o Distrito Federal e os Municípios

Os convênios são acordos firmados entre as unidades federativas que veiculam normas inerentes à fiscalização e arrecadação de tributos.

Também estão previstos no art. 34, § 8º dos Atos das Disposições Constitucionais Transitórias da Constituição, o qual preceitua que se no prazo de 60 dias, contados da promulgação da Constituição Federal, não for editada lei complementar necessária à instituição do ICMS, os Estados e o Distrito Federal, mediante convênio celebrado nos termos da Lei Complementar nº 24/75, fixarão normas para regular provisoriamente a matéria. Como se vê, a Constituição de 1988 atribuiu aos convênios o mesmo status da lei complementar, e isso se verificou por meio da edição dos Convênios CONFAZ, com especial destaque para o Convênio CONFAZ nº 66/88 que estabeleceu as normas gerais do ICMS, com vigência até a edição da Lei Complementar nº 87/96.

5.5. As normas complementares e a modificação do critério jurídico de interpretação da legislação tributária

As autoridades fazendárias que editam normas complementares podem modificar o critério jurídico de interpretação da legislação tributária, e o CTN prevê as consequencias, ao preceituar, no parágrafo único do art. 100 que *a observância das normas referidas neste artigo exclui a imposição de penalidades, a cobrança de juro de mora e a atualização do valor monetário da base de cálculo do tributo.*

Depreende-se do referido dispositivo que não é possível excluir a incidência do tributo pela interpretação das normas complementares, uma vez que só a lei pode instituir o tributo e somente ela poderá excluí-lo. Por isso, se o sujeito passivo for induzido a erro por um ato administrativo decorrente das normas complementares, não poderá ser penalizado. Do contrário, o sujeito passivo poderá ser premiado e nesse caso o crédito tributário sofrerá redução por meio da exclusão da correção monetária, da multa e dos juros, uma vez o contribuinte não deu causa ao erro de interpretação. Nesse caso, o sujeito passivo será exigido pelo valor nominal do tributo sem incidência dos acréscimos.

No que concerne à mudança de critérios jurídicos, dispõe o art. 146 do CTN que *a modificação introduzida, de ofício ou em consequência de decisão administrativa ou judicial, nos critérios jurídicos adotados pela autoridade administrativa no exercício do lançamento somente pode ser efetivada, em relação a um mesmo sujeito passivo, quanto a fato gerador ocorrido posteriormente à sua introdução.*

Assim, é possível mudar o critério jurídico adotado pela autoridade administrativa, mas tal mudança gera efeitos *ex nunc,* e neste caso, o sujeito passivo terá o direito de ser cientificado acerca da mudança, devendo a autoridade fazendária proceder à notificação do contribuinte informando a modificação introduzida nesses critérios jurídicos, e somente a partir daí sofrerá os efeitos decorrentes dessa nova abordagem.

Capítulo XII

VIGÊNCIA E APLICAÇÃO DA LEGISLAÇÃO TRIBUTÁRIA

SUMÁRIO: 1. Disposições gerais sobre vigência e aplicação da norma tributária. 2. Vigência da legislação tributária no espaço. 3. Vigência da legislação tributária no tempo. 4. Aplicação da legislação tributária.

1. Disposições gerais sobre vigência e aplicação da norma tributária

Consoante dispõe o art. 101 do CTN, *a vigência, no espaço e no tempo, da legislação tributária rege-se pelas disposições legais aplicáveis às normas jurídicas em geral, ressalvando-se o previsto neste capítulo.*

A vigência é a aptidão da norma para incidir ou para produzir efeitos jurídicos e disciplinar situações no plano abstrato. Embora o Código Tributário Nacional possua um tratamento específico na disciplina da vigência e da aplicação da lei tributária, aplicam-se subsidiariamente as orientações traçadas na Lei de Introdução às Normas do Direito Brasileiro[1], ressaltando que o fenômeno da aplicação sempre se relaciona a alguém que poderá ou não aplicar a norma, diferindo da incidência que é um fenômeno automático, não obstante tenhamos considerado anteriormente que tal distinção não mais se justifica, consoante análise formulada no capítulo referente às hipóteses desonerativas. Assim, a norma pode ou não ser aplicada, ainda que tenha ocorrido a incidência, enquanto a eficácia se perfaz quando ocorrem os efeitos previstos, e sempre após a aplicação, de maneira que se uma norma não for aplicada, não gerará eficácia. Paulo de Barros Carvalho ensina que *a aplicação das normas jurídicas tem íntima ligação com a eficácia, dado que a inaplicabilidade da norma representa a inoperância para produzir os efeitos jurídicos nela previstos, donde surge sua ineficácia.*[2]

---

1 Nova terminologia conferida à Lei de Introdução ao Código Civil, com redação pela Lei nº 12.376 de 30 de dezembro de 2010.

2 Op. cit., p. 67/68.

Com a publicação da lei, o período de vacância que segue posterga sua vigência para 45 dias após a publicação, conforme dispõe o artigo 1° da LINDB (Lei de Introdução às Normas do Direito Brasileiro), muito embora, desde a publicação a norma seja válida. No entanto, nada obsta que a lei possua cláusula de vigência própria, e neste caso, de acordo com sua complexidade o prazo da *vacatio legis* pode mudar. Nesse sentido, dispõe o § 1° do art. 1° da LINDB que nos Estados estrangeiros, a obrigatoriedade da lei brasileira, quando admitida, inicia-se três meses depois de oficialmente publicada.

Também se aplica às leis tributárias o disposto no art. 2° da antiga LICC, no sentido de que lei posterior revoga lei anterior. O intitulado *Princípio da Posteridade* determina que uma vez não se destinando à vigência temporária, a lei terá vigor até que outra a modifique ou revogue. Ademais, a lei posterior revoga a anterior quando expressamente o declare – revogação expressa, quando seja com ela incompatível ou quando regule inteiramente a matéria de que tratava a lei anterior – revogação tácita.

Com base no estatuído no art. 2°, § 3° da LINDB, o sistema tributário obedece ao comando que afasta a repristinação, exceto se houver disposição em contrário, na medida em que a lei revogada não se restaura por ter a lei revogadora perdido a vigência.

2. Vigência da legislação tributária no espaço

Dispõe o art. 102 do CTN que *a legislação tributária dos Estados, do Distrito Federal e dos Municípios vigora, no País, fora dos respectivos territórios, nos limites em que lhe reconheçam extraterritorialidade os convênios de que participem, ou do que disponham esta ou outras leis de normas gerais expedidas pela União*. Em regra, a legislação tributária vigora nos limites da pessoa jurídica competente para editar a norma, observando-se o ***Princípio da Territorialidade***. Assim, uma norma que disponha sobre o ITR deverá viger em todo o território nacional e uma norma inerente ao IPTU do Município de São Paulo vige no âmbito daquele Município. De fato, a vigência no espaço repousa no *Princípio da Territorialidade*, mas como exceção, a legislação tributária poderá viger fora do respectivo território da pessoa política. Esse fenômeno é chamado de *extraterritorialidade*, e embora seja exceção no Direito Tributário, está previsto, por exemplo, no art. 25 da Lei n° 9.249/95 e no art. 394 do RIR (Regulamento do Imposto de Renda), aprovado pelo Decreto n° 3.000/99, onde se estabelece que os lucros, rendimentos e ganhos de capital auferidos no exterior serão computados na determinação do lucro real das pessoas jurídicas correspondente ao balanço levantado em 31 de dezembro de cada ano, de maneira que o contribuinte deverá recolher IR à União sobre a renda auferida no exterior.

3. Vigência da legislação tributária no tempo

A regra geral acerca da vigência no tempo está disposta no art. 101 do CTN, o qual estabelece que a vigência da legislação tributária rege-se pelas disposições aplicáveis às normas jurídicas em geral, ou seja, 45 dias após a publicação no âmbito interno, ou 3 meses se no estrangeiro.

Ademais, dispõe o art. 103 do CTN que *salvo disposição em contrário, entram em vigor, os atos administrativos a que se refere o inciso I do art. 100, na data de sua publicação; as decisões a que se refere o inciso II do artigo 100 quanto a seus efeitos normativos, 30 dias após sua data de publicação; III os convênios a que se refere o inciso IV do artigo 100 na data neles prevista.*

Da mesma forma, dispõe o art. 104 que *entram em vigor no primeiro dia do exercício seguinte àquele em que ocorra a sua publicação, os dispositivos de lei, referentes a impostos sobre o patrimônio ou a renda que instituem ou majoram tais impostos; que definem novas hipóteses de incidência; que extinguem ou reduzem isenções, salvo se a lei dispuser de maneira mais favorável ao contribuinte, e observado o disposto no artigo 178.*

Em regra, as leis tributárias possuem disposição estatuindo que a lei entra em vigor na data de sua publicação, mas é possível que haja cláusula de vigência definindo período diverso de *vacatio legis*.

4. Aplicação da legislação tributária

Estabelece o art. 105 do CTN que a lei tributária, uma vez vigente, tem aplicação imediata, não se aplica aos fatos geradores consumados, mas aplicando-se aos fatos geradores futuros e pendentes.

Conforme se analisou anteriormente, o *fato gerador pendente* ocorre quando a situação de fato prevista na hipótese de incidência tenha se iniciado mas não esteja consumada, e nesse diapasão, a lei nova aplica-se aos fatos geradores pendentes, sendo o exemplo mais comum o imposto de renda da pessoa física. A rigor, o fato gerador do IR ocorre a cada situação de renda, mas por ficção legal, como o período de apuração do imposto é anual, costuma-se dizer que seu fato gerador é pendente porque se consuma no final do chamado ano-base.

O *fato gerador futuro* ocorre quando a situação de fato está na iminência de acontecer, havendo presunção de que o mesmo ocorrerá, também sendo chamado de *fato gerador presumido,* podendo ocorrer nas hipóteses de substituição tributária. Não se confunde os conceitos de fato gerador pendente e fato gerador futuro, adotados pelo CTN, com os conceitos de fato gerador instantâneo, continuado e complexivo, utilizados na doutrina. O fato gerador instantâneo seria aquele que se verifica numa determinada unidade de tempo e de forma episódica, não obstante seu período de apuração possa não ser instantâneo, como ocorre com o IPI e o ICMS. O fato gerador continuado abrangeria situações duradouras que se prolongam no tempo, em que a materialidade implicasse uma situação jurídica experimentada pelo contribuinte mediante o desdobramento do tempo, como ocorre com o IPTU e o ITR. O fato gerador complexivo, também chamado por alguns de complexo, é aquele cujo processo de formação implementa-se com o transcurso de unidades sucessivas de tempo, de maneira que, pela integração de vários fatores, surgiria o fato final, como ocorre com o IR.

O art. 106 do CTN estabelece duas hipóteses em que a lei tributária pode ter aplicação no passado. Nesse sentido, *a lei aplica-se a ato ou fato pretérito, em qualquer caso, quando seja expressamente interpretativa, excluída a aplicação de penalidade à infração dos dispositivos interpretados; ou, tratando-se de ato não definitivamente julgado, quando deixe de defini-lo como infração; quando deixe de tratá-lo como contrário a qualquer exigência de ação ou omissão, desde que não tenha sido fraudulento e não tenha implicado em falta de pagamento de tributo; quando lhe comine penalidade menos severa que a prevista na lei vigente ao tempo de sua prática.*

Conforme já se analisou no estudo do Princípio da Irretroatividade, o disposto no art. 106, I do CTN versa sobre lei interpretativa que pode retroagir até a data da entrada em vigor da legislação tributária interpretada. Assim, se determinada lei admite duas interpretações, sendo a primeira favorável ao fisco, pode o legislador editar uma lei interpretativa que favoreça o contribuinte, a qual retroagirá ao tempo da vigência da lei interpretada. As demais hipóteses de retroatividade previstas no inciso II representam situações que beneficiam o contribuinte e já foram analisados no capítulo referente aos princípios constitucionais tributários.

Capítulo XIII

INTERPRETAÇÃO E INTEGRAÇÃO DA LEGISLAÇÃO TRIBUTÁRIA

SUMÁRIO: 1. Conceito de interpretação e integração. 2. Métodos de interpretação da legislação tributária. 3. Meios de integração da legislação tributária. 4. Autonomia do Direito Tributário. 4.1. Adoção plena dos institutos de direito privado. 4.2. Adoção parcial dos institutos de direito privado. 4.3. Não adoção dos institutos de direito privado. 5. Interpretação literal e benigna.

1. Conceito de interpretação e integração

Interpretar a norma é buscar a solução para um caso concreto através da identificação de seu exato significado. A interpretação pode resultar insuficiente caso se verifique que não exista uma norma no sistema que discipline a situação, e neste caso será necessário suprir a lacuna com a utilização da integração. Assim, para que se dê adequada solução ao problema, é necessário realizar o trabalho interpretativo que é efetivado pelos sujeitos da relação, pelos julgadores administrativos e, em última análise, pelos órgãos jurisdicionais.

Na visão de Luciano Amaro, *interpretam a norma o administrador, o fiscal, o juiz, o doutrinador, o indivíduo, e o trabalho do intérprete não se restringe à mera pesquisa do sentido do preceito legal, mas ir além e procurar, quando necessário, preencher a lacuna da norma legal ou corrigir eventuais excessos que poderiam ser provocados pela aplicação rigorosa do preceito legal.*[1]

A integração é um processo lógico pelo qual o aplicador, em face da omissão ou lacuna da norma, exerce atividade criadora, o que não ocorre com a interpretação que é atividade de conhecimento do sistema jurídico, desenvolvido com o objetivo de resolver o caso concreto com a aplicação da norma específica. "*A integração é a identificação de uma norma não elaborada para o caso que se deve resolver, mas que a*

[1] Op. cit., p. 206.

ele se ajusta em face de critérios autorizados pelo legislador."[2] Dessa forma, enquanto a interpretação atua na existência da norma, buscando o seu significado, a integração parte da inexistência de norma ajustável à situação concreta, solucionando a questão por meio de processos criativos que suprem as lacunas do sistema normativo.

2. Métodos de interpretação da legislação tributária

O Código Tributário Nacional dispõe que a legislação tributária será interpretada de acordo com suas disposições. No entanto, apesar de não fazer menção expressa aos métodos tradicionais de interpretação, é evidente que a atividade hermenêutica pode ser desempenhada à luz daqueles postulados.

Com efeito, por meio da *interpretação gramatical*, também chamada interpretação literal, o hermeneuta analisa o significado gramatical das palavras utilizadas no texto legal, utilizando a etimologia dos vocábulos. Pelo método de *interpretação histórica*, o sentido da norma é buscado com o exame da situação a que a mesma se refere através do tempo, investigando-se o dispositivo vigente na época em que a norma interpretada foi editada. A *interpretação lógica* é empregada para emprestar uma interpretação que atenda a um sentido lógico da norma, evitando-se conclusões que conduzam a proposições absurdas.

No método de *interpretação sistemática*, o intérprete procura o sentido da norma verificando a posição em que a mesma se enquadra na categoria normativa e a relação desta com as demais regras contidas no texto, de maneira que nenhum dispositivo deve ser interpretado isoladamente, mas no contexto ao qual está inserido.

Através do método de *interpretação teleológica*, o intérprete busca o sentido da norma interpretada tendo em vista a finalidade pela qual ela foi elaborada. Nesta categoria de interpretação, é relevante o elemento finalístico da norma, não prescindindo a ideia de que toda proposição normativa corresponde a uma finalidade pela qual foi instituída.

3. Meios de integração da legislação tributária

Em caso de omissão, lacuna ou obscuridade da lei, dispõe o art. 126 do Código de Processo Civil que *o juiz não se exime de sentenciar ou despachar alegando lacuna ou obscuridade da lei, no julgamento da lide caber-lhe-á aplicar as normas legais, não as havendo recorrerá a analogia, aos costumes e aos princípios gerais do direito.* Dispondo sobre os meios de integração da norma tributária, o art. 108 do CTN estabelece que *na ausência de disposição expressa, a autoridade competente para aplicar a legislação tributária, utilizará sucessivamente, na ordem indicada, a analogia; os princípios gerais do Direito Tributário; princípios gerais de direito público; a equidade.* Nesse sentido, dispõe o *§1°* que *o emprego da analogia não poderá resultar na exigência de tributo não previsto em lei.* No mesmo sentido, dispõe o *§ 2°* que *o emprego da equidade não poderá resultar na dispensa do pagamento do tributo devido.*

---

2 Hugo de Brito Machado, op. cit., p. 72.

A *analogia* é o meio de integração pelo qual o aplicador da lei, diante da lacuna desta, busca solução para o caso em norma pertinente a casos semelhantes ou análogos. A analogia pode ser utilizada tanto a favor do fisco como a favor do contribuinte, com a ressalva do parágrafo primeiro, de maneira que o emprego da analogia não poderá resultar na exigência de tributo não previsto em lei, restando, como se vê, um campo restrito de aplicação.

Também configuram meios de integração da legislação tributária os *princípios gerais de Direito Tributário e de direito público*. Conforme já foi tratado em capítulo próprio, o Direito Tributário se fundamenta em princípios específicos, assim como nos princípios gerais de direito público. Dessa forma, representam meios de integração o Princípio Federativo, o Princípio Republicado, o Princípio do Devido Processo Legal, da Ampla Defesa e do Contraditório, além de outros.

Doravante, no que se refere aos princípios de direito tributário e aos princípios de direito público, sua aplicação não demanda a necessidade de que haja lacuna na norma, na medida em que são vetores de interpretação de todo o sistema normativo, exigindo que a norma tributária com eles se harmonize, independentemente de qualquer atividade integradora que se pretenda fazer.

A equidade é a justa aplicação da norma, por isso chamada de justiça no caso concreto, e por ela corrige-se a insuficiência decorrente da generalidade da norma. Distingue-se a equidade da analogia porque enquanto esta busca suprir a lacuna com uma norma específica destinada a regular situação análoga, com a equidade se busca uma solução para o caso concreto a partir de norma genérica, adaptando-a com inspiração no sentimento de benevolência.

O art. 108 do CTN determina que o intérprete obedeça a ordem estabelecida, não restando liberdade de escolha, de maneira que o uso da analogia e da equidade estará subordinado às ressalvas dos parágrafos 1° e 2°, não se podendo aplicar analogia ou equidade, repita-se, para exigir tributo não previsto em lei, tudo em respeito ao Princípio da Legalidade. A contrário senso, pode se aplicar a analogia ou equidade para os casos que não impliquem a exigência de tributo não previsto em lei, mesmo para os casos de dispensa de penalidade que não tem natureza de tributo.[3]

4. Autonomia do Direito Tributário

Segundo Rubens Gomes de Souza, "*entende-se como ramo autônomo do direito cada uma das subdivisões da ciência jurídica, regidas por princípios e conceitos próprios (autonomia dogmática), que por sua vez inspiram a elaboração de institutos ou figuras jurídicas diferentes das pertencentes aos outros ramos do direito e não utilizáveis por estes (autonomia estrutural)*." [4]

---

[3] Criada pela Lei n° 4.357/64, a correção monetária visava neutralizar os efeitos da inflação, mas somente amparava o crédito tributário, e não os credores da Fazenda Pública. Levada a discussão ao Judiciário, entendeu-se que o contribuinte também deveria ter o direito de repetir, com correção monetária, o tributo pago indevidamente, com base no artigo 108, I, c.c. § 1°.

[4] Op. cit., p. 56.

O debate sobre a autonomia do Direito Tributário era centralizado em torno da discussão no sentido de que ele se utiliza de conceitos que pertencem a outros ramos jurídicos, principalmente o Direito Civil, e nessas condições, serve-se de parâmetros já definidos por aquelas disciplinas onde os buscou, não podendo atribuir-lhes uma significação ou um conteúdo diverso para efeitos tributários. A polêmica decorria do fato de o Direito Tributário ter sido compilado com bases fincadas em institutos do direito privado sedimentados há muito mais tempo.

A questão restou superada com a consagração expressa do ***Princípio da Autonomia Dogmática*** do Direito Tributário, previsto no art. 109 do CTN, de maneira que *os princípios gerais de direito privado utilizam-se para pesquisa da definição, do conteúdo e do alcance de seus institutos, conceitos e formas, mas não para definição dos respectivos efeitos tributários.*

Sobre a dogmática jurídica, Reale ensina que é "*o momento culminante da aplicação da Ciência do Direito, quando o jurista se eleva ao plano teórico dos princípios e conceitos gerais indispensáveis à interpretação, construção e sistematização dos preceitos e institutos de que se compõe.*"[5]

Dessa forma, consagrando sua autonomia jurídico-científica em relação aos demais ramos do Direito, o CTN adota uma posição que permite evitar incongruências interpretativas quando seus institutos derivados do direito privado possam modificar o regime jurídico no âmbito da relação tributária.

Sendo assim, os princípios de direito privado que regem os institutos do Direito Tributário não se aplicam na definição dos efeitos tributários que possam decorrer desses institutos, de maneira que o plano de eficácia poderá receber normatização própria no Direito Tributário. Dessa forma, a disposição do *Princípio da Autonomia Dogmática* do Direito Tributário estabelece que se um determinado instituto de direito privado não for adequado às suas finalidades, a lei tributária poderá adaptar ou alterar seus efeitos.

Sob esse aspecto, a análise do art. 109 do CTN sugere três situações distintas. A primeira diz respeito a uma correspondência plena, em que a matéria disciplinada pelo direito privado corresponde plenamente aos anseios do Direito Tributário. A segunda diz respeito a uma correspondência parcial entre as disposições do direito privado com o Direito Tributário e a terceira situação versa sobre total conflito entre tais disposições. Assim, no que concerne ao relacionamento com os institutos de direito privado, podem existir três situações: *a) institutos de estrutura pura de direito privado, com adoção plena pelo Direito Tributário; b) institutos de estrutura mista de direito privado, com adoção parcial pelo Direito Tributário; c) institutos de estrutura pura de Direito Tributário, sem adoção dos institutos do direito privado.*

4.1. Adoção plena dos institutos de direito privado

Neste caso as normas serão integradas ao Direito Tributário, de maneira que o instituto do direito privado é totalmente integrado às normas do Sistema Tributário

---

5 REALE, Miguel. *Lições Preliminares de Direito.* 2ª Ed. São Paulo: Editora Saraiva, 2003, p.322.

Nacional. Era o que acontecia, por exemplo, no caso do antigo ICM – Imposto sobre a Circulação de Mercadorias, instituído sob a égide da Emenda Constitucional nº 18/65, em substituição ao antigo IVC – Imposto sobre Vendas e Consignações, quando ocorreu sensível aumento do campo material do imposto, uma vez que passara a incidir sobre a circulação de mercadorias e não mais sobre as vendas e consignações. Não obstante, nem a EC nº 18/65 e muito menos a legislação dos Estados definiam o que significava *mercadoria*, e por se tratar de um instituto advindo do Direito Comercial, o ordenamento jurídico tributário adotou o regime jurídico que já se encontrava sedimentado no âmbito daquela disciplina, sem fazer ressalva alguma, o que significou ampla adoção do instituto.

Com isso, foi necessário buscar o conceito de mercadoria no direito privado para que tal definição pudesse integrar o sistema normativo do Direito Tributário, o que efetivamente foi feito, fato pelo qual o conhecido instituto do Direito Comercial passou a integrar, em sua plenitude, a estrutura do Direito Tributário, em face do silêncio da legislação tributária em relação ao conteúdo semântico e jurídico do vocábulo *mercadoria*. Nesse sentido, houve adoção plena do instituto de direito privado que passou a integrar o plano do Direito Tributário, fenômeno que permanece até os dias atuais, mesmo porque ainda não há definição própria de mercadoria feita pela lei tributária.

Outro exemplo sintomático de adoção plena dos institutos do direito privado ocorre em relação ao empréstimo compulsório, já que o conceito de empréstimo colhido no direito privado é aquele que representa um contrato de mútuo oneroso, cujo requisito mais importante é o fato de que a restituição deve se dar na mesma espécie. Assim, quando a Constituição Federal empregou a palavra *empréstimo*, tomou emprestado o instituto do Direito Civil, devendo se observar que neste caso, o emprego dessa categoria pela própria Constituição enquadra a situação ao disposto no art. 110 do CTN que dispõe sobre uma variante específica do Princípio da Autonomia Dogmática. Conforme é sabido, o Direito Civil se encarrega de definir *empréstimo,* categoria agregada ao Direito Tributário.

Em razão desse princípio, reconheceu-se a inconstitucionalidade do empréstimo compulsório previsto no Decreto-lei nº 2.288/86, o qual previa que o montante exigido deveria ser devolvido ao contribuinte por meio de cotas do FND (Fundo Nacional de Desenvolvimento). Como o instituto do *empréstimo* era disciplinado no âmbito do Direito Civil, sendo também utilizado expressamente pela Constituição (art.148), a lei tributária não poderia alterar sua definição, conteúdo e alcance, *ex vi* do art. 110 do CTN, devendo receber o mesmo tratamento dado pelo direito privado. Por isso a restituição deveria se dar na mesma espécie, ou seja, em dinheiro.

Num outro exemplo, verifica-se que o art. 29 do CTN, ao se referir ao ITR, dispõe que *o imposto de competência da União, sobre a propriedade territorial rural tem como fato gerador a propriedade, o domínio útil ou a posse de imóvel por natureza, como definido na lei civil.* Da mesma forma, o art. 32 do CTN, ao se referir ao IPTU, dispõe que *o imposto, de competência dos Municípios, sobre a propriedade predial e territorial urbana tem como fato gerador a propriedade, o domínio útil ou a posse de bem imóvel por natureza ou acessão física, como definido na lei civil.* Nesse caso, como a Constituição e o CTN utilizam expressa ou implicitamente o conteúdo jurídico do instituto da *propriedade*, o Direito Tributário adota o mesmo conceito fornecido pelo Direito Civil que materializa esses impostos com base na propriedade, no domínio útil e na posse.

4.2. Adoção parcial dos institutos de direito privado

Quando não houver abordagem ao menos implícita na própria Constituição acerca de um instituto, conceito ou forma do direito privado, o Direito Tributário poderá adotá-lo alterando seus efeitos. Às vezes, quando as normas do sistema tributário não se satisfazem com a adoção plena dos institutos do direito privado, acabam por completar ou modificar, em parte, o instituto de acordo com seu interesse, como, aliás, ocorre com o instituto da obrigação tributária previsto no art. 113 do CTN.

Conforme já se verificou, a obrigação tributária é principal ou acessória, e embora seja correto afirmar que no Direito Civil a obrigação acessória segue a principal, esse fenômeno não ocorre em matéria tributária, isso porque as obrigações principal e acessória têm natureza diversa. Por isso, para a exata compreensão do instituto da obrigação tributária é necessário fazer integração do art. 113 do CTN com o conceito de obrigação fornecido pelo direito privado, uma vez que o CTN abarca implicitamente o conceito de obrigação oriundo do Direito Civil, assim como os elementos que compõem a obrigação. Apesar disso, no âmbito tributário esse instituto apresenta peculiaridades, pois o art. 113, § 1° preceitua que a obrigação se cumpre pelo pagamento, sendo uma obrigação *de dar*. Nesse caso, o Direito Tributário acolhe a classificação de obrigações do direito privado, sendo inegável que existe a adoção parcial porque implicitamente o CTN aceita a definição de obrigação do Direito Civil, embora o art. 113 complete o instituto com os efeitos que lhe são peculiares.

4.3. Não adoção dos institutos de direito privado

Nesta situação, o Direito Tributário pesquisa o instituto de direito privado mas não aproveita o que lá está disciplinado, tratando a matéria de forma diversa, como ocorre com a capacidade que no Direito Tributário recebe conotação totalmente diferente do direito privado, de sorte que aquele indivíduo considerado incapaz para a lei civil, poderá ser considerado capaz para a lei tributária. Em relação a esse instituto, o Direito Tributário não adota o conteúdo advindo do direito privado, e disciplina a matéria de acordo com seus interesses, já que não existe qualquer limitação imposta pelo art. 110 do CTN.

Assim, dispõe o artigo 126 do CTN que *a capacidade tributária passiva independe da capacidade civil das pessoas naturais; de achar-se a pessoa natural sujeita a medidas que importem privação ou limitação do exercício de atividades civis, comerciais ou profissionais, ou na administração direta de seus bens ou negócios;de estar a pessoa jurídica regularmente constituída, bastando que configure uma unidade econômica ou profissional.*

Outro exemplo ocorre com o domicílio previsto no art. 127, CTN, o qual dispõe que *na falta de eleição pelo contribuinte ou responsável, de domicílio tributário, na forma da legislação aplicável, considera-se como tal, quanto às pessoas naturais, a sua residência habitual, ou, sendo esta incerta ou desconhecida, o centro habitual de sua atividade; quanto às pessoas jurídicas de direito privado às firmas individuais, o lugar de sua sede, ou, em relação aos atos ou fatos que derem origem à obrigação, o de cada estabelecimento; quanto às pessoas jurídicas de direito público, qualquer de suas repartições no território da entidade tributante.* Ainda em relação ao domicílio, dispõe o § 1º que *quando não couber a aplicação de regras fixadas, em qualquer dos incisos deste artigo, considerar-se-á como domicílio tributário do contribuinte ou responsável o lugar da situação dos bens ou da ocorrência dos atos ou fatos que deram origem à obrigação.* Ademais, consoante dispõe o *§ 2º, a autoridade administrativa pode recusar o domicílio eleito, quando impossibilite ou dificulte a arrecadação ou fiscalização do tributo, aplicando-se então a regra do parágrafo anterior.* Conhecida a distinção entre residência e domicílio construída pelo direito privado, pesa o fato que para o Direito Tributário pouco importa se há *animus* ou não, já que se considera a residência como o domicílio fiscal.

Dessa forma, o art. 110 do CTN também é derivado da autonomia dogmática do Direito Tributário, e de acordo com o preceptivo em questão, se um instituto, conceito ou forma do direito privado for utilizado expressa ou implicitamente pela Constituição, não poderá ser alterado pelo legislador ordinário nem pelo intérprete. A contrário senso, a lei tributária poderá redefinir conceitos não utilizados por qualquer norma da Constituição Federal. Assim, a autonomia dogmática do direito tributário permite liberdade no tratamento de institutos de direito privado na medida em que pode aceitar integralmente, aceitar em parte ou não aceitar tais institutos.

É o que acontece, por exemplo, com o instituto da competência tributária, rigidamente definida no âmbito da Constituição, e cujos contornos não podem ser alterados em âmbito infraconstitucional.

5. INTERPRETAÇÃO LITERAL E BENIGNA

Estabelece o art. 111 do CTN que *interpreta-se literalmente a legislação tributária que disponha sobre suspensão ou exclusão do crédito tributário; outorga de isenção; dispensa do cumprimento de obrigações tributárias acessórias.* Embora não seja função da lei estabelecer regras de interpretação, o legislador pretendeu fosse dada prevalência ao elemento gramatical da norma pertinente em face de que a matéria tratada no art. 111 deve ser considerada excepcional, posto que não é praxe a concessão de tais benefícios. De certa forma, a lei peca ao engessar a interpretação determinando seja ela restrita ao aspecto literal, observando que a isenção é uma forma de exclusão do crédito tributário, estando prevista no art. 175 do CTN.

Um exemplo ilustra bem o problema que pode advir dessa norma. Suponha que uma lei defina a isenção de ICMS para operações internas com peixes em estado natural, e que um determinado contribuinte seja autuado por não recolher o ICMS em face de comercializar peixes ornamentais. Em sua defesa, o contribuinte alega que comercializa peixes em estado natural, embora a referida mercadoria não tivesse finalidade alimentícia. O Tribunal administrativo certamente manterá o auto de infração porque é evidente que a finalidade da norma é isentar somente as operações com peixe em estado natural que sirvam de alimento. Apesar disso, o contribuinte pode se valer da norma do art. 111, invocando a interpretação literal do dispositivo.

No julgamento do RE nº.134.509, o STF apreciou a questão da incidência do IPVA sobre embarcações e no RE nº 255.111 julgou-se a questão do IPVA sobre as aeronaves. Nesses dois julgamentos, o STF procedeu a uma interpretação histórica ressaltando que o IPVA sucedeu a Taxa Rodoviária Única que era cobrada tão somente dos automóveis e demais veículos de trânsito terrestre, e também procedeu-se a uma interpretação sistemática do art. 155, III da CF com o restante do texto, buscando demonstrar que as atividades de transporte através de navios e aeronaves não são vinculadas ao campo de atividades de Estados e Municípios, tanto que são submetidas a controle por órgãos federais, não havendo qualquer ingerência de Estados e Municípios na disciplina do tráfego aéreo e marítimo. No voto vencido proferido pelo Ministro Marco Aurélio prevaleceu a interpretação literal ao entender que a expressão *veículo automotor* compreende qualquer veículo, concluindo-se pela incidência do IPVA sobre embarcações e aeronaves. De qualquer maneira, todas as ilustrações relatadas demonstram casos onde a interpretação literal cedeu lugar a outras formas de interpretação mais idôneas, sendo correto afirmar que esses precedentes demonstram o quão é temerário considerar a interpretação literal sempre mais restritiva ou protetiva do crédito tributário, tanto que a interpretação literal pode, ainda que eventualmente, possibilitar uma abrangência muito maior de situações atingidas pela exclusão ou suspensão do crédito, do que as outras formas de interpretação.

Outro exemplo ilustrativo se perfaz com a interpretação literal do disposto no art. 155, § 2º, X, "b", da CF, no sentido de que o ICMS não incide *sobre operações que destinem a outros Estados petróleo, inclusive lubrificantes, combustíveis líquidos e gasosos dele derivados, e energia elétrica.* Como se vê, há imunidade nas operações interestaduais de ICMS que envolvam petróleo, inclusive lubrificantes, combustíveis líquidos e gasosos dele derivados e energia elétrica, mas no julgamento do RE nº 198.088, o STF abandonou a interpretação literal em favor da interpretação teleológica, mesmo porque a interpretação literal feita sem maiores hesitações implica a imunidade pura e simples dessas operações. No entanto, restou consignado no *leading case* que em operações dessa natureza, o imposto será devido integralmente ao Estado de destino das mercadorias. Sendo assim, entendeu o STF que a Constituição não estaria criando uma regra de imunidade, mas prestigiando os Estados consumidores em face dos Estados produtores, fazendo com que o ICMS não incida, nessas operações, na saída, mas sim, no destino, ou seja, na entrada dessas mercadorias no Estado consumidor. A razão plausível para referida interpretação, segundo se analisa pelo teor dos votos do Ministro Relator Ilmar Galvão e Ministro Nelson Jobim, reside no fato de que na Constituição anterior existia um único imposto federal sobre operações dessa natureza, o qual deixou de existir na Constituição atual. Como fórmula compensatória, a Carta de 88 criou a figura do royalty – principalmente o do petróleo, previsto no art. 20, §1º, que representam recursos carreados aos Estados produtores de energia elétrica, petróleo e derivados. Como essa compensação já atende o interesse dos Estados produtores, a norma tributária, ao invés de imunizar a tributação, inverte a polaridade da incidência, fazendo com que todo o ICMS seja devido ao Estado do destino. Trata-se de mais uma situação em que a interpretação literal sede espaço para outras modalidades de interpretação, no caso a teleológica, na medida em que a argumentação decisiva no julgado se baseou nas consequências dela advindas, e prevalecesse a interpretação literal, no sentido da imunidade, as distorções mercadológicas seriam gritantes pois os consumidores iriam sempre preferir consumir combustíveis e derivados nos Estados vizinhos, conforme foi salientado no voto do Ministro Relator.

Sendo assim, a fórmula de interpretação do art. 111 deve ser vista com parcimônia, não sendo irrestrita sua aplicação, senão à luz dos Princípios da Proporcionalidade e da Razoabilidade.

O art. 112 do CTN prevê hipótese de interpretação benigna ou mais favorável àquele que pratica infração tributária. O preceptivo determina que a lei tributária que define infrações ou lhe comina penalidades, interpreta-se da maneira mais favorável ao acusado, em caso de dúvida, quanto à capitulação legal do fato; à natureza ou às circunstâncias materiais do fato, ou à natureza ou extensão dos seus efeitos; ou à autoria, imputabilidade, ou punibilidade; ou à natureza da penalidade aplicável, ou à sua graduação.

Aqui fica bem nítida a aproximação do Direito Tributário Penal com o Direito Penal Tributário que invariavelmente partem da mesma conduta que, a um tempo, configura infração tributária e infração penal. Como o ordenamento não permite incongruências, é evidente que mesmo com desdobramentos distintos, se as relações replicadas no processo administrativo tributário e no processo crime nascem da mesma germe, deve o processo administrativo tributário ceder aos mesmos mecanismos de interpretação aferidos no processo crime. De tal arte, se a lei penal que tutela bens muito mais imperativos para a sociedade assim determina, não poderia ser diferente em relação à lei tributária.

Assim, se a norma penal deve ser interpretada em favor do autor do delito, com mais razão deverá se perfazer a interpretação benigna em relação à responsabilidade do agente que praticou o ilícito tributário.

É muito importante, no entanto, que não se confunda a atividade interpretativa dos ilícitos penal e tributário, que nesse ponto são convergentes, com a prova, uma vez que em matéria de infração tributária fica dispensada a comprovação do dolo, conforme preceitua o art. 136 do CTN, enquanto o crime somente se perfaz com a efetiva comprovação do dolo específico de suprimir ou reduzir tributo.

Capítulo XIV

FONTES DO DIREITO TRIBUTÁRIO

SUMÁRIO: 1. Conceito de Fonte. 2. Fontes Reais ou materiais. 3. Fontes Formais. 3.1. Fontes Formais Primárias. 3.2. Fontes Formais Secundárias. 4. Jurisprudência. 5. Doutrina.

1. Conceito de Fonte

A fonte corresponde à forma como se originou uma norma jurídica, ou os meios pelos quais o Direito se expressa, ou ainda o ponto de origem de onde provém o Direito. Paulo de Barros Carvalho ensina que fontes "*são os focos ejetores de regras jurídicas, os órgãos habilitados pelo sistema para produzirem normas.*"[1]

A mais importante fonte do Direito Tributário é o Estado, a quem compete formular a compostura normativa que define as regras de estrutura e de conduta, e nesse diapasão, Regina Helena Costa ensina que "*no Brasil, que adota o sistema de direito escrito (civil law), a fonte do direito por excelência é a lei, entendido o conceito em sua acepção lata (Constituição, lei complementar, lei ordinária etc.)*"[2]

Não obstante, a classificação que prevalece define a divisão das fontes do Direito Tributário em reais (ou materiais) e formais.

2. Fontes reais ou materiais

As fontes reais ou materiais seriam os suportes fáticos que induzem à incidência da norma tributária, ou os fatos acontecidos que induzem o nascimento da figura tributária. Seriam, assim, os pressupostos de fato que constituem o nascimento da obrigação tributária. Os fatos da vida em seu conjunto, seriam fontes reais, na medida em que o Direito se interessa por uma categoria específica deles, juridicizando-os e estabelecendo, no plano da eficácia, as consequências jurídicas.

Dessa forma, sofrendo a incidência da norma tributária, um fato comum se torna um fato jurídico tributário, fato imponível ou fato gerador, o qual, uma vez ocorrido,

---

1 Op. cit., p. 46.

2 Op.cit., p. 15.

acarreta o nascimento da obrigação. Tais fatos são chamados de fontes materiais porque a interpretação das normas do Direito Tributário exigem sua análise, sem o que não se permitiria a exata compreensão da relação jurídica.

Em verdade, as fontes materiais do Direito Tributário possuem direta ligação e se aproximam do aspecto material da hipótese de incidência que consiste na descrição dos dados substanciais que configuram o núcleo da hipótese de incidência.

3. Fontes formais

As fontes formais representam o conjunto de manifestações do Direito, ou seja, as formas como o Direito se exterioriza por meio da positivação normativa. Incluem-se entre as fontes formais todo o conjunto de normas do Sistema Tributário Nacional que estejam em vigor.

As fontes formais são constituídas pelas normas constitucionais tributárias e pelos atos normativos mencionados no processo legislativo. São divididas entre primárias e secundárias, sendo consideradas fontes formais primárias da obrigação tributária principal, todo o elenco de diplomas normativos constante do artigo 59 da Constituição Federal e demais atos legislativos do Poder Legislativo, além dos Tratados e Convenções Internacionais. Outras fontes subalternas são constituídas pelas normas complementares da legislação tributária, sendo consideradas fontes formais secundárias.

3.1. Fontes formais primárias

A Constituição Federal e o Código Tributário Nacional, assim como as Emendas à Constituição e a maioria das Leis Complementares são fontes formais primárias.

Ao lado delas, podem ser consideradas fontes formais primárias as leis ordinárias, leis delegadas, medidas provisórias, decretos legislativos, resoluções, tratados e convenções internacionais, além dos decretos regulamentares, figuras normativas analisadas no capítulo referente aos princípios da tributação, bem como no capítulo referente à legislação tributária.

Com relação à jurisprudência, compreendida pelas decisões convergentes proferidas pelos Tribunais Jurisdicionais, muito embora não derivem de atos legislativos, entendo particularmente que não figuram entre as fontes formais secundárias, devendo emprestar-lhe semelhante importância em relação às fontes formais primárias.

3.2. Fontes formais secundárias

As fontes formais secundárias são as normas complementares das leis, dos tratados e convenções internacionais e dos decretos. Trata-se dos atos normativos expedidos pelas autoridades administrativas, as decisões dos órgãos singulares ou coletivos de jurisdição administrativa, a que a lei atribua eficácia normativa, as práticas reiteradas das autoridades administrativas, e os convênios que entre si celebram a União, os Estados, o Distrito Federal e os Municípios.

4. JURISPRUDÊNCIA

A jurisprudência resulta da aplicação convergente e reiterada das decisões dos tribunais do Poder Judiciário e desempenham fundamental importância como fonte do Direito Tributário.

Por isso deve se rejeitar sua condição de fonte secundária do Direito e muito embora ainda se considere o Direito brasileiro fundado na tradição da *civil law*, é nítida a influência cada vez maior das decisões judiciárias na construção do Direito Tributário contemporâneo.

É fato conhecido que um dos fatores de maior preponderância na reconstrução do Direito e que tem ensejado a intensa modificação do Sistema Tributário Nacional diz respeito a determinadas questões em que o Estado sofre derrota nos tribunais, de tal arte que firmada jurisprudência contrária aos seus interesses, desencadeia-se novo processo legislativo.

Não é novidade que tem aumentado vertiginosamente a litigiosidade no âmbito da relação jurídica tributária, fato que tem orientado constantes modificações no direito processual brasileiro, e com frequência cada vez maior, o Supremo Tribunal Federal tem proferido decisões em caráter *erga omnes*, seja por meio do controle abstrato através das ações diretas, seja no controle difuso por meio de decisões de caráter normativo proferidas em grau de recurso extraordinário.

Por outro lado, a criação de institutos como a súmula vinculante e a repercussão geral permitem que o Judiciário profira decisões que vão conferir uniformidade e estabilidade às relações jurídicas em geral.

Por essa razão não há dúvida que a jurisprudência desempenha função fundamental na construção do Estado Social e Democrático de Direito, pautado nos valores da segurança jurídica e da certeza do Direito.

5. DOUTRINA

Desde os Romanos, a doutrina foi considerada fonte secundária do Direito, por referir-se ao Direito encontrado na obra dos jurisconsultos, denominado *communis opinio doctorum.*

O conhecimento doutrinário provém da cátedra dos mestres e da militância no foro e se manteve como fonte do Direito mesmo após as codificações, de tal maneira que o doutrinador é o jurista que se debruça e analisa, investiga e comenta a relação jurídica, fornecendo-lhe luzes quando opina ou critica determinado ponto controvertido, e da mesma forma como ocorre com a jurisprudência, pareceres doutrinários tem orientado modificações na interpretação do Direito Tributário, firmando entendimentos que acarretam a modificação do direito positivo.

Capítulo XV CRÉDITO TRIBUTÁRIO

1. Conceito de Crédito Tributário

Como se sabe, o tributo é o objeto da obrigação tributária e nasce com a ocorrência do fato previsto na norma. É sabido que o fato propriamente dito se denomina *fato gerador "in concretu"* ou *fato imponível*, enquanto a previsão hipotética e abstrata é denominada *fato gerador "in abstractu"* ou *hipótese de incidência.*

Ocorrido o pressuposto fático, nasce a obrigação tributária, e por conseguinte, o dever de pagar o tributo. Por isso, seria correto afirmar que nascida a obrigação tributária surge o crédito respectivo, uma vez que não existe obrigação sem crédito, sendo essa a compreensão que decorre do binômio *obrigação/crédito*, até porque o próprio Código Tributário Nacional estabelece que o crédito decorre da obrigação e tem a mesma natureza desta.

Entretanto, o Código Tributário Nacional separa cronologicamente a obrigação e o crédito tributário, o que se depreende pela leitura do art. 139. Dessa forma, embora o código sugira que o crédito nasça com a obrigação, em verdade ele decorre dela e se constitui com o lançamento.

Assim, ocorrido o suporte fático, ter-se-á formado o vínculo que une o sujeito ativo ao sujeito passivo da obrigação tributária, mas apesar disso, o credor ainda não poderá exigir o pagamento do devedor, o que somente poderá ser feito com a realização do *lançamento*.

Só após o lançamento o sujeito ativo poderá exigir o objeto da prestação obrigacional, o que se depreende pela leitura do art. 142 do CTN, no sentido de que o crédito tributário é constituído pelo lançamento.

Hugo de Brito Machado conceitua o crédito tributário da seguinte forma: *"O crédito tributário é o vínculo jurídico de natureza obrigacional, por força do qual o Estado (sujeito ativo) pode exigir do particular, contribuinte ou responsável (sujeito passivo), o pagamento do tributo ou da penalidade pecuniária (objeto da relação obrigacional).*"[1]

Embora a obrigação tributária corresponda ao poder jurídico de constituir o crédito, podendo ser exercido a partir do fato gerador, o art. 140 do CTN estabelece que qualquer circunstância capaz de modificar o crédito, sua extensão, seus efeitos ou suas garantias e privilégios não têm o condão de afetar a obrigação tributária, o que demonstra que o código separa a obrigação do crédito, muito embora reconheça que tenham a mesma natureza.

A regra inserida no art. 140 tem aplicabilidade prática, pois se o lançamento vier a ser anulado por vício extrínseco, o crédito tributário restará anulado, mas a obrigação tributária permanecerá intacta, podendo ser constituído um novo crédito por meio de novo lançamento, desde que o fisco não tenha decaído em seu direito.

O crédito tributário sempre decorre da obrigação tributária, não havendo possibilidade de precedê-la, daí porque o fato gerador sempre precede o lançamento, muito embora possam ocorrer simultaneamente.

Além disso, a obrigação tributária é independente do crédito, mas é certo que este sempre decorre daquela, isso porque a obrigação tributária deriva da incidência da norma, mas o crédito depende de sua aplicação. Por isso, ocorrido o fato gerador a obrigação estará constituída, mas só há falar-se em crédito se o lançamento for efetivado pela aplicação da norma.

2. Constituição do Crédito Tributário

A doutrina diverge sobre o momento exato em que o crédito tributário seria constituído. Questiona-se a natureza jurídica do lançamento tributário, mas a posição adotada pelo CTN é no sentido de que o crédito se constitui pelo lançamento, *ex vi* do art. 142.

Outro posicionamento defendido por parte da doutrina é no sentido de que não pode haver obrigação sem crédito, de maneira que este se constituirá no exato instante em que ocorrer o nascimento da obrigação tributária, mediante a ocorrência do fato gerador.

Dessa forma, pela *Teoria Constitutivista* o crédito se constitui pelo lançamento, e pela *Teoria Declarativista* o crédito se constitui juntamente com a obrigação, uma vez que faz parte dela, e sob esse aspecto o lançamento apenas declararia e formalizaria o crédito tributário. Uma terceira corrente conciliatória afirma que a natureza jurídica do lançamento é declaratória e constitutiva, pois declara uma obrigação preexistente e constitui o direito de exigir, de pleitear o direito.

Hugo de Brito Machado entende que o crédito tributário se coloca numa posição distinta da obrigação tributária, embora pertençam a uma mesma relação jurídica. Nesse sentido, o lançamento seria constitutivo do crédito tributário e declaratório da obrigação tributária correspondente. Tal posicionamento não parece destoar do CTN

---

[1] Op. cit., p. 117.

quando determina que "*compete privativamente à autoridade administrativa constituir o crédito tributário pelo lançamento...*"[2]

De outra parte, pela teoria declarativista, o lançamento não cria o crédito tributário, apenas o declara, ou seja, formaliza a pretensão do sujeito ativo, de maneira que os efeitos do lançamento retroagem ao tempo do fato gerador. Os defensores dessa corrente entendem que o CTN aparenta endossar tal entendimento através da leitura do art. 143 quando determina que "*no lançamento far-se-á sua conversão em moeda nacional ao câmbio do dia da ocorrência do fato gerador.*"

Os filiados à tese declarativista asseveram que o lançamento define os limites do crédito tributário, conferindo-lhe o toque da exigibilidade, muito embora o crédito, em verdade, tenha nascido juntamente com a obrigação, pois dela é incindível. Assim, o lançamento apenas declararia o montante do valor do tributo, sendo ato administrativo de efeito declaratório, e por isso se reportaria a uma situação preexistente, ou seja, o momento em que ocorreu o suporte fático, consoante dispõe o art. 113, § 1º do CTN.

O que não se discute é que com o lançamento a obrigação recebe seus elementos identificadores, como o sujeito ativo, sujeito passivo, valor devido, conferindo à obrigação a liquidez e exigibilidade, de maneira que o crédito tributário dele decorrente é o direito subjetivo de que dispõe o sujeito ativo para formalizar e exigir determinada prestação em dinheiro do sujeito passivo. Assim, a formalização do crédito se dá pelo lançamento que define os exatos contornos da obrigação tributária.

Particularmente entendo que o lançamento tem natureza constitutiva, o que se depreende pela dicção do código, de maneira que enquanto não se procede ao lançamento, não há crédito tributário. Apesar disso, ele declara o montante do valor do tributo e demais acréscimos, devendo se referir aos elementos válidos no momento da ocorrência do fato.

3. LANÇAMENTO

Dispõe o art. 142 do CTN que "*compete privativamente* à *autoridade administrativa constituir o crédito tributário pelo lançamento, assim entendido o procedimento administrativo tendente a verificar a ocorrência de um fato gerador da obrigação correspondente, determinar a matéria tributável, calcular o montante do tributo devido, identificar o sujeito passivo, e sendo caso, propor a aplicação da penalidade cabível.*

A definição de lançamento fornecida pelo CTN sugere alguns elementos que lhe são inerentes. São eles:

a) o lançamento é um procedimento administrativo. Trata-se de um conjunto de atos administrativos praticados pela autoridade fazendária competente tendentes à formalização do crédito tributário. Por conta dessa característica, tem se defendido, em minha visão com razão, que o lançamento por homologação, também chamado de autolançamento, não é lançamento, mas apenas um pagamento antecipado do tributo, sujeito a posterior verificação pela autoridade.

---

2 Op. cit., p. 118/119.

b) o lançamento tem a finalidade de verificar a ocorrência do fato gerador. Compete ao sujeito ativo da obrigação tributária, por meio de atividade plenamente vinculada, o dever de demonstrar a ocorrência do suporte fático e o seu enquadramento à hipótese de incidência.

c) o lançamento determina a matéria tributada. Tarefa fundamental no âmbito da constituição do crédito tributário é a exata definição do aspecto material do tributo, identificando-se o objeto da tributação.

d) o lançamento perfaz o cálculo do montante do crédito. Por meio do lançamento deverá se verificar os exatos termos do aspecto valorativo (quantitativo) da hipótese de incidência, identificando-se base de cálculo e alíquota aplicáveis, de sorte a restar definido o valor do tributo devido e das penalidades pecuniárias eventualmente incluídas no crédito.

e) *o lançamento identifica o sujeito passivo.* Há necessidade de identificar **o** aspecto pessoal ou subjetivo da hipótese de incidência, apontando-se o sujeito passivo e dando-lhe ciência acerca do crédito contra ele constituído.

f) o lançamento deve propor a aplicação da penalidade cabível, se for o caso. Caso o crédito tributário seja constituído de tributo sem a prática de ilícito tributário, não haverá aplicação da penalidade. Do contrário, apurado o ilícito tributário, deverá ser lavrado o auto de infração e aplicação da penalidade, sendo dever da autoridade fazendária proceder ao lançamento de ofício em função da verificação do descumprimento da obrigação tributária. Neste particular, o lançamento se confunde com o próprio auto de infração, e como ocorre comumente, o documento que exteriorizará o procedimento será denominado auto de infração, e não auto de lançamento, não obstante nele estejam presentes todos os elementos materiais do lançamento.

g) o lançamento deve ser notificado ao sujeito passivo. A notificação do lançamento é o ato de comunicação pelo qual se dá plena ciência ao sujeito passivo acerca do procedimento, abrindo-lhe oportunidade para pagamento ou apresentação de defesa administrativa.

Como se vê, o conceito legal de lançamento permite concluir tenha ele a função de formalizar o crédito tributário, identificando todos os elementos e os aspectos da hipótese de incidência, propiciando que o sujeito ativo possa exercitar sua pretensão diante do sujeito passivo, além de garantir-lhe o direito de defesa.

Dispõe o art.145 do CTN que *o lançamento regularmente notificado ao sujeito passivo só pode ser alterado em virtude de impugnação do sujeito passivo, recurso de ofício ou iniciativa de ofício da autoridade administrativa, nos casos previstos no art. 149.* Dessa forma, o lançamento está sujeito a revisão, seja por iniciativa da própria autoridade fazendária que poderá revê-lo, seja por iniciativa do sujeito passivo que poderá impugná-lo.

Uma vez regularmente notificado o sujeito passivo, e não sendo a obrigação cumprida no prazo estipulado, o próprio lançamento prevê a incidência dos encargos moratórios decorrentes da intempestividade, fato pelo qual o crédito tributário poderá ser composto, além do tributo corrigido monetariamente, de outros acréscimos como juros e multa de mora.

Como regra, o prazo de pagamento estipulado no código é de 30 dias após a notificação do lançamento, podendo o sujeito passivo, no mesmo interregno, apresentar defesa administrativa. Do contrário, o crédito será inscrito em dívida ativa da Fazenda Pública, passando a gozar, a partir daí, de presunção de liquidez e certeza. Em seguida, não acusado pagamento, deverá ser ajuizada a execução fiscal para cobrança do crédito tributário, prevista na Lei nº 6.830/80.

Sobre a inscrição na dívida ativa, dispõe o art. 204 do CTN que *a dívida regularmente inscrita goza da presunção de certeza e liquidez e tem o efeito de prova pré-constituída.* Ademais, a presunção a que se refere este artigo é relativa e pode ser ilidida por prova inequívoca, a cargo do sujeito passivo ou do terceiro a que aproveite.

Deveras, o lançamento só se tornará eficaz quando efetivada a regular notificação que consiste no ato jurídico administrativo pelo qual se dá conhecimento do crédito ao devedor. Para preservar a segurança jurídica, a notificação deve ser feita pessoalmente no domicílio fiscal do devedor, e somente quando esgotados os meios de notificação pessoal é que se admitirá a notificação ficta.

4. O lançamento e a aplicação de sanção pela prática de ilícito. Auto de Lançamento e Auto de Infração

Embora muitas vezes sejam praticados conjuntamente, o lançamento não se confunde com a aplicação de sanção pela prática de ilícito tributário, já que os dois atos são distintos, sobretudo na finalidade. O auto de infração exterioriza o ato de aplicação de penalidade pelo descumprimento de obrigação tributária principal e acessória, e pode, eventualmente, ser simultâneo ao ato de formalização do lançamento.

O objeto do auto de infração é a formalização do vínculo de caráter sancionatório e a finalidade é punir o infrator, tendo por isso, motivação, objeto e finalidade distinta do lançamento.

Não obstante, a peça ou o documento que exterioriza o procedimento pode ser denominado *auto de infração*, e pode conter, a um tempo, os dois atos, ou seja, o auto de infração propriamente dito e o lançamento.

Por serem considerados atos administrativos (ou conjunto de atos), tanto o lançamento (formalizado pelo auto de lançamento) quanto a aplicação de sanção (formalizada pelo auto de infração), são compostos dos elementos inerentes aos atos administrativos em geral, ou seja, *agente, objeto, forma, motivo e finalidade*. Cotejando esses elementos na aplicação da sanção e no lançamento, percebe-se como são distintos.

Em ambos o agente é o mesmo, ou seja, o agente fiscal. O motivo do lançamento é a ocorrência do fato gerador do tributo, enquanto o motivo da aplicação da sanção é o descumprimento de um dever jurídico-tributário. A finalidade do lançamento é possibilitar o recolhimento do tributo, enquanto a finalidade na aplicação da sanção é possibilitar o cumprimento da penalidade. O objeto do lançamento é formalizar o crédito tributário, enquanto o objeto do auto de infração é formalizar a sanção.

O lançamento, assim como o auto de infração, cuida de dar uma resposta oficial a cinco questões: *quem* é o sujeito passivo; *quanto* ele deve ao sujeito ativo; *onde* incidiu o tributo e onde ele deve efetuar o pagamento do tributo; sobre qual matéria surgiu a dívida ou *sobre o que* ele deve; *quando* nasceu a dívida e quando ele deve efetuar o pagamento do tributo. Ou seja, o lançamento nada mais é do que o desdobramento da relação tributária, onde restam definitivamente aclarados os aspectos da hipótese de incidência.

É importante observar que em muitas situações onde concorrem obrigações decorrentes de tributo e de ilícitos tributários, não existirá documento denominado auto de lançamento, mas apenas auto de infração, também denominado *auto de infração e imposição de multa* (AIIM), ou *notificação fiscal de lançamento de débito* (NFLD). O que importa, independente do *nomem juris* a que se atribua à formalização do ato, é que ali poderá estar presente o lançamento, a aplicação da sanção ou ambos.

5. Características do Lançamento

A característica fundamental do lançamento é a de formalizar o crédito tributário, conferindo liquidez, certeza e exigibilidade ao tributo e demais acréscimos.

Outra característica é fazer cessar a fluência do lapso decadencial, marcando o início do prazo prescricional, sendo importante destacar que o termo inicial da prescrição não é o dia da lavratura do auto de lançamento ou do auto de infração, mas o momento em que o crédito estiver, na correta dicção do código, *definitivamente constituído*. A exata compreensão dessa expressão será analisada com pormenor no tema da prescrição.

O lançamento consubstancia o crédito tributário, declarando formalmente quem é o sujeito passivo e quanto ele deve ao fisco. Até o lançamento, a obrigação tributária já existe, mas é ilíquida, incerta e inexigível. O lançamento aperfeiçoa a obrigação tributária, tornando-a líquida, certa e exigível.

Outra característica do lançamento decorre do fato de ser um procedimento administrativo, sendo derivado das atividades administrativas do Estado, razão pela qual goza de presunção de legitimidade. Assim, compete ao sujeito passivo o ônus de comprovar que o lançamento não se revestiu das formalidades legais.

Conforme se analisou anteriormente, o lançamento pode ser revisto de ofício ou mediante provocação do sujeito passivo. O art. 149 se reporta aos casos em que é admitida a revisão do lançamento pela Administração, estabelecendo que isso é possível quando a lei assim o determine; quando a declaração não seja prestada por quem de direito, no prazo e na forma da legislação tributária; quando a pessoa legalmente obrigada, embora tenha prestado declaração, deixe de atender, no prazo e na forma da legislação tributária, a pedido de esclarecimento formulado pela autoridade administrativa, recuse-se a prestá-la ou não o preste satisfatoriamente, a juízo daquela autoridade; quando se comprove falsidade, erro ou omissão quanto a qualquer elemento definido na legislação tributária como sendo de declaração obrigatória; quando se comprove omissão ou inexatidão, por parte da pessoa legalmente obrigada; quando se comprove ação ou omissão do sujeito passivo, ou de terceiro legalmente obrigado, que dê lugar à aplicação de penalidade pecuniária; quando se comprove que o sujeito passivo, ou terceiro em benefício daquele, agiu com dolo, fraude ou simulação; quando deva ser apreciado fato não conhecido ou não provado por ocasião do lançamento anterior ou quando se comprove que, no lançamento anterior, ocorreu fraude ou falta funcional da autoridade que o efetuou, ou omissão, pela mesma autoridade, de ato ou formalidade essencial.

As nove hipóteses declinadas exprimem situações em que o fisco deve proceder à revisão, muitas das quais decorrem de certas condutas praticadas pelo sujeito passivo que visem evadir-se ao cumprimento da obrigação tributária. Assim, a revisão e alterabilidade prevista na lei decorre da necessidade de identificar omissões do administrado para que se regularize o procedimento, tornando eficiente a administração tributária. Tratando-se de característica fundamental do lançamento, a alterabilidade será tratada em tópico separado.

Além das hipóteses de alterabilidade contempladas no código, o lançamento também pode ser anulado pela via administrativa ou judicial. No entanto, por se tratar de ato vinculado, não pode ser revogado por critérios de conveniência ou oportunidade, de maneira que no plano das imposições tributárias a atividade fazendária é estritamente vinculada, não cabendo qualquer discricionariedade que justifique a revogação do lançamento.

O art. 146 do CTN dispõe sobre a mudança no critério jurídico adotado pela autoridade administrativa para a realização do lançamento. Assim, havendo mudança no critério jurídico durante o procedimento, em relação ao mesmo sujeito passivo, a regra só será aplicada aos fatos geradores ocorridos posteriormente à alteração no critério. Referida disposição protege o devedor das mudanças nos critérios que venham prejudicá-lo através da majoração da pretensão tributária, caso se adotem critérios de apuração mais rigorosos.

6. Modalidades de Lançamento

O Código Tributário Nacional estabelece que são três as modalidades de lançamento: lançamento por declaração ou misto, lançamento por homologação, também chamado de autolançamento e o lançamento direto ou de ofício. Analisemos cada um deles:

6.1. Lançamento por Declaração

Dispõe o art. 147 do CTN que *o lançamento é efetuado com base na declaração do sujeito passivo ou de terceiro, quando um ou outro, na forma da legislação tributária, presta à autoridade administrativa informações sobre matéria de fato, indispensáveis à sua efetivação.* Nesse sentido, *a retificação da declaração por iniciativa do próprio declarante, quando vise a reduzir ou excluir o tributo, só é admissível mediante comprovação do erro em que se funde, e antes de notificado o lançamento.*

Com relação a esta modalidade de lançamento, dispõe a lei que *os erros contidos na declaração e apuráveis pelo seu exame serão retificados de ofício pela autoridade administrativa a que competir a revisão daquela.*

No lançamento por declaração as informações necessárias e indispensáveis à efetivação do procedimento são prestadas pelo sujeito passivo ao sujeito ativo, de maneira que o fisco definirá a pauta do lançamento com base nessas informações. Nesse contexto, o sujeito passivo firma a declaração com os dados necessários e aguarda o seu processamento pela autoridade fazendária que concluirá o lançamento, notificando o sujeito passivo para efetuar o pagamento. Caso o sujeito ativo exercite seu direito de exigir o crédito do sujeito passivo independente das declarações por este prestadas, o lançamento será direto, ou de ofício, e não por declaração.

Por outro lado, é importante esclarecer que não é pelo fato de existir uma declaração de tributo que se estará diante de um lançamento por declaração. De fato, a maior parte dos tributos exigidos atualmente se perfaz por meio de declaração do contribuinte, mas não significa que se trate de lançamento por declaração. Em verdade, essa modalidade de lançamento é muito fácil de ser confundida com o lançamento por homologação, muito mais comum nos dias atuais. O que realmente distingue as duas categorias de lançamento é o fato de que no lançamento por declaração não existe pagamento antecipado por parte do sujeito passivo.

6.2. Lançamento por Homologação

Nos termos do art. 150 do CTN, *o lan*çamento por homologação, que ocorre quanto aos tributos cuja legislação atribua ao sujeito passivo o dever de antecipar o pagamento sem prévio exame da autoridade administrativa, opera-se pelo ato em que a referida autoridade, tomando conhecimento da atividade assim exercida pelo obrigado, expressamente a homologa.

Nessa categoria, chamada de autolançamento, o pagamento antecipado pelo obrigado extingue o crédito sob condição resolutória da ulterior homologação do lançamento. Assim, recolhido o crédito à Fazenda Pública, tem ela 5 anos para fazer a homologação, o que na prática se perfaz, desde que regular o recolhimento, de forma tácita, extinguindo-se o crédito.

Assim, após apresentada a declaração e antecipado o pagamento, só haverá extinção do crédito tributário após a verificação da regularidade pela autoridade fazendária, e não havendo qualquer manifestação por parte da Fazenda, considera-se extinto o crédito após o transcurso do prazo de 5 anos, salvo se for constatado dolo, fraude ou simulação, uma vez que neste caso não haverá homologação tácita, ficando a Fazenda autorizada a fazer o lançamento de ofício.

Como se percebe, no lançamento por homologação, o sujeito passivo deve participar ativamente do procedimento, inclusive antecipando o pagamento, mas caso não cumpra esse dever, o fisco deverá proceder ao lançamento direto, sem prejuízo das penalidades previstas em lei, consoante dispõe o art. 149, V do CTN.

A Súmula n° 436 do STJ estabelece que a entrega da declaração pelo contribuinte reconhecendo o débito fiscal constitui o crédito tributário, dispensada qualquer outra providência por parte do fisco.

Não influem a obrigação tributária quaisquer atos anteriores à homologação, praticados pelo sujeito passivo ou por terceiro, visando à extinção total ou parcial do crédito, mas os atos eventualmente praticados serão considerados na apuração do saldo porventura devido e, sendo o caso, na imposição de penalidade, ou sua graduação.

Caso a lei não fixar outro prazo, a homologação do lançamento se dará em até 5 anos, e o prazo fluirá a partir da ocorrência do fato gerador, de tal maneira que uma vez expirado o interregno sem que a Fazenda Pública se pronuncie, considera-se homologado o lançamento e definitivamente extinto o crédito, salvo se comprovada a ocorrência do dolo, fraude ou simulação.

A peculiaridade no lançamento por homologação corresponde ao dever do sujeito passivo antecipar o pagamento da obrigação sem prévio exame do sujeito ativo. Dessa forma, após o pagamento, tomando conhecimento da atividade exercida pelo contribuinte, a autoridade fazendária expressamente o homologa, ou efetua o lançamento direto, caso a obrigação paga antecipadamente não tenha sido plenamente satisfeita. Fica autorizado o refazimento do lançamento em caso de recolhimento irregular ou a menor ou ainda no caso de não recolhimento, mas neste caso o novo lançamento será direto. Não ocorrendo o lançamento direto nas hipóteses de discordância pela Fazenda Pública, nem a homologação expressa, considera-se que há homologação tácita, devendo-se aguardar o prazo de 5 anos para a extinção do crédito.

Na legislação antiga, o ITR era sujeito ao lançamento por declaração, uma vez que o proprietário, possuidor ou titular do domínio útil de imóvel rural se encarregava de apresentar a declaração informando todos os dados necessários ao lançamento, após o que o declarante aguardava o processamento da declaração e a conclusão do lançamento pela unidade respectiva do órgão fazendário. Posteriormente, com as alterações introduzidas pela Lei nº 9.393/96, adotou-se a modalidade de lançamento por homologação, de tal arte que o art. 10 passou a determinar que *a apuração e o pagamento do ITR serão efetuados pelo contribuinte, independentemente de prévio procedimento da administração tributária, nos prazos e condições estabelecidos pela Secretaria da Receita Federal, sujeitando-se a homologação posterior.*

A homologação da autoridade administrativa é efetivada por ato de verificação posterior, estando os órgãos da fiscalização autorizados a diligenciar no sentido de aferir a regularidade do lançamento. Assim, a homologação é a confirmação ou a ratificação acerca do nascimento da obrigação e sua extinção pelo pagamento.

Ainda que a praxe demonstre que as homologações sejam tácitas, nada obsta que se perfaça a homologação expressa, atestando-se a regularidade do pagamento e a extinção do crédito.

6.3. Lançamento Direto ou de Ofício

O lançamento direto ou de ofício é a modalidade prevista no art. 149 do CTN, podendo ser utilizada para qualquer tipo de tributo, inclusive para tributos já submetidos a lançamento por declaração ou por homologação. Funciona como uma modalidade subsidiária, pois serve para suprir ou complementar os outros tipos de lançamento, ou ainda para complementar o procedimento em face da impossibilidade no perfazimento de outro tipo de lançamento. Isso ocorre porque o lançamento direto é realizado pelo fisco sem a necessidade de participação do sujeito passivo.

Ao classificar as modalidades de lançamento, o código utilizou como parâmetro a medida de colaboração do sujeito passivo na consecução do procedimento do lançamento. No lançamento por declaração a colaboração do contribuinte é importante e há uma divisão de tarefas entre fisco e contribuinte, ao contrário do lançamento por homologação, onde o sujeito passivo atua de forma independente, na medida em que presta as informações e antecipa o pagamento. Já no lançamento direto ou de ofício, o sujeito passivo praticamente não concorre para sua consecução, isso porque a iniciativa é da Administração que se vale de seus meios para concluir o procedimento. É evidente que o critério legal para a distinção das diferentes categorias de lançamento não é totalmente apropriado, mesmo porque nos lançamentos diretos é comum o sujeito passivo prestar informações relevantes ao perfazimento do lançamento, mediante notificação prévia. Apesar disso, esse critério se legitima se levarmos em consideração a maior ou menor colaboração do sujeito passivo, tendo em vista que, em maior ou menor grau, sempre haverá a necessidade da participação do sujeito passivo, ainda que mínima.

Além disso, deve se ter em conta que o lançamento de ofício corresponde a uma categoria que pode ser empregada sob qualquer circunstância, substituindo as outras modalidades de lançamento.

7. A REVISÃO DO LANÇAMENTO

Como se sabe, o lançamento pode ser revisto de ofício ou mediante provocação do sujeito passivo, e todas as hipóteses contempladas no art. 149 do CTN que permitem sua revisão implicam o fato de que toda e qualquer modificação que acarrete aumento do encargo corresponde a um novo lançamento, o que garante ao sujeito passivo o direito a uma nova notificação.

Além disso, a revisão do lançamento por homologação ou por declaração implicará que a nova figura corresponda a um lançamento de ofício. De fato, o preceptivo do código que disciplina a revisão do lançamento é o mesmo que cuida do lançamento de ofício, o que se percebe pela dicção empregada pelo art. 149 quando determina que o lançamento é *efetuado ou revisto*. Apesar disso, dispõe o art. 145 do CTN que o lançamento regularmente notificado ao sujeito passivo só pode ser alterado em virtude de impugnação do sujeito passivo, de recurso de ofício, ou pela autoridade administrativa nos casos citados no art. 149. Assim, as hipóteses que autorizam a revisão do lançamento referem-se e são analisadas no âmbito do preceptivo normativo que cuida do lançamento de ofício.Na hipótese do inciso I, o lançamento pode ser efetuado ou revisto quando a lei assim o determine. Aqui não se trata de revisão, mas do perfazimento normativo regular do lançamento direto.

Com relação ao disposto no inciso II, também não se trata de revisão, mas de hipóteses em que a declaração não for prestada, por quem de direito, no prazo e na forma da legislação tributária.

O inciso III disciplina uma situação em que o lançamento por declaração não se aperfeiçoa em face da omissão do sujeito passivo, quando a pessoa legalmente obrigada, embora tenha prestado declaração nos termos do inciso anterior, deixe de atender, no prazo e na forma da legislação tributária, a pedido de esclarecimento formulado pela autoridade administrativa, recuse-se a prestá-lo ou não o preste satisfatoriamente, a juízo daquela autoridade. Nesse caso, o fisco revê o procedimento do lançamento por declaração e perfaz ao lançamento direto. Essa hipótese se distingue da anterior porque o contribuinte apresenta a declaração, não obstante contenha erro, falsidade ou omissão. Obviamente as implicações se distinguem na medida em que no caso de erro o que se cogita é, no máximo, culpa do sujeito passivo, podendo acarretar sanções por infração à legislação tributária. Já no caso da falsidade ou omissão, o lançamento de ofício poderá vir acompanhado de conseqüências no âmbito do direito penal tributário.

A próxima hipótese de revisão, tratada no inciso IV, ocorre quando se comprove falsidade, erro ou omissão quanto a qualquer elemento definido na legislação tributária como sendo de declaração obrigatória.

Na hipótese do inciso V, o fisco revê o lançamento por homologação quando se comprove omissão ou inexatidão, por parte da pessoa legalmente obrigada, perfazendo o lançamento direto.

No caso do inciso VI, a rigor não há falar-se em revisão do lançamento já que determina a realização do lançamento direto quando se comprove ação ou omissão do sujeito passivo, ou de terceiro legalmente obrigado, que dê lugar à aplicação de penalidade pecuniária. O mesmo ocorre em relação ao inciso VII que estabelece o dever do fisco efetivar o lançamento direto quando se comprove que o sujeito passivo, ou terceiro em benefício daquele, agiu com dolo, fraude ou simulação.

A hipótese estampada no inciso VIII revela um caso típico de revisão de lançamento que ocorre quando deva ser apreciado fato não conhecido ou não provado por ocasião do lançamento anterior, qualquer que seja a modalidade. Também se trata de caso típico de revisão a situação prevista no inciso IX, quando se comprove que, no lançamento anterior, ocorreu fraude ou falta funcional da autoridade que o efetuou, ou omissão, pela mesma autoridade, de ato ou formalidade especial.

O exercício do direito à revisão do lançamento somente poderá ser efetivado enquanto não estiver extinto, pelo transcurso do prazo decadencial, o direito do fisco.

Nesse sentido, cabe à Fazenda Pública o direito e o dever de fazer o lançamento em 5 anos, ao cabo do qual perderá o direito à revisão, conforme dispõe o art. 173 do CTN.

Capítulo XVI

CAUSAS SUSPENSIVAS DO CRÉDITO TRIBUTÁRIO

1. Conceito de Causa Suspensiva do Crédito Tributário

O lançamento formaliza o crédito tributário, o qual, por sua própria natureza, torna-se exigível. Essa exigibilidade, ao lado da liquidez e certeza, autorizam seja o crédito tributário exigido por meio do ajuizamento da ação de execução fiscal, bastando que o sujeito ativo formalize o título executivo por meio da inscrição do crédito como Dívida Ativa.

Pode se dizer que o fato gerador constitui a obrigação, o lançamento constitui o crédito tributário e a inscrição na dívida ativa formaliza o título executivo que confere regularidade processual ao crédito, permitindo o ajuizamento da execução fiscal que marca o início da cobrança judicial.

Nesse sentido, a causa suspensiva do crédito tributário é a circunstância a que a lei atribui o efeito de prorrogar o prazo de vencimento do tributo, impedindo que o crédito seja exigido pelo sujeito ativo. Mais do que isso, estando incurso numa causa suspensiva do crédito tributário, além de não ter contra si aparelhada nenhuma cobrança, o sujeito passivo terá direito de obter certidão positiva com efeito de negativa e não poderá ter seu nome lançado no rol de inadimplentes. Abrigado sob o manto de uma causa suspensiva da exigibilidade do crédito, o sujeito passivo deve ser tratado como se devedor não fosse.

Assim, a suspensão da exigibilidade do crédito acarreta a paralisação dos atos tendentes ao percebimento do crédito, seja na fase administrativa da inscrição na dívida ativa, seja na fase judicial de execução forçada.

Deveras, o crédito tributário pode ter sua exigibilidade suspensa nos casos elencados no art. 151 do CTN. As causas são as seguintes:

I – moratória;

II – depósito do seu montante integral;

III – as reclamações e os recursos, nos termos das leis reguladoras do processo tributário administrativo;

IV – concessão de medida liminar em mandado de segurança;

V – concessão de medida liminar ou tutela antecipada, em outras espécies de ação judicial;

VI – o parcelamento.

2. MORATÓRIA

Trata-se de favor legal concedido ao sujeito passivo que consiste na dilação do prazo para o pagamento do tributo. A moratória está disciplinada nos arts. 152 a 155 do CTN e pode ser concedida em caráter geral, pela pessoa jurídica de direito público competente para instituir o tributo a que se refira. Em caráter individual, pode ser concedida por despacho da autoridade administrativa, desde que autorizada por lei nas mesmas condições da moratória concedida em caráter geral. A lei concessiva de moratória pode circunscrever expressamente a sua aplicabilidade a determinada região do território da pessoa jurídica de direito público que a expedir, ou a determinada classe ou categoria de sujeitos passivos.

Dispõe o art. 153 do CTN que a lei que conceda moratória em caráter geral ou autorize sua concessão em caráter individual especificará, sem prejuízo de outros requisitos, o prazo da duração do favor; as condições da concessão do favor em caráter individual; e sendo o caso, os tributos a que se aplica, o número de prestações e seus vencimentos, dentro do prazo a que se refere o inciso I do art. 153, podendo atribuir a fixação de uns e de outros à autoridade administrativa, para cada caso de concessão em caráter individual, além das garantias que devem ser fornecidas pelo beneficiado no caso de concessão em caráter individual.

A moratória também pode, segundo disciplina o código, ser instituída em caráter geral pela União, quanto a tributos de competência dos Estados, do Distrito Federal ou dos Municípios, quando simultaneamente concedida quanto aos tributos de competência federal e às obrigações de direito privado. No entanto, neste particular, a chamada *moratória heterônoma* é de duvidosa constitucionalidade e parece não ter sido recepcionada pela ordem constitucional vigente a partir de 1988, tendo em vista o Princípio da Competência e o Princípio Federativo, já que, salvo nas hipóteses expressamente autorizadas pela Constituição, a União não dispõe de poder para legislar sobre tributos que não são de sua competência. Assim, somente por lei editada pelo próprio ente tributante é que se legitima a concessão da moratória. Com efeito, tratando-se de medida de política fiscal, sempre que houver necessidade do interesse público, o poder tributante poderá utilizá-la.

Consoante dispõe o art. 155 do CTN, a concessão da moratória concedida em caráter individual não gera direito adquirido e será revogada de ofício, sempre que se apure que o beneficiado não satisfazia ou deixou de satisfazer as condições ou não cumpria ou deixou de cumprir os requisitos para concessão do favor, cobrando-se o crédito acrescido de juros de mora com imposição da penalidade cabível, nos casos de dolo ou simulação do beneficiado, ou do terceiro em benefício daquele, e sem imposição de penalidade nos demais casos.

Dessa forma, sua concessão não impede que sejam exigíveis as obrigações acessórias, e no caso de simulação ou fraude do beneficiado, o prazo de sua concessão não será computado no transcurso do prazo de prescrição.

Além disso, salvo disposição de lei em contrário, a moratória somente abrange os créditos definitivamente constituídos à data da lei ou do despacho que a conceder, ou cujo lançamento já tenha sido iniciado àquela data por ato regularmente notificado ao sujeito passivo.

Antes da edição da Lei Complementar n° 104/01 que modificou parcialmente o regime da suspensão do crédito tributário, parte da doutrina atribuía à figura do parcelamento de débito fiscal, condição semelhante à moratória. No entanto, a partir da vigência da lei complementar sob comento, o parcelamento foi alçado à qualificação de causa autônoma de suspensão da exigibilidade do crédito.

3. Depósito do montante integral

O depósito do montante integral é uma forma de garantir a discussão do crédito, permitindo que o sujeito passivo aparelhe qualquer medida administrativa ou judicial, ou ainda, obtenha as certidões de regularidade fiscal junto aos órgãos públicos, sem que venha sofrer a cobrança do crédito em execução fiscal.

A Fazenda Pública dispensará ao devedor de tributo que se beneficia do depósito do montante integral, tratamento como se devedor não fosse, e por isso, além de não ser incomodado com a cobrança do crédito e do direito de obter a Certidão Positiva com Efeitos de Negativa (CPEN) prevista no art. 206 do CTN que tem os mesmos efeitos da Certidão Negativa de Débitos (CND), não poderá ter seu nome incluído no cadastro de devedores, não podendo sofrer nenhuma espécie de restrição ao crédito ou ao exercício de sua atividade econômica.

Caso já tenha sido ajuizada ação de execução fiscal contra o devedor, terá ele direito à imediata suspensão do processo, com imediata paralisação dos atos processuais, inclusive com sustação de leilões eventualmente designados.

Dessa forma, o depósito garante ao devedor o direito de contestar a legitimidade do crédito sem sofrer os atos de execução forçada.

O depósito não tem *animus solvendi*, e nisso difere do pagamento, já que este extingue o crédito. No depósito, o contribuinte não tem a pretensão de por fim à obrigação por meio do pagamento, mas tão somente garantir a dívida, possibilitando sua discussão na esfera judicial ou administrativa. Por isso, há necessidade de distinguir o depósito do montante integral com o depósito feito com intenção de pagar. Dessa forma, a ação de consignação em pagamento reflete o *animus solvendi* que não existe no depósito do montante integral, muito embora nos dois casos o procedimento do depósito seja constituído das mesmas providências. Na prática, tanto o depósito do montante integral quanto o pagamento por consignação implicam no depósito em guia bancária, diferindo tão somente quanto à sua natureza jurídica. A distinção é importante porque o depósito em guia judicial pode ter sido realizado em sede de execução fiscal sem qualquer indicação expressa quanto à sua finalidade, havendo necessidade de que se identifique a intenção do sujeito passivo, sob pena de o órgão jurisdicional, não entendendo tratar-se de depósito do montante integral que vise apenas a garantia do crédito com vistas à discussão por meio de embargos à execução fiscal ou exceção de executividade, determinar a expedição de guia de levantamento em favor do credor.

Sendo assim, o depositante deverá peticionar esclarecendo quais os efeitos que almeja obter por meio do depósito, especialmente se pretender seja ele recebido como causa de suspensão da exigibilidade do crédito nos exatos termos do art. 151, II do CTN

Desde que seja regular e integral, os efeitos do depósito são a suspensão da cobrança do crédito, a suspensão da fluência dos encargos moratórios, a não inclusão do devedor no cadastro de inadimplentes e a possibilidade de obter certidões positivas com efeito de negativas perante o sujeito ativo. Dessa forma, o depósito do montante integral confere status de regularidade fiscal ao sujeito passivo, devendo receber tratamento fiscal como se devedor não fosse.

No entanto, para que se considere como causa suscetível de suspender a exigibilidade do crédito, é necessário que o depósito seja recebido nessa condição, ou seja, que permita auferir todos os efeitos que lhe são inerentes, havendo em muitos casos, necessidade de decisão judicial específica que enfrente a questão.

Apesar disso, não há necessidade de autorização judicial para realizar o depósito, já que se trata de ato voluntário do sujeito passivo, muito embora, por vezes haverá necessidade de que o depósito seja recebido nessa condição, ou seja, como depósito do montante integral, já que somente nesta qualidade poderá ensejar os efeitos benéficos a ele inerentes.

Tudo isso ocorre porque pode existir litigiosidade acerca do depósito, quase sempre em relação aos valores depositados e sobre os exatos termos da expressão *montante integral*. Dessa forma, aquilo que é considerado integral para o sujeito passivo, pode não ser para o sujeito ativo, e por isso, em certas situações, o depositante deverá se valer de ação cautelar tão somente para proceder ao depósito do montante integral. A medida cautelar também poderá ser utilizada para obtenção do depósito do montante integral nas hipóteses de débito inscrito e não ajuizado.[1]

Por isso, depósito não integral ou que não se revista das formalidades, não suspende o crédito, e realizado intempestivamente, deverá ser efetuado com os encargos moratórios incidentes até a data do depósito. Nesse sentido, dispõe a Súmula nº 112 do STJ que *o depósito somente suspende a exigibilidade do crédito tributário se for integral e em dinheiro.*

---

1 A propósito da utilização da medida cautelar em favor do sujeito passivo que postula o depósito do montante integral, confira as lições do autor no livro Teoria e Prática de Direito Tributário – Os Tributos em Espécie no Brasil, 1ª Edição, Ed. Habermann, SP, 2013.

Por outro lado, dispõe o art. 38 da Lei de Execução Fiscal que a discussão judicial da dívida ativa só é admissível em execução, na forma nela disciplinada, salvo as hipóteses de mandado de segurança, ação de repetição do indébito ou ação anulatória do ato declarativo da dívida, esta precedida de depósito preparatório do valor do débito, monetariamente corrigido e acrescido dos juros e multa de mora e demais encargos. O preceptivo em questão reabre uma série de discussões acerca da natureza jurídica do lançamento, ao defini-lo como ato declarativo da dívida, em contradição com a letra do Código Tributário Nacional. Além disso, estabelece que a discussão da dívida ativa se resume às hipóteses lá elencadas, o que evidencia afronta ao ***Princípio da Universalidade da Jurisdição***, uma vez que não pode haver restrição quanto ao exercício do direito de ação.

Por fim, ao considerar que a discussão da dívida ativa por meio de ação anulatória está submetida à condição do depósito, o dispositivo esbarra novamente no livre acesso à jurisdição e na ampla defesa, confrontando a Constituição Federal, e não sendo recepcionado por ela.

É evidente que o depósito do montante integral não é obrigatório, de maneira que o contribuinte poderá ajuizar qualquer ação judicial e não somente a anulatória, sem proceder ao depósito. O depósito do montante integral é um direito assegurado ao devedor que poderá dele se valer caso queira experimentar seus benefícios, conforme entendimento pacificado pelo STF, consoante Súmula Vinculante nº 28 no sentido de que é inconstitucional a exigência de depósito prévio como requisito de admissibilidade de ação judicial na qual se pretenda discutir a exigibilidade do crédito tributário.

No entanto, caso exerça o direito de ação sem perfazer o depósito, o autor da ação se submeterá às intempéries decorrentes da exigibilidade do crédito, podendo ter contra si ajuizada ação de execução fiscal, ao mesmo tempo em que estiver demandando em ação judicial por ele proposta. Além disso, poderá ter seu nome lançado no rol de inadimplentes, não fazendo jus às certidões negativas.

Realizado o depósito, sendo o depositante vencedor na ação, terá o direito de obter o levantamento do numerário depositado, o qual, por força do disposto na Lei nº 9.250/95 é acrescido de juros equivalentes à taxa SELIC, no caso de tratar-se de crédito oriundo de tributos federais, acumulada mensalmente, a partir da data do depósito, até o mês anterior da devolução do depósito, e de 1% relativamente ao mês em que estiver sendo efetuada. Se a ação for julgada improcedente, a Fazenda Pública terá assegurado o direito de converter o depósito em renda, procedendo ao levantamento do numerário em seu favor e promovendo a extinção do crédito com base no art. 156, VI, do CTN. Nas hipóteses em que a ação for julgada extinta sem julgamento do mérito, o depositante terá o direito a proceder ao levantamento, a menos que não tenha indicado bens à penhora na execução, pois nesse caso, embora a Fazenda Pública não tenha direito à conversão do depósito em renda, certamente terá o direito de requerer a penhora do montante depositado, por força do Art. 835 do CPC/2015 e art. 11 da LEF.

3.1. O depósito na via administrativa

Ao disciplinar o depósito do montante integral, o art. 151, II, do CTN não limita a figura ao depósito judicial, de maneira que há possibilidade de o depósito proceder-se na esfera administrativa.

A respeito do assunto, o art. 126, § 1º, da Lei nº 8.213/91 que instituiu o Plano de Benefícios da Previdência Social, com redação pela Lei nº 9.639/98, estabelece que em se tratando de processo que tenha por objeto a discussão do crédito previdenciário, o recurso administrativo somente terá seguimento se o recorrente instruí-lo com prova do depósito, em favor do Instituto Nacional do Seguro Social – INSS, de valor correspondente a 30% da exigência fiscal definida na decisão.

Como se vê, trata-se de disposição que obriga o depósito de parte do valor devido ao credor, estabelecendo sua efetivação como condição objetiva de procedibilidade do recurso. No entanto, pelos motivos já aventados em relação ao art. 38 da Lei nº 6.830/80, o Plenário do Supremo Tribunal Federal, em grau de RE nº 388.359, 389.383 e 390.513, de relatoria do Ministro Marco Aurélio, declarou não ser constitucional referida exigência, uma vez que inviabilizaria o direito de defesa do recorrente. Deve ser destacado o trecho do voto vista proferido pelo Ministro Cezar Peluso no sentido de que *um contribuinte sem recursos seria vistosamente prejudicado, pois incapaz de atender a condição legal, ficaria exposto à imediata exigibilidade de todo o montante do crédito pretendido, ainda quando convicto da existência de razões factuais e jurídicas conspirando contra a pretensão do fisco que seriam oponíveis já na esfera administrativa.*

Convém frisar que o STF já se pronunciou por meio da Súmula Vinculante nº 21, no sentido de que é inconstitucional a exigência de depósito ou arrolamento prévios de dinheiro ou bens para a admissibilidade de recurso administrativo.

4. Reclamações e os Recursos nos termos das Leis que regulam o Processo Tributário Administrativo

A Constituição Federal alçou os litígios administrativos à natureza jurídica processual, uma vez que remete ao processo administrativo os princípios do contraditório, da ampla defesa e do devido processo legal. Nesse sentido já se pronunciou o STF por meio do REX 719.800-DF, Rel. Min. Celso de Mello.

Convém ressaltar que o PAT não se restringe às hipóteses de lançamento de tributo ou aplicação de penalidades, uma vez que também são comuns os processos administrativos tributários de parcelamento; de compensações previdenciárias (nas hipóteses em que o contribuinte efetiva a compensação administrativa e a mesma é considerada não declarada, sendo constituído o crédito e inscrito em dívida ativa); cancelamento de débito; consulta, etc.

Por outro lado, ainda se discute a natureza jurídica do processo administrativo. Seria ele um processo ou mero procedimento? É possível constatar que não haverá formação de processo quando os atos forem praticados antes da constituição do crédito, ou seja, antes da lavratura do auto de infração ou do lançamento, uma vez que nessa fase não há repercussão no patrimônio do sujeito passivo. Portanto, antes do lançamento as diligências administrativas se resumem a mero procedimento.No entanto, é inegável que os processos administrativos mais importantes são os que visam constituir o crédito tributário. Sob esse aspecto, após a notificação do lançamento de ofício nas hipóteses em que ele se perfaz por meio da lavratura do auto de infração, o sujeito passivo dispõe de oportunidade para apresentar defesa administrativa. O processo administrativo tributário é a seara onde se discute a legitimidade do crédito no âmbito da Administração Fazendária, estando regulamentado, na esfera federal, pelo Decreto nº 70.235/72.

As reclamações e os recursos em processo administrativo representam uma oportunidade de solução dos conflitos na seara administrativa, sem a necessidade de levar a discussão à jurisdição, de maneira que sendo vencedor o sujeito passivo no processo administrativo , a questão se resolve e o crédito não mais poderá ser exigido. Se vencido, a decisão não transita em julgado e o devedor poderá demandar em juízo. Sendo assim, a apresentação de *defesa, impugnação, reclamação ou recurso administrativo* suspendem a exigibilidade do crédito.

O principal objetivo do processo administrativo é solucionar conflitos através do controle da legalidade dos atos da Administração, correspondendo a uma garantia do sujeito passivo no sentido de que somente após definitivamente vencido em relação às decisões proferidas nas instâncias administrativas, o crédito tributário será exigível.

Após a decisão final do processo administrativo que considerar legítimo o crédito tributário, a Fazenda Pública dispõe do prazo prescricional de 5 anos para ajuizar a execução fiscal. De tal arte, a defesa em processo administrativo é facultativa, mas não é possível discutir a legitimidade do crédito tributário em âmbito administrativo e judicial simultaneamente. Por isso, caso o sujeito passivo busque o amparo da jurisdição, estará abrindo mão do direito de discutir a matéria no âmbito administrativo.

Ao processo administrativo tributário aplicam-se os mesmos princípios inerentes aos processos administrativos em geral, com destaque para o ***Princípio da Informalidade***, não sendo necessária a presença do advogado para patrocinar a causa do sujeito passivo.

Em regra, o prazo para apresentação da defesa administrativa, comumente apelidada de *impugnação*, é de 30 dias. No processo administrativo também existem duas instâncias julgadoras, sendo a de 1° grau monocrática e a de 2° grau colegiada.

4.1. O processo administrativo tributário federal

Em regra, o procedimento fiscal tem início com o primeiro ato de ofício, escrito, praticado por servidor competente, cientificado o sujeito passivo da obrigação tributária ou seu preposto.

Após a notificação do lançamento, o sujeito passivo dispõe das seguintes alternativas: a) apresentar a impugnação administrativa; b) pagar ou parcelar o débito; c) ajuizar ação judicial para discutir a legitimidade do crédito; d) aguardar a fase da execução fiscal, quando terá oportunidade de contestar o crédito tributário, seja pela exceção de pré-executividade, seja pela oposição de embargos à execução fiscal.

Nos tributos de competência da União , a decisão de primeira instância administrativa é proferida pelo Delegado Regional de Julgamentos, função exercida, em regra, por um agente público ocupante do cargo de Agente Fiscal da Receita Federal do Brasil , observando que a Lei nº 11.457 de 16/06/2007 unificou a Secretaria da Receita Federal e a Secretaria da Receita Previdenciária, criando a Secretaria da Receita Federal do Brasil. Assim, os julgamentos de primeira instância administrativa tributária federal são proferidos no âmbito das DRJ – Delegacias da Receita Federal do Brasil de Julgamento.

Caso a decisão de primeira instância mantiver o lançamento ou o auto de infração, a exigibilidade do crédito, até então suspensa, se revigora, sendo o impugnante notificado a apresentar o recurso administrativo perante a segunda instância.

Dispõe o art. 7º do Decreto nº 70.235/72 que o procedimento fiscal tem início com o primeiro ato de ofício, escrito, praticado por servidor competente, cientificado o sujeito passivo da obrigação tributária ou seu preposto, pela apreensão de mercadorias, documentos ou livros ou o começo de despacho aduaneiro de mercadoria importada ou pelo começo de despacho aduaneiro de mercadoria importada.

Denomina-se fase procedimental do processo administrativo tributário a que regula os ritos a serem adotados com a finalidade de formalizar-se a exigência, cuidando a legislação de estabelecer toda a normatização referente à atividade fiscalizatória.

O procedimento fiscal também é impropriamente chamado de *ação fiscal*, e enquanto a Administração Fazendária procede aos atos de fiscalização por meio de análise de dados, verificação de livros, levantamentos fiscais diversos, o crédito ainda não está constituído, não dispondo o sujeito passivo de legitimidade para impugná-lo, uma vez que ainda não existe pretensão, mas mera atividade procedimental. Não obstante, o sujeito passivo tem o direito de ser cientificado acerca desses atos preparatórios.

O início do procedimento fiscal exclui a espontaneidade do sujeito passivo em relação aos atos anteriores e, independentemente de intimação, a dos demais envolvidos nas infrações verificadas. Sendo assim, após o início do processo administrativo tributário , o sujeito passivo não mais poderá se valer dos benefícios da denúncia espontânea prevista no art. 138 do CTN.

O § 2º do art. 7º do Decreto nº 70.235/72 prevê que a exclusão da espontaneidade, pelo termo de início do procedimento, vale por 60 dias, prorrogáveis por meio de qualquer ato escrito que indique o prosseguimento dos trabalhos. Por isso, caso a regularização da situação fiscal seja feita neste prazo, considera-se causa excludente de punibilidade fiscal.

A fase procedimental termina com a lavratura da notificação do lançamento ou do auto de infração, quando o crédito passa a ser exigível.

O auto de infração será lavrado por servidor competente, no local da verificação da falta, e conterá obrigatoriamente, a qualificação do autuado, o local, a data e a hora da lavratura, a descrição do fato, a disposição legal infringida e a penalidade aplicável, a determinação da exigência e a intimação para cumpri-la ou impugná-la no prazo de trinta dias, a assinatura do autuante e a indicação de seu cargo ou função e o número de matrícula.

A notificação de lançamento, por sua vez, será expedida pelo órgão que administra o tributo e conterá a qualificação do notificado, o valor do crédito tributário e o prazo para recolhimento ou impugnação, a disposição legal infringida, se for o caso e a assinatura do chefe do órgão expedidor ou de outro servidor autorizado e a indicação de seu cargo ou função e o número de matrícula.

É importante frisar que a fase procedimental não suspende e nem interrompe o prazo que o fisco dispõe para constituir o crédito, fato pelo qual o termo de início de fiscalização não suspende o prazo de decadência.

A questão, no entanto, não se resolve tão facilmente, isso porque o art. 173, parágrafo único do CTN estabelece que o direito de constituir o crédito somente se extingue uma vez transcorridos os 5 anos do prazo decadencial a partir da notificação ao sujeito passivo, de qualquer medida preparatória indispensável ao lançamento.

Há entendimentos no sentido de que o disposto em questão estabelece uma forma de replicar o prazo decadencial, consoante considerações tecidas no capítulo que cuida da decadência. Por isso, caso o contribuinte seja notificado acerca do termo de início de fiscalização, e uma vez que ainda não esteja ciente de nenhuma medida contra si perpetrada, tal medida pode ser levada em consideração pelo fisco como termo inicial do prazo decadencial, desconsiderando-se o prazo já transcorrido após o fato gerador. Embora não concordemos com esse raciocínio, há respeitáveis entendimentos doutrinários nesse sentido, corroborados pela interpretação literal do Código Tributário Nacional.

Como se vê, apurada a prática de ilícito, a fase procedimental termina com a formalização da exigência por meio da lavratura do auto de infração, e não sendo apurado ilícito tributário, mas tão somente a constatação de que o tributo é devido, poderá ser lavrada uma notificação de lançamento de débito, denominada Notificação do Lançamento Fiscal.

O Decreto nº 70.235/72 prevê os requisitos do Auto de Infração e da Notificação do Lançamento Fiscal. A notificação do lançamento prescinde de assinatura porque não decorre de um ato pessoal, podendo ser expedida por meios eletrônicos utilizados para o lançamento do tributo. A notificação deve ser expedida por meio de carta com aviso de recebimento, e só se considera notificado o lançamento com a entrega da notificação pelos correios e a assinatura do AR pelo destinatário. A notificação é endereçada ao domicílio tributário do sujeito passivo, conforme preceitua o art. 127 do CTN.

A impugnação administrativa deve ser formalizada por escrito e instruída com os documentos em que se fundamentar, e deverá ser apresentada ao órgão preparador no prazo de 30 dias, contados da data em que for feita a notificação da exigência. Somente a partir da impugnação é que se instaura a fase processual administrativa, através de seu protocolo.

Instaurado o litígio no âmbito administrativo, é designada uma autoridade fazendária para dirimir o conflito, de acordo com a norma que estruturou o procedimento. O processo administrativo tributário, nessa fase, é utilizado no interesse da administração tributária que neste particular é movida pelo interesse público em exercer o controle interno de legalidade do lançamento efetuado.

O julgamento do processo de exigência de tributos ou contribuições administrados pela Secretaria da Receita Federal compete, em primeira instância, às Delegacias da Receita Federal de Julgamento, órgãos de deliberação interna e natureza colegiada da Secretaria da Receita Federal. Assim o julgamento será proferido por Delegados da Receita Federal, titulares de Delegacias especializadas nas atividades concernentes a julgamento de processos, quanto aos tributos e contribuições administrados pela Secretaria da Receita Federal, ou ainda pelas autoridades mencionadas na legislação de cada um dos demais tributos ou, na falta dessa indicação aos chefes da projeção regional ou local da entidade que administra o tributo, conforme for por ela estabelecido.

Em segunda instância, o julgamento dos processos administrativos tributários federais serão julgados pelo Conselho Administrativo de Recursos Fiscais (CARF), órgão colegiado, paritário, integrante da estrutura do Ministério da Fazenda, com atribuição de julgar recursos de ofício e voluntários de decisão de primeira instância, bem como recursos de natureza especial. O Conselho Administrativo de Recursos Fiscais será constituído por seções e pela Câmara Superior de Recursos Fiscais, sendo que as seções serão especializadas por matéria e constituídas por câmaras. A Câmara Superior de Recursos Fiscais será constituída por turmas, compostas pelos Presidentes e Vice-Presidentes das câmaras.

A decisão administrativa de primeiro grau, assim, é exarada por autoridade singular, e caso seja julgado procedente o lançamento, retoma-se a exigibilidade do crédito tributário a partir da ciência da decisão, de maneira que o sujeito passivo poderá ingressar com recurso voluntário, conforme dispõe o art. 33 do Decreto nº 70.235/72.

Os processos serão distribuídos pela Secretaria Geral, sendo sorteado um Relator dentre os componentes da Câmara, de maneira que na sessão de julgamento, o relator apresenta seu relatório com proposta de manutenção da exigência, manutenção parcial, exclusão total da exigência ou apenas exclusão da penalidade. Se o sujeito passivo constituir advogado para defesa de seus interesses, poderá apresentar sustentação oral por 15 minutos, após a qual, o Relator proferirá seu voto, quando então se sucederão os demais votos.

Na sessão de julgamento é possível pedir esclarecimentos, solicitar vista dos autos para análise detalhada, razão pela qual o julgamento pode não ser concluído na primeira sessão. Além disso, também é cabível recurso à Câmara Superior de Recursos Fiscais (CSRF), onde são interpostos os recursos da Fazenda Nacional quando houver decisão não unânime, observando que se trata de recurso voluntário. O sujeito passivo poderá interpor o *recurso de divergência*, endereçado à CSRF, somente cabível se restar comprovado que a matéria já foi decidida por outra Câmara de forma diferente. A CSRF é composta pelos Presidentes e Vices de cada Câmara, sendo também um órgão colegiado e paritário, haja vista que os Presidentes sempre serão representantes da Fazenda Nacional e os Vice- Presidentes sempre serão representantes dos contribuintes.

No âmbito estadual, cada entidade federativa dispõe de autonomia para regular seu contencioso administrativo. No Estado de São Paulo, o tribunal que goza dessa atribuição é o TIT – Tribunal de Impostos e Taxas, vinculado à Coordenadoria de Administração Tributária da Secretaria da Fazenda do Estado de São Paulo. Trata-se de órgão paritário e colegiado, atuando no julgamento dos processos administrativos tributários decorrentes de lançamento de ofício, tendo sido instituído em 05 de junho de 1935 pelo Decreto Estadual nº 7.184. Dentre outras medidas adotadas pela Administração Fazendária Paulista, o TIT surgiu em razão da necessidade de se estabelecer um conjunto de normas e procedimentos da Administração destinados a exercer o controle de qualidade sobre os lançamentos tributários.

No Estado de São Paulo, o processo administrativo se encontra disciplinado pela Lei nº 13.457/09. Alguns aspectos importantes dessa legislação dizem respeito à possibilidade de lavratura do auto de infração ainda que o autuado tenha promovido ação judicial ou promovido o depósito ou garantia. No entanto, existindo depósito do montante integral, a autuação será lavrada para prevenir os efeitos da decadência, mas sem a incidência das penalidades.

Também dispõe a lei a respeito de um postulado comum ao processo administrativo tributário, no sentido de que a propositura de ação judicial importa renúncia ao direito de litigar no processo administrativo.

Ainda com relação ao processo administrativo tributário paulista, será inaugurado pela apresentação de defesa do autuado em face do auto de infração lavrado pelo agente fiscal. Uma vez lavrado o auto de infração, terão início os procedimentos de cobrança administrativa, devendo o autuado ser notificado a recolher o débito ou apresentar defesa por escrito no prazo de 30 dias, o qual transcorrido fará com que o auto seja encaminhado à Delegacia Regional Tributária respectiva para que seja ratificado. Em seguida o débito fiscal será encaminhado para inscrição em dívida ativa. Apresentada defesa, o agente autuante apresentará manifestação no prazo de 30 dias, findo o qual o processo será remetido à Delegacia Tributária de Julgamento.

As Delegacias Tributárias de Julgamento correspondem à 1ª instância administrativa, caracterizada por decisão singular, que por sua vez é dividida em dois graus de julgamento. A Unidade de Julgamento profere a decisão de primeiro grau de julgamento, por meio de um Auditor Fiscal de Rendas. O segundo grau compete ao Delegado Regional Tributário de Julgamento que julgará recursos referentes a créditos com valores de até 5.000 UFESPs (Unidades Fiscais do Estado de São Paulo).

Na 2ª instância o julgamento do processo administrativo tributário paulista competirá ao Tribunal de Impostos e Taxas (TIT), órgão administrativo do Estado de São Paulo, perante o qual poderão ser interpostos o recurso de ofício, o recurso ordinário e o recurso especial, este último quando houver fundado dissídio entre a interpretação da legislação adotada pelo acórdão recorrido e a adotada em outro órgão não reformado, proferido por qualquer das Câmaras do Tribunal de Impostos e Taxas.

Conforme analisado anteriormente, o TIT está vinculado à Coordenadoria de Administração Tributária (CAT) que por sua vez está vinculada ao gabinete do Secretário da Fazenda. As Câmaras Julgadoras do TIT possuem 4 juízes paritários e tem competência para julgar os recursos voluntários e recursos de ofício com valores acima de 5.000 UFESPs, além das retificações de julgados.

Também há no TIT a Câmara Superior que corresponde ao segundo grau da segunda instância e que possui 16 juízes a quem compete o julgamento dos recursos especiais e da edição de súmula de julgamento.

O processo administrativo tributário paulista deve obedecer as regras do Código Estadual de defesa do Contribuinte instituído pela Lei Complementar Estadual nº 939/03.

5. Concessão de Medida Liminar em Mandado de Segurança

O mandado de segurança é o remédio constitucional previsto no art. 5º, LXIX, da CF, sendo disciplinado pela Lei n.º 12.016 de 07 de agosto de 2009. Trata-se de ação constitucional à disposição de pessoa física ou jurídica para proteção de direito líquido e certo não amparado por *Habeas Corpus* ou *Habeas Data*, lesado ou ameaçado de lesão, por ato administrativo praticado com ilegalidade ou abuso de poder por autoridade do Poder Público ou por agente delegado.

Legitimado a impetrar a ação mandamental é toda pessoa física ou jurídica, e órgãos despersonalizados que sofram, ou estejam na iminência de sofrer ato de autoridade praticado com ilegalidade ou abuso de poder que violem direito líquido e certo.

O legitimado passivo do *mandamus* pode ser o agente público vinculado a uma entidade da Administração Direta ou Indireta ou ainda qualquer agente delegado do Poder Público que pratique ato de autoridade, assim considerado todo ato administrativo emanado com poder de decisão e suscetível de atingir o direito da pessoa.

O objetivo do mandado de segurança em matéria tributária é afastar o ato da autoridade fazendária que seja lesivo aos sujeito passivo em virtude de ilegalidade ou abuso de poder. Dessa forma, como é inerente às ações judiciais que ensejam tutela de emergência, o mandado de segurança comporta concessão de medida liminar, permitindo-se o imediato efeito para afastar a violação, se repressivo, ou impedir a prática do ato lesivo, se preventivo.

É bem verdade que em matéria tributária as ações mandamentais não se resumem a essas situações , mas em sua maioria costumam versar sobre o direito de não ser o sujeito passivo exigido pelo crédito tributário que tem sua legitimidade contestada no mandado de segurança. Por isso, a concessão da liminar em mandado de segurança tributário costuma ter o exato efeito de suspender a exigibilidade do crédito.

Tangenciada a questão, é incontendível o fato de que, além de buscar a suspensão da exigibilidade do crédito tributário, as liminares em mandado de segurança podem ser obtidas com finalidades diversas, como a exclusão do nome do devedor do cadastro de inadimplentes, liberação de mercadorias apreendidas, anulação de ato administrativo de cancelamento de CNPJ ou inscrição estadual, obtenção de certidões negativas etc.

Para a concessão da liminar é necessário que o impetrante apresente prova pré constituída, ou seja, documental, acerca do *fundamento relevante e* que *do ato impugnado resulte a ineficácia da medida*, de acordo com o disposto no art. 7º, III, da Lei nº 12.016/09. Assim, comprovados os dois requisitos, o órgão jurisdicional estará autorizado a conceder a liminar, observando que são divisadas várias possibilidades, sendo emprestado ao seu conteúdo as mais variantes facetas. Num exemplo ilustrativo de *mandamus* preventivo, a liminar pode determinar que a autoridade impetrada se abstenha de constituir o crédito, seja pelo lançamento, seja pela lavratura do auto de infração, ou no caso do mandado de segurança repressivo, a ordem para desconstituição do crédito e o consequente trancamento de sua exigência.

É evidente que a concessão da liminar não vincula a atividade jurisdicional, podendo o juiz denegar a segurança e revogá-la a qualquer momento. Nesse sentido, dispõe o § 3° do art. 7° da Lei do Mandado de Segurança que os efeitos da medida liminar, salvo se revogada ou cassada, persistirão até a prolação da sentença.

Apesar da menção expressa acerca dos requisitos necessários à concessão da liminar, qualificando a necessidade de comprovar o fundamento relevante e que do ato impugnado resulte a ineficácia da medida, é pitoresco que a Lei n° 12.016/09 utilize os mesmos termos da legislação vetusta no tocante a tais requisitos.

De fato, dando de ombros à letra da lei, a práxis tem demonstrado que na maioria das vezes se buscar a liminar no mandado de segurança à guisa da comprovação do *fumus boni juris* e do *periculum in mora*, que não são requisitos previstos na Lei do Mandado de Segurança e nem na legislação processual civil recém inaugurada, mas no Código de Processo Civil de 1973. Tais requisitos, bem o sabemos, são inerentes à concessão da *tutela cautelar*, não obstante a tutela de urgência no mandado de segurança comporte as mais diferenciadas possibilidades pelo simples fato de não ser uma ação comum do direito processual, mas uma ação com fundamento na Constituição Federal que tem a finalidade de proteger direitos fundamentais.

Não é outra a razão pela qual se costuma denominar a tutela desse poderoso remédio constitucional de tutela mandamental.

Dessa forma, o que deveria ser relevante fundamento do pedido, na exata dicção da lei, se transformava, por força do desventurado caminho escolhido pelos práticos de soluções simplistas, no *fumus boni juris* e o que era para ser a possibilidade que a não concessão acarretasse a ineficácia da medida acabava se transformando no *periculum in mora*. E assim permaneceu durante décadas, não sendo raro, mesmo nos dias atuais, e mesmo denunciado o desvio da boa técnica, que o pleito da liminar nos mandados de segurança ainda seja sugerido com base nos antigos requisitos da tutela cautelar.

E nesse contexto deve permanecer porque o mandado de segurança não é mesmo uma ação como as demais, já que visa proteger o que há de mais sagrado num Estado Republicano que são os direitos fundamentais. Escrito em norma de sobrenível com status constitucional, o mandado de segurança se permite, quando necessário, abandonar a teoria processualista de Liebman encampada no Digesto Procedimental. Por isso, mesmo que não estejam preenchidas determinadas condições da ação ou pressupostos processuais, ainda assim será possível salvaguardar os direitos fundamentais amparados na tutela do mandado de segurança.

A Lei n° 1.533/51 que vigeu até 2009, dispunha sobre os requisitos da liminar senão de forma exata, mas em termos bem parecidos com a lei atual, sendo inegável, pelas razões acima expostas, que esses requisitos podem ser invocados, assim como podem se-lo aqueloutros do Código de Processo Civil de 2015, ou mesmo os tradicionais da lei processual de 1973.

A bem da verdade essa prática nunca acarretou grandes prejuízos aos titulares do direito, a não ser pelo fato de que nem sempre o pedido liminar se enquadrava na categoria da tutela cautelar, devendo ser observado que até então ainda não se falava na variedade de tutelas de emergência encontradas na legislação atual.

Por isso, questão dotada de certa relevância diz respeito à natureza jurídica da liminar em mandado de segurança, isso porque atualmente a tutela de urgência no processo civil brasileiro se reveste de feitios diversos, podendo tanto ser cautelar, antecipatória, inibitória ou de evidência.

Tomando o caminho correto, a lei do mandado de segurança não vetoriza expressamente os requisitos da liminar, deixando margem para interpretação extensiva , remanescendo o debate sobre o conteúdo jurídico da liminar no mandado de segurança em matéria tributária.

Em nosso entendimento, a tutela no mandado de segurança pode se revestir das mesmas qualidades inerentes a quaisquer das outras categorias de tutelas de urgência no direito processual.

Noutro giro, tanto pode ser cautelar quanto antecipatória , de maneira que se for concedida num mandado de segurança preventivo com a ordem para que a autoridade se abstenha da prática de determinado ato, resta evidenciado o caráter cautelar, isso porque não existe satisfatividade enquanto não transitar em julgado a decisão que conceder a segurança.

Por outro lado, também é possível que a liminar seja concedida em caráter satisfativo, quando, por exemplo, a liminar concedida mediante comprovação de garantia da execução do crédito determine a expedição de certidão positiva com efeitos de negativa com base no art. 206 do CTN.

É bem verdade que essa constatação não acarreta qualquer modificação na estrutura da ação mandamental, até porque atualmente são cabidas as tutelas de emergência em qualquer modalidade de ação, não havendo nenhum fundamento lógico que justifique a distinção estampada no art. 151 do CTN, ao separar a concessão de liminar do mandado de segurança e das demais ações em face do reconhecido caráter de fungibilidade que conforma a teoria processual das tutelas de emergência.

Quase ao cabo dessas considerações é possível concluir que a liminar do mandado de segurança em matéria tributária tanto pode ser concedida em caráter cautelar, antecipatório ou mesmo *inibitório*. Diante disso, não há quem duvide que existe uma complexidade de tutelas de emergência possíveis no Mandado de Segurança, justificando a mais racional das denominações: tutela mandamental.

Importante esclarecer, por fim, que mesmo diante da concessão da liminar em Mandado de Segurança preventivo, é possível a formalização do crédito mediante lançamento, isso porque uma vez ocorrido o fato gerador, o fisco tem prazo decadencial de 5 anos para proceder a constituição do crédito. Sendo assim, a concessão da liminar não pode impedir a autoridade fazendária de promover o lançamento, evitando-se o perecimento do direito da Fazenda Pública de constituir o crédito. Não obstante, a eficácia da liminar concedida terá o condão de suspender a exigibilidade do crédito.

Com relação à possibilidade da Fazenda lavrar a autuação nas hipóteses de concessão de liminar em mandado de segurança, prevalece na jurisprudência o entendimento que o fisco pode fazer a autuação para afastar a decadência, mas não poderão incidir os acréscimos moratórios nem as penalidades, e o crédito deverá permanecer suspenso até final decisão. Nesse sentido: "*TRF-2 - APELAÇÃO EM MANDADO DE SEGURANÇA AMS 199851010244130 RJ 1998.51.01.024413-0. AUTO DE INFRAÇÃO. LAVRATURA QUANDO DA VIGÊNCIA DE LIMINAR. REFERENTE, PORÉM, A PERÍODOS ANTERIORES À MEDIDA. LEGALIDADE. 1. Segundo o entendimento dominante, é possível que o Fisco, em seu poder-dever de arrecadação tributária, efetue o lançamento de valores que se encontram com a exigibilidade suspensa, quando tal medida é necessária para se evitar a decadência do direito de lançar. 2. No entanto, apesar de ser possível à Fazenda lançar o tributo na vigência de medida liminar, com o fito de evitar a decadência, não lhe é autorizado, de acordo com o entendimento dominante, imputar ao contribuinte os consectários devidos em razão da mora. 3. Ressalva dos casos em que a medida liminar é deferida depois de vencido e não pago o tributo. 4. No caso, os valores autuados referem-se a períodos anteriores à concessão da medida liminar proferida. Por outro lado, esses valores não se encontravam mais sob a égide da liminar anterior, pois já havia sido cassada. 5. Legalidade da autuação. 6. Impossibilidade da cobrança da multa, enquanto vigente a medida liminar que suspendia a exigibilidade dos créditos principais. Contudo, tendo ocorrido a cassação dessa medida liminar, conforme ressaltado pela sentença recorrida, resta autorizado o prosseguimento da cobrança dos valores, que não mais se encontram com sua exigibilidade suspensa. 7. Apelação improvida.*"

6. Concessão de Medida Liminar ou de Tutela Antecipada, em outras espécies de ação judicial

A Lei Complementar nº 104 de 10 de janeiro de 2001 deu nova redação ao art. 151 do CTN adicionando duas novas causas de suspensão da exigibilidade do crédito. Dessa forma, a concessão de liminar ou de tutela antecipada em outras espécies de ação judicial geram os mesmos efeitos da liminar em mandado de segurança.

Sendo assim, as ações ordinárias em geral, como a declaratória de inexistência de relação jurídica e a ação anulatória de débito fiscal, e de igual modo a repetição de indébito, a consignação em pagamento e os embargos à execução fiscal são suscetíveis à suspensão da exigibilidade do crédito nos mesmos termos.

Com efeito, referidas ações podem comportar a concessão da tutela antecipada, instituída pela Lei nº 8.952/94 que deu nova redação ao art. 273 do CPC, de maneira que *o juiz poderá, a requerimento da parte, antecipar, total ou parcialmente, os efeitos da tutela pretendida no pedido inicial, desde que, existindo prova inequívoca, se convença da verossimilhança da alegação e, haja fundado receio de dano irreparável ou de difícil reparação; ou fique caracterizado o abuso do direito de defesa ou o manifesto propósito protelatório do réu.*

Sobre a decisão que concede a tutela antecipatória, o *juiz indicará, de modo claro e preciso, as razões do seu convencimento.* Ademais, *não se concederá a antecipação da tutela quando houver perigo de irreversibilidade do provimento antecipado.*

Os requisitos da tutela antecipada são a *prova inequívoca*, o *fundado receio de dano irreparável ou de difícil reparação,* a *verossimilhança das alegações ou a caracterização do abuso do direito de defesa ou o manifesto propósito protelatório do réu.*

Sobre a tutela antecipada, Cândido Rangel Dinamarco esclarece que "*A técnica engendrada pelo novo art. 273 consiste em oferecer rapidamente a quem veio ao processo pedir determinada solução para a situação que descreve, precisamente aquela solução que veio ao processo pedir. Não se trata de obter medida que impeça o procedimento do direito, ou que assegure ao titular a possibilidade de exercê-lo no futuro. A medida antecipatória conceder-lhe-á o exercício do próprio direito afirmado pelo autor. Na prática, a decisão com que o juiz concede a tutela antecipada terá, no máximo, o mesmo conteúdo do dispositivo da sentença que concede a definitiva e a sua concessão equivale, mutatis mutandis, à procedência da demanda inicial – com diferença fundamental representada pela provisoriedade.* [2]

Uma situação que configura prova inequívoca diz respeito ao pedido material cujo posicionamento jurisprudencial em favor do contribuinte já se encontra sedimentado. Nesse sentido: STJ, AI. 96.01.42964-6-MG, Rel. Juiz TOURINHO NETO, 3ª Turma. Unânime. DJ. 2 de 07.03.97 – p. 12.471.

Os efeitos práticos da concessão da tutela antecipada são praticamente idênticos aos da concessão da liminar, seja em mandado de segurança, seja em qualquer outra modalidade de ação proposta pelo sujeito passivo em face da Fazenda Pública, já que ambos suspendem a exigibilidade do crédito tributário.

7. PARCELAMENTO

O parcelamento de débito fiscal também passou a ser considerado causa suspensiva da exigibilidade do crédito a partir da edição da Lei Complementar nº 104/2001. O parcelamento é a demonstração de intenção de pagamento fracionado do crédito tributário. A lei que conceder o parcelamento deverá estabelecer as condições para sua concessão, devendo ser concedido mediante termo de acordo celebrado entre o sujeito ativo e o sujeito passivo que assume a responsabilidade pelo crédito tributário, reconhecendo a dívida e se comprometendo a liquidá-la.

Durante o trâmite do acordo de parcelamento, o crédito tributário permanece suspenso e o contribuinte poderá obter certidão positiva com efeito de negativa, de acordo com o art. 206 do CTN, conforme já perlustrado anteriormente, não podendo ser aparelhada execução fiscal enquanto o devedor estiver enquadrado nesse regime.

Em se tratando de parcelamento de débito inscrito e não ajuizado, deverá o sujeito ativo providenciar a inibição do ajuizamento, mas para o caso da execução fiscal já

---

[2] DINAMARCO, Cândido Rangel. *A Reforma do Código de Processo Civil.* São Paulo: Ed. Melhoramentos, 1995, pp. 139/140.

estar em curso, uma vez concedido o parcelamento, será ela imediatamente suspensa, devendo aguardar o cumprimento do avençado. Esteja o crédito na fase administrativa ou em fase de cobrança judicial, compete à autoridade fazendária, desde que haja previsão na legislação tributária específica, conceder o parcelamento, muito embora sua concessão por ato da autoridade fazendária possa estar submetida ao preenchimento de certas condições. Dentre as condições costumeiramente impostas ao contribuinte que celebra o parcelamento se destaca uma em especial que lhe empresta o signo do arbítrio. Trata-se da confissão de dívida e a renúncia do contribuinte ao direito de demandar em juízo, e neste particular tomo a oportunidade para dispensar o convite aos ensinamentos da doutrina, já que encarece-me a ideia que tal disposição ofende o Princípio da Inafastabilidade da Jurisdição, apanágio intangível do Estado de Direito. Nesse diapasão o STJ, em incensurável julgado, reconheceu legitimidade ao contribuinte em rediscutir os termos da moratória, sedimentando o argumento de que a confissão de dívida está sujeita, em determinados casos, ao controle jurisdicional. RESP nº 1.074.186-RS. Também trago à colação outro julgado que aborda o mesmo tema, desta feita em que o STJ, em última palavra, consubstancia a renúncia do contribuinte desde que esteja expressa em autos judiciais mediante petição. Nesse sentido: RESP nº 1.124.420-MG.

Atualmente os pedidos de parcelamento de débito fiscal podem ser acessados com ampla facilidade diretamente pelos contribuintes, por meio de simples adesão nas páginas respectivas dos sites que as Fazendas Públicas Nacional, Estaduais e Municipais disponibilizam na internet. Se o parcelamento não for celebrado ou vier a ser rompido, o sujeito ativo poderá exigir o saldo remanescente no mesmo processo, em se tratando de parcelamento de débito inscrito e ajuizado. Tratando-se de parcelamento rompido de débito não inscrito, a inscrição na dívida ativa será efetivada com o saldo devedor remanescente atualizado.

A Lei Complementar nº 104 de 10 de janeiro de 2001 adicionou o art. 155-A ao CTN, estabelecendo que o parcelamento será concedido na forma e condição estabelecidas em lei específica. O mesmo dispositivo também esclarece que salvo disposição de lei em contrário, o parcelamento do crédito tributário não exclui a incidência de juros e multa.

7.1. Parcelamento e moratória

Antes da edição da Lei Complementar nº 104/01 que modificou parcialmente o regime da suspensão do crédito tributário, parte da doutrina atribuía à figura do parcelamento de débito fiscal, condição semelhante à moratória. No entanto, a partir da vigência da lei complementar sob comento, o parcelamento foi alçado à qualificação de causa autônoma de suspensão da exigibilidade do crédito.

De qualquer maneira, já se defendia posições isoladas, sendo a primeira no sentido de que o parcelamento de débito fiscal tinha os exatos efeitos da moratória. Todavia, é lógico crer que se fosse assim, não teria a referida lei complementar disciplinado tais categorias de forma distinta, razão pela qual a posição que distingue parcelamento da moratória parece ser a mais correta.

Com efeito, o art. 155-A menciona a necessidade de lei específica para a concessão do parcelamento, além de determinar que o crédito parcelado não acarreta a exclusão de juros e multas, sendo nítida a intenção, neste particular, de afastar os efeitos da denúncia espontânea nos casos de parcelamento. A Súmula nº 208 do extinto Tribunal Federal de Recursos já dispunha que *a simples confissão da dívida, acompanhada do seu pedido de parcelamento, não configura denúncia espontânea.* Por isso, a disposição do CTN, com redação pela LC nº 104/01 tem a justa finalidade de reavivar o teor da súmula em face da mudança observada na jurisprudência do Superior Tribunal de Justiça que passou a admitir, gradativamente, o reconhecimento da denúncia espontânea e bem assim, a consequente exclusão da multa moratória, nos casos onde o contribuinte comprovasse estar enquadrado no parcelamento.

Outra discussão inerente ao parcelamento e à moratória diz respeito ao fato de configurarem novação, uma vez que, após sua concessão, desaparecia a obrigação tributária, decorrendo uma nova obrigação. Não se pode conceber que o parcelamento seja novação, posto que estaria criando uma nova hipótese de extinção da obrigação tributária não prevista no CTN. Além disso, se o parcelamento fosse novação, uma vez não cumprido integralmente pelo contribuinte, o crédito tributário estaria destituído de liquidez e certeza, dado que a obrigação que lhe deu causa foi extinta, sendo necessário o perfazimento de novo lançamento. A consequência disso é que o mau contribuinte pediria o parcelamento do débito, pagaria apenas uma parcela, interromperia o pagamento e já teria conseguido, com isso, a extinção da obrigação tributária originária.

8. Observações finais sobre a suspensão do crédito tributário

Desde que o crédito tributário esteja definitivamente constituído, a suspensão de sua exigibilidade torna impossibilitado o direito de ação da Fazenda Pública, razão pela qual a causa suspensiva do crédito também suspende a fluência do prazo prescricional.

No entanto, por se tratar de direito potestativo, o mesmo não ocorre em relação à decadência, de maneira que a suspensão da exigibilidade do crédito não pode impedir a prática do lançamento.

Assim, a suspensão do crédito tributário não é passível de acarretar a suspensão do prazo decadencial, muito embora seja possível cogitar-se em causa interruptiva, conforme veremos.

Dessa forma, no que concerne à concessão de tutelas judiciais de emergência que suspendem a exigibilidade do crédito, o fisco poderá efetuar o lançamento garantindo-se contra o perecimento do direito, mas é evidente que o crédito ora constituído permanecerá com sua exigibilidade suspensa, salvo nas hipóteses em que a decisão judicial expressamente proibir o exercício do direito de lançar, quando então ficará ressalvado o direito do fisco para o perfazimento do lançamento, no caso de revogação da decisão, a partir do primeiro dia do exercício seguinte àquele em que o lançamento poderia ter sido efetuado.

Capítulo XVII

CAUSAS EXTINTIVAS DO CRÉDITO TRIBUTÁRIO

1. Conceito de Causa Extintiva do Crédito Tributário

As causas de extinção do crédito tributário são as hipóteses contempladas no Código Tributário Nacional em que o débito do sujeito passivo deixa de existir. Trata-se de atos ou fatos jurídicos que fazem desaparecer a obrigação tributária. De relevância demonstrar que pode ocorrer a extinção do crédito tributário sem que haja extinção da obrigação tributária, quando, por exemplo, ocorrer algum vício formal na constituição do crédito, o que acarretaria a anulação do lançamento. Neste caso, o fisco poderá constituir novamente o crédito, realizando um novo lançamento, desde que esteja em curso o prazo decadencial.

O artigo 156 do CTN arrola onze causas de extinção do crédito tributário. São elas:

I – Pagamento;

II – Compensação;

III – Transação;

IV – Remissão;

V – Prescrição e decadência;

VI – Conversão do depósito em renda;

VII – Pagamento antecipado e a homologação do lançamento, nos termos do disposto no art. 150 e seus §§ 1º e 4º;

VIII – Consignação em pagamento, nos termos do disposto no § 2º do art. 164;

IX – Decisão administrativa irreformável, assim entendida a definitiva na órbita administrativa, que não mais possa ser objeto de ação anulatória;

X – Decisão judicial passada em julgado.

XI – A dação em pagamento em bens imóveis, na forma e condições estabelecidas em lei.

O Código Tributário Nacional ainda dispõe, no parágrafo único do art. 151 que a lei disporá quanto aos efeitos da extinção total ou parcial do crédito sobre a ulterior verificação da irregularidade da sua constituição, observado o disposto nos arts. 144 e 149. Passemos à análise de cada uma das causas de extinção do crédito tributário.

2. Pagamento

O pagamento é a mais importante e desejada causa de extinção do crédito tributário. Trata-se da mais completa forma de cumprimento voluntário da obrigação tributária. Conhecido no senso comum como a forma de liquidação da obrigação pela entrega de dinheiro pelo devedor ao credor, é um termo empregado no direito privado com um conteúdo jurídico mais amplo porque pode se refereir ao livramento de qualquer espécie de obrigação.

Noutro giro, se as obrigações podem ser de dar, de fazer e de não fazer, sua forma de cumprimento também pode variar.

Não obstante, em Direito Tributário o pagamento do débito compreende a solução sempre em pecúnia da obrigação tributária, salvo na hipótese do art. 156, XI do CTN.

Encaremos agora a realidade normativa e o estudo pormenorizado desta importante categoria de liquidação voluntária da obrigação.

2.1. Conceito

O pagamento é o ato pelo qual o devedor entrega o objeto da prestação feita, em regra, em dinheiro, desonerando-se de seu encargo e acarretando a extinção do vínculo. É a forma natural, direta e sempre desejada de extinção do crédito tributário.

Dentre todas as modalidades de causas extintivas do crédito, o pagamento é aquele que cumpre a obrigação, solvendo-a (do latim *solutio* que significa solução) pelo meio mais típico e perfeito.

O Código Tributário Nacional estabelece uma série de regras concernentes ao pagamento como forma de extinção do crédito tributário, conferindo-lhe um tratamento peculiar nos artigos 157 a 163 e 165 a 169.

2.2. Cumulação de tributo e multa

O art.157 do CTN estabelece que a imposição de penalidade não dispensa o pagamento do tributo. O dispositivo confirma o conceito de tributo ao estabelecer que a multa punitiva possui natureza diversa dele, embora integre o crédito juntamente com o próprio tributo. Assim, sofrida a sanção pecuniária consistente na multa punitiva, o sujeito passivo deverá arcar com o seu valor cumulativamente à dívida do próprio tributo.

É evidente que o crédito tributário poderá ser constituído sem a incidência da multa punitiva, como ocorre nas hipóteses em que o contribuinte pratica o fato gerador do tributo (conduta lícita) mas não pratica o fato gerador da multa (conduta ilícita). Neste caso, o crédito será composto somente pelo tributo e seus acréscimos específicos, como juros, correção monetária, e eventualmente, das penalidades pecuniárias.

2.3. Presunção de pagamento

Em matéria de presunção de pagamento, o Direito Tributário apresenta regra distinta da lei civil, onde o pagamento de uma parcela importa presunção de pagamento das demais. Estabelece o art. 158 do CTN que o pagamento de um crédito não importa presunção de pagamento:

I – quando parcial, das prestações em que se decomponha;

II – quando total, de outros créditos referentes ao mesmo ou a outros tributos.

No Direito Tributário a presunção de que o pagamento da parcela atual presume o das parcelas anteriores não existe e cada pagamento só configura quitação naquilo que nela estiver indicado. Por isso, qualquer quantia oferecida pelo sujeito passivo como parte do pagamento, pode ser recebida sem prejuízo de posterior cobrança das diferenças eventualmente devidas, sejam anteriores ou posteriores àquele respectivo pagamento parcial.

2.4. Lugar do pagamento

Estabelece o art. 159 do CTN que o pagamento deve ser feito na repartição competente do domicílio do sujeito passivo, salvo disposição em contrário da legislação tributária. Referida disposição somente se aplicará subsidiariamente, ou seja, quando não houver tratamento sobre a matéria na legislação específica.

Atualmente, o pagamento não é feito no domicílio do devedor, nem na repartição competente eleita pela legislação tributária aplicável, mas como regra, na rede bancária ou até por meios eletrônicos, sem a presença do credor que dará sua quitação *a posteriori*, também por meios eletrônicos.

Com efeito, permanece a regra geral no sentido de que compete ao devedor efetuar o pagamento no domicílio do credor, não se aplicando, tal como ocorre no direito privado, o princípio do *favor debitoris*, onde o pagamento é feito no domicílio do devedor. Trata-se, portanto, de dívida *portable,* ou portável, cabendo ao devedor proceder as diligências para o regular pagamento.

2.5. Tempo do pagamento

Dispõe o art. 160 do CTN que salvo disposição da legislação tributária específica em contrário, o prazo de vencimento do crédito ocorre 30 dias após a notificação do lançamento ao sujeito passivo, concluindo-se que somente após o 31° dia após a notificação do lançamento é que poderão incidir os acréscimos moratórios.

Como se sabe, nos tributos sujeitos a lançamento por homologação, compete ao sujeito passivo efetuar o pagamento antecipado, sujeitando-se à homologação posterior pelo sujeito ativo, e considerando que a homologação quase sempre é tácita, não ocorre a referida notificação ao sujeito passivo. Nesse caso, havendo irregularidade nas informações prestadas ou mesmo ausência de pagamento, a Fazenda Pública poderá refazer o lançamento, redefinindo o termo inicial dos acréscimos moratórios.

Não há qualquer impedimento à legislação tributária definir prazos maiores de pagamento, desde que determine a incidência dos acréscimos moratórios somente após o vencimento do prazo, após o qual, configura-se automaticamente a mora do devedor, sem nenhuma necessidade de nova diligência por parte do credor, já que a obrigação deveria ser cumprida mediante termo prefixado. Trata-se, como se vê, de mora *ex re* e não *ex personae*.

Conforme preceitua o parágrafo único do art. 160 do CTN, a legislação tributária pode conceder desconto pela antecipação do pagamento, nas condições que estabeleça, o que, em verdade, configura modalidade de transação que é uma categoria distinta de extinção do crédito tributário.

2.6. Acréscimos moratórios

Considerando que a regra geral estabelece como sendo de 30 dias o prazo para o pagamento, nos casos em que ele se verifique a partir do 31° dia da notificação do lançamento ao sujeito passivo, incidirão os acréscimos moratórios que configuram verbas distintas como os juros de mora, a correção monetária, a multa de mora e outros acréscimos financeiros.

O art. 161 do CTN determina que tais acréscimos correspondem a *juros de mora* de 1% ao mês, sem prejuízo da *multa punitiva* (ou multa por infração), tratando-se, mais uma vez, de regra geral somente aplicável quando a legislação específica dos tributos assim não dispuser.

No que pertine aos juros, há legislação específica definindo os juros de mora para a maioria dos tributos. No caso dos tributos federais, a Lei nº 9.065/95 estabeleceu a incidência da SELIC (Sistema Especial de Liquidação e Custódia), a qual representa uma taxa básica de juros oficiais definida pela Comissão de Política Monetária do Banco Central e praticada pelo sistema financeiro, remunerando também os tributos devidos à Fazenda Nacional.

Alguns Estados também adotaram a SELIC para seus tributos, como é o caso, por exemplo, do Estado de São Paulo, por meio da Lei Estadual nº 10.175/98, aplicada até o início da vigência da Lei nº 13.918/09 que alterou a regra dos juros cobrados pela Fazenda paulista. Sobre a legitimidade dos Estados instituírem seus próprios índices de correção monetária e taxa de juros, tem-se entendido que as referidas unidades federativas podem disciplinar a matéria nesses termos, dentro dos limites de sua competência tributária, em nada violando o texto constitucional.

A lei que instituiu a SELIC determina a suspensão da correção monetária, concluindo tratar-se de índice que remunera simultaneamente os juros de mora e a correção monetária, fato pelo qual sua adoção como base para os juros moratórios é perfeitamente possível, na medida em que permite indenizar o sujeito ativo pelo atraso no pagamento. A jurisprudência encampa a tese da legitimidade da cobrança de juros moratórios com base nessa aluda taxa referencial. Nesse sentido:

"Processual Civil – Execução Fiscal – Embargos do Devedor – CDA – Requisitos Formais – Multa – Utilização da Taxa SELIC – Honorário Advocatícios – DL1025/69. (......) 3- Com a permissão legal, conferida pela primeira parte do parágrafo 1º do art.161 do CTN, e na forma do artigo 13 da Lei 9.065/95, é perfeitamente admissível a utilização da Taxa SELIC como juros de mora." (Ac. un. Da 4º T. do E. TRF da 3º R. – Ap. Cível 98.03.029593-4/SP. Rel. Juiz Erik Gramstrup; DJU 2 de 02.02.1999, pp468)". No mesmo sentido: "Processual civil – embargos de declaração – inexistência de erro material, omissão ou contradição no acórdão – contribuição previdenciária – opção por restituição ou compensação na fase executória – possibilidade – juros de mora – taxa SELIC – Lei nº 9.250/95 – Possibilidade. (STJ – Ed.Resp 223351 – (199900627920) – RS – 1ª T. – Rel. Min. José Delgado – DJU 08.05.2000 – p. 0065)".

2.7. A consulta tributária

Conforme dispõe o § 2º do art. 161 do CTN, a incidência dos acréscimos não ocorrerá na pendência de consulta formulada pelo devedor dentro do prazo legal para pagamento do crédito. A consulta é um direito fundamental do sujeito passivo, baseada no direito de petição do art. 5º, XXXIV da Constituição Federal, em que o devedor formula uma indagação sobre dúvida de interpretação fundada na legislação tributária, devendo ser endereçada à autoridade fazendária.

É formulada por meio de processo administrativo tributário e pode ser iniciada por ato do próprio sujeito ativo do tributo, através do agente da administração fazendária, sendo particularmente eficaz na harmonização das decisões administrativas.

O consulente deverá descrever a legislação aplicável e apontar questionamento razoável acerca da interpretação cabível, indicando a solução que lhe avulta correta, de maneira que, enquanto não for efetivada a resposta à consulta, o consulente poderá dar a mesma solução que indicou na consulta, sem correr os riscos de sofrer as penalidades e os acréscimos moratórios.

A consulta deverá apontar objetivamente o trecho da legislação que encontra dificuldade de entendimento em face da complexidade, obscuridade ou dubiedade empregada na redação da norma. Caso a resposta à consulta apresente solução diversa daquela proposta pelo consulente, o sujeito passivo estará compelido a recolher o tributo eventualmente devido, sem o acréscimo de multa e juros. Evidentemente, a consulta tributária só não impede a incidência de correção monetária.

No âmbito dos tributos federais, a consulta está disciplinada pelo Decreto Federal nº 70.235/72 e Lei nº 9.430/96. Durante o processo administrativo de consulta, o fisco poderá efetuar o lançamento para evitar perecimento de seu direito, impedindo a fluência do prazo decadencial, permanecendo a exigibilidade do crédito suspensa até a decisão proferida na consulta.

2.8. Forma do pagamento

Conforme já foi analisado, em regra o pagamento é feito em dinheiro, consoante, dispõe o próprio conceito de tributo no sentido de tratar-se de obrigação *dare pecuniam*.

Doravante, estabelece o art. 162 do CTN que o pagamento pode ser efetuado *em moeda corrente, cheque ou vale postal, ou, nos casos previstos em lei, em estampilha, em papel selado, ou por processo mecânico.*

Evidentemente que o pagamento em estampilha já caiu em desuso, sendo possível que ele se efetive por meios eletrônicos, via rede bancária, ou até por transferências de numerário efetivadas via internet.

De igual modo, bem sabemos que a extinção do crédito tributário pode se operar mediante a dação em pagamento, nos termos do art. 156, XI do CTN.

2.9. Imputação do pagamento

Existindo mais de um crédito perante o mesmo sujeito passivo, a autoridade competente para receber o pagamento deverá obedecer a regras de imputação no pagamento do tributo, o que ocorre quando o pagamento é insuficiente para liquidar todos os débitos existentes em face do sujeito passivo. Dessa forma, a imputação do pagamento corresponde à indicação legal de qual débito deverá ser quitado, para o caso do pagamento não indicar a qual se refere.

É importante ressaltar que atualmente os pagamentos de tributos são feitos por meio de guias específicas de recolhimento, havendo nelas campo próprio de indicação do débito respectivo, não se cogitando, a priore, a possibilidade de imputação em face do direcionamento do pagamento em relação a um respectivo crédito. No entanto, caso tenha se efetivado pagamento sem obediência às formalidades legais, o preceptivo do CTN permite que se perfaça a retificação *ex officio* da guia de recolhimento a fim de proceder-se à correta imputação do pagamento.

De qualquer maneira, havendo dúvidas quanto à indicação do débito a ser saldado pelo pagamento, dispõe o código que deve ser liquidado inicialmente o débito próprio e após, o do responsável. Ademais, liquidam-se primeiro as contribuições de melhoria, depois as taxas e após os impostos. Finalmente, liquidam-se os débitos na ordem crescente dos prazos de prescrição e na ordem decrescente dos montantes devidos.

Em suma, para que se leve a termo a imputação, haverá necessidade de pluralidade de débitos, identidade de partes e inexistência de qualquer indicação documental acerca do débito atingido pelo pagamento.

2.10. Consignação em pagamento.

A consignação em pagamento é o modo indireto de libertar-se o sujeito passivo de sua obrigação mediante o depósito judicial do valor devido. Trata-se de uma forma especial de pagamento não realizada diretamente ao credor.

No direito privado, a consignação em pagamento se perfaz mediante depósito em juízo ou por depósito bancário extrajudicial, mas em matéria tributária, considerando tratar-se o tributo de obrigação *ex lege*, somente pode ser feita por meio de ação judicial proposta pelo sujeito passivo com a finalidade de obter a quitação do crédito tributário.

O art. 164 do CTN estabelece que o sujeito passivo pode efetuar a consignação em pagamento, no caso de *recusa de recebimento, ou subordinação deste ao pagamento de outro tributo ou de penalidade, ou ao cumprimento de obrigação acessória; subordinação do recebimento ao cumprimento de exigências administrativas sem fundamento legal ou exigência, por mais de uma pessoa tributante, de tributo idêntico sobre um mesmo fato gerador.*

Julgada procedente a consignação, o pagamento se reputa efetuado e a importância consignada é convertida em renda da Fazenda Pública, mas em caso de improcedência, o crédito poderá ser exigido juntamente com os acréscimos moratórios. Atualmente não são comuns as oportunidades para que o sujeito passivo se valha do pagamento por consignação, haja vista que não há qualquer necessidade da presença do credor para o pagamento. Por isso, a essência da consignação acaba esvaziada tendo em vista que a Fazenda Pública dificilmente impõe qualquer restrição ao pagamento.

Dessa forma, ainda que haja intenção do sujeito passivo efetuar pagamento a menor, poderá fazê-lo sem qualquer restrição através do preenchimento de guia de recolhimento e respectivo depósito bancário, sem qualquer necessidade de consignar o respectivo valor em juízo. De qualquer maneira, ainda que o sujeito passivo entenda seja aquele o valor efetivamente devido, nada impedirá que a Fazenda Pública o receba, considerando aquela parcela incontroversa, podendo exigir o restante posteriormente.

Como se vê, a menos que o contribuinte pretenda obter a quitação judicial por meio da consignação, não será necessário valer-se da referida medida. No entanto, é importante assinalar que a ação de consignação pode ser utilizada para se discutir a própria legitimidade do crédito nas situações em que o devedor reconhece parte de sua dívida, propondo-se a saldá-la mediante a oferta de valor considerado insuficiente pela Fazenda.

Por ser considerada forma indireta de pagamento, a consignação é causa de extinção do crédito tributário distinta do pagamento, fato pelo qual será tratada novamente, e com mais detalhes, em tópico específico.

2.11. Restituição do Pagamento Indevido.

Sendo a obrigação tributária *ex lege* e não *ex voluntate*, deve o sujeito passivo arcar somente com aquilo que a lei determina seja devido, e por isso, em caso de pagamento indevido, o devedor terá direito à restituição dos valores que indevidamente entregou aos cofres públicos.

Denomina-se repetição do indébito a medida administrativa ou judicial proposta pelo sujeito passivo da obrigação tributária com a finalidade de obter a restituição do crédito indevidamente pago, incluindo-se os acréscimos moratórios.

O art. 165 do CTN estabelece que o sujeito passivo tem direito à restituição do tributo que pagou indevidamente, nos seguintes casos:

I – cobrança ou pagamento espontâneo de tributo indevido;

II – erro na identificação do sujeito passivo; da alíquota aplicável; do cálculo do montante devido ou erro na apreciação de qualquer documento relativo ao pagamento;

III – reforma, anulação, revogação ou rescisão de decisão condenatória.

A restituição do tributo pago indevidamente pode ser obtida na via administrativa, e neste particular o direito do sujeito passivo deve ser garantido mesmo à ausência de previsão na legislação tributária, em face do **Princípio da Moralidade** e do **Princípio da Proibição do Enriquecimento Sem Causa**. Com relação à ação judicial de repetição do indébito, por não veicular direito potestativo do sujeito passivo, mas direito a uma pretensão, está submetida ao prazo prescricional.

Estabelece o art. 168 do CTN que o prazo para propositura da ação de repetição de indébito é de 5 anos. Tal prazo é prescricional e se iniciará a contar da extinção do crédito, nas hipóteses dos incisos I e II do art. 165, ou seja, em caso de *cobrança ou pagamento espontâneo de tributo indevido,* ou no caso de *erro na identificação do sujeito passivo; da alíquota aplicável; do cálculo do montante devido ou erro na apreciação de qualquer documento relativo ao pagamento.*

Apesar disso, no caso de pagamento indevido (168, I) em relação aos tributos sujeitos a lançamento por homologação, a jurisprudência passou a admitir a dilação do prazo baseado no mesmo fundamento utilizado na teoria que aumentou o prazo para a constituição do crédito dos tributos sujeitos a lançamento por homologação. Conhecida como tese do cinco *mais cinco*, consolidou-se nos anos de 1990 o entendimento jurisprudencial no sentido de que nos tributos sujeitos a lançamento por homologação, o fisco teria o prazo de 5 anos para efetivar o lançamento, com base no art. 150, § 4° do CTN, a contar do fato gerador, prazo que se cumularia, posteriormente, com um novo qüinqüênio que se iniciaria a partir do 1° dia do exercício seguinte àquele em que o lançamento poderia ter sido efetuado, com base no art. 173, I, do CTN. Como se vê, consubstanciado na aplicação cumulativa de dois dispositivos distintos, referido posicionamento era favorável ao fisco uma vez que projetava o prazo decadencial que corria contra si, para muito além dos 5 anos definidos no CTN. Nesse sentido: RESP n° 69.308-SP.

Consagrada no Superior Tribunal de Justiça, logo essa teoria se estendeu para a propositura das ações de repetição do indébito, o que favorecia os autores dessas ações, construindo-se a ideia de que o sujeito passivo do tributo, autor da ação de repetição do indébito, teria o mesmo direito a ser exercido no tocante ao prazo dilatado.

De fato, o art. 156, VII do CTN estabelece que a homologação do lançamento extingue o crédito, enquanto o art. 150, § 4° estabelece que o fisco tem o prazo de 5 anos para homologar o lançamento, a contar do fato gerador. Assim, se o prazo de 5 anos para propor a ação de repetição (art. 168 CTN) é contado a partir da extinção do crédito, e se a extinção ocorre 5 anos a contar do fato gerador, o prazo de repetição é de 5 anos a partir do fato gerador e mais 5 anos após esse prazo.

Então, a jurisprudência passou a admitir que nos tributos sujeitos a lançamento por homologação, o prazo de 5 anos se iniciava da homologação e não da data do pagamento, teoria que foi igualmente construída a partir da análise conjunta dos artigos 156, VII; 150, § 4° e 168, I, todos do Código Tributário Nacional. Tal entendimento restou sedimentado em vários julgados do STJ. Nesse sentido: *"Constitucional. Tributário. Emb.Div. Contribuição Previdenciária. Lei n. 7.787/89. Compensação. Prescrição. Decadência. Termo inicial do prazo. Precedentes. Está uniforme na 1ª Seção do STJ que, no caso de lançamento tributário por homologação e havendo silêncio do Fisco, o prazo decadencial só se inicia após decorridos 5 (cinco) da ocorrência do fato gerador, acrescidos de mais um qüinqüênio, a partir da homologação tácita do lançamento. Estando o tributo em tela sujeito a lançamento por homologação, aplicam-se a decadência e a prescrição dos moldes acima delineados. RESP 435.835-SC, 1ª T., Rel. Min. José Delgado."*

Dessa forma, o prazo seria de 5 anos para o fisco homologar o lançamento a contar do fato gerador e mais 5 anos, a partir daí, para o contribuinte ou o responsável tributário que pagou indevidamente, ajuizar a ação de repetição.

Esse quadro favorável ao autor da ação de repetição do indébito assim permaneceu até a edição da Lei Complementar n° 118 de 9 de fevereiro de 2005 que deu nova *interpretação* ao art. 168 do CTN. Assim, o art. 3° da referida lei complementar dispunha que *para efeito de interpretação do inciso I do art. 168 da Lei n° 5.172, de 25 de outubro de 1966 – Código Tributário Nacional, a extinção do crédito tributário ocorre, no caso de tributo sujeito a lançamento por homologação, no momento do pagamento antecipado de que trata o § 1° do art. 150 da referida lei.*

Para o Governo Federal, de onde partiu o projeto, trata-se de lei interpretativa na questão da restituição dos tributos sujeitos a lançamento por homologação indevidamente pagos (168, I), ao determinar que o direito de pleitear a restituição extingue-se com o decurso do prazo de 5 anos, contados, na hipótese do inciso I do art. 165, da data da extinção do crédito tributário. Pela nova redação, fica claro que o prazo para restituição dos tributos, ainda que sejam submetidos a lançamento por homologação, será mesmo de 5 anos.

No entanto, remanescem divergências sobre o caráter interpretativo da LC nº 118/05, na medida em que, se assim for considerada, poderá retroagir nos termos do art. 106, I do CTN. Com efeito, a jurisprudência majoritária do STJ é no sentido de que se trata de lei não interpretativa, e portanto, o prazo de 5 anos valeria somente para pagamentos efetuados a partir de 10/6/2005, data da vigência da lei complementar, de maneira que para os pagamentos efetuados antes dessa data, e somente no caso de tributos sujeitos a lançamento por homologação, o prazo poderá ser contado com base na tese do 5 mais 5. Nesse sentido: *"1. (...) No julgamento do RESP 435.835-SC, Rel. para o acórdão Min. José Delgado, sessão de 24.03.2004, consagrou o entendimento segundo o qual o prazo prescricional para pleitear a restituição de tributos sujeitos a lançamento por homologação é de cinco anos, contados da data da homologação do lançamento, que, se for tácita, ocorre após cinco anos da realização do fato gerador – sendo irrelevante, para fins de cômputo do prazo prescricional, a causa do indébito. Adota-se o entendimento firmado pela Seção, com ressalva do ponto de vista pessoal, no sentido da subordinação do termo a quo do prazo ao universal princípio da 'actio nata'. 2. O art. 3º da LC 118/2005, a pretexto de interpretar os arts. 150, § 1º, 160, I do CTN, conferiu-lhes, na verdade, um sentido e um alcance diferente daquele dado pelo Judiciário. Ainda que defensável a 'interpretação' dada, não há como negar que a lei inovou no plano normativo, pois retirou das disposições interpretadas, um dos seus sentidos possíveis, justamente aquele tido como correto pelo STJ, intérprete e guardião da legislação federal. Portanto, o art. 3º da LC 118/2005 só pode ter eficácia prospectiva, incidindo apenas sobre situações que venham a ocorrer a partir de sua vigência. (Agr.Reg. no AI 633.462-SP, 1ª T. Min. Teori A. Zavascki)"*

A hipótese contemplada no inciso III do art. 165 (*reforma, anulação, revogação ou rescisão de decisão condenatória)*, diz respeito a decisões proferidas em processo administrativo ou judicial, onde tenha ocorrido a desconstituição do crédito tributário, configurando-se o direito à restituição, no caso de pagamento anterior à decisão. É o que acontece, por exemplo, quando o contribuinte efetua o pagamento que posteriormente é considerado indevido por decisão judicial transitada em julgado. Sob essas circunstâncias, a matéria se desdobra em duas distintas situações:

a) Relação jurídica concreta com efeitos *inter partes*, onde o sujeito passivo postula direito próprio em ação individual. Neste caso não há dificuldade em constatar que o titular do direito dispõe de 5 anos, a contar do trânsito em julgado da decisão que considerar indevido o pagamento. Sob esse aspecto, a norma do art. 165, III, do CTN se aplica sem qualquer ressalva, desde que transite em julgado a decisão que reconheceu a ilegitimidade do crédito, enquadrando-se na mesma situação, a decisão que declarar a inconstitucionalidade do tributo em sede de controle difuso, hipótese em que o direito de ação para obter a restituição será definido da mesma forma, exercitável em 5 anos a contar do trânsito em julgado. Ainda em relação ao controle difuso, para os casos onde for proferida decisão em caráter *erga omnes*, todos os demais sujeitos passivos que se enquadrem na mesma situação jurídica, embora não tenham participado do processo, terão direito à restituição e poderão se valer da mesma decisão, computando-se o termo inicial a partir da Resolução do Senado editada com base no art. 52, X, da CF que torna sem efeito a cobrança do tributo.

b) Nas hipóteses em que a decisão judicial reconhecer a inconstitucionalidade de um tributo em sede de controle concentrado, por meio de ação direta, qualquer sujeito passivo que tenha efetuado o pagamento indevido terá direito a restituição no prazo de 5 anos a partir da publicação da decisão proferida pelo plenário do STF.

Nos dois casos o termo inicial do prazo prescricional da ação de repetição do indébito deve ser definido com base no **Princípio da actio nata**, de maneira que somente poderá correr o prazo de prescrição a partir do momento em que o autor dispuser do direito de ação.

Com relação ao montante sujeito à restituição, o art. 167 do CTN estabelece que o repetente tem direito a restituir o valor pago na mesma proporção, em relação aos juros de mora e às penalidades pecuniárias. A restituição vence juros não capitalizáveis a partir do trânsito em julgado da decisão definitiva que a determinar.

Segundo entendimento jurisprudencial predominante, o autor da ação de repetição do indébito tem direito a receber de volta aquilo que pagou, sendo aplicáveis os mesmos acréscimos moratórios utilizados pela Fazenda Pública na constituição de seu crédito, de forma que se o crédito tributário foi constituído com base no índice SELIC, o sujeito passivo terá direito à repetição nos mesmos termos. Nesse sentido é o entendimento da 1ª Seção do Superior Tribunal de Justiça, consagrando a tese de que na repetição do indébito de tributos federais, seja por meio de restituição de valores ou pela via da compensação tributária, serão devidos os acréscimos moratórios com base na SELIC, instituída a partir de 1º de janeiro de 1996 pela Lei nº 9.250/95, não tendo aplicação, a partir de então, o art. 161 c.c. art. 167, parágrafo único, do CTN. Nesse sentido a Súmula nº 523 do STJ: A taxa de juros de mora incidente na repetição de indébito de tributos estaduais deve corresponder à utilizada para cobrança do tributo pago em atraso, sendo legítima a incidência da taxa SELIC, em ambas as hipóteses, quando prevista na legislação local, vedada sua cumulação com quaisquer outros índices.

No caso de pagamento de débito prescrito, o sujeito passivo tem o direito de repetir, levando-se em conta que a obrigação tributária difere das obrigações *ex voluntate* do direito privado, não sendo, por isso, aplicado o art. 882 do Código Civil que inviabiliza a repetição daquele que solveu dívida prescrita.

Tendo em vista que a relação jurídica tributária se funda na primazia da lei, o poder público não goza de legitimidade para se locupletar indevidamente, de maneira que o pagamento de crédito tributário prescrito enseja um direito do contribuinte em relação à Fazenda Pública.

2.12. Restituição dos tributos indiretos

Preconiza o art. 166 do CTN que a repetição de indébito nos tributos indiretos só será admitida a quem provar haver assumido o encargo financeiro, ou, no caso de tê-lo transferido a terceiro, estar por este expressamente autorizado a recebê-la.

Os tributos indiretos, também chamados tributos que admitem a repercussão, são aqueles onde o contribuinte definido em lei não é quem suporta o encargo econômico, havendo transferência desse dever a outra pessoa. Há, nessa categoria de tributo, dois contribuintes, o de direito que aparece na relação jurídica e está cadastrado regularmente no órgão fazendário, cumprindo todas as obrigações acessórias impostas na lei; e o contribuinte de fato que decorre da peculiar estrutura do tributo indireto que a ele acarreta a transferência do encargo. A figura da repercussão está presente em vários tributos, como é o caso do ICMS, IPI, PIS, COFINS, dentre outros, mas o fato é que, em se tratando de tributos indiretos, o CTN estabelece que o direito de restituição somente pode ser exercido por aquele que sofreu o encargo do tributo, ou, em caso de ter transferido o encargo a outrem, estar expressamente autorizado por ele a fazê-lo, de maneira que só tem direito a restituir o contribuinte que suportar o ônus.

Exemplificando, se uma indústria vende 10 máquinas para uma revendedora no valor de R$ 100.000,00, e considerando uma alíquota de 10% de IPI, o valor cobrado em relação a este imposto será R$ 10.000,00, e a nota fiscal constará que a revendedora recolheu o valor total de R$ 110.000,00, mesmo porque, diferentemente do que ocorre em relação ao ICMS que vem embutido no preço, o IPI é destacado na nota, sendo recolhido *por fora,* para citar uma expressão utilizada no meio contábil. Caso o recolhimento tenha sido feito a maior, porque a legislação baixou a alíquota para 9% dias antes, a diferença poderá ser restituída pela indústria que é o contribuinte de direito na respectiva operação.

Ora, o art. 166 do CTN preceitua que a legitimidade para pleitear a repetição de indébito no caso em apreço *é* da indústria, pois é ela o contribuinte de direito, o sujeito passivo que aparece na relação jurídica. No entanto, para pleitear este valor, precisa comprovar que não transferiu o encargo, ou seja, comprovar que não houve a repercussão, ou então obter a autorização daquele que suportou o encargo, que no caso é a revendedora. Observe que se houver direito à restituição na operação seguinte, o contribuinte com direito à repetir será a revendedora, considerado o contribuinte de fato na operação anterior, mas contribuinte de direito na operação seguinte.

A Súmula nº 71 do STF determinava que *embora pago indevidamente, não cabe restituição de tributo indireto.* No entanto, essa súmula já foi reformulada pela

Súmula nº 546, cujo comando estabelece que *cabe restituição do tributo pago indevidamente, quando reconhecido por decisão que o contribuinte de jure não recuperou do contribuinte de fato o quantum respectivo.*

É nítido que o fenômeno da repercussão se verifica nos tributos que incidem ao longo da cadeia de produção, como é o caso do ICMS e do IPI, e essa estrutura tem estreita relação com o princípio da não cumulatividade, uma vez que seu formato condiz com a realização de sucessivas operações desde a produção ou fabricação de uma mercadoria ou produto, até o desdobramento final, com a chegada do produto ou mercadoria às mãos do consumidor. Por isso, tais tributos, além de serem indiretos, também são chamados de plurifásicos.

O contribuinte de direito terá imensa dificuldade de comprovar que não houve a repercussão quando estiver posicionado na última operação, até porque, nesse caso o contribuinte de fato será o próprio consumidor final. De qualquer maneira, também para essa situação a lei permite que o contribuinte de fato autorize o contribuinte de direito a repetir o tributo.

2.13. A ação de repetição do indébito

Como se sabe, a repetição de indébito pode ser obtida através de processo administrativo ou por meio de ação judicial com a finalidade de obter a restituição do crédito indevidamente pago, incluindo-se os acréscimos moratórios.

A ação de repetição do indébito segue o rito comum e exige a comprovação do pagamento do tributo por meio da juntada do documento respectivo (DARF, GNRE, GARE, GPS, GSE, GRU, etc.). Nos tributos de trato sucessivo não há necessidade de comprovação do recolhimento de todos os valores, o que poderá ser feito na fase de execução contra a Fazenda Pública. Assim, por medida de economia processual, admite-se a propositura da ação mediante a comprovação de pelo menos um pagamento.

Caso o legitimado ativo não opte pelo pedido compensatório, a repetição se procederá por meio de expedição de precatório, e neste caso a jurisprudência tem sedimentado o entendimento acerca do não cabimento da tutela antecipatória contra a Fazenda Pública.

Consoante disposição do art. 169 do CTN, a restituição de tributo pago indevidamente poderá ser formulada administrativamente. O preceptivo estabelece que a ação anulatória proposta contra a decisão administrativa que indeferir a restituição prescreverá em 2 anos, sendo importante ressaltar que esse prazo é sujeito à prescrição e refere-se à ação anulatória sacada contra a repetição administrativa. Na visão de Paulo de Barros Carvalho, haveria uma inconstitucionalidade no parágrafo único do art. 169 do CTN, por violação ao *Princípio da Universalidade da Jurisdição*, ao estabelecer que o prazo de prescrição da ação anulatória de decisão administrativa que denegar a restituição poderia ser interrompido pelo início da ação judicial e recomeçaria pela metade, a partir da citação da Fazenda Pública.[1]

---

1 Op. cit., p. 306.

3. COMPENSAÇÃO

A compensação é uma modalidade de extinção do crédito tributário através da qual o contribuinte pode deixar de efetuar o pagamento do tributo pelo fato de possuir um crédito frente ao fisco, permitindo que ambos sejam compensados até o montante da equiparação de suas dívidas. Assim, consiste na existência de obrigações entre indivíduos que são, ao mesmo tempo, credores e devedores um do outro, com relação a dívidas líquidas e vencidas.

Trata-se de um instituto oriundo do direito privado, estando previsto nos arts. 368 e seguintes do Código Civil. Na legislação anterior, estabelecia o art. 1017 do Código Civil que as dívidas fiscais da União, Estados e Municípios não poderiam ser objeto de compensação, exceto nos casos de encontro entre o fisco e o devedor, autorizados por lei. É interessante que o art. 374 do Código Civil dispõe que a matéria de compensação concernente às dívidas fiscais e parafiscais seria disciplinada pelas disposições nele contidas. No entanto, o dispositivo foi revogado pela Medida Provisória nº 104 de 9 de janeiro de 2003, convertida na Lei Federal nº 10.677/03, de maneira que a matéria deverá ser disciplinada integralmente pelas disposições do Código Tributário Nacional e pela legislação tributária respectiva.

Em matéria de compensação, o art. 170 do CTN determina que a lei pode atribuir à autoridade administrativa a autorização para a compensação de créditos líquidos e certos, vencidos ou vincendos, do sujeito passivo contra a Fazenda Pública. Trata-se da regra geral em matéria de compensação, exigindo-se lei específica e autorização da Fazenda Pública, havendo a necessidade de que os créditos sejam líquidos e certos, vencidos ou vincendos.

Além disso, sendo vincendo o crédito do sujeito passivo, a lei determinará, para os efeitos da compensação, a apuração de seu montante, não podendo cominar redução maior que a correspondente ao juro de 1% ao mês pelo tempo a decorrer entre a data da compensação e a do vencimento.

Podem ser considerados pressupostos da compensação, a necessidade de lei específica, a reciprocidade das dívidas, a liquidez das dívidas e a exigibilidade das prestações.

Sobre a necessidade de lei específica, dispõe o art. 97, VI, do CTN sobre a exi*gência d*e lei autorizadora para que se efetive a compensação, não havendo como legitimá-la tão somente pela existência da norma geral do art. 170 do Código.

A liquidez da dívida diz respeito à sua efetiva existência no momento da compensação, além da necessidade de que seu valor esteja perfeitamente determinado, não havendo dúvidas referentes à sua quantificação. Amplamente acolhida no Direito Civil, a exigibilidade deve ser considerada com certa reserva em matéria tributária, tendo em vista que o Código Tributário Nacional admite a compensação de dívidas vencidas e vincendas, desde que preenchidos os demais requisitos.

A compensação tributária sofreu uma grande evolução nos últimos anos, de forma que era praticamente inutilizada face à ausência de legislação específica, muito embora possuísse razoável compostura normativa no Código Tributário Nacional. No entanto, a partir da década de 1990, a compensação passou a ser disciplinada em vários dispositivos de lei que serão agora analisados. Nesse sentido, com a edição da Lei nº 8.383/91, seu art. 66 disciplinava o seguinte: *Nos casos de pagamento indevido ou a maior de tributos, contribuições federais, inclusive previdenciárias, e receitas patrimoniais, mesmo quando resultante de reforma, anulação, revogação ou rescisão de decisão condenatória, o contribuinte poderá efetuar a compensação desse valor no recolhimento de importância correspondente a período subsequente. (Redação dada pela Lei nº 9.069 de 29.6.1995).*

Com sua reabertura, a compensação prevista na Lei nº 8.383/91 só poderia ser efetuada entre tributos, contribuições e receitas da mesma espécie, sendo facultado ao contribuinte optar pelo pedido de restituição, e sendo corrigida monetariamente com base na variação da UFIR (Unidade Fiscal de Referência).

Antes disso a compensação somente podia ser efetuada pela própria Fazenda, mas a partir daí, o próprio sujeito passivo obteve possibilidade de efetuá-la por sua conta e risco, muito embora o procedimento ficasse limitado a tributos de mesma espécie.

Trata-se de um marco na compensação tributária, visto que a partir de então começavam a ser criados dispositivos legais capazes de permitir a evolução dessa categoria de extinção do crédito, a qual foi ampliada posteriormente para admitir a compensação com créditos que tivessem receitas patrimoniais pagas a maior ou indevidamente, como fonte de origem.

Assim, com o advento da Lei nº 8.383/91, o contribuinte adquiriu o direito à compensação sponte propria, não podendo ser cerceado pela autoridade administrativa a pretexto de estabelecer condições para a compensação. É claro que a compensação ficava submetida à posterior análise de sua regularidade pelo fisco, sujeitando-se o compensante às intempéries do lançamento de ofício, nos casos onde fossem apuradas irregularidades no procedimento compensatório.

O fato é que o dispositivo em questão inovou sobremaneira a disciplina da compensação, já que a única condição estabelecida foi a determinação que só poderia ser efetuada entre tributos da mesma espécie, conferindo tratamento diverso ao dado pelo art. 170 do CTN. Tanto é verdade que logo suscitou-se a tese de que a Lei nº 8.383/91 teria tratado da compensação de forma diversa da prevista no art. 170 do CTN, estabelecendo um regime jurídico distinto. Nesse sentido, a jurisprudência do STJ: REsp. 83946/MG, DJ 01/07/1996; 85880/MG, DJ 02/09/1996, 78.270/MG, DJ 29/04/1996. Sobre o assunto, confira-se o magistério de Hugo de Brito Machado:[2] "No art. 170 do Código cuida-se de compensação de créditos tributários com créditos de qualquer natureza, desde que líquidos e certos, vencidos ou vincendos, do sujeito passivo com a Fazenda Pública. Objetos da compensação, neste caso, são, de um lado, um crédito tributário, que é por natureza líquido e certo, posto que constituído pelo regular procedimento administrativo de lançamento; e, do outro, um crédito de qualquer natureza que o sujeito passivo daquela relação tributária tem junto à Fazenda Pública. O titular desse crédito está, em princípio, obrigado a comprovar essa titularidade, assim, como a liquidez e certeza de seu crédito.

---

2 Op. cit. pp.184/185.

Na Lei n. 8.383/91 a compensação autorizada é apenas de créditos do contribuinte, ou responsável tributário, contra a Fazenda Pública, decorrentes de pagamento indevido de tributos ou contribuições federais, com tributo da mesma espécie, relativo a períodos subsequentes, objetos da compensação, neste caso, são, de um lado, um futuro crédito tributário, e não um crédito tributário já constituído, posto que relativo a período futuro; e, do outro, um crédito que o sujeito passivo da relação tributária tem perante a Fazenda Pública, em decorrência de pagamento indevido de tributo. Não se há de cogitar, portanto, de idoneidade do devedor, que é a própria Fazenda, nem de qualificação do crédito como líquido e certo. Basta o reconhecimento de que o pagamento do tributo se fez indevidamente. E tal reconhecimento pode ter havido em decisão anterior, ou efetivar-se em face de ação movida pelo interessado para ter reconhecido o seu direito à compensação."

Infere-se que a compensação do CTN é genérica e trata da extinção do crédito tributário nas hipóteses em que o mesmo já tenha sido constituído pelo lançamento, estando revestido de certeza e liquidez. Frise-se que essa modalidade de compensação pode se efetivar com créditos de qualquer espécie, salvo se ilíquidos e incertos, advertindo-se, no entanto, que tal modalidade compensatória está adstrita à edição de lei que autorize sua concretização.

Diametralmente ao CTN, a disposição da Lei n° 8.383/91 cuida especificamente da compensação do indébito tributário, isto é, ao invés de o contribuinte receber em espécie a quantia que recolheu indevidamente, utiliza-se do crédito para solver uma obrigação tributária futura, desde que se trate de tributos da mesma espécie e com a mesma destinação constitucional.

A inteligência do art. 66 da Lei n° 8.383/91 foi concretizada com a edição da Lei n° 9.250/95, cujo art. 39 disciplinava que a compensação de que trata o art. 66 da Lei n° 8.383, de 30 de dezembro de 1991, com a redação dada pelo art. 58 da Lei n° 9.069, de 29 de junho de 1995, somente poderá ser efetuada com o recolhimento de importância correspondente a imposto, taxa, contribuição federal ou receitas patrimoniais de mesma espécie e destinação constitucional, apurado em períodos subseqüentes. Além disso, a partir de 1° de janeiro de 1996, a compensação ou restituição será acrescida de juros equivalentes à taxa referencial do Sistema Especial de Liquidação e de Custódia – SELIC para títulos federais, acumulada mensalmente, calculados a partir da data do pagamento indevido ou a maior até o mês anterior ao da compensação ou restituição e de 1% relativamente ao mês em que estiver sendo efetuada.

Dessa forma, a Lei n° 8.383/91 trata de compensação do indébito tributário, no recolhimento de importância correspondente a períodos subsequentes, com a ressalva de tocar apenas aos tributos sujeitos ao lançamento por homologação.

Em arremate ao cotejo entre semelhanças e diferenças entre o art.170 do CTN e o art. 66 da Lei n° 8.383/91, Adriana de França Costa explica que "por essa linha de interpretação, a Lei 8.383/91 permite ao contribuinte fazer a compensação direta contra débitos seus ao Fisco Federal daquelas quantias que tenha recolhido indevidamente. A compensação é direta porque independe de prévia anuência da Fazenda Pública, e uma vez que é exercida no âmbito do lançamento por homologação, será posteriormente examinada pela Fazenda, que homologará esse lançamento se lhe parecer correto."[3]

Com a edição da Lei nº 9.430/96, as operações de compensação passaram a ser ainda mais amplamente utilizadas, pois o contribuinte passou a ter a possibilidade de compensar tributos de espécies diversas, o que até então era defeso. Nesse sentido, dispunha o artigo 74 abaixo transcrito, já com a redação alterada pela legislação posterior, que *o sujeito passivo que apurar crédito, inclusive os judiciais com trânsito em julgado, relativo a tributo ou contribuição administrado pela Secretaria da Receita Federal, passível de restituição ou de ressarcimento, poderá utilizá-lo na compensação de débitos próprios relativos a quaisquer tributos e contribuições administrados por aquele Órgão.*

Nesse caso, a compensação será efetuada mediante a entrega, pelo sujeito passivo, de declaração na qual constarão informações relativas aos créditos utilizados e aos respectivos débitos compensados. Dessa forma, a compensação declarada à Secretaria da Receita Federal extingue o crédito tributário, sob condição resolutória de sua ulterior homologação.

A Lei nº 9.430/96 também dispunha que além das hipóteses previstas nas leis específicas de cada tributo ou contribuição, ficam excluídas dessa categoria, não podendo ser objeto de compensação mediante entrega, pelo sujeito passivo, da declaração de compensação: o saldo a restituir apurado na Declaração de Ajuste Anual do Imposto de Renda da Pessoa Física; os débitos relativos a tributos e contribuições devidos no registro da Declaração de Importação; os débitos relativos a tributos e contribuições administrados pela Secretaria da Receita Federal que já tenham sido encaminhados à Procuradoria-Geral da Fazenda Nacional para inscrição em Dívida Ativa da União; o débito consolidado em qualquer modalidade de parcelamento concedido pela Secretaria da Receita Federal – SRF; o débito que já tenha sido objeto de compensação não homologada, ainda que a compensação se encontre pendente de decisão definitiva na esfera administrativa; o valor objeto de pedido de restituição ou de ressarcimento já indeferido pela autoridade competente da Secretaria da Receita Federal – SRF, ainda que o pedido se encontre pendente de decisão definitiva na esfera administrativa; os débitos relativos a tributos e contribuições de valores originais inferiores a R$ 500,00 (quinhentos reais); os débitos relativos ao recolhimento mensal obrigatório da pessoa física apurados na forma do art. 8º da Lei nº 7.713, de 1988; e os débitos relativos ao pagamento mensal por estimativa do Imposto sobre a Renda da Pessoa Jurídica - IRPJ e da Contribuição Social sobre o Lucro Líquido - CSLL apurados na forma do art. 2º da referida lei.

No mesmo sentido, os pedidos de compensação formulados com base nessa categoria e pendentes de apreciação pela autoridade administrativa serão considerados declaração de compensação, desde o seu protocolo, para os efeitos previstos na disciplina

---

[3] COSTA, Adriana de França. *A repetição do Indébito Tributário e a Compensação Tributária*. In Processo Tributário e Judicial. Coordenação de James Marins e Gláucia Vieira Marins. Curitiba: Editora Juruá, 2001, p. 406.

da compensação. O prazo para homologação da compensação declarada pelo sujeito passivo será de 5 anos, contado da data da entrega da declaração de compensação.

Nessa nova categoria de compensação, submetida à entrega de declaração de compensação firmada pelo contribuinte, ficou definido que a referida declaração constitui confissão de dívida e instrumento hábil e suficiente para a exigência dos débitos indevidamente compensados, e uma vez não homologada a compensação, a autoridade administrativa deverá cientificar o sujeito passivo e intimá-lo a efetuar, no prazo de 30 (trinta) dias, contado da ciência do ato que não a homologou, o pagamento dos débitos indevidamente compensados.

Além disso, não efetuado o pagamento no prazo previsto (30 dias), o débito será encaminhado à Procuradoria-Geral da Fazenda Nacional para inscrição em Dívida Ativa da União, ressalvado o direito do sujeito passivo apresentar manifestação de inconformidade contra a não homologação da compensação. Da decisão que julgar improcedente a manifestação de inconformidade caberá recurso ao Conselho de Contribuintes, o qual obedecerá ao rito processual do Decreto nº 70.235/72.

Por fim, será considerada não declarada a compensação nas hipóteses já mencionadas linhas atrás, onde a lei proíbe tal categoria de compensação, e também nas situações em que o crédito seja de terceiros. Também se considera inválida a compensação que refira-se a "crédito-prêmio" instituído pelo art. 1o do Decreto-Lei no 491, de 5 de março de 1969; que refira-se a título público; que seja decorrente de decisão judicial não transitada em julgado; ou não se refira a tributos e contribuições administrados pela Secretaria da Receita Federal – SRF, e tiver como fundamento a alegação de inconstitucionalidade de lei que não tenha sido declarada inconstitucional pelo Supremo Tribunal Federal em ação direta de inconstitucionalidade ou em ação declaratória de constitucionalidade, nem tenha tido sua execução suspensa pelo Senado Federal.

Conforme pode se verificar, o novo formato da compensação exige declaração de compensação por parte do contribuinte, a qual ficará submetida à instrução em processo administrativo tributário perante a Fazenda Nacional, sujeitando-se à homologação da autoridade fazendária.

Em suma, passaram a coexistir regimes de compensação distintos, sendo o primeiro previsto no art. 66 da Lei nº 8.383/91 e que trata de tributos da mesma espécie, não dependendo de requerimento nem autorização prévia da Receita Federal, já que expressamente a legislação autoriza o contribuinte a realizá-la, e o segundo regime implantado pela Lei nº 9.430/96 que autoriza a compensação de tributos de espécies diferentes mediante declaração de compensação encaminhada à Receita Federal. A Lei nº 9.250/95 fornece rudimentos conceituais para sua correta identificação, estabelecendo que são tributos da mesma espécie os que têm a mesma destinação constitucional.

A Lei Complementar nº 104/01 incluiu o art. 170-A no Código Tributário Nacional, impondo uma limitação ao direito de compensação para o caso de créditos tributários decorrentes de ação judicial, exigindo o trânsito em julgado da sentença para que a operação possa ser realizada.

Por outro lado, a Lei nº 10.637/02 deu nova redação ao art. 74 da Lei nº 9.430/96, permitindo uma ampliação no campo de aplicabilidade da compensação, isso porque pela redação antiga, a compensação de tributos de espécies diferentes era feita através de pedido prévio à Fazenda e não tinha caráter extintivo, mas suspensivo do crédito tributário. Dessa forma, o fisco estava impedido de exigir o crédito durante o período sob análise, mas no caso de não aceitação do pedido, o crédito poderia ser exigido, mesmo transcorridos vários anos, não correndo prazo preclusivo contra a administração pública. Com a nova redação o contribuinte informa a Receita por intermédio da DCOMP (Declaração de Compensação), efetua a compensação por sua conta e risco e fica sujeito à ulterior homologação por parte da autoridade administrativa competente.

A Lei nº 10.833/03 atribuiu à DCOMP o poder de confissão de dívida, de forma que, não homologada a compensação pela Fazenda, o débito passa automaticamente a ser exigido, sem a necessidade de efetivação de lançamento de ofício. Essa questão trouxe divergências com relação às declarações anteriores à data de sua vigência e se elas também seriam consideradas como confissão de dívida, e ao que tudo indica, o entendimento correto deve ser fundado no princípio da irretroatividade, de maneira que somente poderiam ser consideradas confissões de dívida as compensações realizadas e não homologadas após a vigência da nova lei.

Outro tema importante diz respeito ao início da contagem do prazo decadencial para a não homologação da compensação por parte da Fazenda. Anteriormente à vigência da lei, o termo inicial se dava com o fato gerador, transferindo-se o início de seu cômputo para a data da entrega da DCOMP. É importante diferenciar a contagem do prazo decadencial nas hipóteses em que o contribuinte realiza a operação de compensação em tributos sujeitos a lançamento por homologação, isso porque o termo inicial da decadência, em havendo a realização da operação de compensação, será a entrega da DCOMP e não o fato gerador. Porém, em caso de dolo, simulação ou fraude, o início do prazo decadencial se dará no 1º dia do exercício seguinte àquele em que o lançamento poderia ter sido efetuado.

Outra questão fundamental em relação ao prazo decadencial, não sujeito a suspensão ou interrupção, diz respeito ao direito do fisco questionar a compensação, de maneira que, passados os 5 anos sem qualquer objeção à compensação, não poderá a Fazenda questioná-la. A única exceção está prevista no art.173, II, do CTN, quando houver anulação do lançamento anteriormente efetuado por vício formal.

Com efeito, a Lei nº 11.051/04 incluiu o §12 na Lei nº 9.430/96 disciplinando as hipóteses de compensação não declarada, determinando que, nesse caso, não corre prazo decadencial contra a Fazenda Pública pelo fato de a própria lei não ter autorizado a compensação, permitindo, no caso de descumprimento da legislação, que o fisco efetue a constituição do crédito a qualquer momento.

Nos tributos sujeitos a lançamento por homologação, toda a operação de apuração do débito é efetuada diretamente pelo contribuinte, a ele competindo realizar todos os cálculos, ficando no aguardo da homologação por parte da Administração. Sendo assim, para a apuração deste débito, o contribuinte pode se utilizar dos valores a serem compensados, reduzindo o montante a ser pago, ficando tal procedimento submetido à análise posterior da Receita que pode resultar em quatro situações:

a) Homologação Tácita. Decorridos cinco anos da data de entrega da declaração de compensação, não se manifestando o Fisco entende-se homologada a operação.
b) Homologação Expressa. Durante o intervalo de cinco anos contados da data de entrega da compensação, a Administração pode efetuar a verificação dos valores apurados, aceitando-os como corretos e homologando-os expressamente.
c) Não homologação. Neste caso, o fisco entende que os valores apurados pelo contribuinte estão incorretos, dispondo de um instrumento hábil para exigibilidade de seu crédito, já que a declaração de compensação passou a ter valor de confissão de dívida a partir de 2003.
d) Compensação considerada não declarada. Nos casos em que a compensação é defesa em lei, o procedimento do contribuinte não terá validade, podendo o fisco efetuar a exigência por entender que a declaração não existiu.

Portanto, a condição essencial da compensação nos tributos sujeitos a lançamento por homologação é a ulterior homologação, já que a lei determina que a pendência da homologação não confere caráter extintivo à operação.

Nos casos de compensação não homologada, o contribuinte pode utilizar-se da via judicial caso entenda haver alguma ilegalidade no âmbito administrativo, mas é certo que a notificação da não homologação autoriza a cobrança do débito, sendo necessário que o contribuinte tome as medidas cabíveis para obter a suspensão da exigibilidade do crédito.

Sendo possível que a operação de compensação de créditos atinja valores passados e futuros, o compensante pode transferir os valores com os devidos acréscimos legais, sendo possível, nos termos do § 4º do art. 39 da Lei nº 9.250/95, que os valores compensados sejam acrescidos de juros equivalentes à taxa referencial do Sistema Especial de Liquidação e de Custódia – SELIC para títulos federais, acumulada mensalmente, calculados a partir da data do pagamento indevido ou a maior até o mês anterior ao da compensação ou restituição e de 1% relativamente ao mês em que estiver sendo efetuada.

Com relação à multa aplicada no caso de não homologação da compensação, em 2001 o art. 90 da Medida Provisória nº 2158 estabeleceu a necessidade do lançamento de ofício sobre as diferenças verificadas e causadoras da não homologação, isso porque a declaração ainda não tinha o poder de confissão de dívida. Naquele período as multas eram de 75% para os contribuintes que deixassem de recolher o tributo e de 150% aos contribuintes que agissem com a intenção de fraudar o fisco.

No caso da não homologação, havendo a discordância do fisco com relação aos valores compensados pelo contribuinte, a autoridade administrativa expedirá um despacho cientificando o contribuinte que a operação não foi homologada, dando-lhe um prazo de 30 dias para o pagamento dos valores indevidamente compensados, contados do momento em que o contribuinte toma ciência da não homologação. Caso não haja o devido pagamento, a declaração de compensação é instrumento de confissão de dívida e, portanto, possibilita a execução. Ocorrendo a discordância por parte do contribuinte contra o despacho decisório, poderá apresentar *Manifestação de Inconformidade* diretamente à autoridade administrativa, e no caso de novo indeferimento da compensação, caberá Recurso voluntário para o Conselho de Contribuintes.

4. Transação

Transação é a modalidade de extinção do crédito tributário pela qual o sujeito ativo e o sujeito passivo estabelecem concessões mútuas. O instituto da transação advém do direito privado, e o Código Civil Brasileiro define sua disciplina a partir do artigo 840, determinando que é lícito aos interessados prevenirem ou terminarem o litígio mediante concessões mútuas.

Embora possa representar um verdadeiro acordo entre fisco e contribuinte, o fato é que transação depende de lei específica, por força do disposto no art. 171 e art. 97, VI, do CTN.

Dessa forma, *a lei pode facultar, nas condições que estabeleça aos sujeitos ativo e passivo da obrigação tributária celebrar transação que, mediante concessões mútuas, importe em determinação de litígio e consequente extinção do crédito tributário.*

O art. 171 do CTN menciona a expressão *determinação do litígio,* mas o termo correto é *terminação do litígio,* de maneira que as concessões recíprocas entre os sujeitos da relação colocarão um ponto final na obrigação. A transação pode ocorrer em variadas situações, como por exemplo, na liquidação do débito mediante desconto por meio de pagamento à vista, ou ainda, por meio da liberação ou redução dos acréscimos moratórios.

De tal arte, nessa modalidade de extinção do crédito, a *lei indicará a autoridade competente para autorizar a transação em cada caso,* de maneira que a transação poderá ser condicionada ao preenchimento de determinadas condições legais a serem aferidas pela administração fazendária, sendo, como regra, concedida em caráter individual.

5. Remissão

Remissão, do verbo remitir, significa perdoar, dar-se por satisfeito ou quitar. Somente por lei da pessoa competente, o sujeito ativo pode conceder o perdão da dívida ao sujeito passivo.

O art. 172 do CTN dispõe que *a lei pode autorizar a autoridade administrativa a conceder, por despacho fundamentado, remissão total ou parcial do crédito tributário, atendendo a situação econômica do sujeito passivo; ao erro ou ignorância escusáveis do sujeito passivo, quanto à matéria de fato;* à diminuta importância do crédito tributário; *a considerações de equidade, em relação com as características pessoais ou materiais do caso; a condições peculiares a determinada região do território da entidade tributante.*

A remissão não se confunde com a *remição (do verbo remir = resgatar ou adquirir de novo),* prevista no Código de Processo Civil, instituto que disciplina, no âmbito do processo de execução, o direito concedido ao cônjuge, descendente ou ascendente do executado de liberar o bem penhorado através do depósito do valor da alienação por arrematação ou adjudicação.

Além disso, também poderá ser condicionada ao preenchimento de determinadas condições legais de aferição pela autoridade fazendária, mas estando preenchidas referidas exigências, o sujeito passivo terá o direito subjetivo de se enquadrar nessa categoria de extinção do crédito. Nesse sentido, o despacho fazendário não gera direito adquirido à remissão se o beneficiado não preencher as condições impostas pela lei.

Por derradeiro, a remissão pode ser total ou parcial e não se confunde com a anistia prevista no art. 180 do CTN, uma vez que esta cuida de hipótese de exclusão do crédito tributário, abrangendo exclusivamente as infrações tributárias. Além disso, a remissão pode abranger integralmente o crédito tributário, enquanto a anistia só alcança a penalidade inerente à infração tributária.

6. Prescrição e Decadência

Prescrição e decadência são figuras relacionadas ao efeito do tempo nas relações jurídicas, de maneira que seu transcurso denota o traço que une essas duas importantes categorias do direito. E por se vincularem diretamente à influência do tempo na vida dos sujeitos, são tratados em conjunto já que possuem aspectos em comum, tanto que o Código Tributário Nacional os compreende no mesmo dispositivo (art. 156, V), disciplinando-os como causas de extinção do crédito tributário.

Decadência e prescrição são concebidas como indispensáveis à estabilidade das relações humanas, tendo a finalidade de consolidar os direitos e pacificar conflitos em nome da segurança e da certeza jurídica.

Em linhas gerais, decadência e prescrição podem ser definidas como a necessidade de que um direito seja exercido em determinado lapso temporal, sob pena de perder-se em face da negligência de seu titular.

Em matéria tributária, prescrição e decadência são prazos que fluem em momentos distintos, e na cronologia da relação jurídica tributária , a decadência se opera antes da prescrição, e por isso será analisada previamente.

Pode se afirmar que a decadência é a perda do direito de constituir o crédito tributário por meio do lançamento e a prescrição é a perda do direito de promover a execução judicial do crédito. Conclui-se, como premissa inicial, que o prazo decadencial se posiciona no lapso temporal entre o fato gerador e o lançamento, enquanto a prescrição se posiciona entre o lançamento definitivamente concretizado e o ajuizamento da execução fiscal.

Como se sabe, decadência e prescrição são institutos da teoria geral do direito, de maneira que os princípios gerais do direito privado podem ser empregados para a definição, conteúdo e alcance desses dois institutos, e sua distinção pode ser definida à luz da teoria adotada pelo Código Civil, no sentido de que a decadência, por representar a perda do direito de lançar, equivale à perda da possibilidade de exercer um direito potestativo, enquanto a prescrição implica a perda do direito a uma pretensão.

Perlustrando o tema, a decadência extingue o próprio exercício do direito, enquanto a prescrição atinge o exercício da ação a ele inerente, muito embora, particularmente em relação à prescrição tributária, estabelece o CTN que haverá não somente a perda do direito de ação, mas a perda do próprio direito.

Com essas explicações iniciais, convido ao estudo pormenorizado do tema, a começar pela decadência.

6.1. Decadência

Inicialmente cumpre distinguir a decadência em relação ao direito do sujeito passivo, da decadência em relação ao direito do sujeito ativo. No que pertine à decadência do credor, tratada neste capítulo, o CTN dispõe, no art. 173, inciso, I, sobre o direito de proceder ao lançamento.

Na já exposta temática da decadência, tratamos do direito do sujeito passivo para pleitear a restituição do tributo pago indevidamente.

Perlustrando o campo da decadência do direito da Fazenda Pública, o fenômeno compreende a perda do direito de constituir o crédito por meio do lançamento. As regras que a disciplinam são definidas de acordo com a modalidade do lançamento.

O art. 173, I, do CTN disciplina a decadência para tributos sujeitos a lançamento direto ou por declaração. Nesse sentido, *o direito de a Fazenda Pública constituir o crédito tributário extingue-se após 5 anos contados do primeiro dia do exercício seguinte àquele em que o lançamento poderia ter sido efetuado, ou da data em que se tornar definitiva a decisão que houver anulado, por vício formal, o lançamento anteriormente efetuado.*

A regra do art. 173, inciso I, I, está relacionada à modalidade de lançamento direto ou de ofício e o lançamento por declaração ou misto que eram as categorias utilizadas com mais frequência quando da edição do código em 1966. Em tais situações a lei pressupunha que o lançamento era atividade exclusiva do fisco ou era necessária a entrega das informações pelo sujeito passivo, permitindo que o fisco preparasse o lançamento.

Por outro lado, o art. 150, § 4° do CTN trata da decadência nos tributos sujeitos a lançamento por homologação. Assim, *se a lei não fixar prazo à homologação, será ele de 5 anos, a contar da ocorrência do fato gerador; expirado esse prazo sem que a Fazenda Pública se tenha pronunciado, considera-se homologado o lançamento e definitivamente extinto o crédito, salvo se comprovada a ocorrência de dolo, fraude ou simulação.*

No caso do autolançamento que implica o pagamento antecipado, se não ocorrer homologação expressa, poderá configurar-se a homologação tácita, no prazo de 5 anos a contar do fato gerador.

O fato é que, independentemente da modalidade do lançamento, a decadência, também chamada de caducidade, faz desaparecer o direito de constituir o crédito, em decorrência do não exercício desse direito por determinado espaço de tempo previsto em lei, e por isso é denominada como perda do direito de lançar.

Uma crítica contumaz em relação à decadência diz respeito à sua inclusão como modalidade de extinção do crédito tributário, em face da impropriedade relacionada ao fato de que ela corresponde à perda do direito de lançar, isso porque, se o lançamento constitui o crédito tributário, é intuitivo que antes dele não exista crédito, e por isso não haveria falar-se em extinção de algo que ainda não surgiu. Por essa razão seria mais lógico afirmar a decadência como impeditiva da constituição do crédito tributário, podendo ser incluída entre as causas de sua exclusão.

Como se vê, esses argumentos se perfilam com a teoria declarativista, no sentido de que o lançamento não constitui o crédito que nasceria com a própria obrigação. Sob essa visão, a doutrina tenta conciliar a aparente contradição do CTN ao estabelecer que a decadência extingue o crédito, até porque, se adotada a tese de que o crédito nasce com o lançamento, não haveria porque extinguir algo que ainda não nasceu.

Com efeito, o fato é que o reconhecimento da decadência quase sempre se verifica quando o crédito já está constituído pelo lançamento, não havendo porque não conferir crédito à teoria constitutivista que condiz em afirmar a decadência como causa de extinção do crédito.

Conforme se anotou precedentemente, a obrigação tributária é o vínculo existente entre sujeito ativo e sujeito passivo que nasce com a ocorrência do fato típico tributário, embora o crédito que decorra da obrigação tributária, para ser exigível, necessita do lançamento que é o procedimento tendente a verificar a ocorrência do pressuposto fático, determinar a matéria tributável, calcular o montante do tributo devido e identificar o sujeito passivo. Assim, com a ocorrência do fato gerador, cabe ao sujeito ativo diligenciar para lançar o crédito, uma vez que não dispõe, até esse momento, de ação para obrigar o devedor a entregar-lhe o numerário.

Em linhas gerais, pode-se concluir que o fisco deve atuar para que não transcorra um lapso temporal igual ou superior a 5 anos entre a ocorrência do fato gerador e o lançamento.

Dessa forma, o lançamento está sujeito ao prazo decadencial porque decorre de atividade administrativa vinculada, não estando a Fazenda Pública impedida de realizá-lo nem mesmo na pendência de causa suspensiva de exigibilidade do crédito, configurando assim, um direito potestativo. *Mutatis mutandis*, se o prazo decadencial é fatal, na pendência de causa suspensiva deve o fisco diligenciar para proceder ao lançamento, sob pena de incorrer na caducidade que implicará na perda do próprio direito material, atingindo também a obrigação tributária e tornando inexistente a dívida.

6.1.1. Elementos da decadência

São considerados elementos da decadência:

a) a existência de um direito;
b) a inércia do titular desse direito;
c) a continuidade dessa inércia por certo lapso de tempo.

A decadência, assim como a prescrição, deve estar disciplinada em lei complementar (art. 146, III, b, da CF), a quem compete definir os prazos respectivos, os termos iniciais e finais e as causas suspensivas e interruptivas, razão pela qual são eivados de inconstitucionalidade os dispositivos de lei ordinária que estipulem o prazo e disciplinem sua forma de contagem.

O prazo decadencial flui num momento distinto do prazo prescricional, e na cronologia da relação jurídica, se posiciona anteriormente ao lançamento, transcorrendo antes do prazo de prescrição. Por essa razão se diz que a decadência é impeditiva da prescrição, pois uma vez observada, impede sua ocorrência. No entanto, deve se levar em consideração que em muitas situações a investigação do caso concreto se verifica muito tempo depois da fluência do prazo decadencial, o que justifica a arguição simultânea da decadência e da prescrição, não sendo impossível constatar que as duas tenham ocorrido

A razão desse diagnóstico simultâneo, mas não cumulativo, da decadência e da prescrição, se deve ao fato de que os efeitos nelas previstos não se operam automaticamente, uma vez que ficam na dependência de seu reconhecimento, o que se perfaz quase sempre por decisão judicial. Por isso, embora não possam coexistir, não há nenhum equívoco em que sejam arguidas simultaneamente.

6.1.2. O termo inicial do prazo decadencial

A identificação correta do evento que marca o início da contagem do prazo decadencial é de suma importância, isso porque, diferentemente do prazo prescricional que tem como termo inicial a constituição definitiva do crédito tributário, na decadência a lei fixou quatro diferentes marcos temporais para contagem do início do prazo de 5 anos, de maneira que, consoante preceitua o art. 173 do CTN, a decadência tem como dies a quo:

a) O primeiro dia do exercício financeiro seguinte àquele em que o lançamento poderia ter sido efetuado. A disposição do art. 173, I, do CTN deve ser considerada para os tributos sujeitos a lançamento por declaração e lançamento de ofício, assim como no lançamento por homologação quando não houver pagamento. É evidente que o lançamento pode ser efetuado desde que tenha ocorrido o nascimento da obrigação tributária, sendo possível concluir que essa regra geral define o termo inicial da decadência a partir do dia 1° de janeiro do ano seguinte àquele em que ocorreu o fato gerador.

b) A data em que se tornar definitiva a decisão que anular por vício formal, o lançamento anteriormente efetuado. O preceito do art.173, II, do CTN aplica-se para os casos em que o lançamento de ofício foi anulado por vício extrínseco, de maneira que, *exempli gratia*, se o auto de infração for anulado por vício na notificação, o fisco contará com o prazo de 5 anos para realizar novo lançamento, contados a partir da decisão definitiva que anular o lançamento anterior. A anulação do lançamento por vício formal representa, para parte da doutrina, uma causa interruptiva do prazo decadencial. Em nossa visão não se trata de interrupção do prazo decadencial, mas uma oportunidade para que o fisco refaça o lançamento anulado por vício formal, devendo, no entanto, diligenciar para que esse novo lançamento seja efetivado no prazo de 5 anos, pois do contrário, a norma premiaria o erro da Fazenda Pública.

c) A notificação feita como medida preparatória para a constituição do crédito. Assim como ocorre no caso anterior, o disposto no parágrafo único do art. 173 do CTN consagra uma situação esdrúxula, uma vez que também parece permitir a interrupção do prazo decadencial já iniciado e que poderia estar às vésperas de expirar, como se pudesse o fisco conciliar sua inércia com o direito de promover alguma medida que lhe valesse novo prazo para efetuar o lançamento, renovando-o por mais 5 anos, bastando que se perfaça uma notificação ao contribuinte, qualificando-a como medida preparatória. Tome-se como exemplo o caso do contribuinte do IRPF que cai em malha fina e é notificado a prestar informações ou apresentar documentos à Receita Federal, faltando apenas alguns dias para o transcurso do prazo decadencial. Expedida como medida preparatória, referida notificação poderia ser invocada pelo fisco como caso típico de medida tendente à constituição do crédito, sugerindo, a partir dessa notificação, a renovação do prazo decadencial, o que, em nosso sentir, viola os postulados da razoabilidade e da proporcionalidade. Não obstante, outra interpretação resolve de maneira mais coerente o problema, já que a norma em questão implica uma antecipação da contagem do prazo, na hipótese da regra do art. 173, I, do CTN, de maneira que a referida medida preparatória seria utilizada como termo inicial do prazo decadencial antes do início da contagem do prazo pela regra geral, ou seja, antes do primeiro dia do exercício financeiro seguinte, tomando curso o prazo a partir da notificação. Logo, o dispositivo não traduz uma suposta interrupção do prazo decadencial, mas uma antecipação da contagem do prazo, aplicável quando a medida preparatória for sacada antes do primeiro dia do exercício seguinte àquele em que poderia ter sido praticado o fato gerador. Em suma, havendo qualquer medida que implique início de fiscalização, ou mesmo pela lavratura do termo de início de fiscalização devidamente cientificada ao sujeito passivo, ocorre uma antecipação do termo inicial da decadência, de maneira que a contagem do prazo inicia-se a partir dessa data.

d) A data da ocorrência do fato gerador, nos termos do § 4º do art. 150, do CTN. É o caso dos tributos sujeitos a lançamento por homologação, como o ICMS, IR, COFINS, IPI, ISS etc. Desde que inexista fraude ou simulação, o prazo de decadência seguirá os mesmos termos da homologação tácita do lançamento, sendo de 5 anos e com termo inicial a contar do fato gerador. Ocorrendo o pagamento, ainda que parcial, a mais racional das explicações é que nem existirá lançamento, considerando-se homologado tacitamente o suposto autolançamento em 5 anos após o fato gerador que deve ser considerado o termo inicial do prazo decadencial. Transcorrido *in albis* o prazo, o lançamento é homologado tacitamente e o crédito é considerado extinto. Assim, se o crédito se extingue em 5 anos a contar do fato gerador, este deve ser considerado o marco inicial do prazo decadencial nos tributos sujeitos a lançamento por homologação. Embora não seja praxe, a homologação expressa ratifica a extinção do crédito, tornando-o extinto pelo pagamento. Caso não ocorra o pagamento total ou parcial do tributo pelo contribuinte, a Fazenda não terá o que homologar, e por essa razão não deve ser aplicado art. 150, § 4°, mas tão somente a regra geral do art. 173, I. *Esse foi o entendimento consolidado* pelo STJ no REsp n° 973.733, no sentido de que considera-se, para a contagem do prazo decadencial de tributo sujeito a lançamento por homologação, a existência, ou não, de pagamento antecipado, pois é esse o ato que está sujeito à homologação pela Fazenda Pública, nos termos do art. 150 e parágrafos do CTN. Havendo pagamento, ainda que não seja integral, estará ele sujeito à homologação, daí porque deve ser aplicado para o lançamento suplementar o prazo previsto no § 4° desse artigo, ou seja, de cinco anos a contar do fato gerador. Todavia, não havendo pagamento algum, não há o que homologar, motivo porque deverá ser adotado o prazo previsto no art. 173, I, do CTN.

Dessa forma, pode-se resumir os termos iniciais do prazo decadencial da seguinte forma:

- Em caso de lançamento de ofício ou por declaração, o prazo conta-se a partir do primeiro dia do exercício seguinte (art. 173, I);
- A partir da data em que se tornar definitiva a decisão que anular o lançamento anterior por vício formal (art. 173, II);
- A notificação feita como medida preparatória para a constituição do crédito, desde que o início do prazo se dê antes do 1° dia do exercício financeiro seguinte (art. 173, parágrafo único);
- Em caso de lançamento por homologação, a partir do fato gerador, quando houver pagamento total ou parcial (art. 150, § 4°);
- Em caso de lançamento por homologação, a partir do 1° dia do exercício seguinte quando não houver pagamento (art. 173, I);
- Em caso de lançamento por homologação, ocorrendo fraude, dolo ou simulação, a partir do 1° dia do exercício seguinte (art. 173, I);

Esse foi o panorama geral da contagem do prazo decadencial que acabou se consolidando depois de décadas de acirrada discussão. No entanto, esse quadro acabou mudando novamente em 2015 quando o STJ editou a Súmula n° 555 que é do seguinte teor: "*Quando não houver declaração do débito, o prazo decadencial quinquenal para o Fisco constituir o crédito tributário conta-se exclusivamente na forma do art. 173, I, do CTN, nos casos em que a legislação atribui ao sujeito passivo o dever de antecipar o pagamento sem prévio exame da autoridade administrativa.*"

Por estranho que possa parecer, o STJ revogou todo o entendimento que ele mesmo vinha adotando em relação à contagem do prazo decadencial para os tributos sujeitos a lançamento por homologação, isso porque coloca na mesma vala essa categoria peculiar de lançamento ao determinar que também para eles o prazo se iniciará a partir do 1° dia do exercício seguinte àquele em que o lançamento poderia ter sido efetivado.

Ora, por enquanto parece sepultada a ideia de contagem de prazos decadenciais a partir do fato gerador nos termos do art. 150, § 4°, ficando o termo inicial da decadência postergado para o exercício seguinte, indicando uma reviravolta que favorece os interesses fazendários.

Analisado o termo inicial do prazo decadencial nos tributos sujeitos a lançamento por homologação, impõe-se a análise detalhada desta peculiar hipótese de decadência.

6.1.3. A decadência nos tributos sujeitos a lançamento por homologação

Devo advertir que toda a análise que faremos nesse tópico deverá servir como reminiscência histórica ou com o objeto de pesquisa, isso porque conforme acabamos de analisar, a edição da Súmula n° 555 pelo STJ torna o tema redundante na medida em que a contagem do prazo decadencial agora deverá ser feita na forma do art. 173, I, do CTN.

De qualquer maneira, feita a necessária ressalva, analisemos como se deu a evolução do tema acerca da decadência em relação aos tributos sujeitos a lançamento por homologação.

No estudo da restituição do pagamento indevido, analisamos a tese decadencial dos cinco mais cinco em favor do sujeito passivo para a propositura da ação. A essa altura, de igual modo, analisemos a mesma tese em favor do fisco, no sentido de que nos tributos sujeitos a lançamento por homologação o fisco teria o prazo de 5 anos para efetivar o lançamento, com base no art. 150, § 4° do CTN, a contar do fato gerador, prazo que se cumula com novo quinquênio iniciado a partir do 1° dia do exercício seguinte àquele em que o lançamento poderia ter sido efetuado, a teor do art. 173, I, do CTN.

Dessa forma, aplicar-se-iam os dois dispositivos em conjunto, dobrando-se o prazo decadencial, demonstrando o entendimento que foi sedimentado no STJ a partir do julgamento no REsp. n° 59.918, desde que o contribuinte efetue pagamento a menor, situação em que o fisco terá 5 anos para homologar, a contar do fato gerador, e mais 5 anos, a partir daí, para fazer o lançamento.

Como se sabe, àquela altura, o STJ fazia uma interpretação sistemática do art. 150, § 4° com a regra geral definida no art. 173, I do CTN, de maneira que a decadência somente ocorreria após o transcurso do prazo de 5 anos contados do exercício seguinte àquele em que se extinguiu o direito do Poder Público rever o lançamento. Nesse sentido: "*I – O art. 173, I, do CTN deve ser interpretado em conjunto com seu art. 150, § 4°. II – O termo inicial da decadência prevista no art. 173, I, do CTN não é a data em que ocorreu o fato gerador. III – A decadência relativa ao direito de constituir crédito tributário somente ocorre depois de cinco anos, contados do exercício seguinte àquele em que se extinguiu o direito potestativo de o Estado rever o lançamento (art. 150, § 4º). IV – Se o fato gerador ocorreu em outubro de 1974, a decadência opera-se em 1º de janeiro de 1985.*" REsp. 58.918-RJ, Rel. Min. Humberto Gomes de Barros, DJU 19.06.1995.

No mesmo sentido: "*O Superior Tribunal de Justiça tem entendimento firmado que o prazo decadencial para a constituição do crédito tributário não tem início com a ocorrência do fato gerador, mas sim, depois de cinco anos contados do exercício àquele em que foi extinto o direito potestativo da Administração de rever e homologar o lançamento. Não configurada a decadência no caso em exame – cobrança de diferença de ICMS em lançamento por homologação – porquanto o fato gerador ocorreu em junho de 1990, e a inscrição da dívida foi realizada em 15 de agosto de 1995, portanto, antes do prazo decadencial, que só se verificará em 1º de janeiro de 2001 (6/90 = fato gerador + 5 anos = 6/95 – extinção do direito potestativo da Administração/ 1º/01/96 – primeiro dia do exercício seguinte à extinção do direito potestativo da Administração + 5 anos = prazo de decadência da dívida/ 15/08/95 – data em que ocorreu a inscrição da dívida/ 1º/01/2001 = limite do prazo decadencial. Recurso conhecido e provido. Decisão unânime." Ac. Unânime, 2ª Turma do STJ, RESP 198.631-SP, Rel. Min. Franciulli Neto – DJU 25.04.00.*

Nos casos em que houvesse pagamento, seria aplicada a regra dos §§ 1º e 5º do art. 150 do CTN, dispondo o fisco de 5 anos para a homologação expressa do autolançamento, a contar do fato gerador. Não havendo homologação expressa, entende-se que a homologação será tácita após o transcurso desse prazo, extinguindo-se o crédito.

A aplicação da tese dos 10 anos, no entanto, somente teria respaldo quando houve pagamento, ainda que a menor, pois no caso de não pagamento o entendimento mais correto é no sentido de aplicar-se tão somente o art. 173, I do CTN, iniciando-se o prazo a partir do 1º dia do exercício seguinte àquele em que poderia ter sido efetuado o lançamento, isso porque se não houve pagamento antecipado, não há falar-se em homologação e nem do prazo de 5 anos para a homologação. Posições minoritárias sustentam a aplicação do prazo decadencial dobrado nos tributos sujeitos a lançamento por homologação mesmo nos casos onde não houve pagamento

Registre-se que o prazo de homologação do pagamento antecipado nos tributos sujeitos a lançamento por homologação, pode, nos exatos termos do art. 150, § 4º do CTN, ser modificado pela legislação tributária específica. Nesse sentido, *se a lei não fixar prazo à homologação*, será ele de 5 anos a contar da ocorrência do fato gerador. Está claro que o dispositivo em questão não autoriza o aumento desse prazo, o que, por força do **Princípio da Proibição do Retrocesso**, permite, a contrário senso, a diminuição do prazo em favor do contribuinte, já que o prazo decadencial corre contra a Fazenda.

Eurico Marcos Diniz de Santi refutou a tese dos 10 anos ao afirmar que *o vocábulo poderia empregado no art. 173, I, do CTN, exige o cotejo com o art. 150, § 4º, de maneira que baseado apenas no art. 173, esse entendimento outorga a poderia o sentido de seria lícito, mas baseado nos dois dispositivos, essa posição outorga sentido diverso, de maneira que o lançamento não pode mais ser efetuado, propondo-se uma situação de propor o que não pode mais.* (grifo nosso)[4]

Além disso, na visão do autor, *deixou-se de tomar como hipótese a conduta omissiva de lançar modalizada pelo poder para eleger a perda jurídica do poder, qual fosse conduta, como referencial inicial da contagem do prazo para instaurar um novo prazo para o lançamento.* Ademais, *a possibilidade de a Administração tomar o reconhecimento da perda de seu poder como hipótese para o surgimento de novo poder, em prazo subsequente, configura a chamada recursividade, de maneira que ao fim dessa nova competência um outro poderia faria iniciar outro novo prazo para lançar, e assim sucessivamente.* Por fim, ensina que *o disposto no art. 173, I, do CTN não pode ser usado juntamente com o art. 150, § 4° porque não possuem relação de causalidade na medida em que o termo final de um não implica a hipótese do outro, além do fato de que parte-se da premissa que não se efetuou nenhum pagamento quando o dispositivo disciplina a homologação do pagamento antecipado.* [5]

A nosso aviso, esse entendimento se baseia no princípio da razoabilidade, e o fato é que já está pacificada a jurisprudência do STJ adotando esse posicionamento que sepulta as elucubrações inerentes à tese dos 10 anos, seja a que favorece o contribuinte, enterrada pela LC n° 118/05, seja a que favorece o fisco, também com a alma encomendada. Confira-se importante julgado que reflete a nova tendência do STJ: "*Versam os autos, originariamente, agravo de instrumento interposto contra decisão deferiu o pedido de tutela antecipada formulado pelo autor em ação anulatória para determinar que a União se abstivesse da prática de atos referentes à exigência do crédito tributário referente à COFINS no período de junho a dezembro de 1992, haja vista que o auto de infração foi lavrado somente em 27.07.1999, quando já ultrapassado o prazo decadencial para a sua constituição previsto no art. 173, I do CTN. 6. Deveras, assentando o acórdão recorrido a não ocorrência de fraude, dolo ou coação, importa em reexame do conjunto fático-probatório carreado aos autos chegar à conclusão diversa, matéria insindicável pelo STJ, em sede de recurso especial, ante a incidência inarredável do verbete sumular n.° 07, desta Corte Superior. 7. O crédito tributário constitui-se, definitivamente, em cinco anos, porquanto mesmo que o contribuinte exerça o pagamento antecipado, a Fazenda dispõe de um quinquênio para o lançamento, que pode se iniciar, sponte sua, na forma do art. 173, I, ou tacitamente quando então deve estar ultimado no quinquênio do art. 150, § 4°.8. A partir do referido momento, inicia-se o prazo prescricional de cinco anos para a exigibilidade em juízo da exação, implicando na tese uniforme dos cinco anos, acrescidos de mais cinco anos, a regular a decadência na constituição do crédito tributário e a prescrição quanto à sua exigibilidade judicial. 9. Inexiste, assim, antinomia entre as normas do art. 173 e 150, § 4° do CTN. . 10. Deveras, é assente na doutrina: "a aplicação concorrente dos artigos 150, § 4° e 173, o que conduz a adicionar o prazo do artigo 173 – cinco anos a*

---

[4] DE SANTI, Eurico Marcos Diniz. *Decadência e Prescrição no Direito Tributário.* 4ª Ed. São Paulo: Ed. Saraiva, 2011, p. 134.

[5] Idem, p. 238/239.

contar do exercício seguinte àquele em que o lançamento poderia ter sido praticado – com o prazo do artigo 150, § 4º – que define o prazo em que o lançamento poderia ter sido praticado como de cinco anos contados da data da ocorrência do fato gerador. Desta adição resulta que o dies a quo do prazo do artigo 173 é, nesta interpretação, o primeiro dia do exercício seguinte ao do dies ad quem do prazo do artigo 150, § 4º. A solução é deplorável do ponto de vista dos direitos do cidadão porque mais que duplica o prazo decadencial de cinco anos, arraigado na tradição jurídica brasileira como o limite tolerável da insegurança jurídica. Ela é também juridicamente insustentável, pois as normas dos artigos 150, § 4º e 173 não são de aplicação cumulativa ou concorrente, antes são reciprocamente excludentes, tendo em vista a diversidade dos pressupostos da respectiva aplicação:o art. 150, § 4º aplica-se exclusivamente aos tributos 'cuja legislação atribua ao sujeito passivo o dever de antecipar o pagamento sem prévio exame da autoridade administrativa'; o art. 173, ao revés, aplica-se aos tributos em que o lançamento, em princípio, antecede o pagamento. (...) A ilogicidade da tese jurisprudencial no sentido da aplicação concorrente dos artigos 150, § 4º e 173 resulta ainda evidente da circunstância de o § 4º do art. 150 determinar que considera-se 'definitivamente extinto o crédito' no término do prazo de cinco anos contados da ocorrência do fato gerador. Qual seria pois o sentido de acrescer a este prazo um novo prazo de decadência do direito de lançar quando o lançamento já não poderá ser efetuado em razão de já se encontrar 'definitivamente extinto o crédito'? Verificada a morte do crédito no final do primeiro quinquênio, só por milagre poderia ocorrer sua ressurreição no segundo." (Alberto Xavier, Do Lançamento. Teoria Geral do Ato, do Procedimento e do Processo Tributário, Ed. Forense, Rio de Janeiro, 1998, 2ª Edição, p. 92 a 94). 11. In casu, considerando que os débitos relativos à COFINS referem-se ao período de junho a dezembro de 1992, e que o auto de infração foi lavrado em 27.07.1999, consoante assentado pelas instâncias ordinárias, não merece acolhida a pretensão do recorrente, por isso que o lançamento foi efetivado após do prazo de cinco anos, previsto no art. 150, § 4º, do CTN.. 12. Precedentes da Primeira Seção: ERESP 276142 / SP ; Rel. Min. LUIZ FUX, DJ de 28.02.2005; ERESP 279473 / SP, Rel. Min. TEORI ALBINO ZAVASCKI, DJ de 11.10.2004) 13. Recurso especial improvido" REsp 638.962-PR, Rel. Min. Luiz Fux, DJU 01.08.2005.

6.1.4. Termo final do prazo decadencial

O termo final do prazo decadencial deve ser considerado o momento em que o sujeito passivo toma conhecimento do crédito contra si constituído, por meio da regular notificação do lançamento, ressaltando que nos tributos sujeitos a lançamento por homologação e no caso de pagamento regular, não haverá notificação do lançamento porque o sujeito passivo declara e constitui seu próprio débito.

Assim, no caso de pagamento antecipado, o lançamento ficará sujeito à homologação que, no mais das vezes, é tácita, e nesse caso o lançamento se perfaz com a entrega das informações ao fisco. Em alguns casos, essas informações são chamadas de *declaração*, embora não se trate de lançamento por declaração, como ocorre, por exemplo, com a DCTF – Declaração de Débitos e Créditos de Tributos Federais – e da GIA – Guia de Informação e Apuração do ICMS, cuja entrega pelo contribuinte na Secretaria da Fazenda tem a finalidade de declarar, constituir e confessar seu próprio débito, perfazendo-se o autolançamento com o pagamento antecipado e a entrega desses documentos que pode ser feita até mesmo de forma eletrônica.

Mesmo no caso de não pagamento, não haverá necessidade de notificação ao sujeito passivo, estando constituído o crédito, e em seguida será remetido à inscrição em dívida ativa. Assim, é razoável concluir que nos tributos declarados e não pagos raramente ocorrerá a decadência, tendo em vista que o fato gerador ocorre quase sempre no mesmo mês, ou no máximo, em alguns meses antes àquele em que o contribuinte entrega a guia de informação ou a declaração de débitos. Por isso se costuma dizer que nesses casos a decadência não corresponde à extinção do crédito, mas à perda do direito de constituí-lo.

Qualquer que seja a modalidade do lançamento, uma vez transcorrido o prazo definido em lei sem que tenha se operado a decadência, diz-se que o prazo restou vencido sem a ocorrência do evento. A partir desse momento não mais se cogita a decadência, podendo ocorrer somente a prescrição.

A seguir, o quadro geral com notas resumidas acerca da forma de contagem do prazo decadencial, ficando ressalvadas as observações referentes à Súmula nº 555 do STJ.

	Termo Inicial	**Termo Final**
Lançamento Direto ou de ofício	1º dia do exercício seguinte àquele em que poderia ter sido efetuado o lançamento (art.173, I do CTN)	Notificação do lançamento ao sujeito passivo
Lançamento por Declaração ou Misto	1º dia do exercício seguinte àquele em que poderia ter sido efetuado o lançamento (art.173, I do CTN)	Notificação do lançamento ao sujeito passivo
Lançamento por Homologação (em caso de pagamento) **Só haverá implicação se o pagamento ocorreu mas não foi regular, pois do contrário haverá homologação tácita**	(-) 5 anos para homologar, a contar do fato gerador, e mais 5 anos, a partir daí, para fazer o lançamento (art. 150, § 4º c.c. 173, I do CTN). (+) Como a tese dos 10 anos está perdendo vigor no STJ, o prazo é de 5 anos a contar do F.G.	Entrega das informações pelo sujeito passivo ao fisco, por meio de declaração (DCTF, GIA etc.)

Lançamento por homologação (em caso de não pagamento)	1ª posição (-): 5 anos para homologar, a contar do fato gerador, e mais 5 anos, a partir daí, para fazer o lançamento (art. 150, § 4º c.c. 173, I do CTN). 2ª posição (+): Não havendo pagamento, não há o que homologar, aplicando-se somente o art. 173, I do CTN	Entrega das informações pelo sujeito passivo ao fisco, por meio de declaração (DCTF, GIA etc.)
Qualquer modalidade de lançamento quando houve anulação por vício formal	Da data em que se tornar definitiva a decisão que anular o lançamento por vício formal (art.173, II do CTN)	Notificação do novo lançamento ao sujeito passivo
Quando houver notificação de medida preparatória para o lançamento	A partir da notificação da medida preparatória (art. 173, parágrafo único do CTN). Ex: malha fina.	Notificação do lançamento que é distinta da notificação inicial considerada medida preparatória

6.1.5. Interrupção do prazo decadencial

Diferentemente da prescrição que decorre da violação do direito a uma pretensão e pelo qual o titular deve atuar coercitivamente buscando tutela que o resguarde, a decadência deriva de um direito potestativo que confere a seu titular o poder de interferir na esfera jurídica de outra pessoa sem a necessidade de qualquer contraprestação desta. A decadência veicula direitos sem pretensão, insuscetíveis de violação.

Por outro lado, dispõe o art. 207 do Código Civil que *salvo disposição legal em contrário*, não se aplicam à decadência as normas que impedem, suspendem ou interrompem a prescrição, razão pela qual o dogma da peremptoriedade ou fatalidade do prazo decadencial pode ser vencido desde que haja lei nesse sentido.

Sob esse aspecto é sintomático que o CTN pareça estabelecer hipóteses configuradoras de possível interrupção do prazo decadencial, tanto no inciso II do art. 173, quando fixa novo marco inicial para contagem do prazo em caso de anulação do lançamento, quanto no art. 173, parágrafo único.

Neste último caso, a norma disciplina a notificação feita como medida preparatória para a constituição do crédito. O pomo da discórdia é saber se há interrupção da decadência tributária, já que nesse sentido já houve pronunciamento do STJ no julgamento do RESP nº 766.050-PR. No entanto, na arguta lição de Luciano Amaro, "o problema está na hipótese em que tal notificação seja feita após já ter tido início o prazo de decadência (contado de acordo com a regra do item I do caput do dispositivo). Nessa hipótese, o prazo decadencial já terá tido início e o prazo a que se refere o citado item é um prazo para constituir o crédito e não para começar a constituir o crédito. Em suma, parece-nos que o parágrafo só opera para antecipar o início do prazo decadencial, não para interrompê-lo, caso ele já tenha tido início de acordo com o item I do caput do dispositivo."[6]

Assim, deve ser afastada a interpretação no sentido de que aí haveria interrupção do prazo decadencial. Conforme já analisamos precedentemente, não poderia o fisco se valer de tal medida preparatória para renovar o prazo para o lançamento, uma vez que estaria premiada sua omissão. Com esses argumentos, bastaria fosse expedida uma notificação sob esses termos para que fosse invocada como apta à constituição do crédito, permitindo a partir daí a fluência de novo prazo.

De fato, o dispositivo não corresponde à interrupção do prazo decadencial, mas uma antecipação da contagem do prazo, aplicável quando a medida preparatória for sacada antes do primeiro dia do exercício seguinte àquele em que poderia ter sido praticado o fato gerador, ocorrendo, então, uma antecipação do termo inicial da decadência, de maneira que a contagem do prazo inicia-se a partir dessa data.

6.2. Prescrição

Partindo da premissa que a prescrição do direito do contribuinte corresponde à perda do direito de ação contra a Fazenda Pública, a prescrição aqui tratada, chamada de prescrição do crédito tributário e prevista no art. 156, V e art. 174 do CTN, se perfaz contra o fisco e representa a causa extintiva do crédito tributário que consiste no transcurso do lapso temporal no qual o sujeito ativo deve exercer o direito de cobrança do crédito por meio do ajuizamento da execução fiscal. Trata-se da perda do direito de ação para exigir o crédito tributário.

Com base no **Princípio da actio nata**, o prazo prescricional se inicia a partir do momento em que ocorreu a violação do direito que no caso específico do crédito tributário corresponde ao não pagamento, nascendo o direito ao exercício de uma pretensão deduzível em juízo. O princípio infere que somente nos casos em que o direito de ação está à disposição do interessado é que se iniciará o prazo prescricional, e uma vez transcorrido o lapso de tempo em questão, a lei presume que o titular renunciou ao seu direito de promover a execução do crédito.

Dessa forma, transcorrido o prazo prescricional em decorrência de sua inércia, o credor perderá o direito de ajuizar a ação judicial, e por via de consequência, tornará extinto o próprio direito material que corresponde ao crédito. Nesse sentido, dispõe o art. 174 do CTN que *a ação para a cobrança do crédito tributário prescreve em 5 anos, contados da sua constituição definitiva.*

Assim, para que ocorra a prescrição é necessária a concorrência dos seguintes requisitos:

a) A existência de uma ação exercitável (*actio nata);*

b) A inércia do titular da ação por um determinado lapso de tempo;

c) A ausência de causas suspensivas ou interruptivas do prazo prescricional.

---

[6] Op. cit., p. 395/396.

Em Direito Tributário a prescrição atinge não somente o direito de ação, mas o próprio direito material por força do que dispõe o art. 156, V do CTN. Dessa forma, o prazo prescricional é de 5 anos e se inicia a partir do momento em que ocorreu a *constituição definitiva* do crédito.

6.2.1. *Termo inicial do prazo prescricional*

Em qualquer modalidade de lançamento, transcorrido o prazo definido em lei sem que tenha se operado a decadência, cabe aferir se já está definitivamente constituído o crédito, momento a partir do qual toma curso o prazo de prescrição.

Assim, nos casos em que o direito de ação está à disposição do interessado durante certo lapso de tempo e este deixa escoar o prazo, a lei presume que renunciou a seu direito de promover a execução do crédito. Apesar disso, ainda que após o prazo da decadência somente possa ocorrer a prescrição, a fluência do prazo prescricional não se inicia imediatamente após o termo final do prazo decadencial.

Sob esse aspecto, é imprescindível que esteja configurada a *constituição definitiva* do crédito, sendo importante definir o exato momento em que isso ocorre, já que tal fenômeno marca o *dies a quo* do prazo prescricional. Com efeito, após a notificação do lançamento, o contribuinte dispõe do direito de defesa administrativa, o qual, uma vez exercido, impede o transcurso do prazo. No entanto, em determinadas situações não existe a notificação do lançamento, não havendo falar-se nem mesmo no transcurso de prazo ou exercício do direito de defesa, e isso se deve à categoria do lançamento que definirá a forma de contagem do prazo prescricional, influência que também afeta a decadência. Dessa forma, é fundamental a análise da modalidade de lançamento por meio do qual se procede à contagem do prazo.

Senão vejamos:

a) Nos tributos sujeitos a lançamento por declaração ou misto, o crédito estará definitivamente constituído quando não houver impugnação ou defesa administrativa à notificação do lançamento. Em havendo impugnação ou defesa administrativa, o crédito somente estará definitivamente constituído quando o processo administrativo tributário estiver definitivamente julgado, não comportando nessa seara, qualquer alteração. Também é necessário que esteja vencido o prazo para pagamento do tributo, que em regra é de 30 dias consoante determina o art. 160 do CTN. Da mesma forma, o prazo para apresentação de defesa administrativa também costuma ser de 30 dias, o que significa dizer que neste interregno o devedor não está em mora, razão pela qual o prazo prescricional se inicia a partir do 31° dia após a notificação do lançamento.

b) Nos tributos sujeitos a lançamento por homologação, o contribuinte apura os valores devidos e recolhe antecipadamente o tributo independentemente de qualquer atividade do fisco. Estando regular o pagamento, haverá extinção do crédito e o prazo de prescrição nem mesmo se iniciará, de maneira que há constituição definitiva em face da entrega das informações pelo sujeito passivo (DCTF, GIA, etc.) a quem compete declarar e constituir seu próprio débito, pagando-o antecipadamente e acarretando a extinção do crédito recém constituído. Mesma solução será dada no caso de não pagamento ou pagamento a menor, embora seja necessário investigar o momento em que ocorreu o marco inicial do prazo, isso porque, segundo Zelmo Denari, o débito conquista definitividade "a partir do momento em que o contribuinte procede à entrega da guia de informação e apuração do tributo, começando nessa data o prazo de prescrição." [7] Conforme se observa, não se fala no transcurso do prazo de 30 dias para o pagamento previsto no art. 160 do CTN, e o prazo se inicia imediatamente com a entrega da declaração (DCTF ou GIA) ou a partir da data do vencimento da obrigação definido na declaração (o que ocorrer depois), isso porque a mora é imediata já que no autolançamento o sujeito passivo tem o dever de antecipar o pagamento. Ademais, trata-se de mora ex re não havendo necessidade de notificação ao sujeito passivo, não sendo sequer instaurado o processo administrativo.[8] Assim, com base no Princípio da actio nata, não poderá correr o prazo de prescrição contra aquele que ainda não dispõe do direito de ação, e por isso, se no pagamento regular o prazo de prescrição nem mesmo se inicia, no não pagamento ou pagamento a menor, o termo inicial será a data da entrega da declaração (DCTF, GIA etc.), ressalvando que no caso da data do vencimento ser posterior à data da entrega da declaração, vale a data do vencimento. Em suma, nos tributos sujeitos a lançamento por homologação, em não havendo pagamento ou pagamento a menor, o termo inicial será a data da entrega da declaração ou o vencimento da obrigação (o que vencer por último). Devo observar que não se dá a mesma solução quando não ocorrer a entrega da declaração, tendo em vista que o crédito não foi constituído, daí não se tratar de lançamento por homologação, mas lançamento de ofício, adotando-se, quanto ao marco inicial, as regras que seguem. [9]

c) Nos tributos sujeitos a lançamento direto ou de ofício, o marco inicial do prazo prescricional ocorrerá após o esgotamento de toda e qualquer impugnação ou defesa oponível em processo administrativo tributário. Com a mesma lógica,

---

[7] Revista da Procuradoria Geral do Estado de São Paulo (RPGE), nº18, junho/1981, p.316.

[8] Nesse sentido: *Em se tratando de autolançamento de débito fiscal declarado e não pago, desnecessária a instauração de procedimento administrativo para a inscrição da dívida ativa e posterior cobrança. 2ª Turma do STF, Agr. Reg. em Ag. Inst. nº 144.609-9, DJU 01.09.1995, Rel. Min. Maurício Corrêa.* No mesmo sentido: *Com o autolançamento feito pelo contribuinte, surge, por força de lei, a obrigação de antecipar o pagamento do tributo autolançado no prazo regulamentar, independente do prévio exame pela administração. Se esse pagamento antecipado não ocorre no prazo regulamentar, a administração pode inscrever a dívida ativa autolançada, para cobrança executiva, independente de procedimento administrativo especial. Quanto aos juros moratórios, eles devem ser calculados sobre a dívida atualizada, sendo devidos desde o vencimento da obrigação tributária. 4ª Câm. Do TJSP, Ap. nº 264.524-2/5, , Rel. Des. Paulo Shintate, publicado na RT 723/344.*

[9] A propósito do *dies a quo* do prazo prescricional nos tributos sujeitos a lançamento por homologação, confira-se a jurisprudência: Tributário – Débito declarado e não pago. Prescrição qüinqüenal – Termo inicial – Vencimento da obrigação. (...) O termo inicial do lustro prescricional, em caso de tributo declarado e não pago, não se inicia da declaração, mas da data estabelecida como vencimento para o pagamento da obrigação tributária constante na declaração. No interregno que medeia a declaração e o vencimento, o valor declarado a título de tributo não pode ser exigido pela Fazenda Pública, razão pela qual não corre o prazo prescricional da pretensão da cobrança nesse período. REsp 658.138-PR, 2ª Turma, Rel. Min. Castro Meira.

> a *actio nata* instrui o raciocínio no sentido de que a notificação do lançamento ou do auto de infração não pode ser considerada como o marco inicial do prazo de prescrição pelo simples fato de que o crédito ainda não está definitivamente constituído. Solução idêntica aos tributos sujeitos a lançamento por declaração, observando que em caso de apresentação de defesa administrativa, o prazo se inicia no 31° dia após a notificação final do processo administrativo, e no caso de não apresentação de defesa, a partir do 31° após a notificação do lançamento.

Como se depreende, em nenhuma das situações o termo inicial do prazo prescricional se concretiza com a inscrição do débito na dívida, sendo rotunda a ilação de que a inscrição em dívida ativa aponta o termo inicial do prazo prescricional. O fato é que a inscrição pressupõe crédito definitivamente constituído, uma vez que formaliza o título executivo extrajudicial e torna apto o ajuizamento de ação para cobrança de um crédito que já existe e não que acabou de ser constituído.

De fato, não é a inscrição que concretiza o crédito, cuja constituição definitiva se operou anteriormente nas hipóteses supra mencionadas. Sob esse aspecto é sintomático que a Lei n° 6.830/80 estabeleça que a inscrição do débito suspende o prazo prescricional pelo período de 180 dias, o que permite pressupor que, se ocorre a suspensão do prazo é porque o mesmo já está em curso.

Assim, a inscrição na dívida ativa não exerce nenhuma influência na prescrição, salvo a disposição que acabamos de mencionar que viceja apenas e tão somente uma hipótese de suspensão da prescrição, nada mais, e que decididamente não foi recepcionada pelo art. 146 da CF. Por isso, decididamente o *dies a quo* do prazo prescricional não ocorre com a inscrição do débito na dívida ativa, mas antes dela.

6.2.2. Impedimento do prazo prescricional pela apresentação de defesa administrativa

Com a notificação do lançamento ou do auto de infração, o contribuinte dispõe do direito de defesa administrativa, fato pelo qual não se inicia o cômputo do prazo prescricional, uma vez que a Fazenda não dispõe do direito de ação. Por isso, somente após o encerramento definitivo do processo administrativo e respectiva notificação ao contribuinte, e ao final dos 30 dias de que dispõe para pagamento, é que se iniciará o prazo.

Com efeito, durante a discussão da legitimidade do crédito no processo administrativo tributário, muito embora não mais se cogite decadência, não é menos verdade que ainda não se iniciou o cômputo do prazo prescricional, fenômeno designado por alguns de *buraco negro*, uma vez que não corre prazo decadencial nem prescricional.

Não há cogitar-se em hipótese de suspensão ou interrupção do prazo, isso porque o mesmo ainda não se iniciou, razão pela qual trata-se de *causa impeditiva do prazo prescricional*, postergando para o final da demanda administrativa a constituição definitiva do crédito e o marco inicial do prazo.

Assim, nos lançamentos de ofício ou por declaração, a apresentação de defesa ou impugnação administrativa configura causa impeditiva do prazo prescricional que somente iniciará seu cômputo a partir do 31° dia após a notificação que dá ciência ao sujeito passivo de que ele foi vencido no processo administrativo. Aliás, a instauração do processo administrativo tributário se procede a bem do sujeito passivo que goza de todas as possibilidades de ampla defesa, podendo rebater a legitimidade do crédito pretendido pelo fisco, de tal arte que basta seguir as regras universais de organização do pensamento para se concluir que enquanto a Fazenda Pública, em sua seara específica, estende ao sujeito passivo a possibilidade de discutir a legitimidade do crédito, esse credor não poderá exigi-lo judicialmente até que se perfaça o caráter de definitividade do processo administrativo. É a pura e simples manifestação da *actio nata*. Referido entendimento é amplamente acolhido na jurisprudência, conforme se verifica: *Prescrição – Início da contagem do prazo – Constituição Definitiva do Crédito Tributário. O prazo prescricional de cinco anos da ação de execução do crédito tributário começa a correr da data da solução do processo administrativo, se houver. Antes o que pode acontecer é a ocorrência de decadência, até a notificação do lançamento constituidor do crédito tributário. Esta constituição, porém, não será a definitiva, caso sobrevenha processo administrativo a demandar solução. Enquanto se desenrolar tal processo, não corre prazo nem decadencial, nem prescricional. Tribunal de Justiça de São Paulo – Ap.Cível 40.165-2; RT 579/61.*

No mesmo sentido: *Prescrição – Termo Inicial – Constituição Definitiva do Crédito Tributário – Arts. 174 E 142 do CTN. É a partir da constituição definitiva do crédito tributário que começa a correr o prazo prescricional, uma vez que o crédito tributário torna-se exigível a partir daí. Após a lavratura do auto de infração e até que flua o prazo para recurso administrativo, ou enquanto não for decidido o recurso administrativo competente de que se haja valido o contribuinte, não pode ser exigida a satisfação do crédito tributário, não começando a correr, pois, o tempo para o prazo prescricional. A Jurisprudência do STF é firme a respeito. (RE 93.109, 2ªT; REsp. 91.019, 1ª T.; RE 85.577, 1ª T; RE 91.812, 1ªT.; RE 95.273-0, 2ª Turma, VU.).*

O Código Tributário Nacional, consoante dispõe o art. 151, III, considera as Reclamações e os Recursos, nos termos das Leis que regulam o Processo Tributário Administrativo, como causa de suspensão do crédito tributário, sem fazer qualquer distinção entre suspensão e impedimento, não se vislumbrando, quanto a isso, nenhuma contradição, já que os efeitos são análogos.

6.2.3. *Suspensão do prazo prescricional*

Denomina-se suspensão do prazo prescricional a causa que acarreta o cessamento temporário do cômputo do prazo, sem prejuízo do lapso já transcorrido, findo o qual, o prazo torna a fluir pelo período restante. O Código Tributário Nacional prevê as seguintes causas de *suspensão do prazo prescricional*:

a) O tempo decorrido entre a concessão da moratória e sua revogação, nos casos de dolo ou simulação do beneficiado, ou de terceiro em benefício daquele (art.155, § único).

b) O tempo decorrido entre a concessão de anistia e sua revogação, nos casos de dolo ou simulação do beneficiado, ou de terceiro em benefício daquele (art. 182, § único cc art.155).

c) O tempo decorrido entre a concessão de remissão e sua revogação, nos casos de dolo ou simulação do beneficiado, ou de terceiro em benefício daquele (art. 172, § único cc art.155).

d) O tempo decorrido entre a concessão de isenção e sua revogação, nos casos de dolo ou simulação do beneficiado, ou de terceiro em benefício daquele (art. 179, § 2° cc art. 155).

A Lei n° 6.830/80 – Lei de Execução Fiscal – também estabelece outras causas de suspensão do prazo prescricional, mas por se tratar de lei ordinária, tais disposições não foram recepcionadas por força do disposto no art. 146, III, "b" da CF no sentido de que cabe à lei complementar estabelecer normas gerais em matéria de legislação tributária, especialmente sobre obrigação, lançamento, crédito, prescrição e decadência tributários. Nesse sentido, exclusivamente no que se refere à suspensão da prescrição tributária, não foram recepcionadas as seguintes causas suspensivas da prescrição:

a) O tempo decorrido entre a suspensão do curso da execução pela não localização do devedor ou encontrados bens sobre os quais possa recair a penhora até que seja encontrado o devedor ou os bens (art. 40 "caput" da Lei 6.830/80).

b) O tempo decorrido entre a inscrição do débito na Dívida Ativa até 180 dias ou até a distribuição da execução fiscal, se esta ocorrer antes de findo aquele prazo (art. 2°, § 3° da Lei 6.830/80).

Como a Lei de Execução Fiscal disciplina a cobrança judicial da dívida ativa, incluindo os débitos tributários e não tributários, deve-se entender que os dispositivos em análise podem ser aplicados em relação aos débitos não tributários, emprestando-lhes interpretação conforme a Constituição.

A primeira hipótese diz respeito à prescrição no curso do processo de execução fiscal, denominada *prescrição intercorrente,* e será analisada em tópico específico.

No julgamento do RE n° 560.626, ao reconhecer a inconstitucionalidade do prazo de decadência e prescrição das contribuições previdenciárias, definidos como sendo de 10 anos por lei ordinária, o Supremo Tribunal Federal consagrou a *cláusula de reserva de lei complementar* para tratar de decadência e prescrição tributárias, tornando inconstitucionais os dispositivos da Lei de Execução Fiscal que versem sobre decad*ência e prescrição.*

Também se discute se as causas de suspensão da exigibilidade do crédito, definidas no art. 151 do CTN, suspendem a fluência do prazo prescricional. Alguns defendem que as causas de suspensão do crédito tributário não afetam o prazo de prescrição, sendo uma justa medida para que a Administração Fazendária não eternize os procedimentos de lançamento. No entanto, uma simples análise do **Princípio da actio nata** torna lógico supor que enquanto o crédito tributário estiver com a exigibilidade suspensa, não correrá prazo prescricional, isso porque não há inércia da Fazenda Pública, não dispondo ela do direito de ação. Assim, se o sujeito ativo não pode agir porque pende causa suspensiva, a prescrição não tem curso.

Dessa forma, a suspensão da exigibilidade do crédito suspende a fluência do prazo prescricional, embora o mesmo não ocorra em relação à decadência, de maneira que a suspensão da exigibilidade do crédito não pode impedir a prática do lançamento.

Ademais, é coerente a visão de Eurico Marcos Diniz de Santi, no sentido de que a suspensão da exigibilidade antes do vencimento do prazo para o pagamento faz que o dies a quo seja a data do desaparecimento jurídico do obstáculo à exigibilidade, e não mais a data da constituição do crédito. [10]

6.2.4. Interrupção do prazo prescricional. O dies ad quem

O art. 174, parágrafo único do CTN descreve situações que acarretam a interrupção do prazo prescricional, provocando o reinício da contagem do prazo de 5 anos e com prejuízo do período já transcorrido.

A Lei Complementar nº 118 de 9 de fevereiro de 2005 deu nova redação ao artigo 174, parágrafo único, I, do CTN, de maneira que a interrupção do prazo ocorre nas hipóteses seguintes:

I – pelo despacho do juiz que ordenar a citação em execução fiscal;

II – pelo protesto judicial;

III – por qualquer ato judicial que constitua em mora o devedor;

IV – por qualquer ato inequívoco ainda que extrajudicial, que importe em reconhecimento do débito pelo devedor.

Em relação ao despacho do juiz que ordenar a citação em execução fiscal, com redação dada pela LC nº 118/05, a jurisprudência já se posicionou no sentido de sua imediata aplicação, isso porque na redação original do Código, a interrupção somente se interrompia pela citação pessoal feita ao devedor. Nesse sentido: *Processual Civil. Tributário. Execução Fiscal. Prescrição. Despacho Ordenatório da Citação. Alteração do Art. 174 do CTN implementada pela LC 118/2005. Aplicação imediata. – Em se tratando de regra de natureza processual, é imediatamente aplicável ao processo o disposto no artigo 174, inciso I, do CTN, com a redação dada pela LC nº 118/05, em que restou estabelecido que a prescrição deve ser interrompida com o despacho ordenatório da citação na execução fiscal. Precedentes do STJ. – A partir da vigência do novel parágrafo 4º do art. 40 da Lei n.º 6.830/80, acrescentado pela Lei n.º 11.051, de 29/12/2004, tornou-se possível o reconhecimento, de ofício, da prescrição intercorrente após o decurso de 5 (cinco) anos da decisão que tiver ordenado o arquivamento da execução fiscal, desde que previamente intimada a Fazenda Pública para se manifestar a respeito. – Na situação versada nos autos, o crédito tributário diz respeito a Imposto de Renda, ano-base 1995, exercício 1996. A execução fiscal foi ajuizada em*

---

[10] Op. cit., p. 240.

13/10/2000 e o despacho citatório se deu em 02/02/2001. Em 22/11/2002, a Fazenda Nacional requereu a suspensão do feito, em virtude da não localização do devedor ou de bens em nome deste. O pedido de suspensão foi deferido, pelo prazo de 01(um) ano, em despacho proferido em 04/12/2002. Em 26/04/2007, a exeqüente requereu o arquivamento do feito sem baixa na distribuição. – A data do despacho que determina o arquivamento provisório do feito constitui o dies a quo para a contagem do prazo prescricional e, no caso dos autos, o referido despacho sequer chegou a existir. Por conseguinte, não ocorreu a fluência do prazo prescricional. – Apelação provida, para anular a r. sentença recorrida e determinar o retorno dos autos ao Juízo de Origem, com regular prosseguimento do feito. TRF5 – Apelação Cível: AC 434727 CE 2000.81.00.027864-2 Relator: Desembargador Federal Cesar Carvalho (Substituto) Julgamento: 27/02/2008 Órgão Julgador: Primeira Turma Publicação: Diário da Justiça – Data: 15/04/2008 – Página: 599 – Nº: 72 – Ano: 2008.

No mesmo sentido: *Processual Civil e Tributário. Execução Fiscal. Citação por edital. Legitimidade da Defensoria Pública. SÚMULA Nº 284/STF. Interrupção do prazo prescricional. Despacho que ordena a citação. Art. 174 do CTN alterado pela LC Nº 118/05. Aplicação Imediata. Honorários Advocatícios. Execuções não embargadas. Perda do objeto. I – O Tribunal de origem afastou a preliminar de ilegitimidade da Defensoria Pública, tendo em vista a citação por edital do executado e seu não comparecimento em juízo, situação na qual deve ser nomeado curador especial, cuja imputação cabe àquele órgão. No entanto, o recorrente limitou-se a afirmar que não se tratava de pessoa necessitada, condição imprescindível à utilização dos serviços da defensoria pública, nada aferindo acerca do fundamento adotado pelo Tribunal Estadual. Nesse sentido, verifica-se que sua argumentação dissociou-se das razões adotadas no acórdão recorrido, configurando-se evidente deficiência na fundamentação e atraindo a incidência do enunciado sumular nº 284 do STF. II – A Lei Complementar nº 118/05 alterou o inciso I do parágrafo único do art. 174 do CTN para estabelecer que a prescrição deve ser interrompida com o despacho que ordena a citação na execução fiscal. III – O entendimento desta Corte é no sentido de que o normativo legal que altera a prescrição tem aplicação imediata. IV – No caso dos autos, a Corte de origem consignou que a inscrição do crédito exequendo se deu em 02/06/97 e o despacho que ordenou a citação ocorreu em 01/02/99, do que se conclui que deve ser afastado o reconhecimento da prescrição. V – Precedente: REsp nº 860.128/RS, Rel. Min. JOSÉ DELGADO, Rel. p/ Acórdão Ministro LUIZ FUX, DJ de 01/02/2007. VI – Recurso especial parcialmente conhecido e, nessa parte, provido.* REsp nº 899236/MG, Rel. Min. Francisco Falcão, DJ 12/12/2007, p. 397, Segunda Turma, por unanimidade.

Observe-se que a hipótese elencada no inciso I já era prevista no art. 8, § 2º da Lei de Execução Fiscal, dispositivo que foi julgado inconstitucional pelo STF com base nos mesmos argumentos alinhavados no RE *nº 560.626,* em virtude de se tratar de lei ordinária não recepcionada em face do disposto no art. 146, III, "b" da CF. Por isso, similar redação foi empregada na reforma do CTN pela Lei Complementar nº 118/2005, com vigência 120 dias após sua publicação.

Desse modo, a investigação do transcurso do prazo prescricional deve ser feita entre a data da constituição definitiva do crédito e o despacho inicial que ordenar a citação no processo de execução fiscal, ou entre a data da constituição definitiva e qualquer outra causa de interrupção do prazo, ou seja, o protesto judicial, qualquer ato judicial que constitua em mora o devedor ou ainda qualquer ato inequívoco ainda que extrajudicial, que importe em reconhecimento do débito pelo devedor.

Com relação à última causa de interrupção prevista no Código que corresponde a qualquer ato inequívoco ainda que extrajudicial, que importe em reconhecimento do débito pelo devedor, a Súmula nº. 248 do Tribunal Federal de Recursos estabelece que o pedido de parcelamento de débito fiscal interrompe o prazo prescricional. Nesse sentido: *O prazo de prescrição é interrompido pela confissão e parcelamento da dívida fiscal recomeça a fluir no dia em que o devedor deixa de cumprir o acordo celebrado.*

Por isso, tendo em vista que acarretam o prejuízo total do prazo já computado, as causas de interrupção são consideradas o termo final (*dies ad quem*) do prazo prescricional.

6.2.5. Prescrição e decadência nas Contribuições para o Custeio da Seguridade Social

A Lei Federal nº 8.212/91 que instituiu o Plano de Custeio da Seguridade Social estabelece em seus arts. 45 e 46 que o prazo prescricional da contribuição previdenciária é de 10 anos, duplicando os prazos de decadência e prescrição definidos nos arts. 173 e 174 do CTN.

A doutrina sempre se posicionou com firmeza acerca da inconstitucionalidade dessa norma em face da violação ao disposto no art. 146, III, b, da Constituição Federal que impõe a exigência de lei complementar para estabelecer normais gerais em matéria de legislação tributária, especialmente sobre obrigação, lançamento, crédito, prescrição e decadência tributários.

Após anos de divergência, os dispositivos do plano de custeio que definiam prazo de 10 anos para a decadência e para prescrição das referidas contribuições sociais, foram declarados inconstitucionais pelo Plenário do STF no julgamento do RE nº 560.626. O julgado em questão recebeu *efeitos parcialmente modulados* para os fins de se impedir a restituição do indébito pelos sujeitos passivos que já haviam pago tributos decaídos ou prescritos antes da referida decisão e sem qualquer discussão.

Com base na mesma decisão foi editada a Súmula Vinculante nº 8 no sentido de que *são inconstitucionais o parágrafo único do artigo 5º do Decreto-lei 1.569/77 e os artigos 45 e 46 da Lei 8.212/91, que tratam de prescrição e decadência de crédito tributário.*

6.2.6. Prescrição intercorrente

O instituto da prescrição intercorrente nasceu em virtude de uma falsa ideia no sentido de que, após o exercício do direito de ação, a Fazenda Pública não poderia causar a paralisação dos autos por mais de 5 anos, quando então restaria consagrado o fenômeno da intercorrência prescritiva.

Com base nessa premissa, pode-se de dizer que essa estranha figura de prescrição é aquela que ocorre após a propositura da ação de execução fiscal e se opera quando o processo ficar parado por mais de 5 anos por inércia do credor. Como se percebe, seu reconhecimento parte de uma premissa falsa, na exata medida em que, ao exercer o direito de ação, não haveria mais falar-se em prescrição, isso porque a prescrição tributária é a perda do direito de ação.

O fato é que a ingerência de fatores metajurídicos influenciaram o reconhecimento jurisprudencial dessa anomalia que sequer tinha previsão até a edição da Lei nº 11.051 de 29 de dezembro de 2004. Ninguém desconhece o fato que as execuções fiscais representam o maior número de ações que tramitam no Poder Judiciário, e como é cediço na tradição brasileira, o processo de execução fiscal nasce sem data para terminar, razão pela qual muito tem se debatido sobre a inoperância da jurisdição brasileira em decorrência do exponencial número de executivos fiscais que diariamente são distribuídos.

Tudo isso levou à construção da ideia que a execução fiscal que não chega a bom termo não pode ficar paralisada *sine die*, como aliás, previa o art. 40, § 3º da Lei nº 6.830/80. Como se vê, além de não ter previsão legal, a prescrição intercorrente era tacitamente vedada já que o dispositivo em questão determinava que a qualquer tempo em que fossem localizados o devedor ou seus bens, o processo retomaria o curso.

De qualquer maneira, embora a prescrição intercorrente em matéria tributária não tivesse previsão na lei, passou a ser reconhecida na jurisprudência amparada no art. 174 do CTN e com fundamento no *Princípio da Segurança Jurídica.*

Dessa forma, se a inércia do exequente acarretar a paralisação do processo por mais de 5 anos após o ajuizamento da execução fiscal, o executado poderá suscitar a declaração judicial de reconhecimento da prescrição intercorrente, extinguindo-se o crédito, cabendo até mesmo a decretação *ex officio* da prescrição. Há necessidade de que o processo tenha permanecido parado por 5 anos, uma vez que a prática de atos processuais de execução acarretam a interrupção da prescrição por meio da constituição do devedor em mora, *ex vi* do art. 174, parágrafo único, III, do CTN.

Deveras, antes da Lei nº 11.051/04 somente se cogitava o reconhecimento da prescrição intercorrente desde que preenchidos os requisitos acima mencionados e mediante provocação da parte. Tal quadro se alterou com a nova redação dada que adicionou o § 4º ao art. 40 da Lei de Execução Fiscal, estabelecendo que nas hipóteses de suspensão da execução, quando não for localizado o devedor ou encontrados bens sobre os quais possa recair a penhora, e se da decisão que ordenar o arquivamento provisório dos autos transcorrer o prazo prescricional de 5 anos, o juiz, depois de ouvida a Fazenda Pública, poderá, de ofício, reconhecer a prescrição intercorrente e decretá-la de imediato. Em 2009 o STJ editou a Súmula nº 409 cujo enunciado dispunha: *Em execução fiscal, a prescrição ocorrida antes da propositura da ação pode ser decretada de ofício.* Sendo assim, a prescrição do crédito pode ser reconhecida de ofício sem oitiva da Fazenda Pública, enquanto a prescrição intercorrente pode ser reconhecida de ofício após a oitiva da Fazenda Pública.

Aprovada por unanimidade pela Primeira Seção do STJ e relatada pela Ministra Eliana Calmon, a súmula teve como referência o parágrafo 5° do art. 219 do CPC com redação dada pela Lei n° 11.280/2000, o art. 2°, § 1° da Resolução n° 8 do STJ, além de vários precedentes daquela Corte. A súmula acolhe o entendimento que a prescrição antes do ajuizamento da execução pode ser reconhecida de ofício, não sendo permitido, contudo, o juiz reconhecer de ofício a prescrição intercorrente, senão após ouvida a Fazenda, isso porque após o ajuizamento da execução, a prescrição pode ser objeto de renúncia pelo executado de acordo com o art. 191 do Código Civil.

A prescrição intercorrente é uma figura esdrúxula, e o fato é que apesar de representar uma contradição em seus termos, já que o direito de ação foi efetivamente exercido e daí não haveria falar-se em prescrição, está consagrada no Direito Tributário. Nem adianta cogitar que não pode existir prescrição intercorrente por inércia do credor pelo simples fato que cabe ao Poder Judiciário praticar os atos de execução, e que sobretudo em se tratando de Fazenda Pública, há necessidade de buscar a tutela da jurisdição, estando evidenciado que ela mesma não pode fazê-lo, uma vez que em matéria de cobrança, a lei não lhe atribui a prerrogativa de autoexecutoriedade de seus atos administrativos, não sendo possível promover a execução do débito sem a devida autorização judicial.

Uma última abordagem sobre a prescrição intercorrente diz respeito à impossibilidade de sua ocorrência no processo administrativo tributário, tendo em vista que a defesa ou impugnação administrativa tem o condão de suspender a exigibilidade do crédito, razão pela qual a Fazenda Pública fica impedida de exercer o direito de ação, não podendo em virtude disso, correr contra ela o prazo prescricional.

6.2.7. Prescrição superveniente para o redirecionamento da execução fiscal

Por derradeiro, remanesce a discussão acerca da prescrição para o redirecionamento da execução fiscal contra os diretores, administradores, representantes e gerentes das pessoas jurídicas. Fica ressalvada inicialmente a observação acerca do vocábulo *redirecionamento*, a nosso ver empregado incorretamente na jurisprudência tendo em vista que a modificação do polo passivo da execução fiscal se dá com a inclusão dos terceiros sem a exclusão da pessoa jurídica, conforme salientamos no capítulo VII.

Deixando as impropriedades terminológicas de lado, a questão que se coloca é a exata definição do *dies a quo* do prazo prescricional nesses casos, e tal indagação pode ser respondida à luz do princípio da *actio nata*. De fato, somente com a notícia trazida aos autos de que o quadro societário praticou o excesso de poder, infração da lei ou do contrato social, ensejando com isso sua responsabilidade pessoal, é que nasce o direito de redirecionar a execução contra tais pessoas. Exemplificando, no caso da dissolução irregular, se a empresa paralisou as atividades sem proceder a baixa regular nos órgãos oficiais, e estando caracterizada sua descontinuidade de fato, embora permaneça existindo de direito, somente com a prova trazida aos autos é que a Fazenda Pública poderá proceder à inclusão dos diretores, administradores, gerentes e representantes no polo passivo, nascendo a partir daí o prazo prescricional. Está claro que antes disso o credor não tinha direito de ação contra essas pessoas.

Portanto, se o oficial de justiça certificou que a empresa paralisou as atividades em março de 2012, muito embora a execução fiscal tenha sido ajuizada em 2007, o credor poderá requerer a inclusão dos responsáveis no polo passivo até março de 2017.

Assim, enquanto não houver notícia da prática dos atos previstos no art. 135, III, do CTN, não dispõe o credor o direito de ação contra aquelas pessoas, não podendo correr contra si o prazo de prescrição. É significativa a quantidade de casos onde a execução inicialmente dirigida contra a pessoa jurídica acaba por desembocar na responsabilização do quadro societário.

Sem embargo de posições em contrário, a aplicação do princípio da *actio nata* e a necessidade de promover a citação pessoal dos terceiros afasta o argumento de que a responsabilidade dos diretores, administradores e representantes tem um traço de solidariedade, e desse modo, a citação da empresa interromperia a prescrição em relação a eles. De fato, não há invocar-se o disposto no art. 125, III, do CTN no sentido de que *a interrupção da prescrição, em favor ou contra um dos obrigados, favorece ou prejudica aos demais.* De fato, não há prazo algum a ser interrompido uma vez que o exequente ainda não dispõe do direito de ação contra os coexecutados, tanto que se faz necessário promover-se a citação pessoal dos diretores, administradores, representantes e gerentes.

Dessa forma, sem afastar-se do posicionamento da jurisprudência no sentido de que a citação da empresa tem o condão de interromper a prescrição com relação aos coobrigados, o fato é que no caso do redirecionamento da execução fiscal, tal argumento é de todo desnecessário. Confira-se a jurisprudência: "*Exceção de Pré-Executividade – Reconhecimento da prescrição em relação ao sócio solidariamente responsável pelo crédito tributário – Inadmissibilidade – O despacho do juiz que ordena a citação interrompe a prescrição não só em relação ao devedor principal, como também aos solidários (art. 8º, § 2º, da Lei 6.830/80) – A interrupção da prescrição, em favor ou contra um dos obrigados, favorece ou prejudica os demais (art. 125, III, do CTN) – Sentença alterada – Recurso provido.*" TJSP – Ap 6466865900 – 2ª Câm. de Direito Público, Rel. Aloísio de Toledo César, data de registro 24.05.2007.

No mesmo sentido: "*Embargos à Execução Fiscal. Prescrição.* Sócio Gerente. *Art. 125, III, do CTN. Ausência de omissão ou negligência do exequente. Honorários Advocatícios. 1. Nos termos do artigo 125, inciso III, do CTN, a interrupção da prescrição em relação à pessoa jurídica também aproveita aos sócios-gerentes. 2. Havendo a citação da pessoa jurídica e permanecendo o fisco perseguindo o valor em cobrança, não sendo a demora no redirecionamento do feito aos sócios por ele provocada, não há falar em prescrição intercorrente. Precedente do STJ. 3...* ". (TRF4, 1ªT., um. AC 2000.72.07.002905-8/SC, rel. Des. Fed., Wellington M. de Almeida, ago/03).

Com efeito, é dever processual do executado manter as informações atualizadas sobre suas atividades, não podendo carrear-se ao exeqüente o ônus de adivinhar ou tentar determinar quando ocorreu a prática dos atos eivados com excesso de poderes, infração ou do contrato social, como por exemplo, o encerramento das atividades ou a eventual mudança de endereço. Não dispondo o exeqüente do poder de onisciência, não é seu dever, mas do sujeito passivo manter seus cadastros atualizados perante o Poder Público, de maneira que somente quando esses vem à tona, nasce o direito e se inicia o prazo.

Em resumo, o direito ao prosseguimento da execução fiscal contra os sócios diretores, administradores e gerentes somente nasce quando esses indivíduos praticam os atos ensejadores de sua responsabilidade pessoal, e portanto, somente a partir daí se inicia o prazo prescricional. Nesse sentido: "*Execução Fiscal – ICMS – Empresa que não possui patrimônio suficiente à garantia da execução fiscal que sofre – Prosseguimento da ação executiva contra os sócios – Solidariedade passiva na obrigação de pagar o imposto, embutido no preço dos produtos comercializados sem ter sido repassado ao Fisco – Responsabilidade dos sócios pelos ilícitos praticados por aqueles que dirigiam a sociedade – Prescrição* não operada, ainda que a inclusão dos sócios no *polo passivo tenha ocorrido sete anos após a citação, porque somente agora se apurou a dissolução irregular da sociedade – Inércia da credora não caracterizada – Recurso provido." (TJSP – 10ª. C. Dir. Público – Agravo de Instrumento nº. 807.320-5/2-00 – Rel. Urbano Ruiz – j. 25.08.2008 – Acórdão Registrado sob nº. 01904868).*

No mesmo sentido: "*Execução Fiscal – Exceção de pré-executividade oposta por sócios da empresa executada, incluídos no polo passivo, alegando prescrição intercorrente e ilegitimidade passiva – Não acolhimento. Alegação que se transmudou de direito dispositivo para matéria de ordem pública – Adequação da exceção de pré-executividade para sua veiculação e análise – Inteligência do disposto no artigo 219, parágrafo 5º do CPC, com a redação dada pela Lei 11.280, de 17.02.2006.*" Ainda: "*Prescrição intercorrente não configurada Reconhecimento que depende da demonstração de inércia da Fazenda Pública – Redirecionamento da execução aos sócios da executada que não garante a estes contagem diferenciada do lapso prescricional. Causa extintiva do crédito executado não configurada. Legitimidade passiva dos sócios fundada no artigo 135, III do CTN – Responsabilidade de sócio pelo não pagamento de tributo – Infração à lei configurada. Agravo de instrumento improvido para confirmar a improcedência da exceção de pré-executividade." (TJSP – 4ª. C. Dir. Público – Agravo de Instrumento nº. 428.523-5/6-00 – Rel. Luis Fernando Nishi – j. 27.03.200).*

No mesmo sentido, o julgamento do RESP n 1.244.231. Nesse sentido: "*Trata-se de Recurso Especial interposto, com fundamento no art. 105, III, "a" e "c", da Constituição da República, contra acórdão do Tribunal Regional Federal da 4ª Região, assim ementado: AGRAVO DE INSTRUMENTO. PRESCRIÇÃO INTERCORRENTE. INOCORRÊNCIA. SÓCIOS. REDIRECIONAMENTO. DISSOLUÇÃO IRREGULAR. RESPONSABILIDADE TRIBUTÁRIA DO SÓCIO-GERENTE. 1. O feito não restou paralisado por mais de cinco anos por inércia da exeqüente, pelo que não há prescrição intercorrente a ser reconhecida. 2. A dissolução irregular, no entender da jurisprudência desta Corte e do Superior Tribunal de Justiça, é fundamento bastante para atrair a responsabilidade de seus dirigentes pelas obrigações tributárias remanescentes (fl. 138, e-STJ). O recorrente afirma que houve, além de divergência jurisprudencial, ofensa aos arts. 125, III, 135 e 174 do CTN; ao art. 8º, § 2º, da Lei 6.830/1980. Sustenta, em suma, haver prescrição intercorrente para a responsabilização do sócio-gerente. Contra-razões às fls. 205-210, e-STJ. É o relatório. Decido. Os autos foram recebidos neste Gabinete em 29.3.2011. Cinge-se a controvérsia à ocorrência de prescrição intercorrente para a responsabilização do sócio-gerente.*

A irresignação não merece prosperar. Na hipótese dos autos, consignou o Tribunal a quo: Ao analisar o pedido de efeitos suspensivo, assim foi decidido (fl.132, e-STJ): (...) Nota-se, assim, que transcorreram cinco anos desde a data da citação da empresa e o pedido de redirecionamento, portando os créditos estão prescritos, ainda que o feito não tenha estado paralisado até a data que se efetivou a citação do sócio (fl. 146, e-STJ). Desse modo, verifica-se que a análise da controvérsia depende de reexame do contexto fático-probatório, o que é inviável no Superior Tribunal de Justiça, ante o óbice da Súmula 7/STJ: "A pretensão de simples reexame de prova não enseja Recurso Especial." Ainda que superado tal óbice, melhor sorte não assistiria ao recorrente, porquanto o posicionamento da Segunda Turma do STJ é no sentido de ser correta a regra pela qual a responsabilidade subsidiária demanda o prévio exaurimento das chances de recuperação do crédito fiscal do contribuinte ou responsável originalmente previsto em lei. Não é, aliás, por outro motivo que o redirecionamento é indeferido quando a empresa reúne patrimônio hábil para a quitação dos débitos. Nessas condições, ou seja, quando a empresa possui patrimônio, ou quando não se chegou à conclusão de que inexistem bens idôneos à garantia de satisfação do crédito, é certo afirmar que a Fazenda Pública não tem pretensão contra o gerente ou administrador da empresa. E, de acordo com o Direito Civil, sem pretensão não há falar em prescrição, pois esta tem por fundamento a inércia do titular de uma prerrogativa que possa ser exercida (princípio da actio nata). Dito de outro modo, a citação da empresa interrompe o prazo de prescrição para o redirecionamento da Execução Fiscal, mas não permite o imediato redirecionamento para terceiros. Para tanto, a Fazenda Pública é obrigada a comprovar a ocorrência de justa causa (dissolução irregular, prática de ato com excesso de poder ou de infração à lei, etc.). Nessa esteira, cito: EXECUÇÃO FISCAL – DISSOLUÇÃO IRREGULAR DA EMPRESA – MARCO INICIAL DA PRESCRIÇÃO – "ACTIO NATA". 1. A jurisprudência do STJ é no sentido de que o termo inicial da prescrição é o momento da ocorrência da lesão ao direito, consagração do princípio universal da actio nata. 2. In casu, não ocorreu a prescrição, porquanto o redirecionamento só se tornou possível a partir da dissolução irregular da empresa executada. Agravo regimental improvido. (AgRg no REsp 1100907/RS, Rel. Min. HUMBERTO MARTINS, SEGUNDA TURMA, DJe 18/09/2009) PROCESSUAL CIVIL E TRIBUTÁRIO. EXECUÇÃO FISCAL. REDIRECIONAMENTO. CITAÇÃO DA EMPRESA E DO SÓCIO-GERENTE. PRAZO SUPERIOR A CINCO ANOS. PRESCRIÇÃO. PRINCÍPIO DA ACTIO NATA. 1. O Tribunal de origem reconheceu, in casu, que a Fazenda Pública sempre promoveu regularmente o andamento do feito e que somente após seis anos da citação da empresa se consolidou a pretensão do redirecionamento, daí reiniciando o prazo prescricional. 2. A prescrição é medida que pune a negligência ou inércia do titular de pretensão não exercida, quando o poderia ser. 3. A citação do sócio-gerente foi realizada após o transcurso de prazo superior a cinco anos, contados da citação da empresa. Não houve prescrição, contudo, porque se trata de responsabilidade subsidiária, de modo que o redirecionamento só se tornou possível a partir do momento em que o juízo de origem se convenceu da inexistência de patrimônio da pessoa jurídica. Aplicação do princípio da actio nata. 4. Agravo Regimental provido. (AgRg no REsp 1062571/RS,

Rel. Ministro HERMAN BENJAMIN, SEGUNDA TURMA, julgado em 20/11/2008, DJe 24/03/2009) Em conclusão, o prazo prescricional interrompido contra a empresa prejudica os responsáveis subsidiários, mas a pretensão para o redirecionamento só se inicia quando demonstradas simultaneamente: a) a insuficiência ou inexistência de patrimônio da empresa; b) a configuração de justa causa para o redirecionamento (dissolução irregular, etc.). Assim, a conclusão do acórdão recorrido diverge da atual jurisprudência deste Tribunal Superior, que entende que, ressalvada a hipótese de prescrição do art. 40, § 4º, da Lei 6.830/1980, é indiferente que tenha decorrido prazo superior a cinco anos entre a citação da empresa e a dos responsáveis subsidiários. Nessa esteira, cito: PROCESSUAL CIVIL E TRIBUTÁRIO. EXECUÇÃO FISCAL. REDIRECIONAMENTO. CITAÇÃO DA EMPRESA E DO SÓCIO-GERENTE. PRAZO SUPERIOR A CINCO ANOS. PRESCRIÇÃO. PRINCÍPIO DA ACTIO NATA. 1. O Tribunal de origem reconheceu, in casu, que a Fazenda Pública sempre promoveu regularmente o andamento do feito e que somente após seis anos da citação da empresa se consolidou a pretensão do redirecionamento, daí reiniciando o prazo prescricional. 2. A prescrição é medida que pune a negligência ou inércia do titular de pretensão não exercida, quando o poderia ser. 3. A citação do sócio-gerente foi realizada após o transcurso de prazo superior a cinco anos, contados da citação da empresa. Não houve prescrição, contudo, porque se trata de responsabilidade subsidiária, de modo que o redirecionamento só se tornou possível a partir do momento em que o juízo de origem se convenceu da inexistência de patrimônio da pessoa jurídica. Aplicação do princípio da actio nata. 4. Agravo Regimental provido. (AgRg no REsp 1062571/RS, Rel. Ministro HERMAN BENJAMIN, SEGUNDA TURMA, julgado em 20/11/2008, DJe 24/03/2009) EXECUÇÃO FISCAL – EXCEÇÃO DE PRÉ-EXECUTIVIDADE – PRESCRIÇÃO INTERCORRENTE – INÉRCIA DA FAZENDA PÚBLICA – NÃO-COMPROVAÇÃO. 1. Para caracterizar a prescrição intercorrente não basta que tenha transcorrido o qüinqüídio legal entre a citação da pessoa jurídica e a citação do sócio responsabilizado. Faz-se necessário que o processo executivo tenha ficado paralisado por mais de cinco anos por desídia da exequente, fato não demonstrado no processo. 2. A utilização da exceção de pré-executividade tem aplicação na Execução Fiscal somente quando puder ser resolvida por prova inequívoca, sem dilação probatória. 3. Na presente hipótese, o Tribunal de origem firmou entendimento de que não é caso de exceção de pré-executividade. Rever tal entendimento encontraria óbice na Súmula 7/STJ. Agravo regimental improvido. (AgRg no REsp 996.480/SP, Rel. Ministro HUMBERTO MARTINS, SEGUNDA TURMA, julgado em 07/10/2008, DJe 26/11/2008) Diante do exposto, nos termos do art. 557, caput, do CPC, nego seguimento ao Recurso Especial. Publique-se. Intimem-se. Brasília (DF), 04 de abril de 2011. MINISTRO HERMAN BENJAMIN."

Apesar dessas conclusões, respeitável jurisprudência tem entendido que, a despeito da aplicação do princípio da *actio nata*, o redirecionamento deve se proceder dentro do quinquênio que precede a prescrição intercorrente, de maneira que a interrupção da prescrição para redirecionamento da execução fiscal em relação aos sócios não pode se verificar após o prazo de 5 anos da citação da empresa. Nesse sentido: *"Tributário. Recurso Especial. Execução Fiscal. Interrupção da prescrição em relação aos sócios. Prazo superior a cinco anos. Prescrição configurada. Este Superior Tribunal de Justiça pacificou entendimento no sentido de que a citação da empresa interrompe a prescrição em relação aos seus sócios-gerentes para fins de redirecionamento da execução. Todavia, para que a execução seja redirecionada contra o sócio, é necessário que a sua citação seja efetuada no prazo de cinco anos a contar da data da citação da empresa executada, em observância ao disposto no citado art. 174 do CTN.' (REsp. 702211/RS, 1ª Turma, Min. Denise Arruda, DJ de 21.06.2007). 2. Recurso especial a que se dá provimento." (REsp. nº 790.034/SP, relator Ministro Teori Albino Zavascki, j. 17.12.2009, DJ 02/02/2010).*

No mesmo sentido: *"Processo Civil e Tributário. Execução Fiscal. Prescrição. Interrupção. Consoante pacificado na Seção de Direito Público, o redirecionamento da execução contra o sócio deve dar-se no prazo de cinco anos da citação da pessoa jurídica. Não obstante, ainda que a citação válida da pessoa jurídica interrompa a prescrição em relação aos responsáveis solidários, decorridos mais de cinco anos após a citação da empresa, ocorre a prescrição intercorrente inclusive para os sócios." (Agr.Reg. no AI nº 406.313/SP, relator Ministro HUMBERTO MARTINS, j. 04.12.2007, DJ 21.02.2008).* Por fim, afastando a aplicação da teoria da *actio nata*: *"Recurso Especial. Processo Civil. Tributário. Execução Fiscal. Prescrição. Interrupção. Redirecionamento Contra o Sócio. Citação da Pessoa Jurídica. Ocorrência. Teoria da Actio Nata Inaplicável. A pretensão da Fazenda de ver satisfeito seu crédito, ainda que por um pagamento a ser atendido pelo responsável tributário, nos termos do art. 135 do CTN, surge com o inadimplemento da dívida tributária após sua regular constituição. A teoria da actio nata não leva à conclusão de que a prescrição quanto ao sócio só teria início a partir do deferimento do pedido de redirecionamento da execução fiscal. (g.n.) Não há que se falar no transcurso de um prazo prescricional em relação ao contribuinte e outro referente ao responsável do art. 135 do CTN. Ambos têm origem no inadimplemento da dívida e se interrompem, também conjuntamente, pelas causas previstas no art. 174 do CTN.*

Para se responsabilizar, nos termos do art. 135, III, do CTN, o sócio da pessoa jurídica pelo pagamento de dívida tributária, não é necessário que a prova de ter ele agido com excesso de poderes ou infração de lei, contrato social ou estatutos seja necessariamente produzida nos autos do processo de execução ajuizado contra a empresa. Pode o credor identificar uma dessas circunstâncias antes de proposta a ação contra pessoa jurídica e, desde já, ajuizar a execução contra o responsável tributário, uma vez que sua responsabilidade é pessoal (art. 135, caput, do CTN). O redirecionamento da execução contra o sócio deve dar-se no prazo de cinco anos da citação da pessoa jurídica, o que não ocorreu no caso dos autos. Precedentes: REsp 751.508/RS, Rel. Min. Francisco Peçanha Martins, DJ 13.02.2006, REsp 769.152/RS, Rel. Min. João Otávio de Noronha, DJ 04.12.2006 e REsp 625.061/RS, Rel. Min. Denise Arruda, DJ 18.06.2007." (REsp. nº 975.691/RS, relator Ministro CASTRO MEIRA, j. 09.10.2007, DJ 26.10.2007).

Por fim, debate-se a questão sob o ponto vista conceitual pois, a rigor, não se trata de prescrição intercorrente, mas *superveniente*, isso porque o prazo prescricional em questão pode ou não transcorrer já que seu cômputo fica na dependência da ocorrência de certos atos ou fatos jurídicos.

Nesse sentido, a *prescrição superveniente* ocorre nas hipóteses em que há modificação no polo passivo da execução fiscal para os fins de serem incluídos os terceiros elencados no art.135, III, do CTN e que sobrevém incidentalmente no curso da execução fiscal.

7. Conversão do Depósito em Renda

Essa modalidade de extinção do crédito tributário decorre do depósito do montante integral, nas hipóteses em que o sujeito passivo da obrigação tributária e autor da ação judicial torna-se vencido. Nesse caso, o vencedor na demanda procede ao levantamento do depósito judicial e a causa de suspensão da exigibilidade do crédito deixa de existir, dando lugar a uma causa de extinção que é a conversão do depósito em renda.

Assim, quando o sujeito passivo perde a ação judicial ou o processo administrativo, o depósito do montante integral eventualmente efetivado será convertido em renda da Fazenda Pública, equivalendo-se a uma modalidade de pagamento.

8. O Pagamento Antecipado e a Homologação do Lançamento nos termos do disposto no art. 150, §4°

O Código Tributário Nacional tratou de forma específica o pagamento efetuado nos tributos sujeitos a lançamento por homologação. Nesses casos, o pagamento é antecipado pelo sujeito passivo que apura os valores devidos e recolhe o tributo independentemente de qualquer atividade estatal. Uma vez estando regular o pagamento, há extinção do crédito.

Extingue-se o crédito tributário e considera-se feito o pagamento regular sob cláusula resolutória, ficando submetido à ulterior homologação. A extinção do crédito pode ocorrer por homologação expressa, através de notificação ao contribuinte, ou, como acontece na maioria das vezes, transcorridos 5 anos, contados da data do fato gerador, sem qualquer homologação expressa, considerando-se tacitamente homologado o pagamento antecipado.

No caso de entrega da declaração sem o pagamento ou com pagamento a menor, e estando corretos os valores lançados, obviamente não ocorrerá a extinção do crédito, não se procedendo a novo lançamento de ofício, bastando que o débito declarado, constituído e confessado pelo sujeito passivo seja remetido à inscrição na dívida ativa para ajuizamento da execução fiscal. De fato, salvo se houver aplicação de penalidade, não há necessidade de novo lançamento de ofício, bastando que sejam apurados eventuais acréscimos moratórios.

Fosse procedido outro lançamento, haveria necessidade de estender-se o direito de defesa administrativa ao sujeito passivo, mediante regular instauração de processo. Na prática não se procede nem mesmo à notificação do sujeito passivo e a execução fiscal será ajuizada com os valores por ele declarados, acrescidos com as verbas de praxe.

9. Consignação em Pagamento

A consignação em pagamento é o modo indireto de o sujeito passivo se libertar de sua obrigação mediante o depósito judicial do valor devido. Trata-se de uma forma especial de pagamento feito indiretamente ao credor. Difere-se do depósito do montante integral por possuir *animus solvendi*, embora na prática se perfaça da mesma forma, ou seja, mediante depósito em guia judicial.

Conforme é sabido, em matéria tributária a consignação em pagamento somente pode ser feita por meio de ação judicial que tem a finalidade de obter a quitação do crédito tributário, e o art. 164 do CTN define os casos em que o sujeito passivo pode efetuar a consignação em pagamento. São eles:

a) recusa de recebimento, ou subordinação deste ao pagamento de outro tributo ou de penalidade, ou ao cumprimento de obrigação acessória;

b) subordinação do recebimento ao cumprimento de exigências administrativas sem fundamento legal;

c) exigência, por mais de uma pessoa tributante, de tributo idêntico sobre um mesmo fato gerador.

Uma vez julgada procedente a ação de consignação, o pagamento se reputa efetuado e a importância consignada é convertida em renda da Fazenda Pública, mas em caso de improcedência, o crédito poderá ser executado nos mesmos autos, com os acréscimos moratórios, sem a necessidade de ajuizamento da execução fiscal. Nos tributos de trato sucessivo e sujeitos a prestações periódicas, feita a primeira consignação judicial, não haverá necessidade do autor solicitar autorização judicial para efetuar o depósito das parcelas seguintes.

O valor consignado corresponde ao objeto da ação, cuja procedência acarretará a extinção do crédito respectivo no momento do trânsito em julgado.

10. Decisão administrativa irreformável, assim entendida a definitiva na órbita administrativa, que não mais possa ser objeto de ação anulatória

Como se sabe, após a notificação do lançamento, o sujeito passivo dispõe do direito de apresentar administrativamente sua irresignação contra a constituição do crédito tributário, de tal maneira que o objeto do processo administrativo tributário é a discussão da legitimidade do crédito, onde se possibilita a resolução do conflito sem a necessidade de submeter a questão à tutela jurisdicional. Se o sujeito passivo restar vencedor no processo administrativo, a questão se resolve e o crédito não mais poderá ser exigido, mas se vencido, a decisão não transita em julgado, podendo demandar em juízo com direito a ampla discussão.

A apresentação de reclamação ou impugnação em processo administrativo é facultativa, mas não é possível discutir o crédito nas duas esferas simultaneamente, de maneira que ao invocar a tutela da jurisdição, o sujeito passivo abdica do direito de discutir a matéria na esfera administrativa.

A decisão administrativa irreformável que legitima o crédito tributário autoriza o ajuizamento da execução fiscal pela Fazenda Pública que tem o prazo de 5 anos para fazê-lo, a contar do 31° dia após a sua notificação, de tal maneira que a decisão administrativa irreformável a que se refere o CTN é aquela que favorece o contribuinte e extingue o crédito tributário.

11. Decisão Judicial passada em julgado

Trata-se de modalidade de extinção que decorre de uma decisão judicial transitada em julgado em qualquer ação que permita a discussão da legitimidade do crédito em que o sujeito passivo obtenha decisão judicial definitivamente favorável.

Assim, operada a coisa julgada sobre a sentença judiciária proferida em ação de embargos à execução fiscal, ação anulatória de débito fiscal, ação declaratória de inexistência de relação jurídica, mandado de segurança, consignação em pagamento, ação de repetição de indébito, que considere indevido o crédito, a decisão torna extinto o crédito tributário.

Nesse caso, caberá à Fazenda Pública tomar todas as providências administrativas visando o cancelamento do débito, com a respectiva baixa em seus assentamentos.

12. Dação em Pagamento de Bens Imóveis, na forma e condições estabelecidas em Lei

Tal modalidade de extinção do crédito foi instituída pela Lei Complementar n° 104/01 que deu nova redação ao art. 156 do CTN, e corresponde a uma categoria oriunda do Direito Civil (arts. 356 a 359 do Código Civil), que consiste na hipótese em que o credor consente receber prestação diversa da que lhe é devida.

De fato, não há exigência constitucional em que o cumprimento da obrigação tributária se perfaça por meio da entrega de dinheiro ao fisco, podendo ser adimplida de outra forma, desde que haja autorização legal. Ademais, a ineficácia dos processos judiciais de cobrança da dívida ativa evidencia a necessidade de se buscar maior efetividade na execução, devendo existir, sempre com obediência no princípio da razoabilidade, alternativas viáveis ao devedor.

Por essa razão, o art. 156 do CTN recebeu a nova redação da Lei Complementar n° 104/01 que contempla a figura da dação em pagamento, onde se permite a extinção do crédito através da entrega de bens imóveis em troca da dívida fiscal.

Assim, embora a tradição ensine que a obrigação tributária deva ser liquidada em dinheiro, o fato é que as dificuldades do processo de execução fiscal, no tocante à eficácia no recebimento dos créditos, bem como o interesse público por vezes demonstrado quando o Estado pretende a adjudicação de bens do sujeito passivo, ensejaram o surgimento dessa nova causa de extinção.

Apesar das disposições gerais contidas no direito privado que permitem o recebimento de qualquer prestação diversa daquela previamente estabelecida, em matéria tributária a dação em pagamento somente se implementa mediante a entrega de bens imóveis. Além disso, há necessidade de lei específica que autorize expressamente sua utilização.

Capítulo XVIII CAUSAS DE EXCLUSÃO DO CRÉDITO TRIBUTÁRIO

1. Conceito de Causa de Exclusão do Crédito Tributário

O art. 175 do CTN dispõe que excluem o crédito tributário a isenção e a anistia. Nesse sentido, parte da doutrina defende que excluir o crédito significa evitar que ele se constitua, não obstante tenha se efetivado o nascimento da obrigação tributária com a ocorrência do fato gerador. Dessa forma, a exclusão do crédito seria decorrente de um preceito legal que autorizaria o seu não perfazimento, impedindo o sujeito ativo de constituir o crédito contra o devedor.

Oferecidos esses breves esclarecimentos, e colhendo os ensinamentos de Paulo de Barros Carvalho, constata-se que "*o sentido da proposição normativa não corresponde a uma elaboração teórica metodologicamente adequada, isso porque exclusão do crédito significaria extinção do crédito, pelo simples fato de que crédito e débito implicam duas realidades jurídicas que mantém entre si uma correlação absoluta, onde um é titular de um direito subjetivo e outro de um dever jurídico, de maneira que excluído um dos elementos, o crédito, tornaria o liame esfacelado.*"[1]

Decididamente não foi essa a leitura pretendida pelo legislador, e demasiadas razões existem para concluir que o sentido da locução empregada nada mais poderia representar do que um expediente jurídico para delimitar situações que não se enquadram nem como causas suspensivas, nem como causas de extinção do crédito. Deveras, o dislate cometido pelo preceptivo, ainda tratassem tais hipóteses de impedimento à constituição do crédito, não permitiria especular sobre considerarem-se causas de exclusão. Ademais, o crédito pode estar perfeitamente constituído pelo lançamento e ser atingido pela norma de isenção ou anistia.

---

1 Op. cit., p. 516.

Com efeito, a ponderação acerca do esquema legislativo empregado permite concluir que o Código Tributário Nacional se valeu dos ensinamentos do principal autor de seu anteprojeto, Rubens Gomes de Souza, cuja postura clássica, já debatida no Capítulo IX deste livro, alçava a isenção como dispensa legal do pagamento do tributo.[2] Assim, a fórmula adotada pelo código pressuporia a ocorrência do fato gerador, e a obrigação resultante seria posteriormente obliterada pela norma isentante.

De tal arte, o fato é que o código reuniu dois institutos compreendidos numa mesma rubrica até pelos efeitos semelhantes que sua concessão estabelece na relação jurídica, exonerando o devedor de pagar o tributo, no caso da isenção, e de arcar com a penalidade pecuniária, no caso da anistia.

Assim, não se tratando, obviamente, de causas de suspensão do crédito, nem tampouco de causas de extinção do crédito, até porque, consoante disposição do art. 175, parágrafo único do CTN, a exclusão do crédito tributário não dispensa o cumprimento das obrigações acessórias, dependentes da obrigação principal cujo crédito seja excluído, ou dela conseqüente, fica claro que o emprego do vocábulo *exclusão* não passa de uma fórmula para isolar dois institutos previstos em lei específica que estabelecem peculiares benefícios ao sujeito passivo.

2. Isenção

Esse empreendimento nada científico do legislador revela uma técnica iterativamente constante no direito positivo, tornando necessário um esforço ingente para desvelar o verdadeiro conteúdo da norma. É legítimo ponderar que o Código Tributário Nacional caminhou alheio a uma proposição normativa adequada quando enquadrou a isenção como causa de exclusão.

Impõe-se reconhecer que a isenção é uma norma limitativa da tributação que foi concebida tradicionalmente como *dispensa legal do pagamento do tributo*.

A isenção implica a postura de norma legal da qual deriva a não obrigação de pagar o tributo, cabendo ao ente político competente para instituir o tributo a prerrogativa para disciplíná-la.

É sabido que qualificar a isenção como norma de incidência ou de não incidência é tema sujeito a dissensões doutrinárias. De qualquer maneira, o conceito de isenção baseado na dispensa legal do pagamento do tributo foi o que orientou a elaboração do Código Tributário Nacional, sendo consagrado na doutrina tradicional, embora essa posição tenha recebido críticas em face da teoria que concebia a isenção como uma *hipótese de não incidência legalmente qualificada*.

Assim, parece não apropriado considerar a isenção uma dispensa legal do pagamento do tributo porque seria enquadrá-la como causa de extinção do crédito, visível a proximidade desse conceito com a remissão que corresponde ao perdão da dívida.

Nesse compasso, é possível concluir a razão pela qual a isenção foi inserida na fórmula adotada pelo CTN no sentido de denominá-la como causa de exclusão do crédito, já que ela deduzira a ocorrência do fato gerador e a constituição da obrigação

---

[2] Op. cit., p. 96 e ss.

tributária, a qual seria posteriormente obliterada pela norma de isenção, justificando o emprego do vocábulo *exclusão* do crédito.

Por essa razão preferimos analisar a isenção sob a consistência da teoria da incidência, no sentido de que a norma de isenção vem atingir determinados aspectos da hipótese de incidência, mutilando-os.

Em razão disso, defendo a tese de que a isenção é uma *norma de impedimento parcial da incidência* porque evita que a hipótese de incidência se complete em sua plenitude, com a ocorrência do fato gerador, desconfigurando o fenômeno da subsunção em virtude de não revogar a regra matriz de incidência, mas atingi-la em parte, se operando sobre um de seus aspectos essenciais. Com isso, neste particular filio-me ao pensamento da melhor doutrina brasileira sobre o tema.

Apesar dessa construção dogmática, o entendimento assentado no STF quando do julgamento do RE nº 113.711-SP, Rel. Min. Moreira Alves,segue condizente com a tradicional configuração da isenção, amoldando-a como dispensa legal do pagamento do tributo. Nesse sentido, nossa Suprema Corte simplifica a compreensão do instituto da isenção por meio da seguinte fórmula:

Fato gerador → incidência → dispensa legal = isenção.

3. Anistia

A anistia é considerada pelo Código Tributário Nacional como causa de exclusão do crédito que atinge as penalidades pecuniárias. No entanto, corresponde, em verdade, ao verdadeiro perdão da penalidade imposta ao sujeito passivo em virtude da prática de um ilícito tributário.

Dispõe o art. 180 do CTN que *a anistia abrange exclusivamente as infrações cometidas anteriormente à vigência da lei que a concede, não se aplicando:*

I – aos atos qualificados em lei como crimes ou contravenções e aos que, mesmo sem essa qualificação, sejam praticados com dolo, fraude ou simulação pelo sujeito passivo ou por terceiro em benefício daquele;

II – salvo disposição em contrário, às infrações resultantes de conluio entre duas ou mais pessoas naturais ou jurídicas.

Destarte, a anistia tem efeito retroativo e não pode ser concedida a infrações que ainda não foram cometidas. Além disso, não pode contemplar situações que a lei caracteriza como delituosas e outras ainda, que embora excluídas da lei penal, tenham sido praticadas com dolo, fraude ou simulação. Abundam motivos para isso.

As normas do direito penal tributário possuem relevo neste assunto, na medida em que o crime tributário não passa de uma infração tributária mais grave, e por atingir o patamar mais elevado de reprovação social, é encampada pela lei penal.

A anistia alberga duas vertentes simultâneas, já que corresponde ao perdão da penalidade pecuniária (preceito secundário), assim como o perdão do ilícito praticado (preceito primário).

A par da tessitura legislativa que define a anistia como causa de exclusão, como vimos de ver, não passa de perdão que recai sobre a proposição sancionatória da norma, possuindo pontos de íntimo contato com a remissão que é uma causa de extinção que corresponde ao perdão do vínculo obrigacional tributário, e não sancionatório. Nesse sentido, estabelece o art. 181 do CTN que a anistia pode ser concedida em caráter geral ou limitadamente em relação às infrações da legislação relativa a determinado tributo; às infrações punidas com penalidades pecuniárias até determinado montante, conjugadas ou não com penalidades de outra natureza; a determinada região do território da entidade tributante, em função de condições a ela peculiares ou sob condição do pagamento de tributo no prazo fixado pela lei que a conceder, ou cuja fixação seja atribuída pela mesma lei à autoridade administrativa.

Com efeito, quando não concedida em caráter geral, a anistia é efetivada, em cada caso, por despacho da autoridade administrativa, em requerimento com o qual o interessado faça prova do preenchimento das condições e do cumprimento dos requisitos previstos em lei para sua concessão. Assim, uma vez concedida em caráter individual, a anistia não corresponde a um direito subjetivo do contribuinte.

Por derradeiro, a anistia pode ser expressa, quando o legislador define as infrações por ela abrangidas, ou tácita, quando a lei deixa de definir determinada conduta como infração, *ex vi* do art. 106, II, a, do CTN. A seguir, o quadro demonstrativo que sintetiza a comparação entre anistia e isenção, assim como entre a anistia e a remissão.

Anistia	Isenção
1.Norma infraconstitucional.	1.Norma infraconstitucional.
2. Não direito subjetivo.	2. Não direito subjetivo.
3. Proposição normativa retroativa.	3. Proposição normativa não retroativa.
4. Interpretação literal.	4. Interpretação literal.
5. Exclusão do crédito derivado da penalidade pecuniária.	5. Exclusão do crédito derivado do tributo.
6. Pode ser condicionada quando não instituída em caráter geral.	6. Pode ser condicionada.

Anistia	Remissão
1.Norma infraconstitucional.	1.Norma infraconstitucional.
2. Causa de exclusão do crédito.	2. Causa de extinção do crédito.
3. Causa obstativa do crédito (*).	3. Crédito tributário já constituído.
4. Perdão da penalidade pecuniária e do ilícito tributário.	4. Perdão de todo o crédito.
(*) *Apesar disso, é possível a anistia de débitos definitivamente constituídos*	

Capítulo XIX

GARANTIAS E PRIVILÉGIOS DO CRÉDITO TRIBUTÁRIO

SUMÁRIO: 1. Conceito de garantias e privilégios. 2. Sujeição de todo o patrimônio do devedor. 3. Fraude à Execução. 4. A indisponibilidade de bens do devedor. 5. Preferência em Concurso de Credores. 6. Exigibilidade não sujeita a Concurso de Credores. 7. Outros privilégios e garantias.

1. Conceito de garantias e privilégios

Aqui chegado, firmemos as premissas acerca das garantias e privilégios do crédito tributário, versadas a partir do art. 183 do CTN. Para que nossas asserções ganhem foro de irrefutáveis, busquemos o magistério de Regina Helena Costa que coloca o tema em seus devidos termos: *"As garantias do crédito tributário são os instrumentos assecuratórios do direito de o Estado exigir tributos. Os privilégios, por sua vez, constituem expressões da posição de superioridade do crédito tributário, que defluem do princípio da supremacia do interesse público sobre o particular, em relação a créditos de outras naturezas, exceto os de natureza trabalhista ou de acidente de trabalho.*[1]

Seguindo os passos do Código Tributário Nacional, constata-se que dentro da compostura das garantias e privilégios do crédito tributário, o Capítulo VI dedica uma Seção para tratar das *preferências* do crédito tributário.

A título de escólio, convido o magistério de Sacha Calmon Navarro Coêlho para quem "*preferência é, de certo modo, modalidade de privilégio. Processualmente, a preferência dá à Fazenda Pública o direito de receber seus créditos antes de outros credores em concurso.* No mesmo diapasão, pondera que *os conceitos de garantia, privilégio e preferências confundem-se na linguagem do objeto. Por isso mesmo, o CTN trata-os agrupadamente, sem rigor técnico, e, muita vez, aparecem miscigenados*".[2]

---

1 Op. cit., p. 297.

2 COÊLHO, Sacha Calmon Navarro. *Curso de Direito Tributário Brasileiro.* 6ª Ed. Rio de Janeiro: 2001, p. 746.

2. SUJEIÇÃO DE TODO O PATRIMÔNIO DO DEVEDOR

Empreendendo considerações sobre as diferentes categorias de preferência do crédito tributário, o art. 183 do CTN estabelece que as garantias elencadas no código não excluem outras que estejam previstas na legislação específica, em razão da natureza e das características do tributo.

Dispensável mencionar que o código disciplina tais proposições descritivas em favor da Fazenda Pública de forma tão somente enumerativa, não sendo vedado que a lei prescreva outras normas do mesmo talante. No entanto, a instituição de outras garantias deverão observar fiel cumprimento às garantias constitucionais do sujeito passivo.

De tal arte, o art. 184 do CTN determina que *sem prejuízo dos privilégios especiais sobre determinados bens, que sejam previstos em lei, responde pelo pagamento do crédito tributário a totalidade dos bens e das rendas, de qualquer origem ou natureza, do sujeito passivo, seu espólio ou sua massa falida, inclusive os gravados por ônus real ou cláusula de inalienabilidade ou impenhorabilidade, seja qual for a data da constituição do ônus ou da cláusula, excetuados unicamente os bens e rendas que a lei declare absolutamente impenhoráveis.*

Assim, toda a universalidade patrimonial do sujeito passivo, seu espólio ou sua massa falida, respondem pelo crédito tributário, não se resguardando nem mesmo os bens gravados com cláusula de inalienabilidade ou impenhorabilidade, existência de um bem gravado com hipoteca em favor de terceiro, devidamente registrada na matrícula imobiliária, sendo lídima a prerrogativa da Fazenda Pública de avançar sobre referido bem, e desde que proceda à regular penhora em sede de execução fiscal, poderá promover a prática dos atos finais de execução mediante designação de leilão judicial.

Também fica ao talante da Fazenda Pública proceder à penhora de bens gravados com cláusula de impenhorabilidade, ficando ressalvada a intangibilidade do bem nas hipóteses de impenhorabilidade legal. De fato, seria herético afirmar que o exequente pudesse proceder à constrição de bens albergados sob o pálio das normas legais que definem a impenhorabilidade absoluta. Com a eloquência dos exemplos, tomemos o disposto no art. 833, IV do CPC que proíbe a penhora dos vencimentos, os subsídios, os soldos, os salários, as remunerações, os proventos de aposentadoria, as pensões, os pecúlios e os montepios, bem como as quantias recebidas por liberalidade de terceiro e destinadas ao sustento do devedor e de sua família, os ganhos de trabalhador autônomo e os honorários de profissional liberal, ressalvado o § 2°. De igual modo, também fica vedada a penhora do bem de família, assim definido pela Lei n° 8.009/90.

Com efeito, falece a argumentação no sentido de que o art. 184 do Código Tributário Nacional não seria aplicável tendo em vista que o Código de Processo Civil foi editado posteriormente. No âmbito da relação jurídico-tributária, a norma do CTN é especial e prefere em relação às normais processuais instituídas pelo CPC. Por remate, o art. 146, III, "b", da CF/88 estabelece que é de competência da lei complementar estabelecer as normas gerais em matéria de legislação tributária, especialmente sobre obrigação, lançamento, crédito, prescrição e decadência tributários, de tal maneira que, recepcionado com status de Lei Complementar, o CTN não conflita com o CPC e nem por ele é derrogado no tocante ao tratamento legal do crédito tributário.

Lembro, ademais, que embora o CTN tenha sido editado em 1966, a Lei de Execução Fiscal foi editada em 1980 e também disciplina proposições semelhantes ao código, tanto que seu art. 30 preceitua que sem prejuízo dos privilégios especiais sobre determinados bens que sejam previstos em lei, responde pelo pagamento da Dívida Ativa da Fazenda Pública a totalidade dos bens e das rendas, de qualquer origem ou natureza, do sujeito passivo, seu espólio ou sua massa, inclusive os gravados por ônus real ou cláusula de inalienabilidade ou impenhorabilidade, seja qual for a data da constituição do ônus ou da cláusula, excetuados unicamente os bens ou rendas que a lei declara absolutamente impenhoráveis.

Ainda no que atina à cláusula de impenhorabilidade, confira-se os argutos ensinamentos de Humberto Theodoro Junior: "*No sistema do Código de Processo Civil, são absolutamente impenhoráveis os bens que, por testamento ou doação, suportarem as cláusulas de inalienabilidade ou impenhorabilidade (art. 649, I). Perante a execução fiscal, todavia, as cláusulas em questão são inócuas, de sorte a não impedirem a penhora, posto que, segundo os arts. 184 do Código Tributário Nacional e art. 30 da Lei 6.830, também os bens clausulados e suas rendas se incluem na responsabilidade patrimonial do devedor da Fazenda Pública.*"[3]

Citando a doutrina de Humberto Theodoro Junior, Luciano Amaro esclarece a questão alojada no cerne de um aparente conflito de normas. A conferir: "*Há, aí, uma antinomia, pois o art. 184 do Código Tributário Nacional abrange os bens gravados com cláusula de inalienabilidade e impenhorabilidade, abrindo exceção para os absolutamente impenhoráveis, entre os quais a lei inclui os inalienáveis e todos os que possam estar, por ato voluntário, não sujeitos à execução. Isso esvaziaria em boa parte o comando legal, subtraindo à execução do crédito fiscal os bens gravados com inalienabilidade ou impenhorabilidade, ainda que por ato voluntário (como na doação ou na transmissão testamentária). Para conciliar os dois dispositivos, a doutrina considera excluídos da ressalva (e, portanto, passíveis de responder pela dívida fiscal) os bens cuja inalienabilidade ou impenhorabilidade decorra de disposição de vontade.*"[4]

Dessa forma, pode-se concluir que o bem onerado responderá pelo crédito tributário, sendo irrelevante a data da constituição do ônus ou da cláusula.

3. Fraude à execução

Vimos discorrendo acerca das proposições normativas instituídas em favor do crédito tributário e a bem do patrimônio público. Antes de ponderarmos sobre o instituto

---

[3] THEODORO JUNIOR, Humberto. *Lei de Execução Fiscal.* 3ª Ed. São Paulo: Ed. Saraiva, 1997, p. 99/100.

[4] Op. cit., p. 472.

da fraude à execução e o tratamento a ela concedido pela lei tributária, convém empreendamos algumas especulações afetas à teoria da fraude importada do direito privado.

Disciplinada nos arts. 158 e seguintes do Código Civil, a fraude contra credores é um instituto de direito material e se caracteriza quando, deliberadamente e no intuito de prejudicar credores, o devedor diligencia para se colocar em estado de insolvência, constituindo dívidas além de sua capacidade, celebrando contratos excessivamente onerosos ou mesmo abrindo mão de seu crédito por meio de perdão de dívida.

A fraude à execução, em contrapartida, é um instituto de direito processual previsto no art. 792 do Código de Processo Civil que implica em procedimento análogo ao da fraude contra credores, dela destoando exceto pelo fato de ser perpetrada quando já existe ação aparelhada contra o devedor. Por ser considerada mais grave, até porque afronta o exercício da tutela jurisdicional, não enseja ação própria para seu reconhecimento, bastando seja invocada por simples petição nos autos. Uma vez decretada a fraude à execução, os atos de dilapidação do patrimônio do devedor reputam-se ineficazes perante o credor, ao invés da fraude contra credores, a qual, por decorrer da prática de atos anuláveis, demanda ação própria.

Nesse sentido, o CPC dispõe que a alienação ou oneração de bem é considerada fraude à execução quando sobre o bem pender ação fundada em direito real ou com pretensão reipersecutória, desde que a pendência do processo tenha sido averbada no respectivo registro público. Também ocorre fraude à execução quando tiver sido averbada, no registro do bem, a pendência do processo de execução, na forma do art. 928. No mesmo enfoque haverá fraude à execução, sob os olhos do digesto procedimental, quando tiver sido averbado no registro do bem, hipoteca judiciária ou outro ato de constrição judicial originário do processo onde foi arguida a fraude. Da mesma forma, há fraude à execução quando, ao tempo da alienação ou da oneração, tramitava contra o devedor ação capaz de reduzi-lo à insolvência. Finalmente, ficará caracterizada a fraude nos demais casos expressos em lei.

O CPC de 2015 apresenta uma formulação distinta da fraude à execução versada no CTN, e trata do tema com uma profusão de regras, ampliando consideravelmente o campo material de incidência da fraude à execução em relação ao CPC de 1973 que considerava fraude à execução somente na hipótese de, contra o devedor pender ação fundada em direito real ou quando, ao tempo da alienação ou oneração, ocorria contra o devedor demanda capaz de reduzi-lo à insolvência.

Como se vê, o CTN dispõe de forma diversa da lei processual, e a redação original do art. 185 dispunha que se presume fraudulenta a alienação ou oneração de bens ou rendas, ou seu começo, por sujeito passivo com débito para com a Fazenda Pública por crédito tributário regulamente inscrito como dívida ativa *em fase de execução.*

Nota-se, pela configuração semântica, a pretensão de conferir tratamento diverso da fraude à execução do CPC, através da antecipação do marco inicial da presunção de fraude para a inscrição na dívida ativa. Apesar disso, o termo *em fase de execução* da parte final do dispositivo, não propiciou tratamento diferenciado pela jurisprudência, a qual lapidou um entendimento que uniformizava o instituto do CTN com o do CPC, tanto que para o reconhecimento da fraude à execução em matéria tributária exigia-se que os atos fraudulentos se perfizessem após a citação no processo de execução fiscal. Dispensável dizer que tal compostura desfigurou a fraude à execução da maneira como foi concebida pelo CTN, já que qualquer procedimento para desbaratar o patrimônio, desde que efetivado antes da citação, descaracterizava a fraude.

Com a supressão da locução *em fase de execução* pela Lei Complementar nº 118/2005, restou configurado o trato normativo mais severo à fraude em executivo fiscal, enaltecendo o anseio para a efetividade do processo judicial de execução da dívida ativa.

Com essas ponderações, Humberto Theodoro Junior ensina que "*com a alteração provocada pela Lei Complementar* nº 118/05, no *texto do artigo 185 do CTN, a fraude de execução, relativamente ao crédito tributário, não mais se subordina à pendência do processo em juízo. Basta que tenha se aperfeiçoado o processo administrativo pela inscrição em dívida ativa. Dessa maneira, a lei impõe ao responsável pela obrigação tributária uma restrição à disponibilidade de seu patrimônio pela simples circunstância de ter ocorrido a inscrição em dívida ativa.*"[5]

Assim, após a inscrição do débito na dívida ativa, o sujeito passivo não poderá alienar bens de seu patrimônio sem que reste parcela patrimonial hábil a garantir o débito, sob pena de ser reconhecida a fraude à execução.

4. A INDISPONIBILIDADE DE BENS DO DEVEDOR

Por intermédio da Lei Complementar nº 118/05 adicionou-se o art.185-A ao CTN, de maneira que *na hipótese de o devedor tributário, devidamente citado, não pagar nem apresentar bens à penhora no prazo legal e não forem encontrados bens penhoráveis, o juiz determinará a indisponibilidade de seus bens e direitos, comunicando a decisão, preferencialmente por meio eletrônico, aos órgãos e entidades que promovem registros de transferência de bens, especialmente ao registro público de imóveis e às autoridades supervisoras do mercado bancário e do mercado de capitais, a fim de que, no âmbito de suas atribuições, façam cumprir a ordem judicial.*

Com efeito, a indisponibilidade aqui tratada limitar-se-á ao valor total exigível, devendo o juiz determinar o imediato levantamento da indisponibilidade dos bens ou valores que excederem esse limite. Além disso, os órgãos e entidades aos quais se fizer a comunicação de que trata o caput deste artigo enviarão imediatamente ao juízo a relação discriminada dos bens e direitos cuja indisponibilidade houverem promovido.

A decretação incidental da indisponibilidade dos bens e direitos do devedor em sede de execução fiscal se assemelha com a medida cautelar fiscal alvitrada na Lei nº 8.387/92, ação de natureza exacional proposta pela Fazenda Pública com vistas à obtenção do decreto judicial de indisponibilidade nas hipóteses em que o débito ainda não está ajuizado. Diferem porque a ação cautelar fiscal pressupõe crédito tributário ainda não ajuizado.

A indisponibilidade dos bens não implica transferência de propriedade, sendo medida tão somente garantidora da execução fiscal, e de conformidade com o disposto

---

[5] Op. cit., p. 102.

no art. 185-A, § 2°, do CTN, a determinação de indisponibilidade limita-se ao valor do débito, sendo possível que ordem judicial determine o desbloqueio de bens ou de valores que o excederem.

Há jurisprudência autorizando a indisponibilidade com fundamento nas hipóteses de ausência de pagamento do crédito tributário, não indicação de bens à penhora e comprovação da inexistência de bens penhoráveis em nome do devedor. Confira-se: "*Agravo – Execução Fiscal – Citação Válida – Ausência de Pagamento do Crédito Tributário – Não Indicação de Bens à Penhora – Inexistência de Bens Penhoráveis em Nome do Devedor – Indisponibilidade de Bens e Direitos até o Valor Total Exigível – Indeferimento – Decisão Reformada – Indisponibilidade Decretada. Se na Execução Fiscal o devedor tributário, devidamente citado, não pagar nem apresentar bens à penhora no prazo legal e não forem encontrados bens penhoráveis, é de se determinar a indisponibilidade de seus bens e direitos, na forma do art. 185-A, do CTN, com a ressalva de que referida indisponibilidade limitar-se-á ao valor total exigível, a teor do §1° do referido dispositivo legal. - Recurso provido." TJMG – 1ª Câm. Cível - AI 1.0024,04.229224-3/001(1). Rel. Eduardo Andrade, j. 08.07.2008*

No mesmo sentido, entendimento alicerçado no princípio da razoabilidade tem admitido a decretação da indisponibilidade nos mesmos termos e desde que a Fazenda Pública comprove ter diligenciado à procura de bens do patrimônio do devedor sem obtenção de sucesso. Confira-se: STJ, 2ª Turma, Agr. Reg. no AI n° 44.718-SC, Rel. Min. Castro Meira.

Registre-se, ademais, outra compreensão a respeito do tema, fundada em argumento curiosamente invocado em nome da razoabilidade, mas em avultante descompasso com a posição acima demonstrada. Neste particular, tem-se entendido que somente estará legitimada a decretação de indisponibilidade mediante a comprovação da existência de bens, e desde que preenchidos todos os demais requisitos.

A respeito do tema o STJ editou a Súmula n° 560 no sentido de que a decretação da indisponibilidade de bens e direitos, na forma do art.185-A do CTN, pressupõe o exaurimento das diligências na busca por bens penhoráveis, o qual fica caracterizado quando infrutíferos o pedido de constrição sobre ativos financeiros e a expedição de ofícios aos registros públicos do domicílio do executado, ao Denatran ou Detran.

5. Preferência em Concurso de Credores

De seguinte, o caput do art. 186 do CTN, com redação pela Lei Complementar n° 118/05 determina que *o crédito tributário prefere a qualquer outro, seja qual for a natureza ou o tempo de sua constituição, ressalvados os créditos decorrentes da legislação do trabalho ou do acidente de trabalho.*

Na redação original, a ressalva em relação à preferência do crédito fazendário mencionava apenas os créditos decorrentes da legislação do trabalho. Particularmente em relação à falência, o parágrafo único, acrescentado pela LC n° 118/05 estabelece que *o crédito tributário não prefere aos créditos extraconcursais ou às importâncias passíveis de restituição*, nos termos da lei falimentar, nem aos créditos com garantia real, no limite do valor do bem gravado.

Assim, em relação aos demais processos onde se instala o concurso de credores, permanece o crédito tributário prevalecendo em relação aos créditos com garantia real, bem como às importâncias passíveis de restituição.

A nova Lei de Falências disciplina que as importâncias passíveis de restituição são os bens e direitos pertencentes a terceiros e que foram arrecadados no processo falimentar. Os chamados créditos extraconcursais, tratados no art. 188 do CTN, são aqueles decorrentes da administração da própria massa falida e ocorridos no curso do processo falimentar, não sendo, por isso, colacionados no quadro concursal. O Código Tributário Nacional dispõe que alguns créditos tributários poderão ser considerados extraconcursais, tendo por isso, preferência na falência. Trata-se dos créditos tributários decorrentes de fatos geradores ocorridos no curso do processo de falência.

Por outro lado, em outro dispositivo também acrescentado pelo mesmo diploma complementar, determina-se, ainda em relação à falência, que a multa tributária prefere apenas aos créditos subordinados. Não é difícil descobrir que firmou-se a premissa de que a multa tributária, seja ela de caráter moratório ou punitivo, poderá agora ser exigida no concurso de crédito do processo falimentar, o que não ocorria no regime anterior, ressalvando-se apenas que a multa preferirá apenas aos créditos subordinados. Por isso, a Súmula nº 565 do STF prescritora do comando no sentido de que *a multa fiscal moratória constitui pena administrativa, não se incluindo no crédito habilitado em falência*, não mais será aplicada.

6. Exigibilidade não sujeita a Concurso de Credores

O art. 187 do CTN estabelece que *a cobrança judicial do crédito tributário não é sujeita a concurso de credores ou habilitação em falência, recuperação judicial, concordata, inventário ou arrolamento.*

No mesmo sentido, dispõe o art. 5º da Lei nº 6.830/80 que *a competência para processar e julgar a execução da Dívida Ativa da Fazenda Pública exclui a de qualquer outro juízo, inclusive o da falência, da concordata, da liquidação, da insolvência ou do inventário.*

Dessa forma, a execução fiscal não é sujeita à *vis atractiva* do juízo universal, e uma vez decretada a quebra ou instalado qualquer outro tipo de concurso de credores, a execução fiscal prosseguirá normalmente.

Apesar disso, no julgamento do REsp nº 188.148, o STJ sedimentou o entendimento nas hipóteses relacionadas a empresas com falência decretada e que ao mesmo tempo estejam sujeitas à execução fiscal promovida pela Fazenda Pública, de maneira que eventual produto auferido na alienação judicial da execução fiscal deverá ser entregue ao juízo da falência para que seja observada a relação legal de preferência para a liquidação dos débitos habilitados no juízo universal. Assim, mesmo que a Fazenda Pública tenha promovido penhora de bens em seu executivo fiscal, eventual depósito judicial decorrente de arrematação não poderá ser convertido em renda antes de resolvida a questão do concurso no juízo da Falência.

Ainda em relação ao concurso de credores, o concurso de preferência somente se verifica entre pessoas jurídicas de direito público, na seguintes ordem: União; Estados,

Distrito Federal e Territórios, conjuntamente e pro rata e Municípios, conjuntamente e pro rata. Semelhante dispositivo pode ser encontrado no art. 29 da Lei nº 6.830/80.

Doravante, o art. 19, III da Constituição determina que é vedado à União, aos Estados, ao Distrito Federal e aos Municípios, criar distinções entre brasileiros *ou preferências entre si*(grifou-se). A Constituição Federal de 1967 traçava regra parecida no art. 9º, I, ao determinar que à União, aos Estados, ao Distrito Federal, aos Territórios e aos Municípios era vedado criar distinções entre brasileiros *ou preferências em favor de uma dessas pessoas de direito público interno contra outras* (grifou-se). Observo que o art. 29 da Lei de Execuções Fiscais disciplina o assunto de forma semelhante, exceto no que atina à inclusão das respectivas autarquias no concurso de preferências.

Remanesceu, já na ordem constitucional anterior, a duvidosa constitucionalidade do preceptivo do art. 187 do CTN que precedera a Carta de 67. No entanto, a questão teve decretado seu ponto final com a edição da Súmula nº 563 do Supremo Tribunal Federal que reconhecia a constitucionalidade do parágrafo único do art. 187 do CTN em face da Constituição então outorgada. Nesse sentido, *o concurso de preferência a que se refere o parágrafo único do artigo 187, do Código Tributário Nacional, é compatível com o disposto no art. 9º, inciso I, da Constituição Federal.*

Contudo, a despeito do entendimento sumularmente sedimentado, não é possível extrair-se qualquer ilação peremptória a respeito, e a bem da verdade, a discussão merece renovação, isso porque a norma constitucional correspondente no texto atual cuida do assunto de maneira diversa.

Fica evidenciado que o discrímen de tais proposições normativas é questionável à luz do Princípio Federativo e do Princípio da Isonomia, não se justificando o privilégio de tratamento concedido à União e suas autarquias, em detrimento dos demais entes federados, mesmo porque, ressalvados os atos praticados no âmbito das relações internacionais onde a União representa a República Federativa do Brasil, a Constituição de 1988 não autoriza qualquer tratamento diferenciado no âmbito das relações internas.

Em verdade, houve intenção da Constituição de alterar a proposição vetusta, conferindo especial sentido de conceder paridade às unidades políticas do Estado Brasileiro, tanto que Celso Bastos ensinava que *em princípio não há mesmo que se falar em supremacia da União sobre os Estados, nem destes sobre aquela... Enseja declaração de nulidade a lei que não respeitar essas autonomias locais.*[6]

Na visão de Geraldo Ataliba, "*Federação implica igualdade jurídica entre a União e os Estados traduzida num documento (constitucional) rígido, cuja principal função é discriminar competências de cada qual, de modo a não ensejar violação da autonomia recíproca por qualquer das partes.*" [7]

É possível a norma estabelecer fator de discriminação desde que exista justificativa objetiva e razoável, bem como proporcionalidade entre os meios empregados e a finalidade perseguida.

---

6 Op. cit., p.256.

7 ATALIBA, Geraldo. *Princípio Federal – Rigidez Constitucional e Poder Judiciário, in Estudos e Pareceres de Direito Tributário.* Vol. 3. São Paulo:Ed. R.T., 1980, p.9/10

Na ordem inaugurada em 1988 só é justificável o tratamento preferencial à União nas hipóteses em que ela desempenhar as funções afetas à soberania nacional, em questões de defesa externa, relações internacionais e matérias inerentes às convulsões sociais de caráter nacional que coloquem em risco as instituições democráticas.

Referindo-se ao art. 187 do CTN, José Eduardo Soares de Melo explica que "*todavia, a ordem de preferência pode ser objetada pelas demais pessoas de direito público, porquanto fere o princípio constitucional da isonomia, que impõe um tratamento jurídico equalitário tendo em vista a inexistência de níveis de governo, mas distintas esferas de competência.*" [8]

No mesmo diapasão, Yoshiaki Ichihara pondera que "*esta preferência é inconstitucional, por ferir o princípio da igualdade ou da isonomia, porquanto o CTN está a distinguir aquilo que não apresenta diferença fática e lógica. União, Estados e Municípios, que pelo CTN são tratados desigualmente, na realidade visam ao mesmo fim (interesse público), e não vemos nenhuma diferença entre tributos municipais, estaduais e federais.*"[9]

Resulta do exposto que nos concursos de credores instalados em processos judiciais de falência, recuperação judicial, concordata, liquidação, inventário, arrolamento ou insolvência civil, nenhuma preferência poderá ser dada à União e respectivas autarquias em relação aos Estados e suas autarquias e destes em relação aos Municípios, devendo ser considerados como não recepcionados o parágrafo único do art. 187 do CTN, bem como o parágrafo único do art. 29 da Lei de Execuções Fiscais.

É interessante que analisemos a Súmula nº 497 do STJ que é do seguinte teor: "*Os créditos das autarquias federais preferem os créditos da Fazenda estadual desde que coexistam penhoras sobre o mesmo bem.*"

Isso significa que havendo pluralidade de penhoras sobre o mesmo bem, deverá prevalecer o crédito federal ainda que sua penhora seja posterior e ainda que não haja instalação de concurso de credores. Dessa forma, o crédito estadual somente ficará resguardado em relação ao federal quando não houver penhora efetivada pela União ou por suas autarquias sobre o mesmo bem.

7. Outros privilégios e garantias

Dispõe o art. 189 do CTN que são *pagos preferencialmente a quaisquer créditos habilitados em inventário ou arrolamento, ou a outros encargos do monte, os créditos tributários vencidos ou vincendos, a cargo do de cujus ou de seu espólio, exigíveis no decurso do processo de inventário ou arrolamento.*

No mesmo sentido, o art. 190 dispõe que são pagos preferencialmente a quaisquer outros os créditos tributários vencidos ou vincendos, a cargo de pessoas jurídicas de direito privado em liquidação judicial ou voluntária, exigíveis no decurso da liquidação.

---

8 SOARES DE MELO, José Eduardo. *Curso de Direito Tributário.* 1ª Ed. São Paulo: Ed. Dialética, 1997, p. 250

9 ICHIHARA, Yoshiaki. *Direito Tributário.* 6ª Ed. São Paulo: Ed. Atlas, 1995, p.163.

Por outro lado, estabelece o art. 191 que *a extinção das obrigações do falido requer prova de quitação de todos os tributos*. Ademais, o art. 191-A, acrescentado pela LC nº 118/05 determina que *a concessão de recuperação judicial depende da apresentação da prova de quitação de todos os tributos*.

Com efeito, o art. 192 dispõe que *nenhuma sentença de julgamento de partilha ou adjudicação será proferida sem prova da quitação de todos os tributos relativos aos bens do espólio, ou às suas rendas*.

Sobre a exigência de expedição de certidão negativa, o art. 193 do CTN estabelece uma restrição ao sujeito passivo no sentido de que nenhum órgão do Poder Público poderá celebrar contrato ou aceitar proposta sem que contratante ou proponente faça prova da quitação de todos os tributos devidos à Fazenda Pública interessada, relativos à atividade em cujo exercício contrata ou concorre. No mesmo diapasão, o art. 29 da Lei nº 8.666/93 estabelece que a documentação relativa à regularidade fiscal, conforme o caso, consistirá em prova de inscrição no Cadastro de Pessoas Físicas (CPF) ou no Cadastro Nacional da Pessoa Jurídica (CNPJ); prova de inscrição no cadastro de contribuintes estadual ou municipal, se houver, relativo ao domicílio ou sede do licitante, pertinente ao seu ramo de atividade e compatível com o objeto contratual; prova de regularidade para com a Fazenda Federal, Estadual e Municipal do domicílio ou sede do licitante, ou outra equivalente, na forma da lei e prova da regularidade relativa à Seguridade Social e ao Fundo de Garantia por Tempo de Serviço (FGTS), demonstrando situação regular no cumprimento dos encargos sociais instituídos por lei.

Capítulo XX

ADMINISTRAÇÃO TRIBUTÁRIA

SUMÁRIO: 1. Conceito de Administração Tributária. 2. Fiscalização. 3. Dívida Ativa. 3.1. Requisitos do Termo de Inscrição da Dívida Ativa. 3.2. Prerrogativa da Dívida Ativa. 4. Certidões Negativas.

1. Conceito de Administração Tributária

A Administração Tributária constitui o conjunto de órgãos, agentes e atividades da Administração Pública encarregado de gerir a atividade tributária por meio do cumprimento da legislação que lhe permite efetivar a fiscalização e arrecadação de tributos.

Como é sabido, o exercício da função administrativa rende obediência aos princípios de direito público gizados na Constituição Federal, como ocorre, *exempli gratia,* com os princípios da legalidade, moralidade, impessoalidade, publicidade e eficiência. Vassala do regime jurídico administrativo, a Administração Fazendária tem o dever de desempenhar o fiel cumprimento das leis, no intuito de cumprir os interesses nela estampados e que resultam dos postulados basilares do Estado Democrático de Direito.

Faço questão de lembrar que a Administração Tributária sujeita-se ao regime jurídico administrativo que se caracteriza pela composição de elementos afetos ao direito público, e cuja composição forma um todo unitário e harmônico.

Oportuno asseverar que o diagnóstico da relação jurídica tributária deve perpassar pela investigação do regime jurídico administrativo, o qual se configura pela aplicação dos princípios de direito público que lhe conferem colorido específico.

Na visão de Celso Antonio Bandeira de Mello, as pedras angulares do regime jurídico administrativo são a supremacia do interesse público sobre o privado e a indisponibilidade do interesse público.[1]

Assim, para o exercício da função arrecadatória, a Administração se vale dos poderes a ela conferidos pela lei para atingir seus fins e nesse diapasão, dispõe das prerrogativas que gozam as autoridades fazendárias, mas que só podem ser exercidas no limite da lei. De tal arte, é possível concluir que a utilização dos poderes da administração é inerente à

---

1 Op.cit., p. 26/27.

atividade fazendária, tanto que o conceito de tributo definido no art. 3° do CTN menciona o poder vinculado da Administração.

Sem delongas e sem presunção ambiciosa de inovar, consolidemos estipulações discursando sobre os temas da Administração Tributária, avançando pelo atalho da fiscalização.

2. FISCALIZAÇÃO

Em amparo ao princípio da legalidade, isonomia e impessoalidade, preconiza o art. 194 do CTN que *a legislação tributária regulará, em caráter geral, ou especificamente em função da natureza do tributo de que se tratar, a competência e os poderes das autoridades administrativas em matéria de fiscalização da sua aplicação.* A legislação a que se refere o preceptivo aplica-se às pessoas naturais ou jurídicas, contribuintes ou não, inclusive as que gozem de imunidade tributária ou isenção de caráter pessoal.

O direito de fiscalizar corresponde a uma prerrogativa da Fazenda Pública que está abrigada nas entrelinhas da Constituição Federal sob as asas do ***Princípio dos Poderes Implícitos***, de tal maneira que a atividade arrecadatória, sendo decorrente da Função Administrativa, implica o poder inerente aos agentes fazendários de fiscalizar as atividades dos contribuintes.

Noutro giro, quem pode o mais que é arrecadar, pode o menos que é fiscalizar. Em outras palavras, quem persegue os fins necessita dos meios.

Evidentemente que a atividade de fiscalização deve ser pautada com base nos princípios do Direito Administrativo, notadamente nos Princípios da Razoabilidade e Proporcionalidade. O STF já se pronunciou sobre o conflito entre o direito de fiscalizar e o direito à proteção da inviolabilidade domiciliar definido no art. 5°, XI, da CF, reconhecendo ser inadmissível a apreensão de livros contábeis e documentos fiscais realizada em escritório de contabilidade por agentes fazendários e policiais federais sem mandado judicial, por se tratar de espaço privado, não aberto ao público e sujeito à proteção constitucional da inviolabilidade domiciliar. Nesse sentido: *"Não são absolutos os poderes de que se acham investidos os órgãos e agentes da administração tributária, pois o Estado, em tema de tributação, inclusive em matéria de fiscalização tributária, está sujeito à observância de um complexo de direitos e prerrogativas que assistem, constitucionalmente, aos contribuintes e aos cidadãos em geral. Na realidade, os poderes do Estado encontram, nos direitos e garantias individuais, limites intransponíveis, cujo desrespeito pode caracterizar ilícito constitucional. A administração tributária, por isso mesmo, embora podendo muito, não pode tudo. É que, ao Estado, é somente lícito atuar, "respeitados os direitos individuais e nos termos da lei" CF, art. 145, § 1°), consideradas, sobretudo, e para esse específico efeito, as limitações jurídicas decorrentes do próprio sistema instituído pela Lei Fundamental, cuja eficácia que prepondera sobre todos os órgãos e agentes fazendários restringe-lhes o alcance do poder de que se acham investidos, especialmente quando exercido em face do contribuinte e dos cidadãos da República, que são titulares de garantias impregnadas de estatura constitucional e que, por tal razão, não podem ser transgredidas por aqueles que exercem a autoridade em nome do Estado. Para os fins da proteção jurídica a que se refere o art. 5º, XI, da Constituição da República, o conceito normativo de "casa" revela-se abrangente e, por estender-se a qualquer compartimento privado não aberto ao público, onde alguém exerce profissão ou atividade (CP, art. 150, § 4º, III), compreende, observada essa específica limitação espacial (área interna não acessível ao público), os escritórios profissionais, inclusive os de contabilidade, "embora sem conexão com a casa de moradia propriamente dita" (NELSON HUNGRIA). Doutrina. Precedentes. Sem que ocorra qualquer das situações excepcionais taxativamente previstas no texto constitucional (art. 5º, XI), nenhum agente público, ainda que vinculado* à administração tributária do Estado, poderá, *contra a vontade de quem de direito ("invito domino"), ingressar, durante o dia, sem mandado judicial, em espaço privado não aberto ao público, onde alguém exerce sua atividade profissional, sob pena de a prova resultante da diligência de busca e apreensão assim executada reputar-se inadmissível, porque impregnada de ilicitude material. Doutrina. Precedentes específicos, em tema de fiscalização tributária, a propósito de escritórios de contabilidade. O atributo da auto-executoriedade dos atos administrativos, que traduz expressão concretizadora do "privilège du preálable", não prevalece sobre a garantia constitucional da inviolabilidade domiciliar, ainda que se cuide de atividade exercida pelo Poder Público em sede de fiscalização tributária. A ação persecutória do Estado, qualquer que seja a instância de poder perante a qual se instaure, para revestir-se de legitimidade, não pode apoiar-se em elementos probatórios ilicitamente obtidos, sob pena de ofensa à garantia constitucional do "due process of law", que tem, no dogma da inadmissibilidade das provas ilícitas, uma de suas mais expressivas projeções concretizadoras no plano do nosso sistema de direito positivo. A "Exclusionary Rule" consagrada pela jurisprudência da Suprema Corte dos Estados Unidos da América como limitação ao poder do Estado de produzir prova em sede processual penal. A Constituição da República, em norma revestida de conteúdo vedatório (CF, art. 5º, LVI), desautoriza, por incompatível com os postulados que regem uma sociedade fundada em bases democráticas (CF, art. 1º), qualquer prova cuja obtenção, pelo Poder Público, derive de transgressão a cláusulas de ordem constitucional, repelindo, por isso mesmo, quaisquer elementos probatórios que resultem de violação do direito material (ou, até mesmo, do direito processual), não prevalecendo, em conseqüência, no ordenamento normativo brasileiro, em matéria de atividade probatória, a fórmula autoritária do "male captum, bene retentum". Doutrina. Precedentes. A circunstância de a administração estatal achar-se investida de poderes excepcionais que lhe permitem exercer a fiscalização em sede tributária não a exonera do dever de observar, para efeito do legítimo desempenho de tais prerrogativas, os limites impostos pela Constituição e pelas leis da República, sob pena de os órgãos governamentais incidirem em frontal desrespeito* às garantias *constitucionalmente asseguradas aos cidadãos em geral e aos contribuintes em particular. Os procedimentos dos agentes da administração tributária que contrariem os postulados consagrados pela Constituição da República revelam-se inaceitáveis e não podem ser corroborados pelo Supremo Tribunal Federal, sob pena de inadmissível subversão dos postulados constitucionais que definem, de modo estrito, os limites – inultrapassáveis – que restringem os poderes do Estado em suas relações com os contribuintes e com terceiros."* HC 82.788-RJ, Rel. Min. Celso de Mello, DJ 02.06.2006. O julgado diz respeito, no entanto, a estabelecimento de terceiro porque se refere ao escritório de contabilidade e não ao próprio estabelecimento do contribuinte.

Na mesma trilha, enaltecendo o princípio da sujeição do interesse particular ao interesse público, o art. 195 do CTN preconiza que *para os efeitos da legislação tributária, não têm aplicação quaisquer disposições legais excludentes ou limitativas do direito de examinar mercadorias, livros, arquivos, documentos, papéis e efeitos comerciais ou fiscais, dos comerciantes industriais ou produtores, ou da obrigação destes de exibi-los.*

Além disso, os livros obrigatórios de escrituração comercial e fiscal e os comprovantes dos lançamentos neles efetuados serão conservados até que ocorra a prescrição dos créditos tributários decorrentes das operações a que se refiram.

Pautando o exercício da atividade fiscalizadora, o art. 196 do CTN dispõe que *a autoridade administrativa que proceder ou presidir a quaisquer diligências de fiscalização lavrará os termos necessários para que se documente o início do procedimento, na forma da legislação aplicável, que fixará prazo máximo para a conclusão daquelas.* Nesse sentido, os termos a que se refere este artigo serão lavrados, sempre que possível, em um dos livros fiscais exibidos; quando lavrados em separado deles se entregará, à pessoa sujeita à fiscalização, cópia autenticada pela autoridade a que se refere este artigo.

Por outro lado, dispõe o art. 197 que *mediante intimação escrita, são obrigados a prestar à autoridade administrativa todas as informações de que disponham com relação aos bens, negócios ou atividades de terceiros, os tabeliães, escrivães e demais serventuários de ofício; os bancos, casas bancárias, Caixas Econômicas e demais instituições financeiras; as empresas de administração de bens; os corretores, leiloeiros e despachantes oficiais; os inventariantes; os síndicos, comissários e liquidatários; quaisquer outras entidades ou pessoas que a lei designe, em razão de seu cargo, ofício, função, ministério, atividade ou profissão.*

Preservando o direito fundamental ao sigilo, o Código determina que a obrigação de prestar informações não abrange aquelas inerentes ao fatos sobre os quais o informante esteja legalmente obrigado a observar segredo em razão de cargo, ofício, função, ministério, atividade ou profissão. No que se refere ao sigilo fiscal, dispõe o art. 198 do CTN que sem prejuízo do disposto na legislação criminal, é vedada a divulgação, por parte da Fazenda Pública ou de seus servidores, de informação obtida em razão do ofício sobre a situação econômica ou financeira do sujeito passivo ou de terceiros e sobre a natureza e o estado de seus negócios ou atividades.

Ficam excetuadas a requisição de autoridade judiciária no interesse da justiça e as solicitações de autoridade administrativa no interesse da Administração Pública, desde que seja comprovada a instauração regular de processo administrativo, no órgão ou na entidade respectiva, com o objetivo de investigar o sujeito passivo a que se refere a informação, por prática de infração administrativa.

No mesmo diapasão, o intercâmbio de informação sigilosa no âmbito da Administração Pública será realizado mediante processo regularmente instaurado, e a entrega será feita pessoalmente à autoridade solicitante mediante recibo que formalize a transferência e assegure a preservação do sigilo. Observo que não está proibida a divulgação de informações relativas a representações fiscais para fins penais; inscrições na Dívida Ativa da Fazenda Pública; parcelamento ou moratória.

Por outro lado, a Fazenda Pública da União e as dos Estados, do Distrito Federal e dos Municípios prestar-se-ão mutuamente assistência para a fiscalização dos tributos respectivos e permuta de informações, na forma estabelecida em caráter geral ou específico, por lei ou convênio. Ademais, a Fazenda Pública da União, na forma estabelecida em tratados, acordos ou convênios, poderá permutar informações com Estados estrangeiros no interesse da arrecadação e da fiscalização de tributos.

Por derradeiro, as autoridades administrativas federais poderão requisitar o auxílio da força pública federal, estadual ou municipal, e reciprocamente, quando vítimas de embaraço ou desacato no exercício de suas funções, ou quando necessário à efetivação de medida prevista na legislação tributária, ainda que não se configure fato definido em lei como crime ou contravenção.

3. Dívida Ativa

Após a constituição definitiva do crédito tributário e regularmente notificado o sujeito passivo, se for o caso, nasce para a Fazenda o direito/dever de propor a execução fiscal respectiva. Mas antes disso é necessário formalizar o título executivo, sem o qual não se legitima seu direito de ajuizar o processo de execução judicial. Essa formalidade que antecede e prepara a execução fiscal é a fase da inscrição do débito na dívida ativa.

A inscrição do débito na dívida ativa é uma formalidade que visa constituir o título executivo extrajudicial utilizado para promover a execução fiscal. O documento extraído com a inscrição do débito na dívida ativa é a certidão de dívida ativa – CDA.

Legitimados a inscrever o débito na dívida ativa são a União, os Estados membros, o Distrito Federal e o Municípios, bem como suas respectivas autarquias. O débito inscrito na dívida ativa poderá ser cobrado judicialmente através de execução fiscal, consoante determina a Lei n° 6.830/80. É imperioso assinalar que sujeitam-se à inscrição na dívida ativa os créditos fazendários tributários e não tributários.

Nesse sentido, constitui dívida ativa tributária a proveniente de crédito dessa natureza, regularmente inscrita na repartição administrativa competente, depois de esgotado o prazo fixado para pagamento, pela lei ou por decisão final proferida em processo regular. Com efeito, a fluência de juros de mora não exclui, para efeitos deste artigo, a liquidez do crédito.

Analogamente, o art. 2° da Lei n° 6.830/80 estabelece que *constitui dívida ativa da Fazenda Pública aquela definida como tributária na Lei 4320/64, com as alterações posteriores, que estatui normas gerais de direito financeiro para elaboração e controle dos orçamentos e balanços da União, dos Estados, dos municípios e do Distrito Federal.*

3.1. Requisitos do Termo de Inscrição da Dívida Ativa

Definindo os requisitos da certidão de dívida ativa, o art. 202 do CTN preconiza que *o termo de inscrição da dívida ativa, autenticado pela autoridade competente, indicará obrigatoriamente o nome do devedor, e sendo o caso, o dos corresponsáveis, bem como, sempre que possível o domicílio ou a residência de um e de outros; a quantia devida e a maneira de calcular os juros de mora acrescidos; a origem e a natureza do crédito, mencionada especificamente a disposição da lei em seja fundado; a data em que foi inscrita; sendo caso, o número do processo administrativo de que se originar o crédito.* A Certidão de Dívida Ativa também deverá conter, além dos requisitos deste artigo, a indicação do livro e da folha de inscrição.

É curioso anotar que o inciso V do preceptivo menciona que o termo de inscrição na dívida ativa indicará, sendo o caso, o número do processo administrativo respectivo, o que implica concluir, em face da interpretação da letra da norma, que a existência de processo administrativo não é obrigatória, como sói acontecer nos débitos sujeitos a lançamento por homologação.

Assim, nos tributos em que o contribuinte se encarrega de prestar todas as informações antecipando o pagamento, é desnecessária a instrução de processo administrativo. Nesse sentido: *"Em se tratando de autolançamento de débito fiscal declarado e não pago, desnecessária a instauração de procedimento administrativo para a inscrição da dívida ativa e posterior cobrança."* 2ª Turma do STF , Agr.Reg. em Ag. Inst. nº 144.609-9, DJU 01.09.1995, Rel. Min. Maurício Corrêa.

No mesmo sentido: *"Com o autolançamento feito pelo contribuinte, surge, por força de lei, a obrigação de antecipar o pagamento do tributo autolançado no prazo regulamentar, independente do prévio exame pela administração. Se esse pagamento antecipado não ocorre no prazo regulamentar, a administração pode inscrever a dívida ativa autolançada, para cobrança executiva, independente de procedimento administrativo especial. Quanto aos juros moratórios, eles devem ser calculados sobre a dívida atualizada, sendo devidos desde o vencimento da obrigação tributária."* 4ª Câm. do TJSP, Ap. nº 264.524-2/5, Rel. Des. Paulo Shintate, publicado na RT 723/344.

O disposto no art. 203 do CTN determina que *a omissão de quaisquer dos requisitos previstos no artigo anterior ou o erro a eles relativos são causas de nulidade da inscrição e do processo de cobrança dela decorrente, mas a nulidade poderá ser sanada até a decisão de primeira instância, mediante substituição da certidão nula, devolvido ao sujeito passivo, acusado ou interessado, o prazo para defesa, que somente poderá versar sobre a parte modificada.*

3.2. Prerrogativa da Dívida Ativa

No compasso da supremacia do interesse público, o art. 204 do CTN assevera que *a dívida regularmente inscrita goza da presunção de certeza e liquidez e tem o efeito de prova pré-constituída.* Não obstante, a presunção a que se refere este artigo é relativa e pode ser ilidida por prova inequívoca, a cargo do sujeito passivo ou do terceiro a que aproveite.

Abundam motivos para considerar referida proposição normativa uma poderosa prerrogativa da Fazenda Pública, o que, aliás, não é apanágio da dívida ativa, mas de todo ato administrativo. Sobreleva anotar que o ônus de comprovar a ilegitimidade do ato administrativo do lançamento, e bem assim a inscrição na dívida ativa que é sua natural decorrência, é do sujeito passivo, o que denota imperiosa necessidade que diligencie no afã de sufragar a presunção que milita em favor do crédito tributário.

Assim, nas ações judiciais propostas pelo contribuinte a ele compete o dever de refutar a presunção relativa que favorece a certidão de dívida ativa, e uma vez que dela não se desincumba, tornará provável a derrocada na demanda. Neste particular, iterativa jurisprudência confirma a presunção de liquidez, certeza e legitimidade do termo de inscrição na dívida ativa. Neste sentido: "*Na execução fiscal, com o título revestido de presunção de liquidez e certeza, a exeqüente nada tem que provar. Opondo embargos, o devedor terá que desconstituir o título. Se nada provar, a pretensão resistida será desmerecida e, com o prosseguimento da execução, será agasalhada a pretensão satisfeita. Não é a embargada que irá robustecer o seu título, mas o embargante que terá que enfraquecê-lo (...) No caso, a certidão de dívida ativa está regular e não foi elidida com as alegações formuladas pela embargante, já que não acompanhadas de nenhuma prova, como nem requerida a posterior produção de elemento probatório.*" TFR - 5ª T., Ap. Civ. 114.803-SC, Rel. Min. Sebastião Reis , Bol. AASP 1.465/11.

4. CERTIDÕES NEGATIVAS

Aqui chegados, passemos à análise do art. 205 do CTN que dispõe sobre a necessidade de que os contribuintes se encontrem em situação regular perante o fisco, estabelecendo a forma de sua comprovação no sentido de que a lei poderá exigir que a prova da quitação de determinado tributo, quando exigível, seja feita por certidão negativa, expedida à vista de requerimento do interessado que contenha todas as informações necessárias à identificação de sua pessoa, domicílio fiscal e ramo de negócio ou atividade e indique o período a que se refere o pedido. A certidão negativa será sempre expedida nos termos em que tenha sido requerida e será fornecida dentro de 10 dias da data da entrada do requerimento na repartição.

Dispondo sobre a certidão positiva com efeitos de negativa, o art. 206 estabelece que tem elaos mesmos efeitos da certidão de que conste a existência de créditos não vencidos, em curso de cobrança executiva em que tenha sido efetivada a penhora, ou cuja exigibilidade esteja suspensa.

Na prática, as leis tributárias costumam autorizar a expedição de certidão positiva com efeitos de negativa também nas hipóteses onde, embora não suspensa a exigibilidade, está o crédito devidamente garantido por penhora nos autos.

Nos termos do art. 207, independentemente de disposição legal permissiva, será dispensada a prova de quitação de tributos, ou o seu suprimento, quando se tratar de prática de ato indispensável para evitar a caducidade de direito, respondendo, porém, todos os participantes no ato pelo tributo porventura devido, juros de mora e penalidades cabíveis, exceto as relativas a infrações cuja responsabilidade seja pessoal ao infrator.

Por derradeiro, a certidão negativa expedida com dolo ou fraude, que contenha erro contra a Fazenda Pública, responsabiliza pessoalmente o funcionário que a expedir, pelo crédito tributário e juros de mora acrescidos, sem prejuízo da responsabilidade criminal e funcional que no caso couber.

PARTE ESPECIAL

TRIBUTOS EM ESPÉCIE

Capítulo XXI IMPOSTOS FEDERAIS

1. Considerações iniciais

A análise dos tributos em espécie se inicia pelos impostos, os mais importantes tributos sob o ponto de vista econômico. O imposto nasce de um fato que não tipifica uma atuação estatal, daí não decorrer de obra pública (pressuposto da contribuição de melhoria), de serviço público específico e divisível ou do exercício do poder de polícia (pressupostos das taxas de serviço e de polícia).

O art. 16 do CTN conceitua o imposto como *o tributo cuja obrigação tem por fato gerador uma situação independente de qualquer atividade estatal específica, relativa ao contribuinte.*

Posto isso, a exigência do imposto objetiva a captação de recursos para o orçamento do poder público, e nasce em face de um comportamento ou de uma situação jurídica atribuída ao sujeito passivo, não decorrente de nenhuma ação estatal e não se caracterizando pelo caráter contraprestacional. Em verdade, a norma prescritora de um imposto atinge situações que indicam um *sinal de riqueza* do contribuinte, independente de qualquer contrapartida por parte do poder estatal, bastando que a pessoa pratique o fato previsto na norma.

Faço questão de observar que há um valor implícito no texto constitucional proibindo a instituição de impostos sobre situações que não indiquem *riqueza,* a qual designa não necessariamente situações de magnificência econômica, mas certamente não poderá significar qualquer sinal indicativo de expressão monetária, de maneira que não traduz qualquer sinal de riqueza o pressuposto fático que implique no direito ao mínimo existencial.

Assim, nem todos os bens capazes de satisfazer necessidades humanas podem ser considerados, sob essa ótica, *riqueza* para os fins de tributação pela via do imposto.

Essa realidade é construída como expressão do Princípio da Dignidade da Pessoa, além dos Princípios da Proporcionalidade, da Razoabilidade, da Igualdade e da Capacidade contributiva, sob cujas asas se abriga o *Princípio do Sinal de Riqueza.*

Com base nessas premissas é possível cogitar que, ao menos em matéria de impostos, a Constituição da República proíbe a tributação sobre a pobreza, impondo reconhecer que a insignificância econômica não pode ser tributada por meio de imposto.

Sob esse aspecto, o exercício da competência tributária deve encontrar limites na norma constitucional, não estando o ente competente autorizado a tributar por meio de imposto toda e qualquer propriedade imobiliária urbana, toda e qualquer propriedade rural, todo e qualquer veículo automotor, toda e qualquer renda etc., mas apenas aquelas materialidades que indiquem um efetivo sinal de riqueza.

Na categoria exacional dos impostos, o contribuinte apenas assume o encargo de pagar um imposto pelo simples fato de exibir um sinal de riqueza, não havendo qualquer contrapartida pelo poder público, assumindo a obrigação de custear parte das despesas públicas em nome das receitas gerais que alimentarão a maior fatia do orçamento dos poderes públicos.

Como é sabido, a *classificação jurídica dos tributos* foi elaborada com base em suas hipóteses de incidência, podendo ser *vinculados ou não vinculados*, conquanto sejam ou não decorrentes de uma atuação estatal. Destarte, impostos são tributos não vinculados uma vez que sua hipótese de incidência independe de qualquer atuação por parte do Estado. Além disso, em relação aos impostos a Constituição faz enumeração exaustiva, peculiaridade ausente em relação aos demais tributos, disso decorrendo a conclusão que todos os arquétipos de impostos são definidos na Lei Maior.

A União tem competência para instituir os impostos previstos nos arts. 153 e 154 da CF, de maneira que além dos impostos residuais e dos impostos extraordinários previstos no art. 154, compete à União instituir impostos sobre importação de produtos estrangeiros; exportação, para o exterior, de produtos nacionais ou nacionalizados; renda e proventos de qualquer natureza; produtos industrializados; operações de crédito, câmbio e seguro, ou relativas a títulos ou valores mobiliários; propriedade territorial rural e grandes fortunas, nos termos de lei complementar.

Oferecidos esses breves esclarecimentos, passemos à análise dos impostos de competência da União.

2. Imposto sobre Importação de Produtos Estrangeiros

O Código Tributário Nacional disciplina em seu Título III, Capítulo II, os impostos sobre o comércio exterior, enquadrando na mesma categoria os impostos aduaneiros. O Imposto sobre Importação de Produtos Estrangeiros, elencado no art. 153, I, da CF, incide nas operações de importação de produtos estrangeiros, sendo vulgarmente conhecido como *tarifa da alfândega,* e tendo como fato gerador a entrada dos produtos estrangeiros no território nacional, consoante preceitua o art. 19 do CTN.

Definindo seu campo material de incidência, o Decreto-lei nº 37 de 18.11.1966 e o respectivo Regulamento Aduaneiro instituído pelo Decreto nº 4.543/02, estabelecem que considera-se também estrangeiro o produto nacional ou nacionalizado exportado, que retornar ao País, salvo se enviada em consignação e não vendida no prazo autorizado; devolvida por motivo de defeito técnico, para reparo ou substituição; por motivo de modificações na sistemática de importação por parte do país importador; por motivo de guerra ou calamidade pública; por outros fatores alheios à vontade do exportador.

Dessa forma, o conceito de produto estrangeiro parte da premissa que qualquer coisa móvel disposta ao comércio assim pode ser considerada, desde que proveniente, ainda que não originariamente, de país estrangeiro, e sob esse aspecto melhor seria designá-lo como imposto de importação de mercadorias estrangeiras, mesmo porque o produto a que se refere o arquétipo do imposto de importação, em nada se assemelha com o produto referente ao IPI.

Esquadrinhando o campo material do Imposto de Importação, a jurisprudência do STF já analisou a dupla incidência em relação ao IPI, rechaçando, no caso de contrato de arrendamento mercantil, a suposta bitributação com aquele imposto. Nesse sentido: "*Recurso extraordinário em que se argumento a não incidência do II e do IPI sobre operação de importação de sistema de tomografia computadorizada, amparada por contrato de arrendamento mercantil. Alegada insubmissão do arrendamento mercantil, quer seria um serviço, ao fato gerador do imposto de importação (art. 153, I, da Constituição). Inconsistência. Por se tratar de tributos diferentes, com hipóteses de incidência específicas (prestação de serviços e importação, entendida como a entrada de bem em território nacional – art. 19 do CTN), a incidência concomitante do II e do ISS não implica bitributação ou de violação de pretensa exclusividade e preferência de cobrança do ISS.*" RE 429.306, Rel. Min. Joaquim Barbosa, julgamento em 1°.2.2011, Segunda Turma, *DJE* de 16-3-2011.

A legislação aduaneira define normas de não incidência em sentido estrito, determinando que o Imposto de Importação não incide sobre mercadoria estrangeira avariada ou que se revele imprestável para os fins a que se destinava, desde que seja destruída sob controle aduaneiro, antes de despachada para consumo, sem ônus para a Fazenda Nacional; em trânsito aduaneiro de passagem, acidentalmente destruída e que tenha sido objeto de pena de perdimento, exceto na hipótese em que não seja localizada, tenha sido consumida ou revendida.

Em relação ao aspecto pessoal da hipótese de incidência, dispõe o art. 22 do CTN que são contribuintes do Imposto de Importação o importador ou quem a lei a ele equiparar e o arrematante de produtos apreendidos ou abandonados. Ademais, estabelece o Decreto-lei n° 37/1966, na redação pelo Decreto-lei n° 2.472, de 1°.09.1988 que é devedor do tributo o destinatário de remessa postal internacional indicado pelo respectivo remetente e o adquirente de mercadoria entrepostada (entrepostos aduaneiros).

Os responsáveis tributários estão elencados no art. 32 do Decreto-lei n° 37/66, de 18 de novembro de 1966, de tal maneira que respondem pelo Imposto de Importação o transportador, quando transportar mercadoria procedente do exterior ou sob controle aduaneiro, inclusive em percurso interno e o depositário, assim considerada qualquer pessoa incumbida da custódia de mercadoria sob controle aduaneiro.

Considera-se responsável solidário o adquirente ou cessionário de mercadoria beneficiada com isenção ou redução do imposto e o representante, no País, do transportador estrangeiro.

Com relação ao aspecto temporal da hipótese de incidência, o CTN dispõe que o fato gerador ocorre com a entrada do produto estrangeiro no território nacional, o que ensejou divergentes entendimentos a respeito da proposição normativa do Decreto-lei nº 37/66 e do Regulamento Aduaneiro, os quais preceituam que o fato gerador ocorre no momento do registro da Declaração de Importação para o despacho aduaneiro, junto ao SISCOMEX que é um sistema que reúne os dados fornecidos pelos importadores e exportadores, além de despachantes aduaneiros, comissários e transportadores, instituído com a finalidade de agilizar e desburocratizar as operações envolvendo o comércio internacional.

Dessa forma, o art. 19 do CTN deve ser interpretado em conjunto com o disposto na legislação aduaneira, de maneira que a entrada do produto estrangeiro no território nacional somente se perfaz quando houver a efetivação e o reconhecimento do negócio jurídico realizado. Para tanto, consagrou-se o uso da expressão *desembaraço aduaneiro* que é o procedimento alfandegário referente ao recebimento e liberação do produto importado após a elaboração da Declaração de Importação e expedição da respectiva guia de importação ou documento que lhe faça as vezes, observando que referido procedimento tem o caráter liberatório do produto importado, estando, a partir daí, disponibilizado para sua retirada pelo importador na repartição aduaneira.

Em relação à base de cálculo, cumpre lembrar que os valores em moeda estrangeira devem ser convertidos em moeda vigente no território nacional à taxa de câmbio vigente no momento da entrada da mercadoria importada. A definição da base de cálculo está disposta no art. 20 do CTN, e será assim definida:

> I – quando a alíquota seja específica, a unidade de medida adotada pela lei tributária;
>
> II – quando a alíquota seja ad valorem, o preço normal que o produto, ou seu similar, alcançaria, ao tempo da importação, em uma venda em condições de livre concorrência, para entrega no porto ou lugar de entrada do produto no País;
>
> III – quando se trate de produto apreendido ou abandonado, levado a leilão, o preço da arrematação.

Nesses exatos termos, dispõe o art. 2º do Decreto-Lei nº 37/66, com Redação dada pelo Decreto-Lei nº 2.472, de 01/09/1988:

> I – quando a alíquota for específica, a quantidade de mercadoria, expressa na unidade de medida indicada na tarifa; (Redação dada pelo Decreto-Lei nº 2.472, de 01/09/1988)
>
> II – quando a alíquota for ad valorem, o valor aduaneiro apurado segundo as normas do art. 7º do Acordo Geral sobre Tarifas Aduaneiras e Comércio – GATT.

Decididamente, ficou ao talante do legislador ordinário condensar as prescrições do CTN, de maneira que o Decreto-lei n° 37/1966, com redação dada pelo Decreto n° 2.472/1988, dimensiona o aspecto valorativo do imposto de importação, o que pode ser resumido da seguinte forma:

I – especificidade de alíquota, o valor é devido de acordo com a quantidade de mercadoria numa unidade de medida indicada na TAB — Tarifa Aduaneira do Brasil —, ou seja, valores previamente fixados de acordo com a sua quantificação. Assim, há determinação da base de cálculo por tonelada, comprimento, peças, unidades, etc.

II – valor da mercadoria importada ou o valor aduaneiro apurado segundo as normas do artigo 7° do Acordo Geral sobre Tarifas Aduaneiras e Comércio — GATT. [1]

III – preço da arrematação.

Como se vê, a *alíquota específica* se baseia na unidade de medida utilizada na aquisição do produto adquirido, de maneira que os valores exigidos são previamente definidos de acordo com a quantidade do produto. Em forma de exemplo, é considerada alíquota específica a definição de R$ 10,00 por tonelada de um determinado produto, enquanto as *alíquotas ad valorem,* empregadas na maioria dos tributos, são fixadas em termos percentuais, definindo valores proporcionais ao valor do produto estrangeiro importado, como por exemplo, uma alíquota de 15% sobre o valor do produto importado.

As alíquotas do imposto de importação estão indicadas na Tarifa Externa Comum (TEC).

A figura impositiva sob comento também incide sobre a bagagem de viajante procedente do exterior, e neste caso a base de cálculo é o valor dos bens que ultrapassem a cota de isenção, sendo a alíquota definida em 50 % (de cinquenta por cento).

O imposto de importação tem como característica principal a extrafiscalidade, sendo utilizado como instrumento de política econômica e monetária, além de representar importante mecanismo de fomento à competitividade do produto nacional.

Nesse sentido, o exercício da administração aduaneira compreende a fiscalização e o controle sobre o comércio exterior, e sob esse aspecto o bem tutelado pelo Estado não é o tributo, mas a segurança da sociedade. Por essa razão, a fiscalização aduaneira verifica se o produto estrangeiro oferece condições de sanidade e segurança para o uso do consumidor

O despacho de importação é o procedimento mediante o qual é verificada a exatidão dos dados declarados pelo importador em relação à mercadoria importada, aos documentos apresentados e à legislação específica, com vistas ao seu desembaraço aduaneiro. Assim, todo produto proveniente do exterior deverá ser submetido a despacho de importação, que será realizado com base em declaração apresentada à unidade

---

1 GATT – Acordo Geral sobre Tarifas e Comércio, instituído mediante tratado internacional do qual o Brasil é signatário e que tem a finalidade de instituir regras padronizadas para o exercício do comércio internacional.

aduaneira sob cujo controle estiver a mercadoria. O despacho aduaneiro de importação encontra-se basicamente disciplinado pelas IN SRF nº 680/2006 e IN SRF nº 611/2006.

O SISCOMEX, Sistema Integrado de Comércio Exterior, instituído pelo Decreto nº 660/92 é um sistema informatizado responsável pela integração de atividades de registro, acompanhamento e controle de operações de comércio exterior, através de um fluxo único e automatizado de informações, pelo qual se permite acompanhar a saída e ingresso de mercadorias no país. Por meio dele, exportador e importador trocam informações com os órgãos responsáveis pela fiscalização. O SISCOMEX apresente como vantagens a harmonização de conceitos e uniformização de código e nomenclaturas; ampliação dos pontos de atendimento; eliminação de coexistências de controle e sistemas paralelos de coleta de dados; simplificação e padronização de documentos; diminuição significativa do volume de documentos; agilidade na coleta e processamento de informações por meio eletrônico e redução de custos administrativos.[2]

Com efeito, o Imposto de Importação não se sujeita aos postulados do Princípio da Anterioridade e da Noventena, consoante disposição do art. 150, § 1º da CF. Ademais, pode ter suas alíquotas alteradas por Decreto do Poder Executivo, dentro dos limites da lei, conforme preceitua o art. 153, § 1º da Constituição e art. 21 do CTN

A lei a que se refere o preceptivo constitucional, utilizada como pauta para a redefinição de alíquotas, basta seja ordinária, e o Decreto modificador não exige enunciação expressa sobre a motivação do ato. Nesse sentido: "*STF — RE 224.285/ CE – Recurso Extraordinário. Constitucional. Tributário. Imposto de Importação. Majoração de Alíquota. Decreto. Ausência de motivação e inadequação da via legislativa. Exigência de Lei Complementar. Alegações improcedentes . 1. A lei de condições e limites para a majoração da alíquota do imposto de importação, a que se refere o artigo 153, § 1º, da Constituição Federal, é a ordinária, visto que lei complementar somente será exigida quando a Norma Constitucional expressamente assim o determinar. Aplicabilidade da Lei nº 3.244/57 e suas alterações posteriores. 2. Decreto. Majoração de alíquotas do imposto de importação. Motivação. Exigibilidade. Alegação insubsistente. A motivação do Decreto que alterou as alíquotas encontra-se no procedimento administrativo de sua formação. 3. Majoração de alíquota. Inaplicabilidade sobre os bens descritos na guia de importação. Improcedência. A vigência do diploma legal que alterou a alíquota do imposto de importação é anterior à ocorrência do fato gerador do imposto de importação, que se operou com a entrada da mercadoria no território nacional. Recurso extraordinário conhecido e provido.*" Ministro MAURICIO CORREA Relator. 17.03.1999. Acórdãos no mesmo sentido RE 232.574/SP; RE 356.312/ SP Ag.Reg.

---

[2] Dados obtidos junto ao site da Secretaria da Fazenda;http//idg.receita.gov.br

Assim, é possível caracterizar o imposto sobre importação de produtos estrangeiros como eminentemente *extrafiscal e regulatório*, pelo fato de ser mais facilmente manipulado por ato do Poder Executivo.

Como se sabe, por ser extrafiscal, o imposto de importação não tem finalidade arrecadatória, mas regulatória do abastecimento do mercado interno, visando a manutenção da competitividade da mercadoria genuína em relação à alienígena. Sobre a suposta finalidade não arrecadatória dos tributos extrafiscais, confira-se os comentários traçados no capítulo IV, item 5.3.

Por fim, segundo o magistério da Ministra Eliana Calmon, o imposto de importação é um tributo indireto, pois a carga tributária tende a ser suportada por terceiro, muito embora não ocorra a transferência de forma clara e objetiva. Com efeito, o ônus pelo tributo gerado se integra ao preço, sem destaque formal. É o que se denomina, em linguagem vulgar, de imposto por dentro. É seletivo porque a incidência tributária observa a qualidade de cada um dos bens, classificando-os como supérfluos, não supérfluos, similares aos nacionais etc.[3]

Aspecto material – II	Importar produtos estrangeiros (art. 19 CTN)
Aspecto temporal	Entrada dos produtos estrangeiros no território nacional à desembaraço aduaneiro
Aspecto espacial	Repartição fiscal alfandegária ou aduaneira, em território nacional
Aspecto pessoal (sujeito passivo)	• Importador, ou quem a lei a ele equiparar • Arrematante de produtos apreendidos ou abandonados
Aspecto valorativo	Base de cálculo: • quando a alíquota seja específica, a unidade de medida adotada pela lei tributária. • quando a alíquota seja ad valorem, o preço normal que o produto, ou seu similar, alcançaria, ao tempo da importação, em uma venda em condições de livre concorrência, para entrega no porto ou lugar de entrada do produto no País. • quando se trate de produto apreendido ou abandonado, levado a leilão, o preço da arrematação. Alíquotas: • ad valorem • específicas

3 CALMON, Eliana. *Código Tributário Nacional Comentado. Coordenador Vladimir Passos de Freitas.* 3ª Ed. São Paulo, Ed. R.T. 2005, p. 61.

3. Imposto de Exportação para o Exterior de Produtos Nacionais ou Nacionalizados

O imposto sobre a exportação está previsto no art. 153, II, da Constituição Federal e tem como fato gerador a saída de produtos nacionais ou nacionalizados do território nacional (art. 23 do CTN). Para o fim de determinar-se o aspecto temporal de sua hipótese de incidência, decompõe-se a locução *saída do território nacional*, considerando-se ocorrido o fato gerador no momento em que é expedida a guia de exportação ou o documento equivalente. Sobre o tema, o STF se posicionou da seguinte forma: "*Não é qualquer registro no SISCOMEX que corresponde à expedição do documento equivalente à guia de exportação prevista no § 1º, in fine, do art. 1º do DL 1.578/1977, como determinante da ocorrência do fato gerador do tributo. Somente o Registro de Exportação corresponde e se equipara à Guia de Exportação. Editada a Resolução 2.112/1994 do Banco Central do Brasil depois dos registros de venda, mas antes dos registros de exportação, submetem-se as operações respectivas às alíquotas nelas fixadas, visto que tal fixação se dera antes da ocorrência do fato gerador.*" (AI 578.372-AgR, Rel. Min. Ellen Gracie, julgamento em 9-2-2010, Segunda Turma, *DJE* de 12-3-2010.) No mesmo sentido: RE 235.858, Rel. Min. Ilmar Galvão, julgamento em 12-11-2002, Primeira Turma, *DJ* de 13-12-2002.

Segundo disposição da legislação específica, ou seja o Decreto-lei nº 1.578/77, seu fato gerador é a saída da mercadoria do território aduaneiro. Nessa mesma planície onde se propõe esquadrinhar seu aspecto temporal, o mesmo diploma normativo estabelece que considera-se ocorrido o fato gerador na data do registro da exportação junto ao SISCOMEX.

Assim como ocorre com o imposto de importação, o imposto de exportação possui como característica a natureza extrafiscal e regulatória, congregando semelhante disciplina constitucional no que concerne aos Princípios da Anterioridade e da Noventena (art. 150, § 1º) e ao Princípio da Legalidade (art. 153, § 1º). Dessa forma, corresponde aos instrumentos de controle da política econômica e de comércio exterior, utilizado, por vezes, *para combater o desabastecimento do mercado interno, quando atraentes os preços ao exterior.*[4]

Sobre a base de cálculo e a alíquota do Imposto de Exportação, dispõe o art. 24 do CTN que quando a alíquota for específica, a base de cálculo será a unidade de medida adotada pela lei tributária; e quando a alíquota for *ad valorem*, o preço normal que o produto, ou seu similar, alcançaria, ao tempo da exportação, em uma venda em condições de livre concorrência.

Para o caso das alíquotas *ad valorem*, considera-se a entrega como efetuada no porto ou lugar da saída do produto, deduzidos os tributos diretamente incidentes sobre a operação de exportação e nas vendas efetuadas a prazo superior aos correntes no mercado internacional, o custo do financiamento.

Além disso, a lei pode adotar como base de cálculo a parcela do valor ou do preço, referidos nos casos supra mencionados, excedente de valor básico, fixado de acordo com os critérios e dentro dos limites por ela estabelecidos.

---

4 *Idem*, p. 82.

A base de cálculo do imposto é definida no artigo 2° do Decreto-lei n° 1.578, de 1977. Nesse sentido: "Art. 2° A base de cálculo do imposto é o preço normal que o produto, ou seu similar, alcançaria, ao tempo da exportação, em uma venda em condições de livre concorrência no mercado internacional, observadas as normas expedidas pelo Poder Executivo, mediante ato da CAMEX - Câmara de Comércio Exterior. (Redação dada pela Medida Provisória n° 2.158-35, de 2001).

A CAMEX – Câmara de Comércio Exterior – é o órgão responsável pela edição de normas relativas às mercadorias sujeitas ao imposto de importação.

Importante asseverar que a tributação sobre o comércio exterior, tanto de importação quanto de exportação, deve seguir as disposições do Regulamento Aduaneiro do Brasil, atualmente disciplinado pelo Decret n° 6.759/09 que regulamenta a administração das atividades aduaneiras.

O contribuinte do Imposto de Exportação é o exportador ou quem a lei a ele equiparar, nos termos do art. 27 do CTN, sendo considerado exportador aquele que remete o produto nacional ou nacionalizado para o exterior, a qualquer título, ou o leva consigo.

Sobre o conteúdo jurídico da locução *produto nacionalizado*, a Ministra Eliana Calmon explica que "*não só a mercadoria nacional é passível de incidência do imposto, mas também a nacionalizada, entendendo-se como tal a mercadoria estrangeira que no país sofreu transformação, beneficiamento ou acondicionamento e foi reexportada (regime de drawback).*"[5] O drawback é um benefício fiscal pelo qual o sujeito passivo tem o direito de se ressarcir do imposto de importação pago anteriormente na aquisição de um produto estrangeiro, quando efetivar a exportação desse mesmo produto, agora considerado nacionalizado.

Aspecto material – IE	Exportar para o estrangeiro produtos nacionais ou nacionalizados (art. 23 CTN)
Aspecto temporal	Saída dos produtos nacionais ou nacionalizados do território nacional à expedição da guia de exportação ou documento equivalente
Aspecto espacial	Repartição fazendária alfandegária ou aduaneira, localizada em território nacional
Aspecto pessoal (sujeito passivo)	O exportador ou quem a lei a ele equiparar (art. 27 CTN)

5 *Ibidem.*

Aspecto valorativo	Base de cálculo: • quando a alíquota seja específica, a unidade de medida adotada pela lei tributária. • quando a alíquota seja ad valorem, o preço normal que o produto, ou seu similar, alcançaria, ao tempo da exportação, em uma venda em condições de livre concorrência. Alíquotas: • ad valorem • específicas

4. IMPOSTO SOBRE A RENDA E PROVENTOS DE QUALQUER NATUREZA

O Imposto sobre a Renda, o mais importante imposto federal por conta de seu caráter eminentemente fiscal está gizado no art. 153, III, da CF e tem como fato gerador, consoante dispõe o art. 43, do CTN, a aquisição da disponibilidade econômica ou jurídica de renda, assim entendido o produto do capital, do trabalho ou da combinação de ambos ou a aquisição econômica ou jurídica de proventos de qualquer natureza, assim entendidos os acréscimos patrimoniais não compreendidos no inciso anterior.

Na pesquisa para a definição do aspecto material desse imposto, deve se especular a descrição dos dados substanciais que servem de suporte e dão consistência à hipótese de incidência, e cotejando-se a equação da identificação do núcleo da conduta (verbo) mais o complemento, permite-se concluir que a materialidade nuclear do IR é *auferir renda*. Assim, a perfeita identificação do objeto sobre o qual recai a incidência desse imposto atravessa o campo para e elucidação do conceito de *renda*.

Zuudi Sakakihara preconiza que "*a Constituição não define o que seja renda, nem o que sejam proventos de qualquer natureza. Nem mesmo o exame das diversas vezes em que a palavra renda é utilizada pela Constituição permite deduzir um conceito unívoco (...) A própria Constituição, portanto, não utilizou a palavra renda com um sentido uniforme, não permitindo, assim, deduzir, ainda que sistematicamente, um conceito constitucional.*"[6]

De qualquer maneira, cotejando o balizamento constitucional com o disposto no próprio Código Tributário Nacional, permite-se concluir que renda representa um fato econômico que acresce o patrimônio da pessoa, podendo ser experimentada em um determinado lapso temporal. De fato, ao estabelecer o conceito de *proventos de qualquer natureza*, o art. 43, II do CTN, conclui, por exclusão, que renda configura um acréscimo patrimonial, assim como os proventos, ressalvando que estes são os *demais* acréscimos não decorrentes do capital ou do trabalho ou de ambos. Dessa forma, apesar da vaguidade do arquétipo constitucional, o exercício da competência tributária para instituir o imposto sobre a renda deve se restringir ao modelo constitucional, não

---

6 SAKAKIHARA, Zuudi. *Código Tributário Nacional Comentado. Coordenador Vladimir Passos de Freitas.* 3ª Ed. São Paulo, Ed. R.T. 2005, p. 155.

estando autorizado o legislador ordinário a instituir proposições normativas que não correspondam a uma mais valia no patrimônio do sujeito passivo. Em suma, renda e proventos são considerados *acréscimos patrimoniais*, e se fundam na ideia de riqueza nova que se agrega ao patrimônio da pessoa física ou jurídica.

Por tal razão o IR não deveria incidir sobre nenhuma verba indenizatória uma vez que sua natureza jurídica não condiz com o acréscimo patrimonial. Nesse sentido o STJ editou a Súmula nº 498 firmando entendimento que não incide o imposto de renda sobre a indenização por danos morais.

Na mesma esteira a Súmula nº 217 do STJ: "A indenização recebida pela adesão a programa de incentivo à demissão voluntária não está sujeita à incidência do imposto de renda.

Ainda, a Súmula nº 125 do mesmo STJ: "O pagamento de férias não gozadas por necessidade do serviço não está sujeito à incidência do imposto de renda."

Por remate, a Súmula nº 136 também do STJ: "O pagamento de licença-prêmio não gozada por necessidade do serviço não está sujeito ao imposto de renda."

São tradicionalmente conhecidos os fenômenos econômicos que configuram renda, uma vez que representam uma incorporação ao patrimônio da pessoa em virtude de seu trabalho, do capital investido, da atividade econômico-empresarial, dentre outras. Assim, são fatos reconhecidos como renda o *salário* que decorre da remuneração do trabalho assalariado, o *lucro* que decorre da atividade empresarial, o *aluguel* que corresponde à remuneração de bens imóveis e os *juros* decorrentes da remuneração do capital investido.

Além desse quadrilátero, outras situações definidas na legislação também configuram renda ou proventos de qualquer natureza. Por isso, decorrem do trabalho assalariado e se sujeitam ao imposto sobre a renda, os ordenados, vencimentos, soldos, vantagens, subsídios, honorários, férias, remuneração de estagiários, gratificações, participações, comissões, corretagens, etc.

Derivadas do capital surgem as rendas decorrentes de aplicações financeiras, os rendimentos recebidos em decorrência de bens e direitos, o valor do resgate dos títulos negociais, juros auferidos em investimentos diversos, as importâncias recebidas a título de juros e indenizações por lucros cessantes, os juros compensatórios ou moratórios, etc. Além disso, são consideradas rendas de capital todas aquelas derivadas dos aluguéis, como os rendimentos decorrentes de ocupação, uso ou exploração de bens corpóreos, aforamento, locação ou sublocação, arrendamento ou subarrendamento. O lucro deriva de atividade especulativa e também é considerado renda decorrente do capital, de maneira que em qualquer de suas vertentes, o lucro é tributado tanto em relação à pessoa física quanto à pessoa jurídica, bem como os lucros do comércio e da indústria, mesmo auferidos por aquele que não exercer habitualmente a atividade, os dividendos pagos a sócios de entidades empresariais, ganhos de capital na alienação de bens e direitos.

No fecundo magistério de Aliomar Baleeiro, atualizada pela professora Mizabel Abreu Machado Derzi, encontra-se um excelente conceito de proventos. Confira-se: *Provento é forma específica de rendimento tributável, tecnicamente compreendida como o que "é fruto não da realização imediata e simultânea de um patrimônio, mas sim, do acréscimo patrimonial resultante de uma atividade que já cessou, mas que ainda produz rendimentos".*[7] A despeito do primoroso conceito doutrinário, o Código Tributário Nacional afirma que todos os demais acréscimos que não estiverem abrigados no conceito de renda são considerados proventos de qualquer natureza, tais como pensões, aposentadorias etc. Dessa forma, a materialidade do IR se resume da seguinte forma:

I – Rendas decorrentes do trabalho: salário, ordenados, vencimentos, soldos, vantagens, subsídios, honorários, férias, remuneração de estagiários, gratificações, participações, comissões, corretagens, pró-labore, etc.;

II – Rendas decorrentes do capital:

a) aplicações financeiras, rendimentos recebidos em decorrência de bens e direitos, valor do resgate dos títulos negociais, juros auferidos em investimentos diversos, juros derivados de indenizações por lucros cessantes, juros compensatórios ou moratórios, etc.;

b) aluguéis em geral, como rendimentos decorrentes de ocupação, uso ou exploração de bens corpóreos, aforamento, locação ou sublocação, arrendamento ou subarrendamento, etc.;

c) lucros auferidos por pessoas físicas ou jurídicas, mesmo que não exerçam habitualmente a atividade, os dividendos pagos a sócios de entidades empresariais, ganhos de capital na alienação de bens e direitos, lucros do comércio e indústria, etc.

III – Proventos: todos os demais acréscimos financeiros não incluídos no conceito de renda, tais como pensões, pecúlios, aposentadorias e demais benefícios da previdência, etc.

Partindo-se da premissa que a renda auferida é a materialidade do imposto em questão, há necessidade de especular o efetivo acréscimo patrimonial ocorrido ao final de um determinado período, projetando-se a apuração do imposto de renda sob uma perspectiva dinâmica, o que pressupõe a existência de um período de apuração e a possibilidade de sofrer influxos decorrentes das despesas efetuadas para a obtenção do resultado final e que podem implicar redução patrimonial.

Dessa forma surge a figura das *deduções da base de cálculo* que nada mais são do que parcelas que causam a diminuição do acréscimo patrimonial, devidamente autorizadas pela legislação na apuração do imposto. As deduções são verbas excluídas da base de cálculo do imposto, e que no caso das pessoas físicas podem decorrer de despesas médicas, despesas com dependentes, recolhimento de contribuição previdenciária, despesas com educação, etc. Registre-se que, assim como existem as deduções, também existem as adições da base de cálculo que devem ser cotejadas na apuração da renda.

---

7 *Op. cit.*, p. 291.

No caso das pessoas jurídicas, as deduções podem ser aplicadas para apuração do montante real da renda auferida, como as despesas, encargos, perdas, provisões e outros valores deduzidos na apuração do lucro líquido que sejam dedutíveis nos termos da legislação. Da mesma forma, consideram-se adições os resultados, rendimentos, receitas e outros valores não incluídos na apuração do lucro líquido e que devem ser computados na determinação do lucro real.

Nesse contexto, Zuudi Sakakihara esclarece que "*só haverá acréscimo patrimonial se houver a incorporação de riqueza nova ao patrimônio existente, pois é essa a única maneira de aumentá-lo monetariamente. Por outro lado, a ideia de riqueza nova que se agrega ao patrimônio induz a necessidade de que seja ela representada por valores líquidos, isto é, expungidos dos gastos necessariamente expendidos na obtenção daquela riqueza, pois somente os valores líquidos acrescem o patrimônio.*"[8]

Dessa forma, remanesce a necessidade de calcular-se, ao final de determinado lapso temporal, a *renda líquida* efetivamente auferida após adicionadas ou deduzidas as variáveis relevantes à determinação da base de cálculo.

O *período de apuração* corresponde ao lapso temporal ao cabo do qual será apurado o acréscimo patrimonial experimentado, determinando-se, a partir daí, a base de cálculo. No imposto sobre a renda da pessoa física o período de apuração corresponde ao exercício financeiro que se inicia em 1° de janeiro e termina em 31 de dezembro, enquanto em relação à pessoa jurídica o período de apuração varia de acordo com a forma de apuração da base de cálculo.

Com relação ao aspecto temporal da hipótese de incidência, o fato gerador corresponde à *disponibilidade econômica ou jurídica* de renda ou proventos de qualquer natureza. A disponibilidade econômica se perfaz quando a renda e os proventos estiverem incorporados ao patrimônio da pessoa, bastando sua identificação por qualquer ato que identifique o resultado a um direito com expressão de valor econômico. Tratase de uma incorporação física ao patrimônio, ainda que não imediatamente exequível.

Neste particular, Baleeiro enfatiza que a Constituição adota a regra da periodização anual, de maneira que "*quando os tributos tem por pressuposto, não um ato ou negócio jurídico isolados, mas a renda ou o patrimônio que, por definição, são resultado de situações contínuas, a arrecadação, necessariamente, se renova ano a ano para compor o orçamento estatal, por imposição da Constituição. O corte no tempo, artificialmente imposto, é dado antes pela Constituição Federal e passa a integrar os direitos e garantias do contribuinte. Se fosse concedido ao legislador o arbítrio de estabelecer periodizações de duração menor, contra os princípios constitucionais e a prática brasileira, ele renovaria, com a frequência que quisesse, os fatos geradores do imposto de renda, assim como aqueles incidentes sobre o patrimônio imobiliário. As consequências são graves do ponto de vista da igualdade, capacidade contributiva, unicidade do tributo e proibição do confisco. Apenas o período anual bitola, razoavelmente, a atividade produtiva da pessoa (física ou jurídica), pois a capacidade econômica de contribuir*

---

8 *Idem*, p. 156.

inicia-se após a dedução dos gastos necessários à aquisição, produção e manutenção da renda e do patrimônio."[9]

Zuudi Sakakihara adverte que "*não se pode confundir a disponibilidade econômica com a disponibilidade financeira. Aquela se contenta com o simples acréscimo patrimonial, independentemente da efetiva existência dos recursos financeiros, enquanto esta pressupõe a existência física dos recursos em caixa. O CTN exige apenas a aquisição da disponibilidade econômica, o que não quer dizer que a lei ordinária não possa, na prática, privilegiar exclusivamente a disponibilidade financeira, como faz, de um modo geral, em relação às pessoas físicas."*[10] Assim, a disponibilidade financeira corresponderia a uma incorporação física ao patrimônio imediatamente exequível.

Há disponibilidade jurídica quando a situação configuradora de renda estiver constituída nos termos estabelecidos pelo Direito, ou seja, quando a renda auferida corresponder a uma situação de direito e não de fato, evidenciando que na disponibilidade jurídica não haveria incorporação física de novo patrimônio. Nesse sentido, há disponibilidade financeira quando ocorrer a incorporação física de novo patrimônio, imediatamente exequível, não configurando fato gerador do IR. Por outro lado, há disponibilidade econômica quando houver incorporação física de novo patrimônio, sem necessidade de que seja imediatamente exequível, configurando-se o fato gerador do IR. Por fim, haverá disponibilidade jurídica quando ainda não se perfez a incorporação física de novo patrimônio, o que não obsta a configuração do pressuposto fático do IR.

Consoante determina o § 1º do art. 43 do CTN, com redação pela LC nº 104/2001, a incidência do imposto independe da denominação da receita ou do rendimento, da localização, condição jurídica ou nacionalidade da fonte, da origem e da forma de percepção.

Ademais, na hipótese de receita ou de rendimento oriundos do exterior, a lei estabelecerá as condições e o momento em que se dará sua disponibilidade, para fins de incidência do imposto referido neste artigo.

O contribuinte do imposto de renda é o titular da disponibilidade econômica ou jurídica, sem prejuízo de atribuir a lei essa condição ao possuidor, a qualquer título, dos bens produtores de renda ou dos proventos tributáveis. Ademais, a lei pode atribuir à fonte pagadora da renda ou dos proventos tributáveis a condição de responsável pelo imposto cuja retenção e recolhimento lhe caibam. Como se observa, trata-se de figura do *imposto retido na fonte* pagadora, modalidade de responsabilidade tributária por substituição, comum no percebimento de salário pelo trabalhador, substituído pelo empregador a quem compete reter o valor do imposto devido em face da remuneração auferida, repassando-o à Receita Federal, na condição de responsável tributário substituto, conforme esquema que segue:

Empregado	**Contribuinte**	**Substituído**
Empregador	**Responsável**	**Substituto**

9 *Op. cit.*, p. 292.

10 *Idem*, p. 158.

A base de cálculo do imposto de renda, segundo dispõe o art. 44 do CTN, será o montante, real, arbitrado ou presumido, da renda ou dos proventos tributáveis.

Nesse sentido, montante real é a renda líquida efetivamente auferida em determinado período de apuração, sendo definida por meios contábeis, através do cálculo da renda bruta subtraída das deduções autorizadas em lei. Para a pessoa jurídica, a base de cálculo definida pelo montante real se perfaz mediante a apuração do lucro líquido, tratando-se da categoria mais comum de apuração da base de cálculo utilizada pelas pessoas jurídicas. O art. 247 do RIR (Regulamento do Imposto sobre a Renda, aprovado pelo Decreto nº 3.000 de 26 de março de 1999) estabelece que o lucro real é o lucro líquido do período de apuração ajustado pelas adições, exclusões ou compensações prescritas ou autorizadas.

O montante arbitrado é o arbitramento da base de cálculo que se perfaz quando não houver possibilidade concreta de sua apuração pelo montante real ou presumido. Em regra, tal impossibilidade decorre do descumprimento das obrigações acessórias por parte do contribuinte, quando, por exemplo, estiver obrigado à tributação com base no lucro real e não mantiver escrituração na forma das leis comerciais e fiscais, deixando de elaborar as demonstrações financeiras exigidas pela legislação. Nas hipóteses em que for conhecida a receita bruta, o lucro arbitrado das pessoas jurídicas será determinado mediante a aplicação dos percentuais fixados no RIR (Regulamento do Imposto sobre a Renda).

No montante presumido, a apuração da base de cálculo se perfaz mediante opção pelo contribuinte nas hipóteses em que não estiver obrigado a utilizar a apuração pelo montante real. Dessa forma, o contribuinte poderá manifestar sua opção por meio do pagamento da primeira ou única quota do imposto devido. É uma forma de apuração e recolhimento onde a base de cálculo é apurada levando-se em consideração um determinado percentual aplicado à receita bruta. Os percentuais estão definidos no RIR e variam de acordo com o ramo de atividade.

Sobre a apuração da base de cálculo e as limitações às deduções dos prejuízos fiscais apurados pela pessoa jurídica impostas pela Lei nº 8.981/95, confira-se o entendimento sedimentado pelo STF: "*Imposto de renda. Dedução de prejuízos fiscais. Limitações. Arts. 42 e 58 da Lei 8.981/1995. Constitucionalidade. Ausência de violação do disposto nos arts. 150, III, a e b, e 5º, XXXVI, da CF. O direito ao abatimento dos prejuízos fiscais acumulados em exercícios anteriores é expressivo de benefício fiscal em favor do contribuinte. Instrumento de política tributária que pode ser revista pelo Estado. Ausência de direito adquirido. A Lei 8.981/1995 não incide sobre fatos geradores ocorridos antes do início de sua vigência. Prejuízos ocorridos em exercícios anteriores não afetam fato gerador nenhum.*" RE 344.994, Rel. p/ o ac. Min. Eros Grau, julgamento em 25-3-2009, Plenário, *DJE* de 28-8-2009. No mesmo sentido: AI 479.672-AgR, , Rel. Min. Ellen Gracie, julgamento em 4-5-2010, Segunda Turma, *DJE* de 21-5-2010; RE 545.308, Rel. p/ o ac. Min. Cármen Lúcia, julgamento em 8-10-2009, Plenário, *DJE* de 26-3-2010; RE 229.412-AgR, Rel. Min. Cezar Peluso, julgamento em 9-6-2009, Segunda Turma, *DJE* de 1º-7-2009.

Ainda com relação à base de cálculo do IR da pessoa física, não é recente a discussão que paira sobre a defasagem da tabela de descontos, uma vez que a legislação do IR não costuma contemplar reajustes anuais, e sobre essa questão, o STF tem firmado posicionamento sobre a impossibilidade de reajuste da tabela sem previsão legal. Confira-se: "*Imposto de renda. Tabelas. Correção monetária. Impossibilidade. Ausência de previsão legal. O STF fixou jurisprudência no sentido de que a correção monetária, em matéria fiscal, é sempre dependente de lei que a preveja, não sendo facultado ao Poder Judiciário aplicá-la onde a lei não a determina, sob pena de substituir-se ao legislador.*" (RE 452.930-AgR, Rel. Min. Eros Grau, julgamento em 17-6-2008, Segunda Turma, DJE de 1º-8-2008.) No mesmo sentido: RE 420.662-AgR, Rel. Min. Ayres Britto, julgamento em 6-9-2011, Segunda Turma, *DJE* de 26-10-2011; RE 480.110-AgR e RE 572.664-AgR, Rel. Min. Ricardo Lewandowski, julgamento em 8-9-2009, Primeira Turma, *DJE* de 25-9-2009; RE 483.177-AgR, Rel. Min. Cármen Lúcia, julgamento em 25-8-2009, Primeira Turma, *DJE* de 18-9-2009.

De acordo com o preceito do art. 153, § 2° da Constituição, o Imposto sobre a Renda *será informado pelos critérios da generalidade, da universalidade e da progressividade, na forma da lei.*

Pelo *critério da generalidade*, a incidência do imposto é geral, atingindo todas as pessoas que praticarem o fato previsto na hipótese, não sendo necessário grandes meditações para concluir que o critério da generalidade decorre do princípio da igualdade.

O *critério da universalidade* tem caráter objetivo e diz respeito à materialidade do IR, no sentido de que o gravame em questão atingirá todos os fatos configuradores de renda, de maneira que toda e qualquer renda ou provento auferidos pela pessoa física ou jurídica, independentemente da denominação que lhe seja dada, está sujeita à incidência do IR.

Conforme tratei no Capítulo VIII, o *critério da progressividade* tem a finalidade de minimizar os efeitos da tributação injusta, sendo decorrência do Princípio da Capacidade Contributiva, de maneira que os contribuintes com maior capacidade econômica devem suportar carga tributária maior. Assim, o conceito que naturalmente se associa à progressividade é a desproporcionalidade, em face da assimetria que se verifica entre duas razões. A desproporção na tributação sobre a renda representa um fator discriminatório necessário para conferir tratamento desigual a contribuintes que se encontrem em situações distintas.

Analisamos precedentemente que tem prevalecido no Supremo Tribunal Federal o entendimento de que a progressividade somente terá lugar quando prevista na Constituição. Sobre o tema, é conveniente trazer à baila os ensinamentos de Aires Fernandino Barreto no sentido de que "*a Constituição satisfez-se com o exigir que os tributos fossem proporcionais... Apenas em alguns casos, expressamente contemplados, a Magna Carta previu que fossem progressivos. Estabeleceu como princípio geral o da proporcionalidade e como princípio específico o da progressividade. Prevalente esse entendimento segue-se que a progressão das alíquotas dos impostos não é admitida da pela Constituição de 1988, senão nos casos expressamente especificados.*"[11]

Como se sabe, a Constituição define a progressividade do IR elegendo como único fator de discrímen a própria renda. Ilustrativa demonstração da progressividade

---

11 BARRETO, Aires Fernandino. In *Congresso Internacional de Direito Tributário*. IBET. Vitória. 1998. Justiça Tributária:*Direitos do Fisco e Garantias dos Contribuintes nos Atos da Administração e no Processo Tributário.* São Paulo: Max Limonad, 1998, p. 37-38.

do IR da pessoa física se perfaz mediante a distribuição de alíquotas de acordo com a faixa salarial do empregado. Confira a tabela de alíquotas progressivas do IRPF:

Faixa salarial (base de cálculo)	Alíquota
Até R$ 1.787,77	**0**
De R$ 1.787,78 a R$ 2.679,29	**7,5 %**
De R$ 2.679,30 a R$ 3.572,43	**15 %**
De R$ 3.572,44 a R$ 4.463,81	**22,5 %**
Acima de R$ 4.463,81	**27,5 %**

(*) Dados atualizados até 31.12.2016

Com relação ao produto da arrecadação do IR, dispõe o art. 157, I, da CF que pertencem aos Estados e ao Distrito Federal, o produto da arrecadação do imposto da União sobre renda e proventos de qualquer natureza, incidente na fonte, sobre rendimentos pagos, a qualquer título, por eles, suas autarquias e pelas fundações que instituírem e mantiverem.

Ademais, estabelece o art. 158, I, da Constituição que pertencem aos Municípios, o produto da arrecadação do imposto da União sobre renda e proventos de qualquer natureza, incidente na fonte, sobre rendimentos pagos, a qualquer título, por eles, suas autarquias e pelas fundações que instituírem e mantiverem.

Como se vê, a União reparte o IR com os demais entes federados, mas os Estados, Municípios e Distrito Federal, ao reterem o IR na fonte dos pagamentos de salários efetivados a seus servidores, recebem a delegação da capacidade tributária ativa, razão pela qual a eles passa a pertencer o produto da arrecadação dessa fonte específica, sem que haja transferência à União.

Com efeito, dispõe o art. 159, I, da Constituição que a União entregará, do produto da arrecadação dos impostos sobre renda e proventos de qualquer natureza e sobre produtos industrializados, 47% na seguinte forma: 21,5% ao Fundo de Participação dos Estados e DF; 22,5% ao Fundo de Participação dos Municípios; 3%, para aplicação em programas de financiamento ao setor produtivo das Regiões Norte, Nordeste e Centro Oeste.

Vimos discorrendo que a legislação permite a apuração do lucro real ajustando-se as adições, exclusões ou compensações prescritas ou autorizadas. Dessa forma, a compensação se perfaz para que o excedente do IR seja utilizado para quitação de outros tributos, de maneira que a pessoa jurídica sujeita à tributação com base no lucro real poderá optar pelo pagamento do imposto, em cada mês, determinado sobre base de cálculo estimada, mediante a aplicação, sobre a receita bruta auferida mensalmente, dos percentuais de que trata o art. 15 da Lei nº 9.249, de 26 de dezembro de 1995, observado o disposto nos §§1º e 2º do art. 29 e nos arts. 30 a 32, 34 e 35 da Lei nº 8.981, de 20 de janeiro de 1995, com as alterações da Lei nº 9.065, de 20 de junho de 1995. Para efeito de determinação do saldo de imposto a pagar ou a ser compensado, a pessoa jurídica poderá deduzir do imposto devido, o valor dos incentivos fiscais de dedução do imposto, observados os limites e prazos fixados na legislação vigente, bem como o disposto no § 4° do art. 3° da Lei n° 9.249, de 26 de dezembro de 1995; dos incentivos fiscais de redução e isenção do imposto, calculados com base no lucro da exploração; do imposto de renda pago ou retido na fonte, incidente sobre receitas computadas na determinação do lucro real.

Já o pagamento por estimativa corresponde a um adiantamento do valor total a ser apurado no fechamento do balanço de 31 de dezembro do ano corrente, conforme previsto no art. 2°, §4°, IV, da Lei n° 9.430/96. Quanto ao saldo apurado, o art. 6° da Lei n° 9.430/96 determina que o imposto devido, apurado na forma do art. 2°, deverá ser pago até o último dia útil do mês subsequente àquele a que se referir, e o saldo do imposto apurado em 31 de dezembro será pago em quota única, até o último dia útil do mês de março do ano subsequente, se positivo, observado o disposto no § 2° ou compensado com o imposto a ser pago a partir do mês de abril do ano subsequente, se negativo, assegurada a alternativa de requerer, após a entrega da declaração de rendimentos, a restituição do montante pago a maior. Havendo saldo positivo, este deverá ser pago no período estipulado, já se houver um crédito em favor do contribuinte, chamado saldo negativo de IRPJ poderá ser compensado com outros tributos a partir de janeiro do período subsequente ao período de balanço.

Aspecto material – IR	Auferir renda, assim entendido o produto do capital, do trabalho ou da combinação de ambos ou proventos de qualquer natureza, assim entendidos os acréscimos patrimoniais não compreendidos no conceito de renda (art. 43 CTN)
Aspecto temporal	Momento da disponibilidade econômica ou jurídica da renda ou proventos de qualquer natureza. Por ficção jurídica, adota-se o período de apuração. Com base na periodicidade, todos os fatos geradores ocorridos no período de apuração (ano base), são apurados em conjunto
Aspecto espacial	No local onde for auferida a renda. Por isso, admite-se a extraterritorialidade do IR quando a pessoa aufere renda fora do país e possui domicílio no Brasil. Por isso, é necessário que haja a celebração de tratados internacionais para evitar a bitributação do IR

Aspecto pessoal (sujeito passivo)	O titular da disponibilidade a que se refere o artigo 43 do CTN, sem prejuízo de atribuir a lei essa condição ao possuidor, a qualquer título, dos bens produtores de renda ou dos proventos tributáveis. A lei pode atribuir à fonte pagadora da renda ou dos proventos tributáveis a condição de responsável pelo imposto cuja retenção e recolhimento lhe caibam (art. 45 CTN)
Aspecto valorativo	A Base de cálculo é o montante real, arbitrado ou presumido da renda ou dos proventos tributáveis (art. 44 CTN) Alíquotas progressivas de acordo com a renda

5. Imposto sobre Produtos Industrializados

O Código Tributário Nacional disciplina no Capítulo IV do Título III, os impostos sobre a produção e circulação, destacando na Seção I o imposto sobre produtos industrializados.

O IPI possui seu arquétipo definido no artigo 153, IV, da CF, tendo como conceito nuclear o produto industrializado, restando ao legislador ordinário a definição desse núcleo. Dessa forma, estabelece o art. 46 do CTN que o IPI tem como fato gerador o seu desembaraço aduaneiro, quando de procedência estrangeira; a sua saída dos estabelecimentos no caso dos estabelecimentos industriais ou comerciais, e a sua arrematação, quando apreendido ou abandonado e levado a leilão.

Como se vê, podem existir três possíveis aspectos temporais do IPI de acordo com o tipo de operação que ensejou o pressuposto fático. Sobre a materialidade, coube ao parágrafo único do art. 46 do CTN enfatizar que considera-se industrializado o produto que tenha sido submetido a qualquer operação que lhe modifique a natureza ou a finalidade, ou o aperfeiçoe para o consumo. Dentro dessa compostura e com base na respectiva proposição normativa, antes de qualquer investigação sobre o momento da incidência, cumpre identificar o aspecto material do IPI, definindo-se o conteúdo jurídico da locução *produto industrializado*.

É nítido que ao abdicar da tributação sobre os produtos não industrializados, a Constituição bitolou o exercício da competência, uma vez que exigiu a necessária intervenção do homem na agregação de valor ao produto, daí surgindo a expressão *produto manufaturado*. Sob esse aspecto, a investigação da regra matriz do IPI poderia sugerir a ilação de que sua materialidade possível fosse *manufaturar produtos*. Mas não.

Em verdade, deve se firmar a premissa de que a Constituição pressupõe o produto que já tenha sofrido processos de industrialização, o que fica evidenciado pelo emprego da expressão *produto industrializado*. Daí não ser possível concluir que a materialidade seja a própria industrialização ou simplesmente industrializar produtos ou ainda, conforme vimos, manufaturar produtos. De fato, quando a Constituição esquadrinha os princípios sobre os quais está assentado o sistema normativo do IPI, menciona expressamente que se trata de um imposto seletivo e não cumulativo, o que pressupõe a existência de *operação*, ou seja, negócio jurídico onde se perfaz a transferência física e jurídica do produto. Sendo assim, a equação instrumental do IPI na Constituição permite desvendar sua materialidade possível como *sendo realizar operações com produtos industrializados.*

Destarte, partindo do modelo fundamental colhido no arquétipo do IPI, o CTN desdobra o objeto de sua incidência, determinado que se considera *produto industrializado aquele que tenha sido submetido a qualquer operação que lhe modifique a natureza ou a finalidade, ou o aperfeiçoe para o consumo*. A partir da ideia decantada pelo código no sentido de que o produto será industrializado quando sofrer uma operação que lhe acrescente uma utilidade nova ou a aperfeiçoe para o consumo, cabe ao legislador ordinário tipificar as situações que materializem esse pressuposto. Doravante, está sedimentado o ensinamento de que industrialização é toda operação física, química ou técnica que modifica a natureza do objeto ou sua finalidade, ou ainda que o aperfeiçoe para o consumo.

Nesse contexto, o RIPI (Regulamento do IPI) aprovado pelo Decreto n° 7.212 de 15/06/2010 estabelece que o imposto incide sobre produtos industrializados, nacionais e estrangeiros, obedecidas as especificações constantes da Tabela de Incidência do Imposto sobre Produtos Industrializados – TIPI (Lei nº 4.502, de 30 de novembro de 1964, art. 1º, e Decreto-Lei nº 34, de 18 de novembro de 1966, art. 1º). Ademais, o campo de incidência do imposto abrange todos os produtos com alíquota, ainda que zero, relacionados na TIPI, observadas as disposições contidas nas respectivas notas complementares, excluídos aqueles a que corresponde a notação "NT" (não tributado).

Assim, produto industrializado é o resultante de qualquer operação definida no Regulamento como industrialização, mesmo incompleta, parcial ou intermediária, de maneira que caracteriza industrialização qualquer operação que modifique a natureza, o funcionamento, o acabamento, a apresentação ou a finalidade do produto, ou o aperfeiçoe para consumo, tais como:

I – Transformação: é a operação exercida sobre matérias-primas ou produtos intermediários que implica a obtenção de espécie nova. Neste caso, a matéria prima ou o produto anterior sofre uma modificação em sua estrutura de tal maneira que perde sua individualidade, recebendo uma nova forma.

II – Beneficiamento: é a operação que causa a modificação, aperfeiçoamento ou, de qualquer forma, alteração do funcionamento, a utilização, o acabamento ou a aparência do produto, de maneira que o produto sofre uma alteração em seu funcionamento, mas não perde a individualidade anterior.

III – Montagem: trata-se de operação que consiste na reunião de produtos, peças ou partes, resultando um novo produto ou unidade autônoma, ainda que sob a mesma classificação fiscal.

IV – Acondicionamento ou reacondicionamento: aquela que importe em alterar a apresentação do produto, pela colocação da embalagem, ainda que em substituição da original, salvo quando a embalagem colocada se destine apenas ao transporte da mercadoria.

V – Renovação ou recondicionamento: a exercida sobre produto usado ou parte remanescente de produto deteriorado ou inutilizado, renovando ou restaurando o produto para utilização.

Ressalte-se que são irrelevantes para caracterizar a operação como industrialização, o processo utilizado para obtenção do produto e a localização e condições das instalações ou equipamentos empregados.

Persistindo no campo material de incidência do IPI, e desta feita permeando a análise nos incisos do art. 46 do CTN, é autorizado dizer que a locução *realizar operações com produtos industrializados* admite tripla acepção, albergando não somente as operações nacionais com produtos industrializados por meio da saída do produto do estabelecimento industrial ou do comércio, mas também a arrematação e a importação do produto industrializado. Assim, pode-se dizer que o IPI possibilita essas três materialidades possíveis.

Assim, após transitar pelas investigações acerca do aspecto material do IPI, já se permite retornar ao art. 46 do CTN para ponderarmos sobre seu aspecto temporal. Como vimos de ver, o IPI tem como fato gerador o desembaraço aduaneiro do produto industrializado, quando de procedência estrangeira; a saída dos estabelecimentos comerciais e industriais e a arrematação do produto, quando apreendido ou abandonado e levado a leilão. Dessa forma, em sua regra matriz básica, o aspecto temporal do IPI se perfaz *com a saída do produto do estabelecimento industrial ou comercial; com o desembaraço aduaneiro e com a arrematação.*

De forma concatenada o CTN define o aspecto pessoal ao estabelecer que são contribuintes do IPI o importador ou quem a ele se equiparar, o industrial ou quem a ele se equiparar, o comerciante de produtos sujeitos ao imposto e o arrematante dos produtos apreendidos ou abandonados, levados a leilão.

A disciplina da base de cálculo do IPI está definida no art. 47 do CTN, de maneira que no caso do IPI devido na importação, a base de cálculo será o preço normal, acrescido do montante do imposto sobre a importação, das taxas exigidas para entrada do produto no País, dos encargos cambiais efetivamente pagos pelo importador ou dele exigíveis. No caso das operações de venda de produto industrializado, a base de cálculo será o valor da operação de que decorrer a saída da mercadoria, ou, na falta desse valor, o preço corrente da mercadoria, ou sua similar, no mercado atacadista da praça do remetente. Finalmente, no caso da arrematação, a base de cálculo será o preço da arrematação.

As alíquotas estão definidas na TIPI (Tabela do IPI) baseada na NCM – Nomenclatura Comum do Mercosul – que constitui a Nomenclatura Brasileira de Mercadorias baseada no Sistema Harmonizado – NBM/SH para todos os efeitos previstos no art. 2º do Decreto-Lei nº 1.154, de 1º de março de 1971. A TIPI (Tabela do IPI) foi aprovada pelo Decreto nº 7.660, de 23 de dezembro de 2011.

As alíquotas são variáveis em face da seletividade plasmada no art. 153, § 3º, da CF e art. 48 do CTN, sendo, portanto, proporcionais à essencialidade dos produtos, estando vedado o emprego de alíquotas uniformes, de tal arte que quanto mais essencial o produto, menor deverá ser a alíquota.

Assim como ocorre com outros tributos, em certos casos e para certos produtos, a legislação do IPI pode adotar a *alíquota zero* que se assemelha à isenção em decorrência da inexistência do dever de pagar o tributo, efeito que lhes é uniforme. No entanto, a alíquota zero se distingue da isenção em outros aspectos, pela desnecessidade de lei para sua implantação, submetendo-se ao talante da política fiscal do Governo que a utiliza com caráter extrafiscal.

Adiante, importante decisão exarada pelo STF abordando o Princípio da Seletividade e o Princípio da Não Cumulatividade do IPI. Nesse sentido: "*Consoante dispõe o inciso I do § 3º do art. 153 da Carta Federal, o IPI é seletivo. Vale dizer sobre a possibilidade de haver alíquotas diferentes considerados não só os diversos insumos como também a variedade de produtos. Eis a essência do caráter seletivo. Ora, uma vez adquirido o insumo mediante incidência do tributo com certa alíquota, o creditamento faz-se ante o que realmente recolhido. A saída final do produto gera novo cálculo e, então, como já ocorreu o creditamento quanto ao que recolhido na aquisição do insumo, a incidência da alíquota dá-se sobre o preço, o valor total. Não se comunicam as operações a serem realizadas, deixando-se de individualizar insumos e produtos. Se não fosse assim, o pandemônio escritural se instalaria. É que o sistema consagrador do princípio da não cumulatividade, presente quer o IPI, quer o ICMS, implica crédito e débito em conta única. O raciocínio desenvolvido no tocante ao que se denomina crédito do IPI presumido, já condenado sob o ângulo da alíquota zero ou da não tributação – e, por coerência, também deve sê-lo da isenção –, considerada a entrada de insumo, resulta em subversão do sistema nacional de cobrança do tributo, partindo-se para a adoção do critério referente ao valor agregado. Potencializa-se, além do que estabelecido em lei, a seletividade. Esta acabaria gerando vantagem, à margem da previsão, para o contribuinte. Mais do que isso, deságua em duplicidade de vantagem. O contribuinte passaria a contar com o crédito inicial, presente a entrada do insumo tributado, e, posteriormente, haveria a apuração do que agregado para estipular-se valor que não seria o do produto final. Pois bem, o raciocínio, além de revelar desprezo pelo sistema pátrio de cobrança do tributo, discrepa das balizas próprias à preservação do princípio da não cumulatividade. Estas direcionam sempre, quanto ao produto final, à aplicação da alíquota levando-se em conta o valor respectivo, porquanto já escriturado o crédito decorrente da satisfação do tributo no tocante ao insumo. Em última análise, ante o critério seletivo, com tributo final menor, passar-se-ia a ter jus à diferença considerado o que recolhido a maior anteriormente e já objeto do creditamento.*" (RE 566.819, voto do Rel. Min. Marco Aurélio, julgamento em 29-9-2010, Plenário, *DJE* de 10-2-2011). A seguir, tabela ilustrativa de alíquotas demonstrando a seletividade do IPI.

NCM	DESCRIÇÃO	ALÍQUOTA
2402.10.00	Charutos e cigarrilhas que contenham tabaco	30
	Ex 1 – Cigarrilhas	300
2402.20.00	Cigarros que contenham tabaco	300
	Ex 1 – Feitos à mão	30
2402.90.00	Outros	30
	Ex 1 – Cigarro não contendo tabaco, exceto os feitos à mão	300
2309.90.60	Preparações que contenham xilanase e betagluconase, com suporte de farinha de trigo	0
	Ex 1 – Preparações alimentícias para cães ou gatos, não acondicionadas para venda a retalho	10
2208.90.00	Outros	60
	Ex 1- Álcool etílico	8
	Ex 2 – Bebida refrescante com teor alcoólico inferior a 8%	8

A partir da edição do Decreto nº 7.834 de 31 de outubro de 2012, foi implantada nova modificação na TIPI, por meio de adição de notas complementares ao art. 87 da tabela, versando sobre a diminuição da incidência sobre veículos classificados no código 8703.22.90 e no Ex. 1 do código 8703.33.90.

Nesse sentido, ficam fixadas nos percentuais indicados as alíquotas referentes aos automóveis de passageiros e veículos de uso misto, com motor a álcool ou com motor que utilize alternativa ou simultaneamente gasolina e álcool (flexible fuel engine), com vigência até 31 de dezembro de 2012.

O art. 153, § 3º, II, da CF determina que o IPI será não cumulativo, compensando-se o que for devido em cada operação com o montante cobrado nas anteriores. No mesmo sentido, o art. 49 do CTN estabelece que o imposto é não cumulativo, dispondo a lei de forma que o montante devido resulte da diferença a maior, em determinado período, entre o imposto referente aos produtos saídos do estabelecimento e o pago relativamente aos produtos nele entrados.

Conforme se analisou no capítulo inerente aos princípios, o saldo credor obtido na aquisição dos insumos (que também são produtos) acarreta direito de crédito em favor do contribuinte que o transfere para as operações seguintes. A lógica da não-cumulatividade é simples, de maneira que quem compra o produto utilizado na industrialização se credita do imposto, uma vez que sofreu o encargo quando pagou a preço do produto, o que, no caso do IPI, é destacado do preço (*por fora*); quem vende recebe o valor do imposto juntamente com o preço do produto, devendo lançar em sua conta fiscal o valor do imposto como débito.

Como exemplo, uma empresa fabricante de cigarro recolhe o IPI sobre os insumos adquiridos e utilizados na produção, de sorte que a cada aquisição de insumos, o industrial paga o IPI destacado do preço do produto e dele se credita para as operações posteriores. Por conta da não-cumulatividade, o preço final será obtido após o desconto de todos os valores de IPI recolhidos na aquisição de insumos.

Através da industrialização dos insumos, o fabricante de cigarros manufatura o produto final. Considere-se que sobre esse produto incida a alíquota de IPI de 300%, de maneira que o valor final do produto será o valor agregado de todos os insumos, conjugado à alíquota de 300%. No exemplo mencionado abaixo, o produto custou ao fabricante a quantia de R$ 930,00, e o contribuinte deve recolher R$ 2.710,00 de IPI à União, descontando-se o valor de R$ 80,00 já pago na aquisição dos produtos.

Insumo	Preço	IPI (*)	Preço + IPI
Papel	100	5 (5%)	105
Tabaco	500	50 (10%)	550
Filtro	200	20 (10%)	220
Embalagem	50	5 (10%)	55
Total parcial	850	80	930
Produto final (cigarro)	930	2550 (300%) (**)	3480 (***)

(*) As alíquotas dos insumos são exemplificativas
(**) Valor obtido pela subtração do total parcial dos insumos e do IPI dos insumos (930 – 80 = 850 X 300% à2550)
(***) Preço final do cigarro é igual ao valor do IPI naquela operação + valor total dos insumos (2550 + 930 = 3480)

Além da sistemática tradicional da não-cumulatividade, o IPI possui legislação que regulamenta a compensação dos créditos tributários em favor do contribuinte, havendo previsão de estímulos fiscais à exportação mediante a concessão de créditos tributários sobre as vendas para o exterior com ressarcimento de tributos pagos internamente. Ademais, a Lei nº 9.779/99 concedeu às empresas isentas ou de saídas com alíquota zero o direito ao crédito na aquisição, o que não era permitido. Nesse sentido, o saldo credor do IPI acumulado em cada trimestre-calendário, decorrente de aquisição de matéria-prima, produto intermediário e material de embalagem, aplicados na industrialização, inclusive de produto isento ou tributado à alíquota zero, que o contribuinte não puder compensar com o IPI devido na saída de outros produtos, poderá ser utilizado de conformidade com o disposto nos arts. 73 e 74 da Lei nº 9.430, de 27 de dezembro de 1996, observadas normas expedidas pela Secretaria da Receita Federal do Ministério da Fazenda. Sobre esse ponto, em particular, confira-se: RE 293.511-AgR, Rel. Min. Celso de Mello, julgamento em 11-2-2003, Segunda Turma, *DJ* de 21-3-2003.

Apesar disso, a questão é objeto de entendimentos divergentes no âmbito do STF, tanto que no julgamento dos RE nº 370.682 e 353.657, alterando o entendimento firmado no RE nº 212.484, o Plenário do STF passou a entender que não há direito ao crédito do IPI na aquisição de insumos não tributados ou sujeitos à alíquota zero. No julgamento do RE nº 566.819, o mesmo entendimento foi estendido aos insumos isentos. No mesmo sentido: "*Impossibilidade do contribuinte se creditar ou se compensar do IPI quando incidente o tributo sobre os insumos ou matérias-primas utilizados na industrialização de produtos isentos ou tributados com alíquota zero.*" (AI 718.618-AgR, Rel. Min. Eros Grau, julgamento em 1º-6-2010, Segunda Turma, *DJE* de 25-6-2010.) "*Na sistemática que rege o princípio constitucional da não cumulatividade, a operação desonerada de IPI impede o reconhecimento do imposto pago na operação anterior e não gera crédito para a seguinte, raciocínio que deve ser aplicado de forma indistinta aos casos de alíquota zero, isenção, não incidência e de imunidade. Inexiste direito constitucional ao crédito de IPI decorrente da aquisição de energia elétrica empregada no processo de fabricação de produtos industrializados que são onerados pelo imposto em suas saídas.*" (RE 561.676-Ag.Reg., Rel. Min. Ricardo Lewandowski, julgamento em 1º-6-2010, Primeira Turma, *DJE* de 6-8-2010.)

Ainda sobre a mesma questão, no julgamento do RE nº 562.980 o STF entendeu que "*o direito do contribuinte utilizar-se de crédito relativo a valores pagos a título de IPI, oriundo de aquisição de matéria prima a ser empregada em produto final beneficiado pela isenção ou tributado à alíquota zero, somente surgiu com a Lei nº 9.779/1999, não se mostrando a aplicação retroativa da norma.*"

Por fim, no julgamento do RE nº 398.365, decidido com repercussão geral, o STF entendeu que "*o princípio da não cumulatividade não assegura direito de crédito presumido de IPI para o contribuinte adquirente de insumos não tributados, isentos ou sujeitos à alíquota zero.*"

Consoante preconiza o art. 153, § 3º, III, da CF, o IPI *não incidirá sobre produtos industrializados destinados ao exterior.* Conforme vimos anteriormente, não se trata de não incidência em sentido estrito, mas de imunidade, a exemplo do que ocorre com o ICMS na exportação. No mesmo sentido a Súmula 536 do STF: *Súmula 536 – São objetivamente imunes ao imposto sobre Circulação de Mercadorias os produtos industrializados, em geral, destinados à exportação, além de outros, com a mesma destinação, cuja isenção a lei determinar.*

Com relação à importação, normalmente tributada pelo IPI, no julgamento do RE nº 723.651, decidido com repercussão geral, o STF entendeu que: "*Incide o IPI na importação de veículo automotor por pessoa natural, ainda que não desempenhe atividade empresarial e o faça para uso próprio.*"

O IPI não se sujeita, ademais, à regra da anterioridade, *ex vi* do art. 150, § 1°, da CF, mas rende obediência ao princípio da noventena, exatamente ao contrário do IR que obedece à anterioridade mas não se alinha à noventena.

Ademais, o IPI pode ter suas alíquotas alteradas por Decreto do Presidente da República, por força do art. 153, § 1°, CF, desde que atendidas as condições e os limites estabelecidos em lei. Como se vê, da mesma forma como ocorre com os impostos aduaneiros, o IPI é regulatório e possui alguns traços de extrafiscalidade já que é sobejamente utilizado pelo Governo como instrumento de política monetária ou econômica. Não excede recordar o uso do IPI na crise de 2008, quando o governou reduziu as alíquotas dos carros nacionais e populares, com a nítida intenção de fomentar o consumo e a atividade industrial no setor automotivo. Doravante, apesar dessa compostura, não é possível extrair a ilação de que o IPI é puramente extrafiscal, sendo visível seu caráter arrecadatório, fato pelo qual prefiro assinalá-lo como imposto fiscal com nuanças de extrafiscalidade.

Por fim, dispõe o art. 159, da CF, que *a União entregará, do produto da arrecadação do IPI, dez por cento aos Estados e ao Distrito Federal, proporcionalmente ao valor das respectivas exportações de produtos industrializados.*

Com relação ao denominado crédito-prêmio do IPI, instituído pelo Decreto-lei n° 491/1969, no julgamento do RE n° 561.485, decidido com repercussão geral, o STF entendeu que "*o crédito-prêmio de IPI, incentivo fiscal de natureza setorial instituído pelo art. 1° do Decreto-lei 491/1969, deixou de vigorar em 05/10/1990 ante a ausência de sua confirmação por lei no prazo de dois anos após a publicação da Constituição de 1988, conforme definido no § 1° do art. 41 do Ato das Disposições Constitucionais Transitórias- ADCT.*"

Aspecto material – IPI	• Realizar operação (venda) de produto industrializado • Importar produto industrializado • Arrematar produto industrializado
Aspecto temporal	• Saída do produto do estabelecimento do industrial • Desembaraço aduaneiro • Arrematação
Aspecto espacial	Qualquer local onde se comercialize, importe ou arremate produtos industrializados no território nacional
Aspecto pessoal (sujeito passivo)	• Industrial, comerciante ou equiparados • Importador ou equiparado • Arrematante

Aspecto valorativo	Base de cálculo: • Nas operações (venda) com produtos industrializados, o valor da operação de que decorrer a saída do produto, e na falta desse valor, o preço corrente do produto ou seu similar, no mercado atacadista da praça do remetente. • Na importação, o preço normal acrescido do montante do II, das taxas exigidas para a entrada do produto no país e dos encargos cambiais efetivamente pagos pelo importador ou dele exigíveis. • Na arrematação, o preço da arrematação. Alíquotas: definidas na TIPI (Tabela do IPI), sendo seletivas em função da essencialidade do produto.

6. Imposto sobre Operações de Crédito, Câmbio e Seguro ou relativas a Títulos ou Valores Mobiliários

O Imposto Sobre Operações Financeiras – IOF – previsto no art. 153, V, da CF, contempla quatro diferentes regras matrizes de incidência, uma vez que incide sobre:

I – Operações de crédito;

II – Operações de câmbio;

III – Operações de seguro;

IV – Operações com títulos e valores mobiliários.

Com tal silhueta, é permitido asseverar que alojados no cerne do arquétipo constitucional do IOF estão quatro impostos distintos, reunidos sob uma única rubrica.

Dessa forma, dispõe o art. 63 do CTN que o imposto, de competência da União, sobre operações de crédito, câmbio e seguro, e sobre operações relativas a títulos e valores mobiliários tem como fato gerador:

I – quanto às operações de crédito, a sua efetivação pela entrega total ou parcial do montante ou do valor que constitua o objeto da obrigação, ou sua colocação à disposição do interessado. A concessão de crédito em instituições financeiras por meio da aquisição de empréstimos bancários, cartões de crédito, financiamentos em geral, fianças bancárias, etc., constituem formas de aquisição de crédito que ensejam a incidência do IOF.

II – quanto às operações de câmbio, a sua efetivação pela entrega de moeda nacional ou estrangeira, ou de documento que a represente, ou sua colocação à disposição do interessado em montante equivalente à moeda estrangeira ou nacional entregue ou posta à disposição por este. Neste caso, a troca ou conversão de moedas em casas de câmbio ou outras instituições autorizadas, assim como a aquisição de cheques de viagem (travellers checks) em casas autorizadas vivificam o nascimento da obrigação.

III – quanto às operações de seguro, a sua efetivação se dá pela emissão da apólice ou do documento equivalente, ou recebimento do prêmio, na forma da lei aplicável. A celebração de contrato de seguro nos termos da lei civil e a emissão da respectiva apólice ou documento equivalente, ou ainda o recebimento do prêmio correspondem ao fato gerador do IOF.

IV – quanto às operações relativas a títulos e valores mobiliários, a emissão, transmissão, pagamento ou resgate destes, na forma da lei aplicável, configura seu fato gerador. Nesta hipótese, configura obrigação de pagar IOF a aquisição de títulos negociais que materializam direitos de crédito, tais como ações, letras de câmbio, debêntures, certificados de depósito bancário, notas promissórias, etc.

Observe-se que a incidência definida no inciso I exclui a definida no inciso IV, e reciprocamente, quanto à emissão, ao pagamento ou resgate do título representativo de uma mesma operação de crédito. Sobre a materialidade do IOF, é importante destacar o teor da Súmula 664 do STF: *Súmula 664 – É inconstitucional o inciso V do art. 1º da Lei nº 8033/90, que instituiu a incidência do imposto sobre operações de crédito, câmbio e seguros – IOF, sobre saques efetuados em caderneta de poupança.*

Consoante dispõe o art. 66 do CTN, contribuinte do IOF é qualquer das partes na operação tributada, como dispuser a lei. A legislação ordinária estabelece, por meio do Decreto nº 6.306/2007, que são contribuintes as pessoas físicas ou jurídicas tomadoras do crédito, as compradoras ou vendedoras de moeda estrangeira, nas operações referentes à transferência financeira para o exterior, as pessoas físicas ou jurídicas seguradas, os adquirentes de títulos ou valores mobiliários e instituições financeiras e as instituições autorizadas pelo Banco Central do Brasil a efetuarem a primeira aquisição do ouro, ativo financeiro, ou instrumento cambial.

Segundo estabelece o art. 64 do CTN, a base de cálculo do IOF é:

I – quanto às operações de crédito, o montante da obrigação, compreendendo o principal e os juros;

II – quanto às operações de câmbio, o respectivo montante em moeda nacional, recebido, entregue ou posto à disposição;

III – quanto às operações de seguro, o montante do prêmio;

IV – quanto às operações relativas a títulos e valores mobiliários:

a) na emissão, o valor nominal mais o ágio, se houver;

b) na transmissão, o preço ou o valor nominal, ou o valor da cotação em Bolsa, como determinar a lei;

c) no pagamento ou resgate, o preço.

As alíquotas do IOF são variáveis de acordo com a natureza da operação financeira ou do mercado de capitais.

Da mesma forma como ocorre com o II, IE e IPI, o IOF é imposto regulatório, não seguindo a regra geral da anterioridade e noventena, podendo ter suas alíquotas modificadas por Decreto, *ex vi* dos artigos art. 150, § 1° e art. 153, § 1°, ambos da CF/88. Nesse sentido, dispõe o art. 65 do CTN que o Poder Executivo pode, nas condições e nos limites estabelecidos em lei, alterar as alíquotas ou as bases de cálculo do imposto, a fim de ajustá-lo aos objetivos da política monetária. Ademais, assim como ocorre com os impostos aduaneiros e eventualmente com o IPI, o IOF é um imposto marcado pela extrafiscalidade.

Por derradeiro, dispõe o art. 153, § 5°, da CF que o ouro, quando definido em lei como ativo financeiro ou instrumento cambial, sujeita-se exclusivamente à incidência do imposto de que trata o inciso V do caput deste artigo, devido na operação de origem; a alíquota mínima será de um por cento, assegurada a transferência do montante da arrecadação nos seguintes termos:

I – 30% para o Estado, o Distrito Federal ou Território, conforme a origem;

II – 70% para o Município de origem.

O dispositivo define duas proposições. A parte final diz respeito à distribuição do produto arrecadado, enquanto a primeira estabelece norma de imunidade no sentido de que o ouro considerado mercadoria, estará sujeito à incidência do ICMS e não do IOF. *Mutatis mutandis*, o ouro utilizado como ativo financeiro ou instrumento cambial se sujeita, quando de sua aquisição, à tributação pelo IOF. Nesse sentido, "*O ouro, definido como ativo financeiro ou instrumento cambial, sujeita-se, exclusivamente, ao IOF, devido na operação de origem: CF, art. 153, § 5°. Inconstitucionalidade do inciso II do art. 1° da Lei 8.033/1990.*" (RE 190.363, Rel. Min. Carlos Velloso, julgamento em 13-5-1998, Plenário, *DJ* de 12-6-1998.)

Para finalizar o estudo do IOF, invoco os julgados proferidos em grau de Recurso Extraordinário, versando respectivamente sobre a constitucionalidade do art. 1°, I, da Lei n° 8.033/90, bem como a Súmula n° 664 do STF, sedimentando a inconstitucionalidade do art. 1°, V, da Lei n° 8.033/90 que instituiu o IOF sobre saques em caderneta de poupança. Confira-se: "*A Constituição Federal, art. 146, III, a, estabeleceu que cabe à lei complementar, no tocante aos impostos discriminados na Constituição, definir os respectivos fatos geradores, bases de cálculo e contribuintes. (...) É de ver, portanto, que o art. 1°, I, da Lei 8.033/1990, pôs-se de acordo com a definição do fato gerador do IOF contida no art. 63, IV, do CTN.*" (RE 223.144, voto do Rel. Min. Carlos Velloso, julgamento em 17-06-2002, Plenário, *DJ* de 21-11-2003.) **No mesmo sentido**: RE 567.707-AgR, Rel. Min. Cármen Lúcia, julgamento em 8-2-2011, Primeira Turma, *DJE* de 2-3-2011; RE 346.415-AgR, Rel. Min. Gilmar Mendes, julgamento em 18-12-2007, Segunda Turma, *DJE* de 29-2-2008; RE 243.191-AgR, Rel. Min. Joaquim Barbosa, julgamento em 24-10-2006, Segunda Turma, *DJ* de 16-2-2007; RE 237.702-AgR, Rel. Min. Ellen Gracie, julgamento em 15-4-2003, Primeira Turma, *DJ* de 9-5-2003.

Também decidiu-se em sede de RE nº 583.712, com repercussão geral que "é constitucional o art. 1°, IV, da Lei 8.033/1990, uma vez que a incidência de IOF sobre o negócio jurídico de transmissão de títulos e valores mobiliários, tais como ações de companhias abertas e respectivas bonificações, encontra respaldo no art. 153, V, da CF, sem ofender os princípios tributários da *anterioridade e da irretroatividade, nem demandar a reserva de lei complementar.*"

Aspecto material – IOF	• Realizar operação de crédito • Realizar operação de câmbio • Realizar operação de seguro • Realizar operação com títulos e valores mobiliários
Aspecto temporal	• Quanto às operações de crédito, a sua efetivação pela entrega total ou parcial do montante ou do valor que constitua o objeto da obrigação, ou sua colocação à disposição do interessado. • Quanto às operações de câmbio, a sua efetivação pela entrega de moeda nacional ou estrangeira, ou de documento que a represente, ou sua colocação à disposição do interessado em montante equivalente à moeda estrangeira ou nacional entregue ou posta à disposição por este. • Quanto às operações de seguro, a sua efetivação pela emissão da apólice ou do documento equivalente, ou recebimento do prêmio, na forma da lei aplicável. • Quanto às operações relativas a títulos e valores mobiliários, a emissão, transmissão, pagamento ou resgate destes, na forma da lei aplicável.
Aspecto espacial	Locais onde se realizarem as operações de crédito, câmbio, seguro e títulos e valores imobiliário, no território nacional
Aspecto pessoal (sujeito passivo)	O contribuinte é qualquer das partes na operação tributada (CTN). Nos termos do Decreto nº 6.306/07: • Pessoas físicas ou jurídicas tomadoras de crédito; • Compradoras ou vendedoras de moeda estrangeira; • Pessoas físicas ou jurídicas seguradas; • Adquirentes de títulos ou valores mobiliários e instituições financeiras; • Instituições autorizadas pelo Banco Central a efetuarem a primeira aquisição do ouro, ativo financeiro, ou instrumento cambial.

Aspecto valorativo	Base de cálculo: • quanto às operações de crédito, o montante da obrigação, compreendendo o principal e os juros; • quanto às operações de câmbio, o respectivo montante em moeda nacional, recebido, entregue ou posto à disposição; • quanto às operações de seguro, o montante do prêmio; • quanto às operações relativas a títulos e valores mobiliários, na emissão, o valor nominal mais o ágio, se houver; na transmissão, o preço ou o valor nominal, ou o valor da cotação em Bolsa, como determinar a lei; no pagamento ou resgate, o preço. Alíquotas: variáveis conforme a natureza da operação financeira.

7. Imposto sobre propriedade territorial rural

O ITR tem previsão constitucional no art. 153, VI, da CF e incide sobre a propriedade rural. Seu aspecto material gravita em torno do conceito de imóvel rural que em matéria tributária é obtido por exclusão.

Investigando inicialmente o conceito de imóvel, o fato é que, para os fins do ITR, somente se considera o bem imóvel por natureza, e não por acessão física, ao contrário do IPTU cuja materialidade engloba o bem imóvel por natureza e por acessão física. Assim, somente os imóveis rurais por natureza, assim definidos no Código Civil, são tributados pelo ITR.

Assim, considera-se imóvel rural aquele não definido como propriedade territorial urbana, ou, na exata dicção do Código Tributário Nacional, aquele imóvel localizado fora da zona urbana do Município.

O CTN cuida destramente do assunto porque define o imóvel urbano, estabelecendo que a definição do perímetro urbano (zona urbana) é fornecida pela lei municipal, a qual deverá obedecer a regra do art. 32 que fornece as condições necessárias para que o imóvel seja considerado urbano.

Assim, será rural o imóvel que não estiver na zona urbana, entendendo-se esta a definida em lei municipal, observado o requisito mínimo da existência de melhoramentos indicados em pelo menos 2 dos incisos seguintes, construídos ou mantidos pelo Poder Público:

I – meio-fio ou calçamento, com canalização de águas pluviais;

II – abastecimento de água;

III – sistema de esgotos sanitários;

IV – rede de iluminação pública, com ou sem posteamento para distribuição domiciliar;

V – escola primária ou posto de saúde a uma distância máxima de 3 (três) quilômetros do imóvel considerado.

Meditando sobre a materialidade do ITR, estabelece o art. 29 do CTN que o imposto sobre a propriedade territorial rural tem como fato gerador a propriedade, o domínio útil ou a posse de imóvel por natureza, como definido na lei civil, localização fora da zona urbana do Município. Dessa forma, zona urbana será definida por lei municipal que discipline tal condição nos termos do art. 32 do CTN.

Com essas proposições, podemos destacar que o aspecto material da hipótese de incidência do ITR é *ser proprietário, possuidor ou titular do domínio útil de imóvel rural.*

Nesse diapasão, o art. 31 do CTN estabelece que contribuinte do imposto é o proprietário do imóvel, o titular de seu domínio útil, ou o seu possuidor a qualquer título. Decididamente, o ITR atinge as pessoas que, embora não sendo proprietárias, exercem a posse com animus de dono (*ad usucapionem*), de tal arte que o provimento legislativo visa regrar até mesmo situações de posse não legitimadas pela lei civil, o que se depreende tendo em vista a existência de incontáveis glebas rurais não regularizadas no Brasil. Deve-se ponderar que a lei não pretendeu atingir o possuidor a qualquer título legalmente investido nesta condição. Ora, em havendo contrato firmado entre proprietário e possuidor que legitime a posse do último, está claro que o contribuinte será o proprietário. Daí, a condição de possuidor, conquanto assinalada pelo código como passível de ser devedor do ITR, deriva de situações onde não há proprietário legitimamente constituído, assumindo o possuidor de fato, as qualidades de dono. A lógica que orienta referida proposição normativa se baseia na ideia de que a riqueza deve ser tributada, e por quem exercer os poderes inerentes à propriedade (*jus utendi, jus fruendi e jus abutendi*), ainda que parciais. Portanto, se há proprietário e possuidor, está claro que somente o primeiro será contribuinte, muito embora nada obste que o segundo seja responsável.

O titular do domínio útil deve ser a pessoa que congrega os direitos de uso e gozo do imóvel rural (*jus utendi e jus fruendi*), daí porque o usufrutuário e o enfiteuta poderão ser contribuintes nesta condição.

Destarte, segundo estabelece o art. 5° da Lei n° 9.393/96, é responsável pelo crédito tributário o sucessor, a qualquer título, nos termos dos arts. 128 a 133 do Código Tributário Nacional.

A base do cálculo do ITR, consoante disposição do art. 30 do CTN é o valor fundiário. Segundo preconiza a Lei n° 9.393/96, o imposto será apurado aplicando-se o Valor da Terra Nua Tributável – VTN à alíquota correspondente, considerados a área total do imóvel e o grau de utilização – GU. Como se vê, o conceito correspondente ao valor fundiário mencionado pelo CTN, é, por disposição de lei ordinária, o valor da terra nua, assim considerada o valor de mercado do imóvel, descontadas as benfeitorias, construções, instalações, culturas permanentes e temporárias, pastagens cultivadas e melhoradas, florestas plantadas, etc. Faço questão de lembrar que a base de cálculo do ITR é o VTN, ou seja, o valor da terra nua *tributável*. O vocábulo é destacado não sem motivo porque a base de cálculo se compõe com o valor da terra nua menos as áreas de preservação permanente previstas no Código Florestal, as áreas de interesse ecológico para proteção de ecossistemas, assim declaradas mediante ato do órgão competente, federal ou estadual e as áreas comprovadamente imprestáveis para qualquer exploração agrícola, pecuária, granjeira, aquícola ou florestal, declaradas de interesse ecológico mediante ato do órgão competente, federal ou estadual. A respeito da base de cálculo do ITR, confira-se o teor da Súmula nº 595 do STF: "É inconstitucional a taxa municipal de conservação de estradas de rodagem cuja base de *cálculo seja idêntica a do imposto territorial rural.*"

Com relação às alíquotas, preconiza o art. 153, § 4º, I, da CF que o ITR terá suas alíquotas fixadas de forma a desestimular a manutenção de propriedades improdutivas.

Dispensável anotar que o ITR tem caráter extrafiscal, o que se depreende em face de sua tendência a servir como instrumento de política agrária, sobretudo com a finalidade de desestimular a propriedade de latifúndios improdutivos. Neste particular, suas alíquotas são progressivas com base na função social da propriedade, sendo graduadas com vistas a desestimular a propriedade de glebas rurais improdutivas, nos exatos termos do art. 186 da CF. Sob esse aspecto, a função social é cumprida quando a propriedade rural atende, simultaneamente, segundo critérios e graus de exigência estabelecidos em lei, aos seguintes requisitos:

I – aproveitamento racional e adequado;

II – utilização adequada dos recursos naturais disponíveis e preservação do meio ambiente;

III – observância das disposições que regulam as relações de trabalho;

IV – exploração que favoreça o bem-estar dos proprietários e dos trabalhadores.

Ressalte-se que a função social da propriedade rural plasmada no patamar da Constituição, é decantada em nível infraconstitucional com uma equação por demais simplista, já que a progressividade se resume na conjugação de dois fatores, o grau de utilização (GU) em % e a área total do imóvel em hectares. Segundo dispõe o art. 10, § 2º, da Lei nº 9.393/96, o Grau de Utilização – GU é a relação percentual entre área efetivamente utilizada e a área aproveitável. Torno a dizer que a progressividade do ITR, definida no art. 153, § 4º, I, da CF terá suas alíquotas fixadas de forma a desestimular a manutenção de propriedades improdutivas, e com essa equação a Lei nº 9.393/96 define uma progressividade bidimensional do ITR (Área versus GU), distribuindo-se as alíquotas da seguinte forma:

GRAU DE UTILIZAÇÃO – GU (EM %)					
Área total do imóvel	Maior que 80	Maior que 65 até 80	Maior que 50 até 65	Maior que 30 até 50	Até 30
Até 50	0,03	0,20	0,40	0,70	1,00
Maior que 50 até 200	0,07	0,40	0,80	1,40	2,00
Maior que 200 até 500	0,10	0,60	1,30	2,30	3,30
Maior que 500 até 1000	0,15	0,85	1,90	3,30	4,70
Maior que 1000 até 5000	0,30	1,60	3,40	6,00	8,60
Acima de 5000	0,45	3,00	6,40	12,00	20,00

Observados os esclarecimentos sobre os aspectos da hipótese de incidência, cumpre destacar que o art. 153, § 4°, II, da Constituição estabelece que o ITR não incide sobre pequenas glebas rurais, definidas em lei, quando as explore o proprietário que não possua outro imóvel. Como vimos anteriormente, o preceptivo nada mais representa do que a consagração do Princípio do Sinal de Riqueza, tratado no capítulo respectivo.

O preceptivo constitucional em tela foi regrado pelo art. 2° da Lei n° 9.393/96, o qual intitula corretamente a norma limitativa como imunidade, disciplinando que para os efeitos dispostos na Lei Maior, pequenas glebas rurais são os imóveis com área igual ou inferior a:

I – 100 ha (100 hectares), se localizado em município compreendido na Amazônia Ocidental ou no Pantanal mato-grossense e sul-mato-grossense;

II – 50 ha (50 hectares), se localizado em município compreendido no Polígono das Secas ou na Amazônia Oriental;

III – 30 ha (30 hectares), se localizado em qualquer outro município.

Apesar da imunidade contemplada na norma constitucional e disciplinada na lei ordinária, a legislação mencionada também contempla norma de isenção, ao estabelecer que são isentos do imposto:

I – O imóvel rural compreendido em programa oficial de reforma agrária, caracterizado pelas autoridades competentes como assentamento, que, cumulativamente, atenda aos seguintes requisitos:

a) seja explorado por associação ou cooperativa de produção;

b) a fração ideal por família assentada não ultrapasse os limites estabelecidos no artigo anterior (o que trata da imunidade);

c) o assentado não possua outro imóvel;

II – O conjunto de imóveis rurais de um mesmo proprietário, cuja área total observe os limites fixados no parágrafo único do artigo anterior, desde que, cumulativamente, o proprietário:

a) o explore só ou com sua família, admita ajuda eventual de terceiros;

b) não possua imóvel urbano.

Antigamente o ITR era chamado de INCRA porque era administrado por aquela autarquia federal. No entanto, atualmente a capacidade ativa é da União, sendo administrado pela Secretaria da Receita Federal do Brasil a quem estão atribuídas as atividades de arrecadação, tributação e fiscalização.

Por derradeiro, enfatiza o art. 158, II, da CF que *pertencem aos Municípios, 50% do produto da arrecadação do imposto da União sobre a propriedade territorial rural, relativamente aos imóveis nele situados.* Não obstante, o art. 153, § 4°, III, da CF, acrescentado pela Emenda Constitucional n° 42/2003, estabelece que o ITR será fiscalizado e cobrado pelos Municípios que assim optarem, na forma da lei, desde que não implique redução do imposto ou qualquer outra forma de renúncia fiscal. Trata-se de parafiscalidade constitucionalmente autorizada em que os Municípios optantes poderão auferir 100 % do produto da arrecadação do ITR.

Aspecto material – ITR	Ser proprietário, possuidor ou titular do domínio útil de imóvel rural
Aspecto temporal	1° de janeiro
Aspecto espacial	Imóveis situados no território nacional, fora da zona urbana e respectivas áreas de extensão da zona urbana
Aspecto pessoal (sujeito passivo)	• Proprietário de imóvel rural • Possuidor à exerce a posse com animus de dono • Titular do domínio útil à exerce poderes parciais de dono
Aspecto valorativo	Base de cálculo: Valor fundiário (CTN) à Valor da Terra Nua Tributável (Lei n° 9.393/96) Alíquotas: Progressivas com vistas a desestimular a manutenção de imóveis rurais improdutivos, dimensionadas por 2 vetores (área do imóvel & Grau de utilização- GU)

8. Imposto sobre Grandes Fortunas

Elencado no art. 153, VII, da CF, o IGF não foi efetivamente instituído pela União. A questão posta em relação a esse imposto, a despeito da sintomática inércia legislativa para sua efetiva criação, paira em torno da função da lei complementar.

Para muitos, caberia à lei complementar apenas definir o conceito de grandes fortunas, estando a efetiva instituição ao alvedrio da lei ordinária. Ao que tudo indica, meditações desse jaez partem da investigação sintática do preceptivo constitucional que dimensionou a locução *nos termos de lei complementar* de forma posposta ao arquétipo do imposto.

Com todo respeito à posição defendida por aqueles argutos doutrinadores, não me parece essa a correta compreensão da normativa constitucional, tornando ainda mais dificultosa sua criação, já que, sob aquela ótica, demandaria a necessidade de uma lei complementar que definisse o aspecto material e outra, ordinária, que definisse os demais aspectos da hipótese de incidência, fugindo da tradicional técnica legislativa consagrada no sistema normativo do direito tributário brasileiro.

Assim, por expressa vontade da norma constitucional, caberá à lei complementar a instituição do tributo com a previsão de todos os aspectos da hipótese de incidência.

9. Impostos residuais — Art. 154, I, CF

Em matéria tributária, a União goza de competência residual, podendo instituir outros impostos chamados residuais. O exercício dessa competência residual deverá observar o comando do inciso I do art.154, no sentido de que *a União poderá instituir mediante lei complementar, impostos não previstos no artigo anterior, desde que sejam não cumulativos e não tenham fato gerador ou base de cálculo próprios dos discriminados nesta Constituição.*

Dessa forma, novos impostos poderão ser instituídos por Lei Complementar, desde que possuam regras matrizes não contempladas na Constituição. Assim, seu aspecto material deve ser inédito, o que se depreende pela nítida proximidade entre a base de cálculo e o aspecto material, até porque, como visto, aquela é uma dimensão legal desta. Os impostos residuais deverão congregar um sinal de riqueza ainda não tributado no ordenamento jurídico, e ademais, não poderão ser cumulativos, devendo permitir-se que valores recolhidos em operações anteriores sejam compensados pelo contribuinte.

Por fim, dispõe o art. 157, II, da CF que *pertencem aos Estados e DF, 20% do produto da arrecadação do imposto que a União instituir no exercício da competência que lhe é atribuída pelo art. 154, I.*

Em suma, exige-se que tais impostos não se confundam com os já criados e previstos no rol dos arts. 153, 155 e 156, e além disso, deverão ser não cumulativos e não poderão ter base de cálculo idêntica às fórmulas constitucionais já definidas para os impostos.

10. Impostos extraordinários — Art. 154, II, CF

Estabelece o art. 154, II, da CF que *a União poderá instituir, na iminência ou no caso de guerra externa, impostos extraordinários, compreendidos ou não em sua competência tributária, os quais serão suprimidos, gradativamente, cessadas as causas de sua criação.*

Trata-se de impostos que podem ser criados pela União na iminência ou em caso de guerra externa, podendo ou não estarem compreendidos dentre os arquétipos constitucionais.

O art. 76 do CTN determina que *na iminência ou no caso de guerra externa, a União pode instituir, temporariamente, impostos extraordinários compreendidos ou não entre os referidos nesta Lei, suprimidos, gradativamente, no prazo máximo de cinco anos, contados da celebração da paz.*

Os impostos extraordinários representam a única possibilidade de a União invadir a competência dos demais entes federativos, de maneira que na iminência ou em caso de guerra externa, poderá instituir qualquer imposto, inédito ou não, atingindo uma materialidade já existente, de sua própria competência, ou não, desde que sejam suprimidos gradativamente quando cessado o estado de beligerância que legitimou sua criação.

Diferente dos impostos residuais, os extraordinários, também chamados impostos de guerra, podem ser criados por lei ordinária e apresentam como característica fundamental uma exceção à regra constitucional de vedação à invasão das competências.

Assim, o princípio da reserva das competências impositivas cede em caso de guerra externa, e a União poderá invadir a competência dos Estados e Municípios, criando impostos que atinjam riquezas tradicionalmente tributáveis por aqueles entes. Poderá, por exemplo, criar um adicional sobre o ICMS ou sobre o ISS, e nesse caso não haverá supressão da competência originária dos Estados e Municípios e o contribuinte deverá arcar com o pagamento dos dois impostos. É caso de bitributação constitucionalmente autorizada e representa uma exceção ao Princípio da Competência.

Por fim, consoante determina o art. 150, § 1º da Lex Major, os impostos extraordinários não rendem obediência ao princípio da anterioridade e ao princípio da noventena, podendo ser imediatamente exigidos após sua instituição por lei ordinária.

Capítulo XXII IMPOSTOS ESTADUAIS

1. Considerações iniciais

O art. 155 da Constituição estabelece que é de competência dos Estados e do Distrito Federal instituir os seguintes impostos:

I – Imposto sobre a transmissão causa mortis e doação de quaisquer bens ou direitos;

II – Imposto sobre operações relativas à circulação de mercadorias e sobre serviços de transporte interestadual e intermunicipal e de comunicação ainda que as operações se iniciem no exterior;

III – Imposto sobre a propriedade de veículos automotores.

O AIR – Adicional sobre o IR – previsto no texto original da Constituição Federal de 1988 foi extinto a partir de 01/01/1996 com a promulgação da Emenda Constitucional nº 3/93. Não excede recordar que antes disso, o STF já tinha se pronunciado em ação direta reconhecendo a inconstitucionalidade daquele imposto estadual.

Dessa forma, com o pronunciamento decisivo acerca da inconstitucionalidade do AIR que se alojava na inexistência de Lei Complementar a quem competia o desígnio de definir suas normas gerais e dirimir conflitos de competência, o texto constitucional acabou sendo modificado pela Emenda nº 3/93 para, com a nova redação ao art. 155, suprimir-se o imposto estadual derivado do imposto sobre a renda. Restaram três impostos estaduais que são analisados em seguida.

2. IMPOSTO SOBRE A TRANSMISSÃO *CAUSA MORTIS* E DOAÇÃO, DE QUAISQUER BENS OU DIREITOS

O imposto de transmissão *causa mortis* e de doação sobre quaisquer bens ou direitos – ITCMD – está elencado no art. 155, I, da Constituição Federal. Trata-se de imposto estadual que possui duas materialidades diferentes, a saber:

I – transmissão causa mortis de quaisquer bens ou direitos;

II – transmissão inter vivos por ato não oneroso – doação – de quaisquer bens ou direitos.

O ITCMD não se confunde com o ITBI de competência municipal que incide sobre a transmissão *inter vivos* por ato oneroso de bens imóveis, como ocorre, em forma de exemplo, na compra e venda de uma propriedade imobiliária.

Atualmente segregados, os dois impostos possuem a mesma origem uma vez que derivam do Imposto de Transmissão de Bens Imóveis, o antigo ITBI de competência estadual, elencado nos arts. 35 a 42 do CTN, de tal maneira que possuem silhuetas normativas parecidas já que, antes de 1988, pertencia aos Estados a competência para tributar todas as transmissões, fossem *inter vivos* ou *causa mortis*, conforme dispõe até hoje, a redação do Código Tributário Nacional que agregava, sem qualquer distinção, todas as transmissões de bens imóveis como se fosse um único imposto. Em verdade, o instrumental normativo previa, como de fato prevê até hoje, apenas o imposto de transmissão estadual que foi desmembrado com o advento da Constituição de 1988.

Pelo novo ordenamento, aos Estados compete tributar as transmissões *causa mortis* e as transmissões inter vivos por ato não oneroso (doação) de quaisquer bens ou direitos (ITCMD). Aos Municípios delegou-se a competência para tributar as transmissões de bens imóveis por atos inter vivos onerosos (ITBI). Sob esse aspecto, é importante interpretar corretamente o CTN na disciplina do Imposto sobre a Transmissão de Bens Imóveis e de Direitos a eles Relativos, de competência dos Estados, já que foram recepcionados os arts. 35 a 42 *sob a condição de serem interpretados conforme a Constituição de 1988*, a qual, repita-se, desmembrou o imposto em duas categorias distintas. Neste particular, para facilitar a correta compreensão da estrutura normativa desse imposto e emprestar ao código uma interpretação conforme a Constituição de

1988, duas grandes modificações impostas pela nova ordem podem ser observadas na Seção III do Capítulo III do Título III do CTN que define o antigo Imposto sobre a transmissão de bens imóveis e de direitos a eles relativos (artigos 35 a 42):

I – Retirou-se dos Estados e entregou-se aos Municípios a competência para tributação da transmissão inter vivos onerosa de bens imóveis;

II – Como forma de compensação pela perda de competência dos Estados, a quem passou a competir tão somente a tributação sobre a transmissão inter vivos não onerosa e a transmissão causa mortis, a CF ampliou o campo material de incidência permitindo que não somente imóveis, mas quaisquer bens ou direitos fossem tributados.

Dessa forma, conforme dispõe o art. 35 do CTN, o imposto, de competência dos Estados, sobre a transmissão de bens imóveis e de direitos a eles relativos tem como fato gerador:

I – a transmissão, a qualquer título, da propriedade ou do domínio útil de bens imóveis por natureza ou por acessão física, como definidos na lei civil;

II – a transmissão, a qualquer título, de direitos reais sobre imóveis, exceto os direitos reais de garantia;

III – a cessão de direitos relativos às transmissões referidas nos incisos I e II.

Sobremais, preconiza o parágrafo único do mesmo preceptivo que nas transmissões *causa mortis*, ocorrem tantos fatos geradores distintos quantos sejam os herdeiros ou legatários. Como o imposto recebeu nova roupagem da Constituição de 1988, deve-se acrescer aos herdeiros e legatários, a figura do donatário, de maneira que ocorrem tantos fatos geradores distintos quantos forem os herdeiros, legatários ou donatários. A título de exemplo, se um pai doa um determinado imóvel que valha R$ 50.000,00 para dois filhos, conclui-se que existem dois fatos geradores, ou seja, duas doações no valor de R$ 25.000,00 de tal maneira que se existir uma faixa de isenção para doações de, por exemplo, R$ 30.000,00 as duas doações serão isentas.

No caso da transmissão *causa mortis*, cujo fato gerador se verifica com a abertura da sucessão, concomitantemente à morte do *de cujus*, o imposto estadual é apurado por meio do processo de inventário e partilha, o qual deve ser aberto no prazo de 60 dias, a contar do óbito, consoante determina o art. 983 do CPC.

É importante ressaltar que a Lei Federal nº 11.441/2007 possibilitou a realização de inventário e partilha por meio extrajudicial, através de procedimento apuratório realizado pelo Tabelião, desde que não haja testamento, que as partes sejam maiores e capazes, e que haja anuência sobre todos os termos do inventário e da partilha.

No caso da realização do inventário extrajudicial, o imposto deverá ser recolhido até o momento da lavratura da escritura, cabendo ao Tabelião o dever de apurar o correto valor devido, já que figura como responsável pelo pagamento do tributo, *ex vi* do art. 134, VI do CTN.

Quando a transmissão se efetivar por ato não oneroso, a doação poderá se perfazer, gerando a incidência do imposto, em juízo, nos processos de inventário, arrolamento, partilha, separação e divórcio, ou de forma extrajudicial, por meio de lavratura de escritura pública no Tabelião, sendo também exigido o pagamento até a lavratura da escritura, a despeito do disposto no art. 1245 do Código Civil.

Com efeito, pelo disposto no art. 36 do CTN, o imposto não incide sobre a transmissão dos bens ou direitos quando efetuada para sua incorporação ao patrimônio de pessoa jurídica em pagamento de capital nela subscrito ou quando decorrente da incorporação ou da fusão de uma pessoa jurídica por outra ou com outra.

O imposto também não incide sobre a transmissão aos mesmos alienantes, dos bens e direitos adquiridos para a incorporação ao patrimônio de pessoa jurídica em pagamento de capital nela subscrito, em decorrência da sua desincorporação do patrimônio da pessoa jurídica a que foram conferidos. Está claro que tal disposição se aplica ao atual ITBI que incide sobre a transmissão imobiliária onerosa.

É importante asseverar que a não incidência ora tratada não se aplica quando a pessoa jurídica adquirente tenha como atividade preponderante a venda ou locação de propriedade imobiliária ou a cessão de direitos relativos à sua aquisição. Ademais, considera-se caracterizada a atividade preponderante referida neste artigo quando mais de 50% da receita operacional da pessoa jurídica adquirente, nos 2 anos anteriores e nos 2 anos subsequentes à aquisição, decorrer de transações mencionadas neste artigo.

Além disso, se a pessoa jurídica adquirente iniciar suas atividades após a aquisição, ou menos de 2 anos antes dela, apurar-se-á a preponderância referida no parágrafo anterior levando em conta os 3 primeiros anos seguintes à data da aquisição. Verificada a preponderância, tornar-se-á devido o imposto, nos termos da lei vigente à data da aquisição, sobre o valor do bem ou direito nessa data. Tal disposição não se aplica à transmissão de bens ou direitos, quando realizada em conjunto com a da totalidade do patrimônio da pessoa jurídica alienante. Por fim, volto a esclarecer que todas essas disposições se aplicam à transmissão imobiliária entre pessoas jurídicas, as quais, sendo onerosas, referem-se ao ITBI e não ao ITCMD.

No que concerne ao aspecto valorativo, dispõe o art. 38 do CTN que a base de cálculo do imposto é o valor venal dos bens ou direitos transmitidos. Sobre as alíquotas, determina o art. 39 que não excederão os limites fixados em resolução do Senado Federal, que distinguirá, para efeito de aplicação de alíquota mais baixa, as transmissões que atendam à política nacional de habitação. Ressalto que somente em relação ao teto das alíquotas houve reprodução normativa em nível constitucional. De fato, o art. 155, § 1°, IV, da CF estabelece que o ITCMD terá suas alíquotas máximas fixadas pelo Senado Federal.

Dispondo sobre os aspecto subjetivo da hipótese de incidência, o art. 42 do CTN estabelece que o contribuinte do imposto é qualquer das partes na operação tributada, como dispuser a lei. De fato, as legislações específicas dos Estados costumam definir que o sujeito passivo, na transmissão *causa mortis*, é o herdeiro ou legatário (art. 7°, I da Lei Paulista n° 10.705/2000 e art. 12, I da Lei Mineira n° 14.941/2003), enquanto na doação o devedor do tributo é o donatário (art. 7°, III da Lei n° 10.705/00 e art. 12, II da Lei n° 14.941/03).

O aspecto espacial do ITCMD recebe normatização constitucional no art. 155, § 1°, de maneira que, em se tratando de transmissão de bens imóveis e respectivos direitos, o imposto compete ao Estado da situação do bem, ou ao Distrito Federal. Por outro lado, no caso de bens móveis, títulos e créditos, compete ao Estado onde se processar o inventário ou arrolamento, ou tiver domicílio o doador, ou ao Distrito Federal.

Ademais, a competência para sua instituição deverá ser regulada por lei complementar se o doador tiver domicilio ou residência no exterior ou se o de cujus possuía bens, era residente ou domiciliado ou teve o seu inventário processado no exterior.

Por fim, conforme comentamos no item 8.2 do Capítulo VIII, a partir de fevereiro de 2013, com o julgamento *leading case* no RE nº 562.045, convergindo com a melhor doutrina, o STF passou a reconhecer a constitucionalidade da progressividade no Imposto sobre a Transmissão Causa Mortis e Doações no Estado do Rio Grande do Sul, lá chamado de ITCD, corrigindo uma antiga distorção e modificando sua posição tradicional em que somente onde houvesse expressa previsão constitucional seria possível instituir a progressividade como sinônimo de capacidade contributiva. Como a decisão foi proferida com repercussão geral, o mesmo entendimento passa a ser adotado em relação ao ITCMD de todos os estados da federação.

2.1. Disposições ordinárias do ITCMD no Estado de São Paulo

Apesar do permissivo constitucional que dava aos Estados o poder de tributar imóveis e móveis, o Estado de São Paulo permaneceu utilizando a legislação antiga – Lei Estadual nº 9.591/66 – que tributava somente os bens imóveis, com alíquota única de 4% sobre o valor venal do imóvel, fosse a transmissão *causa mortis* ou por doação.

Somente no final de 2000, o Estado de São Paulo editou a Lei nº 10.705/00, que dava novo tratamento ao imposto, inclusive no que se refere à sua nova denominação, no intuito de disciplinar o permissivo constitucional e aumentar o montante de sua arrecadação, passando a tributar, nos exatos termos do arquétipo constitucional, *quaisquer bens ou direitos*.

O anteprojeto de lei estadual incluía uma alíquota de 6% que acabou não sendo aprovada pela Assembleia Legislativa do Estado, ficando instituídas somente as alíquotas de 0%, ou melhor, isenção, quando o patrimônio do *de cujus* não ultrapassasse 7.500 UFESPs – Unidade Fiscal do Estado de São Paulo; 2,5% para patrimônio de 7.500 a 12.000 UFESPs, e a alíquota de 4% para patrimônios acima de 12.000 UFESPs.

O novo imposto passou a incidir em faixas, de maneira que ultrapassada a faixa anterior, havia incidência da alíquota majorada somente sobre a diferença, de maneira que, a título de exemplo, se o patrimônio fosse de 7.600 UFESPs, e considerando a faixa de isenção de até 7.500 UFESPs, aplicava-se a alíquota de 2,5% somente sobre a diferença de 100 UFESPs.

Como pode se perceber, a pretensão de ver aumentada a arrecadação se transformou na frustração de uma considerável queda nos valores arrecadados, mesmo porque, pela legislação anterior, havia uma única alíquota de 4%, não existindo faixa de isenção, mas tão somente restritíssimas hipóteses de não incidência em sentido estrito. Ademais, pesou o fato que a jurisprudência não simpatizava com o tratamento progressivo dado a certos impostos, especialmente por inexistir permissivo constitucional nesse sentido, o que, aliás, já ocorria com o coirmão ITBI, *ex vi* da súmulas nº 45 do extinto 1º Tribunal de Alçada Civil do Estado de São Paulo e súmula nº 656 do STF, *in verbis*:

> Súmula 45 do 1º TAC-SP: É inconstitucional o art. 10, da Lei 11.154 de 30-12-91, do Município de São Paulo, que instituiu alíquotas progressivas da o Imposto de Transmissão de Bens Imóveis.
>
> Súmula 656 do STF: É inconstitucional a lei que estabelece alíquotas progressivas para o ITBI com base no valor venal do imóvel.

Mediante o risco de permanecer com a nova configuração legislativa que, arriscadamente, introduzia a progressividade no ITCMD sem qualquer menção do Texto Maior, e por conta do quadro de queda na arrecadação, sucedeu que em dezembro de 2001 o Governo do Estado de São Paulo encaminhou outro projeto de lei para a Assembleia Legislativa, modificando novamente a estrutura do ITCMD, com alíquota única de 4%, o que acabou se concretizando com a edição da Lei nº 10.992/2001, em vigência desde 1º de janeiro de 2002.[1] Dessa forma, coexistem 3 diferentes leis que ainda podem ser aplicadas atualmente em decorrência do princípio do *tempus regit actum* definido no art. 144 do CTN. Sendo assim, vejamos como ficou instrumental normativo do ITCMD no Estado de São Paulo, no que se refere ao conflito de leis no tempo.

I – Para óbitos e negócios jurídicos de doação ocorridos até 31/12/2000, aplica-se a Lei Paulista nº 9.591/66, com alíquota única de 4% sobre o valor venal, incidindo somente sobre bens imóveis.

II – Para óbitos e doações ocorridos a partir de 1º de janeiro de 2001 até 31 de dezembro de 2001, aplica-se a Lei Paulista nº 10.705/00. Observe-se que a referida lei é, em alguns casos, mais benéfica do que a lei anterior, por causa da isenção para patrimônios de até 7.500 UFESPs, fato que inexistia anteriormente, e mais prejudicial ao contribuinte em outras situações, dado que passou a incidir sobre quaisquer bens e direitos. Alíquotas de 2,5 e 4%.

III – Para óbitos e doações ocorridos a partir de 1º de janeiro de 2002 em diante, aplica-se a Lei Paulista nº 10.992/01, que acabou com a progressividade da Lei nº 10.705/00, reintroduzindo alíquota única de 4%, tributando todos os bens e direitos, móveis ou imóveis, e modificando o regime de isenções introduzido pela Lei anterior.

Dessa forma, se o óbito ocorreu antes do ano 2000 e o processo de inventário ou arrolamento, onde se apura a abertura da sucessão, somente foi ajuizado em 2012, deverá ser aplicada a Lei nº 9.591/66.

Ademais, como se sabe, considera-se ocorrido o fato gerador, em se tratando de situação de fato, desde que se verifiquem as circunstâncias materiais necessárias para que se produzam os efeitos que normalmente lhe são próprios. Em se tratando de

---

1 Sob esse aspecto, é curial observar que em 06 de fevereiro de 2013, no julgamento do RE 562.045, o STF julgou constitucional a progressividade instituída no ITCD (ou ITCMD) do Estado do Rio Grande do Sul pela Lei gaúcha nº 8.821/89, com alíquotas que variam de 1% a 8%. Confira essa modificação na tendência do STF, verificando o item 8.2 do Capítulo VIII.

situação jurídica, o fato gerador ocorre desde o momento em que esteja definitivamente constituído nos termos da legislação aplicável. Ora, com relação à transmissão por doação, não há dúvida tratar-se de situação jurídica, de maneira que o pressuposto fático se perfaz somente *após* a lavratura do instrumento que formaliza o contrato de doação. É de se observar que, em se tratando de aquisição de propriedade imobiliária, nem mesmo com a lavratura da escritura pública se concretiza a doação, o que se depreende pelo disposto no art. 1.245 do Código Civil. Por isso destaquei que o fato gerador só pode ocorrer *após* a lavratura da escritura pública de doação, muito embora o imposto seja exigido até o ato da lavratura da escritura.

De fato, transfere-se entre vivos a propriedade mediante o registro do título translativo no Registro de Imóveis, de maneira que, enquanto não se registrar o título translativo, o doador continua a ser havido como dono do imóvel.

Apesar disso, dispõe o art. 18 da Lei nº 10.705/00 que na doação, o imposto será recolhido até o momento da celebração do ato ou contrato correspondente, e se a doação se perfizer em processo judicial, nos casos de partilha de bem ou divisão de patrimônio comum, o imposto será pago no prazo de 15 (quinze) dias do trânsito em julgado da sentença ou antes da lavratura da escritura pública.

Na transmissão *causa mortis*, o fato gerador também configura situação jurídica e se opera com a abertura da sucessão, nos termos do art. 1.784 do Código Civil. No entanto, é inegável que a situação jurídica coincide, nos termos da lei civil, com o óbito do *de cujus*.

Dessa forma, simultaneamente à morte, a lei civil determina que a posse e o domínio dos bens do falecido se transmitem imediatamente aos sucessores, de maneira que na transmissão *causa mortis,* o fato gerador ocorre com a efetiva transmissão que se efetiva com o óbito. Por isso o senso comum costuma dizer que o fato gerador ocorre com a morte do titular do patrimônio a ser transmitido.

Como se sabe, o art. 144 do Código Tributário Nacional determina que o lançamento do tributo se reporta à data de ocorrência do fato gerador da obrigação, segundo a lei então vigente, ainda que posteriormente modificada ou revogada. Portanto, a Lei nº 10.705/00 somente se aplicará aos óbitos ocorridos entre 1º de janeiro de 2001 e 31 de dezembro de 2001.

Voltando à transmissão *inter vivos* (doação), nos casos onde há excesso de meação ou quinhão, fato que se verifica no trâmite de processo judicial, o fato gerador do ITCMD ocorre com o trânsito em julgado da decisão que homologa a partilha no processo de divórcio, arrolamento ou inventário, porque é neste momento que o negócio jurídico se encontra aperfeiçoado, apesar de haver entendimentos em contrário. No caso de a pessoa ter manifestado sua vontade por instrumento de renúncia anexado ao processo, o fato gerador se verifica com o trânsito em julgado da decisão judicial que homologa a renúncia. Sobre a possibilidade da efetivação da doação por termo nos autos de processo judicial, sem a necessidade de lavratura de escritura pública, confira-se: "*Inventário – partilha – doação – meação – Transmissão da nua -propriedade aos herdeiros com reserva de usufruto à viúva-meeira – Desnecessidade de instrumento público em apartado – Pública forma da sentença que a reconhece.*" Apelação Cível nº 49.080-4, 5ª Câm. Direito Privado do TJSP.

Nesse sentido, o art. 2°, § 5° da Lei Paulista consagra o excesso de meação ou de quinhão como sendo os fatos geradores do imposto de doação ao estabelecer que *estão compreendidos na incidência do imposto os bens que, na divisão de patrimônio comum, na partilha ou adjudicação, forem atribuídos a um dos cônjuges, a um dos conviventes, ou a qualquer herdeiro, acima da respectiva meação ou quinhão.*

Assim, além dos nos negócios jurídicos de doação, também configura fato gerador do imposto de doação as seguintes situações:

I – Na partilha do casal havida na separação judicial ou divórcio, nas hipóteses onde ocorrer a partilha não cômoda ou com excesso de meação. Neste caso, a base de cálculo será a parte que exceder da metade.

II – Nas hipóteses de renúncia expressa de quinhão hereditário em favor de outra pessoa. Trata-se da renúncia translativa, onde se verifica a incidência do imposto, observando-se que na renúncia pura e simples, o quinhão renunciado volta ao monte, não configurando doação, salvo se houver um único indivíduo a ser beneficiado.

Observo que mesmo ausente o *animus donandi*, o fato é que houve transmissão da riqueza que atingiu diretamente o patrimônio de uma pessoa, e ademais, a lei tributária não releva a intenção do agente, bastando que se configure o sinal de riqueza.

Portanto, mesmo em se tratando de renúncia pura e simples, ocorrerá o fato gerador da doação na exata medida em que o negócio redundará numa renúncia *in favorem*. O que a lei não pode fazer é direcionar a obrigação à pessoa do renunciante ou do doador, o que efetivamente não ocorre. A renúncia *in favorem* é designada pela lei como cessão de herança ou de bem ou direito a título não oneroso, e nesse caso o contribuinte será o cessionário.

Situação semelhante à cessão não onerosa ocorre na doação com reserva de usufruto, nas hipóteses em que o cônjuge supérstite doa sua meação aos filhos, reservando para si o usufruto, enquanto os filhos ficam com a nua-propriedade. A lei determina que a base de cálculo do imposto de doação na instituição do usufruto seja de 1/3 sobre o valor do imóvel, atribuindo para fins fiscais a fração de 1/3 para o usufruto e 2/3 para a nua-propriedade.

Em suma, se há partilha cômoda, ela se procede na forma das legítimas, não incidindo o imposto de doação. Se a partilha não é cômoda, incide o imposto de doação.

No que concerne à dicção constitucional acerca da locução *quaisquer bens ou direitos*, a legislação determina que o imposto incide sobre qualquer título ou direito representativo de patrimônio ou capital de sociedade ou companhia, como ação, cota, quinhão, participação civil ou comercial, debênture, dinheiro, depósito bancário, crédito em conta, caderneta de poupança, fundos de participação de renda fixa, e até mesmo bem incorpóreo, como o caso dos direitos autorais.

Sobre o local da incidência do ITCMD, a legislação paulista cumpre os comandos constitucionais do artigo 155, § 1°, I, II e III, da Constituição de 88, sintetizando o aspecto espacial da seguinte forma:

I – Bens imóveis. Aplica-se a regra lex rei sitae, de tal maneira que a competência será do Estado onde estiver localizado o imóvel. Exemplificando, mesmo que o inventário esteja sendo processado no Estado do Paraná, se o bem imóvel estiver situado no Estado de São Paulo, o ITCMD deve será devido ao Estado de São Paulo. No caso da doação, se o doador residir no Estado de Minas Gerais e o imóvel estiver situado no Estado de São Paulo, o imposto é devido ao Estado de São Paulo.

II – Bens móveis. Aplica-se a regra lex domiciliae. Competente será o Estado onde se processar o inventário ou arrolamento ou onde for domiciliado o doador ou, ainda, o Distrito Federal. Por exemplo, se o inventário corre no Estado de São Paulo e são doadas ações no Estado da Bahia, o imposto é devido para o Estado de São Paulo. Se o doador tiver domicílio no exterior ou ainda se o de cujus possuía bens no exterior ou teve o seu inventário processado no exterior, o art. 155, § 1°, III, da CF, determina que a lei complementar definirá a competência para exigir esse imposto.

A Lei Estadual de São Paulo estabelece algumas normas de não incidência em sentido estrito. Dessa forma, o ITCMD não incide nas seguintes situações:

I – Renúncia pura e simples de herança ou legado. Caso o renunciante apresente seu título de herdeiro nas primeiras declarações, significa que aceitou a herança. Não obstante, se posteriormente renunciar incondicionalmente em favor do monte, o imposto não incidirá.

II – Fruto e rendimento do bem do espólio havidos após o falecimento. Tais acréscimos se observam após o fato gerador e por isso não podem configurar incidência do ITCMD.

III – A importância deixada ao testamenteiro, a título de prêmio ou remuneração, até o limite de 5%.

O regime de isenções definido pelo art. 6° da Lei n° 10.705/00 sofreu importantes modificações pela Lei n° 10.992/01. A Lei n° 10.705/00 previa isenção, para a transmissão causa mortis quando o patrimônio do espólio não ultrapassasse 7.500 Unidades Fiscais do Estado de São Paulo (UFESP). Além disso, o imposto incidia em faixas, ou seja, somente sobre a parte excedente a 7.500 Unidades Fiscais do Estado. A Lei n° 10.992/01 modificou o regime de isenções. Confira-se a nova sistemática:

I – imóvel de residência, urbano ou rural, cujo valor não ultrapassar 5.000 UFESPs e os familiares beneficiados nele residam e não tenham outro imóvel;

II – imóvel cujo valor não ultrapassar 2.500 UFESPs, desde que seja o único transmitido;

III – ferramenta e equipamento agrícola de uso manual, roupas, aparelho de uso doméstico e demais bens móveis de pequeno valor que guarneçam os imóveis referidos nas alíneas anteriores, cujo valor total não ultrapassar 1.500 UFESPs;

IV – depósitos bancários e aplicações financeiras cujo valor total não ultrapassar 1.000 UFESPs;

V – quantia devida pelo empregador ao empregado, por Institutos de Seguro Social e Previdência, oficiais ou privados; verbas e prestações de caráter alimentar decorrentes de decisão judicial em processo próprio; e o montante de contas individuais do FGTS e PIS/PASEP, não recebidos em vida pelo titular;

VI – na instituição do usufruto quando o usufrutuário tiver sido o instituidor.

Importante modificação foi a extinção da tributação em faixas, de maneira que se o limite for ultrapassado, o imposto recai sobre todo o montante e não somente sobre a parte que exceder a faixa de isenção.

A base de cálculo corresponde ao valor venal do bem ou direito transmitido, ressaltando que, consoante dispõe a lei, valor venal é o valor de mercado, do bem ou direito, na data da abertura da sucessão ou da realização do ato ou contrato de doação. Com efeito, o referido valor venal deve ser atribuído na avaliação judicial e homologado pelo juiz, ou, se não couber ou for prescindível a avaliação, o valor venal dos bens transmitidos será aquele declarado pelo contribuinte, mediante expressa anuência da Fazenda Pública. Caso a Fazenda Pública discorde do valor declarado ou atribuído ao bem ou direito, será instaurado o competente processo administrativo para arbitramento da base de cálculo.

Como se vê, a nova legislação modificou substancialmente o regime de apuração da base de cálculo do imposto *causa mortis,* tendo em vista que o valor deverá ser atribuído na avaliação judicial e homologado pelo juiz. Na legislação anterior, o valor era definido pela própria Fazenda Pública que se valia dos lançamentos dos impostos sobre a propriedade. Assim, no caso de bens imóveis, a base de cálculo dos imóveis rurais era a mesma empregada no ITR e dos imóveis urbanos aquela definida no lançamento do IPTU. Devo observar que até então o imposto somente incidia sobre imóveis. Assim, não havia qualquer necessidade de o contribuinte declarar o imposto, uma vez que a Fazenda Pública possuía elementos para apurar os valores devidos.

Atualmente, muito embora os valores definidos nas bases de cálculo dos impostos incidentes sobre imóveis rurais e urbanos não sejam definidos, no âmbito da norma, como base para cálculo do ITCMD, já que, como vimos, emprega-se os dados da avaliação judicial ou aqueles declarados pelo contribuinte, o fato é que o art. 13 da Lei nº 10.705/00 estabelece que a base de cálculo não poderá ser menor do que o valor atribuído para os lançamentos do IPTU e do ITR, concluindo-se que aqueles valores anteriormente empregados e apurados com bases utilizadas em outros tributos, poderão moldar a base do ITCMD nos termos atuais.

De fato, pelo menos em relação aos imóveis, a prática tem demonstrado que a Fazenda Pública não se opõe a que os valores declarados pelo contribuinte sejam exatamente aqueles que constituíram a base de cálculo dos impostos prediais.

Uma única ressalva se deve fazer em relação aos imóveis rurais, isso porque outra alteração determina que a base de cálculo do ITCMD é o valor total do imóvel, e não mais o valor da terra nua tributável, como se admitia antigamente. Por isso, a base de cálculo do ITCMD para imóveis rurais, não é mais a base de cálculo do ITR. Decididamente, pode-se afirmar que enquanto a base de cálculo do ITR corresponde aos imóveis rurais *por natureza*, sendo excluídas as acessões físicas e intelectuais, a do ITCMD incide sobre a totalidade do bem, incluindo-se todas as acessões, tudo por conta do permissivo constitucional abrigado na locução *quaisquer bens e direitos*.

Derradeira observação com relação à base de cálculo diz respeito à avaliação judicial. Muito embora seja definida como regra na lei tributária para apuração da base de cálculo, a lei processual civil praticamente sepultou, salvo em raras hipóteses, a avaliação judicial no inventário e arrolamento, e o fato é que na prática não se faz avaliação judicial. Por isso, está claro que ela poderá ser prescindida quando o contribuinte fizer a declaração do ITCMD, remetendo-a ao fisco que poderá considerar os valores declarados, de maneira que, pautada na lógica do razoável, a Fazenda Pública vai aceitar os valores declarados pelo contribuinte desde que não sejam inferiores aos valores venais dos impostos prediais, muito embora, tanto a Constituição quanto a lei deem ampla autorização para que o credor exija a declaração pelos valores de mercado.

No que concerne às alíquotas, a Lei nº 10.705/00 previa nas transmissões *causa mortis*, alíquotas de 2,5 % para patrimônio de 7.500 UFESPs a 12.000 UFESPs, e de 4% para valores superiores a 12.000 UFESPs, e a incidência ocorria em faixas, de sorte que somente se pagava alíquota sobre a diferença a maior sobre a faixa anterior. Agora, quando a transmissão não for isenta, pagar-se-á pela alíquota única de 4%.

Como se sabe, a Constituição determina no art. 155, § 1º, IV, que o ITCMD terá suas alíquotas máximas fixadas pelo Senado Federal. A Resolução nº 9/92 do Senado Federal dispõe que a alíquota máxima do ITCMD será de 8%, e o art. 2º da referida Resolução estabelece que as alíquotas poderão ser progressivas em função do quinhão em que cada herdeiro efetivamente receber. Essa progressividade em função do quinhão em que cada herdeiro receber quer significar, em última análise, a progressividade em função do valor da base de cálculo.

Ao que parece, o emprego do vocábulo *herdeiro* permite concluir que a progressividade do ITCMD somente estaria autorizada em relação à transmissão *causa mortis*, ficando excluída a transmissão por doação. Ocorre que, não havendo permissivo constitucional para a progressividade do ITCMD, considerando que o preceptivo do art. 155, § 1º, IV, da CF 88, outorgou competência ao Senado apenas para a definição das alíquotas máximas, ao menos no que concerne à definição da progressividade, a Resolução do Senado Federal padece de vício de inconstitucionalidade.

Conforme determina o art. 17 da Lei nº 10.705/00, no caso da transmissão *causa mortis*, o imposto deverá ser recolhido no prazo de 30 dias, contados da decisão homologatória do cálculo, na hipótese de inventário judicial, ou do despacho que determinar o seu pagamento, do caso de arrolamento.

Deve se ressaltar que além dessa disposição, também se aplica de forma subsidiária o disposto no § 1º do mesmo art. 17, no sentido de que o recolhimento deverá ocorrer em até 180 dias, a contar do óbito, sob pena de sujeitar-se o débito à taxa de juros com base na SELIC, de acordo com o disposto no artigo 20, acrescido das penalidades cabíveis, ressalvado, por motivo justo, o caso de dilação desse prazo pela autoridade judicial.

A respeito do motivo justo que autoriza a dilação do prazo sem a incidência dos juros e demais penalidades, a jurisprudência do Tribunal de Justiça de São Paulo tem entendido que somente haverá justa causa que autorize o Juiz conceder o transbordo do prazo quando a causa da demora não for atribuível aos próprios sucessores. Nesse sentido, o AI nº 20536-18.2012.8.260000, Comarca de São João da Boa Vista, Rel. Des. Jesus Lofrano. No mesmo sentido, AI nº 9044752-89.2009.8.260000, Rel. Des. Paulo Eduardo Razuk, j. 15.9.2009.

Em relação à transmissão *causa mortis*, a apuração do imposto se perfaz mediante declaração, devidamente instruída com os documentos necessários à correta apuração, devendo ser elaborada pelo inventariante através do site da Secretaria da Fazenda do Estado de São Paulo, a qual deverá ser protocolizada no Posto Fiscal respectivo, de acordo com o disposto no Decreto Estadual nº 46.655/2002 e Portaria CAT nº 15.

O prazo para apresentação da declaração do imposto junto à repartição fiscal é de 30 dias, no caso dos arrolamentos, do despacho que determinar o recolhimento do imposto ou a apresentação da declaração. Para os inventários, o prazo é de 15 dias a partir da data da apresentação das primeiras declarações em juízo, consoante dispõe o art. 21 e 22 do Decreto Estadual nº 46.655/02.

A apresentação da declaração do ITCMD na repartição fiscal também é inovação introduzida pela nova legislação. Pela legislação vetusta, no caso da transmissão por doação, o imposto era recolhido quando da lavratura da escritura de doação, atribuindo-se ao tabelião do ofício extrajudicial o vezo de atuar como órgão fiscalizador e arrecadador. Na transmissão *causa mortis*, o imposto era calculado nos próprios autos de inventário, arrolamento, separação, divórcio, sobrepartilha etc.

Agora com a exigência da apresentação da declaração do ITCMD, cria-se uma nova obrigação acessória que possibilitará a análise e investigação do patrimônio da pessoa, inclusive para os fins almejados pela legislação do Imposto sobre a Renda e Proventos de Qualquer Natureza. De fato, é possível que a Receita Federal, com base na declaração do ITCMD, e desde que sejam celebrados convênios entre os órgãos fazendários sob a autorização do art. 199 do CTN, possa apurar valores devidos a título de IRPF.

Em relação à transmissão por doação, o imposto deverá ser recolhido antes da celebração do ato ou contrato correspondente, consoante determina o art. 18 da Lei nº 10.705/00. Em face do Princípio do Sinal de Riqueza, a correta dicção do disposto no preceptivo em questão deve ser no sentido de que o imposto será exigido concomitantemente ao ato ou contrato correspondente. Para o caso de a doação se efetivar judicialmente, o prazo para recolhimento do imposto será de 15 dias do trânsito em julgado da decisão, conforme determina o art. 18, § 1º.

Observe-se que também para as doações efetivadas em caráter judicial, o contribuinte deverá apresentar a declaração do imposto, informando e instruindo com todos os dados necessários à apuração do valor devido.

Com relação às penalidades, no caso da transmissão *causa mortis*, a legislação paulista (art. 21, I, Lei nº 10.705/2000) impõe multa por atraso no ajuizamento do processo de inventário ou arrolamento, ou seja, 10% para ajuizamentos que ultrapassarem 60 dias da data da abertura da sucessão e 20% para os ajuizamentos que ultrapassarem 180 dias.

Para o procedimento extrajudicial de inventário e partilha, efetivado com base na Lei nº 11.441/07, o prazo para o recolhimento do ITCMD sem a incidência da multa será de 180 dias a contar do óbito.

Ademais, incide cumulativamente a multa de mora e juros de mora, já que o não pagamento nos prazos definidos em lei resulta numa multa de 0,33% por dia de atraso até o limite de 20% (art. 19, com redação dada pela Lei nº 10.992/01), não obstante, em qualquer hipótese, a fração de mês não deva ser inferior a 1%.

A multa de ofício foi instituída para os lançamentos de ofício, sendo aplicada no montante de 100 %, ressalvando que o lançamento será *ex officio* quando houver omissão do contribuinte.

Outra penalidade é a multa de ofício por subfaturamento dos valores declarados, prevista no art. 21, III, da Lei Paulista, a qual será aplicada quando o contribuinte atribuir valor à doação, em documento público ou particular, inferior ao praticado no mercado.

Por derradeiro, também há previsão de aplicação de sanção pecuniária em face do descumprimento de obrigação acessória, prevista no art. 21, IV, da Lei Paulista nº 10.992/01, de maneira que qualquer obrigação acessória descumprida por parte do contribuinte ou responsável enseja a aplicação da multa de 10 Unidades Fiscais do Estado de São Paulo.

2.2. Disposições ordinárias do ITCD no Estado de Minas Gerais

O ITCD – Imposto de Transmissão Causa Mortis, como é conhecido no Estado de Minas Gerais, é disciplinado pela Lei nº 14.941/2003, que versa também sobre as transmissões de quaisquer bens ou direitos por ato não oneroso.

A legislação mineira acerca do referido imposto foi modificada pela Lei nº 15.958/05, Lei nº 17.272/07, Lei nº 20.000/11 e Lei nº 20.540 de 14/12/2012.

Conforme dispõe sua legislação, o Imposto sobre Transmissão Causa Mortis e Doação de Quaisquer Bens ou Direitos – ITCD – incide:

I – na transmissão da propriedade de bem ou direito, por sucessão legítima ou testamentária;

II – no ato em que ocorrer a transmissão de propriedade de bem ou direito, por meio de fideicomisso;

III – na doação a qualquer título, ainda que em adiantamento da legítima;

IV – na partilha de bens da sociedade conjugal e da união estável, sobre o montante que exceder à meação;

V – na desistência de herança ou legado com determinação do beneficiário;

VI – na instituição de usufruto não oneroso;

VII – no recebimento de quantia depositada em conta bancária de poupança ou em conta corrente em nome do *de cujus*.

Para os efeitos de sua incidência, considerar-se-á doação o ato ou fato em que o doador, por liberalidade, transmitir bem, vantagem ou direito de seu patrimônio ao donatário, que o aceitará expressa, tácita ou presumidamente, incluindo-se a doação efetuada com encargo ou ônus.

O imposto não incide sobre transmissão causa mortis ou doação em que figurem como herdeiros, legatários ou donatários, a União, o Estado ou o Município; os templos de qualquer culto; os partidos políticos e suas fundações; as entidades sindicais; as instituições de assistência social, as educacionais, culturais e esportivas, sem fins lucrativos, atendidos os requisitos da lei; as autarquias e as fundações instituídas e mantidas pelo poder público. No caso dos partidos políticos, instituições de assistência social, as educacionais, culturais e esportivas, autarquias e fundações mantidas pelo poder público, a não incidência se observará desde que estas entidades não distribuam qualquer parcela de seu patrimônio ou de sua renda, a qualquer título; apliquem integralmente no País os recursos destinados à manutenção de seus objetivos institucionais e mantenham escrituração de suas receitas e despesas em livros revestidos de formalidades capazes de assegurar sua exatidão.

O imposto também não incide sobre transmissão causa mortis de valor não recebido em vida pelo de cujus correspondente a remuneração oriunda de relação de trabalho ou a rendimento de aposentadoria ou pensão.

Sob o regime de isenções, a legislação determina que fica isenta do imposto, no caso da transmissão causa mortis: o imóvel residencial com valor total de até 40.000 UFEMGs (Unidades Fiscais do Estado de Minas Gerais), desde que seja o único bem imóvel de monte partilhável cujo valor total não exceda 48.000 UFEMGs, excetuando-se as roupas e utensílios de uso manual; a fração ideal de um único imóvel residencial, desde que o valor total desse imóvel seja de até 40.000 UFEMGs e o monte partilhável não contenha outro imóvel nem exceda 48.000 UFEMGs, excetuando-se as roupas e utensílios de uso manual a seguir descritos; roupas e utensílios agrícolas de uso manual, bem como de móvel e aparelho de uso doméstico que guarneçam as residências familiares.

No caso das doações, haverá isenção quando a transmissão total não ultrapasse 10.000 UFEMGs; de bem imóvel doado pelo poder público a particular no âmbito de programa habitacional destinado a pessoas de baixa renda ou em decorrência de calamidade pública ou em se tratando de doação com o fim de atrair empresas industriais e comerciais para o Município, observadas as disposições contidas em regulamento; de roupa, utensílio agrícola de uso manual, móvel e aparelho de uso doméstico que guarneçam as residências familiares; de imóvel doado ou recebido em doação pela Companhia de Desenvolvimento Econômico de Minas Gerais – Codemig –, desde que destinado à instalação ou à ampliação de empreendimentos no Estado, nos termos do regulamento; de imóvel doado pelo poder público ao Fundo de Arrendamento Residencial – FAR –, a que se refere o inciso II do caput do art. 2° da Lei Federal n° 11.977, de 7 de julho de 2009, gerido pela Caixa Econômica Federal, observado o disposto no art. 1° e no caput e §§ 3°, 4° e 5° do art. 2° da Lei federal n° 10.188, de 12 de fevereiro de 2001.

A base de cálculo do imposto é o valor venal do bem ou direito recebido em virtude de sucessão legítima ou testamentária ou de doação, expresso em moeda corrente nacional e em seu equivalente em UFEMG. Na instituição do usufruto, por ato não oneroso, a base de cálculo do imposto será de 1/3 (um terço) do valor do bem.

O valor da base de cálculo não será inferior ao fixado para o lançamento do Imposto sobre a Propriedade Predial e Territorial Urbana – IPTU, em se tratando de imóvel urbano ou de direito a ele relativo, bem como ao valor total do imóvel declarado pelo contribuinte para efeito de lançamento do Imposto sobre a Propriedade Territorial Rural – ITR, em se tratando de imóvel rural ou de direito a ele relativo. Constatado que o valor utilizado para lançamento do IPTU ou do ITR é notoriamente inferior ao de mercado, admitir-se-á a utilização de coeficiente técnico de correção para apuração do valor venal do imóvel, nos termos do § 1° do art. 4° desta Lei.

O valor da base de cálculo será considerado na data da abertura da sucessão, do contrato de doação ou da avaliação, devendo ser atualizado a partir do dia seguinte, segundo a variação da UFEMG, até a data prevista na legislação tributária para o recolhimento do imposto, na forma estabelecida em regulamento.

O valor venal do bem ou direito transmitido será declarado pelo contribuinte, ficando sujeito à homologação pela Fazenda Estadual, mediante procedimento de avaliação. O contribuinte que discordar da avaliação efetuada pela Fazenda Estadual poderá, no prazo de dez dias úteis contados do momento em que comprovadamente tiver ciência do fato, requerer avaliação contraditória, observando que o requerimento será apresentado à repartição fazendária onde tiver sido processada a avaliação, podendo o requerente juntar laudo técnico. O contribuinte poderá indicar assistente para acompanhar os trabalhos de avaliação a cargo do órgão responsável pela avaliação impugnada, se o requerimento não estiver acompanhado de laudo. A repartição fazendária emitirá parecer fundamentado nos critérios adotados para a avaliação no prazo de quinze dias contados do recebimento do pedido e, no mesmo prazo, o assistente, se indicado, emitirá seu laudo. O requerimento instruído com o parecer e com o laudo do assistente será encaminhado ao responsável pela repartição fazendária, a quem competirá decidir, conclusivamente, sobre o valor da avaliação, no prazo de quinze dias.

O imposto será calculado aplicando-se a alíquota de 5% (cinco por cento) sobre o valor total fixado para a base de cálculo dos bens e direitos recebidos em doação ou em face de transmissão causa mortis.

Na hipótese de sucessivas doações ao mesmo donatário, serão consideradas todas as transmissões realizadas a esse título no período de três anos civis, devendo o imposto ser recalculado a cada nova doação, adicionando-se à base de cálculo os valores dos bens anteriormente transmitidos e deduzindo-se os valores dos impostos já recolhidos.

O contribuinte do imposto é o herdeiro ou legatário, na transmissão por sucessão legítima ou testamentária; o donatário, na aquisição por doação; o cessionário, na cessão a título gratuito e o usufrutuário. Em caso de doação de bem móvel, título ou crédito, bem como dos direitos a eles relativos, se o donatário não residir nem for domiciliado no Estado, o contribuinte é o doador.

No caso da transmissão causa mortis, o imposto deverá ser pago no prazo de cento e oitenta dias contados da data da abertura da sucessão. Na dissolução da sociedade conjugal, sobre o valor que exceder à meação, transmitido de forma gratuita, no prazo de trinta dias contados da data em que transitar em julgado a sentença. Na partilha de bens, na dissolução de comunhão estável, sobre o valor que exceder à meação, transmitido de forma gratuita, no prazo de até quinze dias contados da data da assinatura do instrumento próprio ou do trânsito em julgado da sentença, ou antes da lavratura da escritura pública.

No caso da doação de bem, título ou crédito que se formalizar por escritura pública, o imposto deve ser pago antes de sua lavratura, ou conforme correta dicção, concomitantemente à lavratura. Na doação de bem, título ou crédito que se formalizar por escrito particular, no prazo de até quinze dias contados da data da assinatura. Nas transmissões por doação de bem, título ou crédito não referidas nos incisos anteriores, no prazo de até quinze dias contados da ocorrência do fato jurídico tributário.

O contribuinte apresentará declaração de bens com discriminação dos respectivos valores em repartição pública fazendária e efetuará o pagamento do ITCD no prazo estabelecido na lei.

Diferentemente do que ocorre no Estado de São Paulo que marca o termo inicial do prazo para apresentação da declaração, a abertura do processo de inventário, em Minas Gerais o contribuinte está obrigado a apresentar a declaração do imposto, independentemente da distribuição de processo judicial de inventário ou de arrolamento de bens, devendo indicar os bens com discriminação dos respectivos valores perante a repartição pública fazendária, podendo efetuar o pagamento do ITCD na forma e no prazo estabelecidos em regulamento.

Pretendendo demonstrar que o lançamento do ITCD se perfaz mediante homologação, o legislador mineiro determinou que apresentada a declaração, o pagamento ficará sujeito à homologação pela autoridade fiscal no prazo de cinco anos contados do primeiro dia do exercício seguinte ao da entrega da declaração. Assim, expirado o prazo em questão sem que a Fazenda Pública se tenha pronunciado, considera-se extinto o crédito tributário, salvo se comprovada a ocorrência de dolo, fraude ou simulação.

Segue o quadro das disposições gerais do ITCMD, observando que com relação às alíquotas, permanece a omissão constitucional sobre a progressividade, mas agora deve ser considerada a nova abordagem do STF, conforme *leading case* já mencionado

Aspecto material – ITCMD	• Transmissão inter vivos por ato não oneroso de quaisquer bens ou direitos. • Transmissão causa mortis de quaisquer bens ou direitos.
Aspecto temporal	• Na transmissão causa mortis, a abertura da sucessão • Na transmissão inter vivos por ato não oneroso (doação): a) Se imóvel, o registro do título translativo; se móvel, mediante a tradição do bem; b) No trânsito em julgado da decisão judicial que homologa a partilha do casal em divórcio ou separação, quando configurar excesso de meação; c) No trânsito em julgado da decisão que homologa renúncia expressa do quinhão hereditário em favor de outra pessoa.
Aspecto espacial	• Na transmissão de bens imóveis à princípio lex rei sitae. Imposto devido ao Estado onde estiver situado o imóvel. Regra válida para transmissões causa mortis ou doações. • Na transmissão de bens móveis à princípio lex domiciliae. 3 regras: a) Onde se processar o inventário ou arrolamento; b) Onde estiver domiciliado o de cujus ou doador; c) No Distrito Federal
Aspecto pessoal (sujeito passivo)	Qualquer das partes na operação tributada, como dispuser a lei (CTN): • Na transmissão causa mortis à herdeiro ou legatário; • Na doação à donatário • Na cessão de herança ou de bem ou direito a título não oneroso à o cessionário.
Aspecto valorativo	Base de cálculo: • Valor venal do bem ou direito transmitido (CTN). O valor venal será atribuído na seguinte ordem (Lei Ordinária): a) Por meio de avaliação judicial e homologado pelo juiz (método atualmente pouco utilizado); b) Se não couber ou for prescindível a avaliação, será o valor declarado pelo contribuinte. Em se tratando de imóvel urbano, o valor declarado não poderá ser inferior àquele utilizado como base no IPTU. Em se tratando de imóvel rural, a base de cálculo poderá corresponder ao valor total e não somente ao Valor da Terra Nua Tributável. Alíquotas: • não progressivas • máximas definidas por Resolução do Senado Federal

3. Imposto sobre Operações relativas à Circulação de Mercadorias e sobre Prestação de Serviços de Transporte Interestadual e Intermunicipal e de Comunicação, ainda que as Operações e as Prestações se iniciem no Exterior

Conhecido como Imposto sobre a Circulação de Mercadorias e Serviços – ICMS, é o mais importante imposto de competência dos Estados e do Distrito Federal, sendo delineado no art. 155, II, da Constituição de 1988.

O ICMS descende do antigo ICM – Imposto sobre Circulação de Mercadorias – que apresentava como aspecto material o trinômio *operação-circulação-mercadoria.*

As normas dispostas nos arts. 52 a 58 do CTN que versavam sobre o imposto estadual sobre operações relativas à circulação de mercadorias (ICM) foram revogadas pelo Decreto-lei n° 406 de 31.12.1968, com status de lei complementar, posteriormente revogado pela Lei Complementar n° 87/96 que atualmente estabelece suas normas gerais.

Não obstante, antes da edição da LC n° 87/96, e com fundamento no art. 34, § 8° do Ato das Disposições Constitucionais Transitórias, foi editado o Convênio ICMS n° 66/88, o qual deveria estabelecer provisoriamente as normas gerais do imposto. Nesse sentido, o citado preceptivo determinava que, se no prazo de sessenta dias contados da promulgação da Constituição, não fosse editada a lei complementar necessária à instituição do imposto de que trata o art. 155, I, "b", os Estados e o Distrito Federal, mediante convênio celebrado nos termos da Lei Complementar n° 24 de 07/01/1975, fixariam normas para regular provisoriamente a matéria. Entrementes, embora devesse tratar da matéria em caráter provisório, o Convênio ICMS n° 66/88 regulou por inteiro o imposto estadual, ab-rogando diversas normas elencadas no Decreto-lei n° 406/68 e deixando de viger somente com a edição da LC n° 87/96 que deu cumprimento ao disposto no art. 146, III e 155, § 2°, XII, da CF 88.

Importante asseverar que a edição da LC n° 87/96 cumpre seu mister constitucional no sentido de que cabe à lei complementar definir seus contribuintes; dispor sobre substituição tributária; disciplinar o regime de compensação do imposto; fixar, para efeito de sua cobrança e definição do estabelecimento responsável, o local das operações relativas à circulação de mercadorias e das prestações de serviços; excluir da incidência do imposto, nas exportações para o exterior, serviços e outros produtos além daqueles que já se beneficiam da imunidade definida no inciso X, "a", do § 2° do art. 155; prever os casos de manutenção de crédito, relativamente à remessa para outro Estado e exportação para o exterior, de serviços e de mercadorias; regular a forma como, mediante a deliberação dos Estados e do Distrito Federal, isenções, incentivos e benefícios fiscais serão concedidos e revogados; definir os combustíveis e lubrificantes sobre os quais o imposto incidirá uma única vez, qualquer que seja a sua finalidade, hipótese em que não se aplicará o disposto no inciso X, "b"; fixar a base de cálculo, de modo que o montante do imposto a integre, também na exportação do exterior de bem, mercadoria ou serviço.

O ICMS manteve a silhueta originária do ICM, agregando novas materialidades a partir de 1988, de tal maneira que seu desenho constitucional permite identificar diferentes campos materiais de incidência, sendo de caráter eminentemente fiscal, plurifásico e real, possuindo o maior número de normas constitucionais destinadas aos impostos.

Em virtude de sua complexidade, torna-se necessário o cuidadoso desmembramento de sua regra matriz, cujo núcleo material confere consistência à hipótese de incidência e verdadeiro imperativo no diagnóstico da relação jurídica, já que exerce função decisiva na definição da espécie tributária. Não é menos verdade que a base de cálculo está atrelada ao aspecto material, sendo certo que a correta identificação da figura impositiva se perfaz pela congregação da base de cálculo e do núcleo da hipótese de incidência.

Sobre esse aspecto, essa notável complexidade do ICMS permite seja ele desmembrado em diversos impostos diferentes. Cabe aqui citar os ensinamentos do professor Roque Antonio Carrazza, para quem "*o ICMS alberga pelo menos cinco impostos diferentes, a saber: a) imposto sobre operações mercantis (operações relativas à circulação de mercadorias, que, de algum modo, compreende o que nasce da entrada de mercadorias importadas do exterior; b) o imposto sobre serviços de transporte interestadual e intermunicipal; c) o imposto sobre serviços de comunicação; d) o imposto sobre produção, circulação, distribuição ou consumo de lubrificantes e combustíveis líquidos e gasosos e de energia elétrica; e e) o imposto sobre a extração, circulação, distribuição ou consumo de minerais. Dizemos diferentes, porque estes tributos tem hipóteses de incidência e bases de cálculos diferentes.*" [2]

O próprio Carrazza explica que doravante o desmembramento em cinco impostos diferentes, nada impede de considerar outras tantas subcategorias em face da distinção de suas bases de cálculo e hipóteses incidência. Seguindo essa fórmula, é razoável fracionar o ICMS nos campos materiais a seguir definidos.

3.1. O aspecto material do ICMS

Seguindo a configuração constitucional, o ICMS pode ser diversificado de acordo com as seguintes materialidades:

I – Realização de Operação com Circulação de Mercadoria;

II – Importação de bens

III – Prestação de serviço de transporte interestadual, intermunicipal, e de comunicação;

IV – Fornecimento de mercadorias com serviços não compreendidos na competência tributária dos Municípios;

V – Operações relativas a energia elétrica, derivados de petróleo, combustíveis e minerais do País.

3.1.1. O ICMS sobre a realização de operação com circulação de mercadoria

Nutridos pela equação que resume o campo material do ICMS, partamos para a análise de sua estrutura fundamental remanescente do extinto ICM. Como vimos,

---

[2] CARRAZA, Roque Antonio. *ICMS.* 11ª Ed. São Paulo: Ed. Malheiros, 2006, p.37.

seu aspecto material básico se fundamenta no trinômio *operação-circulação-mercadoria.*

Nesse diapasão, o conceito de *operação*, como é sabido, consiste na realização de negócio jurídico que implica a transferência física e jurídica da mercadoria. De tal arte, a operação é o ato voluntário que acarreta o deslocamento das mercadorias da produção até o consumo, sendo por meio de uma operação que se configura a transmissão do direito. Assim, a operação jurídica é aquela regulada pelo direito empresarial que consiste na transmissão de um direito cujo objeto, no caso do ICMS, é uma mercadoria.

No entanto, a materialidade básica do ICMS, destacada no primeiro item supra alinhavado, não se contenta apenas com a realização de uma operação de transferência física e jurídica, exigindo, ademais, a concorrência do objeto da operação, verdadeiro núcleo da hipótese de incidência que é a *mercadoria*, assim considerada a coisa móvel com utilidade tal que permita seu emprego nas práticas empresariais. Como bem corpóreo objeto de atividade mercantil com a finalidade de distribuição e consumo, numa frase pode se resumir mercadoria como coisa móvel posta no comércio. Daí implica a peremptória ilação inerente à necessidade de que haja habitualidade na mercancia, com destinação específica para os negócios comerciais, sob pena de se descaracterizar a qualidade de mercadoria.

Importante ter em mente que determinado bem se enquadra na noção de mercadoria em função da destinação que se lhe dê, de maneira que um carro, enquanto abrigado sob os poderes do dono e sendo por ele utilizado a título de consumo, não se caracteriza como tal. Doravante, enquadra-se como mercadoria a partir do momento em que é exposto à venda mediante prática mercantil exercida com habitualidade.

Ademais, por não implicar a necessidade de que a matéria prima tenha sido submetida a qualquer operação que lhe modifique a natureza ou a finalidade, ou o aperfeiçoamento para o consumo, a mercadoria não se confunde com produto industrializado. Não obstante, se o produto industrializado configurar coisa móvel disposta a transações comerciais, será ele também considerado mercadoria.

Não é preciso empreender grande esforço de compreensão para se constatar que em numerosas situações a operação comercial demanda a incidência do ICMS e do IPI, e porque não dizer do ICMS, do IPI e do II, quando se tratar de importação de produto industrializado.

Completando o trinômio, o vocábulo *circulação* reforça a ideia de que nas operações comerciais há necessidade da transferência física das mercadorias, o que, aliás, denota o aspecto temporal do imposto mediante a saída da mercadoria do estabelecimento.

Não obstante, como vimos, não basta a simples movimentação física, sendo necessária a mudança de titularidade. De tal maneira, a *circulação* aperfeiçoa o conceito de *operação*, compreendendo os sucessivos negócios celebrados desde a produção até o consumo e corresponde à mudança de titularidade, não somente no sentido de movimentação física do bem. Assim, no ICMS completam-se os conceitos de operação e circulação já que esta corresponde à modificação da titularidade provocada por aquela. Nesse sentido é a Súmula nº 166 do STJ: *Não constitui fato gerador do ICMS o simples deslocamento de mercadoria de um para outro estabelecimento do mesmo contribuinte.*

São negócios jurídicos que configuram operação com circulação, o contrato de compra e venda mercantil, a comissão mercantil, a consignação mercantil, dentre outros. Daí concluir-se que o imposto só pode ser exigido dos comerciantes, industriais, produtores e prestadores de serviço de transporte interestadual, intermunicipal e de comunicação. Dessa forma, a materialidade básica do antigo ICM se formata pela aquisição e revenda habitual de mercadoria.

Entrementes, como se sabe, a nova compostura normativa do ICMS permite que ele incida em outras situações bem diversas daquelas estampadas pelo trinômio básico. Deveras, outros fatos jurígenos são atingidos, configurando uma equação instrumental mais complexa do que a existente no ordenamento anterior. Senão vejamos:

3.1.2. O ICMS na importação de bens

Um dos campos materiais do ICMS decorre do disposto no art. 155, § 2°, IX, "a", da Constituição Federal de 1988, com redação pela Emenda Constitucional n° 33/01, no sentido de que o imposto incide sobre a entrada de bem ou mercadoria importados do exterior por pessoa física ou jurídica, ainda que não seja contribuinte habitual do imposto. O ICMS na importação, como é conhecido, pode ser exigido cumulativamente ao IPI e ao Imposto de Importação, não havendo falar-se na peculiar configuração de *bis in idem + bitributação* em face do texto constitucional que sobrepõe intencionalmente os campos materiais de incidência dos 3 impostos.

Para a incidência do ICMS na importação, não se exige a habitualidade na operação, daí porque a pessoa física que esporadicamente importa uma mercadoria, como é o caso exemplificativo do médico que adquire um aparelho de ressonância magnética, sofre a incidência do ICMS.

Em sua redação original, o art. 155, § 2°, IX, "a", da CF determinava que o ICMS incidia na importação quando se tratasse de bem destinado a consumo ou ativo fixo do estabelecimento. A matéria era regulada pelo Decreto-lei *n° 406/68, o qual dispunha em seu art. 1° que o ICM tinha como fato gerador a entrada em estabelecimento comercial, industrial ou produtor, de mercadoria importada do exterior pelo titular do estabelecimento.*

Decididamente o imposto não poderia ser exigido na importação por pessoa física, mas apesar disso, o Convênio n° 66/88 passou a exigir o ICMS na importação por pessoa física, o que ensejou intensas divergências jurisprudenciais, culminando com a edição das Súmulas n° 155 e 198 pelo STJ, que reconheciam a incidência do imposto na importação de mercadoria por pessoa física destinada a uso próprio. A questão pareceu se resolver após o julgamento do *leading case* no Recurso Extraordinário n° 203.075-9, e posterior edição da Súmula n° 660 pelo STF que tornava sem efeito as súmulas do STJ, tornando indevido o ICMS na importação por pessoa física. Nesse sentido: *Súmula n° 660 do STF: Não incide ICMS na importação de bens por pessoa física ou jurídica que não seja contribuinte do imposto.*

Depois disso, com a nova redação do dispositivo pela EC n° 33/01, a questão voltou a ser discutida pelo STF que em Sessão Plenária de 24 de setembro de 2003, DJU de 28-03-2006 republicou a súmula com o seguinte teor: *Súmula 660 do STF: Até a vigência da EC 33/01, não incide ICMS na importação de bens por pessoa física ou jurídica que não seja contribuinte do imposto.*

Como se vê, a questão se estabilizou de maneira que o imposto será exigido na importação por pessoas físicas e jurídicas, ainda que não sejam contribuintes do ICMS, nas operações ocorridas após a promulgação da EC nº 33/01.

No entanto, ainda se discute a legitimidade do ICMS na importação, tendo em vista que referida incidência estaria afrontando o miolo do arquétipo constitucional desse imposto. Isso porque, não se exigindo a condição de contribuinte e admitindo-se que ele incide na aquisição para uso próprio, tem-se como descaracterizada a qualidade de *mercadoria*, a qual, como se sabe, exige destinação habitual para o comércio.

A única conclusão a que se pode chegar com certa plausibilidade é que a EC nº 33/01 criou uma modalidade de ICMS que não exige em seu objeto material, o núcleo *mercadoria*, e por assim dizer, o ICMS não passaria de um adicional do imposto de importação, incidindo sobre a importação de qualquer bem proveniente do estrangeiro, posição, aliás, adotada por Roque Antonio Carrazza.[3]

De qualquer maneira, no julgamento do RE nº 439.796, decidido com repercussão geral, o STF entendeu que "*após a Emenda Constitucional 33/2001, é constitucional a incidência de ICMS sobre operações de importação efetuadas por pessoa, física ou jurídica, que não se dedica habitualmente ao comércio ou à prestação de serviços.*"

Outra questão travada após a inauguração do novo ordenamento diz respeito ao momento da incidência do ICMS na importação. Nesse sentido, o art. 12, IX, da LC nº 87/96, com redação pela LC nº 114/02 determina que considera-se ocorrido o fato gerador do imposto no momento do desembaraço aduaneiro de mercadorias ou bens importados do exterior.

Não obstante, antes da edição da LC nº 87/96, o Decreto-lei 406/68 disciplinava a matéria de forma diversa ao determinar que o fato gerador do imposto na importação ocorria na entrada, em estabelecimento comercial, industrial ou produtor, de mercadoria importada do exterior por titular do estabelecimento (art. 1º, inciso II). Sendo assim, até a edição da LC nº 87/96, vigorosa jurisprudência entendia que o fato gerador do ICMS na importação somente ocorria com a entrada no estabelecimento destinatário, o que tornava de duvidosa legitimidade a legislação, naquele momento lastreada pelo Convênio nº 66/88 que determinava o recolhimento antes do recebimento pelo destinatário. Tal tese encontrou guarida nas decisões da Justiça Federal em sede de incontáveis mandados de segurança impetrados em face da autoridade alfandegária federal, a qual, com fulcro na Instrução Normativa SRF nº 54/91, reprisada na IN SRF nº 27/94, exigia o recolhimento do ICMS como condição para liberação das mercadorias e bens importados. Devo observar que em tempos de inflação galopante, tal discussão possuía um aspecto prático muito mais relevante, tanto que foram editadas as Súmulas nº 3 e 7 respectivamente dos Tribunais Regionais Federais da 3ª e 2ª Região.

---

3 Op. cit., *ICMS*, p. 71.

Confira-se: *Súmula nº 3 do TRF da 3ª Região: É ilegal a exigência da comprovação do prévio recolhimento do ICMS como condição para a liberação de mercadorias importadas.* No mesmo sentido: *Súmula nº 7 do TRF da 2ª Região: Inexistindo lei complementar específica, o fato gerador do ICMS, antigo ICM, na hipótese prevista no art. 155, § 2º, IX, "a" da Carta de 88, continua a ser a entrada da mercadoria no estabelecimento destinatário.*

Enfim, com a edição da LC nº 87/96, e posteriormente com a edição da Súmula nº 661 do STF, pacificou-se o entendimento de que o fato gerador na importação ocorre no desembaraço aduaneiro. Confira-se: *Súmula nº 661 do STF: Na entrada de mercadoria importada do exterior, é legítima a cobrança do ICMS por ocasião do desembaraço aduaneiro.*

3.1.3. O ICMS na prestação de serviço de transporte interestadual, intermunicipal e de comunicação

Os *serviços de transporte intermunicipal e interestadual* eram tributados pela União na vigência da Constituição anterior, e a partir de 1988 esses serviços passaram a ser tributados pelo ICMS, de tal arte que o serviço de transporte estritamente municipal permanece de competência dos Municípios, entrando no rol do imposto sobre serviços.

Conhecido no ordenamento anterior como Imposto sobre Serviços de Transportes e Comunicações, já estava previsto nos arts. 68 a 70 do CTN que dispunha tratar-se de imposto de competência da União, tendo como fato gerador a prestação do serviço de transporte, por qualquer via, de pessoas, bens, mercadorias ou valores, salvo quando o trajeto se contenha inteiramente no território de um mesmo Município; bem como a prestação do serviço de comunicações, assim se entendendo a transmissão e o recebimento, por qualquer processo, de mensagens escritas, faladas ou visuais, salvo quando os pontos de transmissão e de recebimento se situem no território de um mesmo Município e a mensagem em curso não possa ser captada fora desse território. Também enfatizava o CTN que a base de cálculo do imposto era o preço do serviço e o contribuinte do imposto era o prestador do serviço.

Pelo disposto, depreende-se que referidos dispositivos não foram recepcionados pela Constituição de 1988, sendo que as respectivas incidências foram incorporadas ao ICMS, assim como o imposto sobre operações relativas a energia elétrica, combustíveis, lubrificantes e minerais do País elencados nos arts. 74 e 75 do CTN.

A incidência do ICMS sobre os serviços de transporte é disciplinada pelo art. 2º, § 1º, II, da LC nº 87/96, de maneira que transporte significa o ato de deslocar pessoas ou coisas em determinado espaço, mediante remuneração. Assim, o imposto incide sobre prestações de serviços de transporte interestadual e intermunicipal, por qualquer via, de pessoas, bens, mercadorias ou valores.

No que concerne aos *serviços de comunicação*, dispõe o inciso III do mesmo preceptivo que o ICMS incide nas prestações onerosas de serviços de comunicação, por qualquer meio, inclusive a geração, a emissão, a recepção, a transmissão, a retransmissão, a repetição e a ampliação de comunicação de qualquer natureza.

Sobre os serviços de comunicação, estabelece o art. 155, § 2° , X, "d", incluído pela Emenda Constitucional n° 42 de 19 de dezembro de 2003, que o ICMS não incidirá nas prestações de serviço de comunicação nas modalidades de radiodifusão sonora e de sons e imagens de recepção livre e gratuita.

Com efeito, não somente as prestações de serviço de comunicação, mesmo iniciadas no exterior, estão sujeitas ao ICMS, como também os serviços de transporte interestadual e intermunicipal iniciados no exterior.

É sintomático que a Constituição se refira aos *serviços de telecomunicações*, espécie do gênero *serviço de comunicação*, conferindo tratamento semelhante àquele dado às operações relativas a energia elétrica, derivados de petróleo, combustíveis e minerais do país, ao determinar por meio do § 3° do art. 155, com redação dada pela Emenda Constitucional n° 33/2001, que à exceção dos impostos de que tratam o inciso II do *caput* deste artigo (ICMS) e o art. 153, I e II (II e IE), nenhum outro imposto poderá incidir sobre operações relativas a energia elétrica, serviços de telecomunicações, derivados de petróleo, combustíveis e minerais do País.

Em relação aos fatos geradores, o art. 12 da LC n° 87/96 estabelece que considera-se ocorrido o fato gerador do imposto no momento do início da prestação de serviços de transporte interestadual e intermunicipal, de qualquer natureza. Para os serviços de comunicação, o fato gerador ocorre no momento das prestações onerosas de serviços de comunicação, feita por qualquer meio, inclusive a geração, a emissão, a recepção, a transmissão, a retransmissão, a repetição e a ampliação de comunicação de qualquer natureza.

Agora especulando sobre a natureza jurídica da *energia elétrica* para os fins de tributação pelo ICMS, dispõe o art. 21, XII, b, da CF que compete à União explorar, diretamente ou mediante autorização, concessão ou permissão, os serviços e instalações de *energia elétrica*. Demasiadas razões poderiam existir para se considerar essa categoria de riqueza como serviço, mas refletida ponderação sobre esse aspecto conduz à conclusão diversa, de maneira que só em aparência o preceptivo sob análise pressupõe tratar-se de prestação de serviço, o que redundaria numa falsa ilação de que prestações desse jaez não poderiam ser tributadas pelos Estados via ICMS.

Entrementes, o art. 155, § 3°, da CF determina que, à exceção do ICMS e dos impostos aduaneiros, nenhum outro imposto poderá incidir sobre operações relativas a energia elétrica, serviços de telecomunicações, derivados de petróleo, combustíveis e minerais do país, confirmando que a energia elétrica congrega o conceito de mercadoria, relembrando, ademais, que o conceito de energia elétrica foi *equiparado* a coisa móvel pelo § 3° do art. 155 do Código Penal. Em verdade, a energia elétrica, por si mesma, não é uma coisa móvel, mas assim é considerada pela lei, tratando-se, por isso, de coisa móvel por equiparação.

Dessa forma, está claro que energia elétrica é considerada mercadoria pela legislação tributária, o que se deflui pela letra do texto constitucional e da Lei Complementar n° 87/96.

Doravante, como mercadoria, a energia elétrica se distingue de qualquer outra mercadoria pelas suas características, já que sua natureza, embora física, não é material. Daí, embora as operações de consumo de energia elétrica tenham sido equiparadas a operações mercantis, se revestem de algumas especificidades de maneira que o consumo de energia elétrica pressupõe sua produção e sua distribuição. Assim, só se pode *consumir* energia elétrica anteriormente *produzida e distribuída,* de maneira que só há falar-se em operação relativa à circulação de energia elétrica no momento em que determinada pessoa efetivamente a consome.

Por isso, em relação ao ICMS na energia elétrica, muito se discute se há incidência sobre o valor da demanda contratada ou sobre a energia efetivamente consumida. Tem-se entendido que o imposto é devido apenas do montante consumido, e isso se deve ao fato de que as empresas adotaram a chamada demanda reservada de potência como estratégia para se precaver de eventuais problemas no fornecimento de energia elétrica. Na demanda reservada, o comprador recebe uma cota de energia elétrica sem saber se a utilizará, pagando, caso não a utilize, o preço acertado, apenas por ter estado à sua disposição. Por esse procedimento, a empresa fornecedora de energia coloca à disposição da empresa adquirente uma determinada quantia de energia que não deverá ser comercializada com terceiros, uma vez que pode ser necessária à empresa que a adquiriu mediante contrato, de tal maneira que a empresa consumidora paga pela demanda de energia, mesmo que não utilize todo o volume disponibilizado.

Não descura assinalar que a legislação exige o recolhimento do ICMS sobre o total da energia efetivamente consumida mais o valor de pagamento referente à demanda reservada, mesmo que eventualmente não consumida.

Existe jurisprudência nos dois sentidos, tendo prevalecido o entendimento que o ICMS não é devido sobre a demanda reservada de potência de energia elétrica, mas somente sobre a energia efetivamente utilizada. Segundo esse entendimento, a mera formalização do contrato não caracteriza a circulação de mercadoria, exigindo-se, para a configuração do fato gerador, a efetiva circulação física ou econômica da energia elétrica nos exatos termos de seu real consumo.

3.1.4. O ICMS no fornecimento de mercadorias com prestação de serviços não compreendidos na competência tributária dos Municípios

O art. 155, § 2º, IX, "b", da CF dispõe que o ICMS incidirá também sobre o valor total da operação, quando mercadorias forem fornecidas com serviços não compreendidos na competência tributária dos Municípios.

A Constituição define a base de cálculo do ICMS para as operações que envolvam a circulação de mercadorias e a prestação de serviços, denominadas e operações mistas ou complexas. Apesar da competência tributária estar delimitada constitucionalmente, é possível que os campos materiais de incidência do ICMS e do ISS se confundam nas operações mistas que envolvam simultâneo fornecimento de mercadorias e prestação de serviços.

Sob esse aspecto, ao definir a base de cálculo do ICMS em operações que tais, o preceptivo constitucional visa evitar possíveis conflitos de competência tributária entre o imposto estadual e o municipal, de maneira que o Texto Magno estabelece que há incidência de ICMS sobre o valor total da operação mista quando as mercadorias forem fornecidas com serviços não compreendidos na competência tributária dos Municípios.

Curioso assinalar que o art. 2° da LC nº 87/96 estabelece que o ICMS incide sobre o fornecimento de mercadorias com prestação de serviços não compreendidos na competência tributária dos Municípios, estabelecendo ainda que incidirá sobre o fornecimento de mercadorias com prestação de serviços sujeitos ao imposto sobre serviços, de competência dos Municípios, quando a lei complementar aplicável expressamente o sujeitar à incidência do imposto estadual.

Como se vê, a norma constitucional serve de fundamento para a disposição das normas gerais dos dois impostos, concretizadas pela Lei Complementar nº 116/03 em relação ao ISS e Lei Complementar nº 87/96 em relação ao ICMS, cabendo a essas disciplinar o campo material dos dois impostos de molde a evitar a bitributação. De tal arte, é sintomático que a Lei Complementar nº 87/96 tenha disposto da matéria, permitindo a incidência do ICMS nas operações complexas, de duas formas distintas, a saber:

> *I – sobre o fornecimento de mercadorias com prestação de serviços não compreendidos na competência tributária dos Municípios.*
>
> *II – sobre o fornecimento de mercadorias com prestação de serviços sujeitos ao imposto sobre serviços, de competência dos Municípios, quando a lei complementar aplicável expressamente o sujeitar à incidência do imposto estadual.*

Decididamente a hipótese *a)* contempla os exatos termos do art. 155, § 2º, IX, "b", da CF, mas remonta de duvidosa constitucionalidade o preceptivo insculpido na hipótese *b)* já que permite a tributação do ICMS sobre o fornecimento de mercadorias com prestação de serviços *sujeitos ao imposto sobre serviços*, de competência dos Municípios, quando a lei complementar aplicável expressamente o sujeitar à incidência do imposto estadual.

A despeito da suposta necessidade de que a LC nº 116/03 deva expressamente autorizar a tributação de certas operações pelos Estados, não me parece que a Constituição tenha permitido a delegação de competência pelos Municípios, já que não se delega o que foi recebido por delegação. Além disso, é por demais sabido que a competência tributária é indelegável.

Postos esses esclarecimentos, e meditando ainda sobre os suportes fáticos que congregam operações com circulação mercadorias e serviços, é importante observar que há distinção entre a operação mista e a simples prestação de serviço desenvolvida com o emprego de material, já que, neste caso, a operação se sujeita à incidência do ISS sempre que o uso do material for utilizado como meio ou instrumento para o desenvolvimento da atividade.

Portanto, o ponto nodal da discussão reside em saber se prepondera na conduta do contribuinte uma operação com circulação de mercadoria ou uma atividade de prestação de serviço. O problema é que, a par dos pontos de contato que naturalmente existem na confluência de dois ou mais impostos, a legislação específica costuma descrever hipóteses de incidência que resvalam no texto constitucional.

A nosso ver não procede o entendimento segundo o qual, ao referir-se a serviços não compreendidos na competência tributária municipal, a Carta Política somente poderia estar tratando dos serviços de transporte interestadual, intermunicipal e de comunicação, sendo certo que todas as demais prestações de serviço estariam sob a competência municipal. Tal não procede porque não haveria razão para que o constituinte repetisse tal obviedade ao definir a base de cálculo do ICMS nas operações mistas. Ao que parece, quis a Constituição traçar verdadeira norma de caráter regulamentar, o que em termos de ICMS, é tônica em nosso texto constitucional.

De fato, os termos do preceptivo constitucional sob análise deixam claro que os serviços não compreendidos na competência tributária dos Municípios não são apenas aqueles previstos no inciso II do art. 155, mas também os que, sendo prestados juntamente com o fornecimento de mercadorias, não estiverem definidos na Lei Complementar que disciplina as normas gerais do ISS.

Por isso, a despeito do entendimento de tradicional doutrina, a competência municipal para a fixação do ISS não é residual, mas preferencial, cabendo ao Estados disciplinar os serviços congregados ao fornecimento de mercadorias não definidos na lista da lei complementar correspondente, entendimento, aliás, corroborado por Ives Gandra da Silva Martins. [4]

De qualquer maneira, para as operações que implicam o fornecimento de mercadoria como atividade principal e a prestação de serviço como atividade complementar, a Constituição Federal estabelece que incide o ICMS sobre o valor total da operação quando as mercadorias forem fornecidas com serviços não compreendidos na competência tributária dos Municípios.

Uma das discussões nascidas a respeito dessa matéria diz respeito às operações de fornecimento de mercadoria com serviços personalizados ou sob encomenda, havendo julgados no STJ entendendo que, neste caso, a operação estaria sujeita ao ISS. Em meu entendimento, a tese em questão parte de uma premissa falsa que pode ser verificada à luz de uma simples exemplificação: uma operação de venda de uma embalagem de papel ou papelão produzida com determinados caracteres personificados não deixa de ser mercadoria, e a prevalecer tal entendimento, estaria aberto o caminho para a prática da dissimulação nos contratos de compra e venda convolados para travestir a encomenda de uma prestação de serviço, quando em verdade correspondem a uma operação com circulação de mercadorias. Ademais, em se consignando o entendimento que o ISS seria devido e não o ICMS, o contribuinte estaria impedido de compensar o valor do ICMS recolhido nas operações anteriores, em evidente prejuízo em sua carga tributária.

Outra questão controvertida dizia respeito às operações realizadas por bares e restaurantes, e particularmente no Estado de São Paulo, a Lei Estadual nº 6.374/89 que define a hipótese de incidência do ICMS para tais operações, estabelecia como base de cálculo o *preço total cobrado do adquirente*, equiparando para esses efeitos, o

---

4 MARTINS, Ives Gandra da Silva. *Comentários à Constituição do Brasil*. Vol. 6º, Tomo I. São Paulo: Editora Saraiva, 1990, p. 462.

conceito de *valor total da operação* definido na Constituição. A despeito disso, tanto o STJ quanto o STF firmaram entendimento assentado na legitimidade da legislação estadual que definiu adequado tratamento à base de cálculo do ICMS em operações desse jaez. Nesse sentido, REsp nº 44.176-5/SP, 23.473-0/SP, RE nº 129.877-SP. A título de escólio, destaca-se trecho extraído do Recurso Extraordinário nº 129.877-SP, verbis: "*Consequentemente, o ISS incidirá tão somente sobre os serviços de qualquer natureza que estejam relacionados na lei complementar, ao passo que o ICMS, além dos serviços de transporte interestadual, intermunicipal, e de comunicação, terá por objeto operações relativas à circulação de mercadorias, ainda que as mercadorias sejam acompanhadas de prestação de serviço, salvo quando o serviço esteja relacionado na lei complementar sujeito a ISS.*"

Como se vê, o STF minimiza o debate ao comungar o entendimento no sentido de que a lista de serviços anexa à LC nº 116/03 é taxativa, e sendo assim, somente seriam tributáveis pela via do ICMS as operações mistas não contempladas na lista.

Por derradeiro, deve se conferir o teor da Súmula nº 163 do STJ no sentido de que *o fornecimento de mercadorias com a simultânea prestação de serviços em bares, restaurantes e estabelecimentos similares constitui fato gerador do ICMS a incidir sobre o valor total da operação.*

3.1.5. O ICMS sobre operações relativas a energia elétrica, derivados de petróleo, combustíveis e minerais do país

Consoante preconiza o § 3º do art. 155 da Constituição, com redação dada pela EC nº 33/2001, à exceção do ICMS e dos impostos de que tratam o art. 153, I e II, nenhum outro imposto poderá incidir sobre operações relativas a energia elétrica, serviços de telecomunicações, derivados de petróleo, combustíveis e minerais do País.

Anteriormente conhecido como Imposto sobre Operações Relativas a Combustíveis, Lubrificantes, Energia Elétrica e Minerais do País, estava previsto nos arts.74 e 75 do CTN que estabelecia tratar-se de imposto de competência da União, tendo como fato gerador a produção, como definida no art. 46 e seu parágrafo único; a importação, como definida no art. 19, a circulação, como definida no art. 52; a distribuição, assim entendida a colocação do produto no estabelecimento consumidor ou em local de venda ao público e o consumo, assim entendida a venda do produto ao público.

Conhecido como imposto único, incidia uma só vez sobre uma das operações previstas em cada uma das hipóteses mencionadas, excluindo quaisquer outros tributos, seja qual for sua natureza ou competência, incidentes sobre aquelas operações.

Em verdade, depreende-se que referidos dispositivos não foram recepcionados pela Constituição de 1988, tendo as respectivas incidências sido incorporadas ao atual ICMS, assim como o imposto sobre serviços de transportes e comunicações operações relativas a energia elétrica, combustíveis, lubrificantes e minerais do país, elencados nos arts. 68 a 70 do CTN.

Apesar disso, a nova disposição dessa categoria de incidência introduzida pela Carta Política de 1988 em muito se assemelha ao antigo imposto, a não ser pela modificação de competência retirada da União e transferida aos Estados e Distrito Federal, e congregando agora o caráter plurifásico, em contrapartida ao antigo imposto único que era monofásico. Por isso mesmo, esta nova categoria deve render obediência ao Princípio da Não Cumulatividade, de tal maneira que o imposto cobrado nas operações anteriores deve ser compensado nas operações atuais.

Introduzidos esses comentários, o art. 155, § 2°, X, da CF estabelece que o imposto não incidirá sobre operações que destinem a outros Estados petróleo, inclusive lubrificantes, combustíveis líquidos e gasosos dele derivados, e energia elétrica.

É bem verdade que tal imunidade desonera o custo de produtos e mercadorias que utilizam tais bens como insumos, mas é forçoso reconhecer que a norma limitativa denota um expediente de política fiscal constituído para desonerar contribuintes dos Estados mais pobres e que não fornecem referidos insumos. Não é menos verdade que a instituição dessa imunidade não resolve a questão da isonomia em relação aos adquirentes desses bens que sofrem o encargo, uma vez que não distingue os contribuintes destinatários, mas de um modo geral beneficia os Estados que são meros receptores de petróleo e derivados e energia elétrica.

Não obstante, somente as operações interestaduais é que estarão objetivamente imunes, sendo o imposto normalmente materializado nas operações internas. Curioso anotar que a norma imunizante não faz qualquer menção ao fato de serem ou não os produtos destinados à industrialização ou à comercialização. De fato, a Constituição não faz distinção acerca do destinatário final desses bens e mercadorias, ao contrário do que fez em outros dispositivos.

Observo que o art. 155, § 2°, VII, "a" e "b" discriminam o tratamento tributário conquanto o destinatário seja consumidor final ou não. Por isso, a nosso ver, a imunidade do ICMS sobre operações relativas a energia elétrica, derivados de petróleo, combustíveis e minerais do país nas operações interestaduais é concedida incondicionalmente, não havendo legitimidade na distinção instituída pela Lei Complementar n° 87/96 que restringe a amplitude da imunidade ao determinar que o imposto não incide sobre operações interestaduais relativas a energia elétrica e petróleo, inclusive lubrificantes, combustíveis líquidos e gasosos dele derivados *somente quando destinados à industrializado e à comercialização*.

Sobre o assunto, devo mencionar o importante julgamento do RE n° 198.088, onde o STF consignou entendimento no sentido de que o imposto será devido integralmente ao Estado de destino das mercadorias. Sob essa ótica, a Constituição não teria criado uma regra de imunidade, mas uma regra de proteção aos Estados consumidores em relação aos Estados produtores, fazendo com que o ICMS não incida, nessas operações, na saída, mas sim, no destino, ou seja, na entrada dessas mercadorias no Estado consumidor.

A razão plausível para referida interpretação, segundo se verifica pelo teor dos votos do Ministro Relator Ilmar Galvão, reside no fato de que na Constituição anterior existia um único imposto federal sobre operações dessa natureza que deixou de existir na Constituição atual. Para compensar, a Carta Política de 88 criou a figura dos royalties, principalmente o do petróleo, previsto no art. 20, § 1° do Texto Magno, tratando de importante fonte de recursos que são carreados aos Estados produtores de energia elétrica, petróleo e derivados.

Como essa compensação já atende o interesse dos Estados produtores, a norma tributária, ao invés de imunizar a tributação, estaria invertendo a polaridade da incidência, fazendo com que todo o ICMS seja devido ao Estado do destino. Trata-se de mais uma situação em que a interpretação literal sede espaço para a interpretação teleológica, na medida em que a argumentação decisiva no julgado se baseou nas consequências advindas da interpretação.

Dessa forma, prevalecesse a interpretação literal no sentido da imunidade, as distorções mercadológicas seriam gritantes pois os consumidores iriam sempre preferir consumir combustíveis e derivados nos Estados vizinhos.

Por outro lado, estabelece o art. 155, § 2º, XII, "h", da CF, com redação incluída pela Emenda Constitucional nº 33/01, que fica ao talante da lei complementar definir os combustíveis e lubrificantes sobre os quais o imposto incidirá uma única vez, qualquer que seja a sua finalidade, hipótese em que não se aplicará a imunidade instituída para as operações interestaduais relativas a energia elétrica e petróleo, inclusive lubrificantes, combustíveis líquidos e gasosos dele derivados. Neste caso, para as operações com os lubrificantes e combustíveis derivados de petróleo, o imposto caberá ao Estado onde ocorrer o consumo.

Ademais, nas operações interestaduais entre contribuintes, com gás natural e seus derivados e lubrificantes e combustíveis não incluídos no inciso I, ou seja, lubrificantes e combustíveis *derivados de petróleo*, o imposto será repartido entre os Estados de origem e de destino, mantendo-se a mesma proporcionalidade que ocorre nas operações com as demais mercadorias.

Além disso, consoante disposto no art. 155, § 4º, III, da CF, nas operações interestaduais com gás natural e seus derivados, e lubrificantes e combustíveis não incluídos no inciso I deste parágrafo, ou seja, lubrificantes e combustíveis *derivados de petróleo*, destinadas a não contribuinte, o imposto caberá ao Estado de origem.

Tema que vem causando polêmica diz respeito à incidência do ICMS - Energia Elétrica sobre a TUST (Tarifa de Distribuição do Sistema) e TUSD (Tarifa de Uso do Sistema) que são cobradas do contribuinte na conta de energia elétrica. O STJ vinha se posicionando no sentido de que a Tarifa de Uso do Sistema de Transmissão de Energia Elétrica (TUST) e a Tarifa de Uso do Sistema de Distribuição de Energia Elétrica (TUSD) não devem ser incluídas na base de cálculo do ICMS. Nesse sentido: Ag.Reg. no REsp nº 1.408.485-SC, rel. Min. Humberto Martins, 2ª Turma, j. 12/05/2015 e Ag.Reg. nos EDecl no REsp nº 1.267.162-MG, rel. Min. Herman Benjamin, 2ª Turma, j. 16/08/2012. Não obstante, a nosso sentir, a posição que mais precisamente compreende a questão diz respeito à necessária inclusão dessas tarifas à base de cálculo do ICMS.

Em face da relevância da questão e sobretudo em virtude do Incidente de Resolução de Demandas Repetitivas (IRDR) proposto pela Fazenda do Estado de São Paulo junto ao Tribunal de Justiça de São Paulo, registre-se que, com precisa correção, a 1ª Câmara de Direito Público do Tribunal de Justiça de São Paulo proferiu julgamento em sentido favorável ao Estado de São Paulo por entender que o ICMS sobre a energia elétrica não é objeto de transporte e armazenamento, mas passa desde as usinas de geração, pelos sistemas de transmissão e distribuição de energia, ficando disponível ao consumidor final, o que caracterizaria a incidência monofásica do ICMS nessa peculiar materialidade do imposto, razão pela qual não haveria como excluir de sua base de cálculo os valores referentes às mencionadas tarifas, uma vez que as mesmas compõem o custo final do consumo correlato.

Pela importância do tema e pela precisão dos termos do julgado precedente exarado pelo TJSP em apelação nº 1012038-09.2015.8.26.0032, tendo como Relator o Desembargador Vicente de Abreu Amadei, anexamos o acórdão na íntegra conforme segue: *Vistos, relatados e discutidos estes autos de Apelação nº 1012038-09.2015.8.26.0032, da Comarca de Araçatuba, em que são apelantes/apelados P.R. e FAZENDA PÚBLICA DO ESTADO DE SÃO PAULO (PGE REG SJRP). ACORDAM, em 1ª Câmara de Direito Público do Tribunal de Justiça de São Paulo, proferir a seguinte decisão: "Deram provimento ao recurso da Fazenda e ao reexame necessário, e por prejudicado o recurso do autor. V.U. Acórdão com o 2º juiz", de conformidade com o voto do Relator, que integra este acórdão. O julgamento teve a participação dos Exmos. Desembargadores VICENTE DE ABREU AMADEI, vencedor, RUBENS RIHL, DANILO PANIZZA (Presidente). São Paulo, 27 de setembro de 2016. Vicente de Abreu Amadei. RELATOR DESIGNADO. VOTO Nº 13.453. APELAÇÃO E REEXAME NECESSÁRIO Nº 1012038-09.2015.8.26.0032. APELANTES E APELADOS: Fazenda do Estado de São Paulo (ré). PR(autor). EMENTA: APELAÇÕES E REEXAME NECESSÁRIO Ação declaratória de inexistência de relação jurídica tributária c.c. repetição de indébito ICMS Energia elétrica Insurgência do contribuinte contra a incidência de ICMS sobre a TUST (Tarifa de distribuição do sistema) e a TUSD (Tarifa de uso do sistema), na tributação de energia elétrica Legitimidade ativa do consumidor final reconhecida Suficiência da prova documental para a propositura da ação ICMS devido e repetição de indébito inadmissível Incidência que recai sobre operações relativas à energia elétrica Inteligência dos arts. 153, § 3º, 155, § 2º, X, "b", da CF, e art. 34, § 9º, do ADCT Feição monofásica (e não multifásica) da incidência tributária ante as características da corrente elétrica, que não é objeto de transporte e armazenamento, mas passa das usinas de geração, pelos sistemas de transmissão e distribuição de energia, e fica disponível ao consumidor final Estruturas e tarifas faseadas apenas para melhor desenvolvimento do sistema, flexibilizar a presença estatal na atividade e potencializar a eficiência econômica do serviço público Tarifas, enfim, que compõem o custo final da operação de energia elétrica e, assim, integram o preço final do consumo correlato Incidência monofásica do ICMS que não pode deixar de considerar a TUST e a TUSD Sentença reformada para a improcedência da demanda, realinhando-se os encargos de sucumbência RECURSO VOLUNTÁRIO DA FAZENDA E REEXAME NECESSÁRIO PROVIDOS. PREJUDICADO O RECURSO DO AUTOR. Trata-se de reexame necessário e apelação (fls. 68/95) interposta pela Fazenda do Estado de São Paulo, nos autos da ação declaratória de inexistência de relação jurídica tributária c.c repetição de indébito que lhe move Pedro Ribeiro, bem como de apelação interposta por este último (fls. 233/246), contra a r. sentença (fls. 193/199), que julgou procedente a demanda, para declarar a inexistência* *de relação jurídico-tributária entre o requerente e a requerida no tocante ao ICMS incidente sobre a tarifa de uso do sistema de transmissão e distribuição de energia elétrica (TUST e TUSD) e condenar a demandada à restituição dos valores pagos a esse título, respeitada a prescrição quinquenal, acrescidos de correção monetária, desde a data da citação, e juros de mora, a partir da data do trânsito em julgado da sentença. Por fim, condenou a requerida ao pagamento das despesas processuais e de honorários advocatícios, fixados em 10% (dez por cento) do valor da condenação, a ser apurado quando liquidado o julgado, nos termos do artigo 85, § 3º, do NCPC. A Fazenda Pública, em seu apelo, sustenta, em resumo, a legalidade da cobrança, pela incidência do ICMS sobre a TUST e a TUSD, para justificar seu pedido de improcedência da demanda. O autor, em seu apelo, pede seja fixada a verba honorária no valor fixo de R$ 2.000,00. É o relatório em acréscimo aos anteriores. Cuida-se de demanda declaratória, cujo objeto é a não incidência do ICMS sobre a TUST (Tarifa de Uso do Sistema de Transmissão) e a TUSD (Tarifa de Uso do Sistema da Distribuição). Este Tribunal vem costumeiramente seguido orienta*ção jurisprudencial firmada no STJ *(e, também em outras ocasiões, segui esta trilha), que encontra síntese no seguinte julgado, bastante reiterado nos julgamentos sobre o tema: "TRIBUTÁRIO. ICMS. DISTRIBUIÇÃO DE ENERGIA ELÉTRICA. "SERVIÇO DE TRANSPORTE DE MERCADORIA". INEXISTÊNCIA DE PREVISÃO LEGAL. CIRCULAÇÃO DE MERCADORIA NA TRANSMISSÃO DA ENERGIA ELÉTRICA. NÃO OCORRÊNCIA. SÚMULA 166/STJ - PRECEDENTES - SÚMULA 83/STJ.' '1. Inexiste previsão legal para a incidência de ICMS sobre o serviço de "transporte de energia elétrica", denominado no Estado de Minas Gerais de TUST (Taxa de Uso do Sistema de Transmissão de Energia Elétrica) e TUSD (Taxa de Uso do Sistema de Distribuição de Energia Elétrica).' '2. "Embora equiparadas às operações mercantis, as operações de consumo de energia elétrica têm suas peculiaridades, razão pela qual o fato gerador do ICMS ocorre apenas no momento em que a energia elétrica sai do estabelecimento do fornecedor, sendo efetivamente consumida. Não se cogita acerca de tributação das operações anteriores, quais sejam, as de produção e distribuição da energia, porquanto estas representam meios necessários à prestação desse serviço público." (AgRg no REsp 797.826/MT, Rel. Min. Luiz Fux, Primeira Turma, julgado em 3.5.2007, DJ 21.6.2007, p. 283).' '3. O ICMS sobre energia elétrica tem como fato gerador a circulação da "mercadoria", e não do "serviço de transporte" de transmissão e distribuição de energia elétrica. Assim sendo, no "transporte de energia elétrica" incide a Súmula 166/STJ, que determina não constituir "fato gerador do ICMS o simples deslocamento de mercadoria de um para outro estabelecimento do mesmo contribuinte".' 'Agravo regimental improvido." (AgRg no REsp 1135984/MG, rel. Min. Humberto Martins, j. 08/02/2011, DJe 04/03/2011). Fazendo-se uma análise dessa solução jurídica encontrada, têm relevância os seguintes pontos: (i) foi considerada a não incidência do ICMS sobre o serviço de transporte de energia elétrica; (ii) neste contexto, utilizou-se entendimento segundo o qual o fato gerador do ICMS ocorre apenas no momento em que a energia elétrica sai do estabelecimento do fornecedor, sendo efetivamente consumida; (iii) porque o ICMS tem como fato gerador a circulação de mercadoria, e não o serviço de transporte, incide a Súmula 166,* *segundo a qual não constitui fato gerador do ICMS o simples deslocamento de mercadoria de um para outro estabelecimento do mesmo contribuinte. Em outras palavras, o ICMS ou incidiria sobre o transporte de energia elétrica (caso em que não inexiste hipótese legal para tal incidência), ou sobre a circulação da mercadoria energia elétrica. Adotando-se este último entendimento como o correto, não incidiria o ICMS em operações de circulação de mercadoria na cadeia produtiva do fornecedor, isto é, na transmissão de um estabelecimento a outro (TUST), e na distribuição de um estabelecimento a outro (TUSD), do fornecedor de energia elétrica. Só incidiria o ICMS relativo à operação da efetiva circulação da mercadoria energia elétrica, traduzida na saída da energia do último estabelecimento da cadeia produtiva do fornecedor, para ser adquirida pelo consumidor. Entretanto, tal entendimento deve ser revisto, por não se ajustar adequadamente à hipótese de incidência constitucionalmente fixada para o ICMS sobre operações de energia elétrica. É pacífico, no próprio STJ, que "a regra matriz constitucional estabeleceu como critério material da hipótese de incidência sobre energia elétrica o ato de realizar operações envolvendo energia elétrica, salvo o disposto no art. 155, § 2º, X, 'b'" (AgRg no REsp 797.826/MT, rel. Min. Luiz Fux, j. 3.5.2007, DJ 21.6.2007). Com efeito, a previsão constitucional de tal tributo está expressa no art. 155, § 3º: À exceção dos impostos de que tratam o inciso II do caput deste artigo e o art. 153, I e II, nenhum outro imposto poderá incidir sobre operações relativas a energia elétrica, serviços de telecomunicações, derivados de petróleo, combustíveis e minerais do País. Além dele, está previsto no art. 34, § 9º, do ADCT, a responsabilidade das distribuidoras "pelo pagamento do imposto sobre operações relativas à circulação de mercadorias incidente sobre energia elétrica, desde a produção ou importação até a última operação, calculado o imposto sobre o preço então praticado na operação final". Existe também uma previsão de não incidência de tal imposto, no art. 155, § 2º, X, "b": ele não incidirá "sobre operações que destinem a outros Estados (...) energia elétrica". Nota-se, assim, que a Constituição sempre alude a operações de energia elétrica (sem utilizar as expressões "operações de circulação de energia elétrica", ou "operações sobre prestação de transporte de energia elétrica"), ao tratar da incidência deste ICMS. Esta alusão, por sua vez, mostra-se bastante adequada ao aspecto material, econômico, da realidade das coisas, no tocante à cadeia de produção, transmissão, distribuição e consumo de energia elétrica. Neste ponto, reside a diferença fundamental de percepção que deve ser bem ressaltada, para que não se caia no erro de tributar o ICMS sobre operações de energia elétrica, como um imposto plurifásico, em que a mercadoria energia elétrica circularia de um estabelecimento a outro da cadeia de fornecimento, até ser adquirida pelo consumidor. Em termos simples, encontrados até mesmo em fontes informais de pesquisa, como sítios eletrônicos na internet, "a energia elétrica é a capacidade de uma corrente elétrica realizar trabalho. Essa forma de energia pode ser obtida por meio da energia química ou da energia mecânica, por intermédio de turbinas e geradores que transformam essas formas de energia em energia elétrica. A aplicação de uma diferença de potencial entre dois pontos de um condutor, gerando uma corrente elétrica entre seus terminais, origina o que entendemos como energia elétrica. Hoje em dia a energia elétrica é a principal fonte de energia do mundo" A partir deste conceito básico, é possível concluir que a energia elétrica depende da existência de uma corrente elétrica, entre terminais de um condutor. Se existe corrente elétrica em um condutor, ela estará disponível em toda a sua extensão. Se não existe corrente elétrica, não há energia disponível. Qualquer estrutura condutora que se conecte àquela pela qual passa a corrente elétrica, passa a ser também condutora desta corrente elétrica, na qual a energia elétrica estará disponível. Num exemplo, ao se ligar um eletrodoméstico (máquina de lavar roupa, geladeira, aspirador, ventilador etc.) numa tomada, se está conectando a um terminal o seu circuito interno. Ao apertar o botão, a energia elétrica presente neste condutor irá se transformar em outro tipo de energia, para movimentar o motor (nos eletrodomésticos motorizados: v. g. batedeira, faca elétrica), para conversão em calor (nos eletrodomésticos térmicos: v. g. torradeira, cafeteira), ou ambos (nos eletrodomésticos conjugados: v. g. secador de cabelos, máquina de lavar louças), sendo então consumida. A energia elétrica, até o momento anterior ao aperto do botão do aparelho ou da máquina, não estava guardada na tomada, como se tivesse sido transportada até ali, e então armazenada. A energia elétrica simplesmente estava na corrente elétrica presente no condutor. Conectando-se mais um circuito ao terminal do condutor, a corrente elétrica passa a fluir nele também. E, assim, pode ser consumida. Pensando-se agora em termos maiores, como por exemplo, na rede de geração, transmissão e distribuição de energia elétrica de um país, ou de uma região, é possível dizer que a corrente elétrica gerada está presente e passa por toda esta rede, ficando disponível a quem a ela se conectar. A energia elétrica, então, não é gerada, armazenada, transportada, novamente armazenada, de um ponto a outro desta rede, para enfim ser adquirida e consumida, como uma mercadoria em um ciclo produtivo material. A energia elétrica está na corrente elétrica presente na usina de geração e nas redes de transmissão e de distribuição, disponível aos consumidores que a ela se conectarem. A usina de geração, as redes de transmissão e as redes de distribuição, compõem o enorme condutor de corrente elétrica de uma região ou país. E, assim, qualquer consumidor que se conecte a este gigantesco condutor, terá energia disponível, na velocidade da luz, isto é, instantaneamente, para consumo. É errada, portanto, a ideia de que a energia elétrica seja uma mercadoria transportável num ciclo produtivo plurifásico, de um estabelecimento a outro, até chegar ao consumidor final. Neste contexto, a expressão operações* de energia elétrica, tais como utilizadas pelo constituinte, mais se adequam à realidade da estrutura física necessária à geração, transmissão, distribuição e co*nsumo de energia elétrica. A operação de energia elétrica é esta corrente elétrica presente nos condutores, passando por eles de forma permanente e instantânea, e contém: geração, transmissão, distribuição e consumo de energia elétrica. Em termos de direito tributário, é possível compreender melhor agora o ensinamento de Ricardo Lobo Torres (ICMS, Fornecimento de Energia Elétrica e Demanda de Potência, in Revista de Direito Tributário, n. 100, pp. 152-166): "O imposto único sobre a energia elétrica só foi criado pelo Decreto-Lei nº 2.308, de 31.8.1954, sob a forma de imposto de consumo". (...) "Em 1988 o tributo perdeu a característica de imposto específico sobre o consumo e se transformou em imposto sobre operações relativas à energia elétrica, com repercussão legal obrigatória sobre o consumidor" (...). "O ICMS incidente* *sobre a energia, preservando a unicidade do antigo IUEE, não é um tributo plurifásico não-cumulativo, como geralmente acontece com o imposto estadual, mas monofásico com incidência e repercussão simultânea sobre o consumidor final. A incidência monofásica é um tipo especial de não-cumulatividade, adotada também relativamente aos outros remanescentes do imposto único federal, como os combustíveis e lubrificantes (art. 155, § 2º, XII, 'h', da CF, na redação da Emenda Constitucional 33/2001). Enquanto a cobrança não-cumulativa no Brasil se dá por dedução (exemplos: ICMS, IPI), abatendo-se do débito gerado na saída de mercadorias o crédito obtido na entrada, a incidência monofásica concentra em uma só das etapas da circulação do bem a carga tributária. Incidir uma única vez, por conseguinte, é característica tanto dos tributos monofásicos como dos plurifásicos não-cumulativos, que todos economicamente recaem sobre o preço final da mercadoria. De modo que se há de distinguir, com cuidado, entre o aspecto material do ICMS incidente sobre a energia elétrica (importação, produção e distribuição) e os aspectos de tempo (operação final) e quantidade (preço da operação final)". Ora, se o ICMS sobre energia elétrica incidisse sobre uma hipotética circulação desta mercadoria, em processo produtivo multifásico, os princípios constitucionais exigiriam sua não-cumulatividade. Não é isso que ocorre: justamente porque a operação de fornecimento de energia elétrica tem especificidades condizentes com a própria natureza da geração, transmissão e distribuição de energia, como visto, sua incidência se dá de forma monofásica. Uma vez visto que a energia elétrica está na corrente elétrica que passa das usinas de geração, pelos sistemas de transmissão e de distribuição, e fica disponível aos consumidores, é preciso apenas identificar a fun*ção de cada um destes elementos que compõem o sistema. Utiliza-se aqui os conceitos didáticos encontrados em apostila disponível na internet, elaborada pela *Profa. Ruth Leão, do Departamento de Energia Elétrica da Universidade Federal do Ceará (Ano de 2009, pp. 19/21) (http://clubedaeletronica.com.br/Eletricidade/PDF/Livro%20GTD.pdf: acesso em 6.9.2016, 16:00 hs.). "Geração de Energia Elétrica: Na geração de energia elétrica uma tensão alternada é produzida, a qual é expressa por uma onda senoidal, com frequência fixa e amplitude que varia conforme a modalidade do atendimento em baixa, média ou alta tensão. Essa onda senoidal propaga-se pelo sistema elétrico mantendo a frequência constante e modificando a amplitude à medida que trafegue por transformadores. Os consumidores conectam-se ao sistema elétrico e recebem o produto e o serviço de energia elétrica.' 'Rede de Transmissão: A rede de transmissão liga as grandes usinas de geração às áreas de grande consumo. Em geral apenas poucos consumidores com um alto consumo de energia elétrica são conectados às redes de transmissão onde predomina a estrutura de linhas aéreas.' 'Rede de Sub-Transmissão: A rede de sub-transmissão recebe energia da rede de transmissão com objetivo de transportar energia elétrica a pequenas cidades ou importantes consumidores industriais.' 'Redes de Distribuição: As redes de distribuição alimentam consumidores industriais de médio e pequeno porte, consumidores comerciais e de serviços e consumidores residenciais." Ou seja, dentro do sistema que compõe a rede de energia elétrica, existem diferentes estruturas que dão suporte ao seu fornecimento. Há os geradores de energia elétrica; há a rede de transmissão; há a rede de distribuição. Cada um deles ocupa um lugar e* *uma função no amplo espaço da rede de energia elétrica de um país, ou de uma região. Contudo, seria errôneo entender que a energia elétrica seria adquirida, armazenada e transportada de uma destas estruturas para outra, como se fossem estabelecimentos comerciais de um mesmo fornecedor. Como visto, a corrente elétrica simplesmente está presente na rede, desde os geradores, passando pelos transmissores e distribuidores, ficando disponível ao consumidor que se conectar à rede. Tanto a geração, como a transmissão e a distribuição são indispensáveis para a existência de uma rede de energia que viabiliza seu fornecimento a toda a coletividade de consumidores. Sem geração, não há energia; sem transmissão, não haveria ligação adequada entre os geradores e os grandes centros consumidores; sem distribuição, não haveria a ramificação adequada dentro dos próprios centros consumidores (cidades), viabilizando a seu consumo individual. Todas estas estruturas, observe-se, compõem o imenso condutor de corrente elétrica, no qual a energia se encontra em forma permanentemente disponível. Neste contexto, verifica-se que existe também uma razão estrutural e jurídica para que as tarifas relacionadas aos sistemas de transmissão e de distribuição sejam discriminadas no preço final da operação de energia elétrica. Ela diz respeito à necessidade de se desenvolver melhor o sistema, considerando-o uma atividade econômica (que envolve custos altos), mas elevada à categoria especial de serviço público. O marco inicial desta estrutura jurídica do serviço público de energia elétrica está na necessidade de flexibilizar a presença estatal nesta atividade, viabilizando eficiência econômica, redução de gastos do Estado, e atendimento universal às necessidades essenciais do serviço público. Nesse contexto foi criada a agência regulatória do setor (ANEEL), e foram criadas as regras sobre concessão, regulação e concorrência. A discriminação de tarifas que compõem o custo final da operação de energia elétrica, com especial referência, no caso, às tarifas específicas de transmissão e de distribuição, visa, no limite, à eficiência econômica no atendimento das exigências constitucionais do sistema, com a criação de um modelo concorrencial no interior do mercado de energia elétrica. O Decreto nº 5.163/2004 regulamenta a comercialização de energia elétrica. De acordo com seu art. 1º, § 2º, II, passa a existir, ao lado do mercado fortemente regulado, um "ambiente de contratação livre", "no qual se realizam as operações de compra e venda de energia elétrica, objeto de contratos bilaterais livremente negociados, conforme regras e procedimentos de comercialização específicos". Neste mercado, "a contratação (...) dar-se-á mediante operações de compra e venda de energia elétrica envolvendo os agentes concessionários, permissionários e autorizados de geração, comercializadores, importadores, exportadores de energia elétrica e consumidores livres" (art. 47). O que viabiliza a existência de um ambiente de contratação livre, por sua vez, é a decomposição do custo final da operação de energia elétrica, entre a (i) "tarifa de energia TE: valor monetário unitário determinado pela ANEEL, em R$/MWh, utilizado para efetuar o faturamento mensal referente ao consumo de energia" (Resolução Normativa ANEEL nº 479/2012); (ii) "tarifa de uso do sistema de distribuição TUSD: valor monetário unitário determinado pela ANEEL, em R$/MWh ou em R$/kW, utilizado para efetuar o faturamento mensal de usuários do sistema de distribuição de energia elétrica pelo uso do sistema" (Resolução Normativa ANEEL nº 479/2012); e (iii)* *"tarifa de uso do sistema de transmissão de energia elétrica (TUST): tarifa estabelecida pela ANEEL, na forma TUST RB, relativa ao uso de instalações da Rede Básica, e TUST FR, referente ao uso de instalações de fronteira com a Rede Básica" (Resolução Normativa ANEEL 205/2005). Ou seja, sem um preço referente à geração da energia, um preço referente ao uso do sistema de transmissão, e um preço referente ao uso do sistema de distribuição, não haveria possibilidade de contratação livre entre um consumidor livre e qualquer agente econômico legalmente habilitado para fazer esse tipo de comercialização, que pode ser um gerador, um transmissor, ou um distribuidor, ou ainda outra categoria mais específica de agente comercializador. Note-se que o custo final da operação de energia elétrica depende da geração, do sistema de transmissão e, possivelmente do sistema de distribuição, pois nesta rede complexa é que passa a corrente elétrica, como visto anteriormente. Um consumidor final cativo (que não detém liberdade de contratação livre) necessariamente terá de pagar pela geração, transmissão e distribuição de energia (pois sem qualquer destas atividades não haveria energia disponível ao seu consumo). Já um consumidor livre, pagaria somente a contraprestação* respectiva à parcela de operações necessárias ao seu consumo: se adquirisse de um transmissor, sem necessidade do sistema de distribuição, não pagaria a TUSD; se adquirisse de um distribuidor, provavelmente pagaria TUSD e TUST. Em suma, sem a decomposição tarifária, seria inviável a criação de um ambiente concorrencial *entre os agentes econômicos do sistema de fornecimento de energia elétrica que, por sua vez, tem como objetivo final a maximização da sua eficiência econômica, em função dos imperativos constitucionais do serviço público, propiciando, assim, o desenvolvimento do setor. Deste modo, concebido assim o sistema de fornecimento de energia elétrica, nas suas estruturas físicas, econômicas e jurídicas, pode-se compreender melhor a operação de energia elétrica, para fins de sua legítima tributação por meio do ICMS. Visto que inexiste energia sem corrente elétrica transmitida por um condutor, não se pode conceber consumo de energia elétrica sem um sistema de transmissão e/ou de distribuição. Seria equivocado equiparar o consumo de energia elétrica à geração de energia elétrica. Para se consumir energia, a corrente elétrica deve estar disponível numa rede, composta pelos sistemas de transmissão e de distribuição. Desta forma, o custo pelo uso do sistema de distribuição e de transmissão compõe o custo final da operação de energia elétrica. Não se pode tratar como transporte ou circulação de energia elétrica, uma equivocadamente imaginária cadeia de geração, armazenamento, aquisição, armazenamento, transporte e, enfim, consumo de energia, na qual se tributa somente o consumo, sem relação com o custo de seu "transporte", ou de sua "circulação entre estabelecimentos do mesmo fornecedor". A operação de energia elétrica, sujeita à tributação, é feita da geração, da transmissão e da distribuição de energia. O custo de cada uma destas operações compõe o preço final do consumo da energia elétrica, sem o qual, este consumo seria inviável. Para viabilizar a concorrência entre os agentes econômicos do sistema de energia elétrica e, assim, melhorar sua eficiência dentro dos imperativos constitucionais do serviço público, é que se decompôs o preço da tarifa, em TE, TUSD e TUST, viabilizando a contratação livre, nos termos regulados, pagando-se algumas ou todas as tarifas, dependendo de sua contratação para viabilização do*

consumo. Isso não significa que, no caso de um consumidor cativo, não haja efetivo uso do sistema de distribuição e de transmissão, como forma de viabilizar o consumo, de modo que as tarifas decompostas que remuneram cada agente econômico devem, necessariamente, compor o preço final da energia consumida, ou seja, da operação de energia elétrica. A incidência do ICMS energia elétrica, por sua vez, monofásica, dá-se sobre a operação de energia elétrica, o que abrange, como não poderia deixar de ser, a geração, a transmissão e a distribuição de energia, pois sem qualquer deles, não há corrente elétrica disponível, não há consumo possível. Por tudo isso, não se pode corroborar com o entendimento exarado pelo C. STJ, segundo o qual não incidiria ICMS sobre TUSD e TUST. Tratando-se de mero precedente judicial, nos termos da fundamentação acima, deixo de acatá-lo e, assim, entendo por válida a incidência de ICMS sobre TUST e TUSD. A solução do caso, assim, é de provimento do recurso do recurso voluntário da Fazenda Pública e do reexame necessário, para julgar improcedente a demanda, invertendo os encargos econômicos da sucumbência e fixando a verba honorária devida pelo autor em 10% sobre o valor atualizado da causa, com a ressalva da assistência judiciária já deferida, dando por prejudicado o apelo dele, bem como por prequestinados todos os dispositivos legais e constitucionais apontados nesta fase recursal. Pelo exposto, DOU PROVIMENTO ao recurso voluntário da Fazenda Pública e ao reexame necessário, nos termos e para os fins retro, e por PREJUDICADO o recurso do autor. VICENTE DE ABREU AMADEI, Relator Designado.

3.2. O aspecto temporal do ICMS

Estabelece a Lei Complementar nº 87/96 – Lei Kandir, que considera-se ocorrido o fato gerador do ICMS, nas operações com circulação de mercadorias, no momento da saída de mercadoria de estabelecimento de contribuinte, ainda que para outro estabelecimento do mesmo titular.

Em relação aos serviços de transporte interestadual e intermunicipal, de qualquer natureza, o pressuposto fático se verifica no momento do início da prestação de serviços. Já para os serviços de transporte iniciados no exterior, o momento da incidência se efetiva com o ato final do transporte.

Para os serviços de comunicação, o fato gerador ocorre no momento das prestações onerosas de serviços de comunicação, feita por qualquer meio, inclusive a geração, a emissão, a recepção, a transmissão, a retransmissão, a repetição e a ampliação de comunicação de qualquer natureza.

No que concerne ao fornecimento de mercadorias com prestação de serviços não compreendidos na competência tributária dos Municípios, o fato gerador do ICMS se perfaz com o fornecimento de mercadoria com prestação de serviços não compreendidos na competência tributária dos Municípios.

Para o ICMS incidente na importação de bens, o aspecto temporal da hipótese de incidência se observa no momento do desembaraço aduaneiro das mercadorias importadas do exterior. Nesse sentido a Súmula Vinculante nº 48: "Na entrada de mercadoria importada do exterior, é legítima a cobrança do ICMS por ocasião do desembaraço aduaneiro."

Por fim, o fato gerador se verifica no momento da entrada no território do Estado de lubrificantes e combustíveis líquidos e gasosos derivados de petróleo e energia elétrica oriundos de outro Estado, quando não destinados à comercialização ou à industrialização.

3.3. O aspecto espacial do ICMS

A elucidação do aspecto espacial da hipótese de incidência do ICMS também implica a análise do disposto na Lei Complementar nº 87/96. Nesse sentido, o local da operação ou da prestação, para os efeitos da cobrança do imposto e definição do estabelecimento responsável, tratando-se de mercadoria ou bem, será:

I – o do estabelecimento onde se encontre, no momento da ocorrência do fato gerador;

II – onde se encontre, quando em situação irregular pela falta de documentação fiscal ou quando acompanhado de documentação inidônea, como dispuser a legislação tributária;

III – o do estabelecimento que transfira a propriedade, ou o título que a represente, de mercadoria por ele adquirida no País e que por ele não tenha transitado;

IV – se a mercadoria ou bem for importado do exterior, o do estabelecimento onde ocorrer a entrada física;

V – se importado do exterior, o do domicílio do adquirente, quando não estabelecido;

VI – aquele onde seja realizada a licitação, no caso de arrematação de mercadoria ou bem importados do exterior e apreendidos ou abandonados;

VII – o do Estado onde estiver localizado o adquirente, inclusive consumidor final, nas operações interestaduais com energia elétrica e petróleo, lubrificantes e combustíveis dele derivados, quando não destinados à industrialização ou à comercialização;

VIII – o do Estado de onde o ouro tenha sido extraído, quando não considerado como ativo financeiro ou instrumento cambial;

IX – o de desembarque do produto, na hipótese de captura de peixes, crustáceos e moluscos.

Em se tratando de prestação de serviço de transporte, o local será:

I – onde tenha início a prestação;

II – onde se encontre o transportador, quando em situação irregular pela falta de documentação fiscal ou quando acompanhada de documentação inidônea, como dispuser a legislação tributária;

III – o do estabelecimento destinatário do serviço, na hipótese do inciso XIII do art. 12 e para os efeitos do § 3º do art. 13 da LC nº 87/96.

No caso de prestação onerosa de serviço de comunicação, o fato gerador se dará:

I – no local da prestação do serviço de radiodifusão sonora e de som e imagem, assim entendido o da geração, emissão, transmissão e retransmissão, repetição, ampliação e recepção;

II – no local do estabelecimento da concessionária ou da permissionária que forneça ficha, cartão, ou assemelhados com que o serviço é pago;

III – no local estabelecimento destinatário do serviço, na hipótese e para os efeitos do inciso XIII do art. 12;

IV – no local do estabelecimento ou domicílio do tomador do serviço, quando prestado por meio de satélite e onde seja cobrado o serviço, nos demais casos.

Em se tratando de serviços prestados ou iniciados no exterior, o aspecto espacial da hipótese de incidência do ICMS se perfaz no local do estabelecimento ou do domicílio do destinatário. Com efeito, para efeito da Lei Complementar do ICMS, estabelecimento é o local, privado ou público, edificado ou não, próprio ou de terceiro, onde pessoas físicas ou jurídicas exerçam suas atividades em caráter temporário ou permanente, bem como onde se encontrem armazenadas mercadorias.

Também deve ser observado que na impossibilidade de determinação do estabelecimento, considera-se como tal o local em que tenha sido efetuada a operação ou prestação, encontrada a mercadoria ou constatada a prestação. Consagrando o ***Princípio da Autonomia dos Estabelecimentos***, a LC nº 87/96 define que é autônomo cada estabelecimento do mesmo titular, considerando-se também estabelecimento autônomo o veículo usado no comércio ambulante e na captura de pescado. Além disso, institui verdadeira garantia ao crédito tributário a disposição no sentido de que respondem pelo crédito tributário todos os estabelecimentos do mesmo titular.

3.4. O aspecto pessoal do ICMS

Preceitua o art.155, § 2º, XII, "a", da CF que cabe à Lei Complementar definir os contribuintes do ICMS.

Nesse sentido, o art. 4º da Lei Complementar nº 87/96 estabelece que o contribuinte é qualquer pessoa, física ou jurídica, que realize, com habitualidade ou em volume que caracterize intuito comercial, operações de circulação de mercadoria ou prestações de serviços de transporte interestadual e intermunicipal e de comunicação, ainda que as operações e as prestações se iniciem no exterior.

Além disso, é também contribuinte a pessoa física ou jurídica que, mesmo sem habitualidade ou intuito comercial:

I – importe mercadorias ou bens do exterior, qualquer que seja a sua finalidade;

II – seja destinatária de serviço prestado no exterior ou cuja prestação se tenha iniciado no exterior;

III – adquira em licitação mercadorias ou bens apreendidos ou abandonados;

IV – adquira lubrificantes e combustíveis líquidos e gasosos derivados de petróleo e energia elétrica oriundos de outro Estado, quando não destinados à comercialização ou à industrialização.

Lei poderá atribuir a terceiros a responsabilidade pelo pagamento do imposto e acréscimos devidos pelo contribuinte ou responsável, quando os atos ou omissões daqueles concorrerem para o não recolhimento do tributo. Ademais, Lei estadual poderá atribuir a contribuinte do imposto ou a depositário a qualquer título a responsabilidade pelo seu pagamento, hipótese em que assumirá a condição de substituto tributário.

3.5. O aspecto valorativo do ICMS

A primeira observação diz respeito à característica peculiar do ICMS verificada em sua base de cálculo. Isso se deve ao fato do § 1º do art. 13 da LC nº 87/96 estabelecer que o montante do próprio imposto integra sua base de cálculo. Ou seja, o ICMS incide sobre sua própria base de cálculo, razão pela qual recebe a denominação de imposto que incide *por dentro*. A constitucionalidade desse dispositivo já foi decidida pelo STF no julgamento do RE nº 582.461 no sentido de que "é constituc*ional a inclusão do valor do ICMS na sua própria base de cálculo.*"

Consoante estabelece o art. 13 da LC nº 87/96, a base de cálculo do ICMS será o valor de operação no caso da saída de mercadoria de estabelecimento do contribuinte, ainda que para outro estabelecimento do mesmo titular. Também corresponderá ao valor da operação nos casos de fornecimento de alimentação, bebidas e outras mercadorias por qualquer estabelecimento ou da transmissão de propriedade de mercadoria.

No caso de fornecimento de alimentação, bebidas e outras mercadorias por qualquer estabelecimento, será o valor da operação, compreendendo mercadoria e serviço. Já em relação à prestação de serviço de transporte interestadual e intermunicipal e de comunicação, a base de cálculo será o preço do serviço.

Nas hipóteses de fornecimento de mercadoria com prestação de serviços não compreendidos na competência tributária dos Municípios, a base de cálculo será o valor da operação. Para o caso de fornecimento de mercadorias com prestação de serviços compreendidos na competência tributária dos Municípios e com indicação expressa de incidência do imposto de competência estadual, como definido na lei complementar do ISS, a base de cálculo será o preço corrente da mercadoria fornecida ou empregada.

No caso das mercadorias ou bens importados do exterior, a base de cálculo se perfaz com a soma do valor da mercadoria ou bem constante dos documentos de importação, o valor do imposto de importação, do imposto sobre produtos industrializados e do imposto sobre operações de câmbio, além de quaisquer outros impostos, taxas, contribuições e despesas aduaneiras.

Na hipótese do recebimento, pelo destinatário, de serviço prestado no exterior, a base de cálculo será o valor da prestação do serviço, acrescido, se for o caso, de todos os encargos relacionados com a sua utilização.

Nas situações onde ocorrer a entrada no território do Estado de lubrificantes e combustíveis líquidos e gasosos derivados de petróleo e energia elétrica oriundos de outro Estado, quando não destinados à comercialização ou à industrialização, a base de cálculo será o valor da operação de que decorrer a entrada.

Importante asseverar que integra a base de cálculo do ICMS, o montante do próprio imposto, constituindo o respectivo destaque mera indicação para fins de controle, bem como o valor correspondente a seguros, juros e demais importâncias pagas, recebidas ou debitadas, bem como descontos concedidos sob condição. Também são incluídos na base de cálculo o frete, caso o transporte seja efetuado pelo próprio remetente ou por sua conta e ordem e seja cobrado em separado.

Não integra a base de cálculo do imposto o montante do Imposto sobre Produtos Industrializados, quando a operação, realizada entre contribuintes e relativa a produto destinado à industrialização ou à comercialização, configurar fato gerador de ambos os impostos. Neste particular, o art. 155, § 2º, XI, da Constituição define que o ICMS não compreenderá, em sua base de cálculo, o montante do imposto sobre produtos industrializados, quando a operação, realizada entre contribuintes e relativa a produto destinado à industrialização ou comercialização, configure fato gerador dos dois impostos.

A norma define a composição da base de cálculo do ICMS no caso de operações com produtos industrializados, quando tais operações forem realizadas por contribuintes do ICMS e constituírem, ao mesmo tempo, fato gerador do IPI. Nesse caso, o montante relativo ao IPI não poderá ser incluído na base de cálculo do ICMS, quando as operações tiverem por objeto produto destinado a industrialização ou comercialização, mas a *contrario sensu*, a base de cálculo do ICMS compreenderá o montante relativo ao IPI sempre que o produto se destinar a consumo ou ativo fixo do adquirente, ainda que este seja contribuinte do ICMS.

Na Constituição anterior, somente era permitida a inclusão do valor do IPI na base de cálculo do ICMS no caso da operação não configurar fato gerador dos dois impostos. Como se vê, a exclusão do montante do IPI da base de cálculo do ICMS atualmente exige nova condição, que seja o produto destinado a comercialização ou industrialização.

Na saída de mercadoria para estabelecimento localizado em outro Estado, pertencente ao mesmo titular, a base de cálculo do imposto é o valor correspondente à entrada mais recente da mercadoria; o custo da mercadoria produzida, assim entendida a soma do custo da matéria-prima, material secundário, mão-de-obra e acondicionamento; ou tratando-se de mercadorias não industrializadas, o seu preço corrente no mercado atacadista do estabelecimento remetente.

Finalmente, nas prestações sem preço determinado, a base de cálculo do imposto é o valor corrente do serviço, no local da prestação.

Quando o cálculo do tributo tenha por base, ou tome em consideração, o valor ou o preço de mercadorias, bens, serviços ou direitos, a autoridade lançadora, mediante processo regular, arbitrará aquele valor ou preço, sempre que sejam omissos ou não mereçam fé as declarações ou os esclarecimentos prestados, ou os documentos expedidos pelo sujeito passivo ou pelo terceiro legalmente obrigado, ressalvada, em caso de contestação, avaliação contraditória, administrativa ou judicial. Para fins de substituição tributária, a base de cálculo será, em relação às operações ou prestações antecedentes ou concomitantes, o valor da operação ou prestação praticado pelo contribuinte substituído; em relação às operações ou prestações subsequentes, o imposto a ser pago por substituição tributária, corresponderá à diferença entre o valor resultante da aplicação da alíquota prevista para as operações ou prestações internas do Estado de destino sobre a respectiva base de cálculo e o valor do imposto devido pela operação ou prestação própria do substituto, e será obtida pelo somatório das parcelas seguintes:

a) o valor da operação ou prestação própria realizada pelo substituto tributário ou pelo substituído intermediário;

b) o montante dos valores de seguro, de frete e de outros encargos cobrados ou transferíveis aos adquirentes ou tomadores de serviço;

c) a margem de valor agregado, inclusive lucro, relativa às operações ou prestações subsequentes. Neste caso, a margem será estabelecida com base em preços usualmente praticados no mercado considerado, obtidos por levantamento, ainda que por amostragem ou através de informações e outros elementos fornecidos por entidades representativas dos respectivos setores, adotando-se a média ponderada dos preços coletados, devendo os critérios para sua fixação ser previstos em lei.

Na hipótese de responsabilidade tributária em relação às operações ou prestações antecedentes, o imposto devido pelas referidas operações ou prestações será pago pelo responsável, quando:

I – da entrada ou recebimento da mercadoria, do bem ou do serviço;

II – da saída subsequente por ele promovida, ainda que isenta ou não tributada;

III – ocorrer qualquer saída ou evento que impossibilite a ocorrência do fato determinante do pagamento do imposto.

Tratando-se de mercadoria ou serviço cujo preço final a consumidor, único ou máximo, seja fixado por órgão público competente, a base de cálculo do imposto, para fins de substituição tributária, é o referido preço por ele estabelecido. Existindo preço final a consumidor sugerido pelo fabricante ou importador, poderá a lei estabelecer como base de cálculo este preço.

No caso da substituição tributária para frente, estabelece a LC nº 87/96 que em substituição à fórmula definida no inciso II do art. 8º, a base de cálculo em relação às operações ou prestações subsequentes poderá ser o preço a consumidor final usualmente praticado no mercado considerado, relativamente ao serviço, à mercadoria ou sua similar, em condições de livre concorrência, adotando-se para sua apuração as regras estabelecidas na lei em relação à margem do valor agregado.

Com relação às alíquotas, há um tratamento detalhado pela Constituição que distingue, para esse efeito, cinco tipos de operações, a saber:

I – operações internas,

II – operações interestaduais quando o destinatário for contribuinte,

III – operações interestaduais quando as mercadorias se destinem ao ativo fixo ou consumo do destinatário do ICMS,

IV – operações interestaduais quando o destinatário não for contribuinte do ICMS,

V – operações destinadas ao exterior (exportação).

Em relação às operações internas, ou seja, as celebradas entre estabelecimentos situados dentro do mesmo Estado, cada Estado fixará, através de lei, as alíquotas respectivas, as quais não poderão ser inferiores às previstas para as operações interestaduais envolvendo as mesmas mercadorias.

Nesse sentido, dispõe o art. 155, § 2°, V, da CF que é facultado ao Senado Federal estabelecer alíquotas mínimas nas operações internas, mediante resolução de iniciativa de um terço e aprovada pela maioria absoluta de seus membros. Além disso, Resolução do Senado poderá fixar alíquotas máximas nas mesmas operações para resolver conflito específico que envolva interesse de Estados, mediante resolução de iniciativa da maioria absoluta e aprovada por dois terços de seus membros.

Ainda com relação às alíquotas internas, dispõe o inciso VI do § 2° do art. 155 da CF que salvo deliberação em contrário dos Estados e do Distrito Federal, nos termos do disposto em lei complementar a quem caberá regular, nos termos da deliberação dos Estados, serão concedidos isenções e benefícios fiscais, as alíquotas internas nas operações relativas à circulação de mercadorias e nas prestações de serviços, não poderão ser inferiores às previstas para as operações interestaduais.

Para as alíquotas interestaduais e de exportação, estabelece o art. 155, § 2°, IV, que resolução do Senado Federal, de iniciativa do Presidente da República ou de um terço dos Senadores, aprovada pela maioria absoluta de seus membros, estabelecerá as alíquotas do ICMS. Como se vê, a regra atribui ao Senado Federal a função de fixar as alíquotas para operações interestaduais e de exportação, visando dirimir os efeitos da guerra fiscal, fato pelo qual, neste particular a legislação do ICMS é uniforme em todo o território nacional.

Em relação às operações e prestações que destinem bens e serviços a consumidor final localizado em outro Estado, a Emenda Constitucional n° 87/15 deu nova redação ao art. 155, § 2°, VII da CF 88, modificando a regra no sentido de que se adotava a alíquota interestadual, quando o destinatário for contribuinte do imposto ou a alíquota interna, quando o destinatário não for contribuinte dele. Na compostura normativa revogada, no do destinatário localizado em outro Estado for contribuinte do imposto, cabia ao Estado da localização do destinatário o imposto correspondente à diferença entre a alíquota interna e a interestadual. Agora, nas operações e prestações que destinem bens e serviços a consumidor final, contribuinte ou não do imposto, localizado em outro Estado, adotar-se-á a alíquota interestadual e caberá ao Estado de localização do destinatário o imposto correspondente à diferença entre a alíquota interna do Estado destinatário e a alíquota interestadual. Além disso, conforme dispõe o inciso VIII com redação pela EC n° 87/15, a responsabilidade pelo recolhimento do imposto correspondente à diferença entre a alíquota interna e a interestadual de que trata o inciso VII será atribuída ao destinatário, quando este for contribuinte do imposto, e ao remetente, quando o destinatário não for contribuinte do imposto.

Como se observa, a Resolução do Senado Federal terá atribuição para fixar as alíquotas do ICMS nas operações interestaduais e de exportação, e nas operações internas, definirá as alíquotas mínimas e máximas.

A Resolução nº 22 de 19 de maio de 1990, do Senado Federal, determina as seguintes alíquotas interestaduais:

I – Do Sudeste para outro Estado do Sudeste: 12%.

II – Do Sudeste para o Sul: 12%.

III – Do Sudeste para o Nordeste, Norte e Centro Oeste: 7%.

IV – Do Norte, Nordeste e Centro Oeste para o Sudeste: 12%.

A tabela favorece os Estados mais pobres da federação que estão situados nas regiões Norte, Nordeste e Centro Oeste. Assim, numa venda do Amapá para Minas Gerais a alíquota será de 12% porque é a empresa de Minas Gerais que recolherá o ICMS ao Estado do Amapá. Na operação inversa, paga-se o ICMS com alíquota de 7% porque é a empresa do Amapá que estará recolhendo ICMS para o Estado de Minas Gerais.

3.6. Imunidades e não incidências do ICMS

O art. 155, § 2º, X, "a", da CF, com redação dada pela Emenda Constitucional nº 42 de 19.12.2003, estabelece regra de imunidade quando determina que o ICMS não incidirá sobre operações que destinem mercadorias para o exterior, nem sobre serviços prestados a destinatários no exterior, assegurada a manutenção e o aproveitamento do montante do imposto cobrado nas operações e prestações anteriores.

A redação anterior fazia distinção entre produtos industrializados, determinando que o ICMS incidia sobre demais mercadorias não consideradas produtos industrializados, inclusive os semi-elaborados. Pela atual redação, não há incidência na exportação, qualquer que seja a mercadoria, inclusive com o aproveitamento dos créditos oriundos das operações anteriores.

Importante observar que o art. 32 da LC nº 87/96 determina que a partir de sua vigência o imposto não incidirá sobre operações que destinem ao exterior mercadorias, inclusive produtos primários e produtos industrializados semi-elaborados, bem como sobre prestações de serviços para o exterior. Além disso, as operações que destinem ao exterior mercadorias, produtos primários e também os industrializados semi -elaborados, darão direito de crédito, que não será objeto de estorno, as mercadorias entradas no estabelecimento para integração ou consumo em processo de produção de mercadorias industrializadas, inclusive semi-elaboradas, destinadas ao exterior. Assim, ensejam direito ao crédito as operações com empresas dedicadas à exportação de mercadorias e prestação de serviços ao exterior, cujas entradas sejam tributadas, e as saídas imunes ao ICMS.

No entanto, não darão direito à compensação os créditos oriundos de operações sujeitas à isenção ou não incidência em sentido estrito. Aliás, o sujeito passivo fica obrigado a efetuar o estorno do imposto de que tiver se creditado sempre que o serviço tomado ou a mercadoria entrada no estabelecimento for objeto de saída ou prestação de serviço não tributada ou isenta, sendo esta circunstância imprevisível na data da entrada da mercadoria ou da utilização do serviço. Além disso, também deverão ser estornados os créditos nas hipóteses em que a mercadoria for integrada ou consumida em processo de industrialização, quando a saída do produto resultante não for tributada ou estiver isenta do imposto. Da mesma forma, quando a mercadoria vier a ser utilizada em fim alheio à atividade do estabelecimento ou vier a perecer, deteriorar-se ou extraviar-se.

O saldo credor de ICMS acumulado nas operações de exportação poderá ser aproveitado na hipótese de transferência do crédito acumulado do estabelecimento exportador para outro estabelecimento da mesma pessoa jurídica, localizado no mesmo Estado. Já com relação à transferência de saldo credor acumulado para estabelecimento de outra pessoa jurídica, o procedimento está condicionado à emissão de documento pela autoridade fazendária que reconheça o crédito.

Importante esclarecer que as operações que destinem mercadorias ao exterior também garantem o crédito de ICMS nas chamadas operações de exportação indireta. A exportação indireta é uma prática comercial comum e consiste numa operação de venda ao exterior em que o produtor, industrial ou comerciante se vale de uma terceira empresa exportadora, denominada *trading company*, a quem compete os trâmites burocráticos da exportação, além de se encarregar do transporte e embarque ao exterior. Neste caso, o exportador emitirá os documentos fiscais sem o destaque do ICMS que ficará sob regime de suspensão no entreposto aduaneiro, até que fique comprovada a exportação pela *trading company* que se incumbirá de apresentar a declaração de exportação em 180 dias. Caso não o faça, o exportador ficará obrigado a recolher o ICMS e demais acréscimos moratórios incidentes sobre a operação.

Também haverá imunidade do ICMS, conforme verificamos anteriormente, sobre operações que destinem a outros Estados petróleo, inclusive lubrificantes, combustíveis líquidos e gasosos dele derivados, e energia elétrica, assim como nas prestações de serviço de comunicação nas modalidades de radiodifusão sonora e de sons e imagens de recepção livre e gratuita.

Por fim, consoante dispõe o art. 155, § 2°, X, "c", da CF, o ICMS não incidirá sobre o ouro, nas hipóteses definidas no art. 153, § 5°. Assim, quando o ouro for considerado ativo financeiro ou instrumento cambial, não haverá a materialização do ICMS, incidindo apenas o IOF. Por outro lado, o ouro posto no comércio como joia assume a natureza de mercadoria, e por isso tais operações devem ser tributadas através do ICMS.

A Lei Federal n° 7.766/89 definiu as hipóteses em que o ouro é considerado ativo financeiro. Observo que em certas hipóteses, referida lei considera o ouro como ativo tal desde sua extração, mas apesar disso, Consultoria da Administração Tributária da Secretaria da Fazenda do Estado de São Paulo não faz reparos à juridicidade da apontada lei federal como apta a definir ouro como ativo financeiro desde a sua extração.

A LC nº 87/96 estabelece em seu art. 3º uma lista de não incidências do ICMS. No entanto, as normas dispostas nos incisos I a IV representam imunidades já que estão elencadas no texto da Constituição, sendo meramente enunciativa a disposição da lei complementar. Dessa forma, são imunes ao ICMS as seguintes operações:

I – operações com livros, jornais, periódicos e o papel destinado a sua impressão;

II – operações e prestações que destinem ao exterior mercadorias, inclusive produtos primários e produtos industrializados semi-elaborados, ou serviços;

III – operações interestaduais relativas a energia elétrica e petróleo, inclusive lubrificantes e combustíveis líquidos e gasosos dele derivados, quando destinados à industrialização ou à comercialização;

IV – operações com ouro, quando definido em lei como ativo financeiro ou instrumento cambial;

As demais normas elencadas no art. 3º da LC nº 87/96 representam hipóteses de não incidência em sentido estrito. Dessa forma, o ICMS *não incide* nas seguintes operações:

V – operações relativas a mercadorias que tenham sido ou que se destinem a ser utilizadas na prestação, pelo próprio autor da saída, de serviço de qualquer natureza definido em lei complementar como sujeito ao imposto sobre serviços, de competência dos Municípios, ressalvadas as hipóteses previstas na mesma lei complementar;

VI – operações de qualquer natureza de que decorra a transferência de propriedade de estabelecimento industrial, comercial ou de outra espécie;

VII – operações decorrentes de alienação fiduciária em garantia, inclusive a operação efetuada pelo credor em decorrência do inadimplemento do devedor;

VIII – operações de arrendamento mercantil, não compreendida a venda do bem arrendado ao arrendatário;

IX – operações de qualquer natureza de que decorra a transferência de bens móveis salvados de sinistro para companhias seguradoras.

Equipara-se às operações de que trata o item II a saída de mercadoria realizada com o fim específico de exportação para o exterior, destinada a:

a) empresa comercial exportadora, inclusive tradings ou outro estabelecimento da mesma empresa;

b) armazém alfandegado ou entreposto aduaneiro.

3.7. A não cumulatividade do ICMS

Dispõe o art. 155, § 2º, I, da CF que o ICMS será não cumulativo, compensando-se o que for devido em cada operação relativa à circulação de mercadorias ou prestação de serviços com o montante cobrado nas anteriores pelo mesmo ou outro Estado ou pelo Distrito Federal.

Vimos discorrendo que o Princípio da Não Cumulatividade se relaciona aos impostos plurifásicos, onde o contribuinte adquire mercadorias para revenda com lucro ou como insumos de produção, podendo se creditar do imposto pago na operação anterior em que assume o encargo do valor do imposto agregado ao preço.

Como se sabe, na operação seguinte em que se procede à venda do produto ou mercadoria com a margem agregada, o contribuinte debita o valor do imposto recebido no preço da mercadoria, produto ou serviço, recolhendo somente a diferença, de maneira que a não cumulatividade consiste na sistemática de débito e crédito, perfazendo-se a compensação do crédito anteriormente adquirido, na operação subseqüente.

A não cumulatividade se perfaz por meio de escrita fiscal, ensejando crédito na aquisição de matérias primas, materiais intermediários, material de embalagem, serviços e demais insumos de produção, o qual será deduzido do montante dos impostos devidos pelas saídas realizadas.

De fato, pode ser aproveitado o crédito do imposto pago na aquisição de mercadorias utilizadas na comercialização e empregada para integração ao produto final ou para consumo no respectivo processo de industrialização, integrando o produto final, sendo também admitido o creditamento em relação a produtos ou mercadorias que, embora não integrando o produto final, sejam consumidos no processo de industrialização (insumos).

Como se sabe, há controvérsias em relação à determinação de quais seriam os produtos ou mercadorias que, não integrando o produto final, seriam consumidos no processo de industrialização, ensejando o direito ao crédito do imposto.

Analisamos anteriormente que as operações de exportação, a par de imunes ao ICMS, não impedem o direito ao creditamento do imposto, em cumprimento à não cumulatividade. Doravante, a própria Constituição limita o alcance do princípio em questão quando estabelece no art. 155, § 2º, II, que a isenção ou não incidência, salvo determinação em contrário da legislação não implicará crédito para compensação com o montante devido nas operações ou prestações seguintes; e acarretará anulação do crédito relativo às operações anteriores.

Como se vê, a não cumulatividade não se aplica quando o ICMS não tiver sido exigido na operação anterior, nos casos de isenção ou não incidência. Não obstante, ao dispor que a lei poderá estabelecer regra em contrário, somente poderia estar autorizando tratamento mais benéfico ao contribuinte, e sob esse aspecto, é curial que a LC nº 87/96 estabelece que é vedado o crédito relativo à mercadoria entrada no estabelecimento ou a prestação de serviços a ele feita:

I – para integração ou consumo em processo de industrialização ou produção rural, quando a saída do produto resultante não for tributada ou estiver isenta do imposto, exceto se tratar-se de saída para o exterior;

II – para comercialização ou prestação de serviço, quando a saída ou a prestação subseqüente não forem tributadas ou estiverem isentas do imposto, exceto as destinadas ao exterior.

3.8. A seletividade do ICMS

Estabelece o art. 155, § 2°, III, da CF que o ICMS poderá ser seletivo, em função da essencialidade das mercadorias e dos serviços.

De início se verifica a distinção para com o IPI, onde a seletividade é imposta com obrigatoriedade. No entanto, assim como ocorre com o IPI, a seletividade do ICMS adota o parâmetro da essencialidade das mercadorias, de maneira que as alíquotas do imposto estadual poderão ser diversificadas em função da essencialidade das mercadorias tributadas.

Conforme analisamos anteriormente, a seletividade possui um espectro que decorre da igualdade jurídica, assim como a capacidade contributiva, muito embora esta seja mais perceptível em função do caráter pessoal, ausente na seletividade.

No Estado de São Paulo, o art. 34 da Lei Estadual n° 6.374/89 que disciplina as alíquotas do ICMS permite identificar a seletividade no item 3 do § 1° que menciona alíquota de 12% para operações com arroz, feijão, pão, sal e produtos comestíveis resultantes do abate de aves, de coelho ou de gado, em estado natural, resfriados ou congelados, em comparação com os 17% cobrados nas operações internas em geral.

4. Imposto sobre a Propriedade de Veículos Automotores

O IPVA possui seu arquétipo no art. 155, III, da CF que determina que compete aos Estados e ao Distrito Federal instituir impostos sobre propriedade de veículos automotores. Sob a égide da Constituição de 1967, era denominado TRU – Taxa Rodoviária Única, fato pelo qual não tem previsão no CTN, tendo vestido a indumentária de imposto a partir da promulgação da Emenda Constitucional n° 27/85.

4.1. Ausência de lei complementar e bitributação do IPVA

Antes de permear o estudo acerca do aspecto material de sua hipótese de incidência, é necessário abordar a questão da ausência de lei complementar nacional dispondo sobre as normas gerais e conflitos de competência do IPVA. A questão paira sobre a prescindibilidade da lei complementar e eventual abalo ao disposto no art. 146, I e III da CF/88.

De fato, o preceptivo constitucional exige lei complementar, sobretudo para dirimir os conflitos de competência, e nesse ponto são importantes os ensinamentos de Paulo de Barros Carvalho: "*...preceituou o legislador constitucional que toda a matéria da legislação tributária está contida no âmbito da competência da lei complementar. Aquilo que não cair na vala explícita da sua 'especialidade' caberá, certamente, no domínio da implicitude de sua 'generalidade'. Que assunto poderia escapar de poderes tão amplos? Eis aí o aplicador do direito novamente atônito! Pensará: como é excêntrico o legislador da Constituição! Demora-se por delinear, pleno de cuidados, as faixas de competência da União, dos Estados, do Distrito Federal e dos Municípios e, de entremeio, torna tudo aquilo supérfluo, na medida em que põe nas mãos do legislador complementar a iniciativa de regrar os mesmos assuntos, fazendo-o pelo gênero ou por* *algumas espécies que lhe aprouve consignar, esquecendo-se de que as eleitas, como as demais espécies, estão contidas no conjunto que representa o gênero.*"[5]

Enfrentando a questão da função desempenhada pelas normas gerais de direito tributário, prossegue seu magistério: "*O primeiro passo é saber que são as tão faladas normas gerais de direito tributário. E a resposta vem depressa: são aquelas que dispõem sobre conflitos de competência entre as entidades tributantes e também as que regulam as limitações constitucionais ao poder de tributar. Pronto: o conteúdo está firmado. Quanto mais não seja, indica, denotativamente, o campo material, fixando-lhe limites. E como fica a dicção constitucional, que despendeu tanto verbo para dizer algo bem mais amplo? Perde-se no âmago de rotunda formulação pleonástica que nada acrescenta. Vejamos. Pode o legislador complementar, invocando a disposição do art. 146, III, 'a', definir um tributo e suas espécies? Sim, desde que seja para dispor sobre conflitos de competência.*"[6]

Nesse sentido, a inexistência de lei complementar do IPVA tem trazido problemas em relação ao conflito de competências que é realidade nos dias atuais, e nomeadas vezes há situações configurando bitributação.

Como se sabe, na venda do veículo automotor, o contribuinte está obrigado pelo art. 134 do Código Brasileiro de Trânsito , além do tradicional preenchimento do recibo e respectivo reconhecimento de assinatura, à obrigação acessória de informar a venda no prazo de 30 dias ao órgão de trânsito, sob pena de assumir a responsabilidade pelo pagamento do IPVA. Por outro lado, no Estado de São Paulo, a Lei nº 13.296/08 que instituiu o IPVA naquela unidade federativa estabelece em seu art. 6º, II, que são responsáveis pelo pagamento do imposto o proprietário de veículo automotor que o alienar e não fornecer os dados necessários à alteração no cadastro de contribuintes do IPVA no prazo de 30 dias em relação aos fatos geradores ocorridos entre o momento da alienação e o do conhecimento desta pela autoridade responsável.

Nas hipóteses em que o veículo é transferido para outro Estado, lá o veículo será matriculado e desse novo cadastro será efetivado o lançamento.

Ocorre que a omissão do alienante e a falta de um cadastro nacional acaba permitindo que o mesmo veículo permaneça matriculado ou inscrito no Estado de origem, ao mesmo tempo em que o Estado de destino também se encarregará que o lançamento seja lá efetivado. Como a praxe da Administração Fazendária tem demonstrado, os cadastros dos Estados remetente e destinatário não possuem qualquer ligação, e por não reunirem estrutura apta a mante-lo atualizado, ocorre o duplo lançamento, sendo o alienante exigido do IPVA no Estado de procedência e o adquirente onerado do mesmo tributo no Estado destinatário, não obstante a riqueza seja a mesma.

É deplorável, mas ainda corriqueiro, tornando cada vez mais comuns demandas judiciais versando sobre o tema. No âmbito do Tribunal de Justiça de São Paulo há julgados nos dois sentidos, mas prevalece o entendimento que atribui responsabilidade solidária

---

5 Op. cit., p. 203.

6 Idem, p. 210.

do alienante do veículo que não efetiva a comunicação no prazo. Nesse sentido, julgado da 13ª Câmara de Direito Público do TJSP, nos EI nº 0012754-29.2011.8.26.0053, julgado em 12/12/2013.

Adotando pensamento distinto, o STJ entendeu que a responsabilidade do antigo proprietário refere-se somente às infrações de trânsito, não sendo possível interpretar ampliativamente o art. 134 do CBT para criar responsabilidade tributária não prevista no CTN no que se refere ao período posterior à alienação. Nesse sentido: RESP nº 1.116.937-PR.

Outra questão tormentosa diz respeito à prescrição do crédito decorrente de IPVA e mais uma vez nos inquietamos com a pequenez da literalidade da norma.

Explicitando a realidade normativa do IPVA, é comum encontrar-se leis estaduais que estabelecem norma no sentido de que o IPVA é sujeito a lançamento por homologação, como se ao contribuinte competisse apurar o valor tributado e pagá-lo antecipadamente, o que efetivamente não ocorre em relação a esse imposto.

Ao que parece, essas normas tem a finalidade de enquadrar a cobrança do IPVA na sistemática dos tributos sujeitos ao autolançamento e isso tem ensejado debates sobre a prescrição do crédito para a cobrança do IPVA.

No caso do Estado de São Paulo, a lei nº 13.296/08 estabelece que o contribuinte ou o responsável efetuará anualmente o pagamento do imposto, na forma estabelecida pelo Poder Executivo, o qual ficará sujeito à homologação pela autoridade administrativa competente.

Trata-se de caso cerebrino de equivocidade normativa, haja vista que o contribuinte em nenhum momento contribui para o lançamento do imposto. Como acontece no mais da vezes, está claro que o lançamento do IPVA é de ofício pelo simples fato de que não existe qualquer participação do sujeito passivo em sua elaboração, estando sedimentada a tradição de o contribuinte receber a cobrança do imposto pronta em seu domicílio. Aliás, se o lançamento do IPVA fosse mesmo por homologação como estabelecem algumas leis estaduais, a Fazenda Pública faria valer as informações do contribuinte demonstradas nos documentos de transferência e posse, devidamente reconhecidos sob a outorga das autoridades de trânsito. O cotidiano tem demonstrado que na prática não existe autolançamento em relação ao IPVA.

Na correta visão de Hugo de Brito Machado, "*o lançamento do IPVA é feito de ofício. A repartição competente para o licenciamento do veículo remete para a Secretaria da Fazenda as informações necessárias e este emite o documento com o qual o proprietário do veículo é notificado para fazer o pagamento.*" [7]

O STJ já considerou o IPVA como sendo imposto sujeito a lançamento de ofício, razão pela qual a constituição definitiva do crédito se perfaz com a notificação para o pagamento do imposto, não se aplicando as disposições locais que definem outros termos iniciais do prazo prescricional. Nesse sentido: Ag. Reg. no AI 1251793-SP, j. 18/03/2010.

---

[7] Op. cit., p.386.

Com esse referencial, pode se depreender que a ausência de lei complementar tem permitido que ocorram tanto os prejuízos da bitributação quanto às infindáveis especulações sobre a prescrição no IPVA.

Corrigindo as distorções das legislações ordinárias que definem o lançamento do IPVA como sendo por homologação, o fato é que o prazo prescricional do IPVA se verifica com base no disposto no art. 174 do CTN, de tal maneira que o imposto referente ao exercício de 2012 deve ser submetido à execução fiscal até o dia 31 de dezembro de 2017, salvo nas hipóteses em que ocorrer suspensão ou interrupção do prazo, e desde que o contribuinte tenha sido notificado do débito em 2012.

E como se viu no julgados acima, não socorre o fisco as disposições legais que determinam seja considerado o termo inicial do prazo prescricional a notificação posteriormente encaminhada, às vezes anos depois do fato gerador, mesmo porque deve ser considerada como regular notificação de lançamento, aquela notabilizada pela correspondência encaminhada pela Secretaria da Fazenda ao contribuinte com a conta do IPVA. Essa é a verdadeira notificação, devidamente cientificada ao contribuinte informando a constituição do crédito e concedendo prazo para pagamento, de maneira que nesse momento deve ser anotado o termo inicial do prazo prescricional.

Portanto, quando o contribuinte alega que vendeu o veículo, documentando essa venda com o próprio recibo preenchido, assinado e com firma reconhecida, e ainda assim a Fazenda não lhe confere crédito, lançando o IPVA com base em seus próprios cadastros, fica claro que o lançamento é de ofício, não podendo a lei estadual alterar essa realidade.

Certamente houvesse lei complementar nesse sentido, os nefastos prejuízos causados pelo conflito de competência do IPVA seriam contidos pela simples implantação de um cadastro único, determinando que a Fazenda Pública ficasse obrigada a cancelar o débito do IPVA pela comezinha razão de que a riqueza tributada não mais pertence àquela unidade federativa.

Como se vê, a tese se desdobra no Princípio do Sinal de Riqueza, na exata medida em que o imposto, no exemplo mencionado, somente poderia ser exigido por um Estado da Federação. Ainda mais esdrúxula é a situação quando o contribuinte alienante é autuado pelo não pagamento do IPVA, sendo compelido a responder por infração tributária que não praticou, o que avulta dupla ilegalidade, mesmo porque o mero inadimplemento não pode configurar prática de ilícito.

4.2. O aspecto material do IPVA

Na análise do aspecto material do IPVA, deve-se entender como veículo automotor qualquer veículo terrestre, aéreo, aquático ou anfíbio dotado de força-motriz própria, ainda que complementar ou alternativa de fonte de energia natural.

No julgamento do RE nº.134.509, o STF apreciou a questão da incidência do IPVA sobre *embarcações* e no RE nº 255.111, sobre as *aeronaves*. Os julgamentos dos dois recursos foram proferidos em sessão plenária do dia 29.05.2002, ocasião em que o STF construiu uma interpretação histórica, ressaltando que em 1985, por meio da

Emenda Constitucional nº 27, o IPVA sucedeu a Taxa Rodoviária Única – TRU – que incidia somente sobre a propriedade de automóveis e demais veículos de trânsito terrestre. Demonstrou-se que a atividade de transporte através de navios e aeronaves não são vinculadas ao campo de atividades de Estados e Municípios, sendo submetidas a controle por órgãos federais sem qualquer ingerência de Estados e Municípios na disciplina do tráfego aéreo e marítimo.

Interessante observar que no voto vencido proferido pelo Ministro Marco Aurélio, prevaleceu a interpretação literal ao entender que a expressão *veículo automotor* compreende qualquer veículo, concluindo-se pela incidência do IPVA sobre embarcações e aeronaves. Entrementes, no julgamento dos dois recursos prevaleceu entendimento favorável aos contribuintes, afastando a incidência do IPVA em relação às embarcações e aeronaves, sobre o fundamento de que o IPVA é sucessor da TRU que tributava veículos trafegáveis por rodovias e não por aerovias ou aquavias, razão pela qual a competência para disciplinar atividades aeroviárias e navais é da União e não dos Estados.

Os veículos terrestres são cadastrados na repartição de trânsito (Detran – Departamento Estadual de Trânsito) enquanto as aeronaves são registradas perante o Registro Aeronáutico Brasileiro que é órgão federal. Por isso, prevaleceu o entendimento segundo o qual está afastada do campo material de incidência do IPVA a propriedade de embarcações e aeronaves. Com todo respeito ao entendimento firmado pelo STF, o fato é que o IPVA é tributado em função da riqueza e não pela natureza da atividade, demonstrando o desacerto da decisão.

Ponderando um pouco mais sobre o aspecto material, indaga-se sobre quais implicações haveriam no desdobramento da relação jurídica se a riqueza deixasse de existir no interregno do período de apuração. Observo que por se tratar de fato gerador verificável mediante uma situação jurídica que se prolonga no tempo, considera-se ocorrido o fato gerador do IPVA no dia 1º de janeiro, não obstante tenhamos analisado anteriormente que o indivíduo não é proprietário no dia 1º de janeiro, mas ao longo de todo ano. Assim, se o IPVA é anual, o primeiro dia do ano serve apenas para demarcar o aspecto temporal a partir do qual se considera ocorrido o pressuposto fático.

Mas o fato é que se o contribuinte recolhe no início do exercício o IPVA que incide durante todo o ano, está claro que não deverá fazê-lo caso não se perfaça integralmente a propriedade durante esse período. Daí, nada mais justo, ausente a materialidade, que a legislação autorize a devolução do imposto pago a maior, no caso de eventos que acarretem a supressão do sinal de riqueza.

Nesse sentido, a Lei Paulista nº 6.606/89, aplicável aos fatos geradores ocorridos até 2008, estabelecia em seu art. 11 que o Poder Executivo dispensará o pagamento do imposto quando ocorrer perda total do veículo por furto, roubo, sinistro ou outro motivo que descaracterize seu domínio ou sua posse, segundo normas fixadas em decreto.

No entanto, o parágrafo único do mesmo preceptivo resvalou no Princípio do Sinal de Riqueza ao dispor que a dispensa no pagamento não desonera o contribuinte do pagamento do imposto incidente sobre fato gerador ocorrido anteriormente ao evento, ainda que no mesmo exercício. Como se vê, a lei penaliza o contribuinte que já recolheu o IPVA devido no período integral de um ano, e não obstante o sinal de riqueza tenha se perdido nesse interregno, não faz jus à recuperação proporcional do valor indevidamente pago, de tal maneira que se o imposto é pago integralmente em janeiro e sinistrado em julho, o contribuinte deve ter o direito a restituir metade do imposto. Qualquer tomada de posição em sentido contrário menospreza o Princípio do Sinal de Riqueza, o Princípio que proíbe o enriquecimento sem causa, o Princípio da Legalidade e o Princípio da Moralidade.

Daí, quer me parecer que a lei revogada padece de inconstitucionalidade ao inviabilizar o direito à restituição do IPVA recolhido no mesmo exercício em que ocorreu o evento supressor da riqueza.

A Lei nº 13.296/2008 trata da questão no art. 14 e preconiza que fica dispensado o pagamento do imposto, a partir do mês da ocorrência do evento, na hipótese de privação dos direitos de propriedade do veículo por furto ou roubo, quando ocorrido no território do Estado de São Paulo, na seguinte conformidade: o imposto pago será restituído proporcionalmente ao período, incluído o mês da ocorrência em que ficar comprovada a privação da propriedade do veículo; a restituição ou compensação será efetuada a partir do exercício subseqüente ao da ocorrência.

É sintomático que por outro lado, o § 1° do mesmo artigo estabeleça, assim como fazia a lei anterior, que a dispensa prevista neste artigo não desonera o contribuinte do pagamento do imposto incidente sobre fato gerador ocorrido anteriormente ao evento, ainda que no mesmo exercício. Ao que tudo indica, a lei exige o pagamento do IPVA no exercício atual, mas permite a restituição proporcional a partir do mês em que ocorrer o evento, coisa que não ocorria na lei anterior.

Além disso, a nova disposição permite que o Poder Executivo dispense o pagamento do imposto incidente a partir do exercício seguinte ao da data da ocorrência do evento nas hipóteses de perda total do veículo por furto ou roubo ocorridos fora do território paulista, por sinistro ou por outros motivos, previstos em regulamento, que descaracterizem o domínio ou a posse.

4.3. O aspecto temporal do IPVA

Considera-se ocorrido o fato gerador do imposto no dia 1° de janeiro de cada ano, em se tratando de veículo usado. Em se tratando de veículo novo, na data de sua primeira aquisição pelo consumidor.

Para as hipóteses de veículo importado diretamente do exterior pelo consumidor, o fato gerador ocorre na data de seu desembaraço aduaneiro.

Além disso, o IPVA será devido a partir da data em que deixar de ser preenchido requisito que tiver dado causa à imunidade, isenção ou dispensa de pagamento.

No caso de veículo novo adquirido em leilão, o momento da incidência se perfaz na data da arrematação. Já em se tratando de veículo não fabricado em série, o fato gerador ocorre na data em que estiver autorizada sua utilização.

4.4. O aspecto pessoal do IPVA

O contribuinte do IPVA é o proprietário do veículo, e ao contrário do que ocorre com os demais impostos sobre a propriedade, como o ITR e o IPTU, a sujeição passiva não recai sobre o titular do domínio útil e possuidor, nada obstando que tais indivíduos possam figurar como responsáveis tributários, desde que haja previsão em lei específica.

Em relação à pessoa jurídica, considera-se contribuinte cada um dos seus estabelecimentos para fins de cumprimento das obrigações tributárias, bem como o conjunto dos estabelecimentos para fins de garantia do cumprimento das obrigações.

São considerados responsáveis pelo pagamento do imposto e acréscimos legais, o adquirente, em relação ao veículo adquirido sem o pagamento do imposto e acréscimos legais do exercício ou exercícios anteriores; o proprietário de veículo automotor que o alienar e não fornecer os dados necessários à alteração no Cadastro de Contribuintes do IPVA no prazo de 30 (trinta) dias, em relação aos fatos geradores ocorridos entre o momento da alienação e o do conhecimento desta pela autoridade responsável; o leiloeiro, em relação ao veículo adquirido ou arrematado em leilão e entregue sem comprovação do pagamento do IPVA e acréscimos legais pendentes sobre o mesmo, correspondente ao exercício ou exercícios anteriores; o inventariante, pelos débitos devidos pelo espólio; o tutor ou o curador, pelos débitos de seu tutelado ou curatelado; a pessoa jurídica que resultar da fusão, incorporação ou cisão de outra ou em outra pessoa jurídica; o agente público que autorizar ou efetuar o registro, licenciamento ou a transferência de propriedade de veículo automotor neste Estado, sem a comprovação do pagamento ou do reconhecimento da imunidade, da concessão da isenção ou dispensa do pagamento do imposto; a pessoa jurídica de direito privado, bem como o sócio, diretor, gerente ou administrador, que tomar em locação veículo para uso neste Estado, em relação aos fatos geradores ocorridos nos exercícios em que o veículo estiver sob locação; o agente público responsável pela contratação de locação de veículo, para uso neste Estado por pessoa jurídica de direito público, em relação aos fatos geradores ocorridos nos exercícios em que o veículo estiver sob locação; o sócio, diretor, gerente, administrador ou responsável pela empresa locadora, em relação aos veículos locados ou colocados à disposição para locação neste Estado; o titular do domínio ou o possuidor a qualquer título; todo aquele que efetivamente concorrer para a sonegação do imposto.

4.5. O aspecto espacial do IPVA

O IPVA será devido ao Estado do domicílio ou da residência do proprietário em que estiver cadastrado o veículo,, registrado ou matriculado. Se o proprietário for pessoa física, o domicílio será a sua residência habitual, ou, se a residência habitual for incerta ou desconhecida, o centro habitual de sua atividade onde o veículo esteja sendo utilizado.

No caso de pessoa natural com múltiplas residências, presume-se como domicílio tributário para fins de pagamento do IPVA, o local onde, cumulativamente, possua residência e exerça profissão. Caso possua residência e exerça profissão em mais de um local, o IPVA será devido no endereço constante da Declaração de Imposto de Renda.

Caso o proprietário seja pessoa jurídica de direito privado, seu domicílio será o estabelecimento situado no território do respectivo Estado, quanto aos veículos automotores que a ele estejam vinculados na data da ocorrência do fato gerador, ou ainda o estabelecimento onde o veículo estiver disponível para entrega ao locatário na data da ocorrência do fato gerador, na hipótese de contrato de locação avulsa.

No caso de pessoas jurídicas de direito privado, não sendo possível determinar a vinculação do veículo na data da ocorrência do fato gerador, presume-se como domicílio o local do estabelecimento onde haja indícios de utilização do veículo com predominância sobre os demais estabelecimentos da mesma pessoa jurídica.

4.6. O aspecto valorativo do IPVA

A base de cálculo do IPVA é o valor de mercado do veículo, ou simplesmente seu valor venal. Os valores de mercado são atribuídos em tabelas estabelecidas pelas Secretarias da Fazenda dos respectivos Estados, as quais estabelecem os respectivos valores praticados, sendo divulgadas anualmente para viger no exercício seguinte, de maneira que na fixação dos valores serão observados os preços médios de mercado vigentes no mês de setembro.

Em se tratando de veículo novo, a base de cálculo será aferida pelo valor total constante do documento fiscal de aquisição do veículo pelo consumidor.

No caso do IPVA de veículos importados, a base de cálculo será o valor constante do documento de importação, acrescido dos valores dos tributos devidos em razão da importação, ainda que não recolhidos pelo importador.

No Estado de São Paulo, para veículos com mais de 10 anos e até 20 anos de fabricação, a base de cálculo terá valor equivalente a 90% da base de cálculo correspondente à do veículo fabricado no ano imediatamente posterior. Em relação a veículos com mais de 20 anos de fabricação, a base de cálculo será a mesma adotada para o veículo com 20 anos de fabricação.

Nas situações em que for constatada notória redução nos preços médios de mercado vigentes entre o mês de setembro e o mês de dezembro, poderá o Poder Executivo, excepcionalmente, autorizar a redução da base de cálculo.

No Estado de São Paulo, consoante dispõe o art. 9º da Lei nº 13.296/08, a alíquota do imposto, aplicada sobre a base de cálculo atribuída ao veículo, será de:

I – 1,5% (um inteiro e cinquenta centésimos por cento) para veículos de carga, tipo caminhão;

II – 2% (dois por cento) para:

a) ônibus e microônibus;

b) caminhonetes cabine simples;

c) motocicletas, ciclomotores, motonetas, triciclos e quadriciclos;

d) máquinas de terraplenagem, empilhadeiras, guindastes, locomotivas, tratores e similares;

III – 3% (três por cento) para veículos que utilizarem motor especificado para funcionar, exclusivamente, com os seguintes combustíveis: álcool, gás natural veicular ou eletricidade, ainda que combinados entre si;

IV – 4% (quatro por cento) para qualquer veículo automotor não incluído nos incisos I a III deste artigo.

A Constituição Federal reafirma, em relação aos impostos estaduais, sua vocação para vetorizar o aspecto valorativo, tanto que em relação ao IPVA, determina o art. 155, § 6°, com redação pela Emenda Constitucional n° 42/03 que o imposto terá alíquotas mínimas fixadas pelo Senado Federal.

Além disso, estabelece que o IPVA poderá ter alíquotas diferenciadas em função do tipo e utilização, deixando aberta a vala para a formatação, em nível legal, da progressividade do IPVA.

5. Impostos de competência do Distrito Federal

O art. 147 da Constituição da República estabelece que compete ao Distrito Federal os impostos municipais. De outro lado, dispõe o art. 155 que os impostos estaduais também são de competência do Distrito Federal.

Assim, em matéria de impostos, a competência legiferante do Distrito Federal cumula o campo material impositivo de Estados e Municípios por força da conjugação dos arts. 147 e 155 da Constituição, sendo considerados distritais o ITCMD, o ICMS, o IPVA, o ITBI, o IPTU e o ISS.

Capítulo XXIII IMPOSTOS MUNICIPAIS

SUMÁRIO: 1. Considerações iniciais. 2. Imposto sobre a Propriedade Predial e Territorial Urbana. 3. Imposto sobre a Transmissão Inter Vivos, a qualquer título, por Ato Oneroso, de Bens Imóveis, por natureza ou acessão física, e de Direitos Reais sobre Imóveis, exceto os de garantia, bem como Cessão de Direitos a sua aquisição. 4. Imposto sobre Serviços de Qualquer Natureza.

1. Considerações iniciais

Dentro da compostura normativa centralizadora empregada pelo sistema tributário nacional, restaram aos Municípios tributar os sinais de riqueza elencados no art. 156 da CF.

Dessa forma, os Municípios e o Distrito Federal podem tributar, por meio de impostos, as seguintes situações:

I – Propriedade Territorial Urbana;

II – Transmissão "inter vivos", a qualquer título, por ato oneroso, de bens imóveis, por natureza ou acessão física, e de direitos reais sobre imóveis, exceto os de garantia, bem como cessão de direitos a sua aquisição;

III – Prestação de Serviços de Qualquer Natureza, não compreendidos no art. 155,II, definidos em lei complementar.

O IVV – Imposto de Vendas a Varejo – previsto no texto original da Constituição foi suprimido definitivamente a partir de 01/01/96 por força da Emenda Constitucional nº 3/93.

2. Imposto sobre a Propriedade Predial e Territorial Urbana

O IPTU está delineado no art. 156, I, da CF e incide sobre a propriedade predial e territorial urbana.

O núcleo da hipótese de incidência gravita em torno do conceito de *imóvel urbano*, assim definido como aquele situado na zona urbana do município, competindo à lei municipal a atribuição de definir o perímetro urbano do município, seguindo os critérios fixados pelo art. 32 do CTN.

Nesse sentido, o art. 32 do CTN estabelece que o IPTU tem como fato gerador a propriedade, o domínio útil ou a posse de bem imóvel por natureza ou acessão física, como definido na lei civil, localizado na zona urbana do Município.

Sob esse aspecto, entende-se como zona urbana a definida em lei municipal, observado o requisito mínimo da existência de melhoramentos indicados em pelo menos dois dos incisos seguintes, construídos ou mantidos pelo Poder Público:

I – meio-fio ou calçamento, com canalização de águas pluviais;

II – abastecimento de águas;

III – sistema de esgotos sanitários;

IV – rede de iluminação pública, com ou sem posteamento para distribuição domiciliar;

V – escola primária ou posto de saúde a uma distância máxima de 3(três) quilômetros do imóvel considerado.

Como se vê, a propriedade imobiliária que materializa o IPTU tanto se configura por natureza, como por acessão física, ao contrário da propriedade imobiliária do ITR que somente se caracteriza por natureza. De tal arte, o Código Civil define o imóvel por natureza como sendo o solo e tudo quanto se lhe incorporar natural ou artificialmente. Por outro lado, configura-se imóvel por acessão física todos os elementos que a ele aderem, como as ilhas, os terrenos de aluvião ou avulsão, além das construções, edificações, sementes, pastagens e lavouras.

Com efeito, a materialidade do IPTU se concretiza com a propriedade, domínio útil ou a posse do imóvel urbano, de maneira que propriedade implica o direito real por excelência do qual derivam os direitos de uso, fruição e disposição sobre o bem.

É bem de ver que a propriedade corresponde à plenitude dos direitos de dono, mas o domínio útil denota a titularidade parcial e se configura quando o titular detém os direitos de uso e fruição do imóvel, mas não detém a propriedade plena.

Por outro lado, a posse pode materializar o IPTU quando o possuidor exercê-la com *animus domini*. A lei tributária disciplina aquelas situações de propriedade que permanecem irregulares sob a ótica da lei civil, albergando, para os fins de incidência tributária, a posse *ad usucapionem*. De fato, neste particular a condição de possuidor deriva de situações onde não há proprietário legitimamente constituído, e o possuidor reúne as qualidades de dono. Como se vê, disposições desse jaez traduzem a lógica do Princípio do Sinal de Riqueza inerente aos impostos.

Decididamente, muito embora os conceitos de propriedade, domínio útil e posse derivem do Direito Civil, para os fins de incidência da lei tributária não se exige, por exemplo, que o proprietário disponha do título translativo do domínio no registro de imóveis, bastando que detenha um ou mais poderes de dono, estando dispensadas as formalidades da lei civil no tocante à regularidade da propriedade imobiliária.

Em suma, pode se afirmar que o aspecto material do IPTU corresponde à propriedade, posse ou domínio útil sobre a propriedade imobiliária urbana, por natureza ou por acessão, assim definida como aquela pertencente à zona urbana delimitada em lei municipal que esteja de acordo com o art. 32 do CTN.

Por fim, consoante dispõe o art. 32, § 2° do CTN, o Município está autorizado a constituir zonas urbanas por extensão, e nesse sentido, a lei municipal pode considerar urbanas as áreas urbanizáveis, ou de expansão urbana constantes de loteamentos aprovados pelos órgãos competentes, destinados à habitação, à indústria ou ao comércio, mesmo que localizados fora das zonas definidas nos termos do parágrafo anterior.

De certa forma, o estudo do aspecto material do IPTU permite dimensionar seu aspecto pessoal, já que os contribuintes são, na exata dicção do art. 34 do CTN, o proprietário do imóvel, o titular do seu domínio útil, ou o seu possuidor a qualquer título. Assim, especulando sobre o aspecto pessoal, remanesce uma questão em relação à locução *possuidor a qualquer título*. Vimos discorrendo que a posse *ad usucapionem* materializa os impostos sobre a propriedade territorial, mas a intenção de mencionar a posse a qualquer título, assim como definida no CTN, estaria a congregar, ao que parece, até mesmo a posse adquirida ou exercida em caráter ilícito, mas sempre com o *animus domini*.

Evidentemente que o conceito não alberga situações como a posse direta e lícita, decorrente de um negócio jurídico onde o proprietário transfere a outrem o direito de usar o bem.

O fato é que quando o Código menciona o uso da posse a qualquer título, quer evidenciar que mesmo a posse ilícita pode ensejar a incidência do IPTU, desde que o possuidor a exercite com intenção de dono, até porque a obrigação tributária se desvincula e prescinde da origem remota inerente à riqueza tributada. Daí, para todos os efeitos, a propriedade urbana deve ser tributada por *alguém* que demonstre o sinal de riqueza, e se não há proprietário regularmente investido nessa condição, aquele que exercer a posse, ainda que de má-fé, poderá ser sujeito passivo do IPTU.

Por isso, necessário emprestar correta interpretação ao dispositivo, sob pena de chegar-se ao disparate de se considerar contribuinte, por exemplo, o locatário, já que inegavelmente exerce uma categoria de posse *a qualquer título.*

Sobre o aspecto pessoal do IPTU o STJ editou a Súmula n° 399 firmando o entendimento que cabe à legislação municipal estabelecer o sujeito passivo do IPTU.

Sobre o aspecto temporal, deve se levar em conta que sendo o fato gerador decorrente de uma situação jurídica, o átimo de tempo pelo qual se configura tal situação corresponde ao ano civil. Daí, também se questiona a legitimidade da legislação que estabelece o dia 1° de janeiro como sendo o aspecto temporal do IPTU, até porque não se paga o imposto pelo exercício anterior, mas pelo exercício atual.

Dessa forma, torno à discussão sobre a necessidade de configuração do pressuposto fático, e particularmente em relação ao IPTU isso ocorreria ao término do dia 31 de dezembro, momento a partir do qual estaria legitimada a exigência do imposto. No entanto, a maioria dos Municípios define como ocorrido o fato gerador do IPTU no dia 1° de janeiro de cada exercício, e sem embargo das opiniões em contrário, não há problema algum em definir-se a exigência do imposto devido no mesmo exercício em que ocorre o fato gerador. Houvesse qualquer ilegitimidade, bastaria deslocar a data para o dia 31 de dezembro do ano anterior, como se isso fosse de alguma forma, alterar a estrutura do tributo.

Aliás, sobre a distinção entre incidência e exigência, já tratamos alhures e constatamos que desde que esteja presente o sinal de riqueza, não há qualquer mácula nesse procedimento.

Em relação ao aspecto espacial, fica evidente que o IPTU incide sobre imóveis urbanos no território do Município. Não obstante, o STJ já decidiu sobre a não incidência do IPTU em relação aos imóveis localizados na área urbana do Município, desde que utilizados em exploração extrativa, vegetal, agrícola, pecuária ou agroindustrial. No julgamento do REsp nº 111.264.6-SP, destacou-se o aspecto da destinação do imóvel, desconsiderando a sua localização, o que, evidentemente, concentra o debate na materialidade e não no aspecto espacial do tributo, já que a discussão se resume em função do conceito de imóvel urbano.

O fato é que, a despeito de minoritária, ainda há jurisprudência tendente a qualificar o imóvel, para os fins de tributação pelo ITR, de acordo com a destinação que se lhe dê, em nítida adoção do regime jurídico adotado no direito anterior, e cuja legislação se polariza a partir das normas editadas pela União. O problema é que, ao definir um imóvel pela destinação, como faziam o Decreto-lei nº 57/66 e a Lei nº 5.868/72, a legislação federal acabava, por via de consequência, redefinindo o conceito de imóvel urbano, derrogando a competência municipal. A verdade é que essas decisões se fundamentam em critérios definidos em legislação que já foi revogada pela Lei nº 9.393/96.

Com efeito, é evidente que a tributação do ITR, assim como a do IPTU, devem se pautar no Código Tributário Nacional que foi recepcionado como lei complementar por expressa disposição da CF, daí porque, desde que a lei municipal, a quem compete definir a zona urbana, o faça com base nos vetores definidos pelo CTN, não há argumento válido para definir o imóvel rural por destinação, afetando diretamente a competência municipal. De tal arte, a questão denota uma afronta ao pacto federativo em face da usurpação da competência municipal outorgada pela Constituição para definir os contornos de *zona urbana*, razão pela qual fica evidenciada a competência do STF para dirimir o conflito, *ex vi* do art. 103, III, "d", da Constituição, com redação pela EC nº 45/04.

No que diz respeito ao aspecto valorativo, preconiza o art. 33 do CTN que a base de cálculo do imposto é o valor venal do imóvel que deve corresponder ao preço de venda à vista praticado em condições normais, sendo consentâneo com o valores praticados no mercado. Para os fins do IPTU, o valor venal costuma ser definido em lei municipal por meio da Planta Genérica onde se encontram definidos os valores venais dos imóveis urbanos cadastrados no Município.

É importante esclarecer que a base de cálculo do IPTU pode ser definida por arbitramento mediante lançamento de ofício pela autoridade administrativa, desde que siga os parâmetros definidos no art. 149 do CTN, de tal maneira que os valores venais poderiam, em tese, ser definidos mediante declaração firmada pelo contribuinte. Mas a praxe tem demonstrado que o lançamento do IPTU se perfaz por ato de ofício da Administração Fazendária do Município.

Aires F. Barreto explica que "*nada impede se obtenha o valor venal pela adoção de Mapas de Valores Genéricos, na medida em que estes nada mais representam do que a utilização de um critério objetivo para a apuração do valor venal dos imóveis.*"[1]

Nada obsta que os valores venais sejam refeitos anualmente para que se adaptem à realidade de mercado, muito embora o expediente tenha se mostrado incomum, provavelmente em face das dificuldades impostas pela necessidade de veiculação por lei, além das medidas necessárias à implementação de múltiplas diligências, como vistorias, medições, avaliações, etc. Daí, tem se utilizado o método mais comum que é o reajustamento anual pelos índices oficiais de correção monetária que dispensa edição de lei.

De fato, não se tratando de modificação da estrutura do tributo, nem mediante alteração da base de cálculo, entende-se que não há necessidade de lei já que não se modifica nenhum aspecto da hipótese de incidência, não havendo majoração, mas mero reajuste.

Sem demonstrar qualquer abalo ao Princípio da Legalidade, o STJ editou a Súmula n° 160 que possui o seguinte teor: É defeso ao Município atualizar o IPTU, mediante Decreto, em percentual superior ao índice oficial de correção monetária.

Por sua vez, no julgamento do RE n° 648.245 o STF decidiu que "*a majoração do valor venal dos imóveis para efeito de cobrança de IPTU não prescinde da edição de lei em sentido formal, exigência que somente se pode afastar quando a atualização não excede os índices inflacionários anuais de correção monetária.*"

No julgamento do RE n° 87.763 (Pleno) e 96.825 (2ª Turma), o STF entendeu que não é dado ao Decreto do Executivo a aprovação da Planta Genérica de Valores para fins de lançamento do IPTU. Geraldo Ataliba criticava essa posição do STF [2] ao defender que a planta genérica não passa de uma escala de índices por áreas, como critérios a serem levados em conta na avaliação de cada imóvel, no procedimento do lançamento. Sendo assim, a apuração destas variações é matéria de fato, e não jurídica, não sendo lógico objetar que o Decreto assim proceda periodicamente. O raciocínio do STF é simples já que a planta genérica, ao estipular o valor venal do imóvel, define sua base de cálculo, daí a necessidade de lei.

No que concerne às alíquotas, estabelece o art. 156, § 1°, da CF, com redação pela EC n° 29/00 que sem prejuízo da progressividade no tempo a que se refere o art. 182, § 4°, II, o IPTU poderá ser progressivo em razão do valor do imóvel e ter alíquotas diferentes de acordo com a localização e uso do imóvel.

O IPTU poderá ser progressivo no tempo para atender a função social da propriedade, obedecidos os requisitos do art. 182, § 4°, da CF, e além disso, poderá ser progressivo com base em outros critérios, como o valor, a localização e o uso.

Antes de iniciar o embate sobre a progressividade no tempo, destaco que o art. 182, § 2°, da CF estabelece que a propriedade urbana cumpre sua função social

---

1 BARRETO, Aires F. *Curso de Direito Tributário Municipal*. São Paulo: Editora Saraiva, 2009, p. 158.

2 ATALIBA, Geraldo. *Revista de Direito Público*. Edição n°. 11. São Paulo: Editora Revista dos Tribunais, 1984, p.32.

quando atende às exigências fundamentais de ordenação da cidade expressas no plano diretor. Ademais, consoante preconiza o art. 182, § 4º, II, da CF, é facultado ao Poder Público municipal, mediante lei específica para área incluída no plano diretor, exigir, nos termos da lei federal, do proprietário do solo urbano não edificado, subutilizado ou não utilizado, que promova o seu adequado aproveitamento, sob pena, sucessivamente, de parcelamento ou edificação compulsórios e IPTU progressivo no tempo.

A despeito disso, o STF já se posicionou no sentido de que a progressividade no tempo necessita da lei federal mencionada no art. 182, de tal maneira que todas as leis municipais que instituíram o IPTU progressivo no tempo antes da edição do Estatuto das Cidades (Lei Federal nº 10.257/01), não encontravam respaldo na Constituição.

Aliás, copiosa jurisprudência firmada no STF antes da EC nº 29/00, não admitia a progressividade do IPTU, salvo quando, em caráter extrafiscal, fosse instituído de forma progressiva no tempo, e desde que instituída a Lei Federal a que se refere o texto constitucional. Daí, ficava resumida a progressividade do IPTU somente após a vigência da Lei Federal nº 10.257/01, especificamente para os fins extrafiscais inerentes ao descumprimento da função social da propriedade urbana.

Permanecia não autorizada a progressividade do IPTU, por entender o STF tratar-se de imposto real, não sendo por isso autorizada sua instituição progressiva com base no art. 145, § 1º em face da nítida incompatibilidade da capacidade contributiva com o caráter real do imposto em questão. Nesse sentido, aliás, o julgamento do RE nº 153.771-3-MG, Relator Ministro Moreira Alves, j. 20.11.1996, DJU05.09.1997. No mesmo sentido: "*Antes da EC 29/2000, a utilização da técnica de tributação progressiva somente era admitida para assegurar a função social da propriedade (art. 156, § 1º, da Constituição), condicionada nos termos do art. 182, § 2º e § 4º, da Constituição. Era, portanto, inconstitucional a tributação progressiva, com fins extrafiscais, baseada na capacidade contributiva ou na seletividade. Súmula 668/STF.*" RE 437.107-AgR, Rel. Min. Joaquim Barbosa, julgamento em 6-4-2010, Segunda Turma, *DJE* de 23-4-2010. No mesmo sentido: RE 486.547-AgR, Rel. Min. Luiz Fux, julgamento em 25-10-2011, Primeira Turma, *DJE* de 17-11-2011; RE 543.023-AgR, Rel. Min. Ayres Britto, julgamento em 16-8-2011, Segunda Turma, *DJE* de 19-10-2011. Vide: RE 423.768, Rel. Min. Marco Aurélio, julgamento em 1º-12-2010, Plenário, *DJE* de 10-5-2011; AI 582.467-AgR, Rel. Min. Ellen Gracie, julgamento em 22-6-2010, Segunda Turma, *DJE* de 6-8-2010; AI 583.636-AgR, Rel. Min. Joaquim Barbosa, julgamento em 6-4-2010, Segunda Turma, *DJE* de 30-4-2010; AI 573.560-AgR, Rel. Min. Eros Grau, julgamento em 27-3-2007, Segunda Turma, *DJE* de 4-5-2007; AI 468.801-AgR, Rel. Min. Eros Grau, julgamento em 21-9-2004, Primeira Turma, *DJE* de 15-10-2004.

O fato é que a Emenda Constitucional nº 29/00 trouxe novo colorido à questão, pois, a par de ressuscitar a possibilidade de instituir o IPTU progressivo, instituiu uma progressividade tridimensional uma vez que permite o tratamento diferenciado com base em três critérios distintos, a saber: *valor, localização e uso do imóvel.* Dessa forma, o permissivo abre o caminho para uma progressividade extrafiscal no tempo para atender a função social da propriedade urbana, e uma progressividade fiscal tridimensional, baseada em 3 fatores distintos de *discrímen*.

Não a destempo, o STF editou a Súmula nº 668 no sentido de que é inconstitucional a lei municipal que tenha estabelecido, antes da Emenda Constitucional nº 29/00, alíquotas progressivas para o IPTU, salvo se destinada a assegurar o cumprimento da função social da propriedade urbana. Mutatis mutandis, fica autorizada após a promulgação da emenda, a instituição do IPTU tridimensional.Atualmente, a questão que se coloca diz respeito à suposta inconstitucionalidade da Emenda Constitucional nº 29/00, face aos tradicionais argumentos invocados pelo STF em sua jurisprudência no sentido de que o IPTU não coaduna com a progressividade por se tratar de imposto real. Tenho comigo que a questão será resolvida pela legitimidade da EC nº 29/00, até porque já discordava das premissas que fundavam aquela antiga jurisprudência.

Ademais, no julgamento do RE nº 586.693 o STF decidiu que "é cons*titucional a Emenda Constitucional nº 29 de 2000, no que estabeleceu a possibilidade de previsão legal de emendas progressivas para o IPTU de acordo com o valor do imóvel.*"

Além disso, reconhecendo a invalidade da progressividade antes da EC nº 29/00, e no mesmo sentido da Súmula nº 668, o STF deixou consignado no julgamento do RE nº 601.234 que "é inconstitucional a lei municipal que tenha *estabelecido, antes da Emenda Constitucional 29/2000, alíquotas progressivas para o IPTU, salvo se destinada a assegurar o cumprimento da função da propriedade urbana.*"

Ainda sobre a progressividade do IPTU, a Súmula nº 589 do STF estabelece que é inconstitucional a fixação de adicional progressivo do imposto predial e territorial urbano em função do número de imóveis do contribuinte.

De fato, conforme mencionamos na classificação dos tributos analisada no início desta obra, a distinção entre impostos reais e pessoais não se sustenta e carece de qualquer juridicidade. Não há razão para levar adiante a proibição da progressividade sob o viés do caráter real ou pessoal, isso porque qualquer imposto pode ser real ou pessoal, dependendo do espectro que se lhe queira dar. Portanto, não há razão para se considerar ilegítima ou inviável a progressividade tridimensional do IPTU, a qual, diga-se de passagem, só tem a trazer justiça à tributação, na exata medida em que os Municípios estão obrigados a exortarem o Princípio do Sinal de Riqueza, tributando somente as pessoas cujo patrimônio imobiliário urbano deva ser tributado.

Nesse sentido: "*Imposto Predial e Territorial Urbano. (...) Surge legítima, sob o ângulo constitucional, lei a prever alíquotas diversas presentes imóveis residenciais e comerciais, uma vez editada após a EC 29/2000.*" RE 423.768, Rel. Min. Marco Aurélio, julgamento em 1º-12-2010, Plenário, *DJE* de 10-5-2011. No mesmo sentido: RE 586.693, Rel. Min. Marco Aurélio, julgamento em 25-5-2011, Plenário, *DJE* de 22-6-2011, com repercussão geral. Vide: RE 437.107-AgR, Rel. Min. Joaquim Barbosa, julgamento em 6-4-2010, Segunda Turma, *DJE* de 23-4-2010.

Aspecto material – IPTU	Ser proprietário, possuidor ou titular do domínio útil de propriedade imobiliária urbana, por natureza ou por acessão, assim definida como aquela pertencente à zona urbana delimitada em lei municipal. (art. 32 do CTN).
Aspecto temporal	1° de janeiro do exercício em que o IPTU é devido
Aspecto espacial	Zona urbana municipal e áreas de extensão, assim consideradas as áreas urbanizáveis ou de expansão urbana, constantes de loteamentos aprovados pelos órgãos competentes, destinados à habitação, indústria ou comércio.
Aspecto pessoal (sujeito passivo)	Proprietário, titular do domínio útil ou possuidor a qualquer título (art. 34 do CTN).
Aspecto valorativo	Base de cálculo à valor venal do imóvel (art. 33 do CTN) Alíquotas à • Progressivas no tempo para atender a função social da propriedade urbana, atendidos os requisitos do art. 182, § 4° da CF • Progressivas em razão do valor do imóvel, localização e uso. (art. 156, § 1°, I e II, da CF)

3. Imposto sobre a Transmissão Inter Vivos, a qualquer título, por Ato Oneroso, de Bens Imóveis, por natureza ou acessão física, e de Direitos Reais sobre Imóveis, exceto os de garantia, bem como Cessão de Direitos a sua aquisição

Conhecido como Imposto de transmissão *inter vivos* de bens imóveis, o ITBI deriva da bipartição entre Estados e Municípios feita pela CF de 1988 em relação ao antigo imposto de transmissão de bens imóveis.

Conforme se analisou precedentemente, o imposto estadual sobre a transmissão de bens imóveis, previsto nos arts. 35 a 42 do CTN deu origem a dois novos impostos, o ITCMD e o ITBI. A este último coube tributar a transmissão *inter vivos* por ato oneroso de bens imóveis.

Dessa forma, a partir de 1988 aos Estados compete tributar, por meio do ITCMD, as transmissões *causa mortis* e as transmissões inter vivos por ato não oneroso (doação) de quaisquer bens ou direitos, e aos Municípios a competência para tributar as transmissões de bens imóveis por atos inter vivos onerosos (ITBI).

Deveras, é importante que se proceda à correta interpretação do CTN no trecho que disciplina o Imposto sobre a Transmissão de Bens Imóveis e de Direitos a eles Relativos, de competência dos Estados, já que foram recepcionados os arts. 35 a 42 *sob a condição de serem interpretados conforme a Constituição de 1988*, a qual, repita-se, desmembrou o imposto em duas categorias distintas.

Para facilitar a compreensão do CTN, anoto que duas modificações impostas pela nova ordem podem ser observadas em relação aos referidos dispositivos:

I – Retirou-se dos Estados e entregou-se aos Municípios a competência para tributação da transmissão inter vivos onerosa de bens imóveis;

II – Como forma de compensação pela perda de competência dos Estados, a quem passou a competir tão somente a tributação sobre a transmissão inter vivos não onerosa e a transmissão causa mortis, a CF ampliou o campo material de incidência permitindo que não somente imóveis, mas quaisquer bens ou direitos fossem tributados.

O ITBI tem seu arquétipo constitucional definido no art. 156, II da CF 88, tendo como núcleo material a transmissão inter vivos, por ato oneroso, de bens imóveis, por natureza ou acessão física, e de direitos reais sobre imóveis, exceto os de garantia, bem como cessão de direitos à sua aquisição.

Assim, qualquer negócio jurídico que tenha a finalidade de transferir a titularidade de um bem imóvel, como a compra e venda, permuta, dação em pagamento, cessão de direitos, arrematação, adjudicação, remição, a instituição onerosa dos direitos de uso e usufruto, dentre outros, configuram o fato gerador do ITBI. Pode se resumir a materialidade do ITBI como:

I – A transmissão inter vivos, a qualquer título, por ato oneroso, de bens imóveis, por natureza ou acessão física;

II – A transmissão inter vivos, a qualquer título, de direitos reais sobre bens imóveis, exceto os de garantia e as servidões;

III – A cessão, por ato oneroso, de direitos relativos à aquisição de bens imóveis.

Por expressa disposição de lei, o ITBI não incide sobre a instituição de servidão, assim como na desapropriação que é forma originária de aquisição de propriedade. Considerando que a transmissão deve ser onerosa, não haverá incidência do imposto nas hipóteses em que o dever de prestação patrimonial recai somente sobre uma das partes, como ocorre com a doação.

Sob esse aspecto, o usucapião, que é modalidade de aquisição da propriedade em que o possuidor adquire o título dominial com a efetiva transmissão de um direito real, não acarreta a incidência do ITBI uma vez que está ausente o requisito de onerosidade. Ademais, assim como ocorre na desapropriação, o usucapião configura modo originário de aquisição de propriedade. Nesse sentido: AI nº 17.162, 1ª Câm, TJMG.

No caso da divisão do patrimônio comum do casal, incidirá o ITBI quando a partilha não indicar divisão cômoda, de tal maneira que o imposto incidirá sobre a diferença, desde que não se configure excesso de meação não onerosa, porque neste caso incidirá o ITCMD. A onerosidade estará presente quando, por exemplo, ocorrer a chamada torna em dinheiro, ou ainda, a compensação com outros bens. Dessa forma, o ITBI será devido quando, na divisão do patrimônio comum ou na partilha, forem atribuídos a um dos cônjuges separados ou divorciados, bens imóveis acima da respectiva meação. É importante esclarecer que a circunstância de haverem bens móveis compensando a diferença tem validade entre as partes interessadas para efeito de equivalência da partilha, mas para os fins do ITBI devem ser considerados para definição da incidência e da base de cálculo, apenas os imóveis.

Analisando, por derradeiro, o aspecto material do ITBI, tem-se entendido que a promessa particular de compra e venda, preliminar à lavratura da escritura de compra e venda, não materializa o imposto municipal, já que se trata de negócio ainda não efetivado. Nesse sentido: "*A promessa de cessão de direitos à aquisição de imóvel não é o fato gerador do ITBI*" Agr.Rg. no REsp nº 327.188-DF – 1ª. T. – rel. Min. Humberto Gomes de Barros, j. 07.05.2002, DJU 1, 24.06.2002, p. 203.

Com relação ao momento da ocorrência do fato gerador, como a propriedade imobiliária é transmitida pelo registro do título no Cartório de Registro de Imóveis, é nesse momento que se verifica o aspecto temporal do ITBI.

No entanto, é costume a legislação definir a exigência do imposto desde a lavratura da escritura pública, mas sobre isso não excede recordar o que discorremos a respeito da distinção entre incidência e exigência, não havendo, em princípio, proibição para que o legislador eleja o momento da lavratura da escritura como o aspecto temporal, mesmo porque, invocando a lógica do razoável, não é provável que o fato gerador não ocorra. Ademais, o Princípio do Sinal de Riqueza repousa na ideia de que a materialidade foi efetivamente experimentada pelo contribuinte, o que se depreende pela conclusão do negócio jurídico que implicou a transferência da propriedade. Vale ressalvar que a lavratura da escritura pública é essencial à validade dos negócios jurídicos que visem a constituição, transferência, modificação ou renúncia de direitos reais sobre imóveis de valor superior a trinta vezes o maior salário mínimo vigente no país, conforme preceitua o Código Civil Brasileiro.

É fato que o imposto haverá de ser exigido, e a querela sobre o momento específico da exigência, no ato da escritura ou na transcrição do registro, só tem razão de ser em cenários econômicos de grande espiral inflacionária, considerando, ademais, que embora o registro seja recomendável para salvaguardar o direito contra terceiros, não é obrigatório, significando que o adquirente poderia se valer desse expediente para não recolher o tributo, não obstante já tenha se operado o pressuposto material e a verificação do sinal de riqueza. Nesse sentido, o Princípio do Sinal de Riqueza permite concluir que não há indevida antecipação da exigência do imposto.

Ademais, a questão também se resolve à luz do Princípio da Proporcionalidade, e sob essa ótica, só não haveria uma correspondência lógica entre o fim colimado (pagamento do imposto) e o meio empregado (recolhimento no ato da escritura) se o lapso temporal entre a escritura e o registro fosse tal que permitisse a modificação da carga tributária, abalando as estruturas da capacidade contributiva e batendo as portas do confisco.

O problema é que devemos encontrar nos valores jurídicos o abrigo para a solução do problema, e empreendendo razoável esforço de compreensão, a resposta está, de novo, na investigação da hipótese de incidência, e quem melhor explica a questão, sob o ponto de vista estritamente jurídico, é Alcides Sampaio [3].

---

[3] SAMPAIO, Alcides F. *ITBI: momento de incidência na compra e venda de imóveis*. In Revista Dialética de Direito Tributário. Edição nº 25. São Paulo: Editora Dialética, 1997, p. 25.

Segundo seu magistério, "*a Constituição estabelece que o imposto incide na transmissão inter vivos, a qualquer título, por ato oneroso, de bens imóveis. Assim, como o registro imobiliário se perfaz nos termos do Código Civil e da Lei nº 6.015/73, ficaria inócua a locução a qualquer título empregada pela norma constitucional, só podendo dizer respeito aos diversos outros negócios jurídicos reveladores de transferência da propriedade imobiliária. Ademais, como o adquirente não se obriga ao registro imobiliário, o fato gerador do imposto poderia nunca ocorrer, não obstante o efetivo sinal de riqueza por ele experimentado.*" Conforme se observa, a visão do referido doutrinador se enquadra nos mesmos termos analisados sob o enfoque do princípio que tratamos linhas acima.

Apesar disso, ainda tem prevalecido a posição em sentido contrário, lastreada em copiosa jurisprudência fundamentada no fato de que a efetiva transmissão da propriedade imobiliária se perfaz pelo registro do título translativo no Registro de Imóveis, de maneira que antes disso o transmitente alienante continua a ser considerado dono do imóvel, consoante dispõem os arts. 1245 e 1.246 do Código Civil. Desse entendimento não discrepa o STJ, conforme se verifica no julgado que segue: "*O fato gerador do imposto de transmissão de bens imóveis ocorre com a transferência efetiva da propriedade ou do domínio imobiliário; e que a cobrança do ITBI, sem a obediência dessa formalidade, ofende o ordenamento jurídico em vigor*". RO em MS nº 10.650 – 2ª. T. – rel. Min. Peçanha Martins, j. 16.06.2000, DJU 1-E, 4.09.2000, p. 13. No mesmo sentido: "*A propriedade imobiliária apenas se transfere com o registro do respectivo título (CC 530). O registro imobiliário é o fato gerador do imposto de Transmissão de Bens Imóveis. Assim, a pretensão de cobrar o ITBI antes do registro imobiliário contraria o ordenamento jurídico.*" REsp 12.546-0-RJ – 1ª T – Rel.Min. Humberto Gomes de Barros – DJU 30.11.92.

A respeito do aspecto temporal do ITBI o STF editou a Súmula nº 108 no sentido de que é legítima a incidência do imposto de transmissão inter vivos sobre o valor do imóvel ao tempo da alienação, e não da promessa, na conformidade da legislação local.

Sobre o aspecto espacial, o ITBI incide dentro do território do Município, sem qualquer distinção entre imóvel rural ou urbano, sendo devido ao Município onde estiver o imóvel localizado.

Anote-se que a Constituição define expressamente o aspecto espacial do ITBI quando determina no art. 156, § 2º, II, que o imposto compete ao Município da situação do bem.

Em relação ao aspecto pessoal, é curioso que o art. 42 do CTN estabeleça que o contribuinte do imposto será qualquer das partes na operação tributada, conforme dispuser a lei. Dessa forma, a Lei Complementar delega ao legislador ordinário a tarefa de identificar o contribuinte, bastando que seja uma das partes envolvidas no negócio jurídico de transmissão. Via de regra, os contribuintes do ITBI são os adquirentes dos bens ou direitos transmitidos e os cedentes, nas cessões de direitos decorrentes de compromissos de compra e venda, além do arrematante e do adjudicatário.

Na análise do aspecto valorativo, define-se a base de cálculo do ITBI pelo valor venal do imóvel, conforme disposto no art. 38 do CTN. Como se sabe, o valor venal corresponde ao preço de venda à vista praticado em condições normais de mercado, devendo ser consentâneo com os valores efetivamente praticados na compra e venda. Assim, é possível firmar a premissa que a base de cálculo do aludido imposto deve corresponder ao valor pelo qual se efetuou a transação e não no valor que se fez constar na escritura de compra e venda. Também por isso deve ser afastada a indevida inclusão de acréscimos moratórios em decorrência dos contratos derivados de aquisição de imóveis financiados.

Mas surge a questão de saber se a base de cálculo do ITBI deve corresponder à do IPTU, já que em relação a ambas o Código remete ao valor venal. Em princípio a resposta é afirmativa, de maneira que os valores venais definidos na Planta Genérica do IPTU poderiam servir para definição do *quantum debeatur* do ITBI.

Entrementes, é evidente que a questão não se resolve de forma tão simplória, isso porque o valor venal deve corresponder ao preço de venda, consoante praticado pelo mercado. Ora, em relação ao IPTU, o melhor parâmetro de aferição de base de cálculo é mesmo aquele considerado nos Mapas de Valores Genéricos. Essa, aliás, a visão de Aires F. Barreto. Confira-se: "*...o ideal não está na utilização desse método (declaração do contribuinte), mas na obtenção dos valores venais que venham expressos em Mapas de Valores Genéricos. Mesmo porque a apuração do valor venal com base nas declarações do sujeito passivo não desobrigará o Fisco de manter certos indicadores, parâmetros, por meio dos quais examina os dados declarados, para desclassificar ou não certas declarações.*" [4]

Em princípio, em relação ao ITBI poderiam ser considerados os valores definidos pelo Município no lançamento de ofício que se baseia na Planta Genérica, atribuídos para os fins específicos do IPTU, mas que não necessariamente correspondem aos valores praticados no mercado.

O fato é que, via de regra, os Municípios definem os valores venais dos imóveis urbanos com cifras abaixo daquelas praticadas pelo mercado, guardando um margem de segurança que costuma variar entre 20% e 50% abaixo do preço de mercado, no intuito de evitar que eventual desvalorização acarrete indevida majoração do tributo em face da superestimação do valor venal em relação aos valores reais. No entanto, trata-se de uma liberalidade que não precisaria existir e só tem razão de ser pelo fato de que é muito trabalhoso, à Administração Fazendária do Município, estabelecer novos valores venais e novos Mapas de Valores a cada ano, sobretudo pela exigência de incontáveis diligências necessárias a esse desiderato.

Daí resulta a conclusão de que o valor venal do IPTU quase sempre não corresponde aos valores praticados no mercado, e sua apuração não está livre de distorções, assim como não estaria se os valores fossem atribuídos mediante declaração do contribuinte.

---

[4] Op. cit., p. 158. *Curso de Direito Tributário Municipal.*

Isso se justifica em relação ao IPTU porque tem se entendido ser mais coerente o lançamento de ofício, tomado como melhor alternativa para o Fisco que se baseia neste parâmetro para definição do valor dos imóveis urbanos.

Como vimos, assim também poderia ser em relação ao ITBI, e apesar de o Código estabelecer que sua base de cálculo é o valor venal, *ex vi* do art. 38, não significa que deva ser o mesmo valor venal do IPTU.

Aires F. Barreto esclarece que "*no ITBI, todavia, os indícios e presunções que, entrelaçados, indicariam, em princípio, valor efetivo da transmissão superior àquele indicado como o da venda e compra podem ser robustecidos com a comparação entre as transações em geral, de imóveis semelhantes, localizados em núcleos similares, com a possível transação do imóvel considerado.*"[5]

Apesar disso, discordando respeitosamente do referido mestre que entende devam ser idênticas as bases de cálculo, o fato é que o CTN não exige que as bases de cálculo do ITBI e do IPTU sejam as mesmas, porque se assim o fosse, o art. 38 deveria remeter ao art. 33 determinando que a base de cálculo do ITBI fosse aquela mesma tomada como base no IPTU. Se não o fez, deixou implícito que podem mesmo existir valores venais que não sejam idênticos, desde que, em ambos os casos, o valor não supere o preço do imóvel praticado no mercado, ficando evidenciado que a legislação do ITBI não se obriga a tomar como parâmetro de aferição da base os mesmos critérios utilizados em relação ao IPTU.

Em outras palavras, desde que possa identificar parâmetros de aferição dos valores venais dos imóveis, o ITBI não se obriga a adotar a definição da Planta Genérica para arbitrar suas bases de cálculo. Aliás, é nesse sentido o entendimento do STJ esposado no REsp nº 36.740, j. 25.10.2011, Rel. Min. Humberto Martins onde se ratificou o entendimento de que não há uma necessária identidade entre as bases de cálculo do IPTU e ITBI, de maneira que o Fisco Municipal não se vincula à Planta Genérica de Valores do IPTU para fixar a base do ITBI.

Dessa forma, como a base de cálculo do IPTU costumeiramente se define em valores praticados abaixo do preço de mercado porque assim estão dispostos na Planta Genérica, é evidente que a base de cálculo do ITBI possa perfeitamente corresponder aos efetivos valores de mercado, se assim houver parâmetro que possa informar o lançamento, ainda que sejam aqueles declarados pelo contribuinte no negócio jurídico e desde que a pauta da razoabilidade demonstre ser consentâneo com o valor real.

Por isso, em meu entendimento não há ilegitimidade em definir-se a base de cálculo do ITBI sobre o valor real do imóvel, ainda que o valor venal para fins de IPTU seja menor. Nesse sentido, a jurisprudência do STJ, *verbis*:

ITBI – Base de cálculo – Contribuinte que busca aplicar ao imposto sobre a transmissão de bens imóveis (ITBI) a mesma base de cálculo adotada pelo Município para o cálculo do IPTU – Impossibilidade – A base de cálculo do ITBI é o valor venal real do bem, assim tido como o valor de comercialização do imóvel. Desta

---

[5] Op. Cit., p. 161.

forma, no caso de transmissão de bem imóvel por compra e venda firmada entre particulares, a base de cálculo do imposto de transmissão de competência municipal é o valor real da operação, devendo prevalecer sobre qualquer outro, pois o valor venal real é uma grandeza que não se confunde, necessariamente, com aquela indicada na planta genérica de valores (IPTU). (STJ – REsp nº 95.738 – SP – 2ª *Turma – Rel. Min. Herman Benjamin – DJ 08.03.2012). DECISÃO MONOCRÁTICA: Trata-se de Agravo de decisão que inadmitiu Recurso Especial (art. 105, III, "a" e "c", da CF) interposto contra acórdão do Tribunal de Justiça do Estado de São Paulo, cuja ementa é a seguinte: APELAÇÃO – Mandado de Segurança – ITBI – Base de cálculo do tributo – Decreto nº 46.228 – A base de cálculo do ITBI encontra-se definida sobre dois parâmetros: ou é o valor venal do qual o contribuinte já tem prévio conhecimento e é indicado pela Fazenda Pública, ou então é o valor indicado no instrumento de compra e venda, sendo defeso ao Município surpreender o contribuinte com outro valor que não reflita nenhuma destas realidades – Sentença mantida – Recursos Improvidos (fl. 189, e-STJ). O agravante, nas razões do Recurso Especial, sustenta que ocorreu, além de divergência jurisprudencial, violação do art. 38 do Código Tributário Nacional, sob o argumento de que: Os atos infra-legais em questão, apenas regulamentam a Lei Municipal aplicável, qual seja, 11.154/91, instituída com base no artigo 156, II da Constituição Federal que observando o disposto no artigo 38 do Código Tributário Nacional, regiamente reproduzido no artigo 7º, estabelece que a base de cálculo do imposto será o valor venal dos bens ou direito onerosamente transmitidos (fl. 212, e-STJ). Contraminuta apresentada às fls. 294-306. Houve juízo de admissibilidade negativo na instância de origem, o que deu ensejo à interposição do presente Agravo.* É o relatório. *Decido. Os autos foram recebidos neste Gabinete em 28.9.2011. A contribuinte defende que a base de cálculo para o imposto sobre a transmissão do imóvel (ITBI) deve ser exatamente a mesma adotada pelo Município para o cálculo do IPTU. O Tribunal de Justiça acolheu o pleito, considerando que tanto o art. 33 do CTN, que trata do IPTU, como o art. 38 do mesmo Código, que cuida dos impostos sobre transmissão de bens (ITBI e ITCMD), definem a base de cálculo como sendo o valor venal. O acórdão merece reforma. Isso porque é amplamente sabido que valor venal significa valor de venda do imóvel. Basta consultar os bons dicionários para confirmar que venal indica "referente a venda" (Aurélio), "relativo a venda" (Houaiss). Aliomar Baleeiro, em lição sempre acatada, confirma que "valor venal é aquele que o imóvel alcançará para compra e venda à vista, segundo as condições usuais do mercado de imóveis" (Direito Tributário Brasileiro. Rio de Janeiro: Forense. 11ª ed., 2003, p. 249). Na verdade, a distorção existe relativamente ao IPTU, e não ao ITBI, tributo em análise neste processo. Isso porque os Municípios lançam o imposto sobre propriedade de ofício e, para viabilizar a cobrança, acabam adotando fórmulas genéricas que abarcam os milhares e, no caso de São Paulo, milhões de imóveis tributados anualmente. Refiro-me às famosas plantas genéricas de valores que, exatamente por serem avaliações unilaterais do valor venal desses bens, devem ser veiculadas por lei.Seria absurdo imaginar que o Município de São Paulo avaliasse individualmente cada um dos milhões de imóveis urbanos existentes em seu território para lançar anualmente o IPTU de ofício, daí a adoção das plantas genéricas. Cito a lição de Misabel Derzi, atualizada na já citada obra de Aliomar Baleeiro: Como é tarefa difícil para a Administração, em um tributo lançado de ofício, como é o caso do IPTU, avaliar a propriedade imobiliária de milhares de contribuintes, medidas de simplificação da execução da lei têm sido tomadas pelo Poder Executivo. Uma dessas medidas são as plantas ou tabelas de valores, que retratam o preço médio do terreno por região ou o preço do metro quadrado das edificações, conforme padrão construtivo, portanto o valor presumido do bem. (op. cit., p. 249). É cediço que os valores existentes nas plantas genéricas de valores acabam situando-se abaixo, muitas vezes, do valor de mercado dos imóveis, não apenas por conta da sistemática adotada em sua elaboração, mas principalmente pelo fato de não serem, no mais das vezes, refeitas anualmente. Com efeito, sabemos que a jurisprudência não aceita o reajuste real das plantas genéricas de valores por ato do Executivo. Na prática, isso significa complexos projetos de lei, de longa tramitação e discussão política, que inviabilizam, nas grandes cidades, o reajuste anual, de modo que a defasagem em relação à real avaliação dos imóveis urbanos acaba aumentado a cada ano que passa. A sistemática de cálculo e cobrança do ITBI é muito mais próxima da realidade. Nesse caso, o lançamento é por homologação ou por declaração. Ou seja, em vez de milhões de lançamentos de ofício anuais, caso do IPTU paulistano, há apenas milhares de operações claramente individualizadas, com a declaração do real valor de venda do imóvel pelos próprios particulares que transmitem os bens. No ITBI, o preço efetivamente pago pelo adquirente do imóvel tende a refletir, com grande proximidade, seu valor venal, considerado como, repito, o valor de uma venda regular, em condições normais de mercado. Não é por outra razão que a jurisprudência do STJ é pacífica ao admitir que, na hipótese de hasta pública, o preço da arrematação (e não o da avaliação) reflete o valor venal do imóvel e, portanto, deve ser adotado como base de cálculo do ITBI: TRIBUTÁRIO. RECURSO ESPECIAL. AÇÃO DECLARATÓRIA. ITBI. ARREMATAÇÃO JUDICIAL. BASE DE CÁLCULO. VALOR DA ARREMATAÇÃO E NÃO O VENAL. PRECEDENTE. DISSÍDIO JURISPRUDENCIAL DEMONSTRADO. DIREITO LOCAL. SÚMULA 280 DO STF. OMISSÃO – ART. 535, CPC. INOCORRÊNCIA. RECURSO PROVIDO PELA ALÍNEA "C". 1. A arrematação representa a aquisição do bem alienado judicialmente, considerando-se como base de cálculo do ITBI aquele alcançado na hasta pública. (Precedentes: (...). 2. (...) Tendo em vista que a arrematação corresponde à aquisição do bem vendido judicialmente, é de se considerar como valor venal do imóvel aquele atingido em hasta pública. Este, portanto, é o que deve servir de base de cálculo do ITBI. (...) 7. Recurso especial parcialmente conhecido e provido. (REsp 1188655/RS, Rel. Ministro LUIZ FUX, PRIMEIRA TURMA, julgado em 20/05/2010, DJe 08/06/2010).TRIBUTÁRIO. IMPOSTO DE TRANSMISSÃO INTER VIVOS. BASE DE CÁLCULO. VALOR VENAL DO BEM. VALOR DA AVALIAÇÃO JUDICIAL. VALOR DA ARREMATAÇÃO. I – (...) Tendo em vista que a arrematação corresponde à aquisição do bem vendido judicialmente, é de se considerar como valor venal do imóvel aquele atingido em hasta pública. Este, portanto, é o que deve servir de base de cálculo do ITBI. II – Recurso especial provido. (REsp 863.893/PR, Rel. Ministro FRANCISCO FALCÃO, PRIMEIRA TURMA, julgado em 17/10/2006, DJ 07/11/2006, p. 277)TRIBUTÁRIO. IMPOSTO DE TRANSMISSÃO DE BENS IMÓVEIS. BASE DE CÁLCULO. VALOR DA ARREMATAÇÃO. 1. O valor da arrematação é que deve servir de base de cálculo do Imposto de Transmissão de Bens Imóveis. Precedentes do STJ. 2. Recurso Especial provido. (REsp 1182640/RS, Rel. Ministro HERMAN BENJAMIN, SEGUNDA TURMA, julgado em 06/04/2010, DJ 20/04/2010). O mesmo raciocínio se aplica à transmissão por compra e venda entre particulares, como é o caso dos autos. De fato, o valor real da operação deve prevalecer em relação à avaliação da planta genérica de valores. Perceba-se, portanto, que se há divergência entre a base de cálculo do IPTU e do ITBI, a distorção estará, em regra, no valor referente ao imposto sobre a propriedade, diferentemente do que decidiu o TJ-SP. Nesse contexto, erra o Tribunal de Justiça ao afastar o cálculo da Prefeitura pela simples razão de haver diferença quanto à base de cálculo do imposto sobre a propriedade. No caso do IPTU, lançado de ofício pelo Fisco, se o contribuinte não concorda com o valor venal atribuído pelo Município, pode discuti-lo administrativa ou judicialmente, buscando comprovar que o valor de mercado (= valor venal) é inferior ao lançado. Por outro lado, se o valor apresentado pelo contribuinte no lançamento do ITBI (por declaração ou por homologação) não merece fé, o Fisco igualmente pode questioná-lo e arbitrá-lo, no curso de regular procedimento administrativo, na forma do art. 148 do CTN, conforme conhecida jurisprudência do STJ:ITBI. BASE DE CÁLCULO. VALOR DE MERCADO. VIOLAÇÃO AOS ARTS. 535, II, E 458, II, DO CPC. INOCORRÊNCIA. PREQUESTIONAMENTO DO ART. 146 DO CTN. INOCORRÊNCIA. REEXAME DE PROCESSO ADMINISTRATIVO FISCAL. INADMISSIBILIDADE. SÚMULA 7/STJ. (...) III – É cediço na doutrina majoritária e na jurisprudência dessa Corte que a base de cálculo do ITBI é o valor real da venda do imóvel ou de mercado, sendo que até nos casos em que não houve recolhimento, pode-se arbitrar o valor do imposto, por meio de procedimento administrativo fiscal, com posterior lançamento de ofício. Segundo HUGO DE BRITO MACHADO: em se tratando de imposto que incide sobre a transmissão por ato oneroso, tem-se como ponto de partida para a determinação de sua base de cálculo na hipótese mais geral, que é a compra e venda, o preço. Este funciona no caso, como uma declaração de valor feita pelo contribuinte, que pode ser aceita, ou não, pelo fisco, aplicando-se, na hipótese de divergência, a disposição do art. 148 do CTN. ("CURSO DE DIREITO TRIBUTÁRIO", Machado, Hugo de Brito, Ed. Malheiros, 29ª Edição, p. 398) IV – Conforme consignado no v. acórdão, houve a devida intimação da complementação do lançamento, fato que a agravante alega não ter ocorrido. Entretanto, a análise da alegada irregularidade do procedimento administrativo fiscal demanda reexame de provas, o que é inadmissível pela via eleita do especial, a teor da Súmula 07/STJ. V – Agravo regimental improvido. (AgRg no REsp 1057493/SP, Rel. Ministro FRANCISCO FALCÃO, PRIMEIRA TURMA, julgado em 26/08/2008, DJ 04/09/2008).TRIBUTÁRIO. ITBI. BASE DE CÁLCULO. POSSIBILIDADE DE ARBITRAMENTO PELO FISCO. 1. Constituindo o valor venal do bem transmitido a base de cálculo do ITBI, caso a importância declarada pelo contribuinte se mostre nitidamente inferior ao valor de mercado, pode o Fisco arbitrar a base de cálculo do referido imposto, desde que atendida a determinação do art. 148, do CTN. 2. Recurso parcialmente conhecido e, nesta parte, improvido. (REsp 261.166/SP, Rel. Ministro JOSÉ DELGADO, PRIMEIRA TURMA, julgado em 12/09/2000, DJ 06/11/2000, p. 192). Finalmente, há precedente da Segunda Turma em caso de inadimplência do contribuinte, reconhecendo que a base de cálculo do ITBI a ser adotada no lançamento de ofício é o valor de mercado do imóvel: TRIBUTÁRIO. ITBI. BASE DE CÁLCULO. LANÇAMENTO PELO FISCO. BASE DE CÁLCULO. VALOR DE MERCADO. ART. 38 DO CTN. APLICAÇÃO DE MULTA. SÚMULA 284/STF. 1. Na hipótese em que o contribuinte não recolhe o ITBI, afigura-se legítimo o lançamento efetuado pelo Fisco que arbitre, como base de cálculo, o valor de mercado dos bens transmitidos. 2. A falta de indicação do dispositivo legal supostamente contrariado, por não permitir a compreensão de questão infraconstitucional hábil para viabilizar o trânsito do recurso especial, atrai o óbice previsto na Súmula n. 284/STF. 2. Recurso parcialmente conhecido e, nessa parte, não-provido. (REsp 210.620/SP, Rel. Ministro JOÃO OTÁVIO DE NORONHA, SEGUNDA TURMA, julgado em 03/05/2005, DJ 27/06/2005, p. 308). Isso demonstra que valor venal real é uma grandeza que não se confunde, necessariamente, com aquela indicada na planta genérica de valores, no caso do IPTU, ou na declaração do contribuinte, no que se refere ao ITBI. Nas duas hipóteses cabe à parte prejudicada (contribuinte ou Fisco) questionar a avaliação realizada e demonstrar que o valor de mercado (valor venal) é diferente. Seria perfeitamente válido, portanto, a contribuinte impugnar o montante apresentado pelo Município e provar, por todos os meios admitidos, que o valor de mercado do imóvel (valor venal) é inferior àquele que o Fisco adotou. Não é isso o que ocorre nestes autos. A contribuinte restringe-se a argumentar que o valor adotado para o lançamento do IPTU deve ser obrigatoriamente utilizado para cálculo do ITBI, o que não tem fundamento jurídico ou econômico. Diante do exposto, com fulcro no art. 544, § 3°, do CPC, conheço do Agravo e provejo o Recurso Especial. Publique-se. Intimem-se. Brasília (DF), 14 de dezembro de 2011. MINISTRO HERMAN BENJAMIN – Relator.*

Fazendo apenas um último retoque nas observações sobre a base de cálculo desses impostos municipais, observo que a deficiência no método de definição dos valores venais dos imóveis urbanos ocasionou o encaminhamento de PLC (Projeto de Lei Complementar) ao Congresso Nacional, com vistas a acrescentar parágrafos ao artigo 11°, da Lei n° 101, de 4 de maio de 2000, que dispõe sobre normas de finanças públicas voltadas para a responsabilidade fiscal. Dessa forma, se aprovado, o referido dispositivo passará a vigorar com as seguintes alterações:

> Art. 11, '§ 1°. É obrigatória à instituição e o uso de planta genérica de valores, para fins de apuração do valor venal de imóveis urbano, para todo município com população acima de 20.000 (vinte mil habitantes);
>
> § 2° Os Municípios deverão atualizar suas respectivas plantas genéricas de valores, de modo a ajustá-las ao valor real de mercado do imóvel e de seus respectivos direitos, no mínimo:

I – a cada 4 (quatro) anos, para os municípios com população acima de 500.000 (quinhentos mil) habitantes;

II – a cada 6 (seis) anos para os municípios com população entre 50.000 (cinquenta mil) e 500.000 (quinhentos mil) habitantes;

III – a cada 8 (oito) anos para os municípios com população de até 50.000 (cinquenta mil) habitantes.

No que se refere à atualização monetária da base de cálculo do ITBI, aplicar-se-á a mesma disposição inerente ao IPTU, *ex vi* da Súmula nº 160 do STJ, podendo ser atualizado monetariamente segundo os índices oficiais.

A propósito, o valor utilizado para a definição da base de cálculo deve ser aquele firmado ao tempo da alienação, e não da promessa, consoante o teor da Súmula nº 108 do STF.

Sobre a definição das alíquotas, permanece a velha discussão acerca da possibilidade de instituí-las com base na progressividade. Conforme analisamos anteriormente, o STF afasta a progressividade do ITBI em função de duas razões básicas, quais sejam a falta de previsão constitucional e o caráter real do imposto de transmissão que não condiz com a capacidade contributiva. Essa é a posição que prevalece na jurisprudência, tendo sido editada a Súmula nº 45 do 1º TAC de SP, com o seguinte teor: "É inconstitucional o art. 10 da Lei 11.154 de 30-12-1991, do Município de São Paulo, que instituiu alíquotas progressivas para o Imposto de Transmissão de Bens Imóveis."

Destaco novamente o teor da Súmula nº 656 do STF no sentido de que "É inconstitucional a lei que estabelece alíquotas progressivas para o ITBI com base no valor *venal do imóvel.*"

No mesmo sentido: "*Imposto de Transmissão de Imóveis, inter vivos – ITBI: alíquotas progressivas: A CF não autoriza a progressividade das alíquotas, realizando-se o princípio da capacidade contributiva proporcionalmente ao preço da venda.*" RE 234.105, Rel. Min. Carlos Velloso, julgamento em 15-4-2003, Plenário, *DJ* de 31-3-2000. No mesmo sentido: AI 456.768-AgR, Rel. Min. Joaquim Barbosa, julgamento em 14-9-2010, Segunda Turma, *DJE* de 8-10-2010; RE 227.033, Rel. Min. Moreira Alves, julgamento em 10-8-1999, Primeira Turma, *DJ* de 17-9-1999

Mesmo assim, em nosso entendimento a progressividade, como corolário da capacidade contributiva, corresponde à justiça fiscal no caso concreto, conferindo densidade ao Princípio da Igualdade. Dessa forma, a desproporção dela decorrente por vezes será necessária para conferir desigualdade entre contribuintes que se encontrem em situações distintas, sempre para preservar o valor maior da justiça, razões pelas quais não vislumbro qualquer óbice em que o ITBI seja instituído sob os parâmetros da progressividade.

Ademais, conforme vimos, há aqueles que defendem sua aplicação a todos os tributos, como é o caso de José Marcos Domingues de Oliveira[6], e outros mais que a defendem como inerentes aos impostos, sem distinção, posição adotada por Roque

---

6 Op. cit., p. 51.

Antonio Carrazza. [7] De qualquer maneira, por enquanto tem prevalecido o tradicional posicionamento do Supremo Tribunal Federal. Nesse sentido: "*Constitucional. Tributário. Imposto de Transmissão de Imóveis, Inter Vivos – ITBI – Alíquotas Progressivas: a Constituição Federal não autoriza a progressividade das alíquotas, realizando-se o princípio da capacidade contributiva proporcionalmente ao preço da venda*". (RE n. 234.105-3-SP – Pleno – Rel. Min. Carlos Velloso – j. 08.04.1999 – DJU 1-E 31.03.2000, p. 61)

Afastada a progressividade do ITBI, não se cogita a aplicação da alíquota mínima definida na mesma legislação. A questão foi tratada no STF quando do julgamento da Lei nº 11.154/91 do Município de São Paulo. Confira-se: "*A inconstitucionalidade, reconhecida pelo STF (RE 234.105), do sistema de alíquotas progressivas do ITBI do Município de São Paulo (L. 11.154/91, art. 10, II) atinge esse sistema como um todo, devendo o imposto ser calculado, não pela menor das alíquotas progressivas, mas na forma da legislação anterior, cuja eficácia, em relação às partes, se restabelece com o trânsito em julgado da decisão proferida neste feito*". RE n. 259.339-7 – 1ª. T . – rel. Min. Moreira Alves – j. 09.05.2000 – DJU 1-E 1.06.200, p. 40.

Para finalizar o estudo do ITBI, a Constituição estabelece uma norma de imunidade no art. 156, § 2º, I, no sentido de que o imposto não incide sobre a transmissão de bens ou direitos incorporados ao patrimônio de pessoa jurídica em realização de capital, nem sobre a transmissão de bens ou direitos decorrentes de fusão, incorporação, cisão ou extinção de pessoa jurídica, salvo se, nesses casos, a atividade preponderante do adquirente for a compra e venda desses bens e direitos, locação de bens imóveis ou arrendamento mercantil.

Aspecto material – ITBI	• Transmissão inter vivos, a qualquer título, por ato oneroso, de bens imóveis, por natureza ou acessão física; • Transmissão inter vivos, a qualquer título, de direitos reais sobre bens imóveis, exceto os de garantia e as servidões; • A cessão, por ato oneroso, de direitos relativos à aquisição de bens imóveis.
Aspecto temporal	Com o registro do título translativo no Registro de Imóveis.
Aspecto espacial	No território do Município onde estiver localizado o imóvel, sem qualquer distinção entre imóvel rural e urbano.

[7] Op. cit., p. 87.

Aspecto pessoal (sujeito passivo)	CTN à qualquer das partes na operação tributada, conforme dispuser a lei Legislador ordinário (em regra) à • Adquirentes dos bens ou direitos transmitidos; • Cedentes, nas cessões de direito decorrentes de compromissos de compra e venda; • Arrematante e adjudicatário.
Aspecto valorativo	Base de cálculo à valor venal do imóvel Alíquotas à proporcionais ao valor venal do bem imóvel, em percentual único

4. IMPOSTO SOBRE SERVIÇOS DE QUALQUER NATUREZA

O ISS está disciplinado no art. 156, III, da Constituição e incide sobre serviços de qualquer natureza, definidos em lei complementar e não compreendidos na incidência do ICMS. A Lei Complementar mencionada no Texto Magno e que estabelece as normas gerais do ISS é a Lei Complementar nº 116/03 que revogou o Decreto-lei nº 406/68.

A prestação de um serviço corresponde a uma atividade derivada de uma pessoa física ou jurídica empreendida mediante esforço físico e (ou) mental, e como decorrência natural do Princípio do Sinal de Riqueza, é necessário que a prestação do serviço possua conteúdo econômico e que tenha a finalidade de produzir alguma utilidade. Em relação ao conteúdo econômico, está claro que a atividade de prestação do serviço deve ter finalidade lucrativa, ainda que não se verifique, ao final da prestação, a realização do lucro. Ademais, não há necessidade de que a prestação de serviço represente atividade preponderante do prestador.

Os serviços materializados pelo ISS são aqueles definidos em lista anexa à Lei Complementar nº 116/03, ressalvando que a competência municipal não é residual, mas preferencial. Por exclusão, cabe aos Estados tributar os serviços de transporte intermunicipal, interestadual e de comunicação, além dos serviços congregados ao fornecimento de mercadorias não definidos na lista da LC nº 116/03, quando as operações impliquem o fornecimento de mercadoria com prestação de serviços, tendo o fornecimento de mercadoria como atividade principal e a prestação de serviço como atividade complementar.

Assim, ao contrário do que ocorria no ordenamento anterior, a competência dos Municípios para instituir o ISS não é mais de natureza residual, sendo sintomática a modificação introduzida na Constituição de 1988. De fato, antigamente o ISS era tributado sobre serviços que não eram de competência da União e dos Estados. Sob a nova ótica, os demais entes federativos não podem tributar serviços que não estejam discriminados sob sua competência.

De tal arte, com exceção dos serviços supra mencionados, todos os demais serviços são tributados pelo ISS, desde que previstos na lei complementar respectiva. Incluem-se dentre os serviços tributáveis, aqueles iniciados no exterior, bem como os serviços prestados mediante a utilização de bens e serviços públicos explorados economicamente mediante autorização, permissão ou concessão, com o pagamento de tarifa, preço ou pedágio pelo usuário final do serviço.

Dessa forma, traçada a silhueta normativa do ISS, é necessário ponderar sobre o conceito de serviço, definindo o núcleo da materialidade dessa figura impositiva. Primordialmente, os serviços atingidos pelo ISS são aqueles considerados como prestações realizadas para terceiros e que representem bens imateriais, identificando um sinal de riqueza e sem relação de emprego. Ficam excluídos os serviços prestados a si mesmos bem como os serviços prestados por trabalhadores avulsos.

Também ficam excluídos da incidência do ISS as exportações de serviços para o exterior do País, a prestação de serviços dos diretores e membros de conselho consultivo ou de conselho fiscal de sociedades e fundações, bem como dos sócios-gerentes e dos gerentes-delegados.

Quando elaboramos a teoria acerca do aspecto material do IPI, especulamos sobre a materialização se efetivar com a realização de operação com produtos industrializados e não com a industrialização dos produtos. Aqui chegados, invoco o mesmo argumento em relação ao ISS, não havendo como considerar o cerne de sua materialidade tão somente o *serviço* de *per se*, mas a efetiva prestação do serviço e respectiva entrega a outrem.

Sendo assim, está correto o magistério daqueles que pregam a impossibilidade de se considerar a incidência do ISS restrita ao serviço como uma atividade realizada, mas decididamente a efetiva prestação do serviço.

Com relação à Lista de Serviços, a jurisprudência tem considerado ser taxativa. Nesse sentido: STF, RE nº 75.952-SP, Ac. de 25.10.73, 2ª Turma. No mesmo sentido: STF, RE nº 69780, RDA 105/109; STF, RE nº 81.621-SP, Ac. de 30/03/76, 2ª Turma. Portanto, sendo a lista de serviços taxativa, o Município não pode fazer incidir o ISS sobre serviços não constantes da lista.

No mesmo sentido, importantes julgados do STF: "*Imposto sobre serviços. Não incidência sobre operações bancárias. A lista de serviços anexa à Lei Complementar 56/1987 é taxativa. Não incide ISS sobre serviços expressamente excluídos desta. Precedente: RE 361.829, Segunda Turma, DJ de 24-2-2006.*" AI 590.329-AgR, Rel. Min. Eros Grau, julgamento em 8-8-2006, Segunda Turma, *DJ* de 8-9-2006. No mesmo sentido: RE 361.829-ED, Rel. Min. Ellen Gracie, julgamento em 2-3-2010, Segunda Turma, *DJE* de 19-3-2010. Ainda, por derradeiro: "*O ISS é um imposto municipal. É dizer, ao Município competirá instituí-lo (CF, art. 156, III). Todavia, está ele jungido à norma de caráter geral, vale dizer, à lei complementar que definirá os serviços tributáveis, lei complementar do Congresso Nacional (CF, art. 156, III). Isto não quer dizer que a lei complementar possa definir como tributáveis pelo ISS serviços que, ontologicamente, não são serviços. No conjunto de serviços tributáveis pelo ISS, a lei complementar definirá aqueles sobre os quais poderá incidir o mencionado imposto. (...) a lei complementar, definindo os serviços sobre os quais incidirá o ISS, realiza a sua finalidade principal, que é afastar os conflitos de competência, em matéria tributária, entre as pessoas políticas (CF, art. 146, I). E isso ocorre em obséquio ao pacto federativo, princípio fundamental do Estado e da República (CF, art. 1º) (...) não adoto a doutrina que defende que a lista de serviços é exemplificativa.*" RE 361.829, voto do Rel. Min. Carlos Velloso, julgamento em 13-12-2005, Segunda Turma, *DJ* de 24-2-2006

Para finalizar a análise do aspecto material do ISS, quadra mencionar que o STF sedimentou o entendimento de que a prestação de serviço que materializa o ISS deriva de uma obrigação de fazer, o que denota a compreensão do comando da Súmula Vinculante nº 31 do STF: É *inconstitucional a incidência do Imposto sobre Serviços de Qualquer Natureza – ISS sobre operações de locação de bens móveis.*

Na mesma esteira, entendendo que a locação de bens não caracteriza prestação de serviço: "*O arrendamento mercantil compreende três modalidades, [i] o leasing operacional, [ii] o leasing financeiro e [iii] o chamado lease-back. No primeiro caso há locação, nos outros dois, serviço. A lei complementar não define o que é serviço, apenas o declara, para os fins do inciso III do art. 156 da Constituição. Não o inventa, simplesmente descobre o que é serviço para os efeitos do inciso III do art. 156 da Constituição. No arrendamento mercantil (leasing financeiro), contrato autônomo que não é misto, o núcleo é o financiamento, não uma prestação de dar. E financiamento é serviço, sobre o qual o ISS pode incidir, resultando irrelevante a existência de uma compra nas hipóteses do leasing financeiro e do lease-back.*" (RE 547.245, Rel. Min. Eros Grau, julgamento em 2-12-2009, Plenário, *DJE* de 5-3-2010.) No mesmo sentido: RE 592.905, Rel. Min. Eros Grau, julgamento em 2-12-2009, Plenário, *DJE* de 5-3-2010, com repercussão geral.

RE 626.706. É inconstitucional a incidência do ISS sobre operações de locação de bens móveis, dissociada da prestação de serviços.

Com relação à incidência do ISS sobre a prestação de serviço notarial, confira-se: "*Incidência do Imposto sobre Serviços de Qualquer Natureza – ISSQN sobre serviços de registros públicos, cartorários e notariais. Constitucionalidade. Ação direta de inconstitucionalidade ajuizada contra os itens 21 e 21.1 da Lista Anexa à LC 116/2003, que permitem a tributação dos serviços de registros públicos, cartorários e notariais pelo ISSQN. (...) As pessoas que exercem atividade notarial não são imunes à tributação, porquanto a circunstância de desenvolverem os respectivos serviços com intuito lucrativo invoca a exceção prevista no art. 150, § 3º da Constituição. O recebimento de remuneração pela prestação dos serviços confirma, ainda, capacidade contributiva. A imunidade recíproca é uma garantia ou prerrogativa imediata de entidades políticas federativas, e não de particulares que executem, com inequívoco intuito lucrativo, serviços públicos mediante concessão ou delegação, devidamente remunerados. Não há diferenciação que justifique a tributação dos serviços públicos concedidos e a não tributação das atividades delegadas.*" ADI 3.089, Rel. p/ o ac. Min. Joaquim Barbosa, julgamento em 13-2-2008, Plenário, *DJE* de 1º-8-2008. No mesmo sentido: RE 557.643-AgR, Rel. Min. Eros Grau, julgamento em 10-2-2009, Segunda Turma, *DJE* de 13-3-2009.

No julgamento do RE nº 756.915, decidido com repercussão geral, o STF entendeu que "é constitucional a incidência do ISS sobre a prestação de serviços de registros públicos, cartorários e notariais, devidamente previstos em legislação tributária municipal."

Ainda no tocante à materialidade, quando do julgamento do RE nº 592.905, com repercussão, o STF decidiu que "é constitucional a incidência do ISS sobre as *operações de arrendamento mercantil (leasing financeiro).*"

Por fim, no julgamento do RE nº 651.703, também com repercussão geral, decidiu-se que "*as operadoras de planos privados de assistência à saúde (plano de saúde e seguro-saúde) realizam prestação de serviço sujeita ao ISS, previsto no art. 156, III, da CF 88.*"

No tocante ao aspecto temporal, esclareço que a LC nº 116/03 nada menciona a respeito. No entanto, está claro que o pressuposto fático do ISS estará consumado quando da efetiva realização ou disponibilização do serviço ao destinatário. Para a investigação do aspecto temporal, não são relevantes as questões inerentes ao negócio jurídico que não seja sua efetiva execução. Daí, é somente a partir da realização do serviço que se considera ocorrido o pressuposto fático.

Não modifica a incidência tributária do ISS certas variantes como a prévia celebração de contrato ou forma de pagamento, assim como não surte qualquer efeito, não havendo materialização, o contrato de prestação de serviço pago e não executado.

Apesar disso, em muitas legislações municipais o fato gerador se considera ocorrido com o destaque da nota fiscal de serviços. Para o caso de serviços que sejam prestados em consideráveis lapsos de tempo, ou com duração indeterminada, nada obsta que a legislação municipal discipline o lançamento do tributo mediante previsão de períodos de apuração, podendo eleger os momentos de incidência com pauta no Princípio da Razoabilidade.

Em relação ao aspecto espacial, o art. 12 do revogado Decreto-lei nº 406/68 fixava o local da incidência do ISS, considerando-se local da prestação do serviço o do estabelecimento prestador, ou na falta de estabelecimento, o do domicílio do prestador. Especialmente para o caso de construção civil, o aspecto espacial seria o local onde se efetuasse a prestação. Dessa forma, a regra geral se referia ao domicílio do prestador e a exceção, exclusivamente para a construção civil, o local da prestação.

Visando dirimir os efeitos da guerra fiscal entre municípios, a Lei Complementar nº 116/03 modificou a estrutura do ISS no tocante ao seu aspecto espacial, na medida em que altera o local da incidência para o local da prestação. Nesse sentido, o art. 3º da LC nº 116/03 preconiza que o serviço considera-se prestado e o imposto devido no local do estabelecimento prestador ou, na falta do estabelecimento, no local do domicílio do prestador, exceto nas seguintes hipóteses, quando o imposto será devido no local do estabelecimento do tomador ou intermediário do serviço ou, na falta de estabelecimento, onde ele estiver domiciliado. As hipóteses que sugerem exceção à regra são as seguintes:

- local da instalação dos andaimes, palcos, coberturas e outras estruturas, no caso dos serviços descritos no subitem 3.05 da lista anexa à lei complementar;
- local da execução da obra, no caso dos serviços descritos no subitem 7.02 e 7.19 da lista;
- local da demolição, no caso dos serviços descritos no subitem 7.04 da lista;
- local das edificações em geral, estradas, pontes, portos e congêneres, no caso dos serviços descritos no subitem 7.05 da lista;
- local da execução da varrição, coleta, remoção, incineração, tratamento, reciclagem, separação e destinação final de lixo, rejeitos e outros resíduos quaisquer, no caso dos serviços descritos no subitem 7.09 da lista;
- local da execução da limpeza, manutenção e conservação de vias e logradouros públicos, imóveis, chaminés, piscinas, parques, jardins e congêneres, no caso dos serviços descritos no subitem 7.10 da lista;
- local da execução da decoração e jardinagem, do corte e poda de árvores, no caso dos serviços descritos no subitem 7.11 da lista;
- local do controle e tratamento do efluente de qualquer natureza e de agentes físicos, químicos e biológicos, no caso dos serviços descritos no subitem 7.12 da lista;
- local do florestamento, reflorestamento, semeadura, adubação e congêneres, no caso dos serviços descritos no subitem 7.16 da lista;
- local da execução dos serviços de escoramento, contenção de encostas e congêneres, no caso dos serviços descritos no subitem 7.17 da lista;
- local da limpeza e dragagem, no caso dos serviços descritos no subitem 7.18 da lista;
- local onde o bem estiver guardado ou estacionado, no caso dos serviços descritos no subitem 11.01 da lista;
- local dos bens ou do domicílio das pessoas vigiados, segurados ou monitorados, no caso dos serviços descritos no subitem 11.02 da lista;
- local do armazenamento, depósito, carga, descarga, arrumação e guarda do bem, no caso dos serviços descritos no subitem 11.04 da lista;
- local da execução dos serviços de diversão, lazer, entretenimento e congêneres, no caso dos serviços descritos nos subitens do item 12, exceto o 12.13, da lista anexa;
- local do Município onde está sendo executado o transporte, no caso dos serviços descritos pelo subitem 16.01 da lista;
- local do estabelecimento do tomador da mão-de-obra ou, na falta de estabelecimento, onde ele estiver domiciliado, no caso dos serviços descritos pelo subitem 17.05 da lista;
- local da feira, exposição, congresso ou congênere a que se referir o planejamento, organização e administração, no caso dos serviços descritos pelo subitem 17.10 da lista;
- local do porto, aeroporto, ferroporto, terminal rodoviário, ferroviário ou metroviário, no caso dos serviços descritos pelo item 20 da lista.

Dispensável anotar que existem infindáveis discussões sobre o aspecto espacial do ISS, especialmente para os fins de se identificar qual o Município reúne atribuição para exigi-lo.

Esquadrinhando-se resumidamente o disposto no art. 3° da LC n° 116/03, é possível definir que, em regra, o ISS é devido ao Município onde estiver localizado o estabelecimento prestador ou, na falta do estabelecimento, no local do domicílio do prestador. As exceções determinam que o imposto será devido ao Município onde estiver localizado o estabelecimento do tomador ou intermediário do serviço ou, na falta de estabelecimento, onde ele estiver domiciliado.

É curial que o art. 4° da LC n° 116/03 determine que considera-se estabelecimento prestador o local onde o contribuinte desenvolva a atividade de prestar serviços, de modo permanente ou temporário, e que configure unidade econômica ou profissional, sendo irrelevantes para caracterizá-lo as denominações de sede, filial, agência, posto de atendimento, sucursal, escritório de representação ou contato ou quaisquer outras que venham a ser utilizadas. Sob esse aspecto, a lei de 2003, ao que se percebe, adota o local do estabelecimento prestador, sendo este localizado no Município onde o serviço é executado.

Assim, ressalvadas as hipóteses previstas nos incisos I a XXII, do artigo 3° da LC n° 116/03, em que a lei especifica o critério quanto à identificação do local onde será efetivada a prestação dos serviços, para as demais atividades constantes da Lista de Serviços, o serviço considera-se prestado e o imposto devido no local do estabelecimento prestador, que corresponde ao local onde o contribuinte desenvolve a atividade de prestar serviços, de forma permanente ou temporária, como uma unidade econômica ou profissional. É, de fato, relevante, o local onde o prestador dos serviços tenha disponibilizado seus equipamentos e seus trabalhadores para a execução dos serviços.

Por isso, há quem diga que o ISS sempre é devido no local onde o serviço é prestado, em todas as hipóteses elencadas na Lista de Serviços, já que as exceções do art. 3° representam o local onde o resultado do serviço será identificado, até porque derivam de atividades que podem ser desenvolvidas em locais diferentes do local onde está o estabelecimento prestador.

Nada mais lógico, já que o Princípio do Sinal de Riqueza justifica seja o tributo exigido pelo Município onde foi exibida a riqueza, expediente que, além de justo, impede os nocivos efeitos da extraterritorialidade da norma municipal, impedindo que um Município tribute uma prestação de serviço efetivamente realizada em outro Município.

De seguida, definindo o aspecto pessoal, o art. 5° da LC n° 116/03 estabelece que o contribuinte do ISS é o prestador do serviço, podendo ser pessoa física ou jurídica. Não obstante, no exercício da competência legiferante, os Municípios poderão atribuir de modo expresso a responsabilidade pelo crédito tributário a terceira pessoa vinculada ao fato gerador da respectiva obrigação, excluindo a responsabilidade do contribuinte ou atribuindo-a a este em caráter supletivo do cumprimento total ou parcial da referida obrigação, inclusive no que se refere à multa e aos acréscimos legais.

Com efeito, os responsáveis tributários estão obrigados ao recolhimento integral do imposto devido, multa e acréscimos legais, independentemente de ter sido efetuada sua retenção na fonte.

Preceitua a lei complementar do ISS que são considerados responsáveis o tomador ou intermediário de serviço proveniente do exterior do País ou cuja prestação se tenha iniciado no exterior do País, e a pessoa jurídica, ainda que imune ou isenta, tomadora ou intermediária dos serviços descritos nos subitens 3.05, 7.02, 7.04, 7.05, 7.09, 7.10, 7.12, 7.14, 7.15, 7.16, 7.17, 7.19, 11.02, 17.05 e 17.10 da lista de serviços.

Permeando o aspecto valorativo do ISS, o art. 7º da LC nº 116/03 determina que sua base de cálculo será o preço do serviço. Desse valor deverá deduzido o valor dos materiais fornecidos pelo prestador dos serviços de reparação, conservação e reforma de edifícios, estradas, pontes, portos e congêneres, execução, por administração, empreitada ou subempreitada, de obras de construção civil, hidráulica ou elétrica e de outras obras semelhantes, inclusive sondagem, perfuração de poços, escavação, drenagem e irrigação, terraplanagem, pavimentação, concretagem e a instalação e montagem de produtos, peças e equipamentos.

O regime de alíquotas do ISS encontra normatização constitucional no art. 156, § 3º, I, no sentido de que cabe à lei complementar fixar as suas alíquotas máximas e mínimas. Dessa forma, estabelece o art. 8º da LC nº 116/03 que as alíquotas máximas do Imposto Sobre Serviços de Qualquer Natureza são as seguintes:

I – (VETADO)

II – demais serviços, 5% (cinco por cento).

É sintomático que o art. 156, § 3º, I, da CF estabeleça que caiba à lei complementar fixar as alíquotas mínimas e máximas do ISS. Como a LC nº 116/03 não definiu as alíquotas mínimas, a matéria permanece disciplinada pelo art. 88 do ADCT que define a alíquota mínima em 2%.

Assim como ocorre com o ICMS e o IPI, o ISS é imune nas exportações de serviços para o exterior, por força do que dispõe o art. 156, § 3º, II, da CF.

Aspecto material – ISS	Prestação dos serviços definidos em lei complementar e não compreendidos na incidência do ICMS.
Aspecto temporal	Efetiva prestação do serviço.
Aspecto espacial	Regra geral à no local do estabelecimento prestador ou, na falta do estabelecimento, no local do domicílio do prestador Exceções (art. 3º, I a XXII da LC 116/03) à No local do estabelecimento do tomador ou intermediário do serviço ou, na falta de estabelecimento, onde ele estiver domiciliado.
Aspecto pessoal (sujeito passivo)	Pessoa física ou pessoa jurídica que prestar o serviço.
Aspecto valorativo	Base de cálculo à preço do serviço Alíquotas à mínimas e máximas definidas em lei complementar.

Capítulo XXIV TAXAS

SUMÁRIO: 1. Considerações Iniciais. 2. Taxas de Serviço. 2.1. Diferença entre Taxa e Tarifa. 2.2. Pedágio. 2.3. Iluminação Pública. 3. Taxas de Polícia. 4. Jurisprudência Constitucional sobre Taxas.

1. Considerações Iniciais

A taxa é um dos tributos mais antigos do mundo e sua origem remonta os primórdios da antiguidade, muito embora seu estudo como categoria jurídica de tributo decorra do século XVIII. No Brasil, desde a Constituição de 1891, a taxa já vinha prevista de forma apartada do imposto, apesar de não estarem configurados os traços que hoje os distinguem. Foi a partir da Emenda Constitucional n° 18/65 que a taxa assumiu a dimensão jurídica que possui até os dias atuais, recebendo os contornos que a tornam peculiar como categoria tributária.

O Código Tributário Nacional traça sua disciplina no art. 77, estabelecendo que *as taxas cobradas pela União, pelos Estados, pelo Distrito Federal ou pelos Municípios, no âmbito de suas respectivas atribuições, têm como fato gerador o exercício regular do poder de polícia, ou a utilização, efetiva ou potencial, de serviço público específico e divisível, prestado ao contribuinte ou posto à sua disposição.*

Assim, depreende-se que taxa é o tipo de tributo que tem por fato gerador uma atuação estatal decorrente do exercício regular do poder de polícia ou da utilização, efetiva ou potencial, de serviço público específico e divisível, diretamente referida ao contribuinte.

Decididamente, é possível distinguir a taxa do imposto, já que esta representa um tributo vinculado a uma atividade estatal, ao contrário do imposto que é não vinculado a qualquer atividade estatal. Também se distingue a taxa das contribuições de melhoria, haja vista que sua referibilidade ao contribuinte é direta, enquanto o fato gerador das contribuições de melhoria se relaciona a uma atividade estatal indiretamente prestada ao contribuinte. Daí a tradicional classificação que distingue taxa como tributo vinculado direto e contribuição de melhoria como tributo vinculado indireto.

Outra distinção visível em relação aos impostos, diz respeito ao produto da arrecadação, já que os impostos, a par de não decorrerem de nenhuma atividade estatal, são instituídos sem qualquer destinação específica do produto da arrecadação, ressalvadas as exceções constitucionais. Seu proveito econômico serve para financiar as despesas gerais do Poder Público, através da implantação de políticas e serviços públicos de saúde, educação, saneamento básico, segurança pública, etc. Dessa forma, o dinheiro arrecadado por meio de imposto financia os atos do Poder Público que satisfazem as necessidades de toda a coletividade, sem qualquer distinção quanto ao destinatário.

A taxa deriva de uma atividade estatal com direta referibilidade a certo indivíduo ou a um grupo determinado de indivíduos, e por isso mesmo, tais atividades são remuneradas pelos indivíduos diretamente afetados pela ação estatal. Por isso a taxa é chamada de tributo contraprestacional.

Não é por outra razão que a doutrina costuma relacionar os impostos com a capacidade contributiva, haja vista que sua peculiaridade reside no fato gerador nascer de uma atividade do próprio contribuinte e sempre designar um sinal de riqueza. Para esses efeitos, os impostos seriam informados pela capacidade contributiva, pois só em relação a eles seria possível aferir a capacidade econômica presente na riqueza tributada. Em contrapartida, o princípio informador das taxas seria o da retributividade, na exata medida em que o contribuinte deve ser taxado na proporção daquilo que o Poder Público investiu pela prática do ato de polícia ou, no caso do serviço público específico e divisível, sua efetiva prestação ou colocação à disposição do contribuinte.

Os argumentos que constroem essa associação de ideias são respeitáveis, mas não vejo razão para atrelar a capacidade contributiva, que para mim é sinônimo de justiça fiscal no caso concreto, somente aos impostos. Não vejo razão para apartar a capacidade contributiva das taxas, salvo quando, obviamente, não for possível aferi-la. É forçoso reconhecer que na maioria das taxas não há como trilhar esse caminho sem correr o risco de que o Poder Público se valha da capacidade contributiva para onerar ainda mais o contribuinte, e o que é pior, sem que essa oneração exacerbada acarrete uma melhor prestação do serviço público ou do ato de polícia.

Mesmo assim não dá para separar, em absoluto, as taxas da capacidade contributiva, e quando for possível aplicar essa tessitura, deve o legislador fazê-lo. Como exemplo, pode-se mencionar o fenômeno da taxa judiciária, com natureza de taxa de serviço público e que pode perfeitamente ser consentânea com a capacidade contributiva, sendo dever do Poder Público, sempre que possível, instituir não só impostos, mas todos os tributos com orientação na capacidade contributiva. A isenção da taxa judiciária para determinados grupos de pessoas, como os hipossuficientes beneficiários da assistência judiciária, bem demonstra isso.

Apesar disso, não se retira das taxas o principal atributo de serem orientadas pelo princípio da retributividade que lhes é inerente. Nesse sentido: "*Taxa: correspondência entre o valor exigido e o custo da atividade estatal. A taxa, enquanto contraprestação a uma atividade do Poder Público, não pode superar a relação de razoável equivalência que deve existir entre o custo real da atuação estatal referida ao contribuinte e o valor que o Estado pode exigir de cada contribuinte, considerados, para esse efeito, os elementos pertinentes às alíquotas e à base de cálculo fixadas em lei. Se o valor da taxa, no entanto, ultrapassar o custo do serviço prestado ou posto à disposição do contribuinte, dando causa, assim, a uma situação de onerosidade excessiva, que descaracterize essa relação de equivalência entre os fatores referidos (o custo real do serviço, de um lado, e o valor exigido do contribuinte, de outro), configurar-se-á, então, quanto a essa modalidade de tributo, hipótese de ofensa à cláusula vedatória inscrita no art. 150, IV, da CF. Jurisprudência. Doutrina.*" ADI 2.551-MC, Rel. Min. Celso de Mello.

A compostura normativa das taxas definida pelo Código corresponde com o disposto na Constituição, a qual estabelece, no art. 145, II, que os entes da federação dispõem de competência tributária para instituir taxas de serviço público específicos e divisíveis, prestados ao contribuinte ou postos a sua disposição, e taxas decorrentes do poder de polícia. Daí, é possível construir-se uma ilação peremptória a partir do texto constitucional no sentido de que a atuação estatal que configura a hipótese de incidência das taxas consiste num serviço público ou num ato derivado do poder de polícia da Administração.

Sendo assim, a norma padrão das taxas será um serviço público ou um ato de polícia, razão pela qual as taxas são divididas em *Taxa de serviço público e Taxa de ato de polícia.*

Trata-se, conforme se ponderou anteriormente, de tributo vinculado direto porque seu fato gerador é diretamente relacionado ao contribuinte, e essa referibilidade direta e imediata diz respeito a um serviço público específico e divisível, prestado ou posto à disposição do contribuinte, bem como do ato de polícia que se impõe ao sujeito passivo com o objetivo de remunerar o gasto público decorrente dessas atuações estatais.

Com essas orientações, fica fácil traçar o meridiano de seu aspecto material, já que o próprio texto constitucional sugere que o núcleo da hipótese de incidência das taxas poderá ser a prestação de um serviço público específico ou divisível, ou a prática de um ato administrativo decorrente do poder de polícia da Administração.

A tradição do Direito brasileiro relata um histórico acerca da instituição de outras espécies de taxa, como as *taxas de uso* e *taxas de obra* que supostamente teriam como fato gerador a utilização de bens pertencentes ao poder público ou a realização de uma obra pública. Nos dias atuais, contudo, tais figuras de exação não mais encontram respaldo no Sistema Tributário Nacional.

A propósito da ausência de previsão constitucional para as taxas de uso, no julgamento do RE nº 581.947, decidido com repercussão geral, o STF entendeu que "é inconstitucional a cobrança de taxa, espécie tributária, pelo uso de espaços públicos dos municípios por concessionárias prestadoras do serviço público de fornecimento de energia elétrica."

Em matéria de competência, as taxas podem ser instituídas por todos os entes da federação, mas o art. 80 do CTN determina que para efeito de instituição e cobrança de taxas, consideram-se compreendidas no âmbito das atribuições da União, dos Estados, do Distrito Federal ou dos Municípios, aquelas que, segundo a Constituição Federal, as Constituições dos Estados, as Leis Orgânicas do Distrito Federal e dos Municípios e a legislação com elas compatível, competem a cada uma dessas pessoas de direito público.

Finalmente, cumpre assinalar o traço característico constitucional das taxas, disciplinado no art. 145, § 2º da Constituição, no sentido de que as taxas não poderão ter base de cálculo própria de impostos. Percebe-se a nítida relação do preceptivo constitucional com a classificação jurídica dos tributos, no sentido de que as hipóteses de incidência das taxas sempre deverão estar atreladas a uma atividade estatal, ao contrário dos impostos, cujos fatos geradores correspondem a sinais de riqueza experimentados pelo contribuinte.

Qualquer semelhança com a Súmula Vinculante nº 29 do STF não é coincidência. Confira: "É constitucional a adoção no cálculo do valor de taxa de um ou mais elementos da base de cálculo própria de determinado imposto, desde que não haja integral identidade entre uma base e outra."

Deve se firmar a premissa que a adoção de um ou mais elementos da base de cálculo de um imposto não poderá ensejar à constituição de uma base semelhante, o que é vedado. Assim, uma taxa de fiscalização poderá se pautar pela área do imóvel que corresponde a um dos elementos da base de cálculo do IPTU, mas não poderá utilizar o valor venal porque aí ocorreria a exata identificação entre as bases. Apesar disso, houve um precedente importante da referida súmula, julgado no RE nº 220.316-7, onde o STF permitiu a adoção do valor venal como base de cálculo da taxa de fiscalização.

De certa forma, o entendimento jurisprudencial da Suprema Corte que deu origem à Súmula Vinculante nº 29 mitiga o conteúdo do art. 145, § 2º, da Constituição. O conteúdo da Súmula Vinculante nº 29 é bem desenvolvido no julgado que segue. Confira-se: "*O fato de um dos elementos utilizados na fixação da base de cálculo do IPTU – a metragem da área construída do imóvel – que é o valor do imóvel (CTN, art. 33), ser tomado em linha de conta na determinação da alíquota da taxa de coleta de lixo, não quer dizer que teria essa taxa base de cálculo igual à do IPTU: o custo do serviço constitui a base imponível da taxa. Todavia, para o fim de aferir, em cada caso concreto, a alíquota, utiliza-se a metragem da área construída do imóvel, certo que a alíquota não se confunde com a base imponível do tributo. Tem-se, com isto, também, forma de realização da isonomia tributária e do princípio da capacidade contributiva: CF, arts. 150, II, 145, § 1º.*" RE 232.393, Rel. Min. Carlos Velloso, julgamento em 12-8-1999, Plenário, *DJ* de 5-4-2002. No mesmo sentido: RE 232.577-EDiv, Rel. Min. Cezar Peluso, julgamento em 17-2-10, Plenário, *DJE* de 9-4-10; RE 336.782-AgR, Rel. Min. Cármen Lúcia, julgamento em 26-5-2009, Primeira Turma, DJE de 1º-7-2009.

Na mesma esteira do § 2º do art. 145 da CF, o art. 77, parágrafo único no CTN preconiza que a taxa não pode ter base de cálculo ou fato gerador idênticos aos que correspondam a imposto nem ser calculada em função do capital das empresas. Neste particular, é curial anotar a desnecessária menção do Código com vistas a excluir expressamente o capital das empresas como possível base de cálculo das taxas. De fato, não haveria necessidade para tanto, já que a vedação contida na primeira parte do dispositivo já enseja a proibição de sua instituição com fundamento nos atos praticados pelo contribuinte ou em sua riqueza.

Considerando que somente existem duas categorias de taxas, dentro das quais se inserem a imensidão de subespécies existentes no Brasil, passemos à sua análise em separado.

2. Taxas de Serviço

Taxa de serviço é o tipo de tributo que tem por hipótese de incidência um serviço público específico e divisível diretamente referido ao contribuinte. Nesse sentido, o art. 79 do CTN estabelece que os serviços públicos a que se refere o artigo 77 consideram-se:

I - utilizados pelo contribuinte:

a) efetivamente, quando por ele usufruídos a qualquer título;

b) potencialmente, quando, sendo de utilização compulsória, sejam postos à sua disposição mediante atividade administrativa em efetivo funcionamento;

II - específicos, quando possam ser destacados em unidades autônomas de intervenção, de unidade, ou de necessidades públicas;

III - divisíveis, quando suscetíveis de utilização, separadamente, por parte de cada um dos seus usuários.

Antes de partir para análise do campo material dessa categoria de taxa, deve se ponderar que, diferentemente do que ocorre com as taxas de polícia, as taxas de serviço podem ser exigidas quando o serviço público for efetivamente usufruído pelo contribuinte ou simplesmente quando potencialmente sejam utilizados, bastando para isso que sejam postos à sua disposição mediante uma atividade que esteja em funcionamento.

Partindo-se da premissa que o serviço público é o núcleo da materialidade dessa categoria de taxa, é importante esclarecer que o conceito de serviço público não é uniforme na doutrina. Estão ultrapassadas as ideias que conferiam um conceito orgânico ao serviço público no sentido de que somente aqueles serviços prestados por órgãos da Administração Pública seriam públicos. Hoje não mais se discute que não somente o Estado presta serviços públicos, como também as entidades da administração indireta, entidades do terceiro setor e empresas privadas, mediante delegação.

Dessa forma, serviços públicos seriam aqueles prestados diretamente pelo Poder Público ou por seus delegados, qualificados por serem relevantes à coletividade, fruíveis pelos administrados em geral e sob o regime de direito público. Também colhido no patamar doutrinário, outro conceito de serviço público sugere uma prestação de utilidade material para satisfação das necessidades públicas, em favor da coletividade e sob regime de direito público, ainda que usufruível individualmente.

Em virtude do próprio conceito da taxa de serviço, é dispensável dizer que aqueles serviços públicos caracterizados pelo aspecto genérico e universal não materializam as taxas de serviço. Como se sabe, essa categoria de serviço público não permite a fruição individualizada e são remunerados pelas receitas gerais derivadas da arrecadação dos impostos.

Assim, somente os serviços públicos específicos e divisíveis podem ser remunerados por taxas de serviço público, nos termos do artigo 145, II, da Constituição Federal. Além disso, com fundamento no critério da facultatividade, e com base no permissivo constitucional do art. 175, parágrafo único e inciso III, alguns serviços públicos, mesmo específicos e divisíveis, também podem ser remunerados através de tarifa ou preço público.

Como se depreende, há um universo muito grande que congrega as diversas categorias de prestações de caráter público entregues ou postas à disposição do administrado, isso porque consideram-se serviços públicos todas as comodidades que o Poder Público oferece aos administrados, direta ou indiretamente, tais como segurança pública, segurança nacional e de fronteiras, prestação da tutela jurisdicional, fornecimento de água, luz, gás, telefone, transporte coletivo, manutenção e conservação de rodovias, educação e saúde etc.

Dessa forma, conclui-se que a prestação de serviços públicos pode se perfazer diretamente pelo Estado, através da Administração Direta ou pelas entidades da Administração Indireta, conforme preconizam os arts. 21, 23, 24, 30, 37 da CF/88, e pelos particulares, através do regime de concessão ou permissão, *ex vi* do art. 175 da CF/88.

Decididamente, para os efeitos de tributação via taxa, estão excluídos desse universo os serviços públicos prestados em caráter indiscriminado, chamados de serviços universais ou gerais, por alcançarem um número indeterminado ou indeterminável de pessoas. Tais serviços não se referem a ninguém em especial e beneficiam toda a coletividade, sendo remuneráveis por impostos.

Com efeito, definindo-se o campo material da taxa de serviço, afirma-se que os serviços públicos específicos são aqueles que podem ser destacados em unidades autônomas de intervenção, de unidade, ou de necessidades públicas. Os serviços públicos divisíveis seriam os suscetíveis de utilização, separadamente, por parte de cada um dos seus usuários. É divisível o serviço público que pode ser dimensionado em sua quantificação, sendo possível aferir a dosagem de fruição individual.

A grande discussão em torno das taxas de serviço não reside em reconhecer a categoria do serviço público como sendo específico e divisível, o que nem demanda extensas divagações. O ponto discordante é que há serviços públicos reconhecidamente específicos e divisíveis que não são remunerados por taxas de serviço, mas sim por tarifas, conforme já mencionamos linhas acima.

De fato, não se discute que certos serviços públicos como o fornecimento domiciliar de água, o fornecimento domiciliar de energia elétrica, o fornecimento domiciliar de gás, o fornecimento domiciliar de telefone, dentre outros, são específicos e divisíveis. Mas responder por que não são remunerados por taxa e sim por tarifa é dourar a pílula da teoria da taxa.

Em verdade, a Constituição não obriga que os serviços públicos específicos e divisíveis sejam remunerados por taxa, e ademais, pelo modelo econômico liberal adotado pelo Estado brasileiro, o Poder Público está autorizado a delegar a prestação de certos serviços públicos ao setor privado, atendendo a uma política que encontra amparo no art. 175 da CF. Daí, não é relevante se a natureza do serviço público a ser delegado, é específica e divisível. Releva apenas e tão somente o interesse público em que determinados serviços sejam prestados pelo setor privado e remunerados mediante tarifa.

Ou seja, por sua própria conveniência, o Poder Público não se obriga a instituir a taxa de serviço, e tanto isso é verdade que os mais importantes serviços públicos específicos e divisíveis, citados linhas acima, são remunerados por meio de tarifa, e é forçoso reconhecer que do ponto de vista do Sistema Tributário Nacional, não há nisso qualquer reparo.

No quadro que segue é possível vislumbrar um diagrama dos serviços públicos prestados ou postos à disposição, bem como a forma em que são remunerados. A partir desse espectro é possível partir para o cotejo da taxa e da tarifa.

Serviços Públicos prestados em caráter geral	**Remunerados pelas receitas gerais decorrentes do imposto → Tributo não vinculado.**
Serviços Públicos específicos e divisíveis prestados diretamente pelo Poder Público (Art. 145, II CF)	**Remunerados por taxa de serviço público → Tributo vinculado direto.**
Serviços Públicos específicos e divisíveis delegados ao setor privado mediante permissão ou concessão (art. 175 CF)	**Remunerados por tarifa ou preço público → não tem natureza de tributo.**
Atos administrativos decorrentes do exercício do Poder de Polícia da Administração Pública	**Remunerados por taxa de polícia → Tributo vinculado direto. A distinção fundamental entre taxa de serviço público e taxa de polícia se baseia na potencialidade da primeira e na efetividade da segunda**
Valorização imobiliária decorrente de obra pública	**Remunerados por contribuição de melhoria → Tributo vinculado indireto.**

Sobre o tema das taxas de serviço público, no julgamento do RE nº 576.321 decidido com repercussão geral o STF decidiu que: "*I – A taxa cobrada exclusivamente em razão dos serviços públicos de coleta, remoção e tratamento ou destinação de lixo ou resíduos provenientes de imóveis não viola o art. 145, II, da CF; II – A taxa cobrada em razão dos serviços de conservação e limpeza de logradouros e bens públicos ofende o art. 145, II, da CF; III -* É cons*titucional a adoção, no cálculo do valor de taxa, de um ou mais elementos da base de cálculo própria de determinado imposto, desde que não haja integral identidade entre uma base e outra.*"

2.1. Diferença entre Taxa e Tarifa

Como vimos, os serviços públicos específicos e divisíveis podem ser remunerados tanto por taxas de serviço público quanto por tarifa que é modalidade de preço público de caráter não tributário. O preço público serve para remunerar serviços públicos em certas situações em que não sejam prestados diretamente pelo poder público.

É comum encontrarem-se definições no sentido de que o preço público é uma quantia devida pela utilização do serviço público de *fruição facultativa*. Esse entendimento encontra respaldo na Súmula nº 545 do STF no sentido de que *Preços de serviços públicos e taxas não se confundem, porque estas, diferentemente daqueles, são compulsórias, e têm sua cobrança condicionada à prévia autorização orçamentária, em relação à lei que as instituiu.*

Em verdade, nos dias atuais não parece ser a compulsoriedade o fator distintivo entre taxa e tarifa, até porque, no mais das vezes, a condição de usuário de certos tipos de serviço público tarifado é imposta ao administrado de uma maneira tal que não há como falar-se em facultatividade. De certa forma, o que parece distinguir essas realidades é a opção do Poder Público em prestar o serviço diretamente ou delegá-lo a terceiros.

Assim, ao optar pelo regime da delegação do serviço público, a entidade encarregada poderá se valer da tarifa para remunerar sua prestação, e sabido que tarifa não obedece ao regime jurídico-tributário, poderá ser criada ou reajustada por ato do Poder Público, sendo definida até mesmo no contrato administrativo de concessão do serviço, sem qualquer necessidade de obediência aos princípios tributários.

Sendo assim, qualquer serviço público que possa ser delegado em face do permissivo constitucional do art. 175 da CF, será remunerado por tarifa e é importante asseverar que a definição dos serviços públicos que ensejam delegação deriva de ato discricionário da Administração, baseado na conveniência e oportunidade do interesse público.

A nosso ver também não se pode dimensionar a questão com base na essencialidade do serviço prestado. Aqueles que corroboram esse entendimento defendem que certos serviços, por serem mais essenciais à coletividade, decorrem do conceito de soberania e dizem respeito à existência do próprio Estado, e em face de sua primacial importância, ensejariam uma retribuição regulada pelo direito público pautado nos princípios constitucionais, razão pela qual somente poderiam ser remunerados por taxa.

Ora, esse argumento não responde a questão, até porque a maioria dos serviços públicos essenciais, típicos e exclusivos do Estado, aqueles que dizem respeito à existência do próprio Estado, sequer são remunerados diretamente, como, aliás, já mencionamos linhas atrás. Em verdade, tais serviços públicos são remunerados pelas receitas gerais decorrentes dos impostos. Nesse sentido: "*Instituição de taxa de serviços prestados por órgãos de Segurança Pública. Atividade que somente pode ser sustentada por impostos.*" (ADI 2.424, Rel. Min. Gilmar Mendes, DJ 18/06/04). No mesmo sentido: "*Em face do artigo 144, caput, inciso V e parágrafo 5º, da Constituição, sendo a segurança pública, dever do Estado e direito de todos, exercida para a preservação da ordem pública e da incolumidade das pessoas e do patrimônio, através, entre outras, da polícia militar, essa atividade do Estado só pode ser sustentada pelos impostos, e não por taxa, se for solicitada por particular para a sua segurança ou para a de terceiros, a título preventivo, ainda quando essa necessidade decorra de evento aberto ao público. Ademais, o fato gerador da taxa em questão não caracteriza sequer taxa em razão do exercício do poder de polícia, mas taxa pela utilização, efetiva ou potencial, de serviços públicos específicos e divisíveis, o que, em exame compatível com pedido de liminar, não é admissível em se tratando de segurança pública.*" (ADI 1.942-MC, Rel. Min. Moreira Alves, DJ 22/10/99).

Por isso, com essas variantes argumentais, não é possível defender que o Poder Público esteja obrigado a prestar determinado serviço público, instituindo-o sob o regime do direito público e remunerando-o por meio de taxa criada por lei. Não parece lógica a premissa de que todo serviço público não comporta qualquer espécie de negociação, e que por isso não poderia ser remunerado por tarifa decorrente de um acordo de vontades expressado no contrato de concessão.

Não parece verdadeira a ideia de que, sendo o serviço prestado em caráter público, não poderia ficar à mercê de um contrato, já que deveria sempre decorrer de lei. Argumentos desse jaez inviabilizariam a política de prestação de serviços públicos, a modernização do Estado e a participação do setor privado na exploração dos serviços públicos, tendência que tem se tornado cada vez mais comum nos Estados liberais.

Apesar disso, o argumento da essencialidade do serviço público foi defendido no X Simpósio Nacional de Direito Tributário, havendo precedente no STF nesse sentido. Confira-se: "*A taxa, espécie de tributo vinculado, tendo em vista o critério jurídico do aspecto material do fato gerador, que Geraldo Ataliba denomina de hipóteses de incidência (Hipótese de incidência tributária, Ed. Rev. dos Tribunais. 4ª Ed., 1991, p. 128 et seq.), ou é de polícia, decorrente do exercício do poder de polícia, ou é de serviço, resultante da utilização, efetiva ou potencial, de serviços públicos específicos e divisíveis, prestados ao contribuinte ou postos a sua disposição (CF, art. 145, II). A materialidade do fato gerador da taxa, ou de sua hipótese de incidência, é, 'sempre e necessariamente um fato produzido pelo Estado, na esfera jurídica do próprio Estado, em referibilidade ao administrado' (Geraldo Ataliba, Sistema Trib. na Constituição de 1988, Rev. de Dir. Trib., 51/140), ou 'uma atuação estatal diretamente referida ao contribuinte', que 'pode consistir ou num serviço público ou num ato de polícia' (Roque Antônio Carrazza, Curso de Dir. Const. Tributário, Ed. RT, 2. ed., 1991, p. 243). As taxas de polícia, conforme mencionamos, decorrem do exercício do poder de polícia, conceituado este no art. 78 do CTN, e as de serviço, de um serviço público prestado ao contribuinte, serviço público específico e divisível (CF, art. 145, II). Os serviços públicos, ensina Roque Carrazza, 'se dividem em gerais e específicos', certo que os primeiros, ou gerais, 'são os prestados uti universi, isto é, indistintamente a todos os cidadãos', alcançando 'a comunidade, como um todo considerada, beneficiando número indeterminado (ou, pelo menos, indeterminável) de pessoas.' (Ob. cit., p. 243). Esses serviços não constituem fato gerador de taxa, não podem, portanto, ser custeados por meio de taxa, mas pelos impostos. 'Já os serviços específicos', acrescenta Carrazza, 'são os prestados ut singuli. Referem-se a uma pessoa ou a um número determinado (ou, pelo menos, determinável, de pessoas). São de utilização individual e mensurável. Gozam, portanto, de divisibilidade, é dizer, da possibilidade de avaliar-se a utilização efetiva ou potencial, individualmente considerada'. (Ob. e loc. cits.). Noutras palavras, o serviço 'é específico quando possa ser separado em unidades autônomas de intervenção da autoridade, ou de sua utilidade, ou de necessidade pública, que o justificou: p. ex., a existência do corpo de bombeiros para o risco potencial de fogo'; e 'é divisível quando possa funcionar em condições tais que se apure a utilização individual pelo usuário: – a expedição de certidões, a concessão de porte de armas, a aferição dos pesos e medidas, etc.' (Aliomar Baleeiro, Direito Trib. Brasileiro, Forense, l0. ed., p. 353-354). O serviço público, pois, que dá ensejo ao nascimento da taxa, há de ser um serviço específico e divisível. A sua utilização, pelo contribuinte, ou é efetiva ou é potencial, vale dizer, ou o serviço público é prestado ao contribuinte ou é posto à disposição deste. (...) Concedo que há serviços públicos que somente podem ser remunerados mediante taxa. Do acórdão do RE 89.876/RJ, relatado pelo eminente Min. Moreira Alves (RTJ 98/230) e da conferência que S. Exa. proferiu no 'X Simpósio Nacional de Direito Tributário' (...) penso que podemos extrair as seguintes conclusões, com pequenas alterações em relação ao pensamento do eminente Min. Moreira Alves: os serviços públicos poderiam ser classificados assim: 1) serviços públicos propriamente estatais, em cuja prestação o Estado atue no exercício de sua soberania, visualizada esta sob o ponto de vista interno e externo: esses serviços são indelegáveis, porque somente o Estado pode prestá-los. São remunerados, por isso mesmo, mediante taxa, mas o particular pode, de regra, optar por sua utilização ou não. (...) 2) Serviços públicos essenciais ao interesse público: são serviços prestados no interesse da comunidade. São remunerados mediante taxa. (...) 3) Serviços públicos não essenciais e que, não utilizados, disso não resulta dano ou prejuízo para a comunidade ou para o interesse público. Esses serviços são, de regra, delegáveis, vale dizer, podem ser concedidos e podem ser remunerados mediante preço público. Exemplo: o serviço postal, os serviços telefônicos, telegráficos, de distribuição de energia elétrica, de gás, etc.*" (ADI 447, Rel. Min. Octavio Gallotti, voto do Min. Carlos Velloso, julgamento em 5-6-1991, Plenário, *DJ* de 5-3-1993).

Particularmente entendo que somente se o serviço público for específico e divisível e prestado diretamente pelo Poder Público, deverá ser remunerado por taxa. Fora dessas circunstâncias, haverá discricionariedade para que o Poder Público estabeleça a prestação de determinado serviço público mediante a celebração de contrato de concessão e a cobrança por meio de tarifa. Ademais, ainda quando se tratar de serviço público típico, exclusivo e essencial, poderá ser prestado pelo Poder Público, e neste particular quando não em caráter específico e divisível, deverá ser prestado sem remuneração direta, mas pela via das receitas gerais decorrentes dos impostos.

De qualquer maneira, embora parte da doutrina entenda esteja superada a tese adotada pelo STF nos idos de 1969, quando da edição da Súmula n° 545 que traceja a distinção entre taxa e tarifa com fundamento na compulsoriedade, o fato é que a Suprema Corte ainda tem se estribado no mesmo critério. Confira-se o julgado que segue, proferido em junho de 2011: "*Taxa e preço público diferem quanto à compulsoriedade de seu pagamento. A taxa é cobrada em razão de uma obrigação legal enquanto o preço público é de pagamento facultativo por quem pretende se beneficiar de um serviço prestado.*" (RE n° 556.854, Rel. Min. Cármen Lúcia, julgamento em 30-6-2011, Plenário, *DJE* de 11-10-2011.) Vide: ADI 447, Rel. Min. Octavio Gallotti, voto do Min. Carlos Velloso, julgamento em 5-6-1991, Plenário, *DJ* de 5-3-1993.

Passemos a analisar as peculiaridades de algumas categorias de serviços públicos e suas respectivas formas de remuneração.

2.2. Pedágio

A cobrança do pedágio deriva da prestação do serviço público de manutenção e conservação de vias públicas. Numa primeira análise, a ideia é aferir se o *pedágio* se enquadra no conceito de tributo, e nessa quadra, o art. 150, V da CF estabelece que *sem prejuízo de outras garantias asseguradas ao contribuinte, é vedado à União, aos Estados, ao Distrito Federal e aos Municípios, estabelecer limitações ao tráfego de pessoas ou bens, por meio de tributos interestaduais ou intermunicipais, ressalvada a cobrança de pedágio pela utilização de vias conservadas pelo Poder Público.*

De início se verifica que a figura do pedágio está referida no texto constitucional, no capítulo do Sistema Tributário Nacional, o que, de *per se*, não lhe afasta a natureza jurídica tributária. De fato, estando vinculado à atuação do Poder Público e não decorrendo de nenhuma obra pública, permite-se concluir que se tributo for, será uma taxa de serviço.

Doravante, o pedágio somente se configurará como tributo – taxa de serviço, quando o serviço for prestado diretamente pelo poder público, *ex vi* do Art.150, V, parte final, que ressalva a utilização de vias *conservadas diretamente pelo poder público*. Dessa forma, quando o serviço for delegado por meio de concessão, não haverá falar-se em taxa de pedágio, mas tarifa, como, aliás, acontece na maioria dos casos.

Nesse sentido o entendimento do STF esposado em 2011: "*TRIBUTÁRIO E CONSTITUCIONAL. PEDÁGIO. NATUREZA JURÍDICA DE PREÇO PÚBLICO. DECRETO 34.417/92, DO ESTADO DO RIO GRANDE DO SUL. CONSTITUCIONALIDADE. 1. O pedágio cobrado pela efetiva utilização de rodovias conservadas pelo Poder Público, cuja cobrança está autorizada pelo inciso V, parte final, do art. 150 da Constituição de 1988, não tem natureza jurídica de taxa, mas sim de preço público, não estando a sua instituição, consequentemente, sujeita ao princípio da legalidade estrita. 2. Ação direta de inconstitucionalidade julgada improcedente". (ADI 800, Relator(a): Min. TEORI ZAVASCKI, Tribunal Pleno, julgado em 11/06/2014, ACÓRDÃO ELETRÔNICO DJe-125 DIVULG 27-06-2014 PUBLIC 01-07-2014)*

Apesar disso, não se afasta do pedágio a natureza jurídica tributária, já que por meio dele se exige uma quantia pecuniária, compulsória, instituída em lei, daí enquadrar-se no conceito de tributo, desde que o serviço seja diretamente prestado pela Administração. Uma vez assumida a condição de taxa, deverá se enquadrar no regime jurídico específico dos tributos vinculados diretos. Nesse sentido, a Súmula nº 595 do STF: "É inconstitucional a taxa municipal de conservação de estradas de rodagem cuja base de cálculo seja idêntica à do imposto territorial rural."

No mesmo sentido: "*Taxa de Conservação e Manutenção das Vias Públicas. Inconstitucionalidade incidental. Acórdão que declarou a inconstitucionalidade de lei que instituiu a cobrança de Taxa de Conservação e Manutenção das Vias Públicas, por afronta ao disposto no art. 145, II, da CF. Entendimento firmado pelo STF no sentido de que a base de cálculo é 'própria de imposto e não de taxa por serviços específicos e divisíveis postos à disposição do seu contribuinte' e 'não tendo o Município — uma vez que, em matéria de impostos, a competência é da União — competência para criar tributos outros que não os que a Constituição lhe atribui, o imposto dissimulado pela taxa é inconstitucional* (RE 121.617)." (RE 293.536, Rel. Min. Néri da Silveira, DJ 17/05/02).

Assim, o pedágio pode ter natureza de taxa de serviço público se este for prestado pelo Poder Público ao contribuinte ou posto à sua disposição.

2.3. Iluminação Pública

Sucedeu que depois de longo período em que o Poder Público remunerava o serviço de iluminação pública por taxa, concluiu-se que não se tratava de serviço público específico e divisível, e a jurisprudência não tardou a se pronunciar, conforme se verifica a seguir: "*Taxa de iluminação pública. (...) Tributo de exação inviável, posto ter por fato gerador serviço inespecífico, não mensurável, indivisível e insuscetível de ser referido a determinado contribuinte, a ser custeado por meio do produto da arrecadação dos impostos gerais.*" STF – RE 233.332, Rel. Min. Ilmar Galvão, DJ 14/05/99.

Após reiteradas decisões do STF com esse nota, editou-se a Súmula nº 670 no sentido de que "*o serviço de iluminação pública não pode ser remunerado mediante taxa*".

Esse entendimento foi reafirmado em 2015 com a edição da Súmula Vinculante nº 41: "O serviço de iluminação pública não pode ser remunerado mediante taxa."

Com efeito, a atividade decorrente de iluminação pública visa preservar bens jurídicos de toda a coletividade, daí tratar-se de um serviço público, tanto que o art. 21, XII, "b", da CF, atribui aos municípios organizar seu serviço de iluminação pública. No entanto, claramente não se trata de serviço público específico e divisível, já que não é possível aquilatar quanto cada indivíduo usufrui dessa prestação, depreendendo-se que o beneficiário com a iluminação pública nem sempre é o proprietário do imóvel que defronta o trecho iluminado da via.

Dessa forma, no intuito de se viabilizar aos Municípios a contraprestação pelo serviço de iluminação pública, e estando vedada a exigência de taxa, a Emenda Constitucional nº 39/2002, adicionou o artigo 149-A na Constituição Federal, dispondo que *os Municípios e o Distrito Federal poderão instituir* ***contribuição****, na forma das respectivas leis, para o custeio do serviço de iluminação pública, observado o disposto no art. 150, I e III.*

Assim, atualmente o serviço público de iluminação pública poderá remunerado através da contribuição de iluminação pública, categoria tributária que será analisada no capítulo XXVII.

Em 2016 ainda aguardava julgamento em repercussão geral no Supremo Tribunal Federal a discussão sobre a constitucionalidade da cobrança da iluminação pública para melhoramento e expansão do serviço, conforme o julgado: "*ILUMINAÇÃO PÚBLICA – CUSTEIO DE MELHORAMENTO E EXPANSÃO DA REDE – ARTIGO 149-A DA CONSTITUIÇÃO FEDERAL – AFASTAMENTO NA ORIGEM – RECURSO EXTRAORDINÁRIO – REPERCUSSÃO GERAL CONFIGURADA. Possui repercussão geral a controvérsia relativa à constitucionalidade da cobrança, por Municípios e Distrito Federal, de contribuição de iluminação pública visando satisfazer despesas com melhoramento e expansão da rede". (RE 666404 RG/SP, Relator(a): Min. MARCO AURÉLIO, julgado em 28/11/2013, ACÓRDÃO ELETRÔNICO DJe-032 DIVULG 14-02-2014 PUBLIC 17-02-2014)*

3. Taxas de Polícia

Taxa de polícia é o tipo de tributo que tem por hipótese de incidência um ato administrativo decorrente do poder de polícia diretamente referido a alguém. Ato de polícia é o que envolve o exercício do poder de polícia, assim definido como o conjunto de regras instituídas pela Administração para disciplinar o exercício dos direitos relativos à liberdade ou à propriedade das pessoas, compatibilizando com o bem comum.

Nem sempre o ato de polícia deverá ser remunerado, mas as taxas exigidas em função do poder de polícia se originam quando forem praticadas diligências pela Administração em favor do contribuinte, daí porque o ato de polícia deve ser endereçado a alguém.

Nos termos do art. 78 CTN, *considera-se poder de polícia atividade da administração pública que, limitando ou disciplinando direito, interesse ou liberdade, regula a prática de ato ou abstenção de fato, em razão de direito público concernente à segurança, a higiene, à ordem, aos costumes, à disciplina da produção e do mercado, ao exercício de atividades econômicas dependentes de concessão ou autorização do Poder Público, à tranquilidade pública ou ao respeito à propriedade e aos direitos individuais e coletivos.*

Com efeito, considera-se regular o poder de polícia quando desempenhado pelo órgão competente nos limites da lei aplicável, com observância do processo legal e, tratando-se de atividade que a lei tenha como discricionária, sem abuso ou desvio de poder.

Hely Lopes Meirelles ensina que *"o poder de polícia é a faculdade de que dispõe a Administração para condicionar e restringir o uso e gozo de bens. atividades e direitos individuais, em benefício da coletividade."* [1]

A taxa de polícia não remunera propriamente o ato de polícia que não pode ser aferido em pecúnia, mas o conjunto de diligências que levou à expedição do ato, de maneira que o contribuinte deverá pagar a taxa pelas diligências e não pela concessão do benefício que almeja. Os atos administrativos decorrentes do poder de polícia que não forem endereçados a nenhuma pessoa específica não poderão ser remunerados pela taxa de polícia, em face de estar ausente a referibilidade.

Finalmente, ao contrário das taxas de serviço, as taxas de polícia dependem da realização efetiva das atividades decorrentes do ato de polícia por parte da Administração, não bastando que sejam colocadas à sua disposição.

No julgamento do RE nº 588.322, o STF entendeu que "é constitucional a taxa de renovação de funcionamento e localização municipal, desde que ef*etivo o exercício do poder de polícia, demonstrado pela existência de órgão e estrutura competentes para o respectivo exercício.*"

---

1 MEIRELLES, Hely Lopes. *Direito Administrativo Brasileiro.* 24ª Ed. São Paulo: Malheiros, 1999, p. 115.

4. Jurisprudência Constitucional sobre Taxas

Aqui chegados, analisemos a jurisprudência do STF em relação às taxas. Sobre a legitimidade da base de cálculo da **taxa judiciária**, definida sobre o montante da condenação, confira-se a Súmula 667, de 2003: "*Viola a garantia constitucional de acesso à jurisdição a taxa judiciária calculada sem limite sobre o valor da causa*".

Interessante este julgado do Supremo Tribunal Federal em relação à isenção da taxa judiciária: *RECURSO EXTRAORDINÁRIO COM REPERCUSSÃO GERAL. DIREITO TRIBUTÁRIO. DIREITO PROCESSUAL CIVIL. TAXA JUDICIÁRIA. PREPARO RECURSAL. PORTE DE REMESSA E RETORNO. ISENÇÃO. INSS. JUSTIÇA ESTADUAL. 1. A despesa com porte de remessa e retorno não se enquadra no conceito de taxa judiciária, uma vez que as custas dos serviços forenses se dividem em taxa judiciária e custas em sentido estrito. Precedente: AI-ED 309.883, de relatoria do Ministro Moreira Alves, Primeira Turma, DJ 14.06.2002. 2. O porte de remessa e retorno é típica despesa de um serviço postal, prestado por empresa pública monopolística e, assim, remunerado mediante tarifas ou preço público. Precedente: AI-QO 351.360, de relatoria do Ministro Sepúlveda Pertence, Primeira Turma, DJ 07.06.2002. 3. O art. 511 do Código de Processo Civil dispensa o recolhimento dessa despesa processual por parte do INSS, pois se trata de norma válida editada pela União, a quem compete dispor sobre as receitas públicas oriundas da prestação do serviço público postal. 4. A lei estadual, ora impugnada, apenas reproduziu o entendimento esposado no próprio CPC de que as despesas com o porte de remessa e retorno não se incluem no gênero taxa judiciária, de modo que não há vício de inconstitucionalidade no particular. 5. Verifica-se que o art. 2º, parágrafo único, II, in fine, da Lei paulista 11.608/2003, é inconstitucional, uma vez que o Conselho Superior da Magistratura, como órgão de nível estadual, não possui competência para tratar das despesas com o porte de remessa e retorno. Declaração incidental de inconstitucionalidade da expressão "cujo valor será estabelecido por ato do Conselho Superior da Magistratura". 6. Recurso extraordinário a que se dá provimento, para cassar o acórdão recorrido e determinar o processamento da apelação no Tribunal de origem. (RE 594116, Relator(a): Min. EDSON FACHIN, Tribunal Pleno, julgado em 03/12/2015, ACÓRDÃO ELETRÔNICO REPERCUSSÃO GERAL - MÉRITO DJe-061 DIVULG 04-04-2016 PUBLIC 05-04-2016)*

Ainda, no sentido de reconhecer à taxa judiciária o caráter tributário e a sujeição ao seu regime específico: "*A jurisprudência do Supremo Tribunal Federal firmou orientação no sentido de que as custas judiciais e os emolumentos concernentes aos serviços notariais e registrais possuem natureza tributária, qualificando-se como taxas remuneratórias de serviços públicos, sujeitando-se, em conseqüência, quer no que concerne à sua instituição e majoração, quer no que se refere à sua exigibilidade, ao regime jurídico constitucional pertinente a essa especial modalidade de tributo vinculado, notadamente aos princípios fundamentais que proclamam, dentre outras, as garantias essenciais (a) da reserva de competência impositiva, (b) da legalidade, (c) da isonomia e (d) da anterioridade.*" ADI 1.378-MC, Rel. Min. Celso de Mello, DJ 30/05/97.

Sobre a legitimidade da instituição das taxas de lixo em função de seu caráter contraprestacional e sua referibilidade ao contribuinte, confira o entendimento do STF: "*Taxas de lixo e sinistro. (...) Taxas legitimamente instituídas como contraprestação a serviços essenciais, específicos e divisíveis, referidos ao contribuinte a quem são prestados ou a cuja disposição são postos, não possuindo base de cálculo própria de imposto.*" RE 233.784, Rel. Min. Ilmar Galvão, DJ 12/11/99.

No mesmo sentido: "*A taxa cobrada exclusivamente em razão dos serviços públicos de coleta, remoção e tratamento ou destinação de lixo ou resíduos provenientes de imóveis, não viola o art. 145, II, da CF*". Súmula Vinculante n° 19 do STF.

Reconhecendo o caráter de serviço público específico e divisível da coleta de lixo, assim julgou o STF: "*Com efeito, a Corte entende como específicos e divisíveis os serviços públicos de coleta, remoção e tratamento ou destinação de lixo ou resíduos provenientes de imóveis, desde que essas atividades sejam completamente dissociadas de outras serviços públicos de limpeza realizados em benefício da população em geral (uti universi) e de forma indivisível, tais como os de conservação e limpeza de logradouros e bens públicos (praças, calçadas, vias, ruas, bueiros). Decorre daí que as taxas cobradas em razão exclusivamente dos serviços públicos de coleta, remoção e tratamento ou destinação de lixo ou resíduos provenientes de imóveis são constitucionais, ao passo que é inconstitucional a cobrança de valores tidos como taxa em razão de serviços de conservação e limpeza de logradouros e bens públicos.*" RE 576.321-QO-RG, voto do Rel. Min. Ricardo Lewandowski, julgamento em 4-12-2008, Plenário, *DJE* de 12-2-2008, com repercussão geral. No mesmo sentido: AI 559.973-AgR, Rel. Min. Celso de Mello, julgamento em 21-9-2010, Segunda Turma, *DJE* de 22-10-2010; RE n° 571.241-AgR, Rel. Min. Joaquim Barbosa, julgamento em 20-4-2010, Segunda Turma, *DJE* de 4-6-2010; AI 521.533-AgR, Rel. Min. Ayres Britto, julgamento em 15-12-2009, Plenário, *DJE* de 5-3-2010; RE 524.045-AgR, Rel. Min. Cezar Peluso, julgamento em 8-9-2009, Segunda Turma, *DJE* de 9-10-2009; AI 632.562-AgR, Rel. Min. Cármen Lúcia, julgamento em 26-5-2009, Primeira Turma, *DJE* de 26-6-2009; AI 660.829-AgR, Rel. Min. Marco Aurélio, julgamento em 16-12-2008, Primeira Turma, *DJE* de 20-3-2009; RE 510.336-AgR, Rel. Min. Eros Grau, julgamento em 17-4-2007, Segunda Turma *DJ* de 11-5-2007; RE 256.588-ED-EDV, Rel. Min. Ellen Gracie, julgamento em 19-2-2003, Plenário, *DJ* de 3-10-2003; AI 245.539-AgR, Rel. Min. Ilmar Galvão, julgamento em 14-12-1999, Primeira Turma, *DJ* de 3-3-2000.

Por remate, a Súmula Vinculante n° 19 estabelece a taxa cobrada exclusivamente em razão dos serviços públicos de coleta, remoção e tratamemto ou destinação de lixo ou resíduos provenientes de imóveis, não viola o art. 145, II da Constituição Federal.

No que diz respeito às taxas de localização e fiscalização, o STF tem reconhecido sua legitimidade desde que se verifique a regularidade do exercício do poder de polícia, não bastando a simples existência de um órgão para esse mister, já que a taxa de polícia implica a efetividade da atuação estatal, ao contrário da taxa de serviço que se satisfaz com a potencialidade da prestação do serviço. Confira: "*O texto constitucional diferencia as taxas decorrentes do exercício do poder de polícia daquelas de utilização de serviços específicos e divisíveis, facultando apenas a estas a prestação potencial do serviço público. A regularidade do exercício do poder de polícia é imprescindível para a cobrança da taxa de localização e fiscalização. À luz da jurisprudência deste STF, a existência do órgão administrativo não é condição para o reconhecimento da constitucionalidade da cobrança da taxa de localização e fiscalização, mas constitui um dos elementos admitidos para se inferir o efetivo exercício do poder de polícia, exigido constitucionalmente. Precedentes. (...) É constitucional taxa de renovação de funcionamento e localização municipal, desde que efetivo o exercício do poder de polícia, demonstrado pela existência de órgão e estrutura competentes para o respectivo exercício, tal como verificado na espécie quanto ao Município de Porto Velho/RO* (...)." (RE 588.322, Rel. Min. Gilmar Mendes).

No mesmo sentido: "*O Plenário do STF decidiu pela constitucionalidade da instituição da taxa de fiscalização, de localização e de funcionamento. RE 220.316/MG, Rel. Min. Ilmar Galvão, DJ de 26-6-2001.*" AI 707.357-ED, Rel. Min. Ellen Gracie, julgamento em 2-2-2010, Segunda Turma, *DJE* de 26-2-2010.) No mesmo sentido: AI 763.559-AgR, Rel. Min. Eros Grau, julgamento em 2-2-2010, Segunda Turma, *DJE* de 26-2-2010. **Vide**: RE 588.322, Rel. Min. Gilmar Mendes, julgamento em 16-6-2010, Plenário, *DJE* de 3-9-2010, com repercussão geral.

Em relação à taxa do IBAMA, já decidiu o STF que: "*A hipótese de incidência da taxa é a fiscalização de atividades poluidoras e utilizadoras de recursos ambientais, exercida pelo IBAMA (Lei 6.938/1981, art. 17-B, com a redação da Lei 10.165/2000). Tem-se, pois, taxa que remunera o exercício do poder de polícia do Estado. Não há invocar o argumento no sentido de que a taxa decorrente do poder de polícia fica 'restrita aos contribuintes cujos estabelecimentos tivessem sido efetivamente visitados pela fiscalização', por isso que, registra Sacha Calmon parecer, fl. 377 essa questão já foi resolvida, pela negativa, pelo STF, que deixou assentada em diversos julgados a suficiência da manutenção, pelo sujeito ativo, de órgão de controle em funcionamento (cf., inter plures, RE 116.518 e RE 230.973). Andou bem a Suprema Corte brasileira em não aferrar-se ao método antiquado da vistoria porta a porta, abrindo as portas do Direito às inovações tecnológicas que caracterizam a nossa era'. Destarte, os que exercem atividades de impacto ambiental tipificadas na lei sujeitam-se à fiscalização do IBAMA, pelo que são contribuintes da taxa decorrente dessa fiscalização, fiscalização que consubstancia, vale repetir, o poder de polícia estatal.*" RE 416.601, voto do Rel. Min. Carlos Velloso, julgamento em 10-8-2005, Plenário, *DJ* de 30-9-2005. No mesmo sentido: RE 408.582-AgR, Rel. Min. Marco Aurélio, julgamento em 15-2-2011, Primeira Turma, *DJE* de 11-3-2011; RE 627.449-AgR, Rel. Min. Cármen Lúcia, julgamento em 8-2-2011, Primeira Turma, *DJE* de 2-3-2011; RE 361.009-AgR, Rel. Min. Joaquim Barbosa, julgamento em 31-8-2010, Segunda Turma, *DJE* de 12-11-2010;.

Destaca-se dois casos recentes de Repercussão Geral:

> *"TRIBUTÁRIO. RECURSO EXTRAORDINÁRIO. IMPOSTO PREDIAL E TERRITORIAL URBANO - IPTU. IMÓVEIS INTEGRADOS AO PROGRAMA DE ARRENDAMENTO RESIDENCIAL – PAR, CRIADO E MANTIDO PELA UNIÃO. MANUTENÇÃO DOS BENS SOB A PROPRIEDADE FIDUCIÁRIA DA CAIXA ECONÔMICA FEDERAL (CEF). APLICAÇÃO DA IMUNIDADE TRIBUTÁRIA RECÍPROCA (CF, ART. 150, VI, "A"). REPERCUSSÃO GERAL CONFIGURADA. 1. Possui repercussão geral a controvérsia relativa à existência ou não de imunidade tributária (CF, art. 150,*

VI, "a"), para efeito de IPTU, no tocante a bens imóveis mantidos sob a propriedade fiduciária da Caixa Econômica Federal (CEF), mas que não se comunicam com seu patrimônio, segundo a Lei 10.188/01, porque integrados ao Programa de Arrendamento Residencial – PAR, criado e mantido pela União, nos termos da referida lei. 2. Repercussão geral reconhecida". (RE 928902 RG, Relator(a): Min. TEORI ZAVASCKI, julgado em 31/03/2016, ACÓRDÃO ELETRÔNICO DJe-065 DIVULG 07-04-2016 PUBLIC 08-04-2016)."TRIBUTÁRIO. REPERCUSSÃO GERAL. RATIFICAÇÃO DA JURISPRUDÊNCIA. TAXA DE EXPEDIENTE. FATO GERADOR. EMISSÃO DE GUIA PARA PAGAMENTO DE TRIBUTO. AUSÊNCIA DOS CRITÉRIOS EXIGIDOS PELO ART. 145, II, CF/88. INCONSTITUCIONALIDADE. 1. A emissão de guia de recolhimento de tributos é de interesse exclusivo da Administração, sendo mero instrumento de arrecadação, não envolvendo a prestação de um serviço público ao contribuinte. 2. Possui repercussão geral a questão constitucional suscitada no apelo extremo. Ratifica-se, no caso, a jurisprudência da Corte consolidada no sentido de ser inconstitucional a instituição e a cobrança de taxas por emissão ou remessa de carnês/ guias de recolhimento de tributos. Precedente do Plenário da Corte: Rp nº 903, Rel. Min. Thompson Flores, DJ de 28/6/74. 3. Recurso extraordinário do qual se conhece, mas ao qual, no mérito, se nega provimento". (RE 789218 RG, *Relator(a): Min. DIAS TOFFOLI, julgado em 17/04/2014, PROCESSO ELETRÔNICO REPERCUSSÃO GERAL - MÉRITO DJe-148 DIVULG 31-07-2014 PUBLIC 01-08-2014)*

Como se vê, a taxa é um tributo com grande probabilidade de ser instituída sem obediência aos parâmetros constitucionais. Segue mais um caso, desta feita versando sobre a inconstitucionalidade da taxa sobre emissão de carnê. No julgamento do RE nº 789.218, decidido com repercussão geral, o STF considerou que "*são inconstitucionais a instituição e a cobrança de taxas por emissão ou remessa de carnês/guias de recolhimento de tributos.*"

Capítulo XXV CONTRIBUIÇÕES DE MELHORIA

1. Conceito e aspectos gerais

A contribuição de melhoria tem seu arquétipo constitucional gizado no art. 145, III, da Constituição Federal, de maneira que a União, os Estados, o Distrito Federal e os Municípios poderão instituir a *contribuição de melhoria, decorrente de obras públicas.*

Explicitando essa realidade normativa, a contribuição de melhoria é o tipo de tributo que tem por hipótese de incidência uma atuação estatal indiretamente referida ao contribuinte.

Referida atuação estatal, por força do que dispõe o art. 145, III, da Constituição da República, só pode consistir na valorização imobiliária decorrente de uma obra pública.

Assim, o sujeito passivo dessa figura tributária será o proprietário do imóvel que experimentar a valorização imobiliária em decorrência da obra pública, enquanto o sujeito ativo será o ente público que promover a realização da obra.

Trata-se de tributo vinculado indireto, somente exigível a partir da valorização imobiliária decorrente de uma obra pública. Sendo assim, conforme adverte a doutrina, a hipótese de incidência da contribuição de melhoria não é a obra pública, mas a eventual valorização imobiliária dela decorrente. Daí, se da obra pública não decorrer valorização imobiliária, o tributo não será devido, e da mesma forma, se dela decorrer uma desvalorização do imóvel particular, é evidente que o tributo também não poderá ser exigido.

De qualquer maneira, o núcleo da materialidade reside no conceito de obra pública que é a edificação, ampliação ou reforma de um bem imóvel pertencente ao patrimônio público.

Especulando sobre o aspecto material da contribuição de melhoria, o STF entendeu que a pavimentação asfáltica não condiz com a exigência de taxa, mas sim de contribuição de melhoria. Nesse sentido: "***Taxa de pavimentação asfáltica***. *(...). Tributo* *que tem por fato gerador benefício resultante de obra pública, próprio de contribuição de melhoria, e não a utilização, pelo contribuinte, de serviço público específico e divisível, prestado ao contribuinte ou posto a sua disposição. Impossibilidade de sua cobrança como contribuição, por inobservância das formalidades legais que constituem o pressuposto do lançamento dessa espécie tributária.*" **RE 140.779**, Rel. Min. Ilmar Galvão, julgamento em 2-8-1995, Plenário, *DJ* de 8-9-1995.

Decididamente o julgado se refere aos casos onde a pavimentação asfáltica deriva de atuação direta do Poder Público, pois do contrário não haverá falar-se em remuneração da obra mediante cobrança de tributo. Assim, se o asfalto decorrer de obra que não seja realizada ou promovida pelo Poder Público, não haverá espaço para a exigência da contribuição de melhoria.

2. Elementos da Contribuição de Melhoria

Para que a instituição da contribuição de melhoria não entre em testilhas com o texto da Carta Magna, é necessário que coexistam a obra pública e a valorização imobiliária dela decorrente, e por isso é necessário que concorram, além da obra pública, a valorização do imóvel particular e o nexo causal entre a obra e a mais valia imobiliária.

Por conta disso, reconstruindo o conceito de contribuição de melhoria, pode-se afirmar que trata-se de tributo que tem por hipótese de incidência a valorização imobiliária decorrente de uma obra pública.

Com efeito, somente após a conclusão da obra pública e constatada a valorização dela decorrente é que poderá o tributo ser exigido, de tal arte que seu fato gerador é episódico, ou seja, ocorre uma única vez.

De fora parte, mesmo que seja certa a valorização, não se pode exigir a contribuição de melhoria por uma futura valorização ou por uma futura obra, o que é ainda pior.

Nesse sentido, determina o artigo 9º do Decreto-Lei nº195: "*Executada a obra de melhoramento na sua totalidade ou em parte suficiente para beneficiar determinados imóveis, de modo a justificar o início da cobrança da Contribuição de Melhoria, proceder-se-á ao lançamento referente a esses imóveis depois de publicado o respectivo demonstrativo de custos.*"

Base de cálculo e alíquotas configuradoras do aspecto valorativo da contribuição de melhoria devem ser fixadas por lei que deverá assegurar a relação direta do *quantum debeatur* com o aspecto material, de tal maneira que a base de cálculo da contribuição de melhoria deverá se restringir a uma dimensão do coeficiente de valorização experimentado pelo imóvel, em decorrência da obra pública. Esse é o entendimento consolidado na jurisprudência do STF. A conferir: "*A orientação jurisprudencial do STF não discrepa desse entendimento. Nesse sentido: Esta Corte consolidou o entendimento no sentido de que a contribuição de melhoria incide sobre o quantum da valorização imobiliária.*" AI 694.836-AgR, Rel. Min. Ellen Gracie, julgamento em 24-11-2009, Segunda Turma, *DJE* de 18-12-2009.

O esquadrinhamento do aspecto material e valorativo se completa com a definição da alíquota da contribuição de melhoria que deverá corresponder a um coeficiente percentual inerente ao quantum de valorização.

O art. 81 do CTN dispõe que a contribuição de melhoria cobrada pela União, pelos Estados, pelo Distrito Federal ou pelos Municípios, no âmbito de suas respectivas atribuições, é instituída para fazer face ao custo de obras públicas de que decorra valorização imobiliária, tendo como *limite total* a despesa realizada e como *limite individual* o acréscimo de valor que da obra resultar para cada imóvel beneficiado.

Como se percebe, o Código estabelece duas limitações à instituição da contribuição de melhoria, e muito embora a Constituição não discipline tais limites global e individual, é evidente que configuram garantias do contribuinte, e por isso correspondem a direitos fundamentais recepcionados pela ordem de 1988, não olvidando que em matéria de garantias do contribuinte, a Constituição diz o mínimo, sendo legítimas as proposições normativas infraconstitucionais que elasteçam os direitos do cidadão que paga tributo.

As disposições do Código Tributário Nacional que salvaguardam os direitos do contribuinte, ampliando o espectro das normas limitativas, ainda que não previstas na Constituição, encontram respaldo no Sistema Tributário Nacional e decorrem do ***Princípio da Proibição do Retrocesso*** citado por J.J. Gomes Canotilho [1], sendo invocáveis em favor do sujeito passivo.

Apesar disso, as contribuições de melhoria passaram a ser disciplinadas pelo Decreto-Lei nº 195 de 24 de fevereiro de 1967, suscitando a discussão sobre a revogação do disposto nos arts. 81 e 82 do CTN. A verdade é que, a despeito da jurisprudência do STJ, 2ª T., Resp 89.791-SP, DJU 29.06.98, no sentido de que estariam revogadas as disposições do CTN em relação às contribuições de melhoria, o fato é que, a nosso sentir, os preceitos normativos do Código Tributário Nacional estão de acordo com a compostura constitucional desse tributo.

De tal maneira, permanece inafastável a necessidade de que haja valorização imobiliária em decorrência da obra pública, assim como o limite individual definido no art. 81 do CTN. Nesse sentido, a jurisprudência do STJ, *in* REsp 615.495, e STF, in RE 116.148-5-SP, Rel. Min. Otávio Gallotti.

Pelo limite individual, não se pode exigir uma quantia dos proprietários que tiveram seus imóveis valorizados que supere o quantum de valorização experimentado por cada imóvel. De tal arte, a lei que institui a contribuição de melhoria deverá estabelecer o procedimento para correta apuração da base de cálculo, a qual deverá ser definida após levantamento fiscal que identifique o limite individual de cada contribuinte.

Assim, o ente tributante não poderá exigir valor que exceda o incremento de mais valia dos imóveis afetados pela obra pública.

Através do limite global, o montante total da contribuição de melhoria exigido de todos os contribuintes não deverá ultrapassar o custo da obra. Assim, a somatória de todas as contribuições de melhoria não pode exceder o montante empenhado na realização da obra pública.

---

1 CANOTILHO, José Joaquim Gomes. *Direito Constitucional e Teoria da Constituição.* 2ª Ed. Coimbra-PO: Edições Almedina, 1998, p.386.

No que pertine ao limite global, a doutrina tem entendido que o mesmo não mais subsiste, devendo ser emprestada correta interpretação ao disposto no art. 81 que prevê como teto da contribuição de melhoria, o limite total da despesa experimentada com a obra. Uma das razões para essa conclusão deriva do fato de que não existe vedação constitucional à utilização em caráter fiscal das contribuições de melhoria, e ademais, há situações em que obras de pequena expressão acarretam grandes valorizações imobiliárias, não tendo nenhum sentido limitar-se a recuperação do dispêndio público apenas em relação a uma parcela da valorização.

A silhueta normativa do CTN em relação à contribuição de melhoria se completa com o disposto no art. 82 do CTN, de maneira que *a lei relativa à contribuição de melhoria observará os seguintes requisitos mínimos:*

I – publicação dos seguintes elementos:

a) memorial descritivo do projeto;

b) orçamento do custo da obra;

c) determinação da parcela do custo da obra a ser financiada pela contribuição;

d) delimitação da zona beneficiada;

e) determinação do fator de absorção do benefício da valorização para toda a zona ou para cada uma das áreas diferenciadas, nela contidas;

II – fixação de prazo não inferior a 30 (trinta) dias para impugnação, pelos interessados, de qualquer dos elementos referidos no inciso anterior;

III – regulamentação do processo administrativo de instrução e julgamento da impugnação a que se refere o inciso anterior, sem prejuízo da sua apreciação judicial.

3. Aspectos das Contribuições de Melhoria

Sujeito ativo da contribuição de melhoria é o ente federativo encarregado da obra pública, enquanto o sujeito passivo é o contribuinte, o proprietário, titular do domínio útil ou possuidor do imóvel que experimentou a valorização imobiliária.

No que concerne ao aspecto quantitativo, está claro que a base de cálculo deve guardar relação com o quantum de valorização do imóvel, e para tanto, é necessário apurar-se o valor do imóvel antes e depois da obra, razão pela qual, o aspecto temporal deve respeitar a conclusão da obra, não obstante a lei que a institua deva ser anterior.

De tal maneira, não é cabível a instituição da contribuição de melhoria em relação a obras de execução futura e incerta, por evidente abalo ao princípio que proíbe o enriquecimento sem causa.

O aspecto espacial da hipótese de incidência da contribuição de melhoria não se considera necessariamente o território da entidade tributante responsável pela obra. Sob esse aspecto, o art. 13 do Decreto-lei nº 195/1967 estabelece que a cobrança da contribuição de melhoria resultante de obras executadas pela União, situadas em áreas urbanas de um único Município, poderá ser efetuada pelo órgão arrecadador municipal, em convênio com o órgão federal que houver realizado as referidas obras.

Contribuição de melhoria	**Hipótese de incidência → valorização imobiliária decorrente de obra pública**	**Tributo vinculado indireto**
Taxa	**Hipótese de incidência → • serviços públicos específicos e divisíveis • ato decorrente do poder de polícia**	**Tributo vinculado direto**
Imposto	**Hipótese de incidência → sinais de riqueza definidos nos arts. 153, 154, 155 e 156 da CF.**	**Tributo não vinculado**

Capítulo XXVI EMPRÉSTIMOS COMPULSÓRIOS

SUMÁRIO: 1. Conceito e aspectos gerais. 2. Jurisprudência Constitucional sobre Empréstimos Compulsórios.

1. Conceito e aspectos gerais

O empréstimo compulsório teve sua primeira previsão constitucional por intermédio da EC nº 18/65 que atribuía à União a competência para instituí-los, em casos excepcionais definidos em lei complementar. Ressalte-se que desde então esse tributo já estava enquadrado no âmbito do Sistema Tributário Nacional, muito embora o STF entendesse, à época, que não tinha natureza jurídica de tributo, tendo editado a Súmula nº 418 no sentido de que *o empréstimo compulsório não é tributo, e sua arrecadação não está sujeita à exigência constitucional da prévia autorização orçamentária.*

O quadro se modificou com a promulgação da Constituição de 1988 que passou a prever os empréstimos compulsórios no art. 148, I e II, definindo que *a União, mediante lei complementar, poderá instituir empréstimos compulsórios:*

I – para atender a despesas extraordinárias, decorrentes de calamidade pública, de guerra externa ou sua iminência;

II – no caso de investimento público de caráter urgente e de relevante interesse nacional, observado o disposto no artigo 150, III, " b".

Desde então ressurgiram as discussões acerca de sua natureza jurídica, sobretudo em decorrência de estarem definidos no âmbito do Sistema Tributário Nacional. Sob esse fundamento, parece claro que a Constituição inseriu os empréstimos compulsórios no capítulo da tributação modelando-os com o regime jurídico tributário.

Outro argumento valioso lhes reconhece o caráter tributário ao submeter-lhes ao Princípio da Anterioridade, particularmente no caso específico do investimento público de caráter urgente e de relevante interesse nacional.

Sob o magistério de Roque Antonio Carrazza, verifica-se que *"...a Constituição, numa demonstração inequívoca de que ele é tributo, exige que um dos dois tipos de empréstimos compulsórios (os empréstimos compulsórios no caso de investimento público de caráter urgente e de relevante interesse nacional) obedeça ao princípio da anterioridade, que é, como frisamos em capítulo anterior, especificamente tributário"*[1]

Além disso, reforça a ideia de que os empréstimos compulsórios são figuras tributárias, o fato de que sua compostura corresponde à noção de tributo prevista no artigo 3º do CTN.

Registro que para negar-se sua natureza tributária, os empreendedores dessa tese tem-se apegado ao único argumento de ser o empréstimo compulsório restituível ao contribuinte. Não obstante, o fato de o Estado devolver o dinheiro àquele que pagou o empréstimo compulsório não desqualifica sua silhueta normativa, até porque a destinação do produto da arrecadação em nada altera a natureza jurídica do tributo.

Aliás, sobre isso convém demonstrar o infalível teor do art. 4º do CTN no sentido de que a natureza jurídica específica do tributo é determinada pelo fato gerador da respectiva obrigação, sendo irrelevantes para qualificá-la, a denominação e demais características formais adotadas pela lei e *a destinação legal do produto da sua arrecadação.*

Sendo inquestionável que os empréstimos compulsórios representam uma espécie de tributo, resta saber se possui regra matriz própria ou se subsume a uma das três espécies tributárias elencadas no art. 145 da Constituição, tendo em vista que o texto constitucional não estabelece expressamente sua regra matriz, definindo apenas os pressupostos para sua criação.

Decididamente, a calamidade pública, a guerra externa e o investimento público não congregam a hipótese de incidência possível, ao contrário dos tributos elencados no art. 145 da CF. Ora, se o fato gerador dos compulsórios não é a guerra nem a calamidade pública nem o investimento público de caráter relevante, resulta que a União terá plena liberdade para defini-lo desde que obedeça aos pressupostos para sua criação.

Assim, em caso de guerra externa declarada ou iminente, ou em caso de calamidade pública ou investimento público de caráter relevante, os empréstimos compulsórios poderão ser instituídos por lei complementar, desde que o produto da arrecadação seja convertido para atender às necessidades pelas quais foram criados.

Três, portanto, são os requisitos para a instituição dos compulsórios: que estejam presentes as circunstâncias ensejadoras; que o proveito econômico seja revertido para as causas que autorizaram sua instituição; que seja criado por lei complementar.

Autorizada doutrina defende tratar-se de categoria autônoma de tributo, possuindo característica própria demonstrada por sua restituibilidade, mas apesar dessas ponderações, impõe-se reconhecer que a realidade normativa do Sistema Tributário Nacional está comprometida com a classificação jurídica cujas considerações empreendemos ao longo dessa obra, sendo reconhecidas três modalidades autônomas de tributos: não vinculados; vinculados diretos e vinculados indiretos.

Por outro lado, não é menos verdade que há outras espécies de tributos que ali estão diluídos, como é o caso dos empréstimos compulsórios, sendo mais precisa a corrente que postula a teoria de que a hipótese de incidência desse tributo deverá se

---

1 Op. cit., p. 293.

enquadrar na consagrada classificação jurídica, assumindo a natureza jurídica de uma das três clássicas categorias de tributos.

Dessa forma, se o empréstimo compulsório decorrer de uma atuação estatal, poderá assumir a natureza jurídica de taxa ou contribuição de melhoria, pois do contrário, poderá assumir a natureza jurídica de imposto. Sobre o tema, confira-se a inteligência de Roque Antonio Carrazza : "*...um tributo que, de acordo com sua hipótese de incidência e base de cálculo, pode revestir natureza jurídica de imposto (caso mais frequente (sic), por sua produtividade substancial), de uma taxa ou de contribuição de melhoria*". [2]

O art. 15 do CTN estatui que *somente a União, nos seguintes casos excepcionais, pode instituir empréstimos compulsórios de guerra externa, ou sua iminência; calamidade pública que exija auxílio federal impossível de atender com os recursos orçamentários disponíveis; conjuntura que exija a absorção temporária de poder aquisitivo.* Além disso, a lei fixará obrigatoriamente o prazo do empréstimo e as condições de seu resgate, observando, no que for aplicável, o nela disposto.

Inegavelmente a última hipótese contemplada é manifestamente contrária aos postulados instituídos pela Constituição de 1988, de tal maneira que não foi recepcionada a permissão para instituir referido tributo no caso de conjuntura que exija a absorção temporária de poder aquisitivo.

No que concerne à restituibilidade, o preceptivo que determina competir à lei o prazo do empréstimo e as condições de seu resgate deve receber interpretação conforme a Constituição, de maneira que cessada a causa que deu motivo à sua criação, o sujeito ativo deverá imediatamente restituir os valores à pessoa que pagou.

É curial anotar que há distinção entre as duas categorias de empréstimos compulsórios, já que os previstos no inciso I do art. 148, não seguem o comando do Princípio da Anterioridade, assim como o Princípio da noventena, enquanto os definidos no inciso II deverão enquadrar-se à anterioridade e à noventena.

Por outro lado, a aplicação dos recursos provenientes do empréstimo compulsório será vinculada à despesa que fundamentou sua instituição.

2. Jurisprudência Constitucional sobre Empréstimos Compulsórios

O Decreto-lei n° 2.047/83 instituiu o chamado empréstimo compulsório sobre ganhos e rendas para atender caso de calamidade pública. Na ocasião, o STF afastou a aplicação da Súmula n° 418, decretando a perda de sua validade e reconhecendo sua natureza jurídica de tributo, declarou-o inconstitucional por violação ao princípio da irretroatividade, uma vez que determinava a incidência sobre ganhos e rendas, ainda que não tributáveis, ocorridos no exercício anterior.

Confira-se o julgado do RE n° 112.396-SP, Relator Min. Carlos Madeira: "*Empréstimo Compulsório. Decreto-Lei n° 2.047, de 20 de julho de 1983. O STF, em sessão plenária do dia 1° de julho, declarou a inconstitucionalidade do Decreto-Lei n° 2.047, de 20 de julho de 1983, que instituiu o empréstimo compulsório sobre ganhos e rendas,*

---

2 Op. cit., p. 198.

ainda que não tributáveis, de exercício anterior, para atender calamidade pública, com ofensa ao princípio da irretroatividade das leis tributárias." No mesmo sentido, RE 111.954-PR, Min. Oscar Dias Corrêa.

Através do Decreto-lei nº 2.288/86, a União instituiu o empréstimo compulsório exigido dos consumidores de gasolina ou álcool para veículos automotores, bem como dos adquirentes de automóveis de passeio e utilitários, o qual previa em seu art. 16 que o montante cobrado seria devolvido ao contribuinte por cotas do FND – Fundo Nacional de Desenvolvimento.

O contribuinte entregava dinheiro e recebia quotas do fundo, razão pela qual o tributo foi julgado inconstitucional, explícito o caráter confiscatório. Ademais, outro argumento se baseia no fato de que ninguém pode ser obrigado a se associar a qualquer entidade, considerando que o FND tinha natureza jurídica de autarquia.

A questão se resolveu em favor dos contribuintes. Confira-se o teor do RE 121.336-CE, Min. Sepúlveda Pertence, DJ 26.06.1992, RTJ Vol. 139-02, PP 624: "*Empréstimo compulsório. (Dl. 2.288/86, art. 10): incidência na aquisição de automóveis de passeio, com resgate em quotas do Fundo Nacional de Desenvolvimento: inconstitucionalidade. 1. "Empréstimo compulsório, ainda que compulsório, continua empréstimo" (Victor Nunes Leal): utilizando-se, para definir o instituto de Direito Público, do termo empréstimo, posto que compulsório – obrigação "ex lege" e não contratual-, a Constituição vinculou o legislador a essencialidade da restituição na mesma espécie, seja por força do princípio explícito do art. 110 Código Tributário Nacional, seja porque a identidade do objeto das prestações recíprocas e indissociável da significação jurídica e vulgar do vocábulo empregado. Portanto, não e empréstimo compulsório, mas tributo, a imposição de prestação pecuniária para receber, no futuro, quotas do Fundo Nacional de Desenvolvimento: conclusão unânime a respeito. 2. Entendimento da minoria, incluído o relator segundo o qual – admitindo-se em tese que a exação questionada, não sendo empréstimo, poderia legitimar-se, quando se caracterizasse imposto restituível de competência da União, no caso, a reputou inválida, porque ora configura tributo reservado ao Estado (ICM), ora imposto inconstitucional, porque discriminatório. 3. Entendimento majoritário, segundo o qual, no caso, não pode, sequer em tese, cogitar de dar validade, como imposto federal restituível, ao que a lei pretendeu instituir como empréstimo compulsório, porque "não se pode, a título de se interpretar uma lei conforme a Constituição, dar-lhe sentido que falseie ou vicie o objetivo legislativo em ponto essencial"; dúvidas, ademais, quanto à subsistência, no sistema constitucional vigente, da possibilidade do imposto restituível. 4. Recurso extraordinário da União, conhecido pela letra "b", mas, desprovido: decisão unânime*."

Uma das facetas do **Plano Collor de 1990**, instituído através da Medida Provisória nº 168/1990, posteriormente convertida na Lei nº 8.024/90, que tinha a finalidade de debelar o processo inflacionário, foi que o Governo instituiu a retenção dos ativos financeiros que foram mantidos em conta individualizada no Banco Central, procedimento que foi chamado de bloqueio de cruzados novos. No julgamento do RE 241.564, 1ª Turma, Rel. Min. Moreira Alves, o STF reconheceu que a medida se caracterizava como empréstimo compulsório, o que culminou com o reconhecimento de sua inconstitucionalidade por afronta ao disposto no art. 148, I e II da Constituição.

A respeito do tema, confira-se a ementa do RE 252.866-RS, Rel. Min. Sepúlveda Pertence: "*Caderneta de poupança: decisão que, para determinar a manutenção do IPC como índice de atualização de saldos bloqueados, não se fundou no direito adquirido, mas sim na inconstitucionalidade do próprio bloqueio imposto pela legislação que criou o chamado "Plano Collor" (L. 8024/90), por caracterizar empréstimo compulsório em desacordo com o disposto o art. 148, I e II, da Constituição Federal: RE fundado na contrariedade ao art. 5º, XXXVI e 37, caput, CF, de que não se conhece, ante a ausência de prequestionamento das normas constitucionais invocadas – de resto, impertinentes à fundamentação da decisão recorrida: precedente (RE 241.564, 1ª T., 12.03.02, Moreira).*"

Em relação ao empréstimo compulsório sobre o consumo de energia elétrica instituído pela Lei nº 4.156/62, o STF já se pronunciou no sentido de sua legitimidade. Nesse sentido, o REX nº 146.615-SP.

No julgamento do Ai nº 810.097-SC, o STF analisou o empréstimo compulsório sobre o consumo de energia elétrica instituído pela Lei nº 4.156/62, e, afastando a repercussão geral, entendeu que a restituição dos valores pagos pelos contribuintes e a responsabilidade solidária da União versam sobre matéria infraconstitucional.

Capítulo XXVII CONTRIBUIÇÕES ESPECIAIS

1. Considerações Iniciais

Para facilitar a compreensão dessa importante categoria tributária, devo fazer uma advertência inicial acerca de sua terminologia. Diversos autores que destramente cuidaram do tema as designam de contribuições sociais, outros de contribuições parafiscais. Sem embargo, simplesmente as chamaremos de *contribuições especiais*.

Desde há muito são tratadas, por alguns, sob a denominação *contribuições parafiscais*, ora porque instituídas com base na parafiscalidade, ora porque mantidas à margem dos demais tributos. Em algumas situações, o Poder Público criava uma pessoa jurídica autônoma que se encarregava de determinada atividade estatal, recebendo, por delegação do ente tributante que a criara, a capacidade tributária para exigir algumas contribuições, por isso chamadas de *contribuições parafiscais.*

Os recursos decorrentes daquelas contribuições parafiscais não se destinavam ao orçamento da União, sendo empregados em proveito da pessoa jurídica criada, a quem competia gerenciar os recursos dali provenientes. Em verdade, ainda há diversas espécies de contribuições que se enquadram perfeitamente nesse perfil, embora não representem o todo, mas apenas uma parte das contribuições.

Por isso, atualmente não mais se justifica designar o conteúdo como continente, a parte como todo, tendo em vista que nem todas as contribuições são parafiscais.

Deveras, alguns autores denominam tais tributos simplesmente de *contribuições*, o que também me parece equivocado, já que poderia permitir-se uma confusão com as contribuições de melhoria que não deixam de ser contribuições, embora possuam um regime jurídico próprio apartado destas aqui analisadas.

Por fim, outros ainda as denominam *contribuições sociais*, incorrendo no mesmo erro de considerar a parte como todo, já que as *contribuições sociais* representam uma importante subcategoria, ao lado das contribuições de intervenção no domínio econômico e das contribuições de interesse das categorias profissionais ou econômicas.

As contribuições especiais são tributos qualificados pelas finalidades constitucionais especiais pelas quais são instituídas, conforme se verifica pela letra dos artigos 149, "caput"; 149, § 1° e 2°; 149-A, 195, I, II e III; 212, § 5°; 239, "caput"; 239, § 4° e 240, todos da Constituição Federal.

São de competência da União, salvo na hipótese elencada no art. 149, § 1°, em que os Estados, o Distrito Federal e os Municípios instituirão a contribuição, cobrada de seus servidores, para o custeio, em benefício destes, do regime previdenciário de que trata o art. 40, cuja alíquota não será inferior à da contribuição dos servidores titulares de cargos efetivos da União.

Outra exceção com relação à competência da União é definida no art. 149-A da CF no sentido de que os Municípios e o Distrito Federal poderão instituir contribuição, na forma das respectivas leis, para o custeio do serviço de iluminação pública, observado o disposto no art. 150, I e III.

Sobre o tema da competência para a instituição dessas contribuições, o STF já decidiu em repercussão geral no RE 573.540 o seguinte: "*I- Os Estados membros possuem competência apenas para a instituição de contribuição voltada ao custeio do regime de previdência de seus servidores. Falece-lhes, portanto, competência para a criação de contribuição ou qualquer outra espécie tributária destinada ao custeio de serviços médicos, hospitalares, farmacêuticos e odontológicos prestados aos seus servidores; II – Não há óbice constitucional à prestação pelos Estados, de serviços de saúde a seus servidores, desde que a adesão a esses planos seja facultativa.*"

As contribuições especiais representam exceção à proibição constitucional de vinculação de receitas, definida no art. 167, IV, da CF, e por isso tem como característica decorrente a determinação legal de que o produto de sua arrecadação será afetado aos fins constitucionais para os quais são instituídas. Trata-se de característica primordial, uma vez que a legitimidade de sua exigência está vinculada ao fim específico pelo qual foi criada. Dessa forma, se o sujeito ativo não destinar os recursos advindos de sua cobrança aos fins específicos designados na Constituição, o tributo será inconstitucional.

Dentro dessa compostura, a Constituição Federal prevê contribuições sociais, divididas em gerais e para a seguridade social; as contribuições de interesse das categorias profissionais ou econômicas, as contribuições de intervenção no domínio econômico e a contribuição de iluminação pública.

Nesse sentido, o art. 149 da CF estabelece que *compete exclusivamente à União instituir contribuições sociais, de intervenção no domínio econômico e de interesse das categorias profissionais ou econômicas, como instrumento de sua atuação nas respectivas áreas, observado o disposto nos arts. 146, III, e 150, I e III, e sem prejuízo do previsto no art. 195, § 6º, relativamente às contribuições a que alude o dispositivo.*

Da mesma forma, o art. 149-A, da CF, incluído pela Emenda Constitucional nº 39/02, estabelece que *os Municípios e o Distrito Federal poderão instituir contribuição, na forma das respectivas leis, para o custeio do serviço de iluminação pública, observado o disposto no art. 150, I e III.* Nesse sentido, será facultada a cobrança da contribuição a que se refere o caput, na fatura de consumo de energia elétrica.

2. Natureza Jurídica das Contribuições Especiais

Sabido que as contribuições especiais são, a um tempo, instituídas com uma finalidade específica, e possuindo destinação específica do produto de sua arrecadação, tem se defendido a ideia de que deve existir um benefício individual ou de grupos sociais destinatários das atividades especiais vinculadas à sua criação. No entanto, essa regra parece comportar restrições, uma vez que no campo da seguridade social, há contribuições exigidas de empresas que não auferem qualquer benefício individual, participando do sistema com base no ***Princípio da Solidariedade***, sendo contribuintes sem qualquer contraprestação.

Com efeito, hoje não mais se discute que possuem natureza jurídica tributária, adequando-se ao conceito de tributo e sendo inseridas no Sistema Tributário Nacional, razão pela qual submetem-se ao regime jurídico dos tributos. Ademais, sua estrutura normativa se enquadra aos aspectos componentes da estrutura lógica da norma jurídica, seja do ponto de vista semântico, com conteúdo e significação próprios, seja do ponto de vista sintático, estando presentes os elementos de conexão, antecedente e conseqüente.

Doravante, as contribuições especiais padecem do mesmo sintoma inerente aos empréstimos compulsórios, isso porque a Constituição não define seu pressuposto fático, mas tão somente a finalidade especial pela qual são instituídas.

Decididamente, a Constituição da República destaca o caráter *finalístico* das contribuições especiais, mas deixa aberta a vala para que o legislador defina suas hipóteses de incidência. Daí a necessidade de investigar sua regra matriz a fim de aquilatar se podem ser considerados tributos autônomos, ou se sua regra matriz deve ser reconduzida a uma das três espécies definidas na classificação jurídica dos tributos.

De fato, a Constituição apenas demarcou suas finalidades, cunhando-lhes com essa característica e delimitando o destino de sua arrecadação. Assim, as receitas delas oriundas reverterão em proveito das entidades responsáveis pela concretização das finalidades pelas quais são criadas.

De qualquer maneira, se o seu fato gerador possível não está plasmado no Texto Maior, pode-se concluir que a União terá liberdade para defini-lo desde que obedeça aos pressupostos para sua criação, o que, de certa forma, enfraquece a posição do sujeito passivo face ao poder tributante.

Mas afinal de contas, partindo da premissa que as contribuições são tributos, são tributos autônomos? Se não são autônomos, são vinculados ou não vinculados? Há os que entendem que a contribuição especial não é tributo. Outros entendem tratar-se de espécie distinta e autônoma de tributo. Outros mais entendem que as contribuições sempre serão um imposto ou uma taxa.

Dentre os doutrinadores que entendem tratar-se de um tributo autônomo, cite-se Geraldo Ataliba, cujo magistério assinalamos: *"Deveras, as contribuições não se confundem com as taxas, nem com os impostos; também não se constituem gênero que a eles se oponha. São espécies de tributo vinculado, ao lado da taxa. Desta se distinguem por um quid plus na estrutura da materialidade da h.i. – como oportunamente foi exposto – e principalmente pela base imponível (v.n. 59.4 e 60.7) ... Já tivemos oportunidade de deixar explícito nosso pensamento: a h.i. das contribuições é uma atuação estatal indireta e mediatamente referida ao obrigado (e referida mediante um elemento ou circunstância intermediária), quer dizer: ou (1) é uma conseqüência ou efeito da ação estatal que toca o obrigado, estabelecendo o nexo que o vincula a ela (ação estatal), ou (2) uma decorrência da situação, status, ou atividade do obrigado (sujeito passivo da obrigação) que exige ou provoca a ação estatal que estabelece o nexo entre esta (ação) e aquele (o obrigado)."*[1]

Outra posição anota que as contribuições especiais são tributos, mas sua hipótese de incidência haverá de se amoldar àquelas dos impostos ou das taxas. Para tanto, invoca-se o critério constitucional da tipologia tributária, baseado na combinação da hipótese de incidência e da base de cálculo, mediante o qual as contribuições podem assumir feição de impostos ou de taxas.

A nosso ver, a teoria que melhor explica o fenômeno, mantendo coerência com a classificação jurídica e com o critério constitucional da tipologia tributária, condiz com o caráter não autônomo das contribuições especiais, podendo se revestir da natureza jurídica de imposto, quando seus fatos geradores não definirem uma atuação

---

[1] Op. cit., p. 160 e ss.

estatal em benefício do contribuinte, ou de taxa, quando seu fato gerador estabelecer uma atuação estatal diretamente relacionada ao contribuinte.

Paulo de Barros Carvalho entende que as contribuições especiais podem ser vinculadas, tendo a feição de taxa, ou não vinculadas, tendo feição de imposto,[2] mesma posição adotada por Roque Antonio Carrazza. [3]

São conhecidas quatro espécies de contribuições especiais: as contribuições sociais, as contribuições de intervenção no domínio econômico, as contribuições de interesse das categorias profissionais ou econômicas (corporativas) e a contribuição de iluminação pública.

3. Contribuições Sociais

Dentro dessa modalidade de contribuições especiais, encontram-se as contribuições sociais gerais e as contribuições sociais para custeio da seguridade, também chamadas de previdenciárias.

3.1. Contribuições Sociais Gerais

As contribuições sociais gerais são subcategorias de contribuições sociais destacadas daquelas destinadas ao custeio da seguridade social. Aqui se incluem as seguintes contribuições:

3.1.1. Contribuição Social do Salário Educação

Trata-se de uma contribuição social destinada ao financiamento de programas, projetos e ações voltados para o financiamento da educação básica de caráter público. Está prevista no artigo 212, § 5°, da Constituição Federal, regulamentada pelas Leis n° 9.424/96, n° 9.766/98 e n° 11.457/2007. O salário-educação é uma contribuição destinada ao financiamento de programas, projetos e ações voltados para o financiamento da educação básica pública.

É considerada fonte adicional de recursos para custear o ensino fundamental, sendo devida pelas empresas em geral e demais entidades públicas e privadas vinculadas à Previdência Social, assim entendidas quaisquer firmas individuais ou sociedades que assumam o risco da atividade econômica, com fins lucrativos ou não. O sujeito ativo é a União Federal, consoante dispõe a Lei n° 4.440/64.São isentos da contribuição do salário educação a União, os Estados, o Distrito Federal e os Municípios, suas respectivas autarquias e fundações, as instituições públicas de ensino, as escolas comunitárias, confessionais ou filantrópicas devidamente registradas e reconhecidas pelo órgão competente de educação e que atendam ao disposto no art. 55, II, da Lei n° 8.212/91, as organizações de fins culturais que para este fim vierem a ser definidas em regulamento e as

---

2 Op. cit., p. 34.

3 Op. cit., p. 391.

organizações hospitalares e de assistência social, desde que atendam, cumulativamente, aos requisitos estabelecidos no art. 55, I a V da Lei nº 8.212/91.

Incide com alíquota de 2,5% sobre o valor total das remunerações pagas ou creditadas pelas empresas, a qualquer título, aos segurados empregados, ressalvadas as exceções legais, e é arrecadada, fiscalizada e cobrada pela Secretaria da Receita Federal do Brasil.

No julgamento do RE nº 290.079, julgado em 17.10.2001, DJ 04.04.2003, o STF considerou que a contribuição do salário educação, prevista na Constituição anterior como figura não tributária, foi recepcionada pela CF 88 com caráter tributário. O precedente levou o Plenário do STF a editar a Súmula nº 732 no sentido de que é constitucional a cobrança da contribuição do salário educação, seja sob a Carta de 1969, seja sob a Constituição Federal de 1988, e no regime da Lei 9.424/96.

De seguida, no julgamento do AI em Ag.R. em RE nº 523.308, Rel. Min. Cezar Peluso, j. 29.03.2005, o STF reconheceu a constitucionalidade da contribuição sobre o salário educação exigida sobre a remuneração paga a autônomos, avulsos e administradores.

3.1.2. Contribuição ao Programa de Integração Social - PIS

A contribuição para o Programa de Integração Social – PIS , foi instituída pela Lei Complementar nº 7/70, sendo destinada a promover a integração do empregado na vida e no desenvolvimento das empresas.

Ao lado da contribuição para o PIS, criou-se também a contribuição para o PASEP que instituiu o Programa de Formação do Patrimônio do Servidor Público, por meio da LC nº 8/70.

Ambas as contribuições foram recepcionadas pelo art. 239 da CF, de maneira que, a partir da promulgação da Constituição de 1988, a arrecadação delas decorrente deverá financiar o programa do seguro-desemprego e o abono devido aos empregados que percebam de empregadores que contribuem para o PIS/PASEP, até dois salários mínimos de remuneração mensal, sendo assegurado o pagamento de um salário mínimo anual, computado neste valor o rendimento das contas individuais, no caso daqueles que já participavam dos referidos programas, até a data da promulgação desta Constituição.

Dessa forma, o abono salarial recebido pelos trabalhadores conforme calendário anual divulgado pelo CODEFAT (Conselho Deliberativo do Fundo de Amparo ao Trabalhador) obtém seu custeio a partir das contribuições ao PIS. É curial anotar que o abono salarial decorrente do PIS não poderá ser sacado após as datas estipuladas a cada ano, e uma vez não sacado o trabalhador perde o benefício que será revertido ao Fundo de Amparo ao Trabalhador.

O Fundo de Amparo ao Trabalhador é um fundo especial vinculado ao Ministério do Trabalho e destinado ao financiamento do Abono Salarial e do Programa do Seguro-Desemprego, além de financiamento a programas de desenvolvimento econômico. O custeio do FAT provém das contribuições recolhidas ao PIS-PASEP.

A Lei nº 13.145/15 alterou a disciplina do abono salarial reduzindo o valor a ser recebido para, no máximo, 1 salário mínimo, proporcional ao número de meses trabalhado no ano base.

Com relação ao seguro-desemprego, a Lei nº 13.134/15 modificou a redação da Lei nº 7.998/90, aumentando o tempo de permanência do trabalhador, determinando que terá direito ao benefício somente aquele que tiver recebido salários de pessoa jurídica ou pessoa física a pelo menos 12 meses nos últimos 18 meses imediatamente anteriores à data da dispensa, quando da primeira solicitação, e 9 meses nos últimos 12 meses imediatamente anteriores à data da dispensa quando da segunda solicitação e cada um dos 6 meses imediatamente anteriores à data da dispensa quando das demais solicitações.

O PIS e o PASEP são contribuições exigidas das pessoas jurídicas de direito privado e as que lhes são equiparadas pela legislação do imposto de renda, inclusive as empresas públicas, as sociedades de economia mista e suas subsidiárias, em favor da União Federal.

No caso da contribuição ao PIS, a base de cálculo da contribuição para as pessoas jurídicas de direito privado será o faturamento mensal, assim entendido o total das receitas auferidas pela pessoa jurídica, independentemente de sua denominação ou classificação contábil, observando que o total das receitas compreende a receita bruta da venda de bens e serviços nas operações em conta própria ou alheia e todas as demais receitas auferidas pela pessoa jurídica.

Não integram a base de cálculo as receitas decorrentes de saídas isentas da contribuição ou sujeitas à alíquota zero; as auferidas pela pessoa jurídica revendedora, na revenda de mercadorias em relação às quais a contribuição seja exigida da empresa vendedora, na condição de substituta tributária; as referentes a vendas canceladas e aos descontos incondicionais concedidos; as reversões de provisões e recuperações de créditos baixados como perda, que não representem ingresso de novas receitas, o resultado positivo da avaliação de investimentos pelo valor do patrimônio líquido e os lucros e dividendos derivados de investimentos avaliados pelo custo de aquisição, que tenham sido computados como receita. Também não incluem a base de cálculo as receitas não operacionais, decorrentes da venda de ativo imobilizado e as decorrentes de transferência onerosa a outros contribuintes do Imposto sobre Operações relativas à Circulação de Mercadorias e sobre Prestações de Serviços de Transporte Interestadual e Intermunicipal e de Comunicação – ICMS de créditos de ICMS originados de operações de exportação, conforme o disposto no inciso II do § 1ª do art. 25 da Lei Complementar nº 87, de 13 de setembro de 1996.

As contribuições ao PIS e ao PASEP sofreram alterações normativas pela a Lei nº 9.715/98 que deu nova redação às Leis Complementares nº 7/70 e 8/70. Referida lei ordinária estabeleceu novo parâmetro para a base de cálculo dessas contribuições, determinando que considera-se faturamento a receita bruta, como definida pela legislação do imposto de renda, proveniente da venda de bens nas operações de conta própria, do preço dos serviços prestados e do resultado auferido nas operações de conta alheia. Particularmente em relação à contribuição ao PIS, novas alterações foram introduzidas pela Lei nº 9.718/98 e pela Lei nº 10.637/02, as quais também impuseram grandes modificações na COFINS.

A partir de 1998, a contribuição ao Programa de Integração Social sofreu diversas alterações, especialmente com edição das Leis nº 9.715/98 e 9718/98 que modificaram a base de cálculo do PIS, do PASEP e da COFINS, conforme observação do parágrafo anterior, aumentando também a alíquota. Em seguida, a Lei nº 10.637/02 introduziu o regime não cumulativo à contribuição ao PIS, sendo estabelecidas diversas alíquotas de acordo com o ramo de atividade.

Atualmente, a contribuição para o PIS possui duas regras de apuração que estabelecem a tradicional incidência cumulativa, bem como a nova categoria de incidência não cumulativa. Pelo regime de incidência cumulativa, a base de cálculo será o total das receitas da pessoa jurídica, sem deduções de custos, despesas e encargos, com alíquota de 0,65%. No caso da COFINS, o mesmo regime prevê alíquota de 3%. Estão sujeitas à incidência cumulativa as pessoas jurídicas de direito privado e as que lhe são equiparadas pela legislação do imposto de renda que apuram o imposto com base no lucro presumido ou arbitrado.

Pelo regime de incidência não cumulativa, instituído a partir de 2002, fica permitido o desconto de créditos apurados com base em custos, despesas e encargos da pessoa jurídica, com alíquota básica de 1,65%. Com relação à COFINS o regime de incidência não cumulativa estabelece alíquota de 7,6%. Sujeitam-se a esse regime as pessoas jurídicas que são equiparadas pela legislação do imposto de renda e apuram o imposto com base no lucro real, exceto as instituições financeiras, as cooperativas de crédito, as pessoas jurídicas que tenham por objeto a securitização de créditos imobiliários e financeiros, as operadoras de planos de assistência à saúde, as empresas particulares que exploram serviços de vigilância e de transporte de valores de que trata a Lei nº 7.102/83, e as sociedades cooperativas, exceto as sociedades cooperativas de produção agropecuária e as sociedades cooperativas de consumo.

O STF já se posicionou acerca da recepção da contribuição do PIS pela Constituição de 1988, bem como pela constitucionalidade da Lei nº 9.715/98. Confira-se: "*PIS. Art. 239 da Constituição. Lei 9.715/1998. Constitucionalidade. Agravo improvido. O art. 239 da Constituição da República não implicou o engessamento da contribuição ao PIS, apenas recepcionou-a expressamente, podendo ser regularmente alterada pela legislação infraconstitucional ordinária. Precedentes.*" RE 482.606-ED-Ag.R, Rel. Min. Ricardo Lewandowski, julgamento em 2-9-2008, Primeira Turma, *DJE* de 19-9-2008. No mesmo sentido: AI 613.576-AgR, Rel. Min. Joaquim Barbosa, julgamento em 16-11-2010, Segunda Turma, *DJE* de 2-12-2010; AI 717.625-AgR, Rel. Min. Dias Toffoli, julgamento em 19-10-2010, Primeira Turma, *DJE* de 2-12-2010; RE 438.113-AgR, Rel. Min. Joaquim Barbosa, julgamento em 28-9-2010, Segunda Turma, *DJE* de 22-10-2010; AI 455.374-AgR, Rel. Min. Ayres Britto, julgamento em 31-8-2010, Segunda Turma, *DJE* de 25-10-2010; RE 475.718-AgR, Rel. Min. Gilmar Mendes, julgamento em 24-8-2010, Segunda Turma, *DJE* de 10-9-2010; AI 445.671-AgR, Rel. Min. Cármen Lúcia, julgamento em 26-5-2009, Primeira Turma, *DJE* de 26-6-2009.

No mesmo sentido: "*Esta Corte afastou a suposta inconstitucionalidade das alterações introduzidas pela Lei 9.715/1998, admitindo a majoração da contribuição para o Pis mediante a edição de medida provisória.*" RE 511.581-AgR, Rel. Min. Eros Grau, julgamento em 24-6-2008, Segunda Turma, *DJE* de 15-8-2008. No mesmo sentido: AI 623.157-AgR, Rel. Min. Cezar Peluso, julgamento em 25-8-2009, Segunda Turma, *DJE* de 9-10-2009.

O STF também se posicionou acerca da desnecessidade de lei complementar para instituir qualquer modificação na estrutura da contribuição em questão, a ela não se opondo nenhuma das restrições previstas no art. 154, I e 195, § 4° da CF. Nesse sentido: "*Sendo a contribuição expressamente autorizada pelo art. 239 da Constituição, a ela não se opõem as restrições constantes dos arts. 154, I, e 195, § 4°, da mesma Carta.*" (ADI 1.417, Rel. Min. Octavio Gallotti, julgamento em 2-8-1999, Plenário, *DJ* de 23-3-2001.) No mesmo sentido: RE 432.413-AgR, Rel. Min. Dias Toffoli, julgamento em 19-10-2010, Primeira Turma, *DJE* de 23-3-2011.

Em sede de repercussão geral decidida no RE n° 568.503, o STF entendeu o seguinte: "I – *A contribuição para o PIS está sujeita ao princípio da anterioridade nonagesimal previsto no art. 195, § 6° da CF. II – Nos casos em que a majoração de alíquota tenha sido estabelecida somente na conversão de medida provisória em lei, a contribuição somente poderá ser exigida após noventa dias da publicação da lei de conversão.*" Além disso, no mesmo sentido, no julgamento do RE n° 848.353, também com repercussão geral, decidiu que "*a contribuição ao PIS só pode ser exigida, na forma estabelecida pelo art. 2° da EC 17/1997, após decorridos noventa dias da publicação da referida emenda constitucional.*"

Sobre a constitucionalidade da inclusão dos créditos presumidos de ICMS na base de cálculo do PIS e da COFINS, o STF se pronunciou pela existência de repercussão geral no RE n° 835.818-PR, estando pendente o julgamento.

Já no RE n° 607.642-RJ, o STF reconheceu a repercussão geral a respeito da controvérsia sobre a constitucionalidade da MP n° 66/02 convertida na Lei n° 10.637/02 que inaugurou a sistemática da não cumulatividade na contribuição ao PIS, incidente sobre o faturamento das pessoas jurídicas prestadoras de serviços, com a conseqüente majoração da alíquota.

Por fim, no julgamento do RE n° 599.362, decidido com repercussão geral, o STF sedimentou entendimento no sentido de que "*a receita auferida pelas cooperativas de trabalho decorrentes dos atos (negócios jurídicos) firmados com terceiros se insere na materialidade da contribuição ao PIS/PASEP.*"

3.1.3. Contribuição ao FGTS - Fundo de Garantia do Tempo de Serviço

Previsto no art. 7°, III, da CF, o Fundo de Garantia do Tempo de Serviço – FGTS – foi instituído pela Lei n° 5.107/66, e atualmente é regido pela Lei n° 8.036/90, com alterações posteriores. Trata-se de contribuição que obriga a todos os empregadores a depositar em conta bancária vinculada, a importância correspondente a 8% da remuneração paga ou devida, no mês anterior, a cada trabalhador. Para o menor aprendiz a alíquota do FGTS será de 2% sobre a remuneração paga.

Incluem-se na base de cálculo as parcelas mencionadas nos arts. 457 e 458 da CLT. Não se incluem na base de cálculo do FGTS, as verbas decorrentes de vestuários, equipamentos e outros acessórios fornecidos aos empregados e utilizados no local de trabalho, para a prestação do serviço; educação, em estabelecimento de ensino próprio ou de terceiros, compreendendo os valores relativos a matrícula, mensalidade, anuidade, livros e material didático; transporte destinado ao deslocamento para o trabalho e retorno, em percurso servido ou não por transporte público; assistência médica, hospitalar e odontológica, prestada diretamente ou mediante seguro-saúde; seguros de vida e de acidentes pessoais e previdência privada.

Ao sujeito passivo é facultado não recolher o FGTS para seus diretores não empregados, mas com relação ao empregado doméstico, o art. 21 da Lei Complementar nº 150/15 determina a inclusão do empregado doméstico no FGTS, inclusive no que tange aos aspectos técnicos de depósitos, saques, devolução de valores e emissão de extratos, dentre outros determinados na forma da lei

O empregador ou o tomador de serviços deve recolher o FGTS até o dia 07 de cada mês, a importância calculada sobre a remuneração paga ou devida no mês anterior.

O recolhimento do FGTS pelo empregador deverá ser feito por meio do DERF - Documento Específico de Recolhimento do FGTS, e para as demais situações, quando devida, o FGTS deverá ser recolhido em guia gerada por meio do aplicativo SEFIP. [4]

Na demissão sem justa causa, o empregador deverá depositar na conta vinculada do trabalhador uma indenização de 40%, além do adicional de 10% a partir de 28.09.2001. A indenização é calculada sobre o total dos depósitos, realizados na conta do FGTS durante o contrato de trabalho, devidamente corrigidos, inclusive sobre os depósitos sacados durante a vigência do contrato.

A LC nº 110/01 instituiu adicionais ao FGTS na ordem de 10% sobre o saldo de FGTS, na despedida sem justa causa e 0,5% sobre as remunerações mensais.

Estão isentos do recolhimento do adicional de 0,5% de Contribuição Social, as empresas optantes pelo SIMPLES, desde que o faturamento anual não ultrapasse o limite de R$ 1.200.000,00; as pessoas físicas, em relação à remuneração de empregados domésticos; as pessoas físicas, em relação à remuneração de empregados rurais, desde que sua receita bruta anual não ultrapasse o limite de R$ 1.200.000,00. Estão isentos do recolhimento de 10% de Contribuição Social somente os empregadores domésticos.

A jurisprudência mais antiga do STF era no sentido de não considerar o FGTS com natureza tributária. Nesse sentido, os RE nº.120.189 e 100.249. Sendo assim, seria legítimo o prazo prescricional de 30 anos, visto não se tratar de exação de natureza tributária. Nesse sentido: "*Fundo de Garantia por Tempo de Serviço. Sua natureza jurídica, art. 165, XIII. Lei nº 5.107, de 13.9.1966. As contribuições para o FGTS não se caracterizam como crédito tributário ou contribuições a tributo equiparáveis. Sua sede está no art. 165, III, da Constituição. Assegura-se ao trabalhador estabilidade,*

---

4 Fonte: WWW.fgts.gov.br.

ou fundo de garantia equivalente. Dessa garantia, de índole social, promana, assim, a exigibilidade pelo trabalhador do pagamento do FGTS, quando despedido, na forma prevista em lei. Cuida-se de um direito do trabalhador. Dá-lhe o Estado garantia desse pagamento. A contribuição pelo empregador, no caso, deflui do fato de ser ele o sujeito passivo da obrigação, de natureza trabalhista e social, que encontra, na regra constitucional aludida, sua fonte. A atuação do Estado, ou de órgão da Administração Pública, em prol do recolhimento da contribuição do FGTS, não implica torná-lo titular do direito à contribuição, mas, apenas, decorre do cumprimento, pelo Poder Público, de obrigação de fiscalizar e tutelar a garantia assegurada ao empregado optante pelo FGTS. Não exige o Estado, quando aciona o empregador, valores a serem recolhidos ao erário, como receita pública. Não há, daí, contribuição de natureza fiscal ou parafiscal. Os depósitos do FGTS pressupõem vínculo jurídico, com disciplina de direito do trabalho. Não se aplica às contribuições do FGTS o disposto nos arts. 173 e 174, do CTN. RE conhecido, por ofensa ao art. 165, XIII, da Constituição, e provido para afastar a prescrição qüinqüenal da ação." RE 120.249-SP, Rel. Min. Oscar Dias Corrêa, j. 02.12.1987.

Com a promulgação da Constituição de 1988 e o advento da LC nº 110/01, o STF passou a entender que o FGTS tem natureza jurídica de tributo, pronunciando-se sobre a constitucionalidade da referida lei complementar no julgamentos das ADIs nº 2.556 e 2.568. Confira-se a ementa da ADI nº 2556, Rel. Min. Moreira Alves, j.09.10.2002. "*Ação direta de inconstitucionalidade. Impugnação de artigos e de expressões contidas na Lei Complementar federal nº 110, de 29 de junho de 2001. Pedido de liminar. – A natureza jurídica das duas exações criadas pela lei em causa, neste exame sumário, é a de que são elas tributárias, caracterizando-se como contribuições sociais que se enquadram na sub-espécie «contribuições sociais gerais» que se submetem à regência do artigo 149 da Constituição, e não à do artigo 195 da Carta Magna. – Não -ocorrência de plausibilidade jurídica quanto às alegadas ofensas aos artigos 145, § 1º, 154, I, 157, II, e 167, IV, da Constituição. – Também não apresentam plausibilidade jurídica suficiente para a concessão de medida excepcional como é a liminar as alegações de infringência ao artigo 5º, LIV, da Carta Magna e ao artigo 10, I, de seu ADCT. – Há, porém, plausibilidade jurídica no tocante à argüição de inconstitucionalidade do artigo 14, "caput", quanto à expressão "produzindo efeitos", e seus incisos I e II da Lei Complementar objeto desta ação direta, sendo conveniente, dada a sua relevância, a concessão da liminar nesse ponto. Liminar deferida em parte, para suspender, "ex tunc" e até final julgamento, a expressão "produzindo efeitos" do "caput" do artigo 14, bem como seus incisos I e II, todos da Lei Complementar federal nº 110, de 29 de junho de 2001.*"

3.1.4. Contribuição aos Serviços Sociais Autônomos

A contribuição aos Serviços Sociais Autônomos está prevista no art. 240 da CF, de maneira que estão autorizadas, além das contribuições compulsórias dos empregadores ao sistema da seguridade social, aquelas destinadas às entidades privadas de serviço social e de formação profissional vinculadas ao sistema sindical.

O permissivo constitucional refere-se às contribuições aos Serviços Sociais Autônomos, conhecidos como Entes de Cooperação.

Segundo Hely Lopes Meirelles, *"os Entes de Cooperação são pessoas de Direito Privado, criados ou autorizados por lei, geridos em conformidade com seus estatutos, geralmente aprovados por decreto, podendo ser subvencionados pela União ou arrecadar em seu favor contribuições parafiscais para prestar serviço de interesse social ou de utilidade pública, sem, entretanto, figurarem entre os órgãos da Administração direta ou entre as entidades da indireta. Realmente, os Entes de Cooperação, na sistemática da Lei da Reforma, não se enquadram entre os órgãos integrados na Administração direta nem entre as entidades compreendidas na Administração indireta... Todavia, existem, e em grande número, na Administração Federal, cooperando com o Governo na realização de atividades técnicas, científicas, educacionais, assistenciais e outras que refogem dos misteres burocráticos das repartições estatais centralizadas. Daí, porque preferimos agrupá-los sob a denominação genérica de Entes de Cooperação."* [5]

As contribuições ao sistema S, como são chamadas, são recolhidas em favor dos entes de cooperação (SESC, SENAI, SESI, SENAC, etc.), para custeio das atividades inerentes ao serviço social e de formação profissional vinculadas ao sistema sindical. Trata-se, então, de contribuições sociais gerais parafiscais, já que o produto de sua arrecadação se destina ao custeio dessas entidades privadas de serviço social e de formação profissional vinculadas ao sistema sindical.

A contribuição para o SESC, instituída pelo Decreto-lei n° 4.048/42 e Decreto-lei n° 9.853/46, é exigida dos estabelecimentos industriais das modalidades de indústrias enquadradas na Confederação Nacional da Indústria, definida na ordem de 1,5% sobre a folha de salários.

Em relação à contribuição ao SENAC, a previsão está inserida no Decreto-lei n° 8.621/46, sendo exigida dos estabelecimentos comerciais cujas atividades, de acordo com o quadro a que se refere o art. 577 da Consolidação das Leis do Trabalho, estiverem enquadradas nas Federações e Sindicatos coordenados pela Confederação Nacional do Comércio. Essas empresas ficam obrigadas a recolher mensalmente o valor de 1% sobre a folha de salários.

Essas contribuições não se confundem com a contribuição confederativa elencada na primeira parte do art. 8°, IV da CF, a qual é fixada pela assembleia geral, sendo descontada anualmente em folha para custeio do sistema confederativo, despida de caráter tributário e não sujeita senão aos filiados da entidade representativa. Nesse sentido, RE 173.869-3-SP, Rel. Min. Ilmar Galvão, DJ 19.09.97. Também não se confundem com a contribuição sindical prevista no art. 578 da CLT, essa de caráter tributário, consoante entendimento do STF no RE 198.092-3-SP, Rel. Min. Carlos Velloso, j. 11.10.96.

O STF reconhece a legitimidade da exigência dessas contribuições, entendendo terem sido recepcionadas as normas que as instituíram. Nesse sentido:

---

[5] Op.cit., p. 706.

"O art. 240 da Constituição expressamente recepcionou as contribuições destinadas às entidades privadas de serviço social e de formação profissional vinculadas ao sistema sindical. (...) A alteração do sujeito ativo das Contribuições ao SESI/SENAI para o SEST/SENAT é compatível com o art. 240 da Constituição, pois a destinação do produto arrecadado é adequada ao objetivo da norma de recepção, que é manter a fonte de custeio preexistente do chamado Sistema S." RE 412.368-AgR, Rel. Min. Joaquim Barbosa, julgamento em 1°-3-2011, Segunda Turma, *DJE* de 1°-4-2011.

Uma última observação diz respeito à contribuição do SEBRAE, instituída por intermédio da Lei n° 8.029/90, com redação pela Lei n° 8.154/90 e Lei n° 10.668/03, anotando que o STF entendeu tratar-se de contribuição de intervenção do domínio econômico e não a do art. 240 da CF. Nesse sentido: *"A contribuição do Sebrae – Lei 8.029/1990, art. 8°, § 3°, redação das Leis 8.154/1990 e 10.668/2003 – é contribuição de intervenção no domínio econômico, não obstante a lei a ela se referir como adicional às alíquotas das contribuições sociais gerais relativas às entidades de que trata o art. 1° do DL 2.318/1986, Sesi, Senai, Sesc, Senac. Não se inclui, portanto, a contribuição do Sebrae, no rol do art. 240, CF."* (RE 396.266, Rel. Min. Carlos Velloso, julgamento em 26-11-2003, Plenário, *DJ* de 27-2-2004). No mesmo sentido: AI 710.609-AgR, Rel. Min. Celso de Mello, julgamento em 19-5-2009, Segunda Turma, *DJE* de 12-6-2009; AI 630.179-AgR, Rel. Min. Cármen Lúcia, julgamento em 17-3-2009, Primeira Turma, *DJE* de 17-4-2009; AI 708.772-AgR, Rel. Min. Eros Grau, julgamento em 10-2-2009, Segunda Turma, *DJE* de 13-3-2009; RE 401.823-AgR, Rel. Min. Ayres Britto, julgamento em 28-9-2004, Primeira Turma, *DJ* de 11-2-2005; RE 588.050-AgR, Rel. Min. Ellen Gracie, julgamento em 17-3-2009, Segunda Turma, *DJE* de 8-5-2009 .

O julgamento do RE n° 635.682 com repercussão geral deu ponto final à discussão no âmbito do STF. Nesse sentido: *"A contribuição destinada ao Serviço Brasileiro de Apoio às Micro e Pequenas Empresas – SEBRAE possui natureza de contribuição de intervenção no domínio econômico e não necessita de edição de lei complementar para ser instituída."*

3.2. Contribuições Sociais para o Custeio da Seguridade Social

As contribuições sociais da seguridade social, chamadas de contribuições previdenciárias, são tributos que custeiam o financiamento da seguridade social e os recursos provenientes de sua arrecadação são destinados a assegurar os direitos sociais relativos à saúde, à previdência e à assistência social.

Estão previstas no art. 195 da Constituição que estabelece que *a seguridade social será financiada por toda a sociedade, de forma direta ou indireta, nos termos da lei, mediante recursos provenientes dos orçamentos da União, dos Estados, do Distrito Federal e dos Municípios, e das seguintes contribuições sociais:*

I – dos empregadores, da empresa e da entidade a ela equiparada na forma da lei, incidentes sobre:

a) a folha de salários e demais rendimentos do trabalho pagos ou creditados, a qualquer título, à pessoa física que lhe preste serviço, mesmo sem vínculo empregatício;

b) a receita ou o faturamento;

c) o lucro;

II – do trabalhador e dos demais segurados da previdência social, não incidindo contribuição sobre aposentadoria e pensão concedidas pelo regime geral de previdência social de que trata o art. 201;

III – sobre a receita de concursos de prognósticos;

IV – do importador de bens ou serviços do exterior, ou de quem a lei a ele equiparar.

Com essa configuração, passemos a analisar as *contribuições sociais recolhidas pelos empregadores e pelas empresas*, previstas no art.195, I, "a", "b" e "c" da CF. São elas, a contribuição do empregador sobre a folha de salários, a contribuição da empresa ao SAT, a contribuição ao FUNRURAL, a contribuição sobre a receita ou faturamento – COFINS e a contribuição sobre o lucro líquido – CSLL.

3.2.1. Contribuição do Empregador sobre a Folha de Salários

Essa categoria de contribuição tem seu arquétipo plasmado no art. 195, I, "a", da CF. Trata-se da contribuição do empregador, da empresa e da entidade a ela equiparada, na forma da lei, sobre a folha de salários e demais rendimentos do trabalho pagos ou creditados, a qualquer título, à pessoa física que lhe preste serviço, mesmo sem vínculo empregatício.

Tendo em vista que é administrada e arrecadada pela Previdência Social, é conhecida como INSS das empresas, sendo prevista na Lei de Custeio da Seguridade Social – Lei nº 8.212/91. A alíquota, como regra, é de 20% e incide sobre o total da remuneração que é creditada a seus trabalhadores.

Via de regra, a contribuição a cargo da empresa, destinada à Seguridade Social, é de 20% sobre o total das remunerações pagas, devidas ou creditadas a qualquer título, durante o mês, aos segurados empregados e trabalhadores avulsos que lhe prestem serviços, destinadas a retribuir o trabalho, qualquer que seja a sua forma, inclusive as gorjetas, os ganhos habituais sob a forma de utilidades e os adiantamentos decorrentes de reajuste salarial, quer pelos serviços efetivamente prestados, quer pelo tempo à disposição do empregador ou tomador de serviços, nos termos da lei ou do contrato ou, ainda, de convenção ou acordo coletivo de trabalho ou sentença normativa.

Também incide à ordem de 20% sobre o total das remunerações pagas ou creditadas a qualquer título, no decorrer do mês, aos segurados contribuintes individuais que lhe prestem serviços, e de 15% sobre o valor bruto da nota fiscal ou fatura de prestação de serviços, relativamente a serviços que lhe são prestados por cooperados por intermédio de cooperativas de trabalho.

No caso de bancos comerciais, bancos de investimentos, bancos de desenvolvimento, caixas econômicas, sociedades de crédito, financiamento e investimento, sociedades de crédito imobiliário, sociedades corretoras, distribuidoras de títulos e valores mobiliários, empresas de arrendamento mercantil, cooperativas de crédito, empresas de seguros privados e de capitalização, agentes autônomos de seguros privados e de crédito e entidades de previdência privada abertas e fechadas, além das contribuições referidas neste artigo e no art. 23, é devida a contribuição adicional de 2,5% sobre a base de cálculo supra mencionada.

Importante ressaltar que a contribuição instituída pela Lei nº 7.787/89, a qual definia, em seu art. 3º, I, a exigência de 20% sobre a remuneração creditada a avulsos, autônomos e administradores, assim como a contribuição prevista na redação original do art. 22 , I, da Lei nº 8.212/91 que também estabelecia que o percentual de 20% sobre o total das remunerações pagas ou creditadas aos empresários a título de *pro labore*, a autônomos e trabalhadores avulsos que prestassem serviços às empresas, foram julgadas inconstitucionais pelo STF, por entender que o *pro labore* não é salário. Daí, foi julgada inconstitucional as expressão *autônomos e administradores* contida no inciso I do art. 3º da Lei nº 7.787/89, desobrigando tais pessoas de recolherem a referida contribuição, consoante decisão exarada no RE nº 166772-9-RS, Rel. Min. Marco Aurélio, DJ 20.05.94, p.12.296. Logo em seguida, a Resolução nº 14 do Senado Federal de 19.4.95, editada com base no art. 52, X, da CF, suspendeu a execução da expressão *autônomos e administradores* contidas no inciso I do art. 3º da Lei nº 7.787/89.

Da mesma forma, também foi declarada inconstitucional a expressão *empresários e autônomos* contidas no inciso I do art. 22 da Lei nº 8.212/91, por meio da ADI nº 1.108-1-DF, Rel. Min. Maurício Correia, DJ 5.10.95.

Por fim, o vocábulo *avulsos* também acabou sendo julgado inconstitucional no julgamento do RE nº 166.939-0-SC, Rel. Min. Néri da Silveira, DJ 12.08.94. Tais exações foram julgadas inconstitucionais basicamente porque deveriam ser instituídas por lei complementar, consoante expressamente estabelecem os arts. 146, III, c.c. 154, I, e 195, § 4º, da CF. O outro fundamento se baseou na redação original do art. 195, I, da CF que limitava o campo material dessas contribuições à folha de salários, faturamento e lucro.

Como parecia evidente, a exigência da cobrança sobre pagamentos feitos a autônomos, administradores e avulsos, representava uma materialidade não contemplada na Constituição. Daí, entendeu-se que a instituição de uma nova contribuição deveria cumprir as formalidades do art. 195, § 4º que remete às exigências do art. 154, I, ambos da Constituição, ou seja, a necessidade de lei complementar, a não cumulatividade e o caráter residual quanto à base de cálculo e fato gerador.

Estava claro que a contribuição sobre as remunerações pagas a autônomos, administradores e avulsos representava uma base distinta daquela constitucionalmente prevista, mesmo porque as atividades prestadas por essas pessoas não decorrem de relação de emprego, e, portanto, não recebem salário.

Tudo isso acarretou, posteriormente, a promulgação da EC nº 20/98 que modificou a redação do art. 195, I, da CF, além da edição da Lei Complementar nº 84 de 18 de janeiro de 1996, instituindo-se nova contribuição sobre as remunerações pagas ou creditadas pelos serviços que lhes prestem, sem vínculo empregatício, os segurados empresários, trabalhadores autônomos, avulsos e demais pessoas físicas.

Outra contribuição também foi criada pelo inciso II do art. 1º, a cargo das cooperativas de trabalho incidente sobre o total das importâncias pagas ou creditadas a seus cooperados.

Repare no julgado que segue, sacado pelo STF antes da EC nº 20/98 e da LC nº 84/96: "*Se a relação jurídica mantida entre a empresa e autônomos, administradores ou avulsos não resulta de contrato de trabalho, aquela não é sua empregadora, o que afasta o seu enquadramento no inciso I do art. 195 da Constituição, impondo, consequentemente, que a criação de contribuição social para essas categorias se faça por meio de lei complementar, nos moldes do § 4º do art. 195.*" Autônomos e administradores: RE 166.772, Rel. Min. Marco Aurélio, *DJ* de 16-12-1994; Avulsos: RE 177.296, Rel. Min. Moreira Alves, *DJ* de 9-12-1994.

No mesmo sentido: "*O art. 195 da Carta da República, ao revelar, no inciso I, as balizas primárias da contribuição do empregador, alude à 'folha de salários e demais rendimentos do trabalho pagos ou creditados, a qualquer título, à pessoa física que lhe preste serviço, mesmo sem vínculo empregatício'; à receita ou ao faturamento e ao lucro – alíneas a, b e c. A previsão é exaustiva quanto aos fatos que podem dar causa à obrigação de financiamento da seguridade social. Na redação primitiva, anterior à EC 20/1998, tratando-se de empregador, a contribuição decorreria da folha de salários, do faturamento ou do lucro, não surgindo a possibilidade de se ter cumulação em virtude de ato normativo ordinário. Somente a Constituição Federal é que, considerado o mesmo fenômeno jurídico, pode abrir exceção à unicidade de incidência de contribuição. (...). (...) procede a irresignação, entendendo-se que comercialização da produção é algo diverso de faturamento e este não se confunde com receita, tanto assim que a EC 20/1998 inseriu, ao lado do vocábulo 'faturamento', no inciso I do art. 195, o vocábulo 'receita'. Então, não há como deixar de assentar que a nova fonte deveria estar estabelecida em lei complementar.*" RE 363.852, voto do Rel. Min. Marco Aurélio, julgamento em 3-2-2010, Plenário, *DJE* de 23-4-2010.

Com o advento da LC nº 84/96, o STF legitimou a exigência da contribuição sobre as remunerações pagas ou creditadas pelos serviços que lhes prestem, sem vínculo empregatício, os segurados empresários, trabalhadores autônomos, avulsos e demais pessoas físicas. Nesse sentido: "*Contribuições sociais: empresários. Autônomos e avulsos. LC 84, de 18-1-1996: Constitucionalidade. Contribuição social instituída pela LC 84, de 1996: constitucionalidade.*" RE 228.321, Rel. Min. Carlos Velloso, julgamento em 1º-10-1998, Plenário, *DJ* de 30-5-2003. No mesmo sentido: AI 609.496-AgR, Rel. Min. Ayres Britto, julgamento em 26-10-2010, Segunda Turma, *DJE* de 4-3-2011; RE 572.205-AgR-AgR, Rel. Min. Eros Grau, julgamento em 24-11-2009, Segunda Turma, *DJE* de 11-12-2009; AI 633.470-AgR, Rel. Min. Cármen Lúcia, julgamento em 30-6-2009, Primeira Turma, *DJE* de 21-8-2009; AI 700.144-AgR, Rel. Min. Ricardo Lewandowski, julgamento em 30-6-2009, Primeira Turma, *DJE* de 21-8-2009; AI 654.818-AgR, Rel. Min. Celso de Mello, julgamento em 19-5-2009, Segunda Turma, *DJE* de 26-6-2009.

No julgamento do RE nº 598.572, com repercussão geral, o STF decidiu que "é constitucional da previsão legal de diferenciação de alíquotas em relação às *contribuições previdenciárias incidentes sobre a folha de salários de instituições financeiras ou de entidades a elas legalmente equiparáveis, após a edição da EC nº 20/1998.*"

Também se equipara à categoria das contribuições recolhidas pelas empresas as associações desportivas que mantém equipe de futebol profissional. A chamada Contribuição dos Clubes de Futebol incide com a alíquota de 5% da renda bruta dos espetáculos desportivos da associação desportiva que mantém equipe de futebol profissional incidente sobre a receita bruta decorrente de espetáculos desportivos e de qualquer forma de patrocínio, de licenciamento de uso de marcas e símbolos, de publicidade, de propaganda e transmissão de espetáculos.

3.2.2. Contribuição da Empresa ao SAT – Seguro de Acidente do Trabalho

Essa categoria de contribuição também é do empregador ou da empresa, tendo base constitucional no mesmo art. 195, I, "a". A contribuição da empresa ao Seguro de Acidente do Trabalho é uma subcategoria de contribuição previdenciária recolhida pelas empresas, na forma de adicionais à contribuição que já é recolhida sobre o total das remunerações pagas ou creditadas, em função do risco de acidente do trabalho decorrente da atividade preponderante da empresa.

Dessa forma, de acordo com o ramo de atividade desempenhado pela empresa, ela recebe um enquadramento de acordo com o grau de risco, o qual está previamente definido de acordo com o Fator Previdenciário de Prevenção – FAP.

Prevista na Lei nº 8.212/91, essa contribuição é devida ao INSS pelas empresas para o custeio da aposentadoria especial do segurado que tiver trabalhado sujeito a condições especiais que prejudiquem a saúde ou a integridade física, durante 15, 20 ou 25 anos, conforme o grau de risco a que estiver exposto ou do grau de incidência de incapacidade laborativa decorrente dos riscos ambientais do trabalho.

Assim, sobre o total das remunerações pagas ou creditadas, no decorrer do mês, aos segurados empregados e trabalhadores avulsos, a empresa deve recolher, além da contribuição sobre a folha, já analisada, os seguintes valores:

a) 1% (um por cento) para as empresas em cuja atividade preponderante o risco de acidentes do trabalho seja considerado leve;

b) 2% (dois por cento) para as empresas em cuja atividade preponderante esse risco seja considerado médio;

c) 3% (três por cento) para as empresas em cuja atividade preponderante esse risco seja considerado grave.

O enquadramento nos correspondentes graus de risco é de responsabilidade da empresa, que deverá fazê-lo mensalmente, com base na atividade econômica preponderante, observando a Relação de Atividades Preponderantes e Correspondentes Graus de Risco contida no Anexo V do Decreto 3.048, de 1999.

No que se refere à exigência da contribuição ao SAT em relação ao total das remunerações pagas ou creditadas aos avulsos, o STF posicionou-se da seguinte forma: "*A cobrança da contribuição ao SAT incidente sobre o total das remunerações pagas tanto aos empregados quanto aos trabalhadores avulsos é legítima.*"

AI 742.458-AgR, Rel. Min. Eros Grau, julgamento em 14-4-2009, Segunda Turma, *DJE* de 15-5-2009. No mesmo sentido: AI 586.109-AgR, Rel. Min. Cezar Peluso, julgamento em 14-10-2008, Segunda Turma, *DJE* de 21-11-2008.

No que se refere à tese acerca da necessidade de lei complementar para sua instituição, a Suprema Corte sedimentou entendimento rechaçando a exigência e legitimando a cobrança por via de lei ordinária. Confira-se: "*Contribuição para o custeio do Seguro de Acidente do Trabalho – SAT: Lei 7.787/1989, art. 3º, II; Lei 8.212/1991, art. 22, II: alegação no sentido de que são ofensivos ao art. 195, § 4º, c/c art. 154, I, da Constituição Federal: improcedência. Desnecessidade de observância da técnica da competência residual da União, CF, art. 154, I. Desnecessidade de lei complementar para a instituição da contribuição para o SAT.*" RE 343.446, Rel. Min. Carlos Velloso, julgamento em 20-3-2003, Plenário, *DJ* de 4-4-2003. No mesmo sentido: AI 736.299-AgR, Rel. Min. Gilmar Mendes, julgamento em 22-2-2011, Segunda Turma, *DJE* de 11-3-2011; AI 654.716-AgR, Rel. Min. Dias Toffoli, julgamento em 8-2-2011, Primeira Turma, *DJE* de 29-3-2011; AI 809.496-AgR, Rel. Min. Ricardo Lewandowski, julgamento em 2-12-2010, Primeira Turma, *DJE* de 1º-2-2011; AI 625.653-AgR, Rel. Min. Joaquim Barbosa, julgamento em 30-11-2010, Segunda Turma, *DJE* de 1º-2-2011; AI 744.295-AgR, Rel. Min. Cármen Lúcia, julgamento em 27-10-2009, Primeira Turma, *DJE* de 27-11-2009; RE 567.544-AgR, Rel. Min. Ayres Britto, julgamento em 28-10-2008, Primeira Turma, *DJE* de 27-2-2009; AI 592.269-AgR, Rel. Min. Celso de Mello, julgamento em 8-8-2006, Segunda Turma, *DJ* de 8-9-2006.

3.2.3. Contribuição ao FUNRURAL

O FUNRURAL – Fundo de Assistência ao Trabalhador Rural – foi criado pelo art. 158 da Lei nº 4.214/1963 – Estatuto do Trabalhador Rural, mas somente veio a ser implementado pela Lei Complementar nº 11/71, que criou o Programa de Assistência ao Trabalhador Rural – PRORURAL.

Para atingir o mister de assistência ao trabalhador rural, exigia-se a contribuição para a previdência social como fonte de custeio aos benefícios previdenciários dos trabalhadores rurais, sendo exigida dos empregadores rurais sobre a folha de salários.

Atualmente não é tecnicamente adequado falar em contribuições para o FUNRURAL, até porque este deixou de existir por força do art. 138 da Lei nº 8.213/91, muito embora ainda seja usual encontrar a utilização dessa terminologia, sendo correto afirmar que remanescem as categorias de contribuições para a seguridade social recolhidas do setor rural.

Após diversas alterações legislativas, a Lei nº 8.212/91 – Plano de Custeio da Previdência Social – disciplinou a matéria que estava prevista no art. 195, I, da Constituição de 1988, recebendo a designação de contribuição do produtor rural, sofrendo sucessivas alterações pelas Leis nº 8.398/92; 8.540/92; 8.861/94; 9.528/97 e 10.256/01.

Sua evolução legislativa é conturbada e em 1994, o art. 25 da Lei nº 8.870/94 instituiu uma categoria de contribuição que passou a ser exigida do empregador pessoa jurídica que se dedicava à produção agroindustrial. Referida lei definia nova alteração ao art. 22 da Lei 8.212/91, e emprestando razoável interpretação àquela legislação, pode-se concluir que somente poderia se referir a contribuição do empregador sobre a folha de salários, excluindo a incidência sobre o lucro e o faturamento, uma vez que estas últimas são administradas e arrecadadas pela União e não pelo INSS, tratando-se, portanto, de contribuição do empregador rural pessoa jurídica.

Como se vê, quando de sua criação em 1994 ainda não havia sido promulgada a EC n° 20/98 que alterou o art. 195 da CF, razão pela qual a base de cálculo da referida contribuição não se afeiçoava ao texto constitucional, uma vez que não correspondia à folha de salários, mas sim sobre o valor estimado da produção agrícola da empresa, considerado o seu preço de mercado.

Assim, por intermédio do julgamento da ADI n° 1.103-DF, Rel. Min. Néri da Silveira, j. 18.12.1996, o STF considerou inconstitucional referida exação porque nitidamente se tratava de uma nova figura de contribuição, com base de cálculo não prevista na Lei Maior, e daí a necessidade de lei complementar, por força do art. 195, § 4° da CF.

Atualmente, a contribuição do empregador rural pessoa jurídica está reinstituída com previsão no art. 22 da Lei 8.212/91, tendo sua redação definida pelo art. 25, incisos I e II da Lei n° 8.870/1994, esta última com redação pela Lei n° 10.256/01, incidindo com alíquota de 2,5% + 0,1% da receita bruta proveniente da comercialização da produção.

É interessante que antes mesmo da Lei n° 8.870/94 instituir essa contribuição do empregador pessoa jurídica, a Lei n° 8.540/92 já havia instituído outra contribuição exigida do produtor rural pessoa física. Sendo assim, existem duas contribuições distintas que poderiam ser chamadas de contribuições ao FUNRURAL, uma da pessoa jurídica que explorava o ramo de agroindústria, julgada inconstitucional pela ADI n° 1.103 e reeditada pela Lei n° 10.256/01, e outra exigida do produtor rural pessoa física, criada pela Lei n° 8.540/92.

De fato existem contribuições diferentes para o produtor rural pessoa física que é equiparado a empresa em relação aos empregados que contrata e para o produtor rural pessoa jurídica que é uma empresa de fato e de direito, observando-se que no caso do produtor rural pessoa física, a obrigação de reter e recolher a contribuição é de quem adquire a sua produção e no caso do produtor rural pessoa jurídica quem recolhe é o próprio produtor.

O art. 1° da Lei n° 8.540/92 deu nova redação ao art. 25, I e II da Lei n° 8.212/91, passando a exigir a contribuição do produtor rural pessoa física, e segurado especial, com alíquota de 2%, mais 0,1% de adicional para financiamento de complementações das prestações por acidente de trabalho, sobre a receita bruta proveniente da comercialização da sua produção.

Ocorre que no julgamento do RE 363.852-MG, Rel. Min. Marco Aurélio, j. 03.02.2010, o STF julgou inconstitucional o referido art. 1° da Lei n° 8.540/92 que modificara a redação do art. 25 da Lei n° 8.212/91, tornando indevida a contribuição ao FUNRURAL do produtor rural pessoa física. Da maneira como restou consignado no *leading case*, o recorrente era pessoa jurídica a quem competia fazer a retenção e o recolhimento, por substituição tributária, da contribuição em questão, na aquisição de bovinos de pessoas naturais. Com o provimento do recurso, a empresa ficou desobrigada de efetuar a retenção do imposto devido pelos produtores.

A questão foi decidida em repercussão geral no RE nº 596.177, do seguinte teor: "É inconstitucional a contribuição, a ser recolhida pelo empregador rural pessoa física, incidente sobre a receita bruta proveniente da comercialização de sua pr*odução, prevista no art. 25 da Lei 8.212/1991, com a redação dada pelo art. 1º da Lei 8.540/1992.*"

Segundo o entendimento do Ministro Relator, o produtor rural passou a estar compelido a duplo recolhimento, com a mesma destinação, ou seja, o financiamento da seguridade social, isso porque já recolhe a contribuição sobre a folha de salários, caso remunere trabalhadores, além da COFINS e do PIS que incidem sobre a receita bruta, e neste caso estaria evidente a bitributação. Ademais, foi reconhecido o abalo ao Princípio da Igualdade, mesmo porque os empregadores urbanos não são onerados com duas contribuições previdenciárias, tal como ocorria com os empregadores rurais. O outro argumento invocado para se reconhecer a ilegitimidade da contribuição foi o mesmo invocado na ADI nº 1.103 que julgou inconstitucional a contribuição instituída pela Lei nº 8.870/94, ou seja, a violação ao art. 195, § 4º, tendo em vista a necessidade de lei complementar para se implementar a criação de nova figura de contribuição, já que sua base de cálculo, a receita bruta proveniente da comercialização da sua produção, não estava expressamente elencada no texto do art. 195 da Lei Maior.

De fato, não há mesmo equivalência entre as expressões receita bruta e resultado da comercialização da sua produção, sendo relevante o apontamento do Voto Vista do Ministro Eros Grau no sentido de que há precedentes do STF em relação à base de cálculo, declarando que neste caso a amplitude da expressão é maior, pois *receita bruta* é espécie do gênero *resultado*, o qual, por sua vez, não pode ser equiparado a *faturamento*.

Como foi rechaçado o pedido da Fazenda Nacional de modular temporalmente os efeitos da decisão para os fins de conceder efeitos *ex nunc* à decisão, passaram os contribuintes que recolheram a contribuição, ter o direito de obter a restituição em juízo.

Devo observar que a decisão pela inconstitucionalidade foi ajustada para fulminar de inconstitucionalidade da contribuição ao FUNRURAL prevista até (e inclusive) a Lei nº 9.528/97, o que significa dizer que o STF não apreciou, no RE 363.852, a inconstitucionalidade a partir da EC nº 20/98, sendo a questão foi decidida até que nova legislação arrimada na EC nº 20/98 viesse a instituir nova contribuição. A decisão pela inconstitucionalidade proferida no RE 363.852-MG não tem efeito vinculante e eficácia erga omnes, beneficiando apenas o frigorífico que a propôs, acarretando uma série de ações judiciais no mesmo sentido. O fato é que se for mantida a inconstitucionalidade, os contribuintes passarão a contribuir sobre a folha de salários, como as demais empresas, o que pode resultar em contribuições mais elevadas, onerando o produtor.

O novo formato da contribuição ao FUNRURAL foi definido pela Lei nº 10.256/2001, o que significa que a contribuição do produtor rural pessoa física é considerada indevida desde 1992, com sua instituição pela Lei nº 8.540/92, até 2001, com a edição da Lei nº 10.256/01 que recompôs a contribuição com fundamento na EC nº 20/98.

Ressalte-se que a Lei nº 10.256/01 aviventou a contribuição ao FUNRURAL pelo produtor rural pessoa física e jurídica, o que, aliás, se replicou em relação à Lei nº 11.718/08.

Como se já não sobrassem problemas para as contribuições ao FUNRURAL, uma nova questão tem surgido recentemente, já que, para muitos, a Lei nº 10.256/01 e a Lei nº 11.718/08 não teriam corrigido os vícios cometidos pelas legislações que lhes antecederam. Alega-se que mantiveram-se os mesmos fato gerador e base de cálculo e que a alteração da Constituição pela via da Emenda nº 20 não teria o condão de dar suporte de validade à norma já considerada inconstitucional.

Dessa forma, a contribuição ao FUNRURAL pela pessoa jurídica está disciplinada atualmente pela Lei nº 10.256/01 que adicionou o art. 22-A à Lei nº 8.212/91, estabelecendo que a contribuição devida pela agroindústria, definida, para os efeitos desta Lei, como sendo o produtor rural pessoa jurídica cuja atividade econômica seja a industrialização de produção própria ou de produção própria e adquirida de terceiros, incidente sobre o valor da receita bruta proveniente da comercialização da produção, em substituição às previstas nos incisos I e II do art. 22 desta Lei, é de 2,5%, mais 0,1% de adicional destinado ao financiamento do benefício de aposentadoria especial concedida em razão do grau de incidência de incapacidade para o trabalho decorrente dos riscos ambientais da atividade.

Para o empregador rural pessoa física, em substituição à contribuição da pessoa jurídica e a do segurado especial, é de 2% da receita bruta proveniente da comercialização da sua produção, mais 0,1% da receita bruta proveniente da comercialização da sua produção para financiamento das prestações por acidente do trabalho.

Finalmente, a contribuição da agroindústria definida no artigo 22-A, I e II da Lei nº 8.212/1991, com redação da Lei nº 10.256/01, com alíquota de 2,5% + 0,1% da receita bruta proveniente da comercialização da produção recriou a contribuição julgada inconstitucional na ADI nº 1.103 que alcançou o art. 25, § 2º da Lei nº 8.870/1994, tendo agora amparo no § 9º do artigo 195 da Constituição, acrescentado pela Emenda nº 47/2005 que permite a adoção de base de cálculo diferenciada, em razão da atividade econômica.

3.2.4. Contribuição da Empresa sobre a Receita ou Faturamento - COFINS

A Contribuição para o Financiamento da Seguridade Social – COFINS, prevista no art. 195, I, "b", da Constituição, foi efetivamente instituída pela Lei Complementar nº 70/91, com alterações posteriores principalmente pelas Lei nº 9.718/98 e Lei nº 10.833/03, tem como fato gerador o faturamento mensal das empresas.

Antes da criação da COFINS, os contribuintes recolhiam o Fundo de Investimento Social – FINSOCIAL, instituído pelo Decreto-lei nº 1.940/82. Referido tributo incidia com alíquota de 0,5% sobre o faturamento mensal das empresas, tendo sofrido alterações pela Lei nº 7.787/89 que elevou a alíquota para 1%, Lei nº 7.894/89 que elevou alíquota para 1,2% e Lei nº 8.147/90 que elevou a alíquota para 2%. Da mesma forma, a pretexto de manter a cobrança das contribuições instituídas antes da Constituição de 1988, a Lei nº 7.689/88, por meio de seu art. 9º determinava que ficavam mantidas as contribuições previstas na legislação em vigor, incidentes sobre a folha de salários e a de que trata o Decreto-Lei nº 1.940, de 25 de maio de 1982, e alterações posteriores, incidente sobre o faturamento das empresas, com fundamento no art. 195, I, da Constituição Federal.

Não tardou e o STF se pronunciou sobre a questão, reconhecendo que toda a legislação conflitava com as novas disposições constitucionais, ex vi do art. 195, I, tornando incompatível a exigência do FINSOCIAL até sua efetiva substituição pela COFINS, criada em 1991. Nesse sentido: "*Contribuição Social – Parâmetros – Normas de Regência – FINSOCIAL – Balizamento Temporal. A teor do disposto no artigo 195 da Constituição Federal, incumbe à sociedade, como um todo, financiar, de forma direta e indireta, nos termos da lei, a seguridade social, atribuindo-se aos empregadores a participação mediante bases de incidência próprias – folha de salários, o faturamento e o lucro. Em norma de natureza constitucional transitória, emprestou-se ao FINSOCIAL característica de contribuição, jungindo-se a imperatividade das regras insertas no Decreto-Lei nº 1940/82, com as alterações ocorridas até a promulgação da Carta de 1988, ao espaço de tempo relativo a edição da lei prevista no referido artigo. Conflita com as disposições constitucionais – artigos 195 do corpo permanente da Carta e 56 do Ato das Disposições Constitucionais Transitórias – preceito de lei que, a título de viabilizar o texto constitucional, toma de empréstimo, por simples remissão, a disciplina do FINSOCIAL. Incompatibilidade manifesta do art. 9º da Lei nº 7689/88 com o Diploma Fundamental, no que discrepa do contexto constitucional*. RE 150.764-1-PE, Rel. Min. Marco Aurélio, j. 16.12.1992.

Com a criação da COFINS pela LC nº 70/91, a questão se pacificou, remanescendo apenas a questão do direito à compensação com eventuais recolhimentos indevidos, ou a maior, do FINSOCIAL, consoante o reconhecimento do indébito pelo STF.

A primeira modificação importante da COFINS veio com a edição da Lei nº 9.718/98, que modificou sua base de cálculo. Com efeito, o faturamento passou a ser entendido como o total das receitas auferidas pela pessoa jurídica, independentemente de sua denominação ou classificação contábil, em notável alargamento de seu campo material. Como veremos em seguida, referida modificação em seu aspecto valorativo foi submetida à decisão pelo STF.

O sujeito passivo da COFINS é a pessoa jurídica, inclusive aquelas a ela equiparadas pela legislação do imposto de renda. Com relação ao sujeito ativo, embora pertença à classe das Contribuições para Custeio da Seguridade Social, é administrada e arrecadada pela Receita Federal do Brasil, muito embora o produto de sua arrecadação integre o Orçamento da Seguridade Social.

Quando de sua criação pela LC nº 70/91, a COFINS possuía uma alíquota básica de 2%, posteriormente reajustada para 3% pela Lei nº 9.718/98, a qual também ampliou sua base de cálculo, conforme mencionado acima. Com o advento da Lei nº 10.833/03, a COFINS sofreu nova alteração, passando a admitir o regime de apuração não cumulativa.

Dessa forma, assim como ocorre com a contribuição para o PIS, a COFINS possui duas regras de apuração, com incidência não cumulativa e incidência cumulativa, permanecendo a alíquota de 3% neste último caso. Para o regime de incidência não cumulativa, a alíquota básica da COFINS será de 7,6%.

Estão sujeitas à incidência não cumulativa as pessoas jurídicas de direito privado e as que lhe são equiparadas pela legislação do imposto de renda que apurem o imposto com base no lucro real. As empresas que apuram o imposto de renda com base no lucro presumido ou arbitrado estão sujeitas à incidência cumulativa.

Uma das grandes questões inerentes à COFINS dizia respeito à modificação de seus elementos essenciais por meio de lei ordinária, o que certamente traria reflexos com as modificações posteriormente introduzidas pela Lei nº 9.430/96 que revogou uma de suas isenções, bem como a Lei nº 9.718/98 que alterou sua alíquota e base de cálculo. Aduzia-se que, tendo sido instituída pela LC nº 70/91, somente por veículo normativo semelhante poderia ser alterada. A questão foi debatida no julgamento da ADC nº 1. Confira-se: "*Sucede, porém, que a contribuição social em causa, incidente sobre o faturamento dos empregadores, é admitida expressamente pelo inciso I do art. 195 da Carta Magna, não se podendo pretender, portanto, que a Lei Complementar 70/1991 tenha criado outra fonte de renda destinada a garantir a manutenção ou a expansão da seguridade social. Por isso mesmo, essa contribuição poderia ser instituída por Lei ordinária. A circunstância de ter sido instituída por lei formalmente complementar – a Lei Complementar 70/1991 – não lhe dá, evidentemente, a natureza de contribuição social nova, a que se aplicaria o disposto no § 4º do art. 195 da Constituição, porquanto essa lei, com relação aos dispositivos concernentes à contribuição social por ela instituída – que são o objeto desta ação –, é materialmente ordinária, por não se tratar, nesse particular, de matéria reservada, por texto expresso da Constituição, à lei complementar. A jurisprudência desta Corte, sob o império da EC 1/1969 – e a Constituição atual não alterou esse sistema –, se firmou no sentido de que só se exige lei complementar para as matérias para cuja disciplina a Constituição expressamente faz tal exigência, e, se porventura a matéria, disciplinada por lei cujo processo legislativo observado tenha sido o da lei complementar, não seja daquelas para que a Carta Magna exige essa modalidade legislativa, os dispositivos que tratam dela se têm como dispositivos de lei ordinária.*" ADC 1, voto do Rel. Min. Moreira Alves, julgamento em 1º-12-1993, Plenário, *DJ* de 16-6-1995.

Sobre a aventada inconstitucionalidade do aumento da alíquota da COFINS, bem como do alargamento de sua base de cálculo, por meio da Lei nº 9.718/98, em 2005 o STF entendera que o art. 3º, § 1º da Lei 9.718/98 teria alterado o teor da LC nº 70/91, ampliando a base de cálculo e criando uma nova fonte de custeio da seguridade, o que somente poderia ser feito por lei complementar, por força do art. 195, § 4º da CF.

Assim, o conceito de receita bruta ou faturamento deveria ser entendido como o que decorrer da venda de mercadorias, de mercadorias e serviços ou da venda de serviços. Com efeito, a edição da EC nº 20/98 não convalidou a Lei nº 9.718/98, por vício de origem.

Assim, o STF decidiu pela inconstitucionalidade do artigo 3º, §1º, da Lei nº 9.718 que aumentou a base de cálculo. Mas referida inconstitucionalidade não se estende às Leis nº 10.637/2002 e 10.833/2003, isso porque estas duas últimas possuem fundamento de validade no artigo 195, I, alínea "b", da Constituição, já com a redação dada pela EC nº 20/98. Por conta disso, o STF deu nova orientação ao texto constitucional, legitimando, a partir de então, a cobrança da COFINS, assim como do PIS, tendo como base de cálculo o total das receitas auferidas pela pessoa jurídica, independentemente de sua denominação ou classificação contábil.

Dessa forma, restou superado o entendimento consignado no julgamento do RE 357.950, RE 390.840 e do RE 358.273, Rel. Min. Marco Aurélio, DJ de 15.08.2006, onde se declarou, incidentalmente e por maioria, a inconstitucionalidade do § 1º do art. 3º da Lei 9.718/1998 que aumentou a base de cálculo da COFINS. (cf. Informativo STF 408/2005). Por fim, em sede de repercussão geral, no julgamento do RE nº 585.235 o STF decidiu que: "É inconstitucional a ampliação da base de cálculo da contr*ibuição ao PIS e da COFINS prevista no art. 3º, § 1º da Lei 9.718/98.*"

Tendo as Leis nº 10.637/2002 e nº 10.833/2003 sido editadas após a EC nº 20/1998, a qual deu nova redação ao art. 195 da Constituição para incluir expressamente a receita das empresas como base de incidência das contribuições destinadas à seguridade social, conclui-se que a partir da edição da referida emenda, a matéria passou a legitimamente ser disciplinada por lei ordinária. Nesse sentido, o RE 576.999-RS, Rel. Min. Joaquim Barbosa, j.04.10.2011.

Com relação ao aumento da alíquota estipulado pelo art. 8º da Lei nº 9.718/98, o STF havia se declarado por sua inconstitucionalidade, com base em fundamentos análogos aos invocados em relação ao aumento da base de cálculo. Nesse sentido: "*Ag.Reg. em A.I. Constitucional. Tributário. Art. 8º da Lei 9.718/1998. Fixação da alíquota da COFINS em 3% e regime de compensação da COFINS com a CSLL. 1. O Supremo Tribunal Federal, no julgamento do RE 527.602, relator para o acórdão o ministro Marco Aurélio, reafirmou a constitucionalidade do art. 8º da Lei 9.718/1998, que fixou a alíquota da Cofins em 3% (três por cento). 2. Por outra volta, esta nossa Corte, ao julgar o RE 336.134, sob a relatoria do ministro Ilmar Galvão, concluiu que o regime de compensação de que trata o art. 8º da Lei 9.718/1998 é legítimo, dado que diz respeito a empresas em situações distintas. 3. Agravo regimental desprovido. Ag.R. em AI em RE nº 700.380-SC, Rel. Min. Ayres Britto.*

Apesar disso, atualmente o entendimento majoritário do STF reconhece a legitimidade do aumento da alíquota da COFINS, instituída pela Lei nº 9.718/98. Confira-se: "*Quanto ao pedido de declaração de inconstitucionalidade do art. 8º, cabeça, da Lei 9.718/1998 – que dispõe sobre a majoração da alíquota da COFINS –, improcede o que sustentado no extraordinário. Com efeito, assentado que a contribuição em exame tem como base de incidência o faturamento – e afastado o disposto no § 1º do art. 3º da Lei 9.718/1998 –, está a contribuição alcançada pelo preceito inserto no inciso I do art. 195 da CF. Assim, observa-se, no ponto, o que já decidido por esta Corte, no sentido da desnecessidade de lei complementar para a majoração de contribuição cuja instituição se dera com base no citado dispositivo constitucional, vale dizer, no art. 195, I, da CF. Descabe cogitar, portanto, de instrumental próprio, ou seja, o da lei complementar, para a majoração da alíquota da COFINS.*" (RE 390.840 e RE 357.950, voto do Rel. Min. Marco Aurélio, julgamento em 9-11-2005, Plenário, *DJ* de 15-8-2006.) No mesmo sentido: RE 475.910-AgR, Rel. Min. Dias Toffoli, julgamento em 19-10-2010, Primeira Turma, *DJE* de 23-3-2011; RE 487.475-AgR, Rel. Min. Ricardo Lewandowski, julgamento em 1º-6-2010, Primeira Turma, *DJE* de 6-8-2010; AI 636.887-AgR, Rel. Min. Ellen Gracie, julgamento em 4-12-2009, Segunda Turma, *DJE* de 5-2-2010; RE 543.450-AgR, Rel. Min. Joaquim Barbosa, julgamento em 29-9-2009, Segunda Turma, *DJE* de 29-10-2009; RE 535.605-AgR, Rel. Min. Ayres Britto, julgamento em 22-5-2007, Primeira Turma, *DJE* de 13-3-2009; AC 1.645-MC-QO, Rel. Min. Celso de Mello, julgamento em 15-5-2007, Segunda Turma, *DJE* de 23-10-2009.

A questão foi resolvida em julgamento proferido no RE nº 527.602 com repercussão geral, no seguinte sentido: "É constitucional a majoração da alíquota da COFINS de 2% para 3%, instituída no art. 8º da Lei º 9.718/1998."Outro tema polêmico diz respeito à isenção definida pela Lei nº 9.430/96, concedida às sociedades civis de profissão regulamentada definida no art. 6º, II, da LC nº 70/91. Questionando a relação hierárquica da lei complementar em relação à lei ordinária, os contribuintes arguiram a inconstitucionalidade do dispositivo e a manutenção da isenção. O STF entendeu que a LC nº 70/91 é apenas formalmente complementar, não existindo nenhuma ilegitimidade na revogação da isenção. Nesse sentido: "*Contribuição Social sobre o Faturamento – COFINS (CF, art. 195, I). Revogação pelo art. 56 da Lei 9.430/1996 da isenção concedida às sociedades civis de profissão regulamentada pelo art. 6º, II, da LC 70/1991. Legitimidade. Inexistência de relação hierárquica entre lei ordinária e lei complementar. Questão exclusivamente constitucional, relacionada à distribuição material entre as espécies legais. Precedentes. A LC 70/1991 é apenas formalmente complementar, mas materialmente ordinária, com relação aos dispositivos concernentes à contribuição social por ela instituída. ADC 1, Rel. Moreira Alves, RTJ 156/721.*" (RE 377.457, Rel. Min. Gilmar Mendes, julgamento em 17-9-2008, Plenário, *DJE* de 19-12-2008.) No mesmo sentido: RE 522.719-AgR, Rel. Min. Ayres Britto, julgamento em 23-11-2010, Segunda Turma, *DJE* de 4-3-2011; AI 603.649-AgR, Rel. Min. Dias Toffoli, julgamento em 15-12-2009, Primeira Turma, *DJE* de 5-2-2010; AI 709.691-AgR, Rel. Min. Eros Grau, julgamento em 28-4-2009, Segunda Turma, *DJE* de 29-5-2009; RE 568.922-AgR, Rel. Min. Ellen Gracie, julgamento em 16-12-2008, Segunda Turma, *DJE* de 6-3-2009; AI 646.176-AgR, Rel. Min. Joaquim Barbosa, julgamento em 16-12-2008, Segunda Turma, *DJE* de 6-3-2009; RE 501.443-AgR, Rel. Min. Marco Aurélio, julgamento em 16-12-2008, Primeira Turma, *DJE* de 17-4-2009; AI 591.818-AgR, Rel. Min. Menezes Direito, julgamento em 3-3-2009, Primeira Turma, *DJE* de 17-4-2009; RE 492.044-AgR, Rel. Min. Ricardo Lewandowski, julgamento em 16-12-2008, Primeira Turma, *DJE* de 20-2-2009; AI 614.094-AgR, Rel. Min. Cármen Lúcia, julgamento em 28-10-2008, Primeira Turma, *DJE* de 27-2-2009; AI 653.841-AgR,

Rel. Min. Celso de Mello, julgamento em 18-9-2007, Segunda Turma, *DJ* de 8-2-2008; RE 457.884-AgR, Rel. Min. Sepúlveda Pertence, julgamento em 21-2-2006, Primeira Turma, *DJ* de 17-3-2006.

Com relação à isenção da COFINS às sociedade cooperativas, em sede de repercussão geral o STF decidiu no RE nº 598.085 que "*são legítimas as alterações introduzidas pela Medida Provisória 1.858/1999, no que revogou a isenção da COFINS e da contribuição para o PIS concedidas às sociedades cooperativas.*"

Por outro lado, a Súmula nº 659 do STF estabelece que é legítima a cobrança da COFINS, do PIS e do FINSOCIAL sobre as operações relativas a energia elétrica, serviços de telecomunicações, derivados de petróleo, combustíveis e minerais do país.

Em julgado com tese de repercussão geral, o STF decidiu no RE nº 586.482 que "*as vendas inadimplidas não podem ser excluídas da base de cálculo da contribuição ao PIS e da COFINS, visto que integram a receita da pessoa jurídica.*"

Por fim com relação à inclusão do ICMS incidente no desembaraço aduaneiro sobre a base de cálculo da PIS/COFINS, assim também decidiu o STF em tema de repercussão geral julgado no RE nº 559.937: "É inconstit*ucional a parte do art. 7º, I, da Lei nº 10.865/04 que acresce à base de cálculo da denominada PIS/COFINS -Importação o valor do ICMS incidente no desembaraço aduaneiro e o valor das próprias contribuições.*"

3.2.5. Contribuição Social sobre o Lucro Líquido - CSLL

Com fundamento no art. 195, I, "c" da CF, a contribuição sobre o lucro líquido foi instituída pela Lei nº 7.689/88, com alterações pela Lei nº 9.710/98, além de várias outras modificações.

A CSLL nada mais é do que um adicional sobre o Imposto de Renda das empresas, com o diferencial de que o produto de sua arrecadação é revertido ao Orçamento da Seguridade Social. Daí, aplicam-se à CSLL as mesmas normas de apuração e arrecadação inerentes ao IRPJ.

Dessa forma, são contribuintes as pessoas jurídicas domiciliadas no País e as que lhes são equiparadas pela legislação tributária do IRPJ. Sendo assim, a pessoa jurídica optante pelo lucro real, presumido ou arbitrado deverá apurar, da mesma forma, o montante da CSLL.

No caso do lucro real, a base de cálculo será o lucro contábil, ajustado pelas adições e exclusões previstas na legislação. Da receita bruta poderão ser deduzidas as vendas canceladas, os descontos incondicionalmente concedidos e os impostos não cumulativos cobrados destacadamente do comprador ou contratante, e do qual o vendedor dos bens ou prestador dos serviços seja mero depositário.

A alíquota da CSLL, por força do disposto na Lei nº 11.727/08, é de 15%, no caso das pessoas jurídicas de seguros privados, das de capitalização e das instituições financeiras. Para as demais pessoas jurídicas a alíquota será de 9%.

As pessoas jurídicas tributadas pelo lucro real trimestral devem apurar trimestralmente a CSLL. A base de cálculo da CSLL corresponde ao resultado contábil do período ajustado pelas adições determinadas, pelas exclusões admitidas e pelas compensações de base de cálculo negativa até o limite definido em legislação específica vigente à época da ocorrência dos fatos geradores. Já pessoa jurídica que apurar anualmente o imposto sobre a renda com base no lucro real também deve apurar a CSLL anualmente com base no resultado ajustado, em 31 de dezembro de cada ano.

A Medida Provisória nº 1.807/99 aumentou a alíquota da CSLL, tendo sido reconhecida a legitimidade do procedimento, sem qualquer abalo ao princípio da legalidade. Confira-se: "*Contribuição Social sobre o Lucro Líquido – CSLL. Adicional instituído por meio de medida provisória. Admissibilidade. Violação ao art. 246 da CF. Não ocorrência. Tributo instituído e regulamentado pela Lei 7.689/1988. Mero aumento da alíquota pela MP 1.807/1999. Recurso extraordinário não provido. A MP 1.807/1999 não instituiu, nem regulamentou a CSLL, mas apenas lhe aumentou a alíquota.*" (RE 403.512, Rel. Min. Cezar Peluso, julgamento em 16-12-2008, Segunda Turma, *DJE* de 6-3-2009.) No mesmo sentido: RE 588.943-AgR, Rel. Min Cármen Lúcia, julgamento em 15-2-2011, Primeira Turma, *DJE* de 18-3-2011; AI 776.877-AgR, Rel. Min. Ricardo Lewandowski, julgamento em 19-10-2010, Primeira Turma, *DJE* de 16-11-2010; AI 489.734-AgR, Rel. Min. Celso de Mello, julgamento em 24-3-2009, Segunda Turma, *DJE* de 30-4-2009; RE 378.691-AgR, Rel. Min. Eros Grau, julgamento em 13-5-2008, Segunda Turma, *DJE* de 6-6-2008.

Em tema de repercussão geral, no julgamento do RE nº 564.413 o STF decidiu que "*a Contribuição Social sobre o Lucro Líquido – CSLL incide sobre o lucro decorrente das exportações. A imunidade prevista no art. 149, § 2º, inciso I, da Constituição Federal, com a redação dada pela Emenda Constitucional nº 33/2001, não o alcança.*"

Da mesma forma, também em sede de repercussão, no julgamento do RE nº 582.525 o STF decidiu que "é constitucional a proibição de deduzir-se o valor da Contribuição Social sobre o Lucro Líquido do montante apurado como lucro real, que constitui a base de cálculo do Imposto de Renda da Pessoa Jurídica – IRPJ."

Antes de passarmos ao estudo das contribuições para o custeio da seguridade social devidas pelos trabalhadores, passemos à análise da recentemente extinta CPMF, uma contribuição social para o custeio do sistema da seguridade social.

3.2.6. Contribuição Provisória sobre a Movimentação Financeira - CPMF

A CPMF foi instituída pela Emenda Constitucional nº 12/96, que incluiu o art. 74 no ADCT, outorgando competência à União para instituir a Contribuição Provisória sobre Movimentação ou Transmissão de Valores e de Créditos e Direitos de Natureza Financeira.

A finalidade da CPMF era financiar as ações e serviços de saúde. Por isso, o produto de sua arrecadação era, ou deveria ser, destinado integralmente ao Fundo Nacional de Saúde, para financiamento das ações e serviços de saúde

Foi disciplinada pela Lei nº 9.311/96 com alterações posteriores, a qual considerava movimentação ou transmissão de valores e de créditos e direitos de natureza financeira qualquer operação liquidada ou lançamento realizado pelas entidades financeiras, que representem circulação escritural ou física de moeda e de que resulte ou não transferência de titularidade dos mesmos valores, créditos e direitos.

A CPMF deveria incidir sobre os fatos geradores verificados no período de tempo correspondente a treze meses, contados após decorridos noventa dias da data da publicação da lei que a instituiu. Contudo, referido dispositivo legal foi alterado pela Lei nº 9.539, de 12 de dezembro de 1997, art.1º, que dispôs sobre a incidência relativamente aos fatos geradores ocorridos no prazo de 24 meses, contados a partir de 23 de janeiro de 1997. Em seguida, a Emenda Constitucional nº 21, de18 de março de 1999, prorrogou esse prazo para o período de 17 de junho de 1999 a 17 de junho de 2002, e a Emenda Constitucional nº 37, de 28 de maio de 2002, determinou que a CPMF fosse cobrada até 31 de dezembro de 2004. Em 19 de dezembro de 2003, a EC nº 42 prorrogou o prazo de incidência da CPMF até 31 de dezembro de 2007, quando deixou de ser exigida.

Segundo preconizava a Lei nº 9.311/96, o fato gerador da CPMF era o lançamento a débito, por instituição financeira, em contas correntes de depósito, em contas correntes de empréstimo, em conta de depósito de poupança, de depósito judicial e de depósitos em consignação de pagamento de que tratam os parágrafos do art. 890 da Lei nº 5.869, de 11 de janeiro de 1973, introduzidos pelo art. 1º da Lei nº 8.951, de 13 de dezembro de 1994, junto a ela mantidas; o lançamento a crédito, por instituição financeira, em contas correntes que apresentem saldo negativo, até o limite de valor da redução do saldo devedor; a liquidação ou pagamento, por instituição financeira, de quaisquer créditos, direitos ou valores, por conta e ordem de terceiros, que não tenham sido creditados, em nome do beneficiário, nas contas referidas nos incisos anteriores; o lançamento, e qualquer outra forma de movimentação ou transmissão de valores e de créditos e direitos de natureza financeira, não relacionados nos incisos anteriores, efetuados pelos bancos comerciais, bancos múltiplos com carteira comercial e caixas econômicas; a liquidação de operações contratadas nos mercados organizados de liquidação futura e qualquer outra movimentação ou transmissão de valores e de créditos e direitos de natureza financeira que, por sua finalidade, reunindo características que permitam presumir a existência de sistema organizado para efetivá-la, produza os mesmos efeitos previstos nos incisos anteriores, independentemente da pessoa que a efetue, da denominação que possa ter e da forma jurídica ou dos instrumentos utilizados para realizá-la.

As alíquotas sofreram a seguinte evolução: 0,20%, relativamente aos fatos geradores ocorridos no período de 23 de janeiro de 1997 a 22 de janeiro de 1999; 0,38%, relativamente aos fatos geradores ocorridos no período de 17 de junho de 1999 a 16 de junho de 2000; 0,30%, relativamente aos fatos geradores ocorridos no período de 17 de junho de 2000 a 17 de março de 2001; 0,38%, relativamente aos fatos geradores ocorridos no período de 18 de março de 2001 a 31 de dezembro de 2007.

Também disciplinava a legislação que a alíquota da CPMF ficava reduzida a zero, nos lançamentos a débito em contas de depósito de poupança, de depósito judicial e de depósito em consignação de pagamento de que tratam os parágrafos do art. 890 da Lei nº 5.869. de 11 de janeiro de 1973, introduzidos pelo art. 1º da Lei nº 8.951, de 13 de dezembro de 1994, para crédito em conta corrente de depósito ou conta de poupança, dos mesmos titulares; nos lançamentos relativos a movimentação de valores de conta corrente de depósito, para conta de idêntica natureza, dos mesmos titulares, exceto nos casos de lançamentos a crédito na hipótese de que trata o inciso II do art. 2º da Lei nº 9.311, de 1996; nos lançamentos em contas correntes de depósito das sociedades corretoras de títulos, valores mobiliários e câmbio, das sociedades distribuidoras de títulos e valores mobiliários, das sociedades de investimento e fundos de investimento constituídos nos termos dos arts. 49 e 50 da Lei nº 4.728, de 14 de julho de 1965, das sociedades corretoras de mercadorias e dos serviços de liquidação, compensação e custódia vinculados às bolsas de valores de mercadorias e de futuros, e das instituições financeiras não referidas no inciso IV do art. 2º da Lei nº 9.311, de 1996, bem como das cooperativas de crédito, desde que os respectivos valores sejam movimentados em contas correntes de depósito especialmente abertas e exclusivamente utilizadas para as operações relacionadas em ato do Ministro de Estado da Fazenda, dentre as que constituam o objeto social das referidas entidades; nos lançamentos efetuados pelos bancos comerciais, bancos múltiplos com carteira comercial e caixas econômicas, relativos às relacionadas em ato do Ministro de Estado da Fazenda, dentre as que constituam o objeto social das referidas entidades; nos pagamentos de cheques, efetuados por instituição financeira, cujos valores não tenham sido creditados em nome do beneficiário nas contas referidas no inciso I do art. 2º da Lei nº 9.311, de 1996 e nos lançamentos relativos aos ajustes diários exigidos em mercados organizados de liquidação futura e específico das operações a que se refere o inciso V do art. 2º da Lei nº 9.311, de 1996.

Em tema de repercussão geral, no julgamento do RE 566.032 o STF entendeu que "*a Emenda Constitucional 42/03 não introduziu aumento de alíquota para cobrança da CPMF e, portanto, não violou o princípio da anterioridade nonagesimal.*"

Em outra decisão de repercussão geral, desta feita proferida no RE 566.259, o STF entendeu que "*a imunidade tributária prevista no art. 149, § 2º, I, da CF é restrita às contribuições sociais e de intervenção sobre o domínio econômico incidentes sobre as receitas decorrentes de exportação. Não contempla, assim, a CPMF, cuja hipótese de incidência – movimentações financeiras – não se confunde com as receitas.*"

Passemos à análise das contribuições para custeio da seguridade social, devidas pelos trabalhadores. São elas a contribuição do empregado, inclusive doméstico e do trabalhador avulso, e a contribuição do segurado contribuinte individual e facultativo.

3.2.7. Contribuição do Empregado, inclusive o Doméstico e do Trabalhador Avulso

Tratando agora das espécies de contribuições previdenciárias recolhidas pelos trabalhadores em geral, analisemos a principal delas, a cargo do empregado, prevista no art. 195, II, da CF.

Definida na Lei nº 8.212/91, a contribuição do empregado, inclusive o doméstico, e a do trabalhador avulso é calculada mediante a aplicação da correspondente alíquota sobre o seu salário de contribuição mensal, de forma não cumulativa, observado o limite máximo de contribuição estabelecido no art. 28.

O salário de contribuição da contribuição dos trabalhadores em geral corresponde à base de cálculo da contribuição previdenciária, administrada e arrecada pelo INSS.

As alíquotas de contribuição seguem a seguinte tabela, atualizada de acordo com Portaria do Ministério da Previdência e Assistência Social.

Tabela para Empregado, Empregado Doméstico e Trabalhador Avulso 2017

SALÁRIO DE CONTRIBUIÇÃO (R$)	ALÍQUOTA
Até R$ 1.659,38	8%
De R$ 1.659,39 a R$ 2.765,66	9%
De R$ 2.765,67 até R$ 5.531,31	11%

Trata-se de hipótese de substituição tributária, uma vez que a contribuição é descontada pelo empregador e repassada ao INSS, observando que o empregador que desconta do empregado o valor da contribuição e não a recolhe ao INSS, pratica o delito de apropriação indébita previdenciária, previsto no art. 168-A do Código Penal .

3.2.8. Contribuição do Segurado Contribuinte Individual e Facultativo

Tratando-se de contribuição para o custeio da seguridade social devida pelo trabalhador, também está prevista no art. 195, II, da Constituição Federal.

A Lei nº 9.876/99 deu nova redação ao Plano de Custeio da Previdência Social, modificando a designação anterior, *contribuição dos segurados empresários, facultativo, trabalhador autônomo e equiparados*, para a atual denominação que é *contribuição do contribuinte individual e facultativo.*

O contribuinte individual é a pessoa que trabalha por conta própria, chamado de autônomo pela legislação anterior, bem como os trabalhadores que prestam serviços de natureza eventual a empresas, sem vínculo empregatício. São considerados contribuintes individuais, entre outros, os sacerdotes, os diretores que recebem remuneração decorrente de atividade em empresa urbana ou rural, os síndicos remunerados, os motoristas de táxi, os vendedores ambulantes, as diaristas, os pintores, os eletricistas, os associados de cooperativas de trabalho e outros.

O contribuinte facultativo é a pessoa com mais de 16 anos que não têm renda própria, mas decide contribuir para a Previdência Social, como é o caso das donas de casa, estudantes, síndicos de condomínio não remunerados, desempregados, presidiários não remunerados e estudantes bolsistas.

Prevista no art. 21 da Lei nº 8.212/91, a contribuição do contribuinte individual tem como base de cálculo o salário de contribuição que representa o total da remuneração auferida em uma ou mais empresas ou pelo exercício de sua atividade por conta própria, observado o valor estipulado no teto da Previdência.

Em relação ao contribuinte segurado facultativo, a base de cálculo será o valor por ele declarado, também observado o limite máximo do Regime Geral, denominado teto de contribuição.

A alíquota de contribuição dos segurados contribuinte individual e facultativo será de 20% sobre o respectivo salário de contribuição.

Essas contribuições não se confundem com aquelas definidas na LC nº 84/96, tendo em vista que aquelas são devidas pelas empresas em face das remunerações feitas aos autônomos e administradores, enquanto estas são devidas por eles próprios.

Importante inovação foi introduzida pela Lei nº 12.470/11 que adicionou o § 2º ao art. 21 da Lei nº 8.212/91, permitindo que o segurado contribuinte individual e o facultativo optem pela exclusão do direito ao benefício de aposentadoria por tempo de contribuição, caso em que as alíquotas da contribuição serão reduzidas na seguinte proporção:

> I – 11% no caso do segurado contribuinte individual, ressalvado o disposto no inciso II, que trabalhe por conta própria, sem relação de trabalho com empresa ou equiparado e do segurado facultativo, observado o disposto na alínea b do inciso II deste parágrafo;
>
> II – 5% no caso do microempreendedor individual, de que trata o art. 18-A da Lei Complementar nº 123, de 14 de dezembro de 2006, e no caso do segurado facultativo sem renda própria que se dedique exclusivamente ao trabalho doméstico no âmbito de sua residência, desde que pertencente a família de baixa renda.

No julgamento do RE nº 603.191, decidido com repercussão geral, o STF deliberou que "é constitucional a substituição tributária prevista no art. 31 da Lei 8.212/1991, com redação pela Lei 9.811/98, que determinou a retenção de 11% do valor bruto da nota fiscal ou fatura de prestação de serviço."

Analisadas as contribuições para custeio da seguridade social devidas pelos trabalhadores, passemos à outra categoria gizada no inciso III do art. 195 da Carta Política.

3.2.9. *Contribuição sobre a Receita de Concursos de Prognósticos*

Plasmada no art. 195, III, da Constituição Federal, a Contribuição sobre a Receita de Concursos de Prognósticos está prevista na Lei nº 8.212/91, e representa fonte de custeio da Seguridade Social, incidente sobre a renda líquida dos concursos de prognósticos, excetuando-se os valores destinados ao Programa de Crédito Educativo.

A renda líquida dos concursos de prognósticos é a base de cálculo dessa contribuição, e será definida pelo total da arrecadação, deduzidos os valores destinados ao pagamento de prêmios, de impostos e de despesas com a administração, conforme fixado em lei, que inclusive estipulará o valor dos direitos a serem pagos às entidades desportivas pelo uso de suas denominações e símbolos.

Consideram-se concursos de prognósticos todos e quaisquer concursos de sorteios de números, loterias, apostas, inclusive as realizadas em reuniões hípicas, nos âmbitos federal, estadual, do Distrito Federal e municipal.

Os valores exigidos correspondem ao total da renda líquida dos concursos de prognósticos realizados pelos órgãos do Poder Público destinada à seguridade social de sua esfera de governo; 5% sobre o movimento global de apostas em prado de corridas; e 5% sobre o movimento global de sorteio de números ou de quaisquer modalidades de símbolos.

Conforme definido pela Lei nº 6.168/74 que implantou o FAS (Fundo de Apoio ao Desenvolvimento Social), o produto da arrecadação dos concursos de prognósticos é gerido pela Caixa Econômica Federal que repassa os valores arrecadados diretamente à Receita Federal.

Sobre a possibilidade da tributação de jogos de azar pela via da contribuição sobre a receita de concursos de prognósticos, o STF se pronunciou da seguinte forma: "*A decisão objeto de irresignação via agravo regimental, com efeito, deixou claro que houve violação ao disposto no art. 195, III, da CF, matéria especificamente impugnada quando dos embargos de declaração interpostos pelo MPF (...) De fato, o art. 195, III, da Carta Magna, estabeleceu tão somente a possibilidade da seguridade social ser financiada por receitas de prognóstico. Por conseguinte, tal disposição não se refere à exploração de jogos de azar mediante pagamento, feita por particular, a qual, além disso, não se constitui sequer como atividade autorizada por lei.*" RE 502.271-AgR, voto da Rel. Min. Ellen Gracie, julgamento em 10-6-2008, Segunda Turma, *DJ* de 27-6-2008.

3.2.10. *Contribuição do Importador de Bens ou Serviços do Exterior, ou de quem a lei a ele equiparar*

Trata-se de contribuição instituída pela EC nº 42/03 que inseriu o inciso IV ao art. 195 da Constituição. O sujeito passivo é o importador de bens ou serviços do exterior, ou de quem a lei a ele equiparar.

A Lei nº 10.865/04 instituiu o PIS/PASEP na importação e a COFINS na importação, com base no arquétipo do art. 195, IV da CF.

Para os efeitos dessa contribuição, os serviços materializados são os provenientes do exterior prestados por pessoa física ou jurídica residente ou domiciliada no exterior, executados no Brasil ou executados no exterior, cujo resultado aqui se verifique.

Ademais, são considerados estrangeiros, os bens nacionais ou nacionalizados exportados, que retornem ao país, salvo se enviados em consignação e não vendidos no prazo autorizado, devolvidos por motivo de defeito técnico para reparo ou substituição, por motivo de modificações na sistemática de importação por parte do país importador, por motivo de guerra ou de calamidade pública ou por outros fatores alheios à vontade do exportador.

O fato gerador será a entrada dos bens estrangeiros no território nacional ou o pagamento, o crédito, a entrega, o emprego ou a remessa de valores a residentes ou domiciliados no exterior como contraprestação por serviço prestado.

4. CONTRIBUIÇÕES DE INTERVENÇÃO NO DOMÍNIO ECONÔMICO - CIDE

Consoante dispõe o art. 149 da Constituição, *compete exclusivamente à União instituir contribuições sociais, **de intervenção no domínio econômico** e de interesse das categorias profissionais ou econômicas, como instrumento de sua atuação nas respectivas áreas, observado o disposto nos arts. 146, III, e 150, I e III, e sem prejuízo do previsto no art. 195, § 6º, relativamente às contribuições a que alude o dispositivo.*

Seu núcleo material se funda no conteúdo da expressão *domínio econômico*, e sob esse aspecto, a Constituição estabelece seus limites no capítulo sobre a ordem econômica.

Pela configuração do modelo econômico adotado no Brasil, a Constituição permite que o Estado atue como agente econômico, mas não lhe exclui sua função precípua de controle e regulação da ordem econômica. De fato, é através da função de controle e regulação do mercado que o Estado interfere na ordem econômica, e é nessa qualidade que a Constituição autoriza a instituição de contribuições de intervenção no domínio econômico.

Dessa forma, as CIDE são mecanismos decorrentes do exercício da competência para tributar, postos à disposição da União para intervenção na economia, com vistas a fomentar determinados setores, bem como estimular ou desestimular condutas. Assim, por *domínio econômico* deve se entender os setores da economia onde reina a livre concorrência e a livre iniciativa, como máxima expressão da economia liberal.

É perceptível a proximidade da CIDE com a taxa de polícia, muito embora, na taxa , a referibilidade seja direta, já que o valor exigido é individualizado, enquanto na CIDE, a intervenção se dá de forma genérica. A outra diferença *é* o objeto da CIDE que, em última análise, visa atingir um objetivo constitucional, o que não ocorre com a taxa.

Da mesma forma como ocorre com as demais contribuições especiais, não há designação constitucional quanto à materialidade possível da CIDE, e por isso, a União poderá instituí-la para afetar determinados setores, movida por fatores de desequilíbrio na ordem econômica e que por isso ensejam atuação estatal.

A Emenda Constitucional nº 33/2001 introduziu modificações no artigo 149 da Constituição, estabelecendo, por meio do § 2º que *as contribuições sociais e de intervenção no domínio econômico de que trata o caput deste artigo:*

I – não incidirão sobre as receitas decorrentes de exportação;

II – poderão incidir sobre a importação de petróleo e seus derivados, gás natural e seus derivados e álcool combustível;

III – poderão ter alíquotas:

a) 'ad valorem', tendo por base o faturamento, a receita bruta ou o valor da operação e, no caso de importação, o valor aduaneiro;

b) específica, tendo por base a unidade de medida adotada.

Também estabelece o Texto Constitucional que a pessoa natural destinatária das operações de importação poderá ser equiparada a pessoa jurídica, na forma da lei.

Além disso, dispõe o art. 177, § 4º, da CF que *a lei que instituir contribuição de intervenção no domínio econômico relativa às atividades de importação ou comercialização de petróleo e seus derivados, gás natural e seus derivados e álcool combustível deverá atender aos seguintes requisitos:*

I – a alíquota da contribuição poderá ser:

a) diferenciada por produto ou uso;

b) reduzida e restabelecida por ato do Poder Executivo, não se lhe aplicando o disposto no art. 150, III, b;

II – os recursos arrecadados serão destinados:

a) ao pagamento de subsídios a preços ou transporte de álcool combustível, gás natural e seus derivados e derivados de petróleo;

b) ao financiamento de projetos ambientais relacionados com a indústria do petróleo e do gás;

c) ao financiamento de programas de infraestrutura de transportes.

O STF reconheceu a inexigibilidade de lei complementar para instituição das contribuições de intervenção no domínio econômico. Confira-se: "*O STF fixou entendimento no sentido da dispensabilidade de lei complementar para a criação das contribuições de intervenção no domínio econômico e de interesse das categorias profissionais.*" **AI 739.715-AgR**, Rel. Min. **Eros Grau**, julgamento em 26-5-2009, Segunda Turma, *DJE* de 19-6-2009. Dentre as CIDE conhecidas no direito brasileiro, devem ser destacadas as seguintes:

4.1. Adicional sobre o Frete para Renovação da Marinha Mercante - AFRMM

Atualmente previsto na Lei nº 10.893/03, foi instituído pelo Decreto-lei nº 2.404/87, o AFRMM destina-se a atender aos encargos da intervenção da União no apoio ao desenvolvimento da marinha mercante e da indústria de construção e reparação naval brasileiras.

Trata-se de contribuição incidente sobre o frete cobrado pelo armador de qualquer embarcação que opere em porto nacional, de acordo com o conhecimento de embarque e o manifesto de carga, pelo transporte de qualquer carga.

O produto da arrecadação é encaminhado ao FMM – Fundo de Marinha Mercante – destinado a prover recursos para a renovação, ampliação e recuperação da frota mercante nacional e assegurar a continuidade e regularidade de produção à indústria de construção naval no país. Compete à Secretaria da Receita Federal do Brasil a administração das atividades relativas à cobrança, fiscalização, arrecadação, rateio, restituição e concessão de incentivos do AFRMM. O contribuinte do AFRMM é o consignatário constante do conhecimento de embarque.

O fato gerador é o início efetivo da operação de descarregamento da embarcação em porto brasileiro, e incide sobre o frete, que é a remuneração do transporte aquaviário da carga de qualquer natureza descarregada em porto brasileiro. Entende-se por remuneração do transporte aquaviário, a remuneração para o transporte da carga porto a porto, incluídas todas as despesas portuárias com a manipulação de carga, constantes do conhecimento de embarque ou da declaração, anteriores e posteriores a esse transporte, e outras despesas de qualquer natureza a ele pertinentes.

O AFRMM será calculado sobre a remuneração do transporte aquaviário, aplicando-se as alíquotas de 25% na navegação de longo curso; 10% na navegação de cabotagem; e 40% na navegação fluvial e lacustre, quando do transporte de granéis líquidos nas regiões Norte e Nordeste.

O responsável pelo transporte aquaviário deverá, na forma e nos prazos estabelecidos pela Secretaria da Receita Federal do Brasil, disponibilizar os dados necessários ao controle da arrecadação do AFRMM.

O produto da arrecadação do AFRMM destinado a empresa brasileira de navegação será depositado diretamente, no Banco do Brasil S.A., em conta vinculada em nome da empresa, a qual será movimentada por intermédio do agente financeiro do FMM.

O Supremo Tribunal Federal possui entendimento sedimentado no sentido de que o AFRMM configura contribuição de intervenção no domínio econômico. Confira o julgado que segue: "*Adicional ao Frete para Renovação da Marinha Mercante – AFRMM: Contribuição parafiscal ou especial de intervenção no domínio econômico. CF art. 149, art. 155, § 2º, IX. ADCT, Art. 36. O AFRMM é uma contribuição parafiscal ou especial, contribuição de intervenção no domínio econômico, terceiro gênero tributário, distinta do imposto e da taxa. (CF, art. 149).*" (RE 177.137, Rel. Min. Carlos Velloso, julgamento em 24-5-1995, Plenário, *DJ* de 18-4-1997.

4.2. Adicional de Tarifa Portuária - ATP

O ATP foi instituído pela Lei nº 7.700/88, e incidia sobre as tabelas das tarifas portuárias, sendo fixado em 50% sobre operações realizadas com mercadorias importadas ou exportadas que sejam objeto do comércio na navegação de longo curso.

O produto da arrecadação era destinado à aplicação em investimentos para melhoramento, reaparelhamento, reforma e expansão de instalações portuárias, sendo depositado pelas administrações portuárias no Banco do Brasil constituindo recurso da PORTOBRÁS, Empresa de Portos do Brasil S/A, a quem caberá sua gestão.

O ATP foi extinto por força da Lei nº 9.309/96 que expressamente revogou a Lei nº 7.700/88.

Uma das questões inerentes ao ATP, assim como em relação ao AFRMM diz respeito à sua natureza jurídica. Parte da doutrina tem entendido que essas figuras de exação não se caracterizam como CIDE, tendo em vista inexistir qualquer situação de anormalidade que enseje a atuação da União no setor de navegação portuária, inexistindo o caráter de excepcionalidade e temporariedade do tributo.

Por outro lado, o serviço de navegação portuária é de competência da União, por força do disposto no art. 21, XII, "d" e "f", da CF/88, não havendo falar-se em intervenção no domínio econômico.

Além disso, o sujeito passivo eleito pela legislação não guarda qualquer relação com a situação que legitima a intervenção da União. Apesar disso, da mesma forma como se posicionou em relação ao AFRMM, o STF entende que o extinto ATP tinha natureza jurídica de contribuição de intervenção no domínio econômico. Nesse sentido: "*Adicional de Tarifa Portuária – ATP. Lei 7.700, de 1988, art. 1º, § 1º. Natureza jurídica do ATP: contribuição de intervenção no domínio econômico, segundo o entendimento da maioria, a partir dos votos dos Min. Ilmar Galvão e Nelson Jobim. Voto do Relator, vencido no fundamento: natureza jurídica do ATP: taxa (...).*" (RE 209.365, Rel. Min. Carlos Velloso, julgamento em 4-3-1999, Plenário, *DJ* de 7-12-2000.

4.3. Contribuição ao FUST e FUNTTEL.

Instituído pela Lei nº 9.998/00, o FUST – Fundo de Uniformização das Telecomunicações – surgiu com o intuito de cobrir custos sobre a execução das atividades públicas de universalização dos serviços de telecomunicações.

A universalização dos serviços de telecomunicações consiste, entre outros objetivos, na implantação de acessos para utilização de serviços de redes digitais de informação destinadas ao acesso público, inclusive da internet, em condições favorecidas a instituições de saúde, estabelecimentos de ensino, bibliotecas, deficientes carentes etc. O exato significado da universalização dos serviços de telecomunicações diz respeito à redução das desigualdades sociais no acesso a tais serviços.

O sujeito ativo é a União, mas a gestão da contribuição ao FUST compete à ANATEL, tratando-se de contribuição parafiscal, tendo como base de cálculo a receita operacional bruta das empresas de telecomunicações, com alíquota de 1%.

Contribuintes do FUST são todas as empresas prestadoras de serviços de telecomunicações em regime privado nos termos do disposto no inciso IV, do art. 6º, da Lei n.º 9.998/00.

A contribuição ao FUNTTEL – Fundo para o Desenvolvimento Tecnológico das Telecomunicações foi instituída pela Lei nº 10.052/00 com o objetivo de estimular o processo de inovação tecnológica, incentivar a capacitação de recursos humanos, fomentar a geração de empregos na área de telecomunicações e promover o acesso de pequenas e médias empresas a recursos de capital, de modo a ampliar a competitividade da indústria brasileira de telecomunicações.

O FUNTTEL será administrado por um Conselho Gestor e terá como agentes financeiros o Banco Nacional de Desenvolvimento Econômico e Social – BNDES e a Empresa Financiadora de Estudos e Projetos – FINEP.

A contribuição incide na ordem de 0,5% sobre a receita bruta das empresas prestadoras de serviços de telecomunicações, nos regimes público e privado, excluindo-se, para determinação da base de cálculo, as vendas canceladas, os descontos concedidos, o Imposto sobre Operações relativas à Circulação de Mercadorias e sobre Prestações de Serviços de Transporte Interestadual e Intermunicipal e de Comunicação (ICMS), a contribuição ao Programa de Integração Social (PIS) e a Contribuição para o Financiamento da Seguridade Social (Cofins). Também é devida a contribuição de 1% pelas instituições autorizadas na forma da lei, sobre a arrecadação bruta de eventos participativos realizados por meio de ligações telefônicas.

Os recursos do Fundo serão aplicados exclusivamente no interesse do setor de telecomunicações. Como se vê, trata-se de contribuições diversas, mas com inegáveis pontos de contato, possuindo, ademais, os mesmos sujeitos passivos, não descurando assinalar que referidos tributos são indiretos, já que os valores são repassados na conta de telefone do consumidor final.

4.4. Contribuição ao Programa Universidade-Empresa.

Instituída pela Lei nº 10.168/2000, é destinada a financiar o programa de estímulo à interação universidade-empresa para apoio à inovação, cujo objetivo principal é incentivar programas de pesquisa científica e tecnológica entre universidades, centros de pesquisa e o setor produtivo.

É devida pela pessoa jurídica detentora de licença de uso ou adquirente de conhecimentos tecnológicos, bem como aquela signatária de contratos que impliquem transferência de tecnologia, firmados com residentes ou domiciliados no exterior.

Incidirá sobre os valores pagos, creditados, entregues, empregados ou remetidos, a cada mês, a residentes ou domiciliados no exterior, a título de remuneração, com alíquota de 10%.

A contribuição não incide quando o contratante for órgão ou entidade da administração direta, autárquica e fundacional, da União, dos Estados, do Distrito Federal e dos Municípios, e o contratado for instituição de ensino ou pesquisa situada no exterior, para o oferecimento de curso ou atividade de treinamento ou qualificação profissional a servidores civis ou militares do respectivo ente estatal, órgão ou entidade.

Compete à Secretaria da Receita Federal a administração e a fiscalização da contribuição ao Programa Universidade-Escola.

4.5. Contribuição incidente sobre a importação e comercialização de petróleo e seus derivados, gás natural e seus derivados, e álcool etílico combustível

A CIDE – Combustíveis foi instituída pela Lei nº 10.336/2001, com base nos arts. 149 e 177 da CF/88, com a finalidade de carrear recursos para o pagamento de subsídios a preços ou transporte de álcool combustível, de gás natural e seus derivados e de derivados de petróleo, para o financiamento de projetos ambientais relacionados com a indústria do petróleo e do gás, e para o financiamento de programas de infraestrutura de transportes.

Os contribuintes são o produtor, o importador, pessoa física ou jurídica, dos combustíveis líquidos, e o formulador, assim considerado, a pessoa jurídica, conforme definido pela Agência Nacional do Petróleo (ANP) autorizada a exercer, em Plantas de Formulação de Combustíveis, as atividades de aquisição de correntes de hidrocarbonetos líquidos; a mistura mecânica de correntes de hidrocarbonetos líquidos, com o objetivo de obter gasolinas e diesel; o armazenamento de matérias-primas, de correntes intermediárias e de combustíveis formulados; a comercialização de gasolinas e de diesel; e a comercialização de sobras de correntes.

A CIDE – Combustíveis tem como fatos geradores as operações de importação e de comercialização no mercado interno de gasolinas e suas correntes; diesel e suas correntes; querosene de aviação e outros querosenes; óleos combustíveis (*fuel-oil*); gás liquefeito de petróleo, inclusive o derivado de gás natural e de nafta; e álcool etílico combustível.

A base de cálculo é a unidade de medida adotada na lei para os produtos nela tratados, com as seguintes alíquotas específicas:

I – gasolina, R$ 860,00 por m^3;

II – diesel, R$ 390,00 por m^3;

III – querosene de aviação, R$ 92,10 por m^3;

IV – outros querosenes, R$ 92,10 por m^3;

V – óleos combustíveis com alto teor de enxofre, R$ 40,90 por tonelada;

VI – óleos combustíveis com baixo teor de enxofre, R$ 40,90 por tonelada;

VII – gás liquefeito de petróleo, inclusive o derivado de gás natural e da nafta, R$ 250,00 por tonelada;

VIII – álcool etílico combustível, R$ 37,20 por m^3.

No tocante aos sujeitos passivos, na prática a contribuição é suportada pelos consumidores finais dos produtos por ela tributados, os quais sofrem o encargo utilizado na recomposição do meio ambiente degradado por atividades que não lhes dizem respeito, implicando numa socialização dos danos ao meio ambiente, em evidente violação ao princípio do poluidor pagador.

A administração e a fiscalização da CIDE – Combustíveis compete à Secretaria da Receita Federal.

4.6. Contribuição para o IAA - Instituto do Açúcar e do Álcool

A contribuição para o IAA foi instituída por meio do Decreto-lei nº 308/67, sendo definido seu adicional por meio do Decreto-lei nº 1.952/82. O STF reconheceu a legitimidade da exação, afastando a alegada bitributação com imposto, em face de possuir natureza jurídica de contribuição, tendo como fato gerador a atuação estatal dirigida a um grupo social específico, no caso, os produtores de açúcar e álcool. Afastando sua tributação cumulativa com o ICMS e o IPI, considerou-se que a contribuição para o IAA incide sobre a quantidade de sacos de açúcar, enquanto nos dois impostos aludidos a base de cálculo se perfaz pelo valor da operação.

O STF atribui a essa categoria de tributo, a natureza jurídica de contribuição de intervenção no domínio econômico. Nesse sentido: "*(...) conforme demonstrado na decisão atacada por meio de precedente citado (RE 158.208/RN), da relatoria do Min. Marco Aurélio, a Contribuição para o IAA configura contribuição de intervenção no domínio econômico, nos termos do art. 149 da CF. (...) Dessa forma, a prescrição é regida pelo CTN. (...) Asseverou-se, naquele julgamento, que a EC 8/1977 retirou a natureza tributária das contribuições sociais, com exceção daquelas de intervenção no domínio econômico, como a de que tratam estes autos (IAA). E, uma vez definida a natureza jurídico-tributária da contribuição ao IAA, apenas foi citada e não aplicada a Súmula Vinculante 8, tão somente como reforço de argumentação para explicar que o instituto da prescrição é aplicável às contribuições que têm natureza tributária e, por isso mesmo, submetem-se, quanto ao tema de prescrição, ao CTN (Lei 5.172/1966), que foi promulgado como lei ordinária e recebido como lei complementar pelas Constituições de 1967/1969 e 1988.*" (RE 543.997-AgR, voto da Rel. Min. Ellen Gracie, julgamento em 22-6-2010, Segunda Turma, *DJE* de 6-8-2010.) Vide: RE 214.206, Rel. p/ o ac. Min. Nelson Jobim, julgamento em 15-10-1997, Plenário, *DJ* de 29-5-1998.

Sobre o reconhecimento da contribuição ao IAA como CIDE e sua legitimidade à luz da Constituição da República, já decidiu o STF que: "*Contribuição devida ao Instituto do Açúcar e do Álcool – IAA. A CF/1988 recepcionou o DL 308/1967, com as alterações dos DL 1.712/1979 e 1.952/1982. Ficou afastada a ofensa ao art. 149, da CF/1988, que exige lei complementar para a instituição de contribuições de intervenção no domínio econômico. A contribuição para o IAA é compatível com o sistema tributário nacional. Não vulnera o art. 34, § 5º, do ADCT/CF/1988. É incompatível com a CF/1988 a possibilidade da alíquota variar ou ser fixada por autoridade administrativa.*" (RE 214.206, Rel. p/ o ac. Min. Nelson Jobim, julgamento em 15-10-1997, Plenário, *DJ* de 29-5-1998.) No mesmo sentido: RE 597.098-AgR, Rel. Min. Joaquim Barbosa, julgamento em 4-10-2011, *DJE* de 17-11-2011.

4.7. Contribuição para o IBC – Instituto Brasileiro do Café

A contribuição para o Instituto Brasileiro do Café foi instituída pelo Decreto-lei nº 2.295/86 que reinstituiu a cota de contribuição nas exportações de café. No entanto, o diploma normativo em questão se limitou a estabelecer a base de cálculo, ou seja, o valor em dólar por saca de 60 Kg, autorizando o Presidente do IBC a fixar o valor da exação.

Por ocasião do julgamento do RE nº 408.830-4-ES, o STF reconheceu e declarou a inconstitucionalidade dos arts. 2º e 4º do Decreto-lei nº 2.295/86 frente à Constituição de 1967, bem como à não recepção pela ordem de 1988 que sujeita a criação da contribuição ao regime da lei complementar.

Nesse sentido: "*Contribuição. IBC café: exportação: cota de contribuição: DL 2295, de 21-11-1986, arts. 3º e 4º. CF, 1967, art. 21, § 2º, I; CF, 1988, art. 149. Não recepção, pela CF/1988, da cota de contribuição nas exportações de café, dado que a CF/1988 sujeitou as contribuições de intervenção à lei complementar do art. 146, III, aos princípios da legalidade (CF, art. 150, I), da irretroatividade (art. 150, III, a) e da anterioridade (art. 150, III, b). No caso, interessa afirmar que a delegação inscrita no art. 4º do DL 2.295/1986 não é admitida pela CF/1988, art. 150, I, ex vi do disposto no art. 146. Aplicabilidade, de outro lado, do disposto nos arts. 25, I, e 34, § 5º, do ADCT/1988.*" RE 191.044, Rel. Min. Carlos Velloso, julgamento em 18-9-1997, Plenário, *DJ* de 31-10-1997.

5. Contribuições de Interesse de Categorias Profissionais ou Econômicas

As contribuições de interesse das categorias profissionais ou econômicas estão inseridas no art. 149 da Constituição, sendo a União competente para instituí-las em nome de seu poder regulatório.

Embora a atividade regulatória seja de titularidade do Poder Público, a fiscalização, acompanhamento, credenciamento, assessoramento e representação legal dessas categorias é feita através de organismos distintos da União. Trata-se das entidades que representam o interesse dessas categorias, e por isso recebem delegação para arrecadar tais contribuições.

Sendo assim, as contribuições de interesse das categorias profissionais ou econômicas são tributos parafiscais, e via de regra, a própria lei que define a criação desses entes também institui o tributo, delegando a capacidade tributária ativa.

Passemos à análise de algumas espécies de contribuições pertencentes a essa categoria.

5.1. Contribuição Sindical

A contribuição sindical tem sede no art. 149 da CF, estando mencionada na parte final do art. 8°, IV da CF. Em relação aos empregados, está disciplinada nos arts. 578 e seguintes da CLT, sendo devida pelos indivíduos que participam de determinada categoria profissional ou econômica, ou profissão liberal, em favor do sindicato, ou federação representativa da categoria ou profissão.

Trata-se de tributo cuja exigência tem por finalidade o custeio das atividades essenciais do sindicato representativo da categoria profissional de trabalhadores, ou econômica dos empresários, em favor das pessoas a ele filiados.

Mesmo que o trabalhador não seja associado ao sindicato, estará obrigado à exigência da contribuição sindical pelo simples fato de pertencer a determinada categoria, haja vista que terá direito a auferir os benefícios dispostos na convenção coletiva, inclusive o dissídio.

A contribuição sindical é devida uma vez por ano e corresponde à remuneração de um dia de trabalho, cabendo aos empregadores o desconto em folha de pagamento de seus empregados, no mês de março.

A natureza tributária da contribuição sindical está consolidada na jurisprudência do STF, consoante entendimento consignado no RE 198.092-3-SP, Rel. Min. Carlos Velloso, j. 11.10.96.

Segundo o magistério de Sergio Pinto Martins, "*na contribuição sindical há interesse da categoria econômica (dos empregadores) como da profissional (dos trabalhadores*). [6]

A respeito do tema o STF editou a Súmula Vinculante n° 40 reafirmando o teor da Súmula n° 666 no sentido de que a contribuição confederativa de que trata o art. 8°, IV da Constituição Federal, só é exigível dos filiados do sindicato respectivo.

5.2. Contribuição Confederativa

Faço questão de salientar que a contribuição confederativa não é tributo, mas é aqui lembrada em face de sua costumeira comparação com a contribuição sindical.

A contribuição para custeio do sistema confederativo é fixada pela assembleia geral da categoria, sendo descontada para custeio do sistema confederativo, despida de caráter tributário e não sujeita senão aos filiados da entidade representativa. Nesse sentido, RE 173.869-3-SP, Rel. Min. Ilmar Galvão, DJ 19.09.97.

---

6 MARTINS, Sérgio Pinto. *Manual de Direito Tributário*. 2ª Ed. São Paulo: Ed. Atlas, 2003, p. 125.

Está prevista na primeira parte do art. 8°, IV da Constituição, não sendo resultante de exigência legal, não tendo, por isso, natureza tributária, já que é cobrada dos associados a sindicato ou a associação profissional, mediante assembleia geral. Tem, portanto, natureza jurídica contratual, não sendo compulsória.

A contribuição confederativa não se confunde com a contribuição associativa, também de caráter não tributário, representando simples prestação pecuniária, de caráter voluntário, recolhida pelo associado a sindicato em virtude de sua voluntária filiação, e está prevista no art. 548, "b" da CLT.

Também não se confundem a contribuição confederativa e a contribuição associativa com a contribuição assistencial, prevista no art. 513, "e" da CLT, que corresponde a uma prestação pecuniária voluntária, portanto não tributária, efetivada por pessoa integrante de categoria profissional em favor da entidade representativa, em troca de prestação de assistência médica, dentária, etc.

6. CONTRIBUIÇÃO DE ILUMINAÇÃO PÚBLICA

Estabelece o art. 149-A, com redação pela Emenda Constitucional n° 39 de 19 de dezembro de 2002 que os Municípios e o Distrito Federal poderão instituir contribuição, na forma das respectivas leis, para o custeio do serviço de iluminação pública, observado o disposto no art. 150, I e III.

Como se vê, a contribuição de iluminação pública não se enquadra em nenhuma das três grandes categorias de contribuições especiais elencadas no caput do art. 149. No entanto, em face da finalidade especial pela qual foi instituída, e por força da necessária vinculação de suas receitas à remuneração do serviço de iluminação pública, deve ser considerada uma nova categoria de contribuição especial.

A contribuição de iluminação pública ganhou foro constitucional após reiteradas decisões do STF que desencadearam a edição da Súmula n° 670 no sentido de que "*o serviço de iluminação pública não pode ser remunerado mediante taxa*".

Restando inviabilizada a cobrança de taxa de iluminação pública que à evidência, congregava prestação de serviço público inespecífico por atender a toda a coletividade, adveio a necessidade de se viabilizar um novo modal de cobrança, o que foi feito por meio da inserção dessa nova figura no Sistema Tributário Nacional.

De tal arte, agora os Municípios e o Distrito Federal poderão remunerar o serviço público de iluminação pública por meio de contribuição, devendo, portanto, ser obedecida a finalidade especial pela qual foi instituída, além de cumprir a destinação específica do produto de sua arrecadação, a qual, diga-se de passagem, poderá ser efetivada na fatura de consumo de energia elétrica.

Em relação à exigência da contribuição de melhoria com vistas ao custeio para melhoramento e expansão da rede elétrica, o STF reconheceu a repercussão geral sobre o tema em sede de RE n° 666.404-SP

Com relação aos limites sobre o exercício da competência dos Municípios para instituição da contribuição de iluminação pública, o STF também reconheceu a repercussão geral, estando pendente de julgamento o RE n° 573.675-SC.

BIBLIOGRAFIA

ADOMEIT, Klaus. *Filosofia do Direito e do Estado*. Tradução de Elisete Antoniuk. Porto Alegre: Sérgio Antonio Fabris Editor, 2000.

ALEXANDRE, Ricardo. *Direito Tributário Esquematizado*. 2ª Edição. São Paulo: Editora Método, 2008.

ALEXY, Robert. *Teoria dos Direitos Fundamentais*. Tradução de Virgílio Afonso da Silva. 2ª Ed. São Paulo: Malheiros Editores, 2009.

AMARO, Luciano. *Direito Tributário Brasileiro, 14ª Ed., São Paulo: Editora Saraiva, 2008.*

ATALIBA, Geraldo. *Hipótese de Incidência Tributária,* 6ª Ed., São Paulo: Malheiros Editores, 2000.

____________________ *Princípio Federal – Rigidez Constitucional e Poder Judiciário, in Estudos e Pareceres de Direito Tributário*. Vol. 3. São Paulo: Editora Revista dos Tribunais, 1980.

____________________ *Revista de Direito Público*. Edição nº. 11. São Paulo: Editora Revista dos Tribunais, 1984.

BACHOF, Otto. *Normas Constitucionais Inconstitucionais?* Tradução de José Manuel M. Cardoso da Costa. Coimbra-Po: Almedina, 1994.

BALEEIRO, Aliomar. *Direito Tributário Brasileiro,* 11ª Ed., atualizadora Mizabel Abreu Machado Derzi, Rio de Janeiro: Editora Forense, 2002.

BANDEIRA DE MELLO, Celso Antonio. *Curso de Direito Administrativo,* 11ª Ed., São Paulo: Malheiros Editores, 1999.

____________________. *Conteúdo Jurídico do Princípio da Igualdade*. São Paulo: Malheiros Editores, 1993.

BARRETO, Aires Fernandino. *Curso de Direito Tributário Municipal*. São Paulo: Editora Saraiva, 2009.

____________________. In *Congresso Internacional de Direito Tributário*. IBET. Vitória. 1998. Justiça Tributária: *Direitos do Fisco e Garantias dos Contribuintes nos Atos da Administração e no Processo Tributário*. São Paulo: Max Limonad, 1998.

BARROS, Suzana de Toledo. *O princípio da proporcionalidade e o controle da constitucionalidade das leis restritivas de direitos fundamentais*. Brasília: Editora Brasília Jurídica, 1996.

BARROSO, Luiz Roberto. *Os princípios da razoabilidade e da proporcionalidade no Direito Constitucional*. In *Revista Forense*, Vol.336. Rio de Janeiro: Editora Forense, 1995.

BASTOS, Celso Ribeiro. *Curso de Direito Constitucional,* 15ª Ed., São Paulo: Editora Saraiva, 1994.

____________________. *Curso de Direito Financeiro e de Direito Tributário*. São Paulo: Editora Saraiva, 1991.

BECKER, Alfredo Augusto. *Teoria Geral do Direito Tributário*, 2ª Ed., São Paulo: Editora Saraiva, 1972.

BEVILÁCQUA, Clóvis. *Código Civil Comentado - Vol.IV.* São Paulo: Livraria Francisco Alves, 1923.

BONAVIDES, Paulo. *Curso de Direito Constitucional.* 5ª Ed. São Paulo: Malheiros Editores, 1994.

BORGES, José Souto Maior. *Isenções Tributárias.* São Paulo: Ed. Sugestões Literárias, 1969.

__________________ *Teoria Geral da Isenção Tributária.* 3ª Ed. São Paulo: Malheiros Editores, 2007.

BUECHELE, Paulo Armínio Tavares. *O princípio da proporcionalidade e a interpretação da Constituição.* Rio de Janeiro: Editora Renovar, 1999.

BUFFON, Marciano. *O princípio da progressividade tributária na Constituição Federal de 1988.* São Paulo: Memória Jurídica Editora, 2003.

CALMON, Eliana. *Código Tributário Nacional Comentado. Coordenador Vladimir Passos de Freitas.* 3ª Ed. São Paulo, Ed. RT., 2005.

CANOTILHO, José Joaquim Gomes. *Direito Constitucional e Teoria da Constituição.* 2ª Ed. Coimbra-PO: Edições Almedina, 1998.

CAPEZ, Fernando. *Curso de Direito Penal, Parte Geral.* Vol. 1. 9ª Ed. São Paulo: Editora Saraiva, 2005.

CARRAZZA, Roque Antonio. *Curso de Direito Constitucional Tributário.* 23ª Ed. São Paulo: Malheiros Editores, 2007.

__________________. *ICMS.* 11ª Edição. São Paulo-SP: Malheiros Editores, 2006.

__________________. *Imposto sobre a Renda.* 2ª Ed. São Paulo: Malheiros Editores, 2006.

CARVALHO, Paulo de Barros. *Direito Tributário. Fundamentos Jurídicos da Incidência.* São Paulo: Editora Saraiva, 1998.

__________________. *Curso de Direito Tributário,* 19ª Edição. São Paulo: Editora Saraiva, 2007.

CASTILHO, Paulo Cesar Baria de. *Confisco Tributário.* 1ª Edição. São Paulo: Editora Revista dos Tribunais, 2002.

CASTRO, Carlos Roberto de Siqueira. *O devido processo legal e a razoabilidade das leis na nova Constituição.* Rio de Janeiro: Editora Forense, 1989.

COÊLHO, Sacha Calmon Navarro. *Curso de Direito Tributário Brasileiro.* 6ª Ed. Rio de Janeiro: 2001.

CONTI, José Maurício. *Princípios tributários da capacidade contributiva e da progressividade.* São Paulo: Dialética, 1997.

COSTA, Adriana de França. *A repetição do Indébito Tributário e a Compensação Tributária.* In Processo Tributário e Judicial. Coordenação de James Marins e Gláucia Vieira Marins. Curitiba: Editora Juruá, 2001.

COSTA JR., Paulo José da Costa Jr; e Zelmo Denari. *Infrações Tributárias e Delitos Fiscais.* São Paulo: Editora Saraiva, 1995.

COSTA, Regina Helena. *Curso de Direito Tributário: Constituição e Código Tributário Nacional.* 1ª Edição. São Paulo: Editora Saraiva, 2009.

CRETTON, Ricardo Aziz. *Os Princípios da Proporcionalidade e da Razoabilidade e sua aplicação no Direito Tributário.* Rio de Janeiro: Editora Lúmen Júris, 2001.

DENARI, Zelmo; e Paulo José da Costa Jr. *Infrações Tributárias e Delitos Fiscais.* São Paulo: Editora Saraiva, 1995.

DENARI, Zelmo. *Solidariedade e Sucessão Tributária.* 1ª Edição. São Paulo: Editora Saraiva, 1977.

DE SANTI, Eurico Marcos Diniz. *Decadência e Prescrição no Direito Tributário.* 4ª Ed. São Paulo: Ed. Saraiva, 2011.

DINAMARCO, Cândido Rangel. *A Reforma do Código de Processo Civil.* São Paulo: Ed. Melhoramentos, 1995.

DOMINGUES DE OLIVEIRA, José Marcos. *Direito Tributário - Capacidade contributiva: conteúdo e eficácia do princípio.* 2ª Ed. Rio de Janeiro: Editora Renovar, 1998.

DWORKIN, Ronald. *O Império do Direito.* Tradução de J. L. Camargo. 2ª Ed. São Paulo: Editora Martins Fontes, 2007, passim. Original edition, *Law's Empire*, 1986.

FERNANDES DE OLIVEIRA, Régis; e HORVATH, Estevão. *Manual de Direito Financeiro.* 4ª Ed. São Paulo: Editora Revista dos Tribunais, 2001.

FERREIRA FILHO, Manoel Gonçalves. *Direito Constitucional do Trabalho* - Estudos em Homenagem ao prof. Amauri Mascaro do Nascimento. Vol. I. São Paulo: Ed. LTR, 1991.

GRAU, Eros Roberto. *A Ordem Econômica na Constituição de 1988.* 4 Ed. São Paulo: Editora Malheiros, 1998.

GRECO. Marco Aurélio. *Substituição Tributária: ICMS – IPI – PIS - COFINS.* 1ª Edição. São Paulo: IOB, 1998.

HABERLE, Peter. *Hermenêutica Constitucional.* Tradução de Gilmar Ferreira Mendes. Porto Alegre: Sérgio Antonio Fabris Editor, 2002.

HEGEL, Georg Wilhelm Friedrich. *Princípios da Filosofia do Direito.* 1ª Ed. São Paulo: Editora Ícone, 1997.

HORVATH, Estevão; e FERNANDES DE OLIVEIRA, Régis. *Manual de Direito Financeiro.* 4ª Ed. São Paulo: Editora Revista dos Tribunais, 2001.

ICHIHARA, Yoshiaki. *Direito Tributário.* 6ª Ed. São Paulo: Editora Atlas, 1995.

JARACH, Dino. *O fato imponível.* 3ª Ed. Tradução de Dejalma de Campos. Coleção Textos de Direito Tributário. São Paulo: Ed. Revista dos Tribunais, 1982.

JARDIM, Eduardo Marcial Ferreira. *Manual de Direito Financeiro e Tributário.* 5ª Ed. São Paulo: Editora Saraiva, 2000.

KANT, Immanuel. *Fundamentação da Metafísica dos Costumes.* Tradução de Antonio Pinto de Carvalho. São Paulo: Companhia Editora Nacional, 1964.

KELSEN, Hans. *Teoria Geral das Normas.* Tradução de José Florentino Duarte. Porto Alegre: Sergio Antonio Fabris Editor, 1986.

MACHADO, Hugo de Brito. *Curso de Direito Tributário.* 31ª Edição. São Paulo: Malheiros Editores, 2008.

MARTINS, Ives Gandra da Silva. *Comentários ao Código Tributário Nacional.* São Paulo: Editora Saraiva, 1995.

__________________ *Sistema Tributário na Constituição de 1988,* 5ª Ed., São Paulo: Editora Saraiva, 1998.

__________ *Comentários à Constituição do Brasil*. Vol. 6°, Tomo I. São Paulo: Editora Saraiva, 1990.

MARTINS, Sérgio Pinto. *Manual de Direito Tributário*. 2ª Ed. São Paulo: Ed. Atlas, 2003.

MEIRELLES, Hely Lopes. *Direito Administrativo Brasileiro*, 32ª Ed., São Paulo: Malheiros Editores, 2006.

MIRANDA, Pontes de. *Comentários à Constituição de 1967 com a Emenda nº 1 de 1969*. São Paulo: Ed. Revista dos Tribunais, 1970.

MORAES, Bernardo Ribeiro de. *Compêndio de Direito Tributário, Volume II*. 3ª Edição. Rio de Janeiro: Editora Forense, 1995.

NERY JR, Nelson e Rosa Maria Andrade Nery. *Código Civil Comentado*. 5ª Edição. São Paulo: Editora Revista dos Tribunais, 2007.

NOGUEIRA, Ruy Barbosa. *Curso de Direito Tributário*. 13ª Ed. São Paulo: Ed. Saraiva, 1994.

PAROLIN, Marcos Cesar Pavani Parolin. *Teoria e Prática de Direito Tributário. Os Tributos em Espécie no Brasil*. 1ª Ed. Leme-SP: Ed. Habermann, 2013.

PONTES, Helenilson Cunha. *O Princípio da Proporcionalidade e o Direito Tributário*. São Paulo: Ed. Dialética, 2000.

REALE, Miguel. *Lições Preliminares de Direito*. 2ª Ed. São Paulo: Editora Saraiva, 2003.

SAMPAIO, Alcides F. *ITBI: momento de incidência na compra e venda de imóveis*. In Revista Dialética de Direito Tributário. Edição nº 25. São Paulo: Editora Dialética, 1997.

SAMPAIO, Patrícia Regina Pinheiro e SOUZA, Carlos Afonso Pereira de; *O princípio da razoabilidade e o princípio da proporcionalidade: uma abordagem constitucional*. In *Pet-Jur*, Departamento de Direito da PUC - Rio, 2001.

SICHES, Recaséns Luiz. *Nueva filosofia de la interpretación del derecho*. 2 ed. Ciudad de México: Editorial Porrúa, 1973.

SOARES DE MELO, José Eduardo. *Curso de Direito Tributário*, 1ª Ed., São Paulo: Editora Dialética, 1997.

SOUSA, Rubens Gomes de. *Compêndio de Legislação Tributária*. Edição Póstuma. São Paulo: Ed. Resenha Tributária, 1975.

SOUZA, Carlos Afonso Pereira de; e SAMPAIO, Patrícia Regina Pinheiro. *O princípio da razoabilidade e o princípio da proporcionalidade: uma abordagem constitucional*. In *Pet-Jur*, Departamento de Direito da PUC - Rio, 2001.

STASSINOPOULOS, Michel. *Traité des Actes Administratifs*. Atenas: Librairie Sirey, 1954.

STOCO, Rui. *Leis Especiais e sua Interpretação Jurisprudencial*. 7ª Ed. São Paulo: Ed. Revista dos Tribunais, 2001.

THEODORO JUNIOR, Humberto. *Lei de Execução Fiscal*. 3ª Ed. São Paulo: Ed. Saraiva, 1997.

VENOSA, Sílvio de Salvo. *Direito Civil, Direito das Sucessões*. 7ª Edição. São Paulo: Editora Atlas, 2007.

VIDIGAL, Geraldo de Camargo. *Teoria Geral do Direito Econômico*. São Paulo: Ed. Revista dos Tribunais, 1977

VILANOVA, Lourival. *As Estruturas Lógicas e o Sistema do Direito Positivo*. São Paulo: 1997, Ed. Max Limonad.

Impresso em agosto de 2017

Impresso por:

META SOLUTIONS
www.metaslt.com.br